SOCIAL HISTORY
of FAMILY in
MODERN EGYPT

近代エジプト家族の社会史

Eiji
NAGASAWA
長沢栄治

東京大学出版会

Social History of Family in Modern Egypt

Eiji NAGASAWA

University of Tokyo Press, 2019
ISBN 978-4-13-021084-3

はしがき

本書は地域研究の方法論にもとづく家族研究のひとつの試みである。考察の対象は近現代のエジプトであり、筆者がこれまで三〇年にわたり発表してきた論考が収録されている。本書は第一部「家族の概念と家族関係」と第二部「家族の社会史の諸相」の二部構成である。

第一部は総論的な部分である。現代エジプトの「家族」をめぐる問題の見取り図を描こうとした第一章と、この問題提起に答えるために三〇年後に書かれた第二章とからなる。第二章は自伝資料や小説などを材料に選んで、地域研究としての家族研究をめぐる理論的な考察を加えた書下ろしの論考である。また同時に、その論述を通じて第二部に収録した個々の事例研究の論点を明確にすることも企図されている。

各論にあたる第二部に収録された諸論考は、農村と都市、近代国家と世界資本主義、帝国主義と民族主義、政治的イスラームと社会的危機をめぐる諸問題について、広い意味での「家族」との関係で考察したものである。この八篇の論考は、一九世紀初頭から二一世紀初頭の現在にいたる時期を対象にしている。とはいえ、それらは近代エジプトの社会史の全体像を描くために執筆されたものではない。

さて、以上の第一部・第二部の各章は、執筆時から時間も経っていることから、その理解を助けるために、それぞれに「解説」の文章を附した。さらに関連する問題の説明や最近の変化（とくに二〇一一年革命以降の）を説明するために、合計一一篇のエッセイを「コラム」として収録した。

前述したように、本書は筆者の家族をめぐる近現代エジプトの社会史研究のひとつの総括である。しかし同時に、筆者が研究代表者として携わってきた科研費プロジェクト「イスラーム・ジェンダー学研究」から大きな刺激と励ましを受けた成果でもある。

凡例

・収録内容と表記の統一について

「はしがき」で記したように、本書は書下ろしの原稿である第2章および同章のコラム・3、および各章の解説以外の章・コラムは、以前に発表した論考を収録したものである。既発表の論考については、各章・コラムの末尾に発表時期を記載した。各章およびコラムの記述内容については、用語と仮名遣い、文献引用と注の形式を統一した。既発表の論考には、不十分な記述の内容が見られるが、明らかに不正確な部分および不適切な表現の修正は除き、変更しないこととした。また筆者以外の著者の文章や邦訳された文章の引用においては、原著の用語法・仮名遣い・人名表記などは修正せず、本文の表記との統一はしていない。

・用語の統一について

（1）用語の統一の例：イスラム→イスラーム：コーラン→クルアーン　など
（2）社会的に不適切な言葉の変更の例：　文盲→非識字、読み書きのできない　など
（3）前述のように、固有名詞などは、邦訳資料からの引用部分においては、本文中の表記との統一はしていない。不統一の例：アハマド／アフマド／アフメド、マハフーズ／マフフーズ。また、一般の慣用の表記に従い、統一しなかった人名もある。例：ターハ・フサイン／フセイン大統領／フセイン・モスク。
（4）引用した訳文の明らかな誤りの部分の修正の例：　第4章で引用したアハマド・アミーン『慣習伝統表現事典』[Amīn 1953]の「上エジプト人」の項目など。
（5）現在は慣用ではない字句表現もそのままにした。例：把える［とらえる］現在の慣用は「捉える」であるが、「把握する」という意味に近いと考えるため。

・アラビア語の転写表記について

本書では、アラビア語の転写・表記については次の原則に従った。

（1）ローマ字での転写は、アラビア語のアルファベットの順に、', b, t, th, j, ḥ, kh, d, dh, r, z, s, sh, ṣ, ḍ, ṭ, ẓ, ', gh, f, q, k, l, m, n, h, w, y を用いる。

（2）母音は、a, i, u, 長母音は、ā, ī, ū, 二重母音は、ay, aw と転写する。

（3）語頭のハムザ、語末のター・マルブータは省略する。

（4）定冠詞は、後続太陽文字との同化の有無にかかわらず、つねに al- と転写する。ただし、カナ表記においては、それを表記することは煩瑣であることから、人名・地名等の固有名詞の定冠詞は基本的に省略した。

（5）文献名のローマ字転写においては、欧語・日本語と同じく、①著者名、②出版年、③書名、④出版地、⑤出版社の順とし、①と⑤については、定冠詞等を除く語頭を大文字に記し、③については全て小文字に統一した。④は慣用の英語の地名（例：al-Qāhira ではなく Cairo）を用いた。

（6）カナ表記においては、できる限り正則アラビア語の発音に近い表記に努めたが、人名などの固有名詞については、現地（アラビア語カイロ方言）に近い表記とした。また、前記のように、邦訳文の引用や慣用の表記など、統一が図られていない人名もある。

・アラビア語の新聞・雑誌名の表記について

（1）前記のアラビア語の固有名詞の転写表記の箇所で示したように、アラビア語の雑誌・新聞については日本語のカナ表記において定冠詞は略して表記する。また、ローマ字転写表記を含めて、慣用の表記に従ったものがある（例：*al-Ahrām*／「アハラーム」紙、*al-Ahālī*／「アハーリー」紙、*al-Ahrām al-Iqtiṣādī*／『アハラーム・イクティサーディー』誌、*Rose el-Youssef*／『ローズ・エルユーセフ』誌、*Sabah el-Kheir*／『サバーハ・エルヘイル』誌)。

（2）また、日付は以下のように表記する。本文中：「アハラーム」紙一九八五年四月二九日、（ ）内など：(*al-Ahrām*,

1985/4/29)。

・括弧類の表記について

基本的に（　）は一般の補足説明の他、原語の表記・転写表記、アラビア語雑誌・新聞の出典表記などに、〔　〕はアラビア語の専門用語の補足説明などに、［　］は引用文献の出典表記などに用いた。

・注と文献引用の形式について

注および補注（第一章のみ付けた）は、巻末にまとめ、章・コラムごとに掲載した。引用する文献は、巻末に参考文献としてリストに挙げ、本文中では［　］内に著者名・出版年・頁数などを記載して、出典を示した。ただし、同じ文献を出典として繰り返し言及する場合には、本文中で指示するように、著者名・出版年を省略して、頁数のみを表記する場合がある（第2章第二節・第三節・第四節）。

・索引について

索引は、人名・地名・事項名別に用語を五十音順・アルファベット順に並べたが、使用例の多い用語は除外した。人名については、基本的には歴史的人物の名前を記載し、研究者や利用した小説の登場人物などは一部の例外（キシュキシュ・ベイなど）を除いて採用しなかった。

・参考文献について

引用および参考にした文献について、アラビア語・欧語・日本語別にそれぞれ著者の「姓」のアルファベット順・五十音順に配列記載した。

近代エジプト家族の社会史　目次

Ⅱ　家族の社会史の諸相

装幀：水戸部功

近代エジプト家族の社会史

I　家族の概念と家族関係

第1章　エジプトにおける家族関係の近代化

［解説］

この第1章の論考を書いたのは、三〇年以上も前のことになる。今から考えると、タイトルにある「家族関係の近代化」はあまりにも「ナイーヴでレトロ」すぎるように思う。しかし本書は、各章に再録した論考の題目はもちろん、凡例に記したように、一部の該当箇所を除いて記述内容の修正をしないことを編集の原則としているので原題のままとした。

こうした原則もあるが、そもそも題目を変更しなかったのは、何よりもこの論考を書く作業のなかで出会ったエジプト人社会学者サイイド・オウェイス（Sayyid ʿUways）への敬意を示したいと思ったからである。オウェイスについては、第2章第四節や第10章の解説で詳しく紹介したい。この論考のなかで引用したオウェイスの発言は、古代の壁画の例を引くことによって、エジプト固有の伝統のなかに理想の近代的家族関係を見いだそうとしたものである。この発言に対してエジプト民族主義者による近代主義的な「ナイーヴでレトロ」な発言として嗤う人もいるかもしれない。しかし、この第Ⅰ部の結論部分（第2章第五節）で解説するように、家族は人間の尊厳と自由を護る場でもあるが、同時に個人の尊厳と自由をめぐってせめぎあう場でもある。こうしたオウェイスの発言を、そのような家族をめぐるイデオロギー的争いという文脈に位置づけてみたいと考えるのである。

次に反省すべき点は、先に述べたタイトルの問題とも関係するが、当時の社会状況のなかに「イスラーム化」の問題も含め「伝統的な下部構造の変容と再生」という現象が発見できるとした見方についてである。この論考の執筆から一五年ほど経って書いた第5章「アタバの娘事件を読む」は、再びイスラームと広い意味での家族をめぐる問題を扱ったのだが、そこではさすがにそれほど単純な把握の仕方はしていない。しかしながら、「伝統」対「近代」という単純な二項対立的な図式を取ることによって「揶いあげられる」問題はたしかにあるのだと思う。第1章の論考では、家族を表現する二つの言葉（ウスラとアーイラ）をそれぞれ用いて「ウスラ的問題」と「アーイラ的問題」という二つの問題があるという議論の出発点を示してみた。この問題提起に対しては、次の第2章の書き下ろしの論考で、その意味を問いなおしてみたい。

第三の反省点は、この論考で取りあげた多くの研究課題に関し、その後の筆者の気まぐれな研究関心の流れに任せ、その考察をほとんど放置してきたことである。たしかに第II部に再録した諸論考では、若干の研究上の発展を示したところはあるが（これについては、第2章第五節の議論を参照）、いくつかのテーマについては、その後の事態の推移を含めて掘り下げを怠ってきた。これらの点については、「補注」のかたちで、関連する研究や統計数値の紹介により、議論の内容を補足しておくことにしたい。

なお本章には「アサビーヤ概念をめぐって」と「エジプト――「家の名」をめぐって」の二つのエッセイをコラムとして付した。いずれも家族をめぐる基本概念について補足的な議論がなされており、第2章以降の理解に資するものがあればと思う。

はじめに

一九七〇年代を画期として中東社会は現在、大きな変動を遂げつつある。この変動の根底には伝統的な下部構造の変容と再生というひとつの特徴的な傾向が指摘できる。たとえばその典型的な例は「イスラーム化」の問題である。これと同様に、本章が取りあげる「家族関係の近代化」という問題も、中東の社会変動を構成する重要な要素として、さまざまな政治的・社会的問題の広がりを持っている。たとえば、エジプトの家族問題を例に挙げると、現在それは単に日常生活の変化というミクロな世界にとどまらず、より高い次元、つまり国家的なレベルの政治問題にもなっている。この家族問題の政治化傾向については、次に述べる二つの側面が指摘できる。

第一は、社会全般における伝統的な家族的政治支配に関わる側面である。エジプトにおいても、いわゆる家族主義的な支配の原理が政治の場に利用されるのはよく見られる現象である。しかし、この問題でより重要なのは、伝統的な家族組織そのものが現実の地方や中央の政治参加の過程と密接な関わりを持っていること、あるいは政治エリート層(さらには経済エリート層)の形成に重要な役割を果たしているという点である。このような現象を理解するには、伝統的な家族的支配の原理とは何かという基本的なレベルに立ち入って考察する必要がある。

第二の側面は、前者と現象的には反対の方向、すなわち近代的な家族関係の形成をめぐる問題である。とくにこの問題は身分法（家族法）改正をめぐる政治的対立、すなわちイスラームへの回帰を志向する政治的潮流のなかで、近代主義者と保守派が男性優位の伝統的家族制度の変革をめぐって対立する、という図式で表面化している。またこの問題は、一九六〇年代のアラブ社会主義による社会開発政策の影響や、七〇年代の経済開放政策や石油ブーム、さらには労働移動による社会の流動化というような社会経済的な発展過程を十分考慮に入れて議論する必要がある。

以上に述べたような家族問題の二つの側面は、エジプトの伝統的な重層的家族構造を示す用語を使うなら、前者をアーイラ（大家族あるいは同族）的問題、後者をウスラ（小家族）的問題と名づけることもできるだろう。本章は、この二つの問題の関連性を問う作業を通じて、現代エジプトの社会変動と近代化の意味をともに考える素材を提供することを目的としている。

一　エジプト社会の家族的構成――葬儀広告に見る二つの家族の顔

家族指向社会（family oriented society）とか、家族支配社会（family dominated society）という形容を受ける［Rugh 1984: 199］のは何もエジプトだけに限らないだろう。とはいえ、エジプト社会が「家族的社会」であるというその特殊性は、次のような外面的で日常的な社会的光景のなかに見いだすことができる。

〔家族的感情の顔〕

これもエジプトに限った話ではないが、ある国の新聞を裏側から、すなわち社会面から読んでいくと、意外な問題の入口に出会うことがある。そこには、人々が眉をひそめるこの世のハラーム〔禁忌〕とされる出来事、そしてその犠牲者たち、とりわけ女性の悲鳴が聞こえてくるような犯罪記事・社会記事の世界が広がっている。また、これらの事件は、離婚訴訟の判決、親族間の争いごとあるいは親族内殺人、ときには血の復讐など、今日のエジプトが抱える広汎な家族問題を理解するうえで豊富な材料を提供している。しかし、ここでは社会面の前に掲載される葬儀広告に注目してみたい。エジプトの代表的新聞「アハラーム」紙を手に取るなら、死亡通知や葬儀参列への礼をはじめとして、四〇日忌や一周忌、ときには六周忌を含むさまざまな葬儀広告が、およそ二二〜二四面の全紙面のなかで、通常二〜四面にわたって載せられている。これらの葬儀広告が、エジプトの家族問題を考える糸口となり得るのは、何よりも広告の公示主体がさまざまな「家」である点にある。これらの葬儀広告には、故人あるいは故人の親族が勤務する企業や官庁の部局が弔意を表するものもある。そして話がややこしくなるのは、これら一応近代的社会組織の場合でも、自らの組織名に家族（usra）という呼称を冠しているからである。たとえば、何々省何々局何々課一家一同という具合である。こうした擬制的な「家」呼称は別としても、通常一枚の紙面を数えると約三〇ほどの「家族」の葬儀広告が掲載されているから、葬儀広告の欄が一日二面あるとして単純計算すれば、少なくとも年間延べ約二万にのぼる「家族」が全国紙に顔を出していることになる。［補注1］

このような大量の葬儀広告が出される社会的・文化的背景については、新聞制度の発達の仕方など検討すべき問題も多いだろう。しかし、おそらくその理由のひとつはエジプト人の感情表現の豊かさにあると言っても過言ではない。別の言い方をすれば、エジプト人の遺族にとって故人に対する感情を社会的により明瞭に表明することが義務づけられている、少なくともそれが望ましいとされているからであろう。もっとも、葬儀における感情表現の仕方には、男性と女性、またおそらくはムスリムとキリスト教徒の間で相違が見られるように思える。これは、家族的感情の構造を考えるうえで興味のある問題のひとつである。しかし、エジプトの代表的社会学者サイイド・オウェイス氏は、このような故人に対する家族の深い感情がすべてのエジプト人に共通した固有のもの、イスラーム以前の古代から連綿と続いたエジプト人的個性だと主張する。「我われは悲しむことが多い民族であるように思える。—略—我われの悲しみの感覚はあまりにも深い。そしてこの悲しみの深さははるか昔の母から娘たちへと次々に伝えられ、多くの女の人たちの瞳に映しだされてきたのである—略—。多くの場合、これらの瞳に映った悲しみは、彼女たちが唇を開くたびごとに、とりわけ小さな子どもたちに、そして多くの男たちに伝わり、そのこころに血を流させてきたのである」［ʿUways 1977: 97］。オウェイス氏は、この時代を超えた悲しみの感情が種々の特徴ある社会制度を生みだしてきたと指摘している。たとえばそれは、葬儀のときに泣き女（muʿaddida, naddāba）が演ずる弔泣の声（ṣuwāt）、あるいは上エジプト農村の女性に伝わる哀悼の寄り合い（bakwa）などである。新聞の葬儀広告は、女性が重要な役割を果たしてきたこのような伝統的制度と同様の機能を果たすもの、すなわち、家族的感情を表現する新しい社会制度であると言えるだろう。［補注2］

しかし、葬儀広告はこのような家族的感情の表現の場であると同時に、もうひとつの顔を持っている。それは、家族的感情のいくつかの要素を基盤にして成立する「支配」の関係、すなわち伝統的な家族的支配という顔である。

〔家族的支配の顔〕

葬儀広告をさらに詳しく見るなら、それが広告主たる同じ「家族」に属する人々の名前、すなわち故人との親戚関係を記載し、また社会的肩書きを付記した数多くの個人名によって埋められていることに気がつくだろう。これらの「家族」員は、一族の出身地のみならず、中央の官界、経済界、教育界、法曹界、そして軍幹部などにそれぞれ進出して確固たる地位を築きながらも、その一方で「家族」の連帯というネットワークを維持しているのである。このような全国に広がった一族の名士が名を連ねて権勢を誇り、あるいは「家」同士の連帯を誇示する広告は、とくに地方の村落有力者層に多く見られる。次に挙げる例は、デルタのダカハリーヤ県におけるある村長の葬儀広告に登場する個人名を整理したものである。彼は一族（アーイラ）の族長（アミード）でもあった（*al-Ahrām*, 1985/4/29）。

これらの個人名は、（1）地方の名家の名を持つ妻、（2）六人の息子、（3）一〇人の兄弟、（4）二人の父方のオジ（ʻamm）、（5）四人の母方のオジ（khāl）、（6）一七人の父方のオジの息子と七人の父方のオジの娘、（7）四人の姻戚（sahr）、以上五一名と、妻の実家を含め近隣の二六の「家」（アーイラ）という順序でならんでいる。

この事例はとくに大きな広告というわけではないのだが、重要な点は、ここに示された親族の構成と序列が「父系出自集団」（jamāʻa al-ʻiṣāba）の形成原理を鮮やかに示している点にある。[1] たとえば、キリスト教徒の葬儀広告がこのような父系出自の序列を取らず、小家族ごとの弔意の表現という形式を取っているのは、その意味で対照的である。

さて、こうした葬儀広告に示される「家族」的紐帯は、とくに地方における政治的経済的支配層を再生産する手段として機能してきた。そしてこのような地方に基盤を持つ有力一族の支配は、これまでとくに一九六〇年代、左派・近代主義者の側から農地改革後も残存する「封建的」残滓として批判の対象とされてきた。そうした批判者、土着的左派の労働問題研究家、アティーヤ・セラフィー氏はエジプト資本主義の社会機構を支える四本の柱として、教育組織、政党、軍隊とならんで「政府系新聞の紙面に葬儀の謝辞というかたちで姿を現わす家族（ʿāʾila）、親族（aqārib）、そして姻族（aṣhār）の組織」の存在を指摘している［al-Ṣayrafī 1983: 1］。

〔ウスラとアーイラ〕

さて、葬儀広告をながめていて気がつくもうひとつの点は、広告主体となる「家」を中心として、そこには複数の家族を示す言葉が登場することである。たとえば、小家族を示すウスラ（usra）、大家族あるいは同族にあたるアーイラ（ʿāʾila）、さらにむしろ氏族や部族に近いアール（āl）やカビーラ（qabīla）などである。このように「家族」を表わす言葉が多様であること、そしてそれらが日常用語として社会的コンテクストに応じた多義的・流動的な使われ方をするという状況は、エジプト人の家族の流動性を持った重層的構造を示すものと考えてもよいであろう。

これらのなかでもっとも頻繁に用いられ、また相対立する家族関係形成の方向性を示すという点で重要なのは、「ウスラ」と「アーイラ」の二つの言葉である。たとえばこの二つは、伝統的な上エジプト農村の場合、大家族を骨格とする同族集団と、その基本単位として従属し、また自立化の可能性を持つ小家族夫婦結合との対抗関係（重層的構造）を示す言葉として用いられる。ただし、ウスラとアーイラがエジプト社会一般においてそれぞれ欧米の家族社会学で使われる「核家族」と「拡大家族」という家族形態、あるいは「近代家族」と「伝統家族」という家族結合の様式を示す社会科学用語として用いてよいかどうかについては議論の余地がある。しかし、またここで葬儀の例を持ちだすと、この二つの用語には次のような明らかに方向性の異なった使用法の相違がある。たとえば、上エジプト農村出身者の調査事例を見ると、葬式の費用分担の義理を果たす集団としてアーイラが機能するのに対し、ウスラについては葬儀広告に「故人には神の加護を、家族（ウスラ）には忍耐と慰めを」という常套句がよく用いられるように、いわば家族的感情の中核的存在となる家族集団にウスラが用いられている点は示唆的であろう。

さらに話を進め、両者の意味の相違を家族問題というかたちでより広い社会的コンテクストにおいて考える、すなわち家族を国家や政治との関わりで考えてみることは意味がある。たとえば、政府の用語としてウスラとアーイラについて二つの示唆的な使用法を例に挙げてみよう。ウスラについては「家族計画」（tanẓīm al-usra)、アーイラについては「家族身分証明書」（al-biṭāqa al-ʿāʾiliyya）である。前者の「家族計画」が小家族をモデルとし、とりわけ女性の地位に関する意識改革を重要な構成要素としていることを無視することはできない。同様にウスラは、政府統計の用語で「世帯」（household）として使用される例から考えても、国家の政策対象となる「家族」を示す言葉として扱われているのである。これに対し、後者のアーイラの使用法を見ると、扶養者（ʿāʾil）である家長（rabb）が家族成員に対して持つ支配と責任に関する国家からの期待を暗示しているように思える。言いかえるなら、こうした二つの用語の使用法を通じて、次のような国家と家族の関係が持つ二つの側面が想定できるだろう。それは、（1）国家行政の政策対象となる、すなわち近代的官僚制による合理主義的管理の対象となる「家族」と、（2）政治参加あるいは政治支配の手段として機能する「家族」である。以上、家族問題の二つの側面をウスラとアーイラという家族構造の重層性を示す言葉を用いて説明してきたが、この二つの側面は、次に述べるように現代エジプト国家の複雑な家族観とも照応しているのである。

二　民族主義国家と家族的支配

（一）憲法に見る家族観

一九五二年革命は、強力な民族主義的国家権力の確立という点で、エジプトの社会変革史上、画期的な意味を持っている。この新しい国家権力は、政策対象となる近代的な社会組織の育成、とくに新しい家族関係の成長を支持する諸政策、いわゆる社会開発政策を実施した。それらは、女性の社会進出を保障する労働立法や教育政策、小家族経営を基準とした農地改革、人口政策などであった。また、後述するように身分法の改正も、下からの運動というよりむしろ社会省を中心にした近代的国家による上からの改革として実施された。しかし、この集権的国家は、他方で家族制度が持つ伝統的側面を重視し、とくに地方に残る前近代的な社会関係を温存し（たとえば農地改革の実施過程における問題）、また伝統的支配を権力体制のひとつの基盤とする性格も持っていた。このような国家の家族に対する両面的な態度は、必ずしもエジプトだけの現象ではない。しかしながら憲法の条文にこれがある程度明確に反映しているという点は注目してよいだろう。

次に革命後の新憲法（一九五六年憲法）と、サダト体制による一九七一年改正憲法からそれぞれ「家族」と「女性」に関する条文を引用しよう（かっこ内は一九七一年憲法により追加された字句）。

〈家族について〉

「家族は社会の基盤であり、宗教・道徳・民族主義がこれを支える（国家は、価値や伝統を体現するエジプト的家族の本源的性格について、これを保持し、またそれがエジプト社会内部の諸関係において発展することの保障に留意する）」。

〈女性について〉

「国家は、女性の家族に対する義務と社会における活動とのあいだの調和に関し、（そして政治的・社会的・文化的生活領域における男性との平等に関し、イスラーム法の法規を逸脱しない限りで、）これを保障する」。［補注3］

ここで注意したいのは、民族主義の立場から家族の価値が強調されている点である。後に見るように、伝

（図1）政府の家族計画を皮肉る

政府の家族計画のポスター「ようこそ未来の家族へ：歴史の曙よりエジプト人は文明を家族計画によって築きあげてきた」に対して、現実の庶民の家族「ちょっとうちの家族を見てよ」
（出所：*Sabah el-Kheir*, 1983/4/14）（画：Higāzī）

統的な家族的価値は民族主義の心情的な構成要素となる。しかし他方、民族主義は部族的（qabalī）社会を国民的（qawmī）社会へと変化・統合させるイデオロギーとして、新しい家族関係の形成を支持するというもうひとつの顔を持っていた。このような民族主義と家族的価値との複雑な結びつきは、エジプトにおけるアラブ社会主義イデオロギーの到達点であった『国民憲章』（一九六二年）においても見いだされる。次はその箇所である。

「女性は男性と平等でなければならない。そして生活設計に女性が積極的に深く参加できるために、その自由な活動を妨げている手枷《かせ》の残存物を取り去らねばならない。

家族は社会の第一の細胞であり、したがって、それが民族的伝統を保存し、その織り目を再生させ、社会全体を民族闘争の目標に運んで行くことができるよう、家族を保護するあらゆる手段が講じられなければならない」［アジア経済研究所 1966: 75］。

さて、ここでもう一度憲法の条文に戻るなら、エジプト国家の両面的な家族観は、サダト体制下の一九七一年憲法改正によって、さらに明確な表現を与えられたことが見てとれるであろう。そこでは男女平等への言及が行なわれるのと同時に、伝統的支配とこれを護るイスラームの原則という枠がはめられることになる。この表現変化の背景には、一九七〇年代にアラブ世界で起こった政治イデオロギーの逆流現象が介在していた。すなわちそれは、統合的イデオロギーとしてのアラブ社会主義とアラブ民族主義が退潮・解体し、「開放化（インフィターフ）体制」のもとでイスラーム化の動きや伝統的政治支配の復活・顕在化が見られたことと密接な関係を持っている。次に見るように、サダト前大統領が彼得意の農民主義的ポーズを取り、農村の伝統的家族関係に言及することを通じて、アラブ「社会主義」の読みかえを行なおうとしたのは、こうしたイデオロギー的変質＝退行の典型的な例である。

〈サダト前大統領の「社会主義」観〉

「社会主義は、決して身を捧げて礼拝する偶像ではない。また社会主義とは貧困を公正に分配するものではなく、幸福と福祉を分配するものである。そして社会主義とは決して輸入されたものではない。なぜならエジプト農村は空しい理論やスローガンからは遠かったけれども、その実際の活動において歴史上初めて社会主義を知っていた社会だからだ。農村で教わる社会主義（イシュティラキーヤ）とは、良いときも困ったときも同じ労働や奉仕活動に対し全員で参加する（イシュティラーク）ことである。たとえば犂《すき》ひとつでも、その持ち主が誰であるかに関係なく、いくつもの畑で次から次へと手渡されて使われている。これはとりも直さず、農村社会が享受している家族的性格に帰することができるものである」［al-Sādāt 1982: 213］。

（二）伝統的家族的支配の顕在化

このようなエジプトの「家父長」をもって任ずるサダトが示した家族主義的支配のポーズは、実は現実の政治過程における伝統的な政治支配の顕在化を反映したものであった。とくに、「家」（アーイラ）組織の持つ政治的機能が、一九七〇年代以降政治参加の過程で活性化するという現象はその典型的な例である。このアーイラ的政治支配の顕在化とも言うべき現象は、一九七〇年代における政治の「自由化」、すなわちアラブ社会主義連合の解体と複数政党制の導入による「民主化」が、革命前の古い政治勢力の復活（新ワフド党や社会主義労働党）を招くという状況と起源を同じくしているのである。さらに、このアーイラ的政治支配は、現ムバーラク体制による「民主化」のもとで、とくに地方政治のレベルにおいて露骨なかたちを取って現われた。たとえば、左派系野党紙「アハーリー」紙が批判的に報ずるデルタのある県の場合、ひとつのアーイラが国会議員をはじめ村・郡・市・県の各議会レベルに同族を送りこみ、アーイラの「王国」を作りあげているという（*al-Ahālī*, 1984/1/25, 1985/6/12）。同紙によると、その県内の同族議員の内訳は、アーイラのリーダーである国会議員の父方のオジの息子一二名、その妻二名、父方のオジの娘五名、父方のオバの夫二名、父方のオバの息子一名、娘三名であるが、この構成にも父系出自集団としてのアーイラの構成原理が明確に表現されている。しかし、このメンバー構成は、同族議員二五名中一〇名までを女性が占めていることが示すように、女性の政治参加を制度的に保障したアラブ社会主義による政治変革の影響も受けているのである。

このアーイラ的政治支配は、ムバーラク政権の「民主化」政策とその限界を示した一九八四年五月の国会議員選挙によって、全国的なレベルでより鮮明な姿を現わすことになる。「アハラーム」紙が、この選挙を「アーイラ選挙」と命名したのはその象徴である（*al-Ahrām*, 1984/5/15, 1984/5/17）。たとえば、同紙によると、中部エジプト・ミニヤ県とファイユーム県の選挙戦では、権力（amr）を持つのは政党ではなくアーイラのアサビーヤ〔連帯主義〕であり、県内の由緒あるアーイラはことごとく立候補者を立て、また同村内で対立するアーイラ同士がそれぞれ国民民主党と新ワフド党に結びついて抗争するなど、まるで革命前のワフド党対王党派の選挙戦を思わせる様相を呈したのであった。すなわち、村内では長老たちが若衆を動員して彼らの権威を示す一方で、このアサビーヤは村や郡の境を越えて広がり、さらにはポートサイドやアレキサンドリアなど、農村出身者が多い特定の都市区においてもこのアサビーヤという部族主義（qabaliyya）の跳梁が見られたと報じている。

これらの報道に接するとき、一九五二年革命のもとで行なわれた農地改革などの制度改革は、農村の政治社会構造に、はたしてどれほどのインパクトを与えたのかという疑問が生じる。むしろ、アメリカの政治学者L・バインダーが実証研究［Binder 1978］によって示そうとしたように、実はこのような伝統的な政治支配の構造は、一九五二年革命によってはほとんど変わらなかったという仮説を裏付けるばかりのような気がする。(2) バインダーは、革命前後の国会議員の家族名を分析・集計し次のような仮説を立てた。すなわち、エジプトの政治支配の下部構造においては村落有力者層の再生産が伝統的親族組織を通じて行なわれ、その結果、中心部の上部エリート層の支配を補佐する第二階層（the second stratum）が形成されてきた、というものである。たとえば、彼の調査によると、一九五九年の民族連合のメンバー中七五パーセントは、一九二四―五〇年に国会議員を務めた者の同族であり、そのうち七一名は一九世紀の村落有力者二三七名のなかに祖先がさかのぼれるという。

三　社会変動と家族関係の変化

(一) 家族関係変化の指標

さて、前節で見てきたように、伝統的な家族的支配が構造的な連続性を持っていることをある程度認めるにしても、かと言って一九七〇年代以降の家族関係の変化をこうした家族的支配の活性化・顕在化だけに代表させることはできない。他の国でも見られるように、伝統的支配の強調は、むしろ急速な社会変動によって解体されつつある社会関係が発する危機意識の表明だとも考えられるからである。社会開発政策や人口移動などを要因とする一九七〇年代以降の激しい社会変動は、これまで伝統的な家族的支配を存続させてきた社会的・心理的下部構造と言うべき諸原理に大きな動揺を与えたに違いない。この危機意識を集約的に表現したのが後に述べる身分法改正問題であり、そこでは伝統的な家族的支配の深層原理が水面に浮かびあがってくるのである。

（図2）インフィターフは家庭の崩壊をもたらす

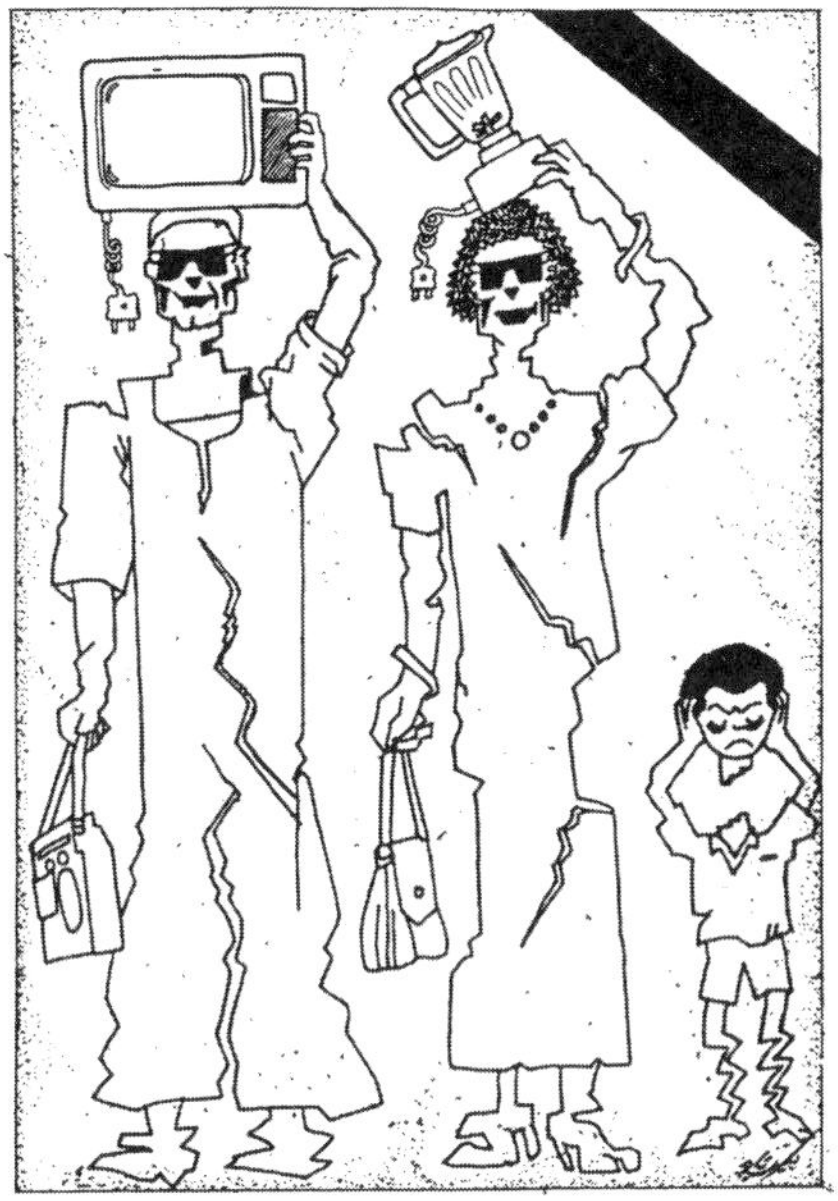

（出所：*al-Ahrām al-Iqtiṣādī*, 1985/4/1）（画：Nabīl Tāj）

ところで、この問題は別の表現を取れば、伝統的な家族的支配に対抗する新しい家族関係—新しい共同感情にもとづく（とくに拡大家族の統制に対抗し夫婦間の愛情に基盤を置く）新しい家族結合の成長、すなわち家族関係の近代化の過程に他ならない。しかし、この家族結合の原理的変化という、いわば道徳的現象を客観的な内在的事実によって検証することはきわめて困難である。したがってここではまず、その変化の外在的指標となるいくつかの事項を例に取り、変化の表相を観察しておきたい。それらの検討事項は、結婚年齢、一夫多妻制、離婚率、女子教育と女子労働、そして家族計画であり、いずれも女性の社会的地位の向上に関わるテーマでもある。

〔結婚年齢〕

エジプトの法定結婚年齢は、女子一六歳、男子一八歳と定められているが、現実にはとくに女子の早婚が農村部を中心に広く行なわれており、また一部の保守的ウラマーのなかにはこれを積極的に認める者さえいる（*al-Majalla*, 1986/4/30, 1986/5/6）。公式統計によると、初婚年齢の平均は一九六八年時で女子二〇歳五カ月、男子二六歳八カ月であったのが、九年後の一九七七年統計を見ると女子二一歳二カ月、男子二六歳一〇カ月へとそれぞれ上昇している。とくに男子が二カ月伸びただけなのに対し、女子の初婚年齢は九カ月上昇したことが注目される。しかし、一九七〇年代に実施されたある社会調査は、農村女性の平均初婚年齢は一八歳五カ月、都市部で一九歳三カ月であり、農村女性の四二パーセントが法定年齢以前の結婚であったと報告している［Azer 1979: 65］。［補注4］

〔一夫多妻制〕

アラブの国々は、一夫多妻制（複婚）に関する法的規制の点で、次の三つの傾向を持つグループに分類できる。（1）法的規制がない国々：サウジアラビア、リビア、クウェイト、イラクなど、（2）裁判所の認可を必要とするか法律条文に複数の妻への対等な処遇の義務、あるいは第一妻の二番目の妻との結婚に対する拒否権が言及されるなど、何らかの規制のある国々：モロッコやシリア、（3）一夫多妻は犯罪としてまったく禁止されている国：チュニジアのみ［Azer 1979: 70］。エジプトは後述する一九七九年身分法改正によって、（1）のグループをようやく脱し、（2）の傾向へと一歩進んだようである。もっともこうした法的規制によらなくとも、革命後この複婚の比率はすでに低下していた。『結婚離婚統計』［CAPMAS 1975］によれば、結婚契約数に占める複婚の比率は、一九五〇―五四年平均で八・九六パーセントだったのが、六五―六九年平均で八・〇八パーセント、そして七七―七八年平均では七・〇九パーセントと確実に減少した。また、一九七八年の統計によると男性の複婚総数のうち、大半が二人妻（九六・八パーセント）であり、三人妻は三・〇パーセント、四人妻は〇・二パーセントにすぎない。また、複婚の男性のうち中等教育以上の取得者はわずか二・六パーセントで、ほとんどが教育水準の低い人々であった。［補注5］

〔離婚率〕

エジプトの離婚率は世界各国のなかでも高い部類に入る。また、近隣のアラブ諸国と比べても高い。ここで離婚率を人口一〇〇〇人あたりの離婚件数で表示すると、一九五一―五五年平均で三・〇を超えていたエジプトの離婚率は、五六―六〇年で二・五、六六―七〇年で一・九と低下したが、七〇年代に入ると七一―七八年平均で二・一と再びやや上昇した。離婚率の高さは、女性の経済的自立性の高さを示すものだという考え方、あるいは反対に、家父長的な夫による専横な離婚要求に抵抗できない女性の社会的地位の低さを示すものだという見方など、ひとつの方向では断定できない性格を持っている［CAPMAS 1975: 58］。したがって一九七〇年代の変化がどちらの方向を指し示しているのかは明確には答えられない。しかし、離婚率は都市部の方が農村部より明らかに高いとは言うものの（一九六〇年代以前の資料がないので）、一九七三年と七八年の両統計を比較すると、微妙な変化がうかがわれる。すなわち、一九七三年では農村の離婚率一・七、都市部二・六であったのに対し、七八年ではそれぞれ一・七、二・四と、農村の離婚率がほとんど変わらないのに、都市部では離婚率がわずかながら低下したのである。これを、農村出身者の都市流入による都市の文化的な「農村化」によるものか、それとも都市における家父長的家族の解体によるものか（ナギーブ・マハフーズが『バイナルカスライン』等の三部作で描く都市の旧中産階層の家族崩壊）[3]、ここでは残念ながらこれを判断するに足る客観的資料がない[4]。［補注6］

しかし、年間の離婚数を結婚数で割った比率を計算すると、一九五六―五八年平均〇・二五六、六五―六七年平均〇・二三〇、そして七六―七八年は平均〇・二〇五とほぼ一貫して低下してきたことが分かる。この婚姻関係の安定度の上昇は、女性の社会的地位の向上という長期的趨勢を表わすものだと言えよう。［補注7］

〔女子教育と女子労働〕

家族関係の変化を示す指標である女性の社会参加について、女子の教育水準の上昇と女子労働の増大という点を検討してみよう。女性の非識字率は一九六〇年と七六年の人口センサスを見ると、この一七年間で八三パーセントから七一パーセントへと一二パーセント低下したものの、依然高い水準にあり、絶対数では二割近くも増大した。これに対し、女性の高等教育は急速に拡大し、一九六四／六五―七八／七九年のあいだで女性の大学生の数は約八倍になった。これは女子教育だけの問題というより、初等教育からの脱落者が多い一方で大学生の総数がイギリスのそれを追い越すといったエジプトの教育構造全体が抱える矛盾の反映でもある。この教育構造の歪みこそ、社会運動としての女性運動の基盤が弱いひとつの原因である。［補注8］

一方、女子労働は一九六〇年と七六年のあいだで五八万人から七九万人へと増大したが、総労働力に占める女子労働の比率は七・七パーセントから六・八パーセントへと低下した。これは農業部門において女性の就業者数が減少したためである。一方、工業労働力に占める女性の比率は二・八パーセントから五・四パーセントに増大した。しかし、いずれにせよ女性の労働参加率は五・九パーセント（一九八一年）という、依然低い水準にとどまっている。(5)［補注9］

〔家族計画〕

エジプトが人口政策を基本的な政策課題として本格的に取りあげるようになったのは、やはり一九五二年革命の後、とくに六二年からである。その背景には戦後の幼児死亡率低下によって引きおこされた急激な人口増大があった。この革命後の人口政策が功を奏して、粗出生率は一九六五年の四・二パーセントから七二年の三・四パーセント、そして八二年の二・四パーセントへと低下した［Sayed 1984］。また家族計画の戦略も、一九六〇年代の物理的規制（避妊具の配布など）中心のものから、七〇年代以降は社会的規制の方向、すなわち早婚の規制や女子教育・女子の就労促進など家族関係そのものの近代化を指向する総合的な社会開発政策へと転換してきた。［補注10］

（二）都市化と家族形態の変容

さて、最後に家族関係の変化を外部から観察できる指標として、人口センサスに現われた世帯の家族形態別構成を検討しておこう。一九七六年人口センサスは、世帯を次のように一〇種類の家族形態に分類している。（1）単身世帯、（2）子どものいない夫婦、（3）夫婦と未婚の子ども、（4）夫婦と既婚の子ども（およびその妻または夫）、（5）子どもがいないか、未婚の子どものいる夫婦で夫か妻の親族（いかなる親等でも）と同居するもの、（6）一部またはすべてが既婚の子どもと同居する夫婦で、夫か妻の親族も同居するもの、（7）夫婦の片方と未婚の子どもとその他の親族、（8）夫婦の片方と既婚の子どもの一部または全部とその他の親族、（9）婚姻関係のない親族集団、（10）親族関係のない個人の集団。

以上のうちから、社会通念で通常の家族形態を示す「普通世帯」について考えてみる。すると（1）、（9）、（10）の世帯集団は「普通世帯」から除外されるであろう。これらを除いた「普通世帯」を、さらに（A）小家族・核家族結合を志向する家族が多いと見られる世帯集団と、（B）伝統的な大家族、たとえば拡大家族の形成を志向するものが多いと見られる世帯集団の二種類に分けてみることにする。その場合、（A）には（2）、（3）、（5）、（7）の世帯集団が、（B）には（4）、（6）、（8）の世帯集団がそれぞれ該当するであろう。

以上の設定にもとづき計算を試みると、（A）小家族結合およびこれに準ずる家族形態を含む世帯集団は「普通世帯」全体の七四・六パーセント。これに対し（B）大家族結合およびこれに準ずる世帯集団は二五・四パーセントであった。ちなみに平均家族員数は、（A）で四・九一人、（B）では七・七四人である。一九六〇年センサスではこの家族形態別の項目がないため、家族形態の構成変化を検証できないのは残念である。しかし、とくに一九七〇年代以降、急速に進展した都市化現象を考慮に入れると、七六年センサスの家族形態構成において農村と都市を比較することはこの時間的変化を示す材料となるだろう。そこで、都市・農村別の「普通世帯」を計算し、全国平均と比べると、都市部では（A）（八〇・五パーセント）が多く（B）（一九・五パーセント）が少ない。反対に農村部では（A）（六九・五パーセント）が少なく（B）（三〇・五パーセント）が多いというある程度予想された結果が出る。したがって都市化の進展は一般的に言って（A）の小家族結合の世帯

数を増加させたと言えるのである。［補注11］

次に家族形態の変化を都市化との関連でより詳しく検討してみよう。ここではカイロ市を例に取って行政区別の家族形態の構成を見てみる。カイロの居住区はある程度明確に生活様式を異にする社会階層別に構成されていると考えられる。これを念頭において同様に「普通世帯」に占める（A）と（B）の世帯集団の比率を地区別に計算すると、以下の傾向が分かる。

（Ⅰ）上流階層が多く住むカスル・ニール（（A）：七五・一パーセント、（B）：二四・九パーセント）、ヘリオポリス（七六・七パーセント、二三・三パーセント）、ホワイトカラーの公務員・技師など中間層が多く住むマディーナト・ナスル（七七・七パーセント、二二・三パーセント）、ショブラ（七二・三パーセント、二七・七パーセント）などで比較的大家族志向が強い。

（Ⅱ）これに対し半ばスラム化したイスラーム中世以来の伝統的な市街区ダルブ・アフマル（八〇・五パーセント、一九・五パーセント）、オールド・カイロ（八一・九パーセント、一八・一パーセント）、ブーラーク（八四・五パーセント、一五・五パーセント）、都市周縁部で農村出身者が多い「農村化された」都市スラム区シャラビーヤ（八八・二パーセント、一一・八パーセント）、同様の地区を多く含む郊外の工業地帯ヘルワン（八三・三パーセント、一六・七パーセント）では小家族結合が多いことが分かる。後者の地域はいずれも人口密度が高く、居住環境も劣悪でしかも住居空間が狭いことから、本来大家族を志向していた（とくに農村出身の）人々も、よぎなく家族を分割せざるを得なかったのであろう。

アレキサンドリア市のスラム街を調査したガーメリーは、狭い家屋で寝る貧困世帯を次のように描写している(6)［Ghāmirī 1980: 140］。

（1）核家族のケース：父親はベッド、母親と子どもたちは床に寝るが、もし子どもが成人している場合には長男は父親と同じベッド、他の弟たちは部屋の片隅、そして成人した姉妹たちは藁のマットで仕切りを作って別の隅に寝る。

（2）拡大家族のケース：息子はひとりでベッド、父親は長椅子、母親と息子の妻は一緒に床、その傍に娘たち、その他の息子たちは部屋の片隅に寝る。

農村の大家族を離れ、夢を持って都市に流入した多くの若者を待つ「家」の姿はこうしたものであった。都市化をひとつの軸とする社会変動の挽き臼は、多くの伝統的社会関係を粉砕する機能を果たしてきたのである。伝統的な家族的支配に固執する人々に不安感を与える（それは身分法改正問題へと収斂する）原因のひとつはこの社会変動の過程にあった。

しかし、都市化は反対に伝統的「家族」関係の再編強化、活性化を促す側面も持っていたことをここで指摘しておかねばならない。それはとくに農村出身者の都市への社会適応において、同族（アーイラ）組織が果たす重要な役割である（[Ghāmirī 1980］および［Ghānim 1982a］を参照）。レバノン内戦で宗派抗争の主役となった各種政治武闘集団も、もとをたどれば都市化に伴なう同族の自衛組織を基盤にしたものであるとの指摘が参考となるように、一九七〇年代の都市化を軸とする社会変動は、たしかに伝統的支配の顕在化と言うべき時代的特徴を持ってもいたのである。この錯綜した「家族」と社会変動の関係を象徴的に示したのが一九八五年の春に再び顕在化した身分法（家族法）改正問題であった。

四　身分法改正問題をめぐって

（一）一九八五年身分法違憲判決

一九八五年五月四日、最高憲法裁判所は一九七九年第四四号法（身分法）の違憲判決を下した。その結果、同五月一八日から再び改正前の旧身分法（一九二〇年・二九年法）の規定が復活・再適用されることになった。身分法（personal status law）は、別名「家族法」とも言われるが、エジプトの場合、家族関係すべてを律するものというよりは、契約関係に立つムスリム夫婦間の権利・義務を規定したものである（キリスト教徒には彼ら自身の宗教共同体が定めた別の規定がある）。また身分法は、エジプトの法体系のなかでほとんど唯一、全面的にイスラーム法が適用されているという点で、特殊な地位を占めていた。

一九七九年法の改正内容は主として以下の点にあった。（1）夫による妻の扶養義務の具体的成文化、（2）夫による一方的離婚宣告（いわゆるタラーク離婚）の制限、（3）一夫多妻制の制限（妻が同意しない複婚の場合、妻による離婚請求が可能）、

（4）裁判所による離婚調停機能の強化、（5）離婚後、妻が養育する子女に対して夫が持つ扶養費の支払い義務（男児一五歳、女児は結婚まで）などである。とくに最後の改正点では、離婚後、住居を妻子に明け渡し、夫が家の外に追いだされるかたちとなったため、これに反発を感ずる男性の数は多かった。また、夫が公務員の場合、裁判所の命令によって夫の給料から離婚した妻と子に対する扶養費が天引きされたり、また不法なタラーク離婚を行なった夫には、罰金や投獄措置が科せられることになった。［補注12］

以上の改正点から分かるように、この新身分法は女性の社会進出を支援するというより、家庭内における妻の地位の安定化に主要な目的があった。それは、この法律が別名「ジーハン法」と呼ばれたように、大統領夫人ジーハンの個人的影響力に負うところが大きかったことにも一因がある。そして、一九八五年の違憲判決が問題と糾したのは、同法がまさにサダト大統領による共和国令として国会の休会中に公布されたという立法上の手続きについてである。言いかえれば、この判決は大統領の個人的な政治的影響力に依存し、上からの改革に頼らざるを得なかった女性運動の非力さを明らかにしたのである。

しかし、ここでは判決のこうした直接的事由より、判決が出された一九八五年春の政治状況を注視しなくてはならない。同年一月二日サダト暗殺（一九八一年一〇月）以降幽閉されていたコプト派キリスト教の総主教シャヌーダ三世が解放された後、ムスリム・キリスト教徒間の対立が顕在化したこと、七月の国法のイスラーム法化要求デモ、大統領夫人の女性のヴェールをめぐる「舌禍」事件、『千夜一夜物語』の発禁等、高まるイスラーム化の潮流を示す事件が頻発していた。同法の違憲判決の主たる政治的背景が、こうしたイスラーム化の動きに求められることはほぼ間違いない。そして、このようなイスラーム化の動きを利用して身分法改正を覆そうとする試みは以前にも見られたのである。たとえば、社会相のアーマール・オスマーン女史が、一九七八年にアズハルのシャイフ〔総長〕に身分法改正の同意を取りつけながら、改正後の八二年には再び同法とイスラーム法との適合性に関しアズハルのファトワー〔イスラーム法の解釈・適用に関する法判断を行なう〕委員会に諮問せざるを得なくなったのはその一例である（*al-Akhbār*, 1982/11/7）。一九八五年五月の違憲判決は保守派の人々の喝采をもって迎えられたが、一方、女性運動家や左派・近代主義者の側からは厳しい批判の声が上がった。ナワール・サアダーウィーの「アラブ女性連帯協会」、アジーザ・フセインの「未来の家族協会」、「アラブ法律家連合女性の地位委員会」などの運動組織や野党の婦人部会などは連帯してこの「反動」的判決への対策を協議した。なかでも左派の連合党は、機関紙「アハーリー」の社説でこの判決を「女性への攻撃」と見なす論陣を張った（*al-Ahālī*, 1985/5/15）。同紙によると、この判決は「社会全体をインフィターフ政策で縛りあげようとするもっとも幅広く激しい攻撃の一部であり……民族的抵抗力を弱めるために後進的で腐敗した価値や観念を押しつけようとする〈アメリカ＝サウジ的〉反動的植民地主義の攻撃である」とした。これは、インフィターフによって侵入したアメリカの文化的帝国主義（マスコミや奢侈的消費生活の影響）とアラビア半島の後進的家族制度の伝播（「アラブ人」のエジプト観光とエジプト人女性との「結婚」、あるいは産油国出稼ぎの暗い部分：*ibid.* 記事）とをならべて批判したものである。この批判は、左派的な文化的民族主義と家族的価値の結びつきを表わしたものとしても興味深い。

また同紙は、一部宗教知識人層の変節をなじり、「彼らはかつて女性の権利と一九七九年身分法改正をもっとも熱望した人々であったのに、状況が変化し支配者が変わると、すぐさまその意見を翻してしまった」と非難した。しかしここで注意したいのは、同紙が判決の持つ反動性をイスラーム化現象そのものとは慎重に区別しようとしている点である。違憲判決後、大統領の指示にもとづき新身分法が国会で討議され、その結果、七月三日に一九八五年第一〇〇号法として公布されることになる。そしてこの法案をめぐる国会論議は、次に見るようにほとんどイスラーム色で塗りつぶされる結果となった。しかしこの国会論議を検討する場合、重要なのは、イスラーム化現象とは区別すべき問題、すなわち家族関係の変化という自律性を持った固有の問題領域が存在するということである。

(二) 新身分法をめぐる国会討議

一九八五年新身分法が憲法・法制委員会を経て国会の総会で審議されるにあたり、国会議長は同法がイスラーム法に合致し、大多数のイスラーム専門家の合意によるものだと説明した（*al-Ahrām*, 1985/7/1）。これは、一九七九年法がイスラーム法の原則に準じており、イスラーム的家族とイスラーム社会を護るものであるとした六年前の国会説明のまったく同じ繰り返しである（*al-Ahrām*, 1979/7/4）。アハマド・ヘイカル文化相は、同法が（憲法・法制委員会の段階で）多くのウラマーの意

（図３）新身分法の施行停止後

新身分法の施行停止後、新聞記者のインタビューに答えて、「あれ以来、夫と家のなかにいると、まるで自分が西ベイルートのパレスチナ人のような気がしてくるの」
（出所：*al-Ahrām*, 1985/4/6/10）（画：Ṣalāḥ Jāhīn）

見を集約したもので、今さら（国会で）大多数がイスラーム専門家でもない者が議論してもしかたがないではないか、と皮肉ったが、しかしこの法案は、総会の初日、五三名が発言を求めるほどの熱心な関心を集めることになった。しかも（新聞に紹介された限りでは）、ほとんどの議論がそれぞれの家族観をもっぱらイスラーム法に関連づけて述べたものばかりであり、いわばイスラーム色に塗り込められた討議となった（以下は *al-Ahrām*, 1985/7/1, 1985/7/2 の国会記事からの引用）。

たとえば、野党のリーダーのムムターズ・ナッサール議員（新ワフド党）：「たしかにイスラーム法は、道徳・性・信仰・法的権利と責任、そして結婚契約の執行において男女を平等に扱っているが—略—〔一方〕イスラーム法は離婚された女性の権利については何も語っていないのである」とか、「離婚について言えば、イスラームの公正は情緒（'āṭifa）への配慮ではなく社会全体の利益（maṣlaḥa）のためにある」：シャイフ・アブデルガッファール・アジーズ（新ワフド党）。「（同法の）原則は神の公正（法）とも家族の利益とも合致するものである」：ラファアト・マフグーブ国会議長。「エジプト女性は家（bayt）と夫を求め、また神の法以外の何ものも認めない—略—〔しかし〕第二の結婚（複婚）については最初の妻に危害を加えるとのイジマーウ（法学者の意見の一致）が存在する」：ライリー・ハサン女史（国民民主党）、といった具合である。

最後の引用例に見られるように、たとえ改革派の立場といえども、「イスラームの言葉」という器に入れて、中味の要求を出してゆかねばならない政治状況がよく分かる。しかし、この発言が取りあげた一夫多妻制への規制条項がこの討論の最大の焦点となったこと自体、イスラーム化の論理の陰に隠された一九七九年法反対派の原初的な感情の所在を明らかに示していたのである。その問題となった規定は、「妻が夫から物理的・精神的危害（darar）を受けた場合に妻は離婚を請求できる」としたもので、保守派はこの「精神的危害」が第二妻との結婚を含意している点に猛烈に反発した。「私は、この条項が、神によって二人妻、三人妻、四人妻が正当化されている男性の婚姻に対して何らかの規制となることを恐れる」：ムハンマド・マラーギー（新ワフド党）。「この『物理的・精神的危害』の代わりに（形容詞を取ってただの）「危害」に換えたらどうか―略―」：タウフィーク・ザグルール（国民民主党）。

なかには「第二の結婚は断じて「危害」ではない―略―（むしろ）西洋の国々では現在、複婚を合法化する手段について検討を始めているくらいである」（?）：ヘイカル文化相、というような意見も飛びだすなかで、ナッサール議員は、「この新法は最高憲法裁判所が廃止した法律（一九七九年身分法）の規定とはまったく異なり、その欠陥に配慮してこれを修正したもので、その最大の箇所は第二の結婚についてである。―略―この「危害」という表現は文字どおりのまったく隠された意味を持たないものである」と発言した。彼は保守派の代表として、同法をむしろ「改善」されたものと認め、憤る同僚議員をなだめたのである。この発言に対し、マフグーブ議長は「政党の枠を越えて、国家的利益を追求した」発言として感謝の意を表した。

この条項を含め、一九八五年一〇〇号法が七九年四四号法と比べて、「改善」されたか（保守派）それともより「前進」したか（女性解放派）どうか、法解釈上の見解は必ずしも統一されていないようである（*al-Ahrām*, 1985/7/13）。そのため、保守派の側からこの新法の違憲性を問う意見も再び上がっている（*Rose el-Youssef*, 1986/2/10）。しかし、法社会学者アーデル・アーゼル氏が言うように、今回の法改正は法解釈上の問題より、その社会的インパクトの方が重要だと考えるべきだろう[7]。彼がマーズーン〔結婚契約登記人〕から聞いた話では、一九八五年の法改正後、保守的な男性が新身分法の適用を恐れて正式の婚姻登記を行なわない結婚＝ウルフィー婚を選択するケースが急速に増えているという。たとえ、法改正が女性の地位の向上を意図したにしても、その社会的な実態レベルでは、むしろ正反対の結果をもたらすこと、これを鋭く指摘されたわけである[8]。

（三） 身分法改正論議の背後にあるもの

さて、国会の論議を最後にまとめるにあたり、マフグーブ議長は総括の辞を示したが、その発言のなかにはイスラーム色の衣をまとった伝統的家族観のひとつの原型を見いだすことができる。

「イスラーム社会の形態を歪ませるものは、家長が名誉ある生活（al-ḥayā al-karīma）を実現することができないような家族の状態にある。—略—妻は子どもを産む者として名誉ある生活が与えられねばならない」。

ここで見られるのは、家庭内における妻の地位を保障してこそ、家長たる夫の伝統的な権威が護られるという論理である。またその「イスラーム社会」においては、「名誉ある（カリーマ）生活」は家父長たる夫から与えられるものである。さらに言えば、妻を「服従の家」（bayt al-ṭāʿa）に押し込め「名誉ある生活を与え」（takrīm al-marʾa）、家の尊厳を高めることこそが家父長的権威の基礎となるのである。

ここで注意したいのは、伝統的な家族的価値を構成する基本的な概念としての名誉である。たとえば一九八五年の身分法論争でも、「（身分法の目的である）家の安定性は、その成員の人間性（adamīya）の尊重と彼らの名誉（karāma）に対する保障なしには達成されない」（アンギー・ルシュディー「法律が目的を達成するために」*al-Ahrām*, 1985/5/25）という表現が見られた。そして、ここで用いられている名誉（カラーマ）概念は、もうひとつの伝統的な名誉概念であるイルド（ʿirḍ）、すなわち男性がその庇護・支配下にある同族の女性に対して持つ名誉＝貞操感情と結びつけて考えることができるだろう。

このイルドは、男が同族の婦女子に対し、すなわち父親が娘に、兄弟が姉妹にそして従姉妹に、叔父が姪に対して護るべき貞操的価値を示すものであるが、反対に男性は保護下にある女性が示す恭順（ṭāʿa）に対して一定の責任を負わなくてはならない。それを冒す行為は男女いずれにとっても「恥」（アールまたはアイブ）である。この名誉感情は伝統的支配関係を形成する基盤にもなる。「私はあなたのイルドの許にある」（anā fī irḍak［irḍ-ka］）と言えば、それは相手に名誉と結びついた寛容（カラーマ）を請う支配＝庇護関係を表現していることになる。また、人類学調査者が指摘してきたように、この名誉感情は西欧のような個人的感情ではなく集団的な共同感情である点も重要である［Abou-Zeid 1974］。なぜなら、イルドは民族主義の心情的基礎を提供する共同感情としても機能してきたからである。一九六七年中東戦争時、イスラエル軍の侵入に対し抗戦しないで妻子を連れて逃げたパレスチナ人の父親がその理由を問われ、彼らのイルドを護るためだと答えたという調査例（[Dodd & Barakat 1968]・[Dodd 1973]）、あるいはエジプトの民族運動史上名高いデンシャワーイ村事件（一九〇六年）で、英兵が農民の怒りを買って殺害されたのは、英兵の銃口が村の女性に向けられたからであったという話［al-Masdi 1973］などは、その意味で示唆的である。また、かつて故サダト大統領が自分の孫を連れ、イラクのフセイン大統領が自分の娘とともにマスコミに登場するのは、イルドを護る家父長のポーズであるのかもしれない。一方、これと一見似てはいるが、ＰＬＯのアラファト議長が戦災孤児を抱く姿は、いわば民族のイルドを護る決意を示したものとの解釈も可能であろう。

（四）女性労働保護法をめぐって

現代エジプトの急激な社会変動は、このイルドをひとつの要素とする伝統的な家族的支配の下部構造に大きな影響を与えた。たとえば、その要素のひとつ、父親の前に立てば体がこわばり煙草ひとつも吸えない（また吸ってはならない）というような家父長的権威に関しても、たとえば父親を殴った息子に、「クルアーンに背く行ない」として六カ月の徴役を科すという判決事例（*al-Akhbār*, 1982/12/17）に見られるように、現在その動揺がうかがわれるのである。しかしその際、このように社会的変化への政治的対応策としてイスラーム化の潮流を利用することがあったとしても、本章では家族関係の変化というそれ自身、自律性を持った社会変動の一過程をイスラーム化の動きとは区別して考えている。たとえば、農業の生産関係の変化についても、保守派が伝統的な生産関係（たとえば分益小作制）の拡大を狙って、「小作権の相続はイスラーム法に反する」と発言し（前出の新ワフド党リーダー、ナッサール氏の意見、*al-Ahrām*, 1985/5/24）、農地改革体制の解体を画策する例が見られる。この場合でも農業の生産関係変化は、同様にイスラーム化とは区別された問題だからである。

さて、身分法改正に続くこのようなイスラーム化を利用した保守派による反撃は、一年後の一九八六年春、今度は女子労働保護制度に対して向けられた。というのも、（１）夫の同意なく働きに出た妻の扶養費（nafqa）請求却下（*al-Akhbār*, 1982/7/7）、（２）夫の許可なく働きに出た妻を服従への反抗（nushūz ʻan ṭāʻa）との裁判所認定（*al-Ahrām*, 1984/7/7）、（３）

別居中だが婚姻関係を持ち夫の保護（ʻisma）下にある姿が夫の反対にもかかわらず産油国に出稼ぎした場合その被扶養権は失われるとの判決（*al-Ahrām*, 1982/5/30）等々、実は身分法関係の訴訟で案外と多いのが（弱い地位にある妻への虐待ではなく）、女性の労働参加をめぐる問題にあったからである。この「女は家庭に戻れ」という動きは、これまで一九七七年と八一年の少なくとも二回にわたって試みられたが（*Rose el-Youssef*, 1981/3/16）、その背景には一九五九年統一労働法、七八年女性労働保護法（四七、四八号法）など、女性労働保護立法への反発があった。とくに一九七八年法は、婦人労働者に三カ月の出産休暇（有給）と二年間の養育休暇（無給、あるいは半日勤務で給与半額支給）を最大三回認めるなど、雇用主の不満と依然就職状況が好転しない大卒男子などの反発を買った。

こうした不満を背景にして、一九八六年三月二日、与党の国民民主党・中央執行委員会は、婦人労働者の早期年金（退職制・賃金半額支給の一〇年休職制の導入を検討中であることを明らかにした。しかし、この新たな「女は家庭に戻れ」という試みに対し、「アハラーム」紙が女性知識人や近代主義者による反論のキャンペーンを張った結果（*al-Ahrām*, 1986/4/11—1986/5/9）、結局、法案は国会に上程されなかった。さて、今回の議論で見られた特徴は、イスラーム色で塗り込められた身分法改正論議とは異なり、女性労働の経済的重要性を指摘する意見、あるいは「男女平等は文明の一部」とか「一〇年休職制は時代の進歩にそぐわない」という進歩主義的な論調が目立ったことである。とくに、家庭を省みない「男こそ家庭に戻れ」（*al-Ahrām*, 1986/6/18）という心強い論説も見られるなど、少なくとも公的な世界において女性知識人および近代主義知的エリートが確固とした地位を築いていることを、これらの論調から認めることはできる。

しかしながら、下からの運動としての女性運動の力量は決して十分なものとは言えなかった。前出のアーゼル氏は、女性運動とは言っても各政党に属する婦人組織か、あるいは一部の著名な女権運動家の私的グループといった水準にとどまっていると厳しく指摘する。もっとも、エジプトの場合、社会運動が脆弱なのは、何も女性運動だけに限らないかもしれない（たとえば農民運動）。前に述べた教育構造の歪みをも反映して、社会改革が多くの場合国家による啓蒙主義的主導に頼ってきたことは、革命後のエジプトにおける社会発展の大きな特徴であった。

むすびに

このように社会運動としての女性運動が持つひ弱さのひとつの原因は、女性の知的エリートとその対極に暮らす多くの人々とのあいだに広がる隔絶である。たとえば近年、女性による犯罪が増加したとして、これを保守派が身分法改正の攻撃材料としようとしたことがあった。これに対し「アハラーム」紙などは次のような反論を載せた。すなわち、犯罪統計を見るかぎり女性の犯罪比率は外国と比べ決して高くないし、また際立った増加を示してもいない。むしろそこに見いだされるのは保守派が問題とする女性の社会進出に伴う犯罪ではなく、激しく変動する社会の底辺部において抑圧された女性の性を原因として発生する陰惨な事件である（*al-Ahrām*, 1985/9/30, *Sabāh el-Kheir*, 1985/4/4）。

都市化の果てに出現する孤立した群集の世界、そこではもはや頼るべき伝統的支配も庇護も失われているのに、自立することもできず、また新しい家族関係を創りだすことに苦しむ多くの人々が生活している。本章が課題とした「家族関係の近代化」は、このような多くの人々が織りなす実態のレベルと、女性の知的エリートを代表とする運動、あるいは理念のレベルの二つを区別して議論する必要がある。そしてこの両者の対抗・緊張関係として家族問題を考察してゆかねばならない。伝統的な家族関係が徐々に解体していった後に、どのような新しい構成を持った家族的感情を再生（古い価値観の全面否定ではなく）させ、それにもとづいて新しい家族結合を作りだしてゆくかは、我われにとっても共通した課題である。残念ながら本章は、この新しい家族関係の具体的内容について、実態あるいは理念のレベルでも、十分な情報を提供することができなかった。これは今後の課題としなければならない。ただ最後に、後者のレベルの事例として、身分法改正論議で見られたひとつの印象的な発言を紹介しておこう。それは前出のサイイド・オウェイス氏が描くエジプト的家族像である（*al-Ahrām*, 1985/6/3）。氏は、古代エジプトの遺跡を訪ねるときに出会う素晴らしい壁画の数々が古代エジプト人の生活を教えてくれるとして、「とりわけ、夫と妻、そしてこの両親と子どもたちのあいだに等しく平等な家族関係が保たれているといった特徴を持つ家庭生活」の存在を指摘する。「この関係はたんに幸福と親愛の生活を示すばかりでなく、道徳の歴史において基本的な重要性を持つものを改めて明らかにしてくれる。なぜなら、神殿や墳墓の壁画や記録は、我われに道徳的認識が根源的には平等な家庭生活から成長するという決定的な歴史的証明を提供しているからである」。この発言を、イスラーム化のうねりが高まるなかで、イスラーム以前の歴史を持ちださざるを得なかった近代知識人の弱さと見るか、それとも別の意味を読みとろうとするかは、読者の自由である。

〈一九八七年三月発表〉

《コラム▪1》

アサビーヤ概念をめぐって

中東経済史の大家C・イーサーウィー教授は、アラブの経済発展の可能性を日本の経験と比較して論じた最近のエッセイのなかで、「日本的アサビーヤ」の役割に注目している。この場合のアサビーヤとは連帯意識とか集団主義といった意味で、教授の言う「日本的」アサビーヤなるものは、近年外国で流行の日本経済理解の枠組みのなかで比較的容易に理解できそうな気がする。

しかし、同様の議論を現代アラブ社会とアサビーヤについて行なうとなると、話はそれほど簡単ではない。理由はアラブ社会の経営制度や労働組織に関する基礎的研究の蓄積が不十分なせいもあるが、実はアラブ固有の社会的凝集 cohesion を示すイブン・ハルドゥーン以来の社会学的概念としてのアサビーヤそのものの考察が十分整理しきれていない背景がある。

さて、アサビーヤという言葉が由来する語根のアサバ（ʿ・ṣ・b）には①神経・腱、②結束する、縛る等の二系列の意味があるという。もちろん、社会関係を示すアサビーヤは二番目の意味から直接導きだされると思うが、重要なのは前者の身体用語としての意味である。たとえば、部族あるいは氏族にあたる親族集団の呼称には fakhdh（腱）、badan(a)（胴）、baṭn（腹）などの（人間あるいは家畜の）身体の各部分を示す言葉があるが、アサビーヤとはそれらすべてを貫き、結束・分岐させる統合原理、いわば神経・腱であると解釈できるように思う。

アサビーヤは、このようにアラビア語に特有の直喩的用法によって、わかりやすく言えば血の連帯といった直接的な血縁関係を本来指し示していたと言える。それゆえこの沙漠起源の結束原理は、都市中心で社会変革の宗教であった初期イスラームにはむしろ好ましくない概念でさえあったらしい。これに対してイブン・ハルドゥーンは「無明時代の無価値な目的ではなく、真理と神の命令を遂行する連帯意識は望ましい」としてアサビーヤを弁護し、さらに都市化と社会的連帯に関する一般理論を展開させたのはよく知られている。今日においても、公式イスラームの最高権威、アズハル・モスクのシャイフ〔総長〕がイラン・イラク戦争の終結のためにイスラーム共同体の連帯（アサビーヤ）を訴える例などは、この概念が単なる血の連帯を越えた、より広汎な意味の広がりを持つことを教えてくれる。

さて、アサビーヤが社会的事実とより密着したレベルにおいて、もっとも痛烈な批判を加えてきたのは現代エジプトの左派・近代主義者であった。彼らにとってアサビーヤとは農地改革後も旧「封建」勢力が依拠する伝統的支配関係の中心概念に他ならなかった。さらに、七〇年代の門戸開放の時代になると、アラブ世界全体の政治潮流の逆転、保守化傾向のなかでアサビーヤの顕在化さえ見られるようになった。八四年五月のエジプト総選挙はアーイラ（同族）選挙と呼ばれたし、また開放経済下で成長した新興企業家層にはアーイラ資本主義という特徴づけが行なわれた。さらに重要なことは、アサビーヤ概念の検討は、こうした政治・経済エリート層の分析ばかりでなく、大衆層、とくに膨張する都市下層民の社会統合の問題においても重要な分析手段となるであろう。

〈一九八六年三月発表〉

《コラム■2》

エジプト――「家の名」をめぐって

アラブ人は、名前、とくに姓あるいは家の名に該当する呼称をどのように考えているのだろう。ここではエジプトの事例を中心に初歩的な知識を述べることとしよう。

〔「三名連記」方式における二つの型〕

通常、多くのアラブ諸国において、パスポートや身分証明書など公式な氏名の表記は、三名連記のかたちでなされる。その場合、この三名連記には、大きく分けて二通りの型があるように思う。

まず第一に、本人の名前―父の名前―父方の祖父の名前、という順番で記されるパターンがある。もうひとつは、同じく本人―父―と来て、最後に祖先の名前、あるいは父系出自の親族集団の名称を据える型である。後者の場合のラスト・ネームを、家の名前にあたるものと、ここでは一応考えておきたい。

ここでエジプト大統領の名前を例に挙げれば、故アンワル・ムハンマド・サダト（Anwar Muḥammad al-Sādāt）前大統領は後者の型ということになろう。

ただし、実際に（家族や親友のあいだではなく）公的な場で呼称として多く用いられるのは、三つではなく二つの名前の組みあわせである。その場合、「家の名前」がはっきりしている後者の型では、アンワル・サダトというように、真んなかの父親の名を省略して本人とラスト・ネームが用いられるのに対し、前者の型においては、本人と父親の名前が選ばれることが多いように思う。

さて、今から一三年前（一九八一年）の暗殺事件に際し、ジハード団の凶弾に倒れたサダト大統領は、傍らの副大統領に向かって（後は任せるという具合に）「ああ、ホスニー」と呟いたと報道された。このホスニーとは、サダトにとって同郷出身の後輩である現大統領〔任期一九八一年一〇月―二〇一一年一月〕のムハンマド・ホスニー・ムバーラクの真んなかの名前だが、一般の公的名称とは変わっていて、父親の名ではなくこれもまた本人の名である。すなわち、彼はムハンマド・ホスニーという二つのファースト・ネームを持っている。実は、サダト前大統領の個人名もムハンマド・アンワルという二つの名前からなっていた。こうした二つ並びの名前は、イスム・ムラッカブ（複合名称、あるいはイスム・ムシュタラク）と言われ、とくに預言者ムハンマドと同じ名を息子に命名する場合に用いられるという説がある。その場合、ムハンマドに続いて付けられたアンワルやホスニーなどは、いずれも預言者を誉めたたえる意味を持つ名前である。

〔「家の名」の持つ社会的意味〕

話を「家の名」に戻すと、第一の型（本人―父―祖父）の名前を名乗る人に、大統領のような後者の型に見られる「家の名」が本当にないかと言えば、実は由緒ある名前を持っている場合が多い。たとえば、今もエジプト主要紙の論壇で活躍する著名なある左派の知識人は、ごくごく平凡な三名連記の名前を名乗っているが、自分が革命前の「貴族的」支配階級の出身だということをある本のなかで告白している。「家の名」を付けないのは、このような思想的な理由以外にもさまざまなものがあろう。

エジプトの場合、とくに同族的な結合構造を持つ伝統的な農村においては、特徴ある家の名前が大きな社会的意味を持つが、一般に都会ではそれほどではない。またイラクでは、その複雑な部族的・宗派的構成を持つ国民を、バアス党の強力な支配体制に組み込むために、公職名に「家の名」をつけることが禁止されているという。

さて、サダト暗殺を実行したジハード団のハーレド・イスラムブーリーそして同組織のリーダー、アッブード・ゾモルの両名とも、その名を聞けばすぐにそれと分かる名家の出身であった。すなわち、イスラムブーリー家は上エジプトでは有名なトルコ系の名門家族であるし、ゾモル家はカイロの近郊、ギーザのピラミッド近くで名の知られた一族であり、両家からは政界・法曹界・軍部に多くの有力者が輩出している。暗殺直後に、ゾモル家が事件との関わりを否定する新聞声明を出したのは有名な話である。

このサダト暗殺事件後、故大統領のal-Sādātという「家の名」は実はal-Sādātīという父親の代の名前から改称されたものだったという事実が暴露された（ムハンマド・ヘイカル『怒りの秋』〔ヘイカル 1983〕）。両者の違いは、al-Sādātが、エジプトのあるスーフィー〔イスラーム神秘主義〕教団の創始者の名前〔ただし、al-Sayidの複数形であるal-Sādātは、通常、預言者ムハンマドの家系につけられる敬称〕であるのに対し、これに「ī」をつけたal-Sādātīは、このスーフィーの聖者に従う者、信奉者を意味する点にある。すなわちサダトは、自分の家の名前を平信徒から聖者の家系へと昇格させたわけである。こうした家名の改称をめぐるスキャンダルには、大統領時代、エジプトという大きな家の家父長をもって任じた彼の個性がよく表わされているようにも思う。（ちなみに、現大統領の家系もブヘイラ県に有名な廟のあるスーフィーの聖者ムバーラクにさかのぼると言われ、この点でも二人の大統領の名前には似たところがある）。

ところで、近年のエジプト政治研究において、この家名の改称を行なったサダトと農村名望家層の名前を持つジハード団のリーダーたちとを対比させることによって、一九七〇年代以降の政治社会変動を読み解こうとするひとつの試みがある。それは「家の名」に注目することによって、五二年エジプト革命の担い手であった自由将校団の青年将校たちと今日のラディカルなイスラーム運動に参加する青年層の社会的出自の相違を強調する分析視角である。単純な階級分析では把えられないエジプト社会の個性の一部が、「家の名」を通じて浮かびあがってくる点が興味深い。

〈一九九四年三月発表〉

第2章　近代エジプトの家族概念をめぐる一考察

[解説]

本章は、本書で唯一の書き下ろし原稿の章として書いたものである。執筆の目的は、第1章「エジプトにおける家族関係の近代化」において、三〇年以上も前に行なった問題提起に対し、遅ればせながらその一部に回答することにある。前章の「解説」で述べたが、この古い論考には見なおすべき点が多い。それは、当時の筆者の認識の浅さや勉強不足に起因する。しかしながら、そこで着想を得た「アーイラ的問題」と「ウスラ的問題」を区別して議論しようとする枠組みは、今でもなお考察の出発点として保持して議論してみたいと考えている。それは、エジプトあるいはアラブ世界を対象とした地域研究による考察が、家族研究に対して何かしらの意味のある貢献をなすことを希望するからである。

ところで、そもそも筆者が第1章の論考を執筆した背景には、日本人のエジプト研究者による「論争」があった。このエジプトの家族と社会をめぐる「論争」について、まず本章の第一節で紹介する。そして、これを足がかりとして、第二節以降では、自伝資料や小説を素材に用いた議論を展開したい。これらは、筆者なりの地域研究の方法論的特徴を示すものとなろう。これに関連して、最後の第五節「むすびに」においては、最初に個人史資料を地域研究において用いることの方法論的な意義を指摘してみたい。続いて地域研究としての家族研究の可能性、あるいはその貢献について若干の理論的な考察を行なう予定である。ただし、こうした議論の目的は、主として第II部に収録した第3章以降の旧稿の理解を助ける道案内にあるのであり、地域研究としての家族研究の課題に全面的に応える内容にはならないだろう。とはいえ、この議論が未整理なものにしかならないとしても、それを通じて筆者のこれまでの研究の全体像をいささかでも理解していただくことができれば幸いだと考えている。また、本章の内容を補足するために、コラム3において現代アラビア語辞書データベースによる家族概念の分析結果を示した。

一　エジプト農村の家族（アーイラ）「論争」

日本の近代エジプト研究においても、他の地域研究と同様に、特定のテーマをめぐる論争の展開が見られた。こうした論争は、それぞれの地域研究において中心的な問題領域を設定しようとする試みであった。(1) 近代エジプト研究の場合、そのような論争の対象となったのがアーイラ（ʻāʼila）という家族概念であった。このテーマについては一九七〇年代に始まり、現在にいたるまで特別な関心が寄せられている。すでに第1章でも若干の説明をしたとおり、アーイラは、普遍的な家族（family）を表わすのと同時に、拡大家族（extended family）や、より大規模な親族集団・父系出自集団を示す言葉として使われることもある。さらに問題なのは、アーイラ以外の家族を表現する言葉も複数存在し、それら相互の関係も必ずしも明解ではないことである。たとえば、アーイラとならんで普遍的な家族を意味するウスラ（usra）は、アーイラとは区別されて小家族や核家族あるいは世帯を意味する。また、より大きな父系親族集団を示すカビーラ（qabīla：「部族」と訳されることが多い）やアシーラ（ʻashīra：同「氏族」）、あるいはアール（āl：同「一族」）も家族を意味する言葉として使われる。その他、日常の生活用語としては、アハル（ahl：上記のウスラに近い小家族の他、人々など多様な意味を持つ）やバイト（bayt：本来は家屋としての家を意味するが、同時に家族や家庭といった意味も示す）も重要である。アーイラは、これらの用語と意味をしばしば重複させながら、しかし、用いられる文脈に応じて「小家族」から「部族」まで伸縮自在に使われることから、研究者にとっては扱いにくい概念とされてきた。

日本のエジプト研究者のなかで、このアーイラに対する関心を最初に示したのが、中岡三益と木村喜博であった。彼らの研究は、一九七〇年代当時の日本の社会科学において大きな影響力を持っていた「共同体論」の枠組みの適用というかたちを取った。このアーイラ問題に対する共同体論的アプローチを一九八〇年代以降、批判していったのが加藤博である。さらに加藤はその後、岩崎えり奈とともに実施した社会調査によってその批判をさらに実証的にも発展させた。一方、この「論争」に直接に関与することはなかったが、大塚和夫、赤堀雅幸、岡戸真幸といった人類学者も関連するテーマでそれぞれの研究成果を示した（［大塚 1983］・［赤堀 1994］・［岡戸 2008］）。また、鈴木恵美による「議会家族（usra barlamāniyya）」［近代エジプトの各時期の中央議会において議席を占有しつづけてきた地方名望家「家族」］に関する政治史研究（［鈴木 2005, 2011］・［Suzuki 2009］）は、このアーイラ「論争」が扱う重要な問題（本書の第1章で筆者が言及した「アーイラ政治」や第3章で取りあげる問題領域）を豊富な資料により実証的に追究した研究業績であったと高く評価したい。

（一）中岡三益＝木村喜博によるエジプト農村共同体論

〔共同体論とその時代的背景〕

まず、中岡三益と木村喜博によるエジプト農村「共同体論」の紹介から始めよう。両者の中心的な論考（［中岡 1973］・［木村 1973］）は、いずれもアジア経済研究所の共同研究の成果『共同体の比較史的研究』［川島・住谷編 1973］に収められている[2]。その内容を理解するには、執筆当時の研究史的な時代背景をふまえなければならない。この共同研究の理論的な前提となったのは、大塚久雄の『共同体の基礎理論』［大塚 1969］（初版一九五五年）である。その内容をここで詳しく紹介する必要はないであろう（注4を参照）。しかし、現在の時点であらためて確認しておきたいのは、この理論が、戦後日本社会が直面した問題に対する現実的な関心から生まれてきたことである。それは、戦後の農地改革をはじめとした日本の近代化と経済発展に対する実践的な関心であった。またその後、高度成長時代の真っただなかの一九七〇年代において、この「共同体論」を発展途上国の開発問題（資本主義的発展）に適用しようとしたこの共同研究の試みも、戦後日本の近代化論あるいは近代主義的な市民社会論という社会科学的な思想の営為の延長線上になされたということである。今日的な研究状況との決定的な時代的な差異であるが、当時、戦後日本の実践的な課題が非西欧社会としてのアジア・アフリカと問題関心を共有していたのである。このような共感力を持った問題関心を現在の研究者に見いだすことは難しいかもしれない。[3]

さて、この「共同体論」に対しては、その後、アジア・アフリカ研究者による厳しい批判がなされた。南アジア史の小谷汪之の研究［小谷 1979, 1982］はその代表的な例である。[4] また、アフリカの農村研究への「共同体論」の適用については、吉田昌夫による批判がある［吉田 1991］。この批判を引き継いだ池野旬は、分析対象を「共同体」から「世帯」に移すべきだという提案をしている［池野 1989］[5]。こうした「共同体」から「世帯」や「家族」に分析対象の焦点を移す考え方は、西洋経済史研究における歴史人類学や家族史への関心と軌を一にしていたとも言える。[6]

〔中岡三益の共同体論による分析〕

以上に述べた「共同体論」の時代的な背景や批判を念頭に置きながら、以下では中岡三益・木村喜博による共同体論的なアプローチによるエジプト農村論を紹介していこう。まず、中岡は「共同体論」の枠組みにもとづき、「後進社会において国民経済の発展をはばむ基礎的な要因」が「血縁制を基本的な社会単位とするシュタムゲマインシャフト〔Stamm Gemeinschaft 族的共同体〕が土地占取の主体となっている共同体のアジア的形態」にあると理解し、この枠組みをエジプト農村社会に適用しようとした［中岡 1973: 258］。その試みのなかで、共同体論とイスラーム法理論とを「接合」しようとした議論は、現在でも参照する価値がある。それは、［川島 1973］が共同体論の鍵概念としたマックス・ウェーバーの「占取 Appropriation」概念と、イスラーム法の「占有」（ワドゥ・アルヤド wadʻ al-yad）を関連づけよう、結びつけようとした着想である。[7]

ただし、この「イスラーム法体系の所有・占有規定の基底」には「共同体」の長であるシャイフが土地の「占有」＝「占取」を承認するという装置がある、という中岡の理解の仕方は大きな困難を抱えている。シャイフが「共同体」の「支配者」であるかという事実認識の問題とならんで、現代のエジプト農村において「共同体的土地所有」が普遍的に存在することを前提にした議論もまた批判を免れない。実際、この共同体的土地所有に対する批判が、加藤博の近代エジプト社会研究の出発点であり、それは総括的な研究学位論文［加藤 1993］としてまとめられた。一九世紀エジプトにおける近代的土地所有権の確立とは、前近代から存在していた農民の慣行の追認、法制化にすぎないと論ずることによって、共同体論的アプローチの批判を行なったのであった。(8)

もちろん中岡の議論は、当時の日本の社会科学において「大きな規制力を及ぼしていた」ところの「土地共同所有から私的土地所有へというシェマ」［小谷 1982: 191］に従ったものであった。加えて言うならば、マルクス主義的な歴史観に大きく影響された同時代のエジプトの歴史学者や社会学者の認識においても、「封建的家族」（アーイラ）による土地所有（いわば「アーイラ的土地所有」）は支配的な言説であり、中岡の議論もそれに倣ったと考えられる。(9) しかしここで、中岡の議論で注目しておきたいのは、「共同体」をめぐる主要な論点である「財産占取の主体となるシュタムゲマインシャフト」の考察において、アーイラを中心的な概念としたこと、つまりアーイラ「論争」の起点を作ったことにある。

中岡は、当時の研究者のあいだに見られる家族・氏族・部族概念の混乱状態を指摘し、アーイラを軸に整理しなおそうとした［中岡 1973: 263］。そこで示したひとつの結論とは、アーイラとは、カビーラ（クラン）とウスラ（核家族）のあいだにあり、相続法上のアサバ、刑法上のアキーラ、家族保護に関わるアフリーヤの最小の基礎単位であるという概念の整理であった［*ibid.*: 265］。このイスラーム法的枠組みのなかに複数の家族概念を位置づける試みは、現在でも振りかえって議論する価値がある。しかし、この家族概念の整理のなかで、中岡は核家族であるウスラを非社会的＝生物的単位でしかないと述べ、「シュタムゲマインシャフトの細胞形態」としての存在を否定している。こうしたウスラに関する見方に対して、同じくアーイラを基軸的な概念として考える木村は、異なった解釈を示すのである。

〔木村喜博のエジプト農村家族研究〕

木村は、アーイラを父系的に秩序づけられた血縁組織（父系血縁組織）であり、かつ「家長」の「家父長制」支配団体である、と定義する［木村 1973: 270］。ただし、中岡とはウスラの位置づけが異なる。アーイラの家族構成における小単位、小家族としてのウスラにおいても、意識形態としてのアーイラの観念が共有されているとする。木村はその後に実施した農村調査（上エジプト・ソハーグ県）をふまえて、彼独自のアーイラ論を発展させた［木村 1975］。それによれば、アーイラとは「父─息子」を核とした父系の生理的血統を結合の原理とし、これに秩序づけられた血縁組織であり、「家長とその妻、未婚の子息・子女、妻子をかかえた既存の子息」という原基構造が生活共同態と経営共同態を構成する「二つの原理構造を持ちあわせた家族組織」であった。これに対し、ウスラとは、このアーイラが解体・分裂するか、あるいはその一部が一個の生活単位として「胞子分裂」して小家族として現われたものであるが、いずれもこうしたアーイラが持つ構造原理を共有しているという。

すなわち木村によれば、アーイラとは、エジプト農村における理想的な大家族というプロトタイプ、すなわち「意識形態」として存在するが、しかし、家族サイクルおよび物質的基盤の制約のため、現実的形態としては、アーイラの小単位であるウスラとアーイラが併存する状況が生まれているのである。それは「意識形態としてのアーイラと現実の家族形態としてのアーイラを言葉のうえで区別できなくなっていた」という状況である［木村 1991: 272］。

もうひとつ［木村 1975］が示した議論で注目されるのは、「アーイラ同族集団」という概念を提起したことである。原基形態としてのアーイラが発展拡大してその内部に別の原基形態のアーイラを分岐形成した場合、個々のアーイラが主体となった社会集団として「アーイラ同族集団」が成立する［木村 1991: 271–72］。このアーイラ同族集団は、現実には血の復讐（本書第4章を参照）時における結束単位やダッワール（同族の集会所・共同応接施設）機能を持つ存在として現象することになる。以上をまとめれば、意識形態としてのアーイラが観念的に存在し、それが現実の家族形態のウスラとアーイラのみならず、それらの家族の範囲を超えたアーイラ同族集団までをも貫徹している、という認識である。木村の「意識形態」あるいは「原基形態」としてのアーイラという考え方、および「アーイラ同族集団」という概念には、おそらく日本の家族社会学における「家」や「同族」をめぐる議論が影響しているのだろう。

この共同体とその原基形態であるアーイラを主体として社会構造を分析し、またアーイラを軸に社会変容を分析する考え方、これを「共同体論アプローチ」とするならば、このアプローチに対して批判を展開したのが、次に述べる加藤博と岩崎えり奈であった。

（二）加藤博＝岩崎えり奈の社会調査とアーイラ研究

〔加藤＝岩崎の研究の経緯〕

共同体論的アプローチ批判を開始した加藤の問題意識の根底には、当時のエジプト近代社会経済史研究に大きな影響力を与えていた近代化論（イスラエルの社会史研究者ガブリエル・ベアー（バエル）Gabriel Baer に代表される）に対する批判があった。重要なのは、この近代化論批判が加藤の言う「方法論的個人主義」と結びついていたことである（〔加藤 1983〕による問題提起を参照）。

こうした加藤の初期の研究成果は、前述の『私的土地所有権とエジプト社会』〔加藤 1993a〕にまとめられた。その後、法廷文書研究とその舞台となった農村のフィールド研究を結びつけるという斬新な研究の手法を示した。その成果がオムダ〔村長〕職をめぐるアーイラ〔家系〕間の権力闘争を描いた『アブー・スィネータ村の醜聞』〔加藤 1997〕という作品である。その後、加藤は、それまでチュニジアをフィールドにして人口移動と社会変容を調査してきた岩崎えり奈とともに二〇〇四年以降、エジプト全土を対象にした世帯調査による社会調査に取り組んでいく。それを可能にしたのが、エジプト中央動員統計局CAPMASとの合同調査である。人口移動をテーマに大カイロ郊外のスラム地区の調査に始まり、全国各地の農村へと拡大し、調査地は全国の四地域（上・中・下エジプト、西部沙漠地域）の計一九村に及んだ(10)。

両者の成果は、岩崎の「アーイラとは何か」という英語論文〔Iwasaki 2007〕や加藤の「一九世紀中葉の西部沙漠のオアシス農村の住民登録文書の研究」〔加藤 2010〕など単著の論文のかたちで発表されてきた。これらの共同調査の第一段階の総括と言えるのが、加藤・岩崎共著による西部沙漠のオアシス農村研究『ラシダ―エジプト・オアシス農村の生成と発展』〔Kato & Iwasaki 2016〕である。同書には、これまでの彼らの調査結果とその理論的な主張がまとめられている。もちろん、両者のあいだでは、議論の個々の論点において見解の相違もあろう。しかし、共著の形式であり、それぞれの執筆部分の識別は難しいので、中岡＝木村の「共同体論アプローチ」を批判する統一された見解があるものとして以下に紹介することにする。

〔加藤＝岩崎の共同体論アプローチ批判〕

加藤＝岩崎は、中岡＝木村の議論をフランスの人類学者による北アフリカ農村研究と同列にならべて批判する。これまでのフランス・日本の北アフリカ・エジプトの農村家族研究は、いずれも「親族集団が望む集合的な価値を共有することが求められるメンバーの行動を規定する基礎的な社会単位として見なし」いわば「規範的なパースペクティブで議論されてきた」という［Kato & Iwasaki 2016: 45］。また「いずれも村内の社会経済関係をアーイラ相互の権力関係として把えている」点で共通している、とする(11)［*ibid*.: 46］。

このように「家族」（アーイラ）が村民の社会経済行動を決定するという考えに立って、すなわち「家族」を分析の単位として議論するのが、フランスの研究者による「家族搾取論」（family exploitation あるいは「家族戦略論」family strategy）であり、日本の場合が「共同体論」と呼ばれる方法論であった［*ibid*.: 46］。しかし、こうした「個人や核家族に対して親族集団の概念を対置させる」議論は、「植民地主義者が〔自らの植民地支配を〕正当化するために、現地社会の後進性を議論する言説」に他ならない。むしろ「親族組織とは各個人が親族関係を戦略として用いる社会経済関係の結果」として考えるべきではないか［*ibid*.: 46］。フランスや日本の共同体論が「個人の行動を集合的価値によって説明しようとする」のに対し、加藤＝岩崎が提示するのが「「家族」とは社会経済的利害の結びつき（nexus）における個人の行動の結果」として把握すべきという考え方である［*ibid*.: 47］。

〔加藤＝岩崎のアーイラ論〕

このような共同体論アプローチの批判に立ち、加藤＝岩崎がそれに代えて提起するのは「社会制度 social institution」としての「家族」という考え方である。彼らはアーイラ＝「家族」（family）、ウスラ＝「世帯」（household）という明確な定義を示している。とくに「家族」（アーイラ）については、社会生活で重要な役割を果たす「社会のプロトタイプ」である、とする［*ibid*.: 44］。こうした「家族」（アーイラ）を社会分析の枠組みの中心に据える場合に重要なのは、「農民の行動変化が家族パターンをかたち作る」とする、あるいは「家族」とは個人や世帯がそのなかで戦略的に行動する「社会制度」だとする考え方である。彼らは上記の実態調査による詳細な社会経済データを用いて「農民の行動変化が家族パターンをかたち作る」動態を分析しようとした［*ibid*.: 46］。

彼らは、この制度論的分析において「世帯」（ウスラ）を分析の単位とする。そして、ウスラによる生産や消費の意思決定を通じ、権利や利害を持つ諸アクターとのあいだの調整の結果として、「家族」（アーイラ）が立ち現われるのである。また、別の見方からすれば「家族」とは個人あるいは世帯によって動員される「資源」、「社会資本」なのだ、という。その場合、個人あるいは世帯は、「家族」の「社会経済機能の指標」である「家族ネットワーク」を利用している［*ibid*.: 48］。このような議論は、突き詰めて考えてみれば、「家族」とはあらかじめ与件とされた制度ではなく、個人が相互行為のなかから作りだす制度だという考え方に行きつく。問題は、アーイラという言葉がこうした分析に耐えられる「家族」概念であるかどうかという点である。

〔調査手法と調査結果の評価〕

このようなアーイラ＝「家族」、ウスラ＝「世帯」という定義について、加藤＝岩崎は用語集（Explanatory Glossary）で次のような詳しい説明をしている［Kato & Iwasaki 2016: XVIII, XXV］。

‘a’ila: Family. This is a social unit based on a household (*usra*), while a household is a residential unit. In Egypt, the family is generally called as *‘a’ila* in Arabic. ‘A’ila is sometimes translated as ‘extended family’. (アーイラ：家族。世帯（ウスラ）にもとづく社会単位であり、他方、世帯は居住単位である。エジプトでは、家族は一般にアラビア語でアーイラと呼ばれ、しばしば「拡大家族」と訳される)。

usra (*plu*. usar): Household. This is, by definition, a residential unit where individuals share consumption and is usually an *usra* in Arabic although they were called *bait*, *manzil* and other terms in documents such as population census in old times.（ウスラ（複数形：ウサル）：世帯。諸個人が消費を共にする居住単位であり、アラビア語で通常、ウスラと呼ばれるが、古い時期の人口センサスなどの記録では、バイトやマンズィル、および他の言葉で呼ばれる）。

以上の用語解説において、ウスラとアーイラいずれにおいても、その親族的な性格についての説明はない。また両者のあいだの親族的な関係についても同様である。ウスラは、普遍的で通文化的な世帯としての定義がされている。それゆえ現代エジプトの統計用語でも使われているとおり、非親族世帯をも含むものである。これに対し、アーイラは明示されてはいないが、エジプト固有の親族的な特徴をもつ「家族」として一般に使われていることが前提となっている。

すなわち、アーイラとは、世帯（「居住単位」であり、消費や生活の単位であるウスラ）を基礎に置く「社会単位」であるが、すでに紹介したように、それは「社会制度」としてウスラおよび個人によって「資源」あるいは「社会資本」として組みたてられた、あるいは構築されたものである。しかし同時に、これも明示されてはいないが、この「社会資本」は、特殊な親族的な結びつきを利用して作りあげられたものである。さらにアーイラは、「拡大家族」と呼ばれることもあるように、伸縮自在な性格を持ち、その定義は難しいという。アーイラは、それを社会制度として利用するウスラあるいは個人が求める（経済的）「機能」によって姿を現わすものなのか、それとも制度を作る親族の紐帯やネットワークの固有の性格が「社会資本」としての「家族」を規定・制約するのか。こうしたアーイラの定義に関わる困難な問題をよく理解している加藤＝岩崎は、アーイラの定義を調査対象者のウスラ＝「世帯」自身の判断にゆだねるのである。すなわち、ウスラ（世帯）を構成する人たちが（それは多くの場合「世帯主」の判断によるものであろう）自分の「家族」（アーイラ）をどのように認識しているかを訊く、という調査手法を取った。それは「家族」の名前（ism イスム）ではなく、「家族」の呼称（laqab ラカブ）、すなわち *laqab al-'a'ila*（アーイラのラカブ）を訊いて、各調査村における「家族」（アーイラ）の構成を明らかにしようとしたのである。

加藤＝岩崎が示す全国四地域・一九カ村の調査結果「エジプト村落地図」の分析は圧巻である。社会経済的特徴と家族構造の地域間比較により、ナイルに依拠した同質的で一枚岩的なエジプト農村観を批判し、その多様性を見事に描きだしている。ここではそのなかで、ナイル・デルタ（下エジプト）、中エジプト、上エジプト、西部沙漠のオアシス地域の四地域の各一村について、全世帯の「家族」的特徴を比較した結果について見てみよう。

四村（四地域）では「家族」（アーイラ）に所属する「世帯」（ウスラ）の数が大きく異なる。デルタとオアシスでは少なく、世帯数三〇未満の「家族」が多い。これに対し、ナイル河谷南部の中エジプトと上エジプトでは、四〇以上の世帯を抱える「家族」が見られ、とくに上エジプトの調査村では、世帯数が二〇〇を超える。この村は、ほとんどの世帯が二つの大きな「家族」（アーイラ）に属している。この最大の親族単位を「大家族」kabira や「部族」qabila と呼び、その下位単位を bait〔家〕と呼ぶ［*ibid.*: 58］。

これに対し、デルタの調査村の「家族」にはこうした分節的な下位単位は見られない。むしろ所属する「家族」（アーイラ）を持たない世帯（「家族」を知らない人たち）も一三パーセントもある。これは、決して少ない数字ではない。おそらく、都市部の場合は、さらに多いであろうし、また世代によって異なるであろう。むしろデルタの調査村を特徴づけるのは、三世代からなる「拡大家族」の集合体 the groups of Alias が示す、緩やかで伸縮自在な性質 a loose and flexible nature である。こうした世帯数の小規模なアーイラは、むしろ少数の世帯間の intra-household として認識されている、という［*ibid.*: 58–59］。

さらに同じ「家族」に属する世帯の居住構造も同様に大きく異なっている。「家族」による居住空間の分割が明瞭なのは、やはり上エジプトと中エジプトの調査村であり、そこには「家族」の街区（aila quarter）〔ハーラなどと呼ばれる〕が存在する。これに対し、デルタの村では、こうした「家族」の街区は見られず、異なる「家族」に属する世帯が同じ街区に混在して居住している。

以上の調査結果から導かれるのは、同じ「家族」（アーイラ）という言葉で示される内容は、地域によって相当に異なるという論点である。

〔加藤＝岩崎の西部沙漠オアシス農村調査結果とその評価〕

加藤＝岩崎の共著［Kato & Iwasaki 2016］の価値を高めているのは、文献資料とフィールドワークを組みあわせた実証性である。エジプトの近代史研究において、いわゆる地方文書《じかたもんじょ》の利用はこれまで例が少なく、この僻遠の地で名望家が所蔵する文書を発見・利用できた点は特筆に値する。これは［加藤 1997］で示したような歴史文書と聞き取り調査の情報を照らしあわせる著者のひとりの加藤の熟練の手法に負うところが大きい。もうひとりの著者の岩崎の傑出したフィールドワーカーとしての能力も加わってこの画期的な調査がなされたと言える。これらの点に留意しながら、以下では、同書に関する筆者の書評［長沢 2018b: 133-34］の一部を引用する。

> 「すでに紹介したように、歴史文書と世帯調査の結果の比較によって、一五〇年間の「ラシダの家族構造」の変化を描いた第九章の考察は見事である。その一方で、「序論」で問題提起した「家族」の「制度」や「資源」や「社会資本」としての機能（たとえば、村への移住や水の共同利用、土地へのアクセスにおいて）の分析結果を見ると「家族」の存在感は薄く感じられる。むしろ第14章で分析される水利用や農場経営の場合、強調されているのは、世帯間で行なわれる多様な形態のムシャーラカ（互酬・共同の協力）である。そしてこの協力関係の中心は、同じ「家族の名」（ラカブ）を共有する数十の世帯からなる同族的「家族」の全体ではなく、その一部の世帯間の協力であり、そこでは姻戚関係が一定の役割を果たしている。また、第11章ではfamily landというカテゴリーが出てくる。ただし、それは本書で定義するfamilyつまり、同族的な「家族」全体が所有する共有地ではなく、父親所有の土地の次世代による利用を指している。この場合でも論じられているのは「家族」の一部、複数世帯の協力関係である。他方、第8章では、同族的な「家族」が紛争調停の「慣習法廷」の現代版である「人民評議会」において、今も重要な機能を果たしていることが示唆されている。

上記のように本書において、「互酬的な」ムシャーラカ関係や「慣習法廷」に代表される村落政治など多様な局面において登場する「家族」は、すべて同じ性格を持つ「制度」や「資本」として扱うことができるだろうか。たしかに、アーイラとは、経済（農場経営や企業組織）あるいは政治（血の復讐や選挙活動）など、それが機能する局面の違いに応じて、関係性のネットワークが伸縮自在する親族概念のように見える。その場合、重要な役割を果たすのが、本書が示す「家族」内部の小単位の世帯間結合だと言ってもよいかもしれない。ただし、著者たちが例示するムシャーラカの事例と、エジプトの政治エリートのネットワーク編成で重要な役割を果たす「家族」の小単位（L. Binder の family set あるいは R. Springborg の affinal set）とでは、機能のあり方とその性格に大きな違いがあるように思う。このようなアーイラを社会科学的な分析概念としてエジプト・アラブ社会研究において使用することができるだろうか[12]。

〔世帯の親族構造とその歴史的変化〕

以上に加えて、書評では紹介できなかった問題を最後に取りあげてみたい。それは世帯の親族的な構成原理と世帯形成サイクル論である。加藤＝岩崎の調査で注目すべきは、一八六一年と二〇〇五年という一五〇年以上の年月を経た世帯の家族構造の変化を分析している点である。

彼らは、以下のような世帯の親族構造モデルを提示する［Kato & Iwasaki 2016: 160-61］。彼らによれば、「アラブ社会の世帯の構成原理」は、①垂直的（父―息子）と、②水平的（兄弟間）の二つであり、後者をアサビーヤと呼ぶという。この二つの原理にもとづいて、以下の四つの世帯の家族的構成の範疇と一〇の類型が区分できるという。範疇（1）父―息子（小区分：①既婚の息子、②既婚と未婚の息子、③未婚の息子）、（2）兄弟間（小区分：④既婚の兄弟、⑤既婚と未婚の兄弟、⑥未婚の兄弟）、（3）父―息子＋兄弟（小区分：⑦未婚の息子と既婚の兄弟、⑧未婚の息子と既婚と未婚の兄弟、⑨未婚の息子と未婚の兄弟）、（4）息子も兄弟もいない世帯（⑩息子も兄弟もいない「不完全世帯」）。

西部沙漠のオアシス農村の世帯の家族構造が一五〇年でどのように変化したか、またそれをどのように評価するのか、以下は筆者による同書の書評［長沢 2018b］の一部である。

「前述の一八六一年の放火事件の文書と二〇〇五年に著者たちが実施した世帯調査のデータを比較し、同村における一世紀半の家族構造の変化を描くという興味深い考察が示される。その主要な結論は、前述の垂直的「父―息子」と水平的「兄弟間」という世帯（ウスラ）の二つの形成原理のうち、後者の原理が弱くなったという変化である。それは兄弟が同居する世帯の減少とも関係しており、労働力確保の安全弁として兄弟関係が必要とされなくなったことが原因ではないかと著者たちは推測している」［長沢 2018b: 132］。

しかし、ここで彼らが言及する「アラブ社会の世帯」の結合原理については、何の補足の説明もない。また、アラブ社会では兄弟関係が社会的関係性の核であるとし、この関係性にアサビーヤという用語を充てているのも同様である[13]［Kato & Iwasaki 2016: 165］。

以上の点に関して参考になるのが、同書では言及されていないが、一九世紀デルタ農村の合同家族世帯に関するケネス・クーノの研究［Cuno 1995］である。この研究は、次節でも紹介するが、一九世紀の司法文書を資料にしながら、［Lee & Gjerde 1986］の提起した世帯形成サイクルのモデルの検証を試みたものである[14]。

クーノは、下エジプトの農村名望家のいくつかの家族においては、［Lee & Gjerde 1986］が示す世帯モデルのすべての段階を経る場合があるとし、少なくとも合同家族世帯の形態が一九三〇年代まで残存していたとする［Cuno 1995: 492］。このモデルは、エジプトを含め、非西ヨーロッパに同じ家族世帯の類型が世界各地に普遍的に見られるという前提に立っており、加藤＝岩崎のアラブ社会に固有の世帯形成原理、あるいは木村の意識形態としてのアーイラと現実のウスラ的形態との併存など、議論の方向性は異なっているが、比較して論ずる余地はあるように思う。

〔分析概念としてのアーイラをめぐって〕

以上のように、加藤＝岩崎は、中岡＝木村の共同体論的アプローチを批判し、方法論的個人主義の立場に立つ、制度論的なアプローチによりエジプト農村の家族構造を分析しようとした。しかし、ここであらためて思うのは、分析概念としてのアーイラの有効性である。この問題はすでに紹介した［Kato & Iwasaki 2016］に対する筆者の書評［長沢 2018b］においても若干指摘したところである。加えて述べれば、以下のようになろう。加藤＝岩崎は、アーイラを社会制度と定義しながら、同時に「社会のプロトタイプ」としてアーイラを軸にした議論を展開しようとした点で、中岡＝木村と共通点を持っている。すなわち、加藤＝岩崎は、中岡＝木村と同様に、実体としてのアーイラ（「家族」）がエジプト農村社会に普遍的に存在することを前提にしている。しかし、彼らの調査結果から分かるのは、すでに見たようにデルタと上エジプトでは、ウスラ（「世帯」）の人々が考えるアーイラの意味が大きく異なっているということである。それは、アーイラとは何かについて、その家名（ラカブ）を答えさせるというかたちで村民の判断にゆだねるという調査手法にあったであろう。その結果、アーイラの指示内容が地域によって相当に異なる結果となった。しかし、アーイラ、あるいはウスラとは、近代以降、社会の外側の「他者」によって、官庁用語あるいは学術用語として、政府官僚や研究者によって創造され、あるいは押しつけられた家族概念であったのではないか。この点については本章の結論部分である第五節「むすびに」で論じてみたい。次節以降では、以上に紹介したアーイラ論争の内容をふまえ、近代エジプトにおける家族概念を問いなおす作業を試みることにする。

二　近代エジプト自伝資料における家族概念

前節では日本のエジプト農村研究における家族概念をめぐる「論争」を紹介し、とくにアーイラという言葉を分析概念とすることの問題点を指摘した。しかし、このアーイラという概念の使用については、以下の本節の最初の部分で紹介するように、近代以降、規範的なモデルとして新しい「家族」概念が形成されてきた過程と関係しているという議論がある。そして、この新しい近代的な「家族」概念がグローバルに普及することによって、あらゆる地域に共通の通歴史的で通文化的な「家族」が存在するという考え方が一般化されることになったとも考えられるのである。この点はまた最後の第五節「むすびに」で議論することにしよう。

それでは近代になって普遍的な「家族」概念が一般化する以前において、各地域の「家族的なるもの」はどのような言葉で語られ、また近代の社会変容のなかで、どのように変化していったのであろうか。今日、エジプトをはじめとするアラブ諸国の多くで、すでに述べたように普遍的な「家族」概念を表わすのは、実際にはアーイラの他に、ウスラがあり、しばしば両者は互換的にも用いられる。それと同時に、すでに述べてきたように、アーイラ（後で例示するようにウスラにおいても）は、近代的＝普遍的な「家族」だけにとどまらない伸縮自在な多様な使われ方をしている。この節では、最初にアーイラ概念の近代性に関する問題提起を紹介したのち、それをふまえて近代エジプトにおける家族概念をめぐる問題について、自伝資料や小説を材料に用いて試行的な議論を示してみたい。

（一）アーイラの近代性―タラール・アサドの問題提起

アーイラという概念の近代性、あるいは近代家族としてのアーイラの画期性を仮説として提示したのは、人類学者タラール（邦訳ではタラル）・アサドの『世俗の形成　キリスト教、イスラム、近代』（［Asad 2003］、邦訳［アサド 2006］）である。アサドは、同書の最終章、第7章「植民地時代のエジプトにおける倫理の構造転換」で、近代ヨーロッパで生まれた「世俗的空間」が具体的にエジプトにおいてイスラームとどのような関係性を作ったかについて考察する。その中心テーマが「家族」の問題であった。

アサドは「家族」を、世俗的空間としての「社会」と同じく、近代において新しく生まれた概念と考える。この世俗的空間＝社会は「理論的に自律的個人であるような社会関係によって結びつけられた人々の集まり」［アサド 2006: 297］として生まれた。この世俗的空間＝社会の基本的な構成単位とされたのが「家族」であり、それは自律的な諸個人を「私的な」存在として身体的・道徳的に再生産する私的な領域として、同じく新しい概念である公的な領域の「政治」と対置されるかたちで作りだされたのであった。(15) アサドによれば、この「家族」や「政治」は、「宗教」や「倫理」、「国家」と同じく、近代に「世俗主義」が成立する前提として作りだされた新しい概念なのである［ibid.: 2］。これらの新しい概念のなかでも、とくに「宗教」と「国家」は、新しく生まれた世俗空間＝社会を機能させる「変数」として構築された［ibid.: 250］。すなわち、近代の「国家」は「個人の生のあらゆる側面を―その誕生や死などの私的な事柄まで―規制しようとする」ことを通じ、「宗教」の権能を再定義したのだった［ibid.: 260］。本章の第五節では、この「国家」・「宗教」と「家族」の関係について論ずることになろう。

さて、アサドによれば、こうしたヨーロッパ生まれの「世俗的空間」としての「社会」がヨーロッパ以外の地域に展開していくのが「プロジェクトとしての近代」、あるいは近代化の世界史的過程に他ならない。アサドが注目するのが、このプロジェクトに積極的に参加したムスリム知識人、近代イスラーム改革主義の知的巨人であったムハンマド・アブドゥである。[16]アブドゥは、イスラームのウンマ〔共同体〕のなかでひとりの誠実なムスリムとして生きるのと同時に、この近代化というプロジェクトによって生成しつつある世俗的空間＝社会のなかをも主体的に生き抜こうとした知識人であった。アサドによれば、この新しい「社会」においては「これまでのイスラームの伝統で見られた主体的内面性」［*ibid*.: 292］ではなく、「新たな文法」を持ち自己管理する「倫理的自律と美的自己創造にふさわしい主体性」を諸個人が獲得する必要があった。アブドゥは、この新たな主体性の確立のために、新しい「国家」による法的改革を通じて「家族」に新しい意義を付与しようとしたのだ、とアサドは主張する。この改革においては「法律が家族を形成することで、個人道徳の概念は、それ固有の「私的」位置づけを与えられる」［*ibid*.: 298］のであった。

さて、このようにアブドゥが家族を社会の基本単位とする改革を行なおうとしたのは、懐古的な過去に訴えるためではなかった。実際に社会構造が変わりつつあるなか、今や何か新しいものが出現中だったからである［*ibid*.: 299］。この新しいものを代表するのが、アブドゥの弟子のひとりであるカーシム・アミーンが『女性の解放』［Amin 1983］（初版一八九九年）で説いた理想的家族のモデルである。[17]アミーンは、家庭に至福あらしめるためには法的条件が不可欠であるとし、一夫多妻制の廃止を訴え、男女間の相互的な愛情における平等性を持つ「単婚の核家族」、すなわち「近代家族」の形成を説いた［*ibid*.: 301-02］。

アブドゥは、新しい主体性を持った自律的な市民が自己管理できる国民となるためには、近代国家による社会的行為の標準化、すなわち法的改革による管理統制の過程が必要だと考えた。ここに自律的市民からなる新しい「社会」の単位として、近代的「家族」の形成を構想する積極的な背景がある。

これまでシャリーアは、近代的な法改革によって刑法など多くの法領域を奪われ、私的地位（personal status）に関する家族法（身分法）に「切り詰め」られ、限定されてきたと考えられてきた。しかし、アサドは、新しい国家が宗教の権能を再定義する過程において、シャリーアは、たんに「切り詰め」られるだけではなく、むしろ新しい権能を付与され、成文化（codification：法典化）されることによって根本的に「変容」（transmutation）させられた、と考えるべきだとする。すなわち「集権化を進める国家が権威づけ、維持する法規範（fiqh）の下位区分へと取り込まれた」というのである［*ibid.*: 294］(18)。

こうして宗教の教理と実践の核心部分である家族法として定義されることにより、「シャリーアは「宗教」を私事化し、自己管理の主体のための土台を用意する世俗的な定式」として機能することになった［*ibid.*: 295］。アブドゥは、イスラームのウンマに対する確固たる自信を維持しつつ、近代国家によるシャリーアの「変容」にいささかも動じることなく、むしろその法的改革に積極的な役割を果たしていった。これとは対照的に、今日のイスラーム主義者たちは、「国家主義プロジェクトの魅力の誘惑」に勝てずに［*ibid.*: 260］、「シャリーアの適用」による近代国家のイスラーム化を訴えているのだとも言えよう。

アサドは、アブドゥが大ムフティーとして一八九九年に執筆したシャリーア裁判所に関する報告書（*taqrīr islāḥ al-maḥākim al-shar'iyya*）のテキストを取りあげて、前掲の近代国家と近代家族の関係を具体的に議論する(19)。ここでアサドが注目するのは、「「家族」と呼ばれるようになったものを通してシャリーア裁判所の基本的機能に取り組もうとしている」アブドゥの状況認識と改革の構想であった［*ibid.*: 295］。アブドゥは、シャリーア裁判所には、親族関係の権利のすべてを管轄する任務があり、「家庭生活における言葉やプライバシーを守り、かつ社会生活が究極的に依拠している感情をうまく処理するように期待されている」と考えた［*ibid.*: 295–96］。

アサドによれば、アブドゥがこの新しい裁判所制度を通じて、近代国家という新しい制度的枠組みのなかでシャリーアを機能させることが必要だと考えた背景には、当時の次のような社会状況があった。彼は「下層階級のほとんどの者と中産階級・上層階級のかなりの数の者たちが、血縁や姻戚の情を捨てた。そのため彼らは、家庭内の事柄をシャリーア裁判所に持ち込むようになっている」と嘆いている。つまりは、これまでは「血縁や姻戚の情」によって親族内で解決されていた問題を国家が引き受けざるを得ない状況が生まれている、と判断したのである。

さらに、アブドゥは「人々（shaʻb）が家族〔アーイラ〕と呼ばれる世帯（al-buyūt allatī tusammā ʻāʼilāt）から構成されていること、あらゆる民族（umma）の基礎が家族であることは明らかである」とも述べ、近代〔国民〕国家が保護すべき自身の基礎が家族（アーイラ）にあるという言説を展開したという［*ibid.*: 296］。アサドは、この「シャリーアを「家族法」へと翻訳させるにいたった改革」において、「家族は、単なる保守政治のシンボルでも、ジェンダー支配の場でも」なく、「行政的介入の対象、すなわち近代国民国家運営の一部となる」法的範疇として設定されたのだ、と考えるのである［*ibid.*: 297］。

さらにアサドは、このように近代国家における法的範疇として設定された「家族」を表わす言葉、概念それ自体の「近代性」を次のように論ずる。

「アブドゥ他の改革者が用いるときの ʻāʼila（英語では「家族《ファミリー》」と訳される）の意味は、近代的なものである。それがシャリーアと対になったのは比較的近年のことであるばかりではない。アラビア語文語の変遷にも、この近代性が現われている。一八世紀の辞書には ʻāʼila や usra の近代的語義―両親と子どもたちより成る単位―は見当たらない。近代の語法がどのような由来をもっているのかは概ね見当がつく。ʻiyāla という語形には「被扶養者に援助と支援を与える」との語義が与えられているが、「より多くの子を設ける過程」との語義も与えられている。usra は「部族」あるいは「父系家族」を意味していた。① 一九世紀後半までには ʻāʼila は通常の語法に含まれるようになり、「一人の男性、および彼の妻、彼の子ども、彼の父系の親類に属する被扶養者②」―若い兄弟姉妹あるいは老齢の両親など―を一般に意味するようになった。近代の辞書のなかには、居住の単位という点から定義しているものがある。そこでは、ʻāʼila は「一つの家に集まっている者たち。両親、子ども、近い親類を含む③」となっている[20]」［*ibid.*: 299］。

しかし、このようなアサドが用いた辞書による限定的な情報だけで、アーイラ概念の近代性を断定することができるだろうか（現代アラビア語辞書における家族をめぐる用語と表現については、本章のコラム3「『高野版現代アラビア語辞書』における家族表現」を参照）。近代以降のエジプト社会におけるアーイラやウスラなど家族を表わす言葉の意味の変化を限られた資料だけで判断するのは難しい。

ここでアサドの議論と比較する意味で、前節で紹介したクーノの研究［Cuno 1995］に登場する家族概念を少し見てみよう。この研究は、一九世紀後半のエジプト農村を分析したものであるが、興味深いのは、ムハンマド・アブドゥの前任者で近代エジプトの初代の大ムフティーであったムハンマド・アッバーシー・マフディー（Muḥammad al-ʻAbbāsī al-Mahdī）のファトワー集（一八四七―九七年）を資料にしていることである。この資料にもっとも多く登場する家族に関する言葉は、マイーシャ（al-maʻīsha）である。「生存」あるいは「生活すること」を意味する「世帯」と訳してよい用語であるが、現在は日常用語としてはほとんど使われていない。一方、アーイラという言葉も登場するが、その使用頻度は多くはないという。その用法もマイーシャとほぼ同義で使われることがあり、たとえば、父が死亡した後も土地を分割相続せずに経営している世帯は、single household（単一世帯）であり、maʻīsha wāḥida とも ʻāʼila wāḥida とも表現されるとし、これをクーノは single household/family（単一世帯／家族）と訳している。また、クーノは、アーイラは多くの場合、「依存すること dependence」を意味するのであり、「彼の世帯＝家族にいる」（fī ʻāʼilatihi）［*ibid*.: 489］とか、家族の長（kabīr al-ʻāʼila）という例を挙げている［*ibid*.: 490］。

このクーノの研究で最大の関心が払われたのが、農村の合同家族世帯による共同土地所有の変化である。彼が強調するのは、一八五八年土地法〔処分権・相続権を認め、実質的な近代的土地所有権を定めた：［加藤 1993a: 20］〕によって合同家族による共同土地所有がエジプト近代法で初めて認められたことである。この法律の制定には、行政・司法評議会 Majlis al-Aḥkam（majlis al-aḥkām）に地方の行政官吏とならんで地方名望家層も参加したことが大きな影響を与えたのだと考える。この法律は、イスラーム法による均分相続の原則に反して、一族の長が死亡した場合には、最高齢の男系親族、多くの場合はその長男が、父の土地を分割することなく自分の名前で一括して相続する権利を認めた。その理由は「家族（アーイラ）を分解させることがないように、そして世帯の繁栄（ʻumariyyat al-maḥall）が傾かないようにするため、家族の他の人たちが分かれ、家（バイト）が倒壊することを恐れて」であったという［*ibid*.: 495］[21]。

この紹介の部分では、アーイラとバイトがほぼ同じ意味で使われ、さらに世帯の意味でマハッル（maḥall）という言葉を訳している。先ほどのマイーシャとアーイラを世帯／家族と同義で使っている例と合わせて考えてみると、家族や世帯を意味する言葉の確定はなかなか難しい。マイーシャが意味する世帯という言葉について言えば、政府の官庁用語、たとえば統計用語などでは、すでに見たように一九世紀には、マンズィルという言葉が使われ、現在はウスラが使われることが一般的である。一方、クーノのこの研究でウスラという言葉が登場するのは、家長に関する用例であった。クーノは、高級官僚アハマド・シャフィーク・パシャ（一八六〇―一九四〇年）の自伝資料『半世紀の我が回顧録』［Shafīq 1934］における家族関係を分析しているが、同資料ではウスラを使った家族の長（rabb al-usra）という言葉が使われている(22)［*ibid.*: 494］。

以上、クーノが紹介した資料では、アサドがアブドゥのテキストに見いだそうとしたアーイラの近代性を確認することができなかった。すでに述べように、クーノが示す資料では、マイーシャが世帯を示し、アーイラが世帯および家族を示す広い意味、ウスラが家父長的な家族を表わしているのに加え、バイトもアーイラと互換的な家族を示す言葉として使われている。アサドが示したアーイラの近代性という問題提起は、議論の出発点としては重要である。しかし、以下に示す自伝資料を用いた事例紹介が示すように、このエジプト近代の時代的転換期と言うべき時期において家族を表わす言葉は多様であり、その分析から結論を導きだすのは容易な作業ではない。

（二）『自伝』に見る家族概念 1

以下では、前節でアサドが紹介したムハンマド・アブドゥの自伝、および同じ時代転換期に人生を送った歴史的人物の自伝を資料に用いることによって、エジプト近代における家族概念をめぐる問題を考えてみたい。最初に取りあげるのは、ムハンマド・アブドゥ（一八四九―一九〇五年）、アハマド・オラービー（一八四一―一九一一年）、そしてアリー・ムバーラク（一八二三―一九三年）の三人である。

〔ムハンマド・アブドゥ自伝の例〕

前節で紹介したアサドによれば、ムハンマド・アブドゥは、家族を近代国家の基層的な政策対象であるとともに、また国家がその権利を保障する国民の基礎単位をなす法的範疇とし、それにアーイラという言葉を充てた。それでは近代の「国家」と「社会」の形成に向けて激しく変化する時代を生きたアブドゥ自身にとって「家族」とはどのようなものであり、またどのような言葉を使って表現していたのであろうか。

ムハンマド・アブドゥは、『イマーム・ムハンマド・アブドゥの回顧録および自伝』［‘Abduh 1993］によると、デルタ南東部のブヘイラ県シュブラヒート郡マハッラ・ナスル村で一八四九年に生を受けた(23)。

以下は、同書のなかの「私の親しい人々と私の家（ahlī wa baytī）」［‘Abduh 1993: 30］の章の記述による。さて、この章のタイトルのアハル ahl という語を「親しい人々」と訳したのは、他にもアハルを使う「村人 ahl balad-hu」という表現もあり、次に述べる家 bayt に属する「人々」より広い範囲を示しているように思われるからである。ただし、後述のように、このアハルは、多様な意味を持つ。

また、このタイトルにある次の言葉「私の家」であるが、「私たちには村のなかに名家 khayr al-buyūt に属する親戚 aqārib がたくさんいた」［*ibid.*: 31］という表現に見られるように、ここでの家（バイト）とは村を構成する出自集団を示すものと考えられる。アブドゥの家は、父方の祖父ハサン・ハイラッラーという名に由来するハサン・ハイラッラー家 bayt khayr allah であった、と述べている［*ibid.*: 32］。

しかし、この家の人々 ahl hādhā al-bayt、すなわち祖父と彼の従弟たちは、当時のムハンマド・アリー朝に連なる権力者に抗ったために、他の家々 buyūt の裏切りによって投獄されてしまう［*ibid.*: 32］。当時一四歳であったアブドゥの父は、一六歳の伯父たちとともに家 bayt のなかのあらゆるもの、その扉さえも持って村から他に移住した［*ibid.*: 33］。ここで述べている家 bayt とは、家族ではなく家屋を意味している。

アブドゥは、父を尊敬していた。父は村で最重要の人物（男）aʻẓam rajul であり、地方の役人もお金持ちの村長（オムダ）の家 bayt ではなく、父の家を投宿先に選んだほどであった［*ibid.*: 31］。後に著名なイスラーム学者となる彼が、クルアーン塾（クルアーン習得学校 dār ḥāfiẓ al-qurʼān）に行く前に読み書きを習ったのも父の家 manzil であった［*ibid.*: 41］。

さて、アブドゥの家は、村人からトルコマーンという家のラカブ（添え名・渾名《あだな》）で呼ばれていた。そのいわれを父に尋ねたところ、祖父jidd〔祖先とも訳せる〕がトルコマーンの地bilād al-turkumān〔中央アジアのトルクメニスタンのことか〕から移住してきたからであるという［*ibid.*: 35］。自伝には、祖父の家が、村内の三つの大きな家al-buyūt al-kabīraのひとつであることの理由として、他の二つの家（シャイフ家bayt al-shaykhとファルナワーニー家bayt al-farnawānī）とともに、いわば「村の草分け」として定住し、この村を創設した経緯が書かれている［*ibid.*: 35-36］。

一方、アブドゥの母の家baytは、同じ県のヒッサ・シャブシールと呼ばれる村のオスマーン家bayt ʻuthmānであった。同家は、由緒あるアラブのクライシュ族出身であることを誇りとし、先祖は第二代カリフ・ウマル・イブン・ハッターブにまでさかのぼるという。しかし、アブドゥ自身は、こうした出自に関するすべてのことは言い伝えにすぎず、確証はないと冷ややかに述べる［*ibid.*: 36］。こう語った後で、彼はムスリムにとって出自や系譜を誇ることにどのような意味があるのか、しばらく議論を展開している［*ibid.*: 36-41］。

さて、以上のアブドゥの自伝で家族をめぐる箇所を紹介したが、そこにはアーイラやウスラという言葉は一切登場しない。家や家族、一族名を示す言葉としては、バイトとアハル、マンズィルが出てくるが、アハルは不特定の人々を示し、マンズィルは家屋としての家のみを意味し、バイトだけが家屋の他に家族を示す言葉として唯一用いられている。ただし、以上に紹介した資料だけでは、アサドが主張するように、なぜアブドゥが近代家族を指す言葉としてアーイラを用いたかは分からない。

さて、ここで前出のアサドが引用したアブドゥの「家族と呼ばれる世帯al-buyūt allatī tusammā ʻāʼilāt」（原著［Asad 2003: 229］）という表現に戻って考えてみよう。ここでアサドは、アーイラをfamily、バイトをhouseholdと訳しているのだが、原文を素直に「アーイラと呼ばれるバイト」と読めば、日常用語として家族を示す言葉として使われるバイトを、より「専門的な」用語アーイラによって置きかえていると解釈することもできる。すなわち、自伝で自身の家族について多く用いていたバイトではなく、アーイラをあえて近代的な家族、あるいは家族一般の概念として使っているとしたら、この概念の持つ近代性を示すものだと言えそうな気もする。しかし、その確証はない。一方でバイトは、自伝のなかで、村の草分けの家としての出自集団としてのバイトと、祖父の家、すなわち「〔父方の〕祖父と彼の従弟たち」からなるバイトとは親族の広がりも違うように思われる。アーイラについて言われるのと同様に、この自伝でのバイトも伸縮自在な意味を持つものとして使われていると考えてよいのかもしれない。

アブドゥの「回顧録」は、オラービー革命の弾圧の際に連座して投獄されたところで終わっており、先のアサドの問題提起の箇所に関係する大ムフティーとして活躍した時期の記述はない（注23を参照）。なお「回顧録」の他の箇所で家族の言葉が登場する場面には、ムハンマド・アリーの教育政策を批判的に論じた部分がある。「どこにエジプト人の家族がいたのか、どこに自由があったか」というタイトルが付いているが、ここでも家族はバイト（複数形 buyūt）という言葉で表現されている［ʻAbduh 1993: 58］。少なくともアーイラは、アブドゥにとって日常の生活用語として使われはいなかったのではないか、という仮説をここでは示しておきたい。

〈オラービー自伝の例〉

次にオラービーの自伝『首領アハマド・オラービー回顧録』［ʻUrābī 1989］（初版一九一一年）を取りあげてみよう。アハマド・オラービー（Aḥmad ʻUrābī）は、まさに「首領」（ザイーム）の呼び名がふさわしいエジプト民族運動の英雄である。彼の自伝の大半は、彼が率いたいわゆるオラービー革命（運動）（一八七九―八二年）の背景とさまざまな事件、そしてその挫折（一八八二年のイギリス軍の侵攻と占領）後の裁判の経緯などに充てられているが、家族についての若干の記述もある。

自伝の冒頭「私の生い立ち」の最初の頁は、「私の聖なる出自 nisbī al-sharīf」という表題のもと、オラービーの祖先の名前の連記でほぼ埋められている。「私はサイイド・アハマド・オラービー、サイイド・ムハンマド・オラービーの息子」で始まり、以下、合計三七名の祖先の名前が連記されている。そして、最後はフサイン、アリー、アブー・ターリブという預言者一族の名前で終わる。自らと祖先の多くにサイイドという尊称を付けていることからも分かるように、オラービーは、自伝において預言者の聖なる一族の出身であることを強調している。[24] また、一九代前の先祖、サイイド・サーレハ・バラーシーの名前のニスバ（由来）がイラクのバターイウの小村バラースにあるとして、別の預言者一族の家系の女性と結婚したこの人物がエジプトに移住してきたのである、とも説明している［ʻUrābī 1989: 13］。

アブドゥは、このオラービーより八歳年下であり、彼の運動に連座して投獄されたため、人生に大きな影響を受けるなど、二人は同じ激動の歴史をともにしてきた。しかし、預言者の「聖なる」出自を誇るオラービーに対して、すでに見たようにアブドゥはこうした出自や家系に対し、冷ややかな態度を示している。この二人の家族的出自に対する考え方の相違は、彼らが目指した政治社会変革の方向性を考えるうえでも興味深い。

アハマド・オラービーは、デルタの東部シャルキーヤ県のハリーヤ・ラズナという村で一八四一年に生を受けた。父のムハンマドは、一族（アシーラ）の長であり、高潔なシャイフであった、とオラービーは述べる。この村の歴史は古く、ペルシアの王にエジプトが征服されたとき〔アケメネス朝のエジプト征服は紀元前五二五年、ササン朝は紀元後六一九年〕より前にあったと述べている。実は、村にはペルシア人の子孫の家（アーイラ）がいくつかあった。キーラーン家、ドウィタダール（ダラーズ）家、タムラーズ家などがそうであるという［*ibid*.: 14］。彼自身の家のラカブは述べていないが、一族（アシーラ）と表現される彼の家（アーイラ）の名前がオラービーなのか、一九代前の先祖のニスバのバラーシーなのか、あるいは他の先祖に由来するものかについて、この自伝は明らかにしていない。

オラービー自伝のなかには、他にも家族という言葉が登場する場面がいくつかあるが、いずれもアーイラが用いられている。ただし、それは生まれ故郷の村のアシーラという出自を同じくする親族集団を示すのとは異なった用法である。たとえば、オラービーたちエジプト人出身の軍人による民族運動の背景となるムハンマド・アリー朝の圧政の事例として、「副王イスマイールの圧政（ズルム）」を述べる箇所では、カイロの郊外、アッバーシーヤの兵舎で運動に参加した将校の家族に対する虐待の描写がある。将校の女性〔妻〕たち、子どもたちには避難する場所もなく、彼らの家族（アーイラ）のために使うお金（ディルハム）もなかった、と［*ibid*.: 43］。

また、オラービーたちエジプト人軍人の決起に対して、イギリス軍が外国人保護のために介入し、スエズ運河地区に進駐してくるくだりでは、次のような叙述がある。「我われは〔スエズ運河〕会社の従業員の家族（アーイラ）のために、最悪の恐怖を感じなくてすむ場所を用意した」［*ibid*.: 207］。西洋の野蛮な侵略軍に対するエジプト人軍人の正義の気概を示した場面である。

三番目に家族（アーイラ）が登場するのは、運動が敗北し、オラービーたちがセイロン島（現スリランカ）に流刑される場面である。彼らは一八八三年一月にコロンボ港に到着する（流刑は一九〇一年九月まで続いた）。流刑処分を受けた七名のうち三名の同志は家族をエジプトに残してきたが、それ以外は家族同伴であった［*ibid.*: 368-59］。この家族（アーイラ）とは、「妻 ahl と子どもたち」だという表現を示している。ここでの使用例でのアハルは、集合名詞の「人々」ではなく、「近しい人」としての「妻」を意味するから話がややこしい。このとき一緒に流刑の措置を受けたのは、男性二九名、女性一九名であり、オラービーの家族は男性三名、女性三名であった［*ibid.*: 360］(25)。

以上から、オラービー自伝では、家族を表わす言葉はアーイラであり、一度登場するアシーラと同じく村の親族集団を表わす場合以外は、保護すべき扶養の対象としての家族を意味していた。バイトという言葉は登場するが、マンズィルと同じく家屋という意味しか示しておらず、アブドゥ自伝に見られた家族という意味では使われていない。

〔アリー・ムバーラク自伝の例〕

アリー・ムバーラク（'Alī Mubārak）は、エジプトの近代化改革に大きな足跡を残した高級行政官僚の知識人である。一八二三年生まれの彼は、アブドゥやオラービーよりも二〇年近く年長ではあるが、ここでは同じ近代エジプトの激動期を生きた同時代人として扱いたいと思う。ただし、彼はアブドゥとは異なり、オラービーが率いた運動に直接に関わることを避け、副王との仲介役に動いたと言われる。

彼の自伝は、自身が編纂した浩瀚な『新編地誌』のなかに収録されている(26)。この『新編地誌』には、カイロとアレキサンドリアの他、全国の主要な村々の風物や生業に関する記述に加えて、それぞれの地域に関係するウラマーなど著名な人物の列伝が付されている。ムバーラクの出身村は、デルタの中部、ダカハリーヤ県にあるビリンバール・ガディーダ村であるが、その説明に続いて他の列伝と同じ形式で自身の「評伝」（タルジャマ）を書いている。この「評伝」は、すでに佐藤次高により紹介がなされている［佐藤 1976］。エジプト人歴史家による多くのムバーラクの伝記も、この本人が書いた「評伝」の記述に主に依拠している(27)。また、ムハンマド・イマーラが編集した『アリー・ムバーラク全集』の第一巻には「私の証明書」

と題する「自伝」が収録されている。ただし、これは本人ではなく、彼の「評伝」に依拠した編者の執筆だと思われる。なぜなら、文体や使われている用語も現代アラビア語であり、家族を示す言葉としてウスラを使っているからである。

これに対してアリー・ムバーラク自身の「評伝」原本では、ウスラという言葉は一切使われていない。「評伝」で家族を表わすのに用いられているのはアーイラである。彼自身の家族以外にも、主君であるムハンマド・アリー王家に対して使われている。「副王陛下およびその他のムハンマド家（al-ʻāʼila al-muḥammadiyya）」［Mubārak 1886-89（Vol. 9）: 37］あるいは「副王家」（al-ʻāʼila al-khidaywiyya）［*ibid.* 43, 54］という表現である。アーイラ以外の家族を示す言葉としては、預言者ムハンマドの一族について、アールが用いられている（「我らが主人ムハンマドとその一族（sayyid-nā muḥammad wa āl-hu）」［*ibid.* 61］。アーイラに次いで重要な言葉は、アハルである。アハルは、アリー・ムバーラク自身の家族について用いられており、それはアーイラとは区別された意味を持つように思われる。まず「評伝」で使われる彼自身のアーイラから見てみよう。

アリー・ムバーラクは自身の「評伝」の最初の部分で、父ムバーラクは、同名のムバーラクの息子であり、彼は曾祖父スライマーンの息子、その彼は四代前のイブラヒーム・ルーギー（al-Rūjī）の息子であるとしている［*ibid.*: 37］。アリー・ムバーラクが兄から聞いたところによれば、彼らのアーイラは元来、タナーハ運河（バハル）沿いにあったコーム・ワ・ハリーグ村（ナーヒヤ）に住んでいたが、この村（バラド）で起きた大きな災厄のためにいくつもの村々（ビラード）に散り散りとなった。そのひとつのドムーフ村（ナーヒヤ）に住んだのがバハーリサ家（アーイラ）である。もとの村には、アウラード・ガイタースという一族しか残っていない（アウラード awlād は子孫という意味であり、ガイタース家と言うこともできる）。一方、彼らの先祖（jidd-nā al-akbar）であるイブラヒーム・ルーギーが移り住んだのが、アリー・ムバーラクの生まれ故郷のビリンバール・ガディーダ村であった。

彼の「評伝」によれば、先祖イブラヒームは、住みついた村でイマーム〔礼拝の先導師〕となり、またハティーブ〔説教師〕にしてカーディー〔裁判官〕であり、その息子スレイマーンも、孫のムバーラク（アリー・ムバーラクの祖父）もこの職（ワジーファ）を継いだ。そのため今では村で「マシャーイフ〔シャイフたち〕の家」（ʻāʼila al-mashāykh）と知られている［*ibid.*: 37］。このアーイラには数多くの枝族（フルーウ）があるが、およそ二〇〇名全員が村のひとつの街区（ハーラ）に住んでいて、カーディーやハティーブ、イマームの職に就いていた［*ibid*.: 37］[28]。

このアーイラは、リズカ地〔オスマン朝期に免税地とされたワクフ（宗教的寄進）地：［加藤 1993a: 30-32］〕を所有していたため、一般の農民に課せられていた地税が免除されており、地方官吏に対しても何の義務も負っていなかった。しかし、農耕に従事していたこの村の大半の人々（アハル）が疲弊し、政府の地税を支払うことができなくなったとき、権力者たちは、アリー・ムバーラクのアーイラに税金の肩代わりを迫り、弾圧を加えた［*ibid*.: 37-38］。

アリー・ムバーラクの家族は、父の家が村のなかでモスクとならんで目立つほどにそびえ立っていたことが示すように、比較的上層の家柄に属していた［佐藤 1976: 280］。しかし、そうした裕福な暮らしをしていた父もこの弾圧を受け、当時六歳だったアリーを連れて一家での逃散をよぎなくされた［*ibid*.: 38］。

さて、アリー・ムバーラクのアーイラのラカブは何か、という問題をここで考えてみよう。編者イマーラが執筆したと思われる『全集』の「自伝」では、これまで本では祖父のラカブがルーミー al-Rūmī という名で誤って伝えられてきたのをここで訂正すると述べている［Mubārak 1979: 19］。ただし、このルーギー al-Rūjī がアリー・ムバーラクのアーイラのラカブであるとは、本人の「評伝」では述べられていない。また、先ほど村ではマシャーイフ家という名で知られていたというが、このマシャーイフがアーイラのラカブであるとも記されていない。また、佐藤はムバーラク家と呼び、一家で逃散の道を選んだとしているが［佐藤 1976: 280-81］、「評伝」それ自体には、父と祖父の名前であるムバーラクが家族のラカブであるとも書かれてはいない。

そもそもアリー・ムバーラクは、オラービーのように先祖の名前を長く書き連ねてはおらず、四代前のイブラヒーム・ルーギー以前の先祖についても述べてはいない。それは知らないのか、あるいは知っているが言及する意味がないと考えているのかも分からない。この点ではムハンマド・アブドゥの場合によく似ているように思う。「評伝」の文脈から、イブラヒームを始祖とするアーイラのラカブをあえて述べれば、ルーギーあるいはマシャーイフということになるだろうか。

次にアーイラとは異なる家族の意味を持つと思われるアハルの使用例を見てみよう。アリー・ムバーラクは、一家逃散の後、苦労した末に田舎の村のクルアーン塾（マクタブ）を経て、カイロの新設の近代的学校（マドラサ）に学び、ここでの優秀な成績を認められてパリへの第一次留学団に加わる機会を得た。そして、帰国後は行政官僚の出世の道を歩んでいくことになる。ただし、彼が故郷を訪れることができたのは、村を離れて一四年も経ってのことであった。当時、貧しい教師の娘と結婚したばかりの彼は、故郷の自分の家族 ahlī に挨拶に行く許しを上司に願いでる。そして新妻を伴ない、フランス式軍服を着て、文字どおりの「故郷に錦を飾る」里帰りを果たした。しかし、このとき、あいにく父はカイロに出向いており、留守であった。警戒して家の戸をなかなか開けようとしない母に向かい、彼が「あなた方の息子、アリー・ムバーラクです」と語る場面は、「評伝」のなかで一番の感動的な場面である。やがて家 manzil のなかは、家族の者 ahl al-bayt、親戚 al-aqārib、近所の人たち al-jīrān であふれた。もっと長く居てくれと引きとめる人たちに応対していると、困惑している様子の母の姿に気づく。もてなしのご馳走をしようにも母の手には一銭の金もなかった。そこで息子は懐から「ポンド銀行券」を差しだすのであった［Mubārak 1886–89 (Vol. 9): 43］[29]。

以上に紹介した部分では、自分の家族 ahlī と家族の者 ahl al-bayt という表現があるが、いずれも同じ狭い範囲の親族としての家族を意味しているように思う。次に示すのがその例である。実家を辞したアリー・ムバーラクは、新妻と彼が面倒を見ることになった年少の弟と妹を連れてアレキサンドリアに旅することになるが（妻を「私の扶養家族 ʻiyālī」と表現している）、彼らのことを「同じ船に乗る私の家族 ahlī」と呼んでいる［*ibid.*: 43–44］。さて、前述のように『全集』の編者のムハンマド・イマーラが書いたアリー・ムバーラクの伝記［ʻImāra 1988: 57］では、この場面でアハルの代わりにウスラを用いて、彼の家族 usra-hu と表現している。これもまた現代的なウスラの用法であると言ってよい。

このように一部で特殊な文脈でアハルを使ってはいるが、アリー・ムバーラクは基本的に家族を表わす言葉としてアーイラを用いている。この使用法がアサドの主張するように「近代的」なものか、そうでないかを判断する材料はない。

（三）『自伝』に見る家族概念　2

以下では、アブドゥたちの次の時代を生きた四人の自伝を資料として取りあげてみたい。アハマド・アミーン（一八八六—一九五四年）、ホダー・シャアラーウィー（一八七九—一九四七年）、サラーマ・ムーサ（一八八七—一九五八年）、そしてターハ・フサイン（一八八九―一九七三年）である。

〔アハマド・アミーン自伝の例〕

アハマド・アミーン（Aḥmad Amīn）は、二〇世紀前半のエジプトを代表するイスラーム知識人である。一八八六年生まれのアミーンは、一八二〇年代生まれのアリー・ムバーラクよりは四〇年以上も後に、一八四〇年代生まれのアブドゥやオラービーに比べると一世代後の世代に属する。彼らと同じく、アミーンの一族も地方の農村出身である。ただし、すぐ後で見る自伝で言及しているように、アリー・ムバーラクと同じく、ムハンマド・アリー朝の圧政により、アミーンの父は幼い頃に伯父とともに村から逃散し、カイロに移り住んだ。そして伯父の支援を得てアズハル学院で勉学する機会を得た。こうしてウラマー層の一端に加わった父の息子として、アミーンはカイロ旧市街の典型的な下町で生まれた。同じくカイロ下町生まれの知識人としては、次の第三節で紹介する小説家ナギーブ・マハフーズ（一九一一年生まれ）や、第四節で扱う社会学者サイイド・オウェイス（一九一三年生まれ）よりは一つ前の世代に属する。しかし、この三人は二つの革命（一九一九年革命と一九五二年革命）を経験したという点で時代を共有している。

アミーンの自伝『わが人生』［Amīn 1989］（初版一九五〇年）には、水谷周による日本語訳［アミーン 1990］が刊行されているので、以下ではその翻訳を引用するかたちで議論を進めていくことにする。[30]

最初に述べておきたいのは、アミーンの自伝では、アーイラという言葉は一切登場しないということである。これはアブドゥの自伝と同じであり、家族生活（ḥayātī....al-ʻāʼiliyya）［アミーン 1990: 272; Amīn 1989: 358］というように、形容詞の家族的（アーイリー）が使われているだけである。アミーンの自伝では、基本的にウスラとバイトの二つの言葉が家族を表わすのに用いられている。水谷の日本語訳では、これらの言葉が「家」・「家族」・「一族」・「家庭」・「生家」などと訳し分けられている。ウスラの用例としては、以下のものがある。「私の父の家（usra abī）は、ブヘイラ県奥深くのサマフラートという町の出で、農業に従事していた」［アミーン 1990: 9; Amīn 1989: 12（以下では著者名・出版年を略して［9; 12］のように表記する）］。「私は父に、一族（ウスラ）は約一二フェッダーンの土地を所有したこともあるといっていたが、強制労働と重税に耐えかねて、そこから逃げ出してしまった」[*ibid.*]。この政府の圧政による家族の逃散という経験において「アリー・ムバーラクの家族や私の家族も、この憂き目に遭った多くの家族の一つであった」[10; 14]。

ただし、アミーン自伝では、ウスラよりは、本来の家屋を意味するバイトの方が、家族・家庭を意味する言葉として数多く用いられている。こうしたバイトの使用例の典型は、以下の二つの文章である。これらは、近代エジプトの社会変容に伴ない、アミーン自身が属すると語る中流の家（buyūt al-ṭabaqa al-usṭā）において起きた激変を描いている。「多くの家には文明の光は届かず、我々のような中流の家も、例えば水道がなかった」[16; 21]。こうした「家の中では父の権力は絶大であった **kāna bayt-nā maḥkūma bi-l-sulṭa al-abawiyya**。母は父の許しがなければ外出せず、子供も父の御仕置きを恐れ、日没後は家に居た」[15; 19]〔妻の外出許可については、次の第三節を参照〕。しかし、「その後世の中一般に、父親達の権威が崩れ、母親や子供が強くなって行くのを私は目撃した。家庭（al-bayt）は、多数決では決められず、未組織で必ずしも公正ではない、小さな議会のようなものになった。そこでは時には母親の、あるいは子供の専制が支配するようになった」[18; 24]。

その他のバイトの使用例としては、以下のものがある。「私は宗教色の強い家に育った人を何人も知っている」[21; 28]。「とにも角にも、生家は人生の最初の種子を蒔き、その種子は、その後の教育や雰囲気にも影響されつつ、神の定める法に従い、持てる力を全うするものである」[22; 29]。また「家庭の幸せ」[18; 25]、「裕福な家」[31; 41]といった表現にもバイトを使っている。

その他、バイトとウスラをほぼ同義で使用している場合もある。「私にとって、家（バイト）は心身の諸要素を形成した最も重要な学校だった」[20; 25]。「第二の学校は、私の街区（ハーラ）であった。―略―我々の街区は、文明が精神的物質的な意味で襲ってくる前の、中世における家族（ウスラ）生活のままであった」[27; 34]。それ以外の箇所でもほぼ互換的に使われた例が見られる。

以上から、ウスラは父の一族の出自を示したり、アリー・ムバーラクの家族と比較したりしている場合には、若干意味合いが違うように見えるが、それ以外はほぼバイトと同じ意味に用いられているように思われる。これはカイロという大都市の下町に移住した農村出身の一家のひとつの例として扱うことができるかもしれない。

これまで紹介したのは、アミーンの生まれたカイロ下町の話だが、彼がイスラーム法学院を卒業して西部沙漠のハルガ・オアシス地区の裁判官として赴任していく場面では、バイトは少し違った意味で使われている。それは一九一三年四月、赴任途中の上エジプトの中心都市、アスュートでこの町の名士（buyūt al-kubrāʾ）のヒラール家（bayt al-hilālī）やハシャバ家（bayt khashaba）を訪問した場合の例である［101; 135］。これは、ムハンマド・アブドゥ自伝のバイトと同様の意味と考えていいのではないかと思われる。アミーンはその後、赴任したハルガ・オアシスでは、役人たちの態度の悪さに閉口した。「ここでは神に祈りたくなるような、役人連中に取り巻かれている。何人か集まれば、その場に居合わせない者の言動や家族（バイト）の悪口ばかり言っていた」［106; 143］と述べているが、これもそれに近いのではないかと思われる。[31]

〔ホダー・シャアラーウィー自伝の場合〕

これまで紹介してきたのは、すべて男性の知識人や政治家であったが、次に女性の自伝も参照してみよう。近代エジプト女性運動の指導者として知られるホダー・シャアラーウィー（Hudā Shaʿrāwī 一八七九—一九四七年）の自伝である。ただし、彼女は、母親がコーカサスの出身であり、また上流家庭に属することから、以上に見てきた事例とは家族およびそれを取り巻く社会的環境が大きく異なる。しかし、同時代の歴史に残る女性の自伝資料を扱う場合、こうした条件はやむを得ないことかもしれない。

彼女の出生名は、ヌール・ホダー・スルターン（Nūr al-Hudā Sulṭān）である。年の離れた父方の従兄（父の姉の息子）のアリー・シャアラーウィー・パシャと結婚したことにより、いわば夫の「姓」を名乗り、ホダー・シャアラーウィーという名前で知られるようになった。[32] 夫のアリー・シャアラーウィーは、一九一九年革命の指導者サアド・ザグルールらが流刑された際、彼に代わってこの民族運動、ワフド運動を率いた人物であった（一九一九年革命については、本書第10章を参照）。妻のホダーも夫の活動を助け、同志の婦人たちとともにこの歴史的な民族運動で活躍した。彼女は、ワフド婦人委員会 Lajna al-Wafd li-l-Sayyidāt を設立し［Shaʿrāwī 1981: 202–08］、近代エジプト史上、初めての女性たちのデモ行進を組織した（一九一九年三月二二日）［*ibid.*: 187–91］。

さらに、彼女を近代アラブ女性史において注目される存在としたのは、一九二三年五月ローマで開催された国際女性同盟の会議から帰国した直後、カイロ中央駅に降りたったとき、同志の女性たちとともに公衆の面前でヴェール（ヒジャーブ）を脱ぎとる行動を示したことである［アハメド 2000: 253］[33]。

今回、用いる資料『ホダー・シャアラーウィー回顧録』［Shaʻrāwī 1981］は、アミーナ・サイードによる序文によれば、その生誕一〇〇年を記念しての刊行であったという［*ibid.*: 7］[34]。ただし、注意したいのは、この回顧録が彼女の男性秘書による口述筆記であり、以下で紹介する家族をめぐるアラビア語の表現が彼女自身のものと考えてよいのかという問題である。この回顧録の英訳をしたマルゴット・バドラーンによる訳書の序文によれば、同書は親戚でもある秘書のアブデルハミード・ファフミー・ムルシーによる口述筆記であるという［Shaarawi 1998: 1］[35]。

この点について『イスラームにおける女性とジェンダー』［アハメド 2000］の著者、ライラ・アハメドはエジプト「最初のフェミニスト」世代として、夭折したマラク・ヒフニー・ナーセフと比較して、シャアラーウィーのアラビア語能力への疑問と文化的な帰属の問題を次のように論じている。「流暢なアラビア語を操ったナーセフとは対照的に、シャアラーウィーには、自分で回顧録を綴るだけのアラビア語の力がなかったため、秘書に書きとらせたのだった。したがって、彼女はある意味で、アラビア語という世界の異邦人であり、アウトサイダーだった」[36]［アハメド 2000: 256］。

一方、アミーナ・サイードは、序文でホダー・シャアラーウィーは「三つの言語に堪能であった」と述べており［Shaʻrāwī 1981: 7］、また自伝でもアラビア語の学習についての記述がある。これを信ずるなら、回顧録の言葉遣いがすべて男性秘書によるもので、彼女自身のアラビア語表現がまったく反映していないというわけではないだろう[37]。

ホダーの父親ムハンマド・スルターン・パシャは、中エジプトのミニヤ県で一、二を争う名望家（アーヤーン aʻyān）の一族の出身で、典型的なエジプト農村の地方エリートであった。また、上エジプトの知事を歴任し、代表諮問議会の議長など政府の要職を務めた人物である[38]。近代エジプトの社会層分析において、こうしたエジプト農村を権力基盤とするアーヤーン層に対して、オスマン帝国およびムハンマド・アリー朝の支配と結びついたトルコ＝チェルケス系のエリートをザワート〔顕族〕dhawāt 層と呼ぶが、ホダーの母親は後者に属する。オラービー革命の背景ともなったこの二つのエリート層の対立関係は、その後、富裕なアーヤーン層が都市に移住し、ザワート層と通婚関係で結ばれることで解消され、二〇世紀初頭においては、社会的文化的に単一のエリート層を形成することになる。ホダーの両親の結婚はそうしたエリート層の統合過程の一部を形成していたと言えるかもしれない(39)。

さて、彼女の回顧録のなかで用いられている家族を表わす言葉について、最初に全体の特徴を述べておけば、基本的にはアーイラが使われているという点である。以下、ホダーの両親の家族に関する部分から紹介しよう。彼女は、父の一族について次のように述べている。「何人かの親戚 aqārib から彼らの父祖 abāʼ や祖先 ajdād について聞いたところ、私の父はアラブの出自だということだった。彼の祖先は［アラビア半島の］ヒジャーズに住みついていたが、アリー・パシャ［ムハンマド・アリー・パシャ、あるいはマムルークの統領でエジプトの実質的支配者であったアリー・ベイ・カビール［一七二八―七三年］のことを指すと思われる］の時代より前にエジプトに移住してきた。ここを定住地とした後は、エジプト人の女性たちと通婚した。私の祖父のハーッジ・スルターンは、この家族（アーイラ）がエジプト移住して五代目の族長（ʻamīd）であった」［*ibid*.: 14］。この祖父は、農場経営に関心を傾け、とくに有名だったのは砂糖キビ栽培や糖蜜製造で財をなしたことである。

一方、ホダーの母親イクバールは、前述のようにチェルケス人であり、アーヤーンの富裕なスルターン・パシャのハーレムに妻のひとりとして迎えられた。バドラーンによれば、一九世紀のエジプトのムスリム・エリート層にとって、チェルケス系の女奴隷を妻帯するのはステイタス・シンボルであったが（一八七七年にエジプトが奴隷制が廃止されるまでの話である）［Shaarawi 1998: 16］、彼女の母は、出身のコーカサスでチェルケス人の名門と知られる一族であった。

ホダーは、一族の出自（アスル）とエジプトに来た経緯を母に訊くが、答えを言いしぶったので、母方の叔父（母の弟 khālī）に尋ね、一族（アーイラ）がコーカサスからエジプトに移住してきた話を初めて聞いた［Shaʻrāwī 1981: 37］。それによると、母の家族は、チェルケス人の名門一族であったが、ロシア帝国の侵略に抵抗する戦い（コーカサス戦争）のなか、祖父がロシア軍に殺害され、祖母は娘（ホダーの母）を連れて、イスタンブールに逃れる。そこから娘をカイロにいる親戚（祖母の母方の従兄でエジプト軍の高官ユーセフ・パシャ・サブリー Yūsuf Bāsha Ṣabrī）に託そうとするが、たまたま遠征軍に従軍中であり、ラーギブ・ベイ（Rāghib Bek）の家族（アーイラ）にしばらく預かってもらうことになったという話である(40)［*ibid*.:

38-39］。このラーギブ・ベイの家で父のスルターン・パシャは初めて母と出会うのだが、彼女を見染めたとき、彼は母の家族（アハル）と一族（アシーラ）について訊いたというエピソードも紹介している［*ibid.*: 39-40］。それからホダーの母は、スルターン・パシャのハーレムのなかに入り、他の妻たちと同居する生活を送ることになった[41]。

さて、ホダーの父、スルターン・パシャは硬骨漢として知られた。県知事時代には、当時の副王イスマイールに農民への重税の軽減を訴えたためその勘気を被り、危うくスーダンに左遷させられそうになったこともあった。次の副王タウフィークのときに復権を果たしたが、このことが仇となったか、オラービー革命が挫折した際には、革命を裏切ってイギリスによる占領に加担したという非難を受けた。娘のホダーは、回顧録で当時の父の苦しい立場について弁明に努めている［*ibid.*: 16-20］。彼女は、アハマド・アミーンと同世代であるが九歳年上であり、幼児期のオラービー革命の記憶は鮮明であり、少女時代から政治意識が高かったと言えるだろう[42]。

すでに述べたように、彼女が公的な政治の舞台に一躍、登場したのが一九一九年革命であった。回顧録でホダーは次のように述べる。「サアド・パシャとその同志がマルタに流刑になると革命（サウラ）が勃発し、私の夫はワフドの副代表（ワキール）として、彼〔ザグルール〕に代わって活動した。そして、婦人たちの運動も当時、ただちに立ちあげられた。私も夫も〔特定の〕個々の人たちのためにではなく、私たちの祖国（ワタン）のために活動したのだ。―中略―私は、夫の助言を受けて、サアド・パシャ令夫人、ムハンマド・マフムード・パシャ令夫人と、そしてワフドの党員の家族たち（ʻāʼilāt）と連絡を取った」［*ibid.*: 166］。

以上ではアーイラが多く使われているが、彼女が活躍した女性運動や女性問題に関する叙述では、家族表現としてウスラとアーイラがほぼ互換的に用いられている。ただし、これらは雑誌や新聞の論説記事の引用であるため、彼女自身の表現であるかどうかは留保が要る。「ホダー・シャアラーウィー令夫人が率いるエジプト女性連合（al-Ittiḥād al-Nisāʼī al-Miṣrī）は、政治活動にとどまらず、エジプト人家族（ウスラ）の生活にまで及ぶような社会活動も行なっている」［*ibid.*: 365］と述べるこの論説記事は、続けて彼女たちの要求が男女の敵対関係を煽っていると非難する。なぜなら女性のことを議論するということは家族（ウスラ）のことを議論するということに他ならないからだ。家族（ウスラ）は男と女、子どもたちからなり、家族（ウスラ）は集団の核だからだ、と。しかし、これに続く部分では、生活には男女の連帯が必要であり、なぜなら男と女は家族（アーイラ）の基礎だからだ。貴女は家族（アーイラ）がその成員の競争や敵意のうえに成りたつなどと考えておられるのか［*ibid.* 366］という批判を受けたとしている。この部分では、ウスラに代えてアーイラを使っているが、これは公的な言説でウスラとアーイラを互換的に使うという用法が一般的になっている例であろう。[43] また、これらの例は、いわゆる「近代家族」をめぐる表現として扱うことができる。その他の例として、女性連合の事務局長　イフサーン・コースィー女史の演説（一九二八年四月一四日カイロ・アメリカ大学）をホダーが紹介している部分では、一夫多妻制や離婚の問題は「家族（アーイラ）の幸福と平和を支える死活的な問題である」［*ibid.*: 389］、「祖国（ワタン）は大きな家族（アーイラ）である」［*ibid.*: 393］というかたちでアーイラが使われている。この表現も、エジプトの「近代家族」に関係している。

ただし、ホダー自身の家族に関する叙述においては、ウスラは、アハルとならんで、アーイラと微妙に区別された用いられ方をしているように見える。回顧録の冒頭に近い箇所だが、「人々（アハル）は、子どもたちに起きる出来事を心配していた。—中略—家族（ウスラ）の誰かが亡くなったときには、子どもには旅に出たのだと言ったものだ」［*ibid.*: 10］といった部分がそうである。[44]

とはいえ、最愛の弟オマルとの関係に関する部分では、ウスラをアーイラと同じ意味で使っているように見える箇所もある。それは、母親や家の人たち ahl al-bayt が弟の方を大事にしたことに嫉妬していたが、しかし弟は家（ウスラ）の名前を継ぎ yahmil ism al-usra、家に責任を持つのだからしかたがないとも思った、と語る部分である［*ibid.*: 33］。ホダーは、年上の夫の女性問題で七年間もの別居生活をした時期があったが、一八歳になった弟が結婚するのだからと説得され、夫の元に帰ることを決める。この知らせは家族（アーイラ）とくに実弟オマルを喜ばせた、と回顧する［*ibid.*: 105］。[45]

〈サラーマ・ムーサ自伝の場合〉

サラーマ・ムーサ（一八八七―一九五八年）は、アハマド・アミーンより一歳下の同時代人の近代知識人である。これまで紹介してきたのは、すべてムスリムの事例であったが、ムーサは、コプト派キリスト教徒である。また彼は社会主義思想をはじめ、近代西洋の社会改革思想をアラブ世界に初めて紹介した啓蒙思想家であった[46]。たとえば、今回紹介する自伝でも、エジプトではかなり早い時期の議論だったと思われるが、家族計画（産児制限 ḍabṭ al-tanāsul）や、イスラーム法による男女の相続割合を同等にすべきとの主張をしたことを回想している［Mūsā 2012: 138］[47]。

彼の自伝は『サラーム・ムーサの教育』［Mūsā 2012］（英訳［Musa 1961］）として知られている[48]。この自伝の初版は、一九四七年であり、六〇歳を超えてこれまでの半生を振り返って執筆された[49]。このサラーマ・ムーサの自伝では、家族を表わす言葉として、基本的にはアーイラを用いている。ただし、ウスラを使う場面もある。たとえば、以下で紹介するムーサ自身の家族について語る部分がそうである。

サラーマ・ムーサは、コプト教徒の大地主の家に生まれ、シャアラーウィーと同じく上流階級に属し、また幼少期に父を亡くしている点も彼女とよく似ている。ムーサの出身地は、オラービーと同じデルタ東部シャルキーヤ県だが、農村出身ではなく、その県都のザガジク生まれであった。この地域は一九世紀以降、農地開発が進んだ新開地であり、回顧録によれば、「ザガジク市の歴史も〔彼が生まれた当時においてもまだ〕八〇年余りであり、それゆえそこに住む家族（アーイラ）も他の諸地域の出身であった。したがって、私の一族（ウスラ）は、〔上エジプトの〕アスュート県バヤーディーヤに起源をたどることができる。―中略―また私の一族はシャルキーヤ県ではアフィー（al-ʻAfī）というラカブで知られていた。このラカブは、一世紀半経った今でもまだバヤーディーヤで見られる」とも述べている［Mūsā 2012: 8］。

一方、次のように自分の家族を描く場面もある。「私たち家族（アーイラ）は精神科医クレッチマーの性格分類では、細長型の分裂気質であって、実際、アフィー一族（ウスラ）の何人かは修道僧のような暮らしをしていた」［*ibid*.: 10］とも述べている[50]。以上の例では、アーイラを家族一般および身体的特徴を等しくする家族を表わすところで用い、親族的出自を示す一族という意味でウスラを使っているように見える。これはよく見られるウスラとアーイラの使い分け、すなわち家族一般あるいは小家族をウスラ、拡大家族や大きな親族集団をアーイラと呼ぶ使用法と反対のように見える。その他、同じくウスラを出自や系譜を意味する場面で使っているところもある。それは「哲学と宗教」の章で、インド・ムガル朝のアクバル大帝について述べている場面である。「その後、彼の子孫（ウスラ）の下で、数世紀にわたり、インドでムスリムとヒンドゥー教徒の間に狂信的な対立（タアッスブ）は見られなかった」［*ibid.*: 217］。英訳では his descendants としているが［Musa 1961: 180］、ウスラは「王朝」と訳すことができる。ムーサは、このウスラの古典的な用法に従っているのかもしれない。

ウスラの例は、以上の例だけであり、それ以外の箇所では、すべてアーイラを用いている。以下は家族一般を示す場合のアーイラの使用の例である。「今日とは違って、コプトの家族（アーイラ）において、宗教生活の方が社会的あるいは世俗的（al-madaniyya）生活より大事にされていた」［Mūsā 2012: 16］。また、社会主義者として家族を論じた以下のような箇所もある。「私たちの社会で現在の経済制度に満足している人たちは、占有 al-iqtināʻ（私的所有）制度によって多くの場合、家族（アーイラ）は護られ、支えられていると主張している。しかし、実際にはそれは家族に分裂の危機を招くものなのである。［キリスト教徒である］私たちの家族はそうした争いからは免れてはいるが、私たちのイズバ（農園）の近くにあったムスリムの家族ではワクフ地（所有権を「停止《ワクフ》」した宗教的寄進地）に設定したのに争いが起きた事例もあった」［*ibid.*: 22-23］。

政治活動への参加について述べた部分では次のようにも述べている。「心理学者によれば、家族（アーイラ）の最年少の息子は、しばしば反抗的になるというが、私はまさに家族のなかで末っ子だったので、子どもの頃からオラービーを非常に尊敬していた」［*ibid.*: 288］。民族主義の英雄、アハマド・オラービーに対する敬愛は、ホダー・シャアラーウィーとの世代的な共通点である。

一方、彼自身の家族に関する経験にもとづくものであろう、家族に対して複雑な感情を示す叙述の部分もある。まず「序文」において、教育と家族の関係を論じた部分では次のように述べる。「私たちは学校で教育を受けるだけではない。私たちの教育は、私たちが生まれ育つ家族（アーイラ）という優しい胸のなか、そしてその荒々しい棘のなかでなされるのである」［*ibid.*: 4］。また、「妻と子どもたち」の章では、結婚して子どもを授かった経験から、文筆家にとっての家族を持つことの意味を次のように論じている。まず、「子どもができると仕事の邪魔になり、それは地獄の苦しみにも似ているが、しかし、それはすぐに痛みを忘れてしまう、いわば甘い苦しみなのだ」［*ibid.*: 138-39］、と述べる。しかし、それに続く部分では、また次のように語るのであった。「心理学的に言えば、純粋な ṣamīm 文学的人格と犯罪者は似ている。―中略―家族（アーイラ）は、犯罪を防ぐ最大の要因であると同様に、文学作品を生みだすのを妨げる最大の要因でもあるからだ。別の言葉で言えば、家族は、犯罪者に対しても天才に対しても、矩を超えず（dūna al-shaṭaṭ）均衡（al-i'tidāl）を保つように作用するのである」［*ibid.*: 141］。しかし、「それにもかかわらず、家族の束縛は、それに見合った何がしかのものを、文学者に対して独身者では得られない日常の暮らしのなかから与える」［*ibid.*: 142］、という言葉もまた残している。

その他、注意しておきたのは、形容詞アーイリーの使い方である。「エジプトの家族的環境（al-wasaṭ al-'ā'ilī）においては、一般に調和と親愛が支配的であった」［*ibid.*: 21］というような箇所は通常の用例としても、以下では、この形容詞の部分を意訳している。YMCAなど若者のための活動について述べた部分であるが、「私たちは、毎週月曜日には内輪の（アーイリー）話しあいの場を持った。そこでは一緒に椅子に座ってお茶を飲んだり煙草を喫したりしたが、話題はもちろん若者の問題、文化や性、そして家庭（アーイリー）のこととなった」［*ibid.*: 171］[51]。

〔ターハ・フサイン自伝の例〕

最後に取りあげるのは、ターハ・フサインの自伝『日々』［Ḥusayn 2017］（初版一九三三年）である。すでに紹介したアハマド・アミーンの自伝『我が人生』、サラーマ・ムーサの『サラーマ・ムーサの教育』とならび「近代エジプト三大自伝」のひとつとされる文学作品である。この「三大自伝」の著者は、いずれも生年が近く、アミーン一八八六年、ムーサ一八八七年、フサイン一八八九年だが、そのなかではターハ・フサインが世界的にもっとも有名であろう。近代エジプト、あるいはアラブ世界最高の文学者と評されることもある。アルバート・ホーラーニーの近代アラブ思想に関する古典的研究［Hourani 1984］をはじめとして、多くの研究者によって取りあげられてきた[52]。ターハ・フサインは、中エジプトのミニヤ県の村に生まれ、幼くして視力を失った。地元のクルアーン塾（クッターブ）に通うが、その傑出した聡明さを認められ、一三歳のときに家族と故郷を離れてカイロのアズハル学院で学ぶ。その後、設立されたばかりのエジプト大学（カイロ大学の前身）で近代教育を受け、国費留学生試験に合格して渡仏。ここでも博士号の学位を取得して帰国後にエジプト大学の教授職を得た後、華々しくも論議を呼ぶ著作を次々に発表していく。渡仏前のエジプト大学での博士論文では、自身と同じ盲目の詩人哲学者アブー・アラー・マアッリーを考察し、デュルケームの指導も受けたフランスのモンペリエ大学の学位論文ではイブン・ハルドゥーンを論じた[53]。

このターハ・フサインの経歴は、農村からウラマーを輩出する伝統的な知的リクルート・システムとともに、外国留学を通じて近代の知的教養を身に付けるという点で、その後のアズハル学院出身のエリート知識人（ソルボンヌ大学で学位を取った現アズハル総長アハマド・タイイブ（二〇一〇年五月就任）にいたる）の先駆をなすものであった。

さて、このターハ・フサインの自伝『日々』であるが、「視覚障がい者文学」とでも言うべき繊細な感覚の世界を示すなど、多様な読み方を可能にする豊かな内容を持っている。構成は、第一部が故郷の村、第二部がカイロのアズハル学院の学生生活、第三部が渡仏とその後の生活を扱っている。とくに第二部の青年期の話は当時のカイロの社会生活を活写しており、社会史資料としての価値も高い。しかし、第一部を含めてミニヤ県の農村社会の家族に関する情報はそれほど詳しくはない。それは勉学生活が中心の内容であるからやむを得ないのかもしれない。たしかに自身の家族などに関する叙述は淡泊な印象を与えるが、それでも注目される箇所も若干ある。

この自伝でターハ・フサインが家族を表わす言葉として基本的に用いるのはウスラであり、その次がアハルである。全三部を通じて用いられたウスラとアハルの数を調べてみると、ウスラが八九、アハルが二〇であった[54]。アハルには、すでに他の自伝などでの用例があるように、「家の人々」（ahl al-bayt［Ḥusayn 2017: 119, 571, 574］あるいは ahl al-dār［*ibid.*: 120］）というかたちの表現もある。一方、アーイラは一切登場しない。ただし、アーイラと同じ語根を持つ「扶養家族 ʻiyāl」という言葉は使われている[55]。また、バイトもそれ自体では家族を示す用例はなく、家屋としての意味しかない（ダールやマンズィルという言葉もほぼ互換的に用いられる）。バイトが家族の意味を持つのは、「家長 ṣāḥib al-bayt」［*ibid.*: 84, 86, 87］や「主婦 rabba al-bayt」［*ibid.*: 112］、また「彼の家のなかでの地位 makān-hu fī bayt-hu」［*ibid.*: 503］といった限られた用例のみである。

さて、ターハ・フサインの自伝で主に家族を示すウスラとアハルという言葉は、それぞれ別の意味で用いられることもある。ウスラの場合は、ただひとつの例だが、神秘主義集団のタリーカの「派閥」の意味で使われている。「タリーカに属する人たち aṣḥāb al-ṭarīq」が二つのウスラ（派閥）に分かれて争っていた話の部分である［*ibid.*: 82］。タリーカのシャイフの

（表1）七人の歴史的人物の自伝資料に見られる家族表現の用例

	アーイラ	ウスラ	バイト	アハル	アール	アシーラ
ムハンマド・アブドゥ			◎			
アハマド・オラービー	◎				○	○
アリー・ムバーラク	◎			○		
アハマド・アミーン		○	◎			
ホダー・シャアラーウィー	◎	○		○		○
サラーマ・ムーサ	◎	○				
ターハ・フサイン		◎		○		

（出典：筆者作成）

宿泊と接待のために、父親が無理をして金まで借りて悩まされているという箇所など、ターハ少年のターリカに対する印象は総じて良くはない。この点で、後で述べるように、後年の思想的人生は異なるが、故郷の上エジプトの村の宗教的な迷信・狂信を批判したサイイド・クトゥブの自伝『村から来た少年』［Qutb 1999］（初版一九四六年：英訳［Qutb 2005］）との比較も面白い[56]。一方、アハルは本来、「人々」一般を示す言葉であるから、当然ながら家族以外の用例は、特定の地域や機関の人々を指すなどさまざまな場合がある[57]。

前述のように、ターハ・フサインの自伝で主に家族を示すのに用いられるのはウスラであり、補完的にアハルも使われるが、両者はほぼ互換的に使われている。たとえばアリー・ムバーラク自伝でアーイラとアハルのあいだに見られたような意味の相違は見られない。これまた先に述べたように、一般的に家族に関する叙述は淡泊な印象を受けるが、村への帰郷とその後の家族との駅での別れの場面では、さすがに深い感情を込めた表現も見られる［*ibid.*: 296］。加えて、これも例外的な叙述だが、農村での家父長的支配のエピソードが語られるところもある。それは母方の従兄がアズハルへの進学を断念する話である。彼の母親はそのための学資金を貯金してきたのだが、「家族（ウスラ）が、すなわちシャイフ〔家長のこと〕がまだカイロに行かせる時期ではないと考えた」［*ibid.*: 271］ためにあきらめざるを得なかったという箇所である。

（四）小括

以上の七人の歴史的人物の自伝資料における家族を示す言葉を図表化してみると表1のようになる。二つ以上の言葉が用いられる場合には、主要なものを二重丸◎、それ以外のものを一重丸○で示してある。まず、家族を表わす言葉としてもっとも多く使われているのがアーイラとウスラがそれぞれ四回、アハルが三回、バイトとアシーラがそれぞれ二回アールが一回である。人物別にみると、シャアラーウィーがもっとも多く四つの家族を示す言葉を用いている。その次がオラービーで三つの言葉、ムバーラク、アミーン、サラーマ・ムーサ、ターハ・フサインは組みあわせの違う二つの言葉を使っている。アブドゥはバイトしか用いていない。そして家族を表わす主要な言葉（◎）となると、アーイラが四人で一番多く、バイトが二人、そしてウスラはターハ・フサインひとりである。

さて、なかなか判断の難しいところだが、最初に紹介した三人アブドゥ、オラービー、ムバーラクはいずれも農村部の中産層出身であり、これに都市部への移住者二代目のアミーン（本人も自伝でムバーラクの家族との類似性を自覚している）を加えたグループと、大地主であり上層階級出身のシャアラーウィーとムーサは、社会的背景が異なるとして区別していいかもしれない。

前者のグループで主に用いられている家族を示す言葉は、バイトとアーイラである。また、全体を通して、アーイラとバイトを両方使っている人物はいないことから、バイトとアーイラは、それぞれの自伝においてある同じような意味を持つと考えられるかもしれない。それは、何々家という具合に一族の出自を示したりするような大家族的な用法、第1章で示したような「アーイラ的な用法」である。都会生まれのアミーンですら、地方の名門一族についてバイトという言葉を用いている際にはそのような意味が込められている。ただし、アブドゥとアミーンがバイト、オラービーとムバーラクがアーイラをそれぞれ主に用いている背景は分からない。一方、自身の家族あるいは小家族を意味する場合にも、アブドゥとアミーンがバイトを、オラービーがアーイラを、大家族の意味と互換的に用いている。また、ムバーラクはアハルを近親者の家族の意味で使っている。その他、家族概念一般としてオラービーはアーイラを、アミーンがバイトを使っているのも注意しておきたい。

一方、後者の上層階級の二人、シャアラーウィーとムーサは、いずれもアーイラを主な家族を示す言葉として用いているが、二人とも自分の家族ではなく、家族概念一般としてアーイラを用い、しかもその場合、ウスラと互換的に使っている。これは現代的なアーイラとウスラの用法とほぼ同じであるように思われる。これらは、すでに述べたように「近代家族」に関する表現とも考えられる。ただ、ムーサがウスラについて出自を示す言葉として使っているのが特徴的である（ウスラを王朝として用いるのは伝統的な用法である）。彼らと同世代に属するアミーンがバイトとウスラを互換的に使っているのにも注意したい。

以上に加えて取りあげておくべきは、家族を示す四つの言葉を自伝に登場させているシャアラーウィーが、アシーラとはもちろん明確に異なり、またアーイラとも微妙に異なる意味をアハルやウスラといった言葉に込めているように見られる点である。これは、すでに指摘したようなムバーラクの場合に見られる、アーイラとは区別されて用いられるアハルの意味の問題、すなわちより親密な家族的関係の範囲を示す意味を込める言葉としての問題と比較できるように思う。

以上の六人に対して、ターハ・フサインは、アハマド・アミーンとほぼ同年齢で同じく農村の中産層の家族出身であるが、バイトやアーイラは自伝には家族を示す言葉としては使わずウスラを主に用いている。文学作品としても価値の高い自伝『日々』では故郷の村の日常の生活用語ではなく、文学者としての用語選択がなされているのかもしれない。ただし、この点は判断が難しい。

冒頭で述べたように、本節の主な課題は、タラール・アサドの問題提起を受けたかたちで、自伝資料における家族概念を検討することにあった。言うまでもないことであるが、近代エジプトにおける概念の形成や変容を論じようとして、自伝資料にはいくら数多く当たったところで限界はある。もちろん、人口の多数を占める一般の人々、前近代において非識字がほとんどであった民衆がどのような家族や親族をめぐる言葉の世界に生きていたかという問題もあるからである。次節では、家族関係を描く小説を資料として用いることによって、別の角度からこうした問題にも迫ってみたい。

三　ナギーブ・マハフーズ『カイロ三部作』における家族概念と家族関係

(一) ナギーブ・マハフーズ『カイロ三部作』の世界

本節では、エジプト人作家ナギーブ・マハフーズ Najib Maḥfūz［一九一一―二〇〇六年］の文学作品を資料に用い、小説の表現に見られる家族概念について検討する。このアラブ世界初のノーベル文学賞受賞者として知られる作家の代表作は『カイロ三部作』（英語では *Cairo Trilogy*: アラビア語では *al-thulāthiyya* として知られる）である。同書は、第一巻『バイナルカスライン』［Maḥfūz 2006a］（初版一九五六年）、第二巻『カスルシャウク』［Maḥfūz 2006b］（初版一九五七年）、第三巻『スッカリーヤ』［Maḥfūz 2006c］（初版一九五七年）からなる長編小説である。アラブおよび中東の小説の邦訳はまだ多くはないが、そのなかで例外的にマハフーズの作品は比較的多数が日本で翻訳出版されている。その翻訳の多くを手がけたのは塙治夫であり、この『カイロ三部作』も塙によって第一巻が一九七八・七九年に初めて訳され、その後、二〇一一・一二年に全三巻の完訳版が出された。本節では、この完訳版［マフフーズ 2011, 2012a, 2012b］を原書［Maḥfūz 2006a, b, c］とともに資料として使う[58]。

この『カイロ三部作』は、カイロの旧市街に商家を構える一家三代の歴史を描き、第一次世界大戦中の一九一七年から、第二次世界大戦末期の一九四四年までの時期を扱っている。それは二つの民族革命、すなわち一九一九年革命と一九五二年革命の間にはさまれた時期であり、家族三代の人々の喜怒哀楽がエジプト政治史の大きな舞台を背景に描かれている。とくに一九一九年革命時のカイロの庶民の体験を活写した第一巻は、将来を嘱望された次男が英兵の銃弾に倒れる衝撃とともに終わっている。そして、最後の第三巻の後半になると、家長の孫にあたる二人の青年が、それぞれムスリム同胞団と共産主義運動に参加していく姿が描かれ、一九五二革命の到来が近いことが暗示されている[59]。

このように民族の大きな歴史の流れのなかに、市井の人々の哀歓を生き生きと書き込むことによって、この作品はまさに国民文学の名に値する小説となっている。福田義昭は、この「現代アラブ文学の古典」を次のように簡潔に紹介している。

「『三部作』は二〇世紀前半のカイロを舞台として、近代化にともなう社会の変化や価値観の変化を描いた大河小説だ。西洋から入ってきた新しい思想や文明、ナショナリズムの高揚と英国からの独立運動、さらに世界大戦などの出来事を通して、旧来の家族関係や家庭空間が変容していく様子が印象深く語られている」［福田 2011: 5］[60]。

本章が目的とする近代エジプト家族とその概念の考察のために、この小説を資料として使う意義と問題点はどこにあるだろうか。『カイロ三部作』については、家族研究の資料として高い価値を持つことが、すでに何人かの研究者から指摘されている。最近、刊行された中東家族研究の論文集の序章で、編者のドゥーマニは、「中東において家族生活に関する最も洞察性に満ちた文献資料は小説である。その代表は、ナギーブ・マハフーズの『三部作』である」と断言している［Doumani 2003: 4］。また、レバノンの社会学者で小説家としても知られるハリーム・バラカートは、『現代アラブ社会』という標準的で教科書的な著作の「現代アラブ家族」に関する章で、家父長制の問題を取りあげ、次のように述べている。「こうした伝統的な父親の姿は、多くのアラブの文学作品のなかに描きだされているが、その代表がエジプトの作家ナギーブ・マハフーズである」。そして、マハフーズの傑作『ミダック横丁』（初版一九四七年）（英訳［Mahfouz 1966］）を例に挙げた後で、『カイロ三部作』の場面を引用し、とくに主人公のアフマド・アブドルガワードを家父長の典型として紹介している［Barakāt 1984: 180］。

ただし、小説を研究資料として扱う場合、フィクションとしての限界はある。たとえば、小説の文章から推定される、アブドルガワード家の家族の年齢は、それぞれ以下のとおりだが、矛盾する叙述の箇所がある。父アフマド（第一巻の冒頭、一九一七年当時、四五歳であるから、一八七二年生まれと推定）（以下、人名は邦訳に従う）、妻アミーラ（同四〇代、一八七〇年代半ば生まれと推定）、長男ヤーシーン（同二一歳、一八九六年生まれ）、長女ハディーガ（同二〇歳、一八九七年生まれ）、次男ファフミー（同一八歳、一八九九年生まれ）、次女アーイシャ（同一六歳、一九〇一年生まれ）、末っ子の三男カマール（同一〇歳、一九〇七年生まれ）。

しかし、長女が「ママは一四歳以下で結婚したわ」（［マハフーズ 2011: 38］［Mahfūz 2006a: 38］、この邦訳および原著の頁数を以下では著者名・発行年を省略して［38: 38］のように表記する）と語り、次男が「父さんは僕と同じくらいの年齢で結婚しているんだ」［135: 143］と述べているが、上記の年齢から両親の結婚年を考えると計算が合わない(61)。

また、小説としての制約であるのか、あるいは当時のカイロの下町の親族関係の特徴を示すものなのかは明らかではないが(62)、一家以外の親族がほとんど登場せず、親族的な広がりの影が薄い。たとえば、アフマド旦那も妻アミーナもひとりっ子で育ったという設定である。アフマドの父で商人であったアブドルガワードは何人もの妻を娶ったが、子宝に恵まれず子どもは彼ひとりだけであり［49: 49］、また妻アミーナも姉妹はすべて病死し、ひとり娘として育った［223: 243］。一家以外の唯一の親族は、未亡人として暮らすアミーナの老いた母親だけであり、アフマド旦那が引きとると申しでるのに「家を捨てる」［221: 240］のを拒み独り暮らしを貫いている。夫妻の父方母方の叔父や叔母、従兄弟や従姉妹も誰ひとり登場しない。

また、昼間は家族の前では「毅然たる態度と威厳と仏頂面」［13: 11］しか示さないのに、夜になると仲間と一緒に、女遊びや酒と歌の宴会を楽しむという家長が支配するこの一家は、はたして当時のカイロ下町の中産階級の典型的な家族として扱えるのか、という疑問も生じる。この「心と身体で歌を愛した」［17: 16］アフマド旦那の遊びは、当時の商家の主人の遊興の一般的な姿としてはいささか誇張に過ぎる印象も与える(63)。

また長男は、女好きの家長の性向を受け継ぐものの、父と比べると未熟で自制心に欠け、偏った女性観の持ち主として描かれる。彼には「女なんて、妻の座と性的満足の背後で、何を高望みするというのか？」［366: 389］という台詞が与えられている。こうした父子二代にわたる女遊びや飲酒の描写は、読者の現代エジプト人にとっては、映画や小説の世界でしか出てこないと思わせる部分である。しかしながら、たとえば家の外と中とで大きく異なる「旦那の二つの顔」は誇張されているとはいえ、後で述べるように家父長制とセクシュアリティとの関係をめぐる特徴を典型的なかたちで示すための人物造形と考えてもいい。

むしろ、この例が示すように、フィクションであるからこそ、家族の成員それぞれに魅力ある登場人物の設定ができたという側面もある。この誇張された人物造形によって、この一家の事例が近代エジプトの家族をめぐる時代的変化を考察する材料を提供しているとも言えるのである。つまり典型的あるいは平均的家族像を提示しているとは言えないかもしれないが、しかし近代の家族の歴史的変化について一定の代表性を持つものとして扱うことができるのではないかと思う。

たとえば、一家の成員の教育を見ると次のとおりである。アフマド旦那は、絶妙な話術と教養の持ち主だが、それは小学校を課程修了前に退学した後で、商売や実生活を通じて身に付けたものであった［45: 44］。妻アミーナの教育については言及がないが、故人である父親はアズハル学院を出たシェイフであり［56: 55］、さらに母方の祖父もシェイフであった［223: 243］ことから、宗教的な家柄であり、彼女の思想的人格の背景になっている。また、長女ハディーガと次女アーイシャの教育は、姉妹とも学校に行くのを止めさせて以降は、男の目にふれたことはない、と母親が語る場面がある［170: 183］。これは当時のカイロ下町の「良家の娘」の教育水準を反映しているように思える。(64)

一方、息子たちの方は、いずれも初等教育は終えている。長男ヤーシーンは、出生時にはすでに両親が離婚しており、九歳まで母親とともに暮らした後、父親に引きとられるが、そのために就学が遅れたのか、一九歳でようやく小学校の卒業資格を取り［89: 91］、エフェンディーとして公務員の職を得ている。(65) 次男ファフミーは、小学校を終え、さらに旧制高等学校を卒業して今は法律学校で学んでいる。家族からは「大学生で末は裁判官にもなる人よ」［138: 148］と期待され、エリートの道を歩んでいる。(66) 三男カマールは、クッターブ（寺子屋式のクルアーン学習塾）を出た後、小学校に通っているやんちゃな少年として描かれている。全三巻を通じて、いわば家族の内側からの観察者としての役割を果たすが、二歳年下の作家マハフーズ（一九一一年生まれ）自身の姿を投影したと言われる。(67)

もちろん、こうした魅力ある人物像、あるいは人物群像の設定は、作家自身の人間観や社会の見方を反映するものであるが、それ自体がある時代、ある地域の家族のかたちを代表的に示すものとして扱うことができる。しかしそれにしても、この家族の女性たち、妻と娘たちの人物像は、あまりにも類型的な描写がなされている。娘たちは、容姿に劣等感を持つが、実は情の深い長女、金髪碧眼の美人だが、軽薄な性格の次女という具合に描き分けられている。とくに、次女は「家族の中では美の象徴としてみずみずしい魅力を備えながら、実用の役に立たない者と見られていた」［25: 25］という具合である。ただし、彼女を幸せな結婚の後に襲う残酷な運命という筋書きには、作家自身の女性観が反映しているようにも思える。(68)

すぐ後に述べる夫の性格と対をなす妻アミーナの人物造形もまた、類型的すぎるという指摘を免れない。彼女は「良妻の鑑 al-zawja al-ṣāliḥa」[346: 368] ではあるが、「あたしの意見はあなたの意見通りです、旦那様。それ以外にあたしの意見はありません」[169: 182] と述べる「まったく受け身の性格」[167: 180] であった。「自分に怒る権利を認めたことのない女」[295: 316] であり、「生まれつき演技が不得手、嘘が下手」[425: 452] なのであった。外出するのも年に数回、旦那の同伴で馬車に乗ってすぐ近くにある実家に行く程度であり [181: 195]、夫の専横に反発して離婚した派手な前妻とは正反対で、家には化粧品（白粉、くま取り、口紅）も備えがない [158: 169]、地味で慎ましやかな女性と描かれている。

これに対し、家族の男子の成員の父子を見ると、とくに家長と次男は、対照的ではあるがそれぞれに理想的な類型的人物像として設定されている。とくに家長、アフマド旦那は、カイロ下町の理想的な人間像、イブヌルバラド〔町の子〕として描かれていると言えるのではないかと思う(69)。アフマド旦那は「金も力もある美丈夫」[12: 10] であり、「長身で、肩幅が広く、肉付きのよい太鼓腹の巨漢」[14: 13] であった。また、性格的には「わだかまりのない気立て、人間愛に満ちた心、好意と侠気 murū'a を惜しまない精神」[51: 51] に溢れており、また「謙遜家で寛容な人格でありながらそれを強く意識し、心底には自慢とおごりの気持ちを秘め」[93: 94]、「生まれつき人懐っこくて、愛情をさらに求めてやまず、愛情に飢えた本能の導きにより、誠実と明るさと謙遜を性格的に志向していた」[94: 95]。まさに作家の共感溢れる描写が施されている。「彼の真面目さ jadd も彼のひょうきんさ muzāḥ を打ち負かしてしまわず、彼のひょうきんさも彼の真面目さを堕落させなかった。ひょうきんさは生活の余白を飾る一つの贅沢品ではなく、真面目さと同様に、必要から生まれたものでいまだかつて純粋な真面目さだけに凝り固まることも、それに気力を集中させることもできなかったのだ」[358: 381] という描写も秀逸である。今にも大声で冗談を言う偉丈夫が目の前に現われてくるようだ。

父親が前近代以来の伝統的な下町の男子の理想像とするなら、次男のファフミーは、近代エジプトの未来を指し示す新しい理想的人物として描かれている。一九一九年革命の高揚期、デモを率いていた彼が英兵の凶弾に倒れる話を今、読み返すならば、二〇一一年革命で治安警官隊やスナイパーの手によって殺害された勇敢な若者たちの姿を重ねあわせてしまうだろう。理想を追う青年とその悲劇、そして革命そのものの挫折という状況がともに想起される。小説はこのようにして時代を超えて読み続けられていると言うべきだろう。

ファフミーは「痩せている点を除けば父親に生き写しである長身」［23: 22］であり、「自分に課した礼儀正しさと真面目さと重厚さ」［303: 325］をあわせ持つ好青年であった。そして「信仰深い理想家として育ってきた」［293: 314］一方で、「ムハンマド・アブドゥフとその弟子の意見を学ぶ」ことにより、「呪文や護符やまじない、聖人の奇蹟を信じることに対し、家族の中で懐疑的な態度を取る唯一の人間だった」［444: 473］。この点でとくに「人間世界より妖霊（ジン）の世界について数倍も多く知っていた」［9: 7］と描かれる母親とは対照的であった。また母親は、イギリス人は「モスクを冒瀆してもいないし、ムハンマドの教団（ウンマ）はまだ無事なんだよ」［377: 401］と語り、ファフミーの民族主義的な主張にもまったく無理解であった。[70]

（二）『カイロ三部作』における家族を表わす言葉とその用例

以下では、前節の自伝資料と同じく『カイロ三部作』における家族を表わす言葉について考察する。この小説は、これまで扱った資料より、はるかに豊富で、また複雑な陰影を伴なった用法が含まれている。使われている言語は、正則アラビア語ではあるが、その精密な文法にもとづく表現の背後には、生活言語としてのアラビア語口語（カイロ方言）の世界が隠れているようにも思える。

ここで資料として中心的に扱うのは第一巻『バイナルカスライン』であり、追加的に第二巻『カスルシャウク』と第三巻『スッカリーヤ』の用例も参照する。出典については、すでに述べたが、邦訳と原著の頁数を並列して表記する。ナギーブ・マハフーズ『カイロ三部作』において主に家族を示す言葉として使用されているのは、バイト（bayt）、ウスラ（usra）、アハル（ahl）、アール（āl）の四つの言葉である。第一巻『バイナルカスライン』でそれぞれ家族を表現する言葉として使われた回数を調べると、バイト一〇八回、ウスラ九六回、アハル三二回、アール二八回であった。ただし、バイトは、合計三七六回登場するが、「家屋」の意味で使われているものが多く、家族の意味で使われるものとの判別が難しい。バイト単独で「家庭」の訳語として登場する場合は分かりやすいが、アールあるいはアハルの組みあわせで家族、家族の構成員（家人）を表現する場合「家の人々」（āl al-bayt あるいは ahl al-bayt）など分別が難しいところもある。こうした条件付きではあるが、この小説で家族を表わすのに用いられている主要な言葉は、バイトとウスラの二つであり、それに続く補助的に使われる言葉としてアールとアハルがあると考えてよいのではないかと思う。

さて、マハフーズ『カイロ三部作』における家族を示す言葉で注目されるのは、アーイラが一切使用されていないという点である。前節で紹介したアハマド・アミーンの自伝においてもアーイラが使われず、主にバイト（補足的にウスラ）が用いられた場合とよく似ていると言えるかもしれない。アミーンは、一八八七年生まれであり、小説の主人公の家長、アフマド・アブドルガワードは、一八七二年頃の生まれとして設定されているので、同じく二〇世紀前半のカイロの下町の言葉遣いをともに示しているのかもしれない。

もっともアーイラは家族を示す名詞としては使われていないが、注意したいのは形容詞の「家族的（ʻāʼilī）」が用いられていることである。この点もすでに見たアミーン自伝と同じである。『バイナルカスライン』では、形容詞「アーイリー」は、以下のように四回だけ使われている。「家族団欒 rābiṭa-hum al-ʻāʼiliyya」［61: 60］、「婚約、結婚、離婚のような個人的、家族的問題 al-masāʼil al-shakhṣiyya wa al-ʻāʼiliyya」［95:96］、「家族的環境 al-bīʼa al-ʻāʼiliyya」［292: 313］、「家族的事情 al-ẓurūf al-ʻāʼiliyya」［375: 399］である。[71] 以下では、これら四つの言葉（バイト、ウスラ、アハル、アール）の用例について、その使われる局面に応じて八つの用例群に分類し、考察していくことにしたい。

〔①「家庭」を表わす用例〕

第一は、人間の生の営みの単位、生活共同体である「家庭」（ホーム）を表わす用例である。そこでは家族生活行動や日常の家族生活に関する見方やそれにもとづく語り、あるいは一体感を持つ家族意識などが示される。基本的にこれらの用例で使われるのは、バイトである。例は少ないがウスラやアハルも使われる。バイトの例としては、家庭を「築く（開く）」（banā あるいは fataḥa）の例があり、「家庭を築いて、それを繁栄させるにふさわしい娘」［216: 233］といった表現がある。「家が栄えていれば十分」と、夫が夜遊びをしていても、と妻が考える場面［417: 444］や、反対に「家庭を破壊したり（はしないだろう）」と、実家に帰された妻が夫について考える［212: 229］例も挙げられる。後者の例では、長男が次男に対し

「お前の親父は俺の家を壊し〔た〕」と言って、自分の妻の離婚を父親が認めたことを非難する場面［447: 475］がある。また第二巻には、長女が嫁に行った先で「家と台所を独立して持つ」（第二巻 260: 293。以下、［(2) 260: 293］のように表記する）ことにより、「一つの家が二つに割れてしまった」［(2) 266–7: 301］と非難される場面がある。

とくに印象的な例は、母がアフマド旦那の勘気をこうむって実家に帰されたとき、長男が、彼女に向かって訴えた次の言葉である。長男は、家長の前妻の子であり、彼女は継母であった。「僕たちには、いま家がないんです。母さんが帰ってくるまでは僕たちに家がないことでしょう」［226: 245］。それは長女が「家庭で母が占めていた空白の大きさ」を知る［203: 219］場面にも見られ、愛の共同体である家庭（バイト）における母親の存在を示している。愛の家庭という感情には「家庭（バイト）への愛 ḥubb al-bayt」［343: 364］、「家族（アール）と家（バイト）に対する愛」［342: 364］といった表現に現われているが、後者の例では家庭（バイト）と第二の用例群である家族の成員（アール）とが区別されているとも言える。

また家庭は、名誉を持つ家でもある。バイトは、長男が新婚の妻の女中に対する不品行に父親がなじる言葉「家名を汚したな danasta baytī」［419: 446］でも、また「けがれない家庭 al-bayt al-ṭāhir」［372: 395］や「この家はとうてい清らかにならぬ yataṭahhar hādhā al-bayt」［419: 446］といった表現でも使われる。次の②の用例群で紹介するように、バイトは家父長がセクシュアリティを管理する性的道徳の規制システムとして機能している。ただし、一般にシャラフ sharaf やカラーマ karāma という言葉で表現される名誉の概念は、「一番尊敬されている家 bayt ashraf al-buyūt」［142: 151］の例のようにバイトとともに、後でも述べるが、「家柄もよく usra karīma」［141: 149］といったように、ウスラとも多く結合して使われる。

同様にウスラとバイトが両方使われる用例として、記憶の共同体（集合記憶あるいは記憶の共有）として家族の歴史が語られる場合がある。ウスラの例では「家族のおしゃべり」において「家族の遠い昔や過去からもぎ取られた思い出話が繰り返される」［65: 65］場面がある。バイトの例としては、次女が家の前を通勤途中で歩く警察士官に恋心を抱いたのに対し、長女が非難する言葉「こんなふしだらは、この家が過去に知らなかったものだし、現在も過去も知らないものだわ」［154–55: 165］がある。関連して「一家の者の胸 ṣadr al-usra」［448: 477］というような家族の持つ集合感情についてウスラが使われている。

なお、実家や生家と訳される言葉にはバイトが使われている。「生家 al-bayt alladhī wulidat fī-hā」〔直訳すれば「彼女が生まれた家」〕［250: 269］および「実家 bayt umm-hā」〔直訳すれば「彼女の母の家」〕［254: 273］である。

〔②「家人」を表わす用例〕

第二に「家人」、すなわち家族構成員あるいは、家に属する人々としての家族を意味する用例群がある。基本的にはアハルあるいはアールをバイトと組みあわせ「ahl al-bayt」あるいは「āl al-bayt」として用いられる。「ahl al-bayt」の用例としては、「母は使用人を家人と同様に遇してきた」［35: 35］、「家人は世人 sā'ir al-nās のあいだにいるときの旦那を知らなかった」［44: 43］などがある。同様に「āl al-bayt」の用例としては、「〔旦那の〕家族に対するときの峻厳な顔」［24: 23］などがある。

一方、数は少ないがバイトの代わりにウスラやダール（家）を用いる場合がある。ただし、その場合には、「家人 aṣḥāb al-dār」［108: 112］や「家族 afrād al-usra」［178: 191］の例のように構成員を表わす言葉にアールやアハルを使っていない点に気をつけたい。バイトとアハルやアールの連語ではなく、これら三つの言葉がそれぞれ単独で家人としての家族を意味する場合もある。バイトだけで「家人」と訳される場合［322: 344］、同じくアハルだけの例［278: 299］もある。ただし、実際に第一の「家庭」としての表現との判別が難しい。それを承知のうえで、家人としての用例の特徴を整理してみれば、バイト、アハル、アールには単独、あるいは組みあわせにより家人の意味を持つが、ウスラは単独では家人としては使われないこと、バイトの代わりにアハルやアールと組みあわせて家族員を示すことはない（たとえば、ahl al-usra のように）ということである。

〔③家族の行動を規制し、統制する家としての用例〕

第三は、家族の内部を統制し、家人の行動を規制する組織としての家としての用例群である。これらの用例で用いられるのは、主にウスラであり、バイトやアールも使われる。たとえば、「家に伝わるしきたり al-ādāb al-mawrūtha li-l-usra」〔237: 256〕と「家のしきたり taqālīd al-bayt」〔234: 250〕の二つの例では、ウスラとバイトがほぼ互換的に使われている。もちろん家人に対して規制や統制を行なうのは、家長たる父親である。ウスラの例を列挙すれば「家族に課する絶対的な礼儀作法」〔119: 125〕、「家族の規律 ādāb al-usra」〔341: 363〕、「取りしきってきた家族の絆 ʻaqd al-usra」〔211: 228〕、「家のたが silk al-usra」〔340: 362〕などが挙げられる。バイトの例としては、家長が長男に対していう言葉「この家にはお前の知っている法律がある」〔341: 364〕の例の他、第二巻に「家のしきたり niẓām al-bayt」〔(2) 260: 293〕と言う表現がある。アールの例としては「彼が身近な家族に ʻalā mutaṣṣilīn bi-hi min āl-hu 課したいと思った意志」〔117: 123〕がある。

この他、ウスラを使ってはいないが、家族を家長が所有するものという表現が見られる箇所もある（「家族の誰にも aḥad min dhawī-hu」〔419: 446〕。直訳すれば「彼の所有するものの誰でも」）。また、それに近い箇所には「家族らは彼の望む分際を守らなければならなかった iltizām al-ḥudūd」〔419: 446〕という表現があり、（ここでは家族という言葉は原文では使われてはいないが）「分際」という見事な訳語が充てられている。

〔④家人の属性を表わす用例〕

第四は、家族の個々の構成員の属性、とくに肉体や性格の特徴を示す場合の用例群である。大半がウスラであり、アールが使われることもある。一方、こうした用例にはバイトやアハルは使われない。ウスラの用例としては「〔長女が〕まめまめしさと目覚めのよさの点では、家族のなかでもっとも母親に似ていた」〔23: 22〕、「〔次女のすらっとした〕体つきは家庭内では欠点と見なされ」〔34: 33〕、「家族のあいだで評判な〔長女の〕旺盛な食欲」〔36: 36〕、「家族の誰一人として見間違うことのない彼女〔長女〕の母性的感情」〔154: 164〕が挙げられる。また、アールの用例としては、「家族のあいだではブレーキがきかなくなる〔父親の〕激しい気性」〔143: 152〕、「家族のあいだでは、猛々しさと怒りっぽさで知られる主人」〔221: 240〕がある。さて、以上の例は、娘についてウスラ、家長についてアールが区別して使われているように見えるが、その理由は分からない。

〔⑤家族の属性を示す用例〕

第五は、家族の構成員全体に関わる属性、とくに文化的社会的な特徴を示す場合に用いられる用例群である。この場合に用いられるのは、人間の集団としてのウスラだけであり、バイトなどは使われない。ウスラの用例としては、「美男美女の多い家族 al-usra al-lāmiʻa」〔150: 159〕、「音楽にかけては由緒ある家系 usra ʻarīqa fī al-ṭarab」〔271: 291〕、第三巻には「宗教的な家族 usra dīniyya」〔(3) 297: 353〕がある。その他、「やくざ一家 usra futūwāt」〔55: 54〕、「商人の身内 usra al-tājir」〔163: 175〕といった「職業」に関する用例もある。

さて、家の属性として注目されるのは「家柄」をめぐる表現である。この場合もウスラが多い。「古い家柄 usra qadīma」〔312: 334〕、「家柄が良い usra karīma」〔136: 144〕・〔466: 498〕という表現の他、「良家の娘 rabība usra karīma」〔364: 386〕にもウスラが使われる。[72] 第三巻には、労働者階級の娘と結婚したいという息子に対し、母親が「それはあたしたち家族全体の評判 samʻa usra-nā jamīʻan に関わることだわ」〔(3) 270: 322〕と反論する場面が出てくる。同巻には次のようにウスラだけで「名家」を意味する箇所もある。「いわゆる「名家」の出身 min 《usra》 kamā yaqūlūna」〔(3) 162: 193〕。

ウスラ以外の例としては、アハルを用いて「上流階級 ahl al-qimma」〔244: 264〕、他方「彼の家族は庶民だ ahl-hu min al-sūqa」〔(3) 29: 32〕〔直訳すれば「市場（スーク）出身の人たち」〕という表現もある。出自を意味するアスル（aṣl）を用いて、「家柄 aṣl-hum」〔234: 250〕や「出自がすべてです al-aṣl kull shayʼ」〔(3) 29: 32〕という表現がある。[73] また、「一番尊敬されている家 bayt-ka ashraf al-buyūt」〔142: 151〕というように、バイトもこの用例で使われる。

〔⑥家名を示す用例〕

第六は、家の名前、家名という固有名詞を示す時に使われる用例である。この場合には、アールが多く、ウスラやバイトを使う場合もある。もっとも多いのは、長女と次女の嫁ぎ先である名家の「シャウカト家 āl shawkat」〔282: 302〕他の例である。第一巻の主人公といってよい家長の家は、「アフマド・アブドルガワード家 āl ʻabd al-ghawād」〔314: 335〕、また第

（表２）ナギーブ・マハフーズ『カイロ三部作』第一巻に見られる家族表現の用例

用例群	ウスラ	バイト	アハル	アール
①家庭	○	◎	○	
②家人			◎	◎
③統制する家	◎	○	○	
④家人の属性	◎			○
⑤家族の属性	◎	○	○	
⑥家名	○			◎
⑦親族集団	◎			◎

（出典：筆者作成）

三巻には「アフマド家 āl aḥmad」〔(3) 24: 27〕というようにアールが使われている。また、次男が恋心を抱く隣家のマリアムの父親、ムハンマド・リドワーン氏の家については、「リドワーン家 bayt āl riḍwān」〔145: 154〕（同〔344: 366〕、〔474: 505〕）と使われる他、第二巻には「マルヤム一家 āl maryam」〔(2) 54: 57〕という例もある。

さて、シャウカト家についても、シャウカトとはアフマド旦那が世話になった「故シャウカト未亡人 ḥaram al-marḥūm shawkat」〔234: 262〕の夫の個人名であり、家系や出自集団を示すような「家名」ではない。「アフマド家」や「マルヤム一家」もそうであり、この小説の世界では一般に出自や系譜に関する意識は希薄であり、同族集団というような「家の名前」を示す例は出てこない。以上はアールの例であったが、ウスラの例では「アフマド氏の家族 usra al-sayyid aḥmad」〔163: 175〕や「シャウカト家 usra shawkat」〔329: 350〕があり、アールとウスラはほぼ互換的に使われている。

〔⑦親族集団としての用例〕

第七は親族集団を示す場合の用例である。使われるのは、ウスラとアール、そしてアハルである。⑥の用例と同じく、バイトは使われない。とくに結婚式など、婚姻関係をめぐる場面での表現において、「〔花婿・花嫁の〕両家 al-usratayni」〔163: 175〕、「慎重に事を運ぶため家族の一員ではなく、遠い縁者 al-usar ba‘ḍ furū‘-hā の誰かを求婚の使者として送る」〔163: 175〕のようにウスラが使われる例もあれば、「新郎新婦の家族の男たち」〔319: 340〕や第二巻の「〔結婚式の〕出席者は親族だけに限られる」〔(2) 193: 215〕の場合ではアールが使われる。ウスラとアールはほぼ互換的に使われている。

婚姻関係とならんで親族の範囲が示されるのが、葬儀の場合である。小説では葬儀の場面そのものは描かれていないが、「家族（ウスラ）を代表してリドワーン家（アール）に弔意を表する」〔344: 366〕では、ウスラとアールが使われている。「〔一九一九年革命の〕犠牲者の遺族 ahl al-ḍaḥāyā」〔460: 490〕や「殉死者の遺族 ahl al-shuhadā'」〔462: 492〕というようにアハルが用いられる場合と、「〔殉死者の〕家族 āl-hum の勇気ある態度」〔455: 485〕のようにアールが使われる例もあった。この場合は、アハルとアールはほぼ互換的に使われている(74)。

以上を用例群と主に使われる言葉の関係をまとめてみたのが、表2である。この表からそれぞれの言葉が指示する意味範囲やその方向性をある程度は把握することができるような気がする。これらが示す問題については、前節の自伝資料で示した例とも関連させながら、次節以降で再度検討してみよう。

さて、これまでアブドルガワード家を事例として家族を表わす言葉と表現を議論してきたが、最後にこの「家族」とは区別された外の社会や人間集団を表わす言葉についても取りあげておこう。それは「家族」と対置される「世間」をめぐる問題である。この小説には、世間という言葉が多く登場する。アブドルガワード家には、親族的な広がりの影が薄いと前に述べたが、それとも関係があるかもしれない。「世間の人」〔171: 184〕とか「世間の人々」〔92: 93〕とか訳されるのはナース al-nās（人間 insān の複数形、「人々」）であり、「世間全体の目 naẓar al-nās jamī'an」〔119: 124〕とか「われわれの道徳と世間体 ādāb-nā wa mā 'arifnā bi-hi bayna al-nās」〔120: 126〕、「世間の人が誰も aḥad min al-nās」〔178: 191〕、などの表現がある。ナース以外では、「外の人たち gharībīn」〔174: 187〕、すなわち他人（ガリーブ）、「世間 al-dunyā の様子」〔179: 193〕、第二巻の「ずる賢い世間 dunyā mākira」〔(2) 327: 371〕などの場合の「世界」（ドンヤー）、「わしの家族は世間の衆の仲間入りを usratī abnā' al-shawāri'」〔311: 333〕のように、「表通り」（シャーリウ）を使う場合もある。面白い表現としては、「家 al-buyūt は女に、世間 al-dunyā は男に」〔357: 384〕という成句があるが、これは家と世間に向けたアフマド旦那の二つの顔と関係しているかもしれない。ただし「お父さんは変わっていて、〔人々（ナース）の〕誰とも違っているのよ abū-ka shakhṣ gharīb ghayr al-nās jamī'an」〔135: 143〕と言われる場面では、人々一般を指しているのか、世間一般との違いを言っているのか、判断が難しい。

さて、次に述べる「アブドルガワード家の家族関係」での議論とも関係するが、家族と家族以外の社会、あるいはそこでの親族的な広がりを考えるとき、注意したいのは、都市社会と農村の相違である。もちろん農村にも「世間」はあるが、その匿名性の点で都市部とは大きな違いがあるからである。もちろん、いずれの社会にも完全な匿名性を持った「世間」などは存在しない。しかし、同族（アーイラ）的な構成を取った農村社会の場合と、社会的流動性の高いカイロ下町に暮らす、親族的な広がりが希薄なアブドルガワード家とでは、「世間」の匿名性の程度が違う。その相違が顕著に表われてくるのが、家族の名誉とセキュリティ、あるいは暴力をめぐる局面（とくにフトゥーワのかたち）である。

(三) アブドルガワード家の家族関係

マハフーズの作品を家族研究の資料として使うことの意義についてはすでに述べたとおりである。この説明にさらに追加するなら、鷲見朗子が簡潔にして要を得た解説をしており、以下の議論に参考になる。

「『三部作』は二〇世紀前半にカイロの下町に暮らした中産階級の家族が三世代にわたって経験する日常の悲哀と悦楽を描いた長編小説であり、アラブの人々の日常を知るにふさわしい作品といえよう。—中略—『三部作』において、マフフーズはありふれた家庭の主人アフマド・アブドルガワードに伝統的かつ絶対的な家父長としての権威を与え、妻アミーナに家父長への盲目的なまでの服従を強いる。家庭内における二人の空間支配にも示される、この権力のもつ側ともたざる側という関係は、物語の展開とともに徐々に変化していく。それは、アフマドが家庭内外で示す矛盾した二面性と、アミーナの従順に隠された家庭内、特に台所における彼女の勢威、家族へ向けられた情愛、そして母としての強靭さに予兆されている。

この夫婦に託された性役割問題は彼らの子や孫の世代へジェンダー問題として引きつがれ、伝統的なイスラームの価値観や社会政治情勢の変化と複雑に絡みあっていく。アラブの人々が何を信じ、何に裏切られ、何を愛おしみ、何に悲しんできたのか、マフフーズは家庭そして社会で繰り広げられる勢力関係の変転を通じた克明な筆致によって、みごとに描ききってみせる」［鷲見 2012: 1-2］。

以上は全三巻を通じての見事な評価であるが、この紹介の論点に留意しながら、これまでと同様に第一巻を対象に取りあげて議論していきたい。鷲見の解説にもあるように、この議論でもっとも重要なテーマは、家父長制の問題であるのは言うまでもない。小説がこの問題をめぐって優れた研究資料となっているのは、家長であるアフマド旦那の人物造形に負うところが大きい。その意味で「おそらく近代アラブ文学において最も有名な文学的キャラクターである」[Noorani 2010: 179]という評価がなされるのも当然かもしれない。この評価を示したヤシーン・ノーラーニは、その理由として「秩序を作りだす規範への執着と、快楽のためなら節度を保ちながら規範を破ることとの間の完璧な均衡」を持つ人物だからだと、その人物造形の見事さを説明している。さらには、この「静態的だがしかし矛盾に満ちた均衡の状態」が「破壊されることによって近代史が生みだされるのだ」とも主張している[*ibid.*]。

筆者の解釈は、ノーラーニの評価に同意しながらもいささか異なっている。たしかにアフマド旦那は、複雑な人格的構成要素を不思議な均衡をもって体現した人物として造形されている。しかしそれは、すでに(一)項で述べたイブヌルバラド的人格と、以下で述べる家父長的人格とが共存あるいは結合しているというかたちでの「人格的均衡」である。

アフマド旦那は、「家族に対するときの峻厳な顔」[24: 23]とは対照的に、家の外の社会、つまり「世間」や商いの場、あるいは旦那衆との遊びの宴席では、軽妙洒脱でありなおかつ真摯で仁義にも厚い理想的人物であるとして描かれていた。この二面性を強調するためか、その家父長としての描き方には誇張が含まれているように思えるが、それゆえにこそ類型的な表現となっていると言えるだろう。ふだんはおとなしい妻は、次男に対し「お前のお父さんは変わっていて、誰とも違っているのよ。他の人が普通と思うことでも、罪と思うかもしれないわ」[135: 143]と述べているが、この台詞は家父長としての極端なまでの描写に対する弁解のようにも聞こえる。隣家の娘は「あんたのお父さんは厳しくて怖い人ね。みんなが知っているわ、そうした人として」[149: 158]と語り、「保守的で厳しい性格」[237: 258]に対して、末っ子の三男には「父の名を聞いただけでも」恐怖を覚え、まともに口もきけない[234: 254]。「この家 bayt では一切が、宗教的支配力に似た無限の力を持つ最高意思に従っている」[255: 275]のであった。

それゆえ家の外の友人たちとの宴席で歌や踊りに興ずる父の姿を初めて知った長男は、「厳格で、尊大で、恐ろしくて、信心深くて、敬虔な男！　まわりの人たちを恐ろしさで殺す人！」〔268: 288〕が、と我が目を疑う。しかし、その後においても「父は依然として畏怖感と威厳で防備を固めており、彼は依然として恭順と隷従の態度を守っていた」〔278: 299〕という状態には変わりがなかった。長女も、母親が怪我をして臥せっているときに夜遊びを止めない父親に対して、さすがに不満を覚えるのだが、面と向かっては話せない〔204: 221〕。彼女は、美人の妹の方が先に嫁ぐことになったときにも、複雑な感情を押し殺すだけであった。それは「この家 usra では心情を隠すことは―特に愛情に関する場合―父長的威圧感 ẓill al-irhāb al-abawī の下で育まれた根強い習慣であり、道徳的必要であった」〔257: 277〕からだ。

家父長制とはイデオロギーであり、制度でもあるが、しかし家族個々人、すなわち家長と彼の家族（アハル）を構成する成員の相互関係によって成りたつものである。たとえば、父が息子たちだけで囲む男だけの朝食の場面には、家父長的世界の日常が描かれている（母と娘たちは、その後で朝食を取る）。この「軍隊的礼儀を必要とする」朝食では、ときに「怒声と叱責の嵐」が息子たちを襲うが、「誰一人として父親の顔を見つめる勇気を持ち合わせていなかった」〔26–27: 24–25〕。

すでに見た引用例で示したように、子どもたちは家長に対して直接に発言できないために、「父さんに話すこともためらわなかった」母親が〔230: 249〕、家族（アハル）を代表して家長と話を交わすことになる。「お父さんのような人は従順にされると優しくなり、逆らわれると頑固になるんだから」〔215: 232〕と述べて、母は家長との付き合い方を心得ているつもりであった。しかし、すでに見たように、彼女は「お前は弱い母親」〔141: 150〕と叱責されるような立場であることには変わりがない。しかも「躾のためにときどき必要な厳しさは、彼女の知らないこと」〔38: 39〕という描写があるように、子どもの躾は父親の専管事項であった。

このように家族全体は家長に管理され、従属しているのだが、そのなかで家長と妻との関係がこの従属関係の要にある。この両者の関係は、『カイロ三部作』の第一巻『バイナルカスライン』の山場で詳しく描写される。その場面は、家長が遠出した留守に子どもたちに促されて、母親が近所にあるフセイン・モスク〔イマーム・アリーの次男フセインの遺骨が納められている聖なる寺院〕を詣でた帰り道、交通事故に遭って怪我をするという大事件であった。そして妻の傷が治ったところで実家に戻すという場面では、とくに家長の心情が細やかに描かれている。

無断での外出をする以前の妻は「この家の囚人であった」[42: 42]。「一人でいようが、彼〔アフマド旦那〕がついていようが、とにかく妻が他人の目にさらされることは、彼にとって耐えられないのだった」[*ibid.*]。それゆえこの事件は「彼の自尊心と虚栄心に挑戦するようにのしかかった忌まわしい真実」であった。ただし、事件が起きた当初は「彼がなじみ、その長所に感心していた女に対する深い心配が恐怖と絶望の域に達していたため、自尊心と虚栄心が挑戦を受けたことを考える余裕がなかった」。それゆえ「彼の横暴は引っ込み、本来のやさしさが目覚め」た。しかし、胸中のざわめきを家人に知られないように顔に表わさないうちに、彼女が平癒に向かっていくと「家で彼女を見ていた古い目で再検討しはじめ」次のように考えたのである。「彼女を許し、憐憫の訴えに応じたならば―本当はそうしたいのだが―威厳と自尊心と、これまでの半生としきたりをすべて失うことになる」と。そして「彼の掌中から手綱がはずれ、ひたすら厳しく断固とした態度で取りしきってきた家族（ウスラ）の絆がばらばらになってしまう」[210–11: 227–28]。こうして彼は妻を実家に追放する決断を下した。以上の箇所で重要なのは、妻への支配が「家族の絆」の要だというアフマド旦那の考え方である。

さて、これに対し、妻アミーナの感情描写には、アフマド旦那ほどの起伏が感じられない。そもそも彼女は夫が家にいるだけで「気持ちは平安を保証された」女性であった[10: 9]。結婚当初は夫の夜遊びへの嫉妬に苦しんだ時期もあったが、彼の父親が四人の妻を娶ったよりはましではないか、という実家の母の忠告を聞き入れたのである[12: 10]。さらに「真の男らしさと亭主関白と深夜におよぶ夜遊びは、ひとつの本質に付随する特性であると思いこむように」なり、それゆえ「自分が安穏と屈服を後悔したことは一度もない」のだった[10: 9]。こうして「従順であきらめきった妻」として生きる彼女だったが、しかし「単なる女奴隷 jariha ではなく、生活の伴侶 sharika hayā-hu である」と思うことに幸せも感じていた[18: 16]。この小説では、アフマド旦那を誘惑する隣家の奥さん、旦那と離婚した後に何回も再婚を繰り返す前妻、旦那の遊び相手の女歌手などといったキャラクターは登場する。しかし、女性の性的欲望が正面から取りあげられていないことにも注意したい(75)。

このように、いささか類型的な人物造形にとどまっているように見える妻の描写ではあるが、以上に紹介した箇所では

「生活の伴侶」という表現に注目しておきたい。この言葉が示すように、アフマド旦那と妻アミーナの関係は、まったくの支配隷属関係というわけではない。もちろん「感情にもとづく合弁事業の共同経営者」〔ギデンズ 1995: 45〕という近代家族の対等なパートナーシップとしての夫婦関係とはいうわけでもない。また、互いを強く束縛する双務的な愛で結ばれてもいないだろう。にもかかわらず、近代エジプトあるいはアラブ世界で当時起きていた「親密性の変容」における愛情のかたちが表現されているように思う。次男の遺体を病院に引きとりに行くとき、アフマド旦那は彼自身、感情の嵐の真っただ中にありながらも、次のように妻のことを想うのだった。「小鳥の死にも泣く弱くて優しい女!」、「わしが病院で会って来るよ。だがお前は彼に会えぬ。わしがそれを許さないだろう。残酷だからか、それとも慈悲だからか? どちらにしても何の益があるだろう」〔540: 579〕。ここには夫婦愛のひとつのかたちが示されている。しかし同時に、彼ら夫婦の関係は、この家族の家父長的支配関係の要としても機能しているのである。(76)

以上の箇所とも関係するが、この家族の絆、すなわち家父長の支配の根拠についても、小説は的確な描写を示している。それは妻を仲介にして、次男が隣家の娘と婚約をしたいとの願いを聞いて、アフマド旦那が激怒する場面にとくに明示されている。アフマド旦那は次男の願いについて、それを「ちょっとした過ちとは思わず、むしろ家族の中の、学生の精神に生じてはならない醜い衝動と見なした。厳しい清らかさと曇りない純潔の雰囲気の中に家庭を築き上げたいと心がけていたが、その家の内部に「恋情 'awāṭif」が忍び込むとは、とうてい想像できなかった」〔143: 152〕。

家長にとって家庭とは「厳しい清らかさ niqā' と曇りない純潔 ṭahāra」の空間でなければならないのだった。隣家の奥さん(実は次男の初恋相手の母親)からの誘惑を受けても「彼のけがれない家庭 bayt-hu al-ṭāhir」〔372: 395〕を考えて自制し、また結婚したばかりの長男が嫁の連れてきた女中に手を出したことに「清らかな家を汚した danasa al-bayt al-ṭāhir」〔423: 450〕と怒る場面で、こうした家庭の神聖性、性的純潔性が強調されている。同じく不出来な長男が結婚早々の新妻を深夜の劇場に連れて行ったことに対して「女どもが半裸で踊る場所に彼女を連れて行くなんて」〔341: 363〕と、旦那は(自分の女遊びは棚上げにして)憤るのである。こうした場面には、家父長制の根拠が何よりもセクシュアリティの管理にあることが示されている。理念型的な近代家族があるとすれば、そこでは個々人がセクシュアリティを完全に自分のものとして所有し、他者と互いに取り交わす関係の特性とし得る〔ギデンズ 1995: 47〕のであろう。しかし、これとは対照的に、アブドルガワード家では家長がセクシュアリティを管理・支配しようとしている。

アフマド旦那は、息子の婚約話に激怒したが、さらに神経を使うのは、もちろん娘たちの名誉の管理であった。「娘たち fatāt が結婚によって保護されることを希望した」彼は、「アッラーが結婚を必要としないように少女たち banāt を創造してくれたらよかったのにと」〔284: 304〕願うほどであった（bint〔複数形 banāt〕には処女という意味もある）。しかし、父親の娘たちに対する感情は、単純な支配の意識や自らの体面や保身のための恐れだけではなかった。縁談話が次女の方に先に来たときには、長女「ハディーガを侮辱する者は、彼を侮辱したのも同然であり、彼女の自尊心を傷つける者は彼の自尊心のど真ん中を突き刺したのも同然なのだ」〔168: 180〕と彼は憤る。なぜなら、娘の保護は、彼自身のアイデンティティそのものと深く関わっているからである。以上の箇所で使われている「保護 sitr」には「隠す」というもうひとつの意味がある。

他方、娘の側は、自らのセクシュアリティについて、父親の関与を強く意識する。次女のアーイシャは嫁いだ後も「腕をあらわにした夏のドレスで父さんに会うことはできないのよ」〔313–14: 335〕と気を遣う。またすでに例として示したように、セクシュアリティは、穢れの意識とも結びついている。すでに何回か登場している隣家の奥さんは、誘惑をするような風情で旦那の店を訪ねたときに「女が素手で触れることによって、礼拝のために清められた男の体を汚さないように、彼女は自分の手をミラーア〔黒い外衣〕に包んで彼と握手」〔238: 257〕する動作を示したのであった。

さて、家父長が管理するのは家族のセクシュアリティだけではない。家父長制のもうひとつの根拠は、家族の安全（とくに身体的安全）、セキュリティに対する責任意識である。次男ファフミーが一九一九年革命の学生運動に参加する意思を示したときのアフマド旦那の態度は、そうした意識の明確な現われである。旦那は革命の闘士を軽蔑していたわけではない。むしろ彼らの成功を祈ったものだが、しかし、自分の息子となるとそれは別の話だった。息子たちの行動の境界を定めるのは自分ひとりであり、革命でも、時代でも世間でもないのだ。革命は美徳であるが、それが彼の家の扉を叩き、その安全 amn や子どもたちの無事 salām と生命を脅かす場合には、「迷妄、あるいは正気を失ったようなふる舞い、忘恩、そして無礼と化す」〔455: 484–85〕のだった。「家は彼のもので共有者はいない。家の中で反乱を考えている者がいるとしたら、その者はイギリス人ではなく、彼に対して反乱することだ」[455: 485]。次男の行動に対する家長の反対は、政治活動ではなく、身体の危険をもたらす行動についてであった。「わしの心は彼らの無事を祈っている。なぜならそれは父の心だからだ」[516: 552]。

さて、この家族の安全を護るというカイロの下町の商家の家父長の責任意識は、たとえば上エジプトの農村部で見られる家父長たちのセキュリティをめぐる責任意識と比較してどのように考えたらいいのであろうか。後者の村の家父長たちは、彼らの家の名誉と安全を護るために家族の成員たる男子たちに対し、場合によっては命をかけた戦いを命ずることもあったであろう。

すでに述べたように、この小説における親族的な広がりの影の薄さという家族のかたちの設定については、現実のカイロの下町の家族を反映したものか、それともあり得べき「近代的な」家父長制家族を描くためになされたのか、判断が難しい。さて、このセキュリティと家族という問題をめぐって、注意しておきたいのは、カイロの下町の庶民たちが行なう街区の暴力／セキュリティ管理の担い手であるフトゥーワの存在である。それは小説のなかでは、フトゥーワ（「やくざ」と訳されている）一家の話として、また一九一九年革命に際してある街区の若者たちが、彼らのフトゥーワ（任侠）を示すために英兵の進駐を妨害しようと道路に穴を掘って抵抗するエピソード（そのためにアフマド旦那が夜遊びの後、英兵に捕まってしまい、穴を埋めなおす「強制労働」に従事させられる話）として登場する。このフトゥーワ（任侠）こそは、ムルーワ（勇気）やルジューラ（男らしさ：塙訳では「侠気」）とともに、すでに述べたカイロ下町の理想的人間像、イブヌルバラドの構成要素をかたち作るものである。上エジプトの農村における伝統的な暴力／セキュリティ管理は、血の復讐（サァル）の慣習によって行なわれる（本書第4章を参照）が、フトゥーワとは、男性性という通底する価値観を共有している。

家父長的支配の根拠として、以上ではセクシュアリティの問題とセキュリティの問題を挙げたが、カイロの下町の庶民社会でも上エジプト農村社会でも、大きく様相は異なるとはいえ、両者は深く結びついている。それを示すのは、政治運動に参加するのを黙ってきた次男に対するアフマド旦那の非難の言葉である。「お前は罪を犯した性悪の虫けらだ。その外見で長いこと人をだましてきた雌犬だ。わしは最後まで女に変わったりせぬぞ。—略—お前は自分が男だと錯覚しているのか？」

［458–59: 489］。しかし、上エジプトの家父長は、一族の名誉をかけた武闘に参加しない気の優しい息子に対し、まったく別の表現で「男性性」を強調してなじることであろう(77)。

さて、以上に述べた家父長的支配の鎧のしたには、家長の妻、母親を中心にした家族関係の空間が広がっている。小説では、この母親を中心とする家庭（バイト）の世界が、家族間の関係を表わすさまざまな場面によって描かれている。興味深いのは、家族のなかでの「集い」あるいは「座」と訳されるマジリス majlis〔座って言葉を交わす場〕の存在である。すでに登場した家長を中心とする男だけの朝食が終わると、女だけで朝食を取る時間となる。「朝食の時間は、彼女たちが水入らずに過ごすまれな時間のひとつであった。それは打ち明け話をするのに、特に両性を含む家族の集いの場合には、ふつう深い慎みから胸中に隠しておかざるを得ない内緒事を打ち明けるのに最も適していた」［37: 36］。

このように家の女だけの朝食の場で言及される「両性を含む家族の集い majālis al-usra」であるが、しかし、小説には家長を含む家族の成員全員が集うマジリスは登場しない。すでに見たように、家族（アハル）の意見を家長に伝えるのは、母親の役割で家族全員が何かについて話しあう場面は出てこない。母親が家長に次男ファフミーが隣家の娘との婚約で相談する場面では、娘たちが隣の部屋で聞き耳を立てるだけであり（二〇章）、次女アーイシャへの警察士官の結婚申し込みの件をめぐっても夫婦だけで会話がなされる（二五章）。

母親を仲介にしないと父に家族からの意志が通じないというのは、夫婦の関係が家長の言う「家族の絆」（家父長支配）の要となっていることの表われである。家父長的支配のもとでの家族と母との関係には細やかな表現も見られる。次男と母親との関係は「母と話すとき、心に思っていることと裏腹のことを話す習慣がなかった」［425: 452］という状態であり、革命への参加を告白できない父親に対しての関係とは対照的であった。ただし彼は、警察士官が次女に求婚した問題で父から嫌疑を受けると警告する母親の言葉に対しては「父の前で堂々と弁護できなかった自分の抑圧された悲しみを怒って」反感を覚えた。それは「無意識のうちに母の人格の中に置きかえた父に向って」のことだった［164: 176–77］。家長である父親と家族とのあいだの仲介役を務める母親に、思わず父親の姿が投影されてしまうというこの描写は、アブドルガワード家における家父長的な支配の構造を的確に表現するものだと言える。

さて、以上のやり取りがなされたのは、母親を中心にした家庭内の空間である「コーヒーの座 majlis al-qahwa」においてであった。「コーヒーの座」とは、日没前、父親を除く家族が地階（日本式の一階）の居間に集まり、小卓の上にコーヒーカップを乗せた黄色い盆を囲んで談話を楽しむ場である［61: 60］。ただし、コーヒーを飲むことが許されているのは、「しきたりと礼儀の掟によって bi ḥukum al-taqālīd wa al-adab」母と長男と次男だけであり、長女と次女と三男は、おしゃべりで満足するだけだった［*ibid.*］。これは「家族団欒 rābiṭ-hum al-ʻā'iliya」に安らぎ、「皆を包み込む純粋な母性愛の翼の下に寄り添う」［*ibid.*］場であったが、父親が不在なのに「家族（アーイラ）的」という形容詞が使われていることが面白い。しかし、この父親不在の母親中心の空間にも「しきたりと礼儀の掟」という家父長的秩序が貫徹している点を、小説は細かい描写で示している。

小説には、以上に紹介した部分以外にも、説明は割愛するが、兄弟姉妹の相互の関係も個別に描かれていることから、アブドルガワード家の家族の成員の関係の組み合わせは以下のように数えあげることができる。①家長と妻の夫婦関係（母親がその他の成員（アハル）を代表して家長との関係を仲介する）、②父親と息子たちの関係（朝食あるいは個別での一方的な関係）、③母親と娘たちの関係（朝食あるいは個別の関係）、④母親と子どもたちの関係（「コーヒーの座」あるいは母親と個別の子どもとの関係）、⑤娘たちの関係、⑥息子たちの関係、⑦子どもたち全員の関係（実家に戻された母親を気遣う場面（34章）や兄弟と姉妹のやり取りの他の場面）。以上の七つの関係の組み合わせから、同家族の家族関係は構成されていると整理することができる。

アブドルガワード家の中には、「コーヒーの座」と並んで、母を中心にした世界がもうひとつある。それは「家事」を司る「主婦」の世界である。小説にはすでに述べたように「家を開く（築く）」という表現があるが、その場合、「開く」主体となるのは、妻となる女性たちである。「妻の座 al-bayt al-zawjī」［366: 389］を得た彼女たちは「主婦 rabba al-bayt」［257: 276］となる。彼女たちは「家事 shu'ūn al-bayt」［222: 241］に采配を振るい、「家事は母の支配に属している」［325: 346］と言われることになる。小説で母親が実家に帰されたとき、二人の娘は「家庭で母が占めていた空白の大きさ」［203: 219］を思い知らされる。「娘たちの活動と勤勉にもかかわらず、家は二人の手におえないほど大きいこと」［206: 222］、すなわち

「家事の重荷 ʻabāʼ al-bayt」［229: 248］を実感したのであった。その場合、長女には「家庭で母に次ぐ地位 al-makāna al-tāliyya li-umm-hā fī al-bayt」［202: 218］を持つとされていることが興味深い。女使用人はいるが、家事の采配においては、母親に次ぐ地位を占めているということなのである。いずれにせよここでは「①「家庭」を示す用例」で中心として使われたバイトが重要な意味を持っている。

　最後に本節の議論について暫定的な「まとめ」を述べておこう。まず、第二節で取りあげたアサドの「近代家族」をめぐる論点との関係で言えば、アブドルガワード家は、「近代家族」の普遍的で典型的なかたちを示しているとは言えない。しかし、まったくの慣習的関係を墨守した伝統的な家族のかたちというわけでもない。小説家による人物造形が作りあげた、この一九二〇年代カイロ下町の家族は、すでに述べたように、まさにエジプト近代史のこの時期における社会変容を映しだす、時代的な代表性とでも言うべきものを有している[78]。

　この時代の家族のかたちの要となるのが、家長であるアフマド旦那の人物造形であるという点もすでに述べた。「世間」と「家族」に対して異なる両極端の分裂症的な顔を持つ人格の均衡が、この時代の近代的な家父長家族の構造を維持させていたわけである。そして、この家族を家庭（バイト）として維持させているのは、「コーヒーの座」を中心とする家長の妻の世界であった。それは家族の「一人ひとりが情緒的な支援を期待できる場」［ティラー 2010: 346］であり、「その構成員が自らの人間的充足の重要な部分をそこで見つけられるような」親密な愛の共同体であったと言える。

　しかし、家長の人格的な均衡によって保たれた家族のかたちは、家長の加齢と社会の変化とともに崩れていく。これが『カイロ三部作』の第二巻『カスルシャウク』と第三巻『スッカリーヤ』の中心テーマのひとつである。第二巻は、次男の死から立ちなおれない家長が肉体的な衰えを感ずる場面から始まる。やがて夜遊びを再開したもののすでに全盛時代が過ぎたことを痛感する。決定的だったのは、新しくできた愛人に裏切られ、あろうことか彼女を長男に奪われたのを知ったことだった。その衝撃のなか、アフマド旦那は酒宴の席で倒れてしまう。一時は回復するが、療養生活に入り、外出を医者から禁止され、今や好き勝手にカイロ中のモスクを次々に参詣に出かける妻の姿を、張り出し窓（マシュラビーヤ）から眺めるだけになった。「家族の楽しみを味わいなさい」と医師から諭されるが、妻と役割が逆転したことを認めざるを得ない［(3)172: 205］。昔、長男が最初の妻と演劇に出かけ、家長にとがめられた話を長女（自分の母）から聞いた孫は、次のように言う。「昔の窮屈な時代さ。今御祖父さんはお母さんがキシュキシュへ行くのを邪魔しないよ！」［(3)131: 155］[79]。小説家は、家父長の晩年をこのように皮肉気味に冷淡な眼差しで描いている。ここで想起されるのが、アフマド旦那と同じ世代に属するアハマド・アミーンの自伝において、「父親達の権威が崩れ」「母親の、あるいは子供の専制が支配する」という家族（バイト）の変容を嘆く部分であろう（第二節）。

一方、家族のかたちの変化は、家長の妻を中心とする世界にも現われていた。長男と娘二人が家を出た後、コーヒーの座は、妻と三男の二人だけになり、やがては妻と女使用人、次女とその美人の娘だけが集まる場となった。チフスで夫と二人の幼い息子を失い、実家に戻っている次女は、もはや昔の美貌の彼女ではなく、まもなく最愛の娘も失うのである。そして、コーヒーの座にも最後のときが訪れる。「古い家（バイト）はときとともに没落と衰退を予告する新しい姿を示した。その秩序は乱れ、コーヒーの座は解散した。かつて秩序とコーヒーの座はその家の本来の魂（ルーフ）であった」［(3)196: 236］。

四　社会学者サイイド・オウェイス自伝における家族概念と家族関係

（一）オウェイス自伝『私が背負った歴史（ひとつの事例研究）』

〔「民間学」の社会学者サイイド・オウェイスについて〕

本章の最後の事例研究として、前節で分析したナギーブ・マハフーズ『カイロ三部作』と比較するために、この小説に登場するアブドルガワード家と同じ時代、同じカイロ旧市街に実在した商人一家に関する自伝資料についての考察を補論として行なってみたい。その資料とは、サイイド・オウェイス著『私が背負った歴史（ひとつの事例研究）』［ʻUways: 1985, 1986, 1987］である。本書は、三部から構成される。第一部「大地と根」（al-arḍ wa al-juzūr）、第二部「命の水」（māʾal-ḥayā）、そして第三部「果実」(al-thimār) である。筆者は以前、第一巻の部分訳を試みたことがあり、現在その完成を目指している。著者のサイイド・オウェイスについては、本書の第1章「エジプトにおける家族関係の近代化」でも言及した。また、本書の最終章、第10章「少年が見たエジプト一九一九年革命」は、この自伝資料に依拠した論考である。[80]

筆者は、この自伝の著者サイイド・オウェイスをエジプトにおける代表的な「民間学」の社会学者であると考えている。[81] 代表作は『イマーム・シャーフィイーへの手紙』['Uways 1978] (初版一九六五年) である。オウェイスは、同書において聖者 (ワリー) であるイマーム・シャーフィイーの墓廟に全国の民衆から送られた嘆願 (シャクワー) の手紙を資料に用いて、古代エジプトの『死者への手紙』の伝統を受けつぐ民衆的思想的遺産の在りかを探った。人々は冥界にいるこのイスラーム法学派 (シャフィイー学派) の学祖に対し、彼らがこうむった不正 (ズルム) に対する公正な裁きを求めたのである。こうしたオウェイスの研究を促したのは、「永遠なるエジプト」に対する民族主義的心情であり、また社会の改革に対する熱情であった。そして、その改革の鍵が民衆の思想的宗教的遺産にあるという確信であった。[82]

自伝『私が背負った歴史 (ひとつの事例研究)』には、カイロ旧市街出身の著者が深刻な社会問題に直面したときの回想から始まる。それは社会福祉調査の研修のために最初の事例研究に取りくんだときのことである。調査の対象は、同じ区に住む非行少年の家族であったが、時間をかけて探しだしてみると、彼らは墓苑のなかで暮らしていた。このような不法居住によってスラム化した墓苑地区は、現在、「死者の街」として広く知られるようになったが、すでに当時一九三〇年代においても深刻な問題となっていたのである。オウェイスはその凄まじい貧困の実態に「両目が入れ替わった」と思うほどの体験をしたのであった。彼の自伝には、この体験をきっかけとして「民間学」の社会学者として知的な自己形成を遂げていく過程が、同時代の豊かな社会史的情報とともに描かれている。この個人的体験と民間学の形成との関係という点において、日本の民俗学者、柳田國男 (一八七五―一九六二年) の個人史との比較も可能とさせる逸話だと言えよう。[83]

〔アブドルガワード家とオウェイス家の比較〕

ナギーブ・マハフーズ『カイロ三部作』に登場するアブドルガワード家と、この自伝が紹介するオウェイス家を比較する意味と問題点は、どこにあるのであろう。一九一一年生まれのマハフーズと一九一三年生まれのオウェイスは、幼少期に一九一九年革命を目の当たりにした同世代に属する（とくにオウェイスは『自伝』のなかで、革命の挫折を経験した「ポスト一九一九年革命の世代」について自戒を込めて語っている）[84]。ただし、両者はそれぞれが小説家と社会学者であり、その著作も文学作品（小説）と社会学的な「事例研究（ケース・スタディ）」と異なる。『カイロ三部作』のアブドルガワード家の登場人物には、小説ならではの設定や人物造形が施されていることはすでに述べた。他方、ここで同様にオウェイス自伝における人物描写を詳しく紹介する余裕はないが、すぐ後で示す祖父の見事な描写を見るなら、この自伝の表現に脚色がまったく入っていないとは言いきれないとも思う。

さて、アブドルガワード家とオウェイス家との違いで最初に指摘しておきたいのは、家族の親族的な広がりである。すでに述べたように、アブドルガワード家の親族の広がりについては記述が薄く、これは小説ゆえの制約とも考えられる。一方、オウェイス家の家族構成と広がりについては、著者の記憶の限りにおいて詳しく書かれている。さらに両家とも商家とはいえ、オウェイス家の場合、著者の祖父・大叔父（祖父の腹違いの弟）・父・叔父の家の四人の男がそれぞれ自分の店を持ちながら、大家族の全員がひとつ屋根の下で暮らしていた。

また、オウェイス家の男たちは、アフマド旦那のような女遊びや酒宴とは無縁であった。これも小説の世界と現実社会との違いと見てよいかもしれない。サイイド・オウェイスの祖父も父親も関心を持ったのは書物の世界であり、それぞれが蔵書家であった。祖父の書棚はクルアーン注釈書など宗教関係の本で埋められていた。それだけでなくクルアーンの暗唱者であった祖父は、夕べの祈りの際にその見事な朗誦を披露し、それを聞きに近所の人も集まったという。一方、父はリファーア・タフターウィー（ムハンマド・アリーの近代化政策を支持した開明的イスラーム学者）の著作や、当時流行の雑誌『ムクタタフ』などを購入して息子に読ませてくれた。その後、この父の遺した本や雑誌を、その価値を知らない母が断りもなしに従兄に譲り渡してしまったことをサイイドは長く恨みに思った。もっともこの従兄は若い頃、まだ小さいサイイドたちに家のなかでアラビア語の文法や詩を教えてくれた。また、祖父の前で孫たちが新聞記事を朗読し、読み方を訂正させられるといった家庭内教育も、アブドルガワード家では語られない風景である。

ただし、二つの家族の教育水準にあまり違いはない。サイイドの祖父は家の男たち（父と叔父と大叔父）だけには読み書きを習わした。その次の世代のサイイドの二人の従兄は、アズハル学院と小学校に、ほぼ同年配の従姉妹たちは、サイイドと一緒に幼年学校に通った。一方、オウェイス家の女性たちは、アブドルガワード家と大差はないが、例外はサイイドの大叔父の妻であり、嫁入りのために女子師範学校を中退させられたが、家族のなかで、そして隣近所のなかで、唯一読み書きができる女性であった。

アブドルガワード家とオウェイス家は、カイロ旧市街において性格の異なる地域に住んでいた。アブドルガワード家は、小説の著者マハフーズ自身の生家の近くにあったという設定であり、カイロ旧市街の中心部ガマーリーヤ区のど真ん中であった。カイロと同じく千年以上の歴史を持つ古都京都（平安京遷都七九四年）に例えるなら、それは「洛中」に相当する地区であった。今日あるカイロは、ファーティマ朝の首都として南の旧都フスタートから「遷都」した（九六九年）ことで土台が据えられたが、この城壁と城門に囲まれた「洛中」は、『カイロ三部作』のタイトルからもうかがえる。第一巻のタイトル「バイナルカスライン」は、時代が下ったマムルーク朝時代に創建の「二つの宮殿にはさまれた場所」を意味し、今では旧市街観光の中心の風致地区となっている。そこは旧市街の外れに住むオウェイス家の人々から見るなら、家長である祖父が商品の仕入れに出向き、また家族が晴れの日の買い物に行く「マディーナ」〔町〕であった［ʻUways 1985: 38, 71–72］。

これに対し、オウェイス家が暮らすハリーファ区は、城壁の南方に広がる「洛外」に位置づけられる。少年サイイドの生家の近くには預言者一族の墓廟が数々と続き、その先には（「化野」ならぬ）広大な墓苑が広がっている。しかし、その同じハリーファ区のなかでさえ、地区ごとに住民の気風が違うことを少年は、仲間との遊びのなかで敏感に感じとっていた。とくに特徴的であったのが任侠（フトゥーワ）のかたちであった。

〔オウェイス家の日常風景〕

アブドルガワード家もオウェイス家も三階建ての住宅であったが、前者が表通り（シャーリウ）に面しているのに対し、後者は六軒並びの裏通り（ハーラ：路地）に建てられていた。一階と二階（日本式でいうと二階と三階）は、いずれも家族の居住スペースに充てられていたのに対し、地階（同一階）は、主婦が采配を振るう家事の場であった。オウェイス家の場合、地階には客分格の親族が住む「マンダラ」〔客間〕があり、中庭をはさんでパン焼き窯や台所、それに加えてロバ小屋として使われている「ハースィル」〔穀物倉〕もあった。ここを掃除し、ロバの糞をこね、乾して竈の燃料にするのは母の仕事だった。アブドルガワード家には、嫁たちが家事を分担しているオウェイス家とは異なり、女使用人が雇われていて、この地階に寝泊まりしていた。アブドルガワード家の家族団欒は、この地階（家長の病気の後は一階に移った）で開かれる「コーヒーの座」であった。オウェイス家の場合、男たちは昼間、店に働きに出かけており（おそらくその仕事場で昼食を取るのだろう）、家の女と子どもたちがここで昼食を取った後、コーヒー占い〔トルコ式コーヒーの飲み滓の形から占いをする〕に興ずるのであった。また、次に引用する描写に見られるように、男女別々の朝食を取るアブドルガワード家とは違って、男女一緒に朝食を取ったらしい。

以下では、家族の日常風景を小説にも負けない筆致で生き生きと描くサイイド・オウェイス自伝の一部を紹介しよう。それは家父長として一家に君臨する祖父が朝、階下に降りてくるときの家族の人たちの様子であり、サイイドによれば「この祖父という人物をめぐって、毎日繰り返された一種の儀式」であった。

「私は、このウンム・アリー・ゼイナブ〔叔父の妻〕とともに私の母や当時一緒に暮らしていた他の女たち、およびその子どもたち全員が朝食をとるため、朝早くからタブリーヤ〔ちゃぶ台〕を囲んで座っていたときのことを思いだす。そんなとき、仕事に出かける祖父が上の階から階段を降りる靴の音が響いてくると、誰もが男も女も子どもも全員が、われ先にと慌てだす光景を目にしたものだ。ある女は、食べ物を乗っけたままの皿を抱え、また他の女は食べかけのパンを丸ごとつかみ、また他の者たちは、タブリーヤを運び、これらすべてのものを別の部屋に移動させた。それから、全員がひとりとして列を乱す者なく半円形に整列した。そして、祖父が階段を降り終わると、誰か男のひとりが彼に向かって挨拶をし、祖父が皆と対面することになる。そんな時、祖父が入れ歯をむき出しにしながら、さも嫌そうに「お早う」と言うと、皆は「お早うございます、旦那様」と一斉に応えるのだった。それから、祖父は懐に手を突っ込みながら、まず女たちに一人ひとりに「娘よ、ほら、これを取れ。娘よ、お前はこれだ。娘よ、お前はこれだ」などと言って、次々に命令を下し、それから子どもたちを呼んで「息子よ、ほら、これを取れ。息子よ、お前はこれだ。娘よ、お前はこれだ」などと、ものを言いつけ、毎日の生活費を渡した。このようにして、彼は、その日の食事に用意する材料の買い物や、その他で思いついたいろんなことを命令するのだった。そして、祖父が、この命令を済ませ、家の庭から裏通りへと出て、それから表通りへと歩き、さらに後ろ姿が見えなくなるやいなや、家の者たち全員は、また急いで食事を再開した。彼らは、われ先にタブリーヤや、食べかけの皿、手つかずや食べかけのパンをもとに戻して朝食を取りなおした」['Uways 1985: 42–43]。

(二) オウェイス自伝における家族表現

〔家族を表わす言葉の種類と使用回数〕

サイド・オウェイス自伝『私が背負った歴史(ひとつの事例研究)』の分析においては、第一部「大地と根」['Uways 1985] を検討の資料とする。家族に関する記述は、幼少期から青年期にかけての時期を扱ったこの巻にほぼ集中しているからである。

この第一巻の家族を表わす言葉の使用回数を調べた結果は、以下のとおりである。多い順に並べると、ウスラ一四二回、アハル二五回、アーイラ二一回、バイト一七回、アシーラ二回、アール二回であった。第二節で検討した自伝資料と比べれば、家族を表わすのに多くの種類の言葉を用いている点では、ホダー・シャアラーウィー自伝に似ており、またウスラを基本的に使用している点ではターハ・フサイン自伝と同じだとも言える。ただし、ターハ・フサインとは異なり、サイド・オウェイスがウスラを基本的用語として使ったのは、彼が社会学者だからであると考えてよいだろう。たとえば、第一部の

第一章「生殖家族の中の母 ummī fī usra-hā al-tanāsiliyya」や第二章「拡大家族のなかの父 abī fī usra-hu al-mumtadda」のタイトルで使われているのは、明らかに学術用語としてのウスラである。

ここで問題になるのが、圧倒的に多い基本的用語のウスラとそれ以外の言葉との関係である。これらの言葉の関係の見取り図をどのように描いたらいいのだろう。同書においてウスラは、著者自身の家族を指す場合も、あるいはそれ以外の家族一般の概念としても、基本的に社会科学の用語として使用されていると考えてよいだろう。これに対し、ウスラ以外の言葉は、専門用語ではなく生活用語としての意味合いが強いと見てよいのではないか。言いかえれば、実際の社会で使われる生活用語として、それぞれの言葉が持つ意味の方向性と範囲を強調するために使われているのではないか、ということである。マハフーズの小説と同様に、オウェイスの自伝も正則アラビア語で書かれてはいるが、そこには口語で語られる日常用語の世界が反映されていると考えてよいのかもしれない。

ウスラとそれ以外の言葉との関係を示す二つの文章が「序」の部分にある。第一は「私の根のもとになる種は、母や父、我が親族 ahl、我が一族 ‘ashīra、我が街区 khiṭṭa の人々によって蒔かれた」であり、それに続いて「これらの養育装置の中でももっとも重要なものは、家族 usra、隣人 al-jīra、学校、宗教組織、そしてその他の文化的機関や広報機関であった」という第二の文章が書かれている［‘Uways 1985: 23］（以下、本節では、煩瑣であるため、引用においては［23］のように頁数のみを示す）。第一の文章の意味を第二の文章によって言いかえたとすれば、最初の「母や父、我が親族（アハル）、我が一族（アシーラ）」と「我が街区（ヒッタ）の人々」は、後者ではそれぞれ「家族（ウスラ）」と「隣人（ジーラ）」に該当することになる。すなわち、ウスラには、第一の文章にある著者の両親、アハルが示す親密な人間集団、そして家系集団としてのアシーラ（しばしば「氏族」などと訳される）が含意されている、あるいは多様な家族を示す言葉の総称として使われている、と言うことができる。

さて、ウスラ以外の言葉であるが、ここで示した例では、アハルとアシーラが区別されて用いられている点に気をつけたい。前者のアハルという言葉は、すでに前節の『カイロ三部作』でも見たように、幅の広い意味を持つが、これに対して後者のアシーラは、意味がかなり限定されている。アシーラは、オウェイス自伝第一巻で二回使用されているだけだが、アールも同じく二回のみであり、いずれも例外的な使用だと見なしてもよい。以下で説明するように、これらのアシーラとアールは、いずれもアーイラとほぼ同じ意味の方向性を持つ言葉として扱うことができる。これに対し、前者のアハルは、バイトとともにそれぞれがアーイラとは区別されて用いられる言葉と考えられる。したがって、以下ではまず、アーイラに代表される言葉の意味について扱い、その後でアハルおよびバイトについての議論に進むことにしたい。

〔アーイラの用例と意味〕

アーイラは、これまで本章の議論で近代エジプトの「家族」を示す重要な概念として注目してきた。ただし、前節の『カイロ三部作』や、第二節で紹介した三人の自伝（ムハンマド・アブドゥ、アハマド・アミーン、ターハ・フサイン）ではまったく使われていないのである。ここではまず、オウェイス自伝におけるアーイラとウスラとの関係を検討する。その用例を見ると両者は、互換的に使われることが多いが、アーイラが使われる場合には、その意味の方向性と範囲が強調されると見ることができる。

最初に例に挙げたいのが、著者の母が祖父を絶対的な家長とする大家族のなかで働く姿の場面の描写である。ここでは「母は、家族（アーイラ）全員の衣服も洗濯した」［34］という表現がある一方、「家族（ウスラ）の食事の係ではなかった」［35］とも語られている。これは、この大家族を表わすのにウスラとアーイラが互換的に使われている典型的な例である。さて、この働き者である「母は、八歳にもならない少女のうちに嫁に来て、婚家ではシッティ・ハムダと祖父に服従し、そして父や一族（アーイラ）の男たちから年上も年下も関係なく支配を受けてきたのである」［169］。このシッティ・ハムダ〔ハムダ奥方〕とは、祖父の母（少年サイイドにとっては曾祖母）であり、母が嫁いだ頃、このオウェイス家の全員を支配下に置く「女家父長」として君臨していた。

また、以下の例はウスラが使われているが、アーイラと置きかえてもいい事例である。「家のなかでの決まりごと awḍāʿ al-usra al-sāʾida」［42］、「家族のなかの序列 adwār al-usra」［47］、「家の舵取り daffa al-niẓām fī al-usra」［50］といった例である。これらは、前節の『カイロ三部作』の「③家族の行動を規制し、統制する家としての用例」に該当するが、小説ではウスラ、バイト、アールの三つの言葉が使われていた。

以上に対して、特定の意味を強調してアーイラを使った例が明らかにある。そこではウスラとは互換できないアーイラに特徴的な意味が示されていると考えられる。それは家系あるいは一族という意味を強調する場合である。たとえば、地域で知られるアーヤーン〔名士〕やフトゥーワ〔任侠、やくざ〕一家などの家の名の前に付けて「……家」という意味で使われる（前者の例は［25］、後者は［142］に見られる）。また、アールも同様の使われ方をしている。著者が参加していた修養団体（預言者ムハンマドのスンナに従う者の聖法協会）の創設者のシャイフ、「高貴なるイマーム、マフムード・ムハンマド・ハッターブ・スブキー師」を讃える詩を書いた際に、「ハッターブ家の人たち āl khattāb」という表現を使っている［195］(85)。前節の『カイロ三部作』の「⑥家名を示す用例」では、アールが多く使われていた。

さらにアーイラは、その言葉だけで「名家」を意味する場合がある。この自伝では一回だけであるがこの意味で使われている。著者がそれまで勤めていた役所を辞めて、福祉施設で働こうと思ったとき、こんな大胆な決断したのは「土地や建物を持っている名家（アーイラ）の出身」だからかと勘違いされた場面である［241］。すでに見たように、アーイラが使われていない『カイロ三部作』では、ウスラそれ自体で「名家」を表わす用例があった（「⑤の家族の属性を示す用例」を参照）。また、第二節で紹介した自伝資料では、名家や家名を示すのに、アハマド・オラービーとアリー・ムバーラクはアーイラを使っているのに対し、アーイラという言葉を使用しないムハンマド・アブドゥとアハマド・アミーンはバイトを用いている。

オウェイス自伝のアーイラとウスラの関係に話を戻すと、例が少ないのでどの程度の代表性を持つのか疑問だが、面白い差異を示すのが「家長」の表現である。アーイラを使った「家長 rabb al-ʻāʼila」［36, 46］は、絶対的な家父長の祖父を意味している。これに対し、ウスラを使った「家長 rabb al-usra」［143］の用例は、父が亡くなったため、学業を断念した著者が、父の店を引きつぎ、若くして家長となった場合に用いられている。アーイラという祖父の大家族のなかで、母を養う小世帯の長となったという表現である。関連して、バイトを用いた「家の主人 sāḥib al-bayt」という表現もある。これは、長男である父が、祖父の不在のときには自分を「家の主人」と考えていたという場面の描写だが［33］、この場合のバイトが、家族か、それとも家屋としての家か、どちらを意味しているのかを識別するのは難しい。先ほど紹介した「女家父長」の曾祖母シッティ・ハムダは、いわば「家の男〔主人〕rajul al-bayt」であった［37］と著者が語っている部分では、バイトは家族の意味で使われていると言っていいだろう。

一方、興味深いのは、「家長」に対して、「主婦」についてアーイラは用いず、「主婦 rabba al-usra」［47］とウスラを使っていることである。また、前節の『カイロ三部作』の場合は、主婦にはバイトが使われていた（rabba al-bayt あるいは sitt al-bayt）ことも思いだしたい。ウスラとバイトをめぐるジェンダーの問題は、バイトの用例を扱うところでもふれたい。

この「家長」の用例は、アーイラとウスラの関係を「大家族」とそれを構成する「世帯」あるいは「核家族」の関係と把握することの問題に関係している。この問題については、第一節「エジプト農村の家族（アーイラ）「論争」」で紹介した。上述では、拡大家族アーイラから区別して、ウスラを小家族あるいは核家族という意味で使用している例はあるだろうか。第一は、叔父さんが浪費家でその家長の例など多くはなく、他で見つけることができたのは、以下の二例だけであった。第一は、叔父さんが浪費家でその家族（ウスラ）が困窮していたという例［43］、第二はついに一族（アーイラ）が住む家から著者が扶養する家族（ウスラ）が出ていく場面［283］である。それ以外では、アーイラではないがアールを使い、「オウェイス一族（アール）に属するすべての核家族」［71］という表現もある。ここでは社会学者として「核家族 usra nawawiyya」という言葉を使っているが、問題はここでいう「一族」がどの範囲を指すかである。これについては後述する。

〔アハルとバイト〕

次にアーイラとは区別された意味の世界を持つアハルとバイトについて見てみよう。すでに述べてきたように、アハルには「人々」、バイトは「家」の意味を一般に持つ。二つの言葉を使った「家族（あるいは家人）ahl al-bayt」は、オウェイス自伝でも何回か登場する［42, 50, 68, 112］。また、ウスラとの組み合わせの例（ahl al-usra）［26, 49］もあるが、これは『カイロ三部作』では見られない表現であった。さて、ターハ・フサイン自伝でも見たように、アハルは「裏通りの人々 ahl al-ḥāra」［40］など人々一般を示す。しかし、家族・親族概念でも意味の幅は大きいとはいえ、近しい親族を示す例が多いように思う。

たとえば『カイロ三部作』の「⑦親族集団としての用例」と同じであるが、「故人の親族 ahl al-mutawaffī」〔48〕、孤児などを保護する親族（身内の者）〔230, 259〕などは、家族とは限定できないが、近しい親族を示している。前出の「序」の文章の例で示したアシーラ（一族）に対して近しい親族を示すのと同様の箇所として、著者が「親族 ahl や親戚 aqārib やその他の人たちから薫香の子（イブン・バフール）と呼ばれた」〔54〕という場面がある。これは彼の出産に際してザール〔憑依による治療〕儀礼が執り行なわれた話の関連で出てくるが、アハルがより広い親族であるアカーリブから区別されている。さらに、アハルだけで家族を意味する場合も少ないが見られる。著者が上エジプトでの福祉施設での勤務から突然、カイロの自宅に戻ったとき「私は一家 ahlī に誰にも前もって私の帰宅を知らせなかった」〔283〕と語る場面である。

さて、前節でも言及したが、家族や親族をめぐる問題で重要なのが、家族・親族以外の他人、あるいは「世間」と呼ばれる人々との対比である。『カイロ三部作』では、家族 bayt と世間 nās（あるいは al-dunyā）が対比される構図が示されたが、オウェイス自伝には、親族 ahl と街の人々 nās が対比される場面がある。それは若くして商家を継いだ著者が味わった苦い体験のひとつである。孤児を引きとって跡取りとした搾油所の女主人が亡くなったとき、親族たち（アハル）が彼女の遺体に酷い仕打ちをしたが、葬式を取り仕切る近所の人たち（ナース）はなすすべもなかったという場面である〔147〕。

最後にバイトの用例を検討する。『カイロ三部作』と同様に、オウェイス自伝でもバイトは多くが「家屋」の意味で使われ、その意味の判別が難しいが、第一巻に登場する一四三回のなかで一七回は家族の意味を持っていると判断した。その他、バイト以外で家屋を意味する言葉としては、マンズィル manzil（同五八回）の他、マスカン maskan やダール dār も一部で使われている。バイトとマンズィルはほぼ互換的に使われ、「家の人々（家族）」を示すのに ahl al-bayt の代わりに ahl al-manzil〔40〕という表現もある。近代初頭の統計用語に見られるようにマンズィルを世帯と使う例はないが、家 al-manzil のために金を使う〔36〕という用例はある。

前節で扱った『カイロ三部作』との比較で言えば、バイトが単独で使われて、「家庭」など家族の豊かな意味を持つことはほとんどない。そのほとんどがアハルの説明のところで紹介した「家族（あるいは家人）ahl al-bayt」のかたちのように、他の言葉との組み合わせで家族の意味を持つ用例だけである。

数少ない例として、バイトが単独で家族を意味しているとして扱ってよいかもしれない微妙な表現は、以下の箇所である。著者の父が亡くなったことを大叔父の妻が「家（バイト）でただひとつ頼りにできる大黒柱を失ったと感じた」［123］という場面。また、著者がカイロ社会福祉学校を卒業した後に勤めた浮浪児童を収容する施設で、子どもたちにとっての家・家庭という意味で使われる箇所である。「彼らの抑圧された気持ちを和らげる唯一の手段は、彼らに施設に帰属するという意識を作りだすことだった。施設が彼らにとっての家（バイト）となり、学校となり、彼らがその一員として施設を誇りに思えるようになることだった」［247］。おそらく、人間にとっての家族の重要性を指摘した前出の「序」のように、ここはウスラを用いても良かったのだが、「家庭」という意味を強調するために、生活の日常用語であるバイトを使ったのではないか、と考えてみたい。

これと関連するのが、次の「家の女たち」と「家の男たち」におけるバイトとウスラを区別する使用例である。バイトを使った「家の女たち nisā' al-bayt」という表現が九回見られる［33, 34, 35, 43, 45, 56, 60, 70, 112］（加えて nisā' ahl al-bayt［43］の例も）のに対し、ウスラを使った「家の女たち nisā' al-usra」は一回［47］のみである。一方、「家の男たち」の場合は、ウスラを使った rijāl-usra［49, 76］と同じ意味の「家の男子 dhukūr al-usra」［60］に対し、バイトを使ったのは前出の「家の男主人」［37］と「家の男子 dhukūr al-bayt」［63］の二例である。こうした少ない例から結論を出すのは慎重であるべきだが、バイトの方がウスラに比べて女性と親和性を持っているように見える。この点で前節の『カイロ三部作』の分析における「①家庭としての用例」におけるバイトの使用と比較してみる意味はある。前出の箇所では「家長」にはアーイラを、「主婦」にはウスラをそれぞれ区別して使用しているのではないか、と述べた。ここでウスラの家族用語としての互換性を考えてみれば、『カイロ三部作』において「主婦」にバイトを使った例に似て、「家の女たち」のウスラにはバイト＝家庭という意味が、「家の男たち」のウスラには「家長」で使われるアーイラという家父長的家族という意味が含意されているのかもしれない。

（三） オウェイス家の親族的な広がりとその分裂

〔オウェイス家の「家族」の範囲〕

すでに述べたように同族的広がりの影が薄いアブドルガワード家に対して、オウェイス家の成員の数は多く、その構成も複雑である。しかし、架空の小説ではなく実際の家族であるオウェイス家の方が当時のカイロ旧市街の家族のかたちを一般的に代表している、という断定も簡単にはできない。小説の場合には、アブドルガワード家という言葉も出てくるが、アフマド旦那の父の名前を「家の名」としているだけである。一方、著者サイイド・オウェイスは、父ムハンマド、祖父アハマド、曾祖父ムハンマドの名前は自伝で記しているが、たとえばアハマド・オラービー（第二節参照）のように、あるいは上エジプト農村の家系（ナサブ）を誇る人たちのように一〇代以前の祖先の名前を覚えてはいない。また、オウェイスという家名の由来も自伝では語られていない[86]。

さて、サイイドが少年時代をそのなかで成長した「拡大家族」についての彼の記憶を次に紹介しよう。自伝には、以下のような記述がある。「この拡大家族は、私たちの他、父方の祖父、叔父夫婦とその子どもたち、大叔父夫婦とその子ども二人、未亡人の叔母と子どもたちからなっていた。以上に加えて、父方の祖母の親戚 al-aqribāʾ や、同様に一族（アーイラ）に属し客分となっている人 al-duyūf min aʿḍāʾ al-ʿāʾila がいて、それはたいてい亡くなった叔母たちの娘であり、〔母親とは〕別の女性と再婚した父親のところで暮らしている人たちなどであった」［34］。

この「拡大家族」の範囲について、ここで問題にしたいのは、この引用部分の後半の文章である。同じ家で暮らしていない親族も含めて、どこまでを「家族」の範囲としているかということが問題になる。この点を詳しく説明する箇所がある。それは毎年、ムハッラム月（ヒジュラ暦第一月）に祖父から家の者たちにザカート（もちろん本来の意味「ムスリムにとっての義務的な喜捨」ではなく「施し」という程度の意味）として布地が配られたという箇所である。

「ムハッラム月がはじまると、家の者と家の外に住む親戚たちは、みんな自分が欲しい着物の注文書を書く準備に取りかかるならわしがあった。その作業は、全員が父の指図に従って行なった。ムハッラム月は、ザカートがなされる時期ということに決まっていた。つまりこの月に、着物を配るというかたちで、みんなにザカートが施されたのである。家の女たち、すなわち大叔父の妻ウンム・フセイン・スカイナ、叔父の妻ウンム・アリー・ゼイナブ、そして私の母は、一緒にならんで座り、一族の人数とそれぞれに必要な外出着あるいは室内着の数を数えた。そして、三人のなかでウンム・フセイン・スカイナが、手にペンを取り、紙に布地のメートル数と布地の種類を書き込んだ。

その注文書は、祖父と祖母の名前で始まり、それからオウェイス一族（アール）出身のすべての核家族の構成員、そして同じ家（バイト）の屋根の下で暮らしている人々の名前が書かれていた。すなわち、大叔父のシャイフ・アブデルファッターフと、〔父の妹である〕ウンム・バッタ叔母さんの子どもたち、ナフィーサ、ラティーバ、マフムード、そして祖母の妹のナフィーサ叔母さんとその娘のウンム・フセイン・ハサナ、その孫バイヤーダ、亡くなった父の妹の娘スカイナ、そしてもうひとりの亡くなった父の妹の娘アティヤートの名前が記入された。さらにウンム・ザキーヤ叔母さんとその子どもたちなどなど、その他の名前も付け加えられ、メートル数と布地の種類、そして値段が書かれ、その合計額が書き込まれた。それから、この注文書は、母の手を通じて父に渡された。そして、叔父さんの妻ウンム・アリー・ゼイナブと大叔父の妻ウンム・フセイン・スカイナの二人が、父の承認を得て必要な布地の買い出しに出かけた。買い物が終わると、今度は、家の中、および家の外に住んでいる親族への着物の分配が始まった」［71］。

最初に引用した箇所で「父方の祖母の親戚」とは、この第二の引用文の「祖母の妹のナフィーサ叔母さんとその娘のウンム・フセイン・ハサナ、その孫バイヤーダ」のことである。彼女たちは、祖母の親族であるから、オウェイス家の家系には属さないが、一緒に暮らしている拡大家族の一員である。第二の引用文にある「同じ家の屋根の下で暮らしている人々」の範囲はここまでであろうか。

続く第一の引用文の「一族に属し客分となっている人たち、それはたいてい亡くなった叔母たちの娘であり、別の女性と再婚した父親のところで暮らしている人たち」とは、第二の引用文の「亡くなった父の妹の娘スカイナ、そしてもうひとり

（図1）オウェイス家とその範囲

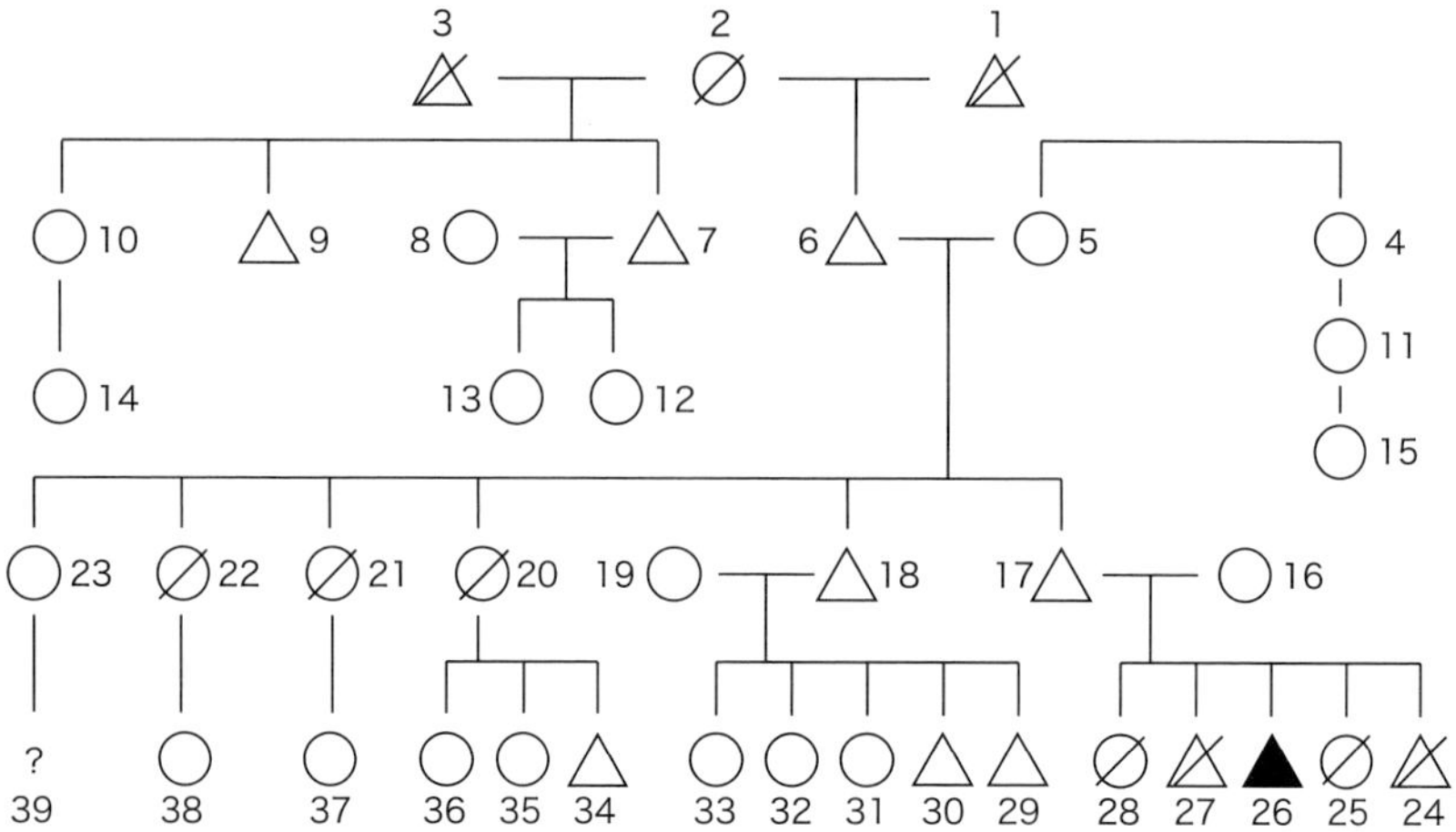

（人名リスト）
1. 曾祖父ムハンマド　2. 曾祖母シッティ・ハムダ　3. フセイン叔父さん　4. ナフィーサ叔母さん　5. 祖母　6. 祖父アハマド　7. 大叔父ムスタファー　8. ウンム・フセイン・スカイナ叔母さん　9. 大叔父アブデルファッターフ　10. ウンム・ファークーサ叔母さん　11. ウンム・フセイン・スカイナ叔母さん　12. サンニーヤ　13. ファーティマ　14. アイシャ　15. バイヤーダ　16. 母ザンヌーバ　17. 父ムハンマド　18. マフムード叔父さん　19. ウンム・アリー・ゼイナブ叔母さん　20. ウンム・バッタ叔母さん　21. ウンム・スカイナ　22. ウンム・アティヤート　23. ウンム・ザキーヤ叔母さん　24. 亡兄カーメル　25. 亡姉ザリーファ　26. サイイド・オウェイス　27. 亡弟アブデルガニー　28. 亡妹スカイナ　29. ザキー　30. アブデルムネエム　31. ファトヒーヤ　32. ベリンス　33. サミーラ　34. マフムード　35. ラティーバ　36. ナフィーサ　37. スカイナ　38. アティヤート　39. 氏名・性別・人数不明の子どもたち
（出所：筆者作成）

の亡くなった父の妹の娘アティヤート」のことである。最後の「ウンム・ザキーヤ叔母さんとその子どもたち」とともに、「同じ家の屋根の下で暮らしている人々」に入らないと考えてよいのかどうか。この点については情報が定かではない。

最初の引用文に続く箇所では「家（ウスラ）には一五人の子どもたちがいた」[34]と述べられている。この引用文の「拡大家族」に属する子どもの数を数えると、サイイド自身と、叔父の子ども五名、大叔父の子ども二名、ウンム・バッタ伯母さん（父の姉）の子ども三名、祖母の妹の孫一名、ここまでで合計一二名である。残りの三名は、第二の引用文で上記の叔母たちの子どもたちの一部がここに含まれていると考えると、「同じ家の屋根の下で暮らす」家族の範囲は、もっと流動的あるいは曖昧なものになる。もっとも別の箇所では、「私は、その後、長いあいだいろいろな人に当たってはみたのだが、叔母さんたち全員の名前が分からない」[39]とも述べているので、おそらく「家族」の広がりはもっと大きいのかもしれない。記憶にある伯母さんとしては、ときどき里帰りしては「家の女たち」つまり嫁たちと争う仇敵である、祖父の異父妹で大叔父の実妹である伯母さんとその娘がいた。彼女たちは、同じくオウェイスの血筋には入っていない祖父の妹の母子とは異なり、祖父のザカートの対象にはなっていないようである。以上を図1で示してみた。

〔拡大家族（アーイラ）の意味を考える―扶養・家計・家事・家業・家産〕

この祖父による「ザカート」の配布の範囲が意味するものは何であろうか。同居の有無を問わず、そこにはアーイラの本来の意味である家長による「扶養」の範囲が示されている。とくにこの扶養の対象となるのは、夫と死別して子どもを抱える女性、母と死別して継母と暮らす娘である。それは家長と血縁のない家長の妻の親族であったり、家長の娘と孫娘であったりする。

このアーイラの「家計」を担う、つまり支出とその管理を行なうのは、家長の祖父とその長男の父であった。前に紹介した「朝の儀式」が示すように毎日、個々の必要経費や小遣いを出すのは、祖父であったが、必要な飲料・食べ物を調達する責任は、「一家（ウスラ）の長男であり、祖父の次に金を持っていた父」にあった。それは一族（アーイラ）の長である祖父の命令であり、逆らえなかった、と自伝にはある[36]。

アーイラの「家事」は、これもすでに紹介したように「家の女たち」すなわち嫁たちの共同作業によった。祖母は家長の身の回りの世話で手一杯であったため、嫁たちは一家の主婦の采配に服することなく自由に家事ができた［48］。パン焼き、炊事、洗濯にはそれぞれの担当もあった。家の外に買い物に行く記述はないが、日々の出費は父が負担していたため、母が食材を調達する係りだったというのであるから、母は買い物のために外出はしていたのだろう。叔母たちが父の許しを得た後で、祖父の「ザカート」である布地を遠くガマーリーヤ区の「町」（マディーナ）まで買いに行くくらいであるから、それぞれの核家族が必要とする日常の生活用品や食材も彼女たちが家の外に買い物に行っていたと考えてよい。また、核家族ごとの「家事」は、それぞれの嫁が担っていただろう。なお、料理好きな父は「西洋式の竈」を使ってクナーファ（チーズ菓子）やジャガイモ料理などを作ったらしい［70］。以下に述べるように、第一次世界大戦の戦争景気のなかで、家の男たちの商売が忙しくなり、日中は家に帰らなくなると、嫁たちは自由に外出し、他の家に連れ立って遊びに行くこともできた［57］。

さて、アーイラを支える経済的な基盤として、オウェイス家の「家業」があったわけではない。かつて「女家父長」であった曾祖母が経営する薬種屋（イターラ）を元にして祖父は商売を広げ、第一次世界大戦期には一〇軒の貸家を持つほどの資産家になった。それまでの蠟燭などの商いから、石油会社シェルのカイロの代理店として、商業中心地アタバ・ハドラー（第5章参照）に店を構え、市内全域に灯油やガソリンなどを販売した。そして息子の父や叔父、異父弟の大叔父にも店を持たせて商売させた。「父の店も、叔父マフムードや大叔父ムスタファーの店も、いずれも祖父が家主であった。ただし、祖父は、父たちから店の家賃を取らず、「誰もが自分自身で才覚を働かせる」ために、独り立ち、あるいは半分独り立ちのかたちで店の経営を任せていた」［57］のであった。それぞれの店は祖父の支援は得ながらも、独立経営であり、たとえば「オウェイス商会」のような「家業」を共同で営んでいたわけではない。

とはいえ商売は厳しい。とくに曾祖母の薬種屋を引き継いだ叔父は、浪費家であったらしく、おそらく祖父からは愛想をつかされた挙句、他家に嫁いだ妹に泣きついて金を融通してもらっていたようだ。また、父に金を借りに来ることもあったが、返済しないこともあって、それを父はザカート〔施し〕と考えていた節がある、という［73］。叔父が父に対する金の無心をするとき、仲介役に使われたのが少年サイイドであった。さて、食料品の卸と小売りをする「商館」（ワカーラ）と呼ばれる店舗を構えていた父ではあったが、やはり祖父から運転資金を融通してもらうのにサイイドを使った。父は毎週、木曜日に同じハリーファ区の各地区の顧客を訪ねて代金を回収し、翌日の金曜日に別の区にある仕入先に支払いに行くことにしていた。しかし「木曜日に集金した金額が、翌日に支払うべき額に足りなかったときには、その差額をうめるために私を祖父のもとに使いに出した。その差額は、五〇ポンドか、しばしばそれ以上の額に達した。私は、祖父の顔に何らかの表情が浮かぶのを読み取ると、すぐさま、これに対しあらわな反抗の気持ちを面に出す父を、祖父の怒りから必死でかばおうとしたことを思いだす。とはいえ、祖父は、父の頼み、つまり私の願いを決して裏切ることがなかったことも、また同時に思いだす。そんなとき、父は、折れ曲がった文字で次のような署名入りの書き付けを祖父宛に書いたものだった。「彼らの必要物であるこれこれの金額をどうかサイイドにお渡しください」。このとき私は、手紙のなかの「彼らの必要物」という言葉〔本当は、「彼が必要とするもの」という表現が正しい〕に目を止めた。当時、私はすでに学校の免状〔小学校卒業資格〕を持っていたが、そうしたささいな文法上の間違いに、いちいちこだわったりはしなかった」[73]。ここでは独立した商人である祖父と父の間の緊張、しかも「書き付け」を介しての他人行儀の関係が関心を引く点である。

このようにオウェイス家には共同で行なう「家業」と言えるものはなかった。それゆえこの一族には共有の「家産」も存在しなかった。父の死は、やがてオウェイス家が分裂していくきっかけとなる出来事であった。その家の分裂は「家産」の継承ではなく、祖父の財産をめぐる個々の相続人相互の確執のかたちで現われることになる。

〔オウェイス一族の分裂〕

「父の死の直後に私の家（ウスラ）にどんな恐ろしいことが起こるか、私には分かっていた。その予想どおり、家の中の血を分けた人たちは、最後にはばらばらになった。予想どおり、家の皆は、結局、別々の集団（シーア）に分裂した」[123]。父の死の衝撃にこころを痛めた祖母は、その四〇日忌の日に息子に続いてこの世を去った。「この頃から、祖父が築いた城は、実際にはまだ壊れていなかったにしても、もはや崩れはじめていたといえる。亡くなった父は、祖父の長男であるとともにその右腕であり、家族という船をいつも安全な陸地へと導く正確な頭脳であったからである」[124]。サイイドの父が早くに亡くなることがなかったら、「拡大家族」（アーイラ）としてのオウェイス家は、新しい家長である父のもとで続いていたのかもしれない。

しかし、父の亡くなる以前に、「扶養」の単位としてのアーイラの構造には変化が現われていた。父より前に大叔父が亡くなり、その妻子は父の金に頼って生活するようになり、また叔父の商売がいよいよ立ちいかなくなって「その家族（ウスラ）は祖父の援助を受けることになっていた」［119］からである。

さて、息子に続いて妻も失った祖父は、身の回りの世話を妻に代わって、同居していた故ウンム・バッタ叔母さんの娘である孫娘ラティーバから受けるようになった。するとこの孫娘が叔父さん一家を含めて、家のなかのすべてのことに差配を振るうようになった。なぜなら、祖父が彼女に「家計（マスルーフ）」の管理をゆだねたからである［124］。

しかし、オウェイス家にはさらに不幸が続き、祖母の死から数か月後に、他家に嫁いでいた祖父の娘の叔母さんが亡くなった。こうして浪費家のマフムード叔父さんが祖父の唯一の遺産相続人となった。すると、これまで祖父の身の回りの世話をしていた孫娘の地位がみるみる目減りを始め、代わって叔父さんの妻が一家（ウスラ）の「女王」の座に就くことになった［125］。孫娘は、こうした新しい事態に何とか抵抗しようとしたが、無理やり母方の従兄と結婚させられることになった。それは、この護るべき男系親族のいない「可哀想な女（ウィリーヤ）」の「名誉を護ること（サタラ・イルド）」を神聖な目的とする、悲しみを帯びた結婚であり、誰ひとり祝う者はいなかった［*ibid.*］。

父が早くに亡くならなければ祖父の財産がもらえたはずと考えたサイイドは、この「不正」（ズルム）を祖父に訴えた。しかし、祖父の持ち家の数軒をねだっていた叔父の妻のように「実は一族（アハル）の者もそれ以外の他人の多くの人たちがそれぞれ自分のことについて祖父に頼みごとをしていた」［126］のだった。「やがて祖父は次第にもうろくして、老いによる衰えや病気に悩まされるようになったが、誰も彼の苦悩を知る者はなかった」［*ibid.*］。サイイドが祖父の老いを知ったのは、シェル社の事務所に連れていかれ、父がガソリンの代金として自分の名義で会社に預けていた保証金を祖父がだまし取ろうとしていることを知ったときであった［126–27］。「このとき私は、この男と話をしても仕方がないことを悟った。彼がこころ変わりをして、優しくなることなどはまずあるまい、と。彼は、金、あるいは金に関係することだけのためにこれまで生きてきたのであり、人生の晩年になってもそれを止めることはないだろう。また、彼にそれを止めさせることも誰にもできないのだ。このとき私は、自分自身のなかで意思の力が強まり、より良き生活を求めようとする気持ちが屈することのない強固なものに変化したのを感じた」[127]。サイイドが一家（ウスラ）の長［143］としての覚悟を示した場面である。それは父の死により高等学校を中途退学し、「商館」の経営を継いだ後、「人々がときに狼にも犬にもなる」市場（スーク）［77］に向きあっていたときに味わった苦い経験を通じてであった。

そして「祖父が亡くなる前の頃になると、誰もが祖父の死を待ち望んで日々を過ごし、そして死んだ後には他の人のことは見向きもせずに、それぞれ自分勝手な暮らし方をするようになった」[128]。「そんなとき祖父の死によって、隠されていたことがすべてかたちを取って現われた。まず、〔大叔父の〕ムスタファー叔父さんの妻が、私たちの家を出て、他人の家（ベイト・ガリーブ）の部屋で二人の娘とともに暮らすことになった。叔母さんは、実家の父親の家に行こうとはしなかったのである。なぜならそこには、彼女の実母ではない父の後妻がその子どもたちとともに父の扶養を受けていたからだった」[129]。彼女たちは〔男の親族の保護下にいない〕「三人の可哀そうな女たち（タラート・ウィラーヤ）」であり、護ってくれるのは神しかいなかった［*ibid.*］。こうして扶養の単位としてのアーイラが分解するなかで、「嫁たちの共同体」も崩壊していった。

そして、ついにサイイドたち一家がオウェイス一族の家から出る日が来た。「私がそこで生まれ、幸せな幼年期を過ごした家（マンズィル）から出ていくことになったとき、母も同意してくれた。実際、母は、父が亡くなってから、そして彼女自身がこの世を去るまで、私の決断に反対したことは一度もなかった。一族（ウスラ）が住む家を出るにあたって、私は何の悲しみも感じなかった。むしろ、まったくその反対であり、私は自分自身を確認し、自分の意思を表明し、人生の新しい時代、完全な自立の時代が始まったと感じていた。もっとも母の方は、私たちに家（ダール）から出て行くように仕向ける数々の出来事や人間が原因となった問題がなかったら、家を離れることはなかったろう」[130]。

ここには、アブドルガワード家とは別のかたちで家族の崩壊が描かれている。家族の分裂や崩壊は、その構造や特徴を明らかにするものである(87)。さて、この分裂の過程で注目されるのは、二つの家族とも世代交代において息子たちに商家を継がせるつもりはなかったことである。両家とも家業という意識はなかったといえるのかもしれない。サイイドの父親は、息子に民族主義の英雄ムスタファー・カーメルに倣い、旧制高校の卒業後は法律学校に進学し、さらに外国に留学させようと考えていたが、この父子の夢は、父親の急死によって阻まれた。小説のアフマド旦那は、三男に対し、一九一九年革命で亡くなった次男の代わりに法律学校に進んでほしいと思ったが、息子は高等師範学校に入学し、教師の道を歩むという。学問に価値を見いだすことができない旦那は、愕然とするが、もはや息子の意志を変えさせる力は彼になかった（『カイロ三部作』第三部）。

以下では、オウェイス自伝の分析を続けながら、本章全体のまとめの議論をしてみたい。

五　むすびに――地域研究としての家族研究

（一）個人史資料と地域研究

本章では、第二節および第四節の考察の材料として、自伝などの個人史資料を用いた。筆者は、これまでの二冊の拙著『アラブ革命の遺産』［長沢 2012］、『エジプトの自画像』［長沢 2013］においても、同様に個人史資料に関心を寄せた考察を行なった。こうした知識人の社会認識の形成とその個人史との関係に対する関心は、「エジプト農業資本主義論争の構造と背景」［長沢 1990］を執筆したときに始まる。

この論文では、エジプト農業問題研究の古典『土地と農民』の著者イブラヒーム・アーメルや、そのアジア的生産様式論に関する議論を引き継いだアハマド・サーディク・サアドなど、当時のマルクス主義知識人の資本主義理解や社会史研究の紹介を試みた。その考察において筆者が目指したのは、これらの説の優劣を論じることで理論の普遍的な発展の道筋をたどることではなかった。むしろその関心は知識人たちの社会認識、社会科学的な認識や独自の理論が、それぞれの個人的な体験や特定の地域の歴史的社会的背景から、どのように生まれてきたのかを探ろうという点に置かれていた。筆者は、この論

文の締めくくりとして次のような文章を書いている。(88)

「筆者は、以上の三つの章における叙述において、イブラヒーム・アーメルを起点とするエジプト「農業資本主義」研究の流れを通じ、近現代史における主要な思想潮流の一つであるエジプト・マルクス主義の系譜をたどることに力点を置いた。しかし、当然のことながら、マルクス主義と同じく近代主義の別の系譜、あるいはそれとは方向を大きく異にする伝統的知の体系の側に視点を移して、同時代の運動や社会的実践と強く結びついた社会認識の歩みをたどる作業も、筆者は等しく重要なものだと考えている。シャーフィイー、アーメル、クリエル、そしてサアドら、いまやすべて故人となったマルクス主義思想家・研究者とまったく同じ時代を生きた社会認識の導き手たち、彼らもまた民族革命以前におけるエジプトの社会矛盾とその解決に向けて人生を捧げ、運動や社会的実践を通じて大きな歴史の流れの中に巻き込まれながら鮮やかな足跡を残していった人たちといえるからである」。［長沢 1990: 256］

この文章を執筆した当時、念頭に置いていたのは、まず本章の第四節で紹介した社会学者サイイド・オウェイスのことであった。同節で日本の「民間学」を代表する知識人、柳田國男との比較に言及した箇所でも述べたことであるが、個人史が示す内容がその人の研究史の歩みにこれほど鮮やかな反映を見せている例は、決して多くはないように思えたからである。

個人史資料が示す生活環境や時代背景、そして個々の体験が彼らの知的人格の形成にどのような影響を与えているのか。この点について、たとえば本章の第二節で言及したターハ・フサインとサイイド・クトゥブの事例は興味深い。周知のように二人は、アラブ世界最大の近代的知性とされる文学者と、過激派の教組扱いをされるイスラーム主義の理論家、という思想の方向性を大きく異にする。しかし、その両者が自伝では子どもの頃の体験を語るなかで、いずれも神秘主義や聖者信仰に対する批判的な見方を示している点が注目されるのである。幼児期の経験や認識がその後のムスリム知識人としての形成に大きな影響を与えた例として、比較して議論する価値がある。

この問題に関して、サイイド・オウェイスは、上記の二人とは対照的な態度を示している。民衆の思想的宗教的遺産に対する彼の温かい眼差しは、代表作『イマーム・シャーフィイーへの手紙』〔'Uways 1978〕（初版一九六五年）という成果を生みだした。彼の自伝には、彼が子どもの頃に経験したさまざまな宗教的体験、彼の出産にあたっての母など女たちによるザール〔憑依による治療儀礼〕や、この儀礼の後も肌身離さず付けたヒジャーブ〔護符〕をめぐる逸話などが書かれている。サイイド・オウェイスは、その後、社会学者として現実の社会と向きあっていくなかで、幼児期の体験の意味を再発見していった。言ってみれば、彼の著作には、自身の体験とともに、そこで出会ったさまざまな人々の声が響きわたっているのである。

また、すでに述べたように、彼は一時期、現在のサラフ主義者の源流となる宗教団体にのめり込んだことがあった。それは小学校卒業資格を取った後、軍の国境管理局に官吏として採用された時期と重なっていた。オウェイスは、イギリス人将校が依然として幅を利かせている、外国のような職場の雰囲気になじめず、ますますこの宗教団体の活動に熱を入れた。しかしあるとき、信心の証しとしてそれまで蓄えていた顎髭を剃り、この団体を脱退する決心をする。と同時に、安定した官吏の職も捨てて、社会改革に取り組むために社会福祉の専門家の道を選択した。これらの決断の背後にあったのは、イスラーム改革主義の思想的巨人、ムハンマド・アブドゥの支持者であった父親の影響であり、また母親たちの子どもや家族に対する愛情であった。

サイイド・オウェイスの『女性をめぐる講話』〔'Uways 1977〕は、彼独自の女性論・家族論を展開したもうひとつの名著である。代表作『イマーム・シャーフィイーへの手紙』〔'Uways 1978〕の内容も一部使った優れた女性史の研究だともいえる。その内容の一部は、本書の第一章で紹介した。彼の女性論には、自伝で記しているような幼少期の母方の親族の女性たちから受けた愛の記憶が大きな影響を与えている。と同時に、自身の家族に対する愛情の深さもまた読みとることができる。自伝『私が背負った歴史』の第一章は、自分は母方の祖母の名前を知らないという内容の文章で始まる。

「私は、母のことを良く知っている。もちろん、母の名も彼女の父の名も知っている。しかし、母の母親の名前を、私は知らない。母の名は、私の出生証明書に記入されているが、母方の祖母の名前は、母に訊ねたこともなかったし、また、母の出生証明書を見せてもらうこともなかったから、今でも知らないままである」［'Uways 1985: 30］。

ここには多くの場合、アラブの社会史の表面には現われることなく、埋もれたままになっている女性たちの人生に対する思いが示されている。しかし、彼は父系の系譜のみを記すアラブ式の命名法や、あるいはそれと結びついた伝統的な家族制度に対する反感をあからさまに示しているわけではない。また、すでに紹介したように、オウェイス一族の分裂についても、淡々とした社会科学者としての冷静な視点からの記述をするだけであって、伝統家族に対する明白な嫌悪感を示すこともなかった。

以上とは対照的に感情を込めて熱く語られているのが、父母と自分との親密な家族愛の世界である。自伝には、カイロ市内の聖廟やモスクに親子一緒で参詣に赴く場面［*ibid*.: 61-62］をはじめ、印象的な「家族の風景」がいくつか描かれている。とくに、外科床屋による割礼の手術を受けるときに、両親が家を空けたのは臆病だったからではなく、自分が痛み苦しむのを目のあたりにしたくなかったからだと信じている、と述べる箇所［*ibid*.: 66］も忘れがたい。

サイイドの母は八歳前の歳でオウェイス家に嫁いだ。しかし、歳も離れた「巨人」のような大男の夫を怖がって実家に逃げ帰り、数年後、父親に一喝されて婚家に連れ戻された［*ibid*.: 31］。夫婦関係の始まりはそのようなものであったが、少年がよく覚えているのは、歳月を経た後の両親の睦まじさであった。

「初めて出会った頃、獰猛な野獣のように見えた夫も、亡くなる直前の数年は、おとなしい幼子のように感じられ、毎晩、父が仕事から帰ると、二人は愛と慈しみに満ちた会話を楽しむような関係になっていた。父と母は、毎晩、眠りにつくまで、こうした夜の会話にふけった。自分のベッドに寝ていた私は、二人の会話を耳にして、目を覚ますこともあった。そんなとき、私の心は、幸福な思いに揺り動かされた」［*ibid*.: 76］。

ここには小説で描かれたアフマド旦那と妻アミーナとの場合よりも、親密圏の日常の姿がより濃密に表現されている。ひとりっ子として育ったサイイドには、夭折した兄や姉、妹と弟がいた。そして、両親は亡くなった長男カーメル（ムスタファー・カーメルの名前から取られた：本書第10章を参照）の名前を付けて、互いを「ウンム・カーメル」、「アブー・カーメル」（「カーメルのお母さん」、「カーメルのお父さん」）と呼びあっていた［*ibid*.: 32］。子どもの頃から、死あるいは死者を身近なものとして育っていたサイイドにとって、あるいは両親にとっての「家族」とは、これらの「天使たち」の存在を伴なうものであったと言える。

以上は、第1章で示した「ウスラ的問題」に対して、サイイド・オウェイスの個人史資料が示すひとつの答えである。しかし、このサイイドおよび両親にとっての「家族」は、本章の第二節で紹介したタラール・アサドの主張する「近代家族」に該当するものと言えるのだろうか。たしかにオウェイスは、アサドが言うところの「プロジェクトしての近代」に、尊敬するムハンマド・アブドゥの思想に共鳴して積極的な参画しようとしたムスリム知識人であった。ただし、それは彼の考えるエジプト人民衆の思想や宗教に根を張ったひとつの「近代」のかたちであったのではないか。

その点で、本書の第1章の最後の文章についてはは悔いが残る。オウェイスがエジプトの古代遺跡の壁画に理想的な家族の姿を見いだそうとしたことについて書いた文章である。「イスラーム化の波のうねりが高まるなかで、イスラーム以前の歴史を持ちださざるを得なかった近代知識人の弱さと見るか、それとも別の意味を読みとろうとするか」と述べたのは、若かったとはいえ、いかにも傲慢な表現であった。

二〇一一年アラブ革命を「予測」した『アラブ革命はなぜ起きたか』［トッド 2012］という本でも知られるエマニュエル・トッドは、最近、出版された『家族システムの起源』［トッド 2016］のなかで、血縁共同体から個人が解放されていくという人類史の「共同体論」的な叙述（本章第一節参照）とは正反対の説を主張している。人類史の「出発点」は、「全世界的な普遍的な、核家族的にして個人主義的、双方的にして男女平等主義的なものであった」［*ibid*.: 735-36］というものである。そのひとつの証左として、歴史家ジャック・ピレンヌによるエジプト古王国時代における個人主義と核家族の発見が挙げられている［*ibid*.: 759］。ただし、そのようなエジプト社会も、アラビア半島のアラブ人が父系制を獲得し、内婚（父方並行イトコ婚）を発明した「革命」の影響を受けた結果、イスラーム化された他の諸地域と同様に家族のかたちを大きく変えた、というものである［*ibid.*: 789-91］。

もちろん、こうしたトッドの主張をサイイド・オウェイスが知ることはなかった。しかし、本人に代わって答えるとすれば、オウェイスが前述の第1章の部分で紹介した箇所で訴えたかったのは、たんなる古代の家族の理想の復活ではなかったのではないか、ということである。オウェイスは、エジプト社会にはイスラーム化によっても変わらない家族のかたちが一貫してあり続けたことを確信していたのであろう。そして、その主張は、民衆の思想的宗教的遺産のなかに社会改革の鍵を見いだそうとする彼の強い信念にもとづくものであったと考えるのである。

(二) 地域研究としての家族研究

本章冒頭の「解説」でも述べたように、本章は、地域研究という立場から近代エジプトの家族概念をめぐる事例を検討することを通じ、家族研究に対して、どのような問題提起ができるか、という企図をもって書かれた。第1章で示された家族を表わす二つの言葉に由来する「アーイラ的問題」と「ウスラ的問題」という枠組みによって何が明らかになるか。この問いを受けて、本章の第一節ではエジプト農村研究で「論争」の対象となったアーイラが、はたして分析概念としてどこまで使用に耐え得るか、という問いを投げかけた。そこで指摘したのは、近代以降、新しい家族概念が、政府の官庁用語、あるいは研究者による専門用語（分析概念）として、すなわち外部から導入された言葉として、政策対象あるいは分析対象とされた人々に対して押しつけられてきた、ということである。

第二節の最初で紹介したタラール・アサドの家族概念の近代性という主張は、まさにこの問題に関わっている。ここでいう家族概念の近代性とは、家族という概念そのものがまったく新しい概念として近代において作りだされたことを意味している。しかし、それは同時に「近代家族」のグローバルな成立と普及の過程とも深く関係している。もちろん、近代家族の成立は、西欧以外の地域の場合、新しく成立した近代国家あるいは植民地的権力による「上からの改革」によって強制された場合が多かった。しかし、注意しておきたいのは、この過程において同時に、近代家族の概念とは相容れない内容を持つもの、あるいはその他の近代的社会関係の枠に収まらないものとして「伝統家族」というさまざまな親族概念が各地域で生まれたことである。それらの「家族」概念は、国家や知的権力によって発見され、あるいは新しく作りだされ、適用されたこともあっただろう。また、社会の側がむしろ積極的に受け入れるといったこともあったかもしれない。

そして、この「伝統家族」に相当する概念が作られる場合においては、近代ヨーロッパ人にとっての古代の世界、ゲルマンやケルト、ローマの古い概念である「氏族」や「部族」といった言葉、あるいは超歴史的な親族概念（リネージ）が、非ヨーロッパ社会に対する行政用語や分析概念としてしばしば用いられた。そして、これらの「伝統家族」は、「後進的な」社会において近代化や経済発展を阻害するものとして、多くの場合、否定的な特徴を付与されることがあった。そして、以上に述べた「近代家族」や「伝統家族」といった概念、あるいは理念型が作りだされる過程は、近代資本主義システムの世界的な拡大と密接な関係にあった点にも注意したい（エジプトの家族関係と世界資本主義システムとの関係は本書の第8・9章のテーマである）。

このようにして近代において成立した家族という概念がグローバルに適用されていくなかで、さまざまなかたちの「近代家族」および「伝統家族」がそれぞれの地域で作られることになった。こうした家族概念の押しつけと受け入れの相互作用の過程は、一程度の普遍性を持ちながらも、家族概念の差異を各地域で生みだした。ここに「広い意味での地域研究」が家族研究に対して問題提起を行なうことを可能にする条件が成立したと言える。

さて、ここで「広い意味での地域研究」と述べたのは、必ずしも研究者たち自身が地域研究を自覚的に行なってはいない場合も含めたいと思うからである。とりわけ異文化研究という意識を強く持って行なわれる「他地域」に関する研究ではなく、研究者自身が帰属意識を持つ「自地域」を対象にして、このような問題と格闘している場合も広い意味の地域研究として扱うことが重要な意味を持つと考えるからでもある。[89] 以下では、こうした「広い意味での地域研究」の例として、日本人の人類学者による東南アジア研究、そして日本における家族社会学の論争の例を取りあげてみたい。人類学者にせよ家族社会学者にせよ、自らを地域研究者として自覚し、そのように自己規定するケースは多くはないであろう。

最初に、取りあげるのは坪内良博と前田成文の『核家族再考』［坪内・前田 1977］である。同書は、西欧起源の社会科学で用いられる家族概念に対して、マレー農村の事例研究を通じて、根本的な問題提起を行なった研究として評価されている。この研究で批判の中心的な対象とされているのは、「核家族」概念の普遍性であった。家族とは必ずしも「構造としての核」を持つ「集団」ではなく、二者関係の累積する「家族圏」という「関係認知の複合体」〔*ibid*.: 20-22〕として把握すべきではないか、という議論である。本章の第三節ではアブドルガワード家において少なくとも七つの関係の組み合わせによって家族の構造が作られていると述べた。しかし、この構造を成りたたせているのは、家族関係を束ねる家父長制というイデオロギーの存在であった。

これに対し、坪内＝前田が関心を寄せるのは、こうした「関係の束」〔*ibid*.: 216〕が生活集団編成の「イデオロギー化」(日本の「家」原理のように)を受ける前の状態である〔*ibid*.: 23-24〕。しかし、もちろん近代以降の多くの地域において、こうした「関係の束」は、一定のイデオロギーによって束ねられ、制度としての機能を持つことになった。あるいは、いくつかの地域では、近代以前においても「家族」がイデオロギーあるいは制度として規定されていたこともあった。いずれにおいても、そこには広い意味での「権力としての家族」をめぐる問題がある。

次に日本の家族社会学における「有賀・喜多野論争」を取りあげてみよう。言うまでもなく有賀喜左衛門と喜多野清一は、日本農村の家族研究における先駆者的な研究者である。両者の論争は、日本の家族社会学の古典的研究、戸田貞三『家族構成』〔戸田 1970〕(初版 一九三七年)の評価をめぐって展開した。

有賀は、『家の歴史』〔有賀 1971〕(初版一九六五年)において、戸田が「親族世帯論」において行なった「通文化的な家族概念」の適用を次のように批判する。このような普遍的概念の適用は「家という集団の中から、西洋の家族と世帯員の構成が形式的に同じものを把えて、それに家族と命名したこと」だけのことである。しかし「そういう操作をしてみても、親族世帯をもって構成されていた家の内部の人間関係が西洋の家族内のそれと同じだというのではない」〔*ibid*.: 69-70〕。このように有賀が批判したのは、『家の歴史』を収録した著作集第十一巻の「序」で述べているように、そもそも「西洋の学者の立てた通文化的一般法則をたやすく受け入れて、日本の事象をも割り切る日本学会の風潮に対して、深い疑いを私は抱くようになった」からであった。さらには「一般法則を立てることだけが学問の最終目的と考えて、民族的な個性やそれに結びつく歴史的個性などを見逃すことに平気でいられるのは、人間の生き方の多様性の大切さを知ろうとはしないからであるとも思っている」［*ibid.*: 2］とさえ述べている。

一方、戸田理論を擁護する喜多野は、住谷一彦との対談［喜多野・住谷 1965］のなかで、有賀の研究を次のように批判する。住谷の質問に答えて、喜多野は「有賀さんの家とか家族の概念規定がどうもはっきりしない」のは「家族結合の本質」をあらかじめ明らかにしていないことにある、と述べる［*ibid.*: 78］。ここでいう家族結合の本質とは、「戸田貞三先生の小家族結合論」が示す「夫婦・親子の結合の全人格的・没我的・非打算的・感情的特質」に他ならない［*ibid.*: 79-80］。また「（有賀）氏はまず日本の家や、西洋の familyや、その他類似の集団に共通する概念を論ずることは困難であるという見解に立って」いるが［*ibid.*: 138］、そもそも「最大のとりちがえ」は、戸田がもっとも影響を受けているマックス・ウェーバーの「家共産主義（Haus Kommunismus）概念の意味内容に関する誤解に起因している」のだ、と批判する［*ibid.*: 81］。

喜多野は、有賀とは反対に日本社会の家族分析においても西欧の社会学概念が直接に適用可能だとする立場である。たとえば、主著『家と同族の基礎理論』において、「エルンスト・マンハイムやマックス・ウェーバーの論証しているように、この家父長制の発展の一つの形態としての家産制（Patrimonialismus）が、われわれの言う同族団に極めてよく類似している」［喜多野 1976: 22］と述べている。

さて、この対談における喜多野の有賀批判で注目すべきなのは、彼が家族に関する「概念構成の方向」が有賀とは「正に逆」だと述べている点にある。すなわち、喜多野が家族結合の本質を起点とする、いわば中心の核の部分から外に向かう家族の発展（「同族」の形成）を議論しようとするのに対し、有賀の「家は生活集団」という定義においては「外部との関係で消長する機能関係の方が重視される」からだという［喜多野・住谷 1965: 79-80］。この箇所で、喜多野が「ぼくは、そうした概念規定では困ると思う。事業関係ならそれでもいいが」［*ibid.*: 79］と述べているのが面白い。まさに「事業関係」という表現が示すように、有賀の「生活集団」としての家とは、人々が厳しい自然条件のなかで、あるいは社会的環境の制約のなかで生き延びるために「労働集団」として、しばしば擬制的な親族関係さえ結びながら形成してきた日本固有の家族のかたちであった。これに対して喜多野は、家族が「この世で生きていくためには、さまざまな機能の複合がいるわけだが」、家族結合という本質からすればそれらは「副次的な機能」にすぎない、とする［*ibid.*: 80］。

この指摘にもとづき、両者の論争の対立の軸を単純化して説明すれば、次のようになる。喜多野は「家族とは何か」あるいは「家族とはいかにしてあるのか」という、いわば家族の存在の在り方を問う、存在論的な問題提起をしている。これに対し、有賀は「家族は何のためにあるのか」という異なった問いかけをしている。後者の問いかけは、喜多野の議論に引きつけて言いかえれば、「家族は何のために役立っているか」あるいは「機能しているのか」という「機能」を中心にした問題提起をしているということになる。

さて、前者の喜多野＝戸田による人類史に普遍的な「家族結合の本質」とは何か、という問いの立て方に対し、前出の［坪内・前田 1977］は、人類学からの批判を行なっていると考えることもできる。坪内＝前田も同じく「家族とは何か」という存在論的な根本的な問いかけをしているわけだが、喜多野＝戸田とは議論の方向が（有賀とは別の意味で）「正に逆」である。すなわち、喜多野が議論するように、家族の本質が「結合」という「核」（人格の内側にある心情的世界）にあるではなく、二者関係（人格の外側にある関係）の累積としての「家族圏」として把えることができるという主張をしている。また付け加えて言うなら、喜多野＝戸田の「家族結合の本質」に関する前述の規定は、坪内＝前田がその普遍性に疑問を呈する「近代家族」の特徴に他ならないのではないか、とも思う。

しかし、喜多野＝戸田の家族結合論が今日、いかなる批判を受けたとしても、家族の本質を議論する作業のなかで、その存在を問う方向と機能を重んずる考え方のいずれかのアプローチが優れているということはない、と筆者は考える。むしろ両者を組みあわせて、その関係性を問う議論をすることに大きな意味があると思うからである。

さて、こうした議論の糸口として重要だと思われるのが、坪内＝前田の言う「イデオロギー化」の問題である。すでに述べたとおり、イデオロギー化とは「関係の束」にすぎない家族が権力関係として成立するということを意味する。このように家族を権力の視点で見ることとは、たとえば近代国家や資本主義との関係にまで視野を広げること、有賀の言葉によれば「全体社会」との関係という契機を入れて考えることに他ならない[90]。

有賀は『家の歴史』において「誇張して表現するなら、日本人の歴史は家をめぐって展開してきたと言えないことはない」

［有賀 1971: 16］と語る一方で、次のような警句も述べている。「日本の社会において家が社会の基本単位であると見る見解はかなり多い。―中略―しかし、日本の全体社会を家族的な基準で説明することには無理がある。それが極端で、重大な誤りを犯しているものに「家族国家」論があった」［*ibid.*: 35］[91]。「私の考えかたはこれとちがう。家族は、むしろそれに対する全体社会の規制を主として考えなければならない。私は戦中から戦後にかけての日本社会の変化に当面して、家の変化してきた過程を目撃し、全体社会の変化が家を強く規定するのをまざまざと見た」［*ibid.*］からである。最後の文章は、戦後の家制度の廃止や財閥解体の歴史に対する有賀の感想である。それ以外にも「西洋において夫婦が平等にして自由な関係を形成することができたのは」アジアやアフリカの植民地支配と関係しており、「そして今日でも西欧の近代家族は、西欧のもつ特権的な地位に多く支えられている」などという指摘もしている［*ibid.*: 37–38］。「上から目線」の西洋中心型の研究者からは決して生まれない発言である。

（三）「人間の生の保障」のための家族

〔権力関係としての家族の形成〕

以下では、先に述べた家族研究における二つのアプローチを念頭に置きながら、家族関係のイデオロギー化、あるいは権力関係としての家族の形成の問題を考えてみよう。言うまでもなく、このイデオロギー化の人類史的な画期は、家父長制の成立に他ならない。この問題をめぐっては、さまざまな理論的立場からの仮説が示されてきた。そのなかで、フリードリッヒ・エンゲルス『家族、私有財産及び国家の起源』［エンゲルス 1972］（初版一八八四年）は、今日でも議論の出発点のひとつとして重要である。エンゲルスは、文化人類学者モルガンのアメリカ先住民研究［モルガン 1958］（初版一八七七年）の説に依拠して、家族を能動的な要素とし、親族制度（氏族）は受動的であると理解する［エンゲルス 1972: 38］。そして唯物論の立場から、この家族形態の変化をもたらす原動力は生産力の発展であり、この家族の変化に氏族制度の変化が連動して国家が形成されるという人類史の発展の道筋を描いた。階級関係の発展こそが家族の変化を促し、さらにその影響を受けて氏族から国家が形成されていくというこのモデルは、依拠した資料の問題やヨーロッパ中心史観の単線的社会発展論などに対する批判はあっても、「全体社会」のなかで家族関係のイデオロギー化（あるいは家父長制と全体社会との関係）を議論するに際し、重要な論点を示している[92]。

さて、家父長制の成立の問題そのものについて、エンゲルスは次のような明快な文章で答えている。「歴史にあらわれる最初の階級対立は、一夫一婦制における男女の敵対と一致し、最初の階級抑圧は男性による女性の抑圧と一致する」[*ibid.*: 84]。階級抑圧と家父長制は、相互に関係しながら同時に成立したというわけである。階級抑圧は、富の増大の結果として生まれた私的財産、私的所有の制度的な成立にもとづく。このエンゲルスが示した図式は、生産力増大→私的所有の成立→階級抑圧／家父長制の形成という因果関係の論理によって組みたてられている。

しかし、階級抑圧と家父長制の同時的成立については、別の問いかけをすることも可能ではないか、と筆者は考える。上記に紹介したエンゲルスの文章は、彼とマルクスの共著『ドイツ・イデオロギー』の一節「最初の分業は、子をうむについての男女の分業である」を補足するために書かれたという [*ibid.*: 84]。この「分業」という点に注目して提起したいのは、階級的抑圧も家父長制家族もいずれもが抑圧的な分業関係によって成りたっているという論点である。後者の家父長制を特徴づけるのは、人々が家族という関係を取り結ぶにあたり、彼ら相互のあいだに見られる差異（性差や年齢差、親族上の地位など）を根拠として生ずる差別と抑圧である。前者の階級関係においては、各人の社会的文化的なさまざまな差異（技能・出自・言語など）、あるいは身体的知的なわずかな差異を抑圧関係に変える仕組みをもとにして成立する。その場合の重要な制度的発明が、私的所有（私有財産）であったことは言うまでもない[93]。しかし、抑圧を伴なう社会関係が「階級」や「家族」だけにとどまるものではないこと、そしてそれらの抑圧関係の間には一方向的ではない複雑な相互規定の関係もあるであろうことも注意しておきたい。

ここで次に疑問に思うのは、なぜ人々は、こうした抑圧的で差別的、または不平等な分業関係を自ら選択したのかという点である。生産力の拡大の物理的結果としてこうした抑圧的関係が自然的過程として形成されたという単純な唯物論的な説明では不十分だと思うからである。抑圧的な権力関係に組み込まれることに対し、支配を受け、抑圧される側の人々は、物理的強制だけではなく、自らの主体的な意思としてなぜそれに同意したのかという問題である。おそらく、その答えは人々が生き抜くために、こうした「抑圧を伴なう分業」とも言うべき関係を結ぶことを必要とした、というところに求められるであろう。ここに家族関係がイデオロギー化される仕組みがある。人々が生きるための必要に迫られて結んだ家族という関係の束を持続的なものにするには、この関係を束ね、束縛するイデオロギーの綱を編みだす必要があった。

この問題は、先ほど指摘した家族研究のアプローチの二番目、「家族は何のためにあるのか」という問いかけに関係している。この問いかけに対する唯物論な回答は「直接的生命の生産と再生産」［エンゲルス 1972: 8］のためという言葉に集約される。しかし、筆者は「人間の生の保障」というより幅広く柔らかな表現を議論の発展のためにここで使用したいと思う。この言葉は、中村敏子の近著『トマス・ホッブズの母権論　国家の権力　家族の権力』［中村 2017］から借用したものである。

同書は、ホッブズの母権論を手がかりにして、政治思想史における家父長制の克服の理論的道筋を探った労作である。とくにその結論部では、男性による支配という家父長制家族の権力構造を克服するための構想が語られている。それは、男女の平等な「パートナーシップ」にもとづき、「両者の人格と自己保存」の追求とともに「子どもの生命の保障」という人類の継続を可能にする新しい家族のかたちである［*ibid.*: 259］。こうした現代的課題に対する実践的な関心と展望を持つ同書には学ぶべき点が多い。それを認めたうえで、さらに以下の二点について、中東地域研究の視点から若干の補足的な議論をしてみたいと思う。

第一点は、家父長制の多様性をめぐる問題である。そして第二点は、「人間の生の保障」の意味の広がりについてである。後者の問題は、生の保障の対象とされる「家族」の範囲とも関係してくる。

〈家父長制の多様性と近代家族〉

第二節のアハマド・アミーンの自伝を紹介した箇所で、家父長の権威の揺らぎを嘆く一節を引用した。父親たちの権威が崩れ、家（バイト）は母親や子どもの専制が支配する小さな議会のようなものに変わってしまった、という嘆きである。これは二〇世紀前半のエジプトの首都カイロの中産階級の家族に広く見られた変化の一断面を示すものであったと言ってもよい。第三節で紹介した同時代のナギーブ・マハフーズ『カイロ三部作』のアフマド旦那の晩年の姿もこうした変化をふまえて描かれたのであろう。こうした変化は、近代日本を含め、世界の多くの地域で普遍的に成立した「近代家族」が溶解していく同時代的な現象を表わしたものであったと考えられる。その場合、これらの「近代家族」とその溶解の姿には共通した特徴を見いだすこともできるだろう。

たとえば、『カイロ三部作』が描くアブドルガワード家には、中村が紹介する「近代的家父長制」における「夫権的支配」の特徴が見てとれる。中村はペイトマン（Carole Pateman）による家父長制の三分類、すなわち「伝統的家父長制」「古典的家父長制」「近代的家父長制」を紹介する。そして三番目の「近代的家父長制」の形成によって「父権的」支配から「夫権的」支配への移行が起きるとした［中村 2017: 255］。アフマド旦那が妻アミーナを通じて家族全員を支配する家族の構造の描写は「夫権的」支配のひとつのかたちを示していると言ってよい。しかし、その「夫権的」な家父長制的支配の性格は、すべての地域に共通する同質のものと考えていいのか、という問題がある。

すなわち、家父長的性格を維持したかたちでの「近代家族」が、非ヨーロッパの諸地域を含めて世界的に普遍的に成立したとしても、その家父長制とされるものの性格は、同じではなかったのではないか。非ヨーロッパ地域の家族研究において、西洋的な家族概念の押しつけがなされてきた、という点はすでに指摘した。近代西洋に発生した「近代家族」がグローバルに普遍的に普及したという過程を前提として、この概念の投影というべき現象が見られたのではないかという問題提起であった。そして、この概念の投影の結果、「近代家族」が導入される前に各地域において存在していた「伝統家族」に対し、硬直的な歴史的発展段階論にもとづく恣意的な分類がなされたのではないか、という疑問である。

このような欧米中心の理解の前提には、各地のさまざまな「伝統家族」を特徴づける家父長制が人類史的に普遍的である、すなわち超歴史的で同質のものだという考え方がある。この家父長制の超歴史的な同質性という考え方を代表するのが、ウェーバーのピエテート（Pietät：従属／恭順）概念の普遍的な適用であった。本田真隆は、ピエテート概念を受容した戸田貞三や川島武宜などの日本の家族研究について批判的な検討を行ない、情緒概念の歴史性と多義性を主張している［本田 2013］。ピエテート概念は、家長と家族の成員のあいだの情緒関係を示す分析概念である。しかし、現実の家族のなかの人間関係は、より複数の関係の組み合わせからなっている。この点はアブドルガワード家の事例で指摘した。そして、それらの情緒的関係を束ねるイデオロギーも決して単純な構造ではなかったはずである。

もちろん家父長制を支えるイデオロギーの情緒的構造が同質的ではないからといって、日本人にしか分からない日本的な家族的情緒があるというわけではない。日本的家族、エジプト的家族、あるいはアラブ的家族などと論じて、民族的性格を家族のなかに見いだすのは、危うい結論を導く議論であることは言うまでもない。なぜなら、家父長制とそれを支えるイデオロギーは、同じ地域でさえも、似ているようで大きな差異もあるからだ。第三節では、家父長によるセクシュアリティの管理について、アフマド旦那と上エジプト農村の大家族の場合ではかなりの相違があるのではないかと言及した。近代的家父長制の形成といっても、エジプトのなかにおいても地域や宗教、社会階層によって多様な展開が見られたのであろう。

以上で述べた家父長制を支えるイデオロギーの多様性という問題は、先ほど挙げた家族研究における第一のアプローチに深く関わっている。ここでもう一度、この「家族とは何か」あるいは「家族とはいかにしてあるのか」という第一の問いかけに戻ってみるならば、家族はどこよりもまず人々のこころのなかにあるものである、というひとつの答えを示すことができると思う。家族がこころのなかにあるとするならば、家族を構成する個々人の性格や個性は多様であり、それゆえ地域により異なるだけではなく、究極的に言えば、個々の家族において情緒的関係はそれぞれに個性的である。このように家父長制の多様性は、それを支えるイデオロギーの情緒的構造の多様さにその第一の背景が求められる。文学者が述べるように、人間のこころは広く、豊かであり、さらに言えば歴史的に移ろいやすいものであるからである。

繰り返し述べると、第一のアプローチに従って考えるなら、家族はまず人々のこころのなかにあるものであり、それからその関係が外に広がり社会のなかでかたちを作っていく。そして、この家族の関係が外に広がっていくときに、有賀の言うところの「全体社会」からの制約を受けざるを得ない。家族を結成する人々の自由意志だけによって家族のかたちが決まるわけではないからだ。ここに家父長制の多様性を生みだすもうひとつの背景がある。有賀の言う全体社会を構成する重要な要素は、資本主義や近代国家である。しかし、さらには広く文化や宗教の問題を考えてもいいであろう。

近代資本主義は、世界化する過程において、その局面や展開する地域の違いに応じて、家族に対し異なった内容の役割を求めた。そして、家族を構成する人々の側も、市場社会の新しい展開のなかで生き残るための戦略として、家族を利用していったのである（世界資本主義システムとエジプトの綿花経済における家族の問題についての本書第8・9章の議論を参照）。資本主義の発展とも結びつきながら、近代以降の家族のかたちに大きな影響を与えたのは、近代国家であった。それぞれの地域の「伝統家族」が、近代的家父長制を内蔵する「近代家族」として再構成される場合に、国家が果たした役割は決定的であった。この家族の再編過程では、いくつか焦点となる問題があるが、ここではとくに宗教との関係をめぐる問題を取りあげてみよう。これは国家＝宗教＝家族の三者の関係をめぐる問題だと言ってもいい。そしてこの問題は、とくに非ヨーロッパ社会における西洋起源の近代法の導入過程と深く関係している。

たとえば、近代日本の場合、明治期の民法で規定された家制度は、近代家族、あるいは近代家父長制のひとつのかたちであった（その後、溶解して別のかたちを示すことになったとしても）。この明治期日本の事例について、国家＝宗教＝家族の三者の関係をめぐる問題について検討するならば、焦点となるのは近代天皇制と家制度との関係の問題であろう。

同様に、近代の非ヨーロッパ地域における国家＝宗教＝家族の三者の関係をめぐる問題として、もうひとつの重要な事例を提供するのが、イスラーム法と近代家族の形成の関係、とくにジェンダーをめぐる思想的争いの問題である。この点については、第二節のタラール・アサドによるムハンマド・アブドゥの家族論を紹介するところで少し言及した。

アサドによれば、近代というプロジェクトにおいて、世俗的空間としての「社会」が形成される場合、その能動的な要素として中心的な役割を担ったのが国家であった。したがって、エジプトなど多くのイスラーム諸国における近代化の進行は、国家によるイスラームの管理を伴なうものであった。これを「体制イスラーム」の成立と呼ぶこともできる(94)。

この体制イスラームの形成における重要なプロセスが、シャリーアの「変容」であった。それは本来、成文法ではないシャリーアを「イスラーム法」として近代法体系のなかに取り込み「変容」させる作業を伴なうものであった［大河原・堀井 2015］参照）。この近代国家による「シャリーアの変容」に対しては、とくに伝統的教義の「合成的選択」や「融合（接合）」というその作業の手続きをめぐって、本来のイスラームの姿を重視する立場（ワーエル・ハッラーク）からは批判もある［ハッラーク 2010: 295］。

この体制イスラームを代表的な例として挙げられるような、国家の宗教管理や利用の仕組み、あるいは近代「世俗主義」国家と宗教との関係は、地域や国によって大きな違いがある。しかし、多くの場合、この近代の新しい国家＝宗教関係の形成において基軸的な、あるいは論争的な領域となったのが、家族をめぐる問題であった。アサドが述べるように、近代というプロジェクトを遂行するために、国家が必要としたのは、新しい家族のかたち、あるいは家族概念そのものの創造であったと考えられるからである。こうした見方の歴史的背景にあるのは、前近代西洋における教会による婚姻制度の管理という問題であったのであろう。

さて、こうした近代における国家＝宗教＝家族の三者の関係をめぐって最近、イスラーム家族法を研究する小野仁美がチュニジアを事例にして興味深い問題提起をしている。チュニジアは、シャリーアを全面廃棄したトルコ共和国とならんで、一夫多妻制（複婚）の禁止など画期的な家族法改革を実施した国として知られる。このチュニジア独立直後に実施された改革（一九五六年の身分関係法制定）において、重要な役割を果たしたのが、イスラームの改革思想家、イブン・アーシュールであった。改革の当時、彼はスンナ派イスラーム教学の中心のひとつ、ザイトゥーナ学院の学院長だったが、若い頃、チュニスを訪問したムハンマド・アブドゥと面会したこともあり、その影響を受けていたと思われる。小野によれば、イブン・アーシュールは、「シャリーアの目的」論によってこの改革を正当化したが、そこで重要であったのは、それまで古典イスラーム法学では使われることがなかった「家族」（アーイラ）という言葉を用いて、社会を構成する基礎としてのその概念の定義を示したことであった(95)。

トルコやチュニジアの急進的な改革の事例を含め、国家フェミニズム（上からのジェンダー関係の改革）として行なわれた家族法改革で重要な役割を果たしたのが、体制イスラームであった。あらためて述べるなら、これらの国において体制イスラームは、近代というプロジェクトを推進するために作られたイスラームを管理・利用する仕組みであった。一方、このプロジェクトに異議を唱え、「（真正の）シャリーアの適用」を求めたのがイスラーム主義の運動である。この思想運動は、体制イスラームによるシャリーアの「変容」の中心に据えられた家族法改革に反対する。これが現在の国家＝宗教＝家族の三者関係をめぐるイデオロギー的対立の中心的な構図である。

この対立の構図について、ここでの議論の焦点、家父長制との関係で述べるならば、体制イスラームとイスラーム主義は、それぞれの家父長制（およびその変革）を掲げながら対立していると言うこともできる。その場合、前者の体制イスラームによる国家フェミニズムは、これらの国で展開するフェミニズム運動と国際ジェンダー規範の適用の圧力の反映として機能する。言いかえれば、体制イスラームは本来、近代というプロジェクトを実施する仕組みとして作られたものだが、今やそこはジェンダーとイスラームをめぐるイデオロギー的な闘争が展開するアリーナとなっている。他方、後者のイスラーム主義については、女性隔離や女子教育の忌避などといったイスラーム型のミソジニー（女性嫌悪）の主張などを見るなら、そこにはそれぞれの地域の「伝統家族」の価値規範が流れ込んでいると思われるかもしれない。しかし、この思想運動においても、女性自身の主体的な参加も見られることが示すように、近代に発見された家族概念の枠組みのなかで、別のかたちでジェンダー的関係の構築が模索されている、と考える余地もあるように思うのである。

（四）「人間の生の保障」の意味の広がり

〔生の保障と尊厳〕

第二の論点は「人間の生の保障」の意味の広がりについてである。言うまでもなく、人間の「生」とは、限りなく豊かな意味を持つ。この「生」の意味の豊かさに対応して、「生を保障する」ことの意味も大きな広がりを持つ。前に挙げた家族に関する第二の問いかけに対し、家族が「人間の生の保障」のためにあるという答えを用意するとしたら、その「生」と「保障」の意味の広がりは、家族の在り方に大きな影響を与えるであろう。

繰り返し言うならば「人間の生の保障」とは、生物学的な意味での「直接的生命の生産と再生産」（エンゲルス）に限られるものではない。たとえば、人間にとっての「生」とは、人間が人間としての尊厳を持って生きること、あるいは尊厳への希望を持って生きることを意味している。ここで「尊厳を持つ」だけではなく、「尊厳への希望を持って生きる」ことをも「生」の意味として考えようとするのは、直接的にはドァルシラ・コーネル『女たちの絆』で登場する、ある奴隷の女性の尊厳をめぐる話に啓発されたからである。それは「人生の中で横暴に奪われてしまったさまざまな機会」に対する「悼み」

のなかにおいてこそ「わたしたちは消し去ることのできない彼女の尊厳」を見ることができる［コーネル 2005: 3］という文章である。尊厳を奪われた「生」において、人はいかに人間として生きることができるか。この問題に対し、まさにその本質を鋭く突いた指摘だと思うからである。

同様のことは「生命の生産」に続く「生命の再生産」についても言える。それは機会に恵まれ次世代につながる命を授かった場合、この子どもが尊厳を持って生きることを、また仮にその子がどのような重い荷を背負って生まれたとしても尊厳を持って生きることを保障することを意味している。このような人間としての尊厳を持った「生」を保障するためにこそ家族は存在する。次の世代の人々が、たとえ血がつながっていようとなかろうと、尊厳を持って、あるいは尊厳への希望を持って生きることを保障するためにこそ家族は存在する。コーネルが述べるように、尊厳とは「人間存在として自由に生きる権利に内在するもの」［*ibid*. 3］であり、家族とはこの「自由や尊厳といういわゆる公的な価値」［*ibid*. 8］を護る砦であった。

さて、先ほど紹介した奴隷の女性の失われた尊厳の「悼み」を思うことは、尊厳がひとりの個人の尊厳にとどまるものではないことを示している。尊厳とは人々を結ぶ「絆」によって支えられる。道徳的存在としての人間の尊厳とは、たとえばチャールズ・テイラーが説明するようなロック的な「点的自我」の枠内にとどまるものではないからである［テイラー 2010: 200–02］。

さて、尊厳をこのような人々が互いに支えあうことによって成りたつ価値であると考えるとき、それを保障する家族の機能としての労働の重要性を指摘することができる。すでに紹介した有賀による労働集団としての家の把え方はまさに、人間の生の保障における労働の重要性に注目したものであった。

その場合、もちろん労働は成員の生命維持および、そのための物質的・経済的な条件の維持に欠くべからざるものである。また労働力の供給と組織化、そして労働力の再生産は家族に期待される重要な社会的機能であった。しかし、それと同時に労働とは、人間の「生」における尊厳そのものにとって深い意味を持つ。人生は働くことがすべてではないが、しかし、たんに生活の糧を稼ぐことだけが労働の目的ではない。労働が働く人、個人の尊厳にとって価値を持つものであるとするなら、それは彼／彼女の労働が他の人々の「生」の尊厳を支える価値を持つことに由来する。そうした労働は市場経済における価値（価格）では評価できない、あるいは評価されにくい活動としても存在する。多くの家族は、家父長制という抑圧された性別分業関係によって組みたてられながらも、これらの労働を通じて人々の「生」の尊厳を護るための支えあう集団として存在してきた。その意味で家族は、決して有用な役立つ人材のみで構成される機能集団ではない[96]。しかし、同時に労働とは社会的に分業 division of labor として存在するものであるから、すでに述べたように、抑圧的分業関係が家族を基点として展開する点も忘れてはならない。

〔扶養とケア〕

このように人々が共有する尊厳を護るために、互いに支えあう集団として家族が存在するとしたら、その「生の保障」にとって直接的な手段となるのは、何よりもまず「扶養」ではないかと思う。扶養は「生の保障」の具体的なかたちとして存在するからである。本章では扶養する単位としてのアーイラという概念についていくつかの箇所で説明してきた。とくに第四節では扶養の範囲について、家長である祖父の「ザカート」の分配の例を紹介した。それは一時的あるいは季節的な贈与の対象の範囲であった。しかし、生活上の危機が発生するときなど、いざとなったら家長がこれらの人々の扶養を引き受ける範囲をも示していたと考えていいように思う。また次のコラム３・『高野版現代アラビア語辞書』における家族表現」でも詳しく紹介するが、家族に関する表現をアラビア語辞書データベースで検索すると、「家族を養う」・「家族のために稼ぐ」・「家族に食料を与える」・「家族のための糧を探す」などの扶養の行為や関係を示す用例が目立って多い。これは扶養が生の保障のための具体的な行為そのものであることの証左である。

しかし、扶養とは一方向的で受動的な関係である点に注意したい。そして、この関係の裏側にあるのは、多くの場合、家長あるいは男の責任や義務という言説が示す、抑圧的な分業関係に根ざした家父長制と階級関係である。それゆえ、この扶養概念と対極にある「生の保障」のための行為の概念についても議論する必要があるように思う。それは相互扶助・互酬の行為としての「ケア」である。このケアという概念について、岡野八代『フェミニズムの政治学　ケアの倫理をグローバル社会へ』は、次のように解説している。人間は「そもそも無力の存在として生まれてこざるを得ない」のであるから、「すでに生きる能力を身につけた他者に依存し、物質的・身体的・精神的なケアを受けなければ、生きる能力を持った者へと成長できない」［岡野 2012: 144］。

人間の生の保障のために、こうしたケアの場となる家族には「愛の場としてのホーム」あるいは平和で自由が保障される「家」（ハイデッガー）という側面がある［*ibid.*: 229］。しかし、注意したいのはその一方で現実には、家族には支配と抑圧の構造も併せ持つ「両義性」があるという点である［*ibid.*: 242］。この両義性を別の表現で示すなら、家族とは「扶養」と「ケア」の双方が併存する仕組みとして存在してきたということになろう。また、このケアを行ない、ケアを受ける関係は、人生の長いスパンのなかで、あるいは不慮の病気や事故において相互に替わりうる。この相互代替性という性格が示すように、ケアは、扶養とはまさに対照的に、相互的で能動的な行為の関係である。

この「ケアする」「ケアされる」立場の交替を保障するシステムとして、かつては「伝統家族」が機能していたと考えられる。しかし、その後のグローバルな社会変化の波のなかで、各地域で近代家族がそれぞれのかたちで生成され、さらにそれが溶解していくという過程があった。その社会変化の結果、現在の日本のような社会では、ケアの機能を行政（国家）によっていかに吸収するかという問題が政策的課題となっているように思う。

ただし、よく知られているように、高齢者介護の負担、家庭内の児童虐待、障がい者に対する差別など抱える問題は大きい。とくに最近の日本で起きている異常な事件（たとえば二〇一六年七月の相模原障がい者施設殺傷事件）が示すように、ケアという社会関係に伴なう暴力の発生は、ときに深刻な問題として現われる。しかし、こうした強度の高い暴力でなくとも、ケアの現場ではさまざまなかたちの暴力が日常的に起きている。そこに現代の日本の家族と社会が抱える危機が集約されるかたちで表わされている。加えて、こうしたケアの意味を拡大解釈すれば、教育の現場における暴力の問題もこの危機と関連して議論してもよいかもしれない。ケアと暴力とはその距離がもっとも遠い関係のように思える、あるいはそのようにありたいと願うものである。しかし、これらの社会的危機の問題が示すように、家族の在り方を考えるうえで「生の保障」と暴力との関係の問題は避けては通れない。

〔セキュリティとしての「生の保障」〕

前掲の岡野の『フェミニズムの政治学』［岡野 2012］は、圧倒的な暴力性を孕んだ主権国家と、その体制を中心とした従来の安全保障の在り方に対し、根本的な批判を目指した理論的考察である。この考察の基礎に据えられているのが「ケアの倫理」であった。それは自律的主体を前提とした主権国家の限界を克服し、人々が支えあう尊厳の価値を護る、新しい「人間の生の保障」にかたちを指し示す倫理である。

しかし、現実を見るなら、国家の側もまた、自らの暴力の独占と行使を正当化するために、セキュリティという「生の保障」を理由に挙げてきた。国防や治安、在留邦人保護、近年は「人道的介入」や「保護する責任」の名のもとで理不尽な強度の高い暴力が行使されている。「他者からの支配から自由な心身ともに安心できる私的領域」［*ibid*.: 7］であるはずの家族と、国家権力を基軸にした外部の公的領域とのあいだには、「生の保障」と暴力の問題が貫いている。ケアの倫理を基盤にして「反暴力」の将来を構想するためには、この問題に向きあわなければならない。

暴力とは何か。それは人間の「生」にとって必要なもの、避けられないものなのか。たとえば、アンソニー・ギデンズ『国民国家と暴力』は、同書が理論的に依拠するウェーバー自身に「ニーチェ的要素」として「暴力と戦争を、人間の条件の不可避的要素と見なす傾向」があるなどと述べている［ギデンズ 1999: 38］。暴力は人間の「生」を破壊し、人間の尊厳を冒し、奪う行為である。その一方で、暴力は「生の保障」を名目にして行使され、その結果として社会の秩序が作られ、維持される歴史があった。

多くの場合、暴力は強者によって弱者に対し行使された。その場合、さまざまな暴力の側面を併せもつ植民地主義は、近代における最大の暴力であったといってよい。本書の第10章「少年と一九一九年エジプト革命」は、家族による「植民地体験」を描いたものである。植民地支配とナショナリズムの対立という状況のもとで家族関係が鋭く緊張するなかで、母親が流産するシーンは、「生の保障」をめぐる厳粛な一局面を象徴している。このエジプト一九一九年革命は、イギリスの圧倒的な軍事的優位に対し、基本的に非暴力の運動として展開した。しかし、アジア・アフリカの独立運動の多くは、弱者の側が自らの「生の保障」のために暴力を用いるかたちを取った。一九七〇年代初頭、ハイジャック戦略で世界を震撼させたパレスチナ解放運動も、自らが蒙った不正義に抗議する、弱者による暴力の行使の一例であった。しかし、現代世界において、暴力とは基本的に強者（多数派）によって弱者（少数派）に対してふるわれるものであることを忘れてはならない（家庭内暴力や教室内のいじめから「対テロ戦争」にいたるまで）。

さて、こうした意味での「生の保障」は、暴力の管理あるいは行使としての安全保障、あるいはセキュリティという意味を持つ。この暴力と「生の保障」としてのセキュリティの問題は、上記の家族と国家との関係にとどまらず、人間の尊厳や名誉、さらにはセクシュアリティの問題にも関係してくる。この点は後に述べよう。

さて、現代日本の社会に暮らす多くの人にとって、暴力は非日常的な存在であり、その極端なかたちである戦争とは「対岸の火事」でしかないように思われるかもしれない。戦争やジェノサイドといった強度の高い暴力、たとえば二〇一一年以降、シリアで起きている内戦やテロリズム、あるいはそれ以前から行なわれた公権力による拉致や拷問など、国家主体や非国家主体が入り乱れて行なう凄まじい暴力は、自分たちの日常生活とは無縁の存在としか感じられないだろう。

同様に、西アジア地域で広く見られる「名誉殺人 Honor Killing」や、インドにおけるサティー〔寡婦殉死〕の慣行など、名誉を理由とした女性に対する暴力に対しても、西洋人の見方と同じくオリエンタリズム的な語りに納得し（腑に落ちてしまい）思考を停止してしまうことも多いのであろう。(97)

しかし、すでに述べたような、最近の異常な事件だけではなく、日頃の経験から私たちは、人と人のあいだのあらゆる関係が暴力を潜在的に内包していること、それゆえの危うさを知っている。暴力は直接の身体的接触や精神的な感応の関係の近い、家族のあいだ、夫婦、親と子、兄弟姉妹、その他の親族間の関係、さらには電車で偶然隣りあわせた乗客同士のあいだでも発生する可能性がある。

しかし、こうした人間の「生」に不可避的に伴なう暴力の存在、その発生の可能性を、現代の「市民社会」に暮らす人々が実感しないのは、ウェーバー＝ギデンズが論ずるように、近代国家による暴力の独占のためである。ギデンズは近代国家を「権力の容器」〔ギデンズ 1999: 22〕と述べているが、その本質は暴力を押し込めている容器という機能にある。この「暴力の容器」というべき機能は、暴力を独占する国家によって近代家族から奪われたものである（前述のように暴力的関係を危ういかたちで内包してはいるが)。しかし、この機能は、かつて多くの「伝統家族」が保持したものであった。その場合の家族は、外部からの危害に対し、成員の安全を護るために暴力を行使する単位となった。その一方で、内部の成員の暴力を統御し、場合によっては特定の成員に暴力を行使することがあった。このように「伝統家族」には、暴力の容器として二重の機能を持っていた。

近代国家は、これらの「伝統家族」を含む、それまで暴力を管理してきたあらゆる中間団体(とくに軍事カースト)を排除することで成立した。しかし、この近代国家による暴力独占の過程や形態は、地域によって大きな偏差が見られた。その場合、公的な権力であるべき国家の暴力管理がしばしば一元的に行なわれないこともあった。それは国家権力が形式的にはそうであるべき一枚岩的なかたちを取らなかったからであり、ときにはインフォーマルなかたちで「再部族化」した中間団体が形成されることもあった。さらに言えば国家とは、本来的に権力あるいは暴力の「器」であるがゆえに、使われる道具として利用される存在として成立した。以上のさまざまな状況がもたらす結果として、現実の国家の周囲には、多層的多角的な暴力管理を伴なう、複雑な構造を持つ権力空間が形成されることとなった。

次の第3章で議論される近代エジプトの村長職をめぐる権力関係とは、こうした複雑な構造を持つ権力空間の一角に成立したものであった。その関係の中心にあるのは、そこで用いられる言葉で言えば、伝統的な家族(アーイラ)的支配と近代国家権力とのあいだの、緊張関係を伴なう融合である。村長(オムダ)は、近代国家と農村部のアーイラ的支配の暴力管理の境界に位置する家父長制的制度の重要な一部であった。オムダは、国家から権力を分与された制度として作られ、その近代化・開発政策の末端部の手段として機能したが、同時に農村のアーイラ的権力と国家権力とのあいだを仲介する存在であった。

このアーイラ的支配における暴力管理の制度として、上エジプトなど一部の地域で広く見られるのが、「サァル」(tha'r:口語「タール」)と呼ばれる血の復讐(血讐)慣行である。第4章は、この慣行とそのイデオロギーな土台となっているアサビーヤ(社会的連帯意識)の問題をめぐり、二つの調査事例(上エジプト農村とアレキサンドリア港湾労働者社会)を紹介した。この慣行は、血讐集団の形成による社会的紛争の解決の手段であったが、「生の保障」という観点に立てば、社会的暴力に対する安全保障、セキュリティのための制度だった。それは、いわばアサビーヤ的な「生の保障」のかたちであったともいえる。

この「生の保障」の制度において重要なのは、暴力の行使の単位、血讐集団の広がりの問題である。それはセキュリティとしての「生の保障」の単位としての「家族」の範囲と関係する。デュルケームの理論に由来し、エヴァンズ＝プリチャードなどによって発展した社会人類学の分節社会論では、暴力行使の単位の拡大（下位の分節集団から上位の部族へ）に伴ない、暴力の種類（報復闘争から戦争へ）もまた変化するモデルが提示されている［アイケルマン 1988: 115-20］。しかし、第4章（とくに注15でのブラック＝ミチョード［Black-Michaud 1975］の議論の説明）において解説したように、「部族」概念に代表されるように、暴力の単位となる集団は、平板で固定的なものではなく、状況対応的で流動的なものであった。その結果、本章のこれまでの議論に引きつけて述べれば、こうしたセキュリティの保障の単位として機能するさまざまな「伝統家族」の範囲は、伸縮自在なものとして描かれることになる。そこには「家族」意識の連続性という現象がある。そして、［ティヨン 2012］が論ずるように、これは一部の地域に特殊な現象ではない(98)。

さて、このセキュリティの保障の単位をめぐる特殊な事例が、第4章で紹介した港湾労働者社会における血讐の単位としての労働集団である。そこでも言及したが、岩井弘融の名著『病理集団の構造』［岩井 1963］が紹介する「沖仲仕労働組織」と同様に、それぞれの歴史的に特殊な条件のもとに形成されながらも、しかし、それぞれの社会の人的結合の特徴的なかたちを示している。すなわち、この同村出身集団は、血讐の単位として機能するより以前に、港湾労働における分業体系（今は技術革新により大幅に変容した）における作業集団として成員に就業機会を保障するいわば「疑似家族（あるいは疑似アーイラ）」であった。さらに言えば、上エジプト農村から都市に流入した移住者たちの雇用機会から葬儀にいたる、さまざまな側面を持つ「生」を保障するために機能した。

この血讐のイデオロギー的な土台となるのが、アサビーヤという「同族的な」連帯意識である。安易な断定は避けなければならないが、このアサビーヤ意識は、本章の第三節や第四節で登場したカイロ旧市街のフトゥーワという任俠関係にも共通した性格を観察できるように思う。この問題については、アラブ政治思想研究のアルバート・ホーラーニーが「都市的なアサビーヤ」という表現で言及している［Hourani 1983: 23］。アサビーヤ概念については、以前に短い文章を書いたことがあるが（本書コラム第1章（1）を参照）、人間の生の保障という観点から見れば、基本的な特徴として、その連帯意識は「名誉」の問題に深く関わるという点を挙げることができる。言うまでもなく、「名誉」とは、人間の生にとってかけがえのない「尊厳」の問題と分かちがたく結びついている。

〔暴力と名誉とセクシュアリティ〕

本書の第5章「アタバの娘事件を読む」は、一九九〇年代初頭のカイロで起きた女性に対する暴力事件を題材にした。公衆面前で起きた醜悪な暴行を防げなかったというこの事件に関する報道は、当時、被害者女性の尊厳や名誉とともに、社会全体の名誉をも損なうものとしてエジプト社会に大きな衝撃を与えた。この論考で言及したように、エジプト全体があたかもユーセフ・イドリースの小説『ハラーム』［イドリース 1984］の舞台となったイズバ（農場村）のような、性をめぐるハラーム（禁忌）を恐れるパニックに襲われたと言える。すなわち、セクシュアリティを管理する「家族」の範囲が、小説のように村だけではなく、エジプト社会全体にまで広がる状況が観察された。この状況が意味するのは、性に関する名誉を護る社会的単位としての「家族」が全体社会にまで拡大したこと、そしてそれを可能にするイデオロギー的共鳴盤が存在するということであった。

この女性に対する暴力事件の考察で重要な焦点となったのが、尊厳と名誉との関係であった。第5章の最後の結論部分において、筆者は「名誉とは人間の尊厳を内に入れる容器のようなものだ」、あるいは「名誉に護られるべき人間の尊厳そのものをめぐる文化理解」こそが「性を研究対象とする地域研究の重要な課題である」と書いた。

この問題に今一度戻って考えるのは、尊厳とは基本的に個人に帰属するものであること、これに対して、名誉とは個人とともに、社会的に共有されるものではないか、ということである。尊厳は個人の存在そのものを成りたたせ、生きていく人間個人を支える。しかし、すでに述べたように、尊厳とは思いあい、支えあうことで成立する価値でもある。連帯と絆こそが人間の尊厳を成りたたせる。「生の保障」の重要な意味がここにある。

第5章の前述の箇所では、名誉とは「人間の尊厳を内に入れる容器」と表現した。それは名誉が支えあう価値である尊厳を護るために作られた「器」、イデオロギー的道具だという意味である。しかしながら、それゆえに名誉は、家父長制に代表される抑圧的イデオロギーの手段としてしばしば機能してきた。

また、名誉は、人と人とのあいだの関係性において成立し、社会的に共有されるものである。それは人類社会に普遍的な広がりがあるが、他方、豊かな地域的個性を持つ。それゆえ名誉と呼ばれるものをすべて同質のものとして扱うのは危険である。この点はすでに述べた家父長制と呼ばれるイデオロギーの多様性と似ている。

こうした名誉の意味の多様性について日本の例をひとつ挙げるなら、佐藤忠男の『長谷川伸論』［佐藤 1978］は大きな示唆を与える作品である。同書は日本の「庶民」（佐藤の言葉を使えば「見捨てられた者たち」であり「苦労人」である）の道徳主義の在り方についての考察である。著者は演劇や小説、映画を題材としながら、「義理人情」や「忠」といった言葉の意味を深く追究している。これは欧米由来の近代的な理念の言葉では表現の難しい、つまりは高等教育を受けた社会科学の専門家では到底たどり着けない世界である。とくに名誉に関連する問題をめぐっては、個人の尊厳を護るために「意地」を張ることの意味について鮮やかな解説を示している。

加えて「女子どもの幸福に責任を持つ」、「一人前の男」、「立派な家父長」とはなり得ないことで「罪の思い」を抱くヒーローに注目し、セクシュアリティに関わる名誉が個人の尊厳を支える点についても共感を込めて論じている［佐藤 1978: 111-12］。さらに指摘する必要があるのは、著者が考察の対象とする長谷川伸の作品の「股旅物」の大衆演劇から「制度と化した意地」の「敵討ち」研究にいたるまで、これらの日本の庶民の名誉や尊厳を示す事例の多くが、絶えず暴力の影を伴なっていることである。

ここで暴力とは何か、暴力とはどのような意味において、人間の「生」の一部としてあり得るのか、という問いに再び戻ってみたいと思う。『イトコたちの共和国』の著者、ジェルメーヌ・ティヨンは「戦争とは、進歩の結果として生まれたのだろうか。それとも進歩が戦争の結果生まれたのだろうか」と問うている［ティヨン 2012: 67］。これは強制収容所を生き延びた彼女の第二次世界大戦中の経験を思えば重い言葉である。ただし、ここでは戦争の起源、暴力の発展について人類史的な議論を展開することはできない(99)。また同様にここでは、暴力の類型論、その種類や行使される社会的局面における変化についても、幅広い議論を行なうことはできない（暴力の分類については［田中・嶺崎 2017］の議論参照）。以下では、本書に収録した筆者の諸論考を再読するため手がかりとして、暴力が名誉やセクシュアリティとどのような関係を持つかという問題に限定して議論してみたい。

最初に指摘できるのは、暴力の行使は、いかなる「不正義な」戦争でさえもそうであるが、身勝手な論理や理屈を用いてでも、正当化という行為を伴なうという点である。とくに強者による弱者に対する暴力の多くの事例がそうである。たとえば前出の箇所で言及した植民地主義でも、人種差別主義や自民族優位の言説によって、その構造的暴力を正当化してきた。同様に「家族」をめぐる関係においても、暴力という人間の尊厳を破壊するこの反社会的・非人間的な行為は、同じく尊厳に関わるより価値のあるものを護るという正当化を必要とする。この正当化において多くの場合、動員されるのが、尊厳に関わる名誉という観念である。

もうひとつ注意したいのは、暴力が「生の保障」のためという正当化を伴なって行使される多くの場合、これもすでに述べたように、暴力が強者により弱者に向けて使われることとである。国家や民族の名のもとに行使される暴力もあるが、ここでは「生の保障」の単位としての「家族」の内部における暴力を想定している。そこでは本来、外部からの暴力に対し「家族」内の弱者を保護すべきセキュリティの機能が逆転し、弱者に対して暴力が振るわれる。これは先に挙げた中東や南アジアに限らず、名誉のために行使される暴力の特徴である。これは暴力と「家族」、あるいは暴力と家父長制に関わる基本的な特徴と言っていいかもしれない。なぜなら、すでに述べたように「家族」とは暴力の容器であるとともに同時に、セクシュアリティの管理を行なう、いわば「セクシュアリティの容器」でもあったからである。セクシュアリティの管理の本来の目的は、「生の保障」の重要な局面である生命の再生産を保障することにあった。こうして「家族」がセキュリティとセクシュアリティという「生の保障」の二つの機能をあわせ持つところに名誉によって正当化される暴力が行使される原因がある。

以上を分かりやすく述べれば、「家族」は、性と暴力を同時に管理・統御する単位として歴史的に機能してきたということである。管理・統御すると述べたが、その場合に重要なのは、日常の生活関係において、性と暴力をともに「隠すこと」（アラビア語で言えばサタラ）であった。「隠すこと」によって日常の家族関係は成りたち、逆にこの状態が保てなくなる家族関係の危機に際しては、名誉という観念を用いた暴力によるセクシュアリティの強制的な管理がなされる。この暴力による秩序維持こそが抑圧的な分業関係としての家父長制の基本的な特徴である。その背景をなすのは、暴力をめぐる分業の歴史という問題である。すなわち、男女の分業は、生命の再生産や生活手段の獲得という局面だけではなく、「生の保障」のために、とくに対外防衛のための暴力を歴史的に男が担うという役割分担が制度化されてきた。このセキュリティのための分業関係が内部に向かい、女性に対する抑圧的関係として構造化されたのが家父長制だと言える。そして、この抑圧的分業関係をイデオロギー的に正当化するのが名誉という観念であった。

　こうして名誉の観念は、地域的な差異を伴いながらも、セキュリティの管理とセクシュアリティの管理を結ぶイデオロギーとして機能してきた。村上薫の一連の研究［村上 2013, 2015, 2017］は、現代トルコ社会におけるナームス（namus 性的名誉）の実態を明らかにしている。ナームスという性的名誉にあたる言葉は、アラビア語ではイルド（ʻird）であるが（本書第1章の議論参照）、名誉一般を示すシャラフ（sharaf）の意味としてもしばしば用いられる。このことが意味するのは、名誉一般の観念の根底には性に関する名誉がある、ということである。

　さて、ここで注目したいのは、「家族」内の女性を対象にしたセクシュアリティ管理の道具としての名誉観念が、男同士あるいは家長同士の関係においても重要な役割を果たすことである。この点については、第4章の上エジプトの血の復讐慣行の例が示唆的である。この慣行は、二つの原則が相互に関係しあうことによって維持されてきた。連帯責任・均等原則（同害報復）・連合＝庇護関係といった中心の原則（カーヌーン）と、女性と年少者を攻撃の対象から除外する補足的な原則（ウルフ）の存在である。両者に共通するのは、名誉（イルド）を護るための基盤としての男気（ルジューラ）、あるいは男性性（masculinity）の価値である。

　最近の研究で赤堀雅幸は、エジプト西部沙漠のベドウィンの事例研究から、名誉殺人と血讐という二種類の「名誉をイディオムとして語られる暴力」に対するベドウィンの男たちの語りの違いを指摘している［赤堀 2017］。たしかに極端な場合、名誉殺人にいたる女性の「不品行」は、集団によるセクシュアリティの管理の失敗であり、男気の発露とされる血讐の実行の誇らしさに比べれば忌むべきものでしかない。しかし、これら二つの暴力は、「生の保障」としてのセキュリティとセクシュアリティの管理を同時に行なう「家族」によって行使されるものであり、それを正当化するのが人間の尊厳に関わる性をめぐる名誉という観念であった。

最後に以上の問題とイスラームとの関係についてもふれておこう。第1章の解説でも書いたが、「イスラーム化」（イスラーム復興）の問題と「家族関係の近代化」という二つの同時代的現象が、「伝統的な下部構造の変容と再生」という社会変動の特徴と関係すると、この論考で述べたのは、今から見るとまことに皮相な考え方という他はない。一五年後に書いた第5章の結論部分にはこの点についての若干の反省をふまえた内容も見られる。とはいえ、この二つの同時代的現象をどのように関連づけて論ずるかは、依然として現代中東研究の大きな課題であるように思う。これは、イスラームが以上に論じてきた尊厳や名誉の問題とどのように関係しているか、あるいは「生の保障」において持つ意味などといった問題を含むものである。それを全面的に論ずることは、もちろん筆者の能力を超えている。

ただし、この大きな問題の一部として、イスラームが暴力やセキュリティに関わる問題については、本書第7章の「イスラーム運動とエジプト農村」で少しは扱ってみたものと考えたい。詳しくは同章の内容とその解説部分に譲るが、大きな関心が寄せられるのは、「部族主義」とイスラームとの関係である。イスラームを民主主義と相容れない反近代的な宗教であり、アジアやアフリカに残存する「部族主義」と親和的な関係を持つ、というのは「対テロ戦争」後に流布している「ネオ・オリエンタリズム」的な言説である。こうした表面的な議論を超えて、尊厳と宗教との関係を考えることが、イスラームとジェンダーをめぐる新しい学問領域の挑戦的な課題ではないかと考えている。

〔これからの「家族」のかたち——地域研究による家族研究が含意するもの〕

この第2章の最後に、第1章「エジプトにおける家族関係の近代化」で提起したアーイラ的問題とウスラ的問題にもう一度戻って考えてみよう。本章は、この三〇年前の問いかけに筆者自身が答えようとしたものだった。この点はすでに本節でも述べたので以下は繰り返しになる。第一節では日本人研究者によるエジプト農村の家族「アーイラ」をめぐる論争を振り返り、第二節ではアーイラ概念の近代性に関する問題提起（タラール・アサド）に触発され、近代エジプト史を代表する七人の歴史的人物の自伝を事例に、家族を示す言葉の多様性を紹介した。続く第三節では小説家ナギーブ・マハフーズの代表作『カイロ三部作』を題材に、次の第四節ではそれとの比較の意味で、同時代のカイロ旧市街に実在した商人家族の例としてサイイド・オウェイスの自伝を使い、それぞれにおける家族概念と家族関係について論じた。

以上の考察は、地域研究としての家族研究の試みとして行なったものであった。それでは、こうした議論を通じ、地域研究は家族研究そのものにどのような貢献ができるのか。この最後の節は、そうした問題意識から議論を進めてきた。そこから暫定的な結論として示せると考えるのは、「家族」のかたちの多様性と流動性に関するひとつの問いかけである。それは、既存の家族・親族概念の洗い直しの試みでもあった。

近代エジプトの個人史や小説などの資料において、アラビア語の家族を表わす言葉はまことに多様である。ウスラやアーイラをはじめ、家族を表わす多様な言葉が、使用者と場面において微妙に意味を変えながら用いられている。こうした家族を表わす言葉の多様性の背景にあるものは何であろうか。こうした問いに対して、この節では既存の家族研究の成果を地域研究として読みかえる作業を行なった。とくに有賀＝喜多野論争から、家族に対する二つのアプローチ（「家族とはどのようにあるか」「家族とは何のためにあるか」）を導きだし、それをふまえて家族を成りたたせる「人間の生の保障」の意味を問うた。筆者の仮説は、この「生」の意味の広がり、「保障」の意味の広がりが、家族概念の多様性あるいは伸縮自在性をもたらしているのではないか、ということであった。この「生」と「保障」の意味の広がりの例示において扱ったのが、「扶養」と「ケア」であり、「暴力」と「セキュリティ」、「セクシュアリティ」と「名誉」といった「生の保障」の究極的な対象である「人間の尊厳」をめぐる基本的な諸概念であった。

この議論と並行するかたちで問われたのが、「抑圧的な分業関係」としての家父長制の成立をめぐる問題であった。人々は「生の保障」のために「家族」を形成する。しかし、その関係の束が名誉をはじめとするイデオロギーによって、また暴力という強制力によって抑圧的な権力関係に転化する。

しかし、現実の「家族」は、こうした抑圧的な権力関係と「ケア」と親密圏が同居するものである。たとえば、父親が伝統的な解釈だとしてイスラームの倫理を振りかざし、娘の就学機会を奪うことがある。あるいは、自らの尊厳を支える名誉観念である男らしさを守るために、娘のセクシュアリティを管理することに血眼《ちまなこ》になる。その場合、「抑圧されている」娘の側が家父長の名誉を理解し、共有することは十分にありうる。しかし、判断が難しいのは、こうした関係を一方的な抑圧的関係と決めつけていいのかということである。父親と娘は、一方的ではない親愛の感情で結ばれている。人々を家族の束として拘束するのは、名誉観念をはじめとする外面的なイデオロギーだけではない。人々は、しばしば人格の同一化の幻想を伴なう、愛情によっても拘束される。「家族」は、「生の保障」の意味によってかたちを変えるが、愛の親密圏（ホーム）とセキュリティとセクシュアリティの管理が行なわれる単位はしばしば一致するのである。

現代はすでに述べた溶解しつつある「近代家族」を含めて、さまざまなかたちの「家族」が同時併存する時代である。急速な社会変容のなかで溶解しつつある家族関係の危機について、筆者はかつて第1章の論考において言及した。その後、家庭内や街路で暴力にさらされている子どもたち、ストリートチルドレンの問題やNGOを扱った「エジプトの社会問題とNGO」（第6章）によって不十分ながら現況報告を行なった。他方、パレスチナ難民の子どもたちのなかにはストリートチルドレンはいない。この点にも関連するが、パレスチナ難民研究の先駆者であるローズマリー・サーイグは、ある調査の結論として、核家族ではなく拡大家族こそが難民たち、とくに女の人たちの生にとって重要な意味を持つと主張したことがある［Sayigh 1998］。二〇一一年以降に顕著となったシリアからの難民、あるいは地中海難民にとって、もっとも切実なのは家族の問題である。難民問題を含め、移民の時代とも言えるこの二一世紀において、家族にとっての生の保障の意味は再び大きく問いなおされている。たとえば、移住第二世代にとっての母語と宗教的帰属の問題は、彼ら自身の尊厳とも結びつきながら、家族との関係が深く問われている。この移民の時代において、移ろいゆく家族のかたちは、遠距離家族、ディアスポラ家族のネットワークとして現われている。たとえば、イランの小説『天空の家』［タラッキー 2014］（藤元優子訳）に登場する高齢の女性（海外に移住した子どもたちのあいだを「たらい回し」にされる）にとっての「家」は、決して革命後イランの特殊な状況を反映したものだけではない[100]。

このような今日の家族をめぐる課題を考えるということは、家族を必要とする「生の意味」の今日的広がりを追究することでもある。従来の家族概念に制約されることなく、しかし現実の歴史的な家族関係の展開をふまえながら、「生の保障」のための新しい「家族」のかたちをどのように構想し、実践的に組みたてることができるのだろうか。

岡野がフェミニズムの立場から「ケアの倫理」にもとづいて構想する「家族」の広がりの問題とは、新しい市民社会のかたちの構想につながる。それは「他性に開かれた社会を構想しうる潜在力」［岡野 2012: 7］を持つ「ケアの倫理」を基盤にして、「不可視化され、歪曲された」家族の社会性［*ibid.*: 144］を復権することである。それは「生の保障」をめぐるこれまでの近代国家システムを変革する「反暴力」の実現に向けての道筋を示すものになるかもしれない。

「人間の生の保障」の究極の目的は、個々人の尊厳を護ることにある。その原則に立って、新しい「家族」のかたちをどのように築いていくことができるか。しかし、その道筋は、決して一通りのものでもない。なぜなら、少し前に述べたように現実の諸地域には、それぞれの歴史を抱えたさまざまな「家族」のかたちが同時併存するという状況があるからである。伝統的な家族のかたちを必要とする人たちから、近代家族の溶解という状況のなかで社会に開かれた家族の新しいかたちを求める人たちまで。同時存在するさまざまなかたちの「家族」のそれぞれのなかにおいて、人々は自分の尊厳を護ることを求め、また互いの尊厳を護るための仕組みを作りあげることをめぐって、イデオロギー的な争いを続けている。近代国家の巧妙な介入や、資本主義システムの理不尽な要求に翻弄されながらも、「家族」と尊厳をめぐるこのイデオロギー的争いはこれからも続いてゆくだろう。

『高野版現代アラビア語辞書』における家族表現

エジプトおよびアラブ世界（ここではアラビア語が使われている地域と定義しよう）に関する地域研究が、家族研究において貢献し得る点として、家族をめぐるアラビア語の語彙の豊富さが挙げられる。しかし、これまでの第2章の議論で見たように、それはむしろ理解の混乱を招きかねない、研究を困難にする要因にもなりうる。このコラムでは、現代アラビア語における家族や親族を表わす言葉について、現在作成中のアラビア語＝日本語辞典のもととなる『高野版現代アラビア語辞書』のデータベースを使って、試行的な分析をしてみたい。

同辞書は、アラブ文学研究者・翻訳家の高野晶弘氏（一九五一—二〇〇四年）の集中的な作業による自身を犠牲にした努力により、中途まで完成した。翻訳家としての高野氏の仕事としては、ナギーブ・マハフーズ『蜃気楼』［マハフーズ 1990］、ヤヒヤー・ターヘル・アブドッラー他『黒魔術—上エジプト小説集』［アブドッラー他 1994］の邦訳がある。高野氏が急死した後、その遺志を受けつぐべく「高野晶弘アラビア語辞書刊行プロジェクト」が立ちあがり、現在も辞書完成を目指して運営継続中である（アラビスト高野晶弘氏については、［長沢 2004］を参照）。同プロジェクトは、賛同者の拠金による高野晶弘アラビア語辞書刊行基金とともに、最近では数年にわたって社団法人日本イスラム協会の助成金の支援を受けている。

高野氏の遺稿は、日本学術振興会科学研究費基盤研究（B）「アラブ世界の活字文化とメディア革命」の参考資料『高野版現代アラビア語辞典』（全二巻、総頁数一四五〇頁、二〇〇七年三月刊行）として複写製本された［高野 2007］。高野氏が残した辞書原稿は、語根でいうと ʾalif から ghayn までの辞書全体の約三分の二であるが、それでも十分な利用価値がある。以下では「高野版現代アラビア語辞書データベース」を用いて、家族に関する言葉を検索してその結果を示してみたい。このデータベースは、高野氏が残した電子データ（ワープロ）を変換し、辞書の文法的階層構造に合わせて原稿の情報を入力したものである〔同データベースは現在、一般には公開されていない。作成にあたっては、電子データ変換をされた和田良知氏とデータベースの設計にあたった村瀬一志氏の両氏に感謝申しあげる〕。

このデータベースを使って以下の家族に関する言葉や語を検索したところ、それにヒットした「ユニットレコード数」は、以下のとおりであった。家族・親族に関する単語を多い順にならべると、「家族」一五九、「一族」一二九、「部族」四九、「親族」三四、「家系」三二、「夫婦」二九、「親戚」二〇、「家柄」一九、「族長」四、「同族」三、「家長」二、「家計」二であった。また、語の単位で検索すると、「家」二七三二、「族」四三六であった。なお、「世帯」や「家産」という単語はヒットしなかった。

また、第2章で登場した家族を表わす言葉に関する記載内容は、以下のとおりであった〔以下、分かりやすくするために、語義の番号や略語などの表記を変更した〕。

（1）「アール al」①〔朝や日暮れに現れる〕蜃気楼 ②〔人の〕家族、一族、血族 ③追随者、信奉者

（2）「アハル ahl」①家族、一族、親族、親戚 ②妻、女房 ③〔物の〕持ち主、所有者 ④〔家の〕住人、居住者 ⑤〔物事に〕適切な人、適任の人、ふさわしい人；｛エジプト口語｝①〔土地の〕住民 ②〔物事に〕関係のある／属する人々、関係者、構成員

（3）「ウスラ usra」①頑丈な・鎖かたびら／よろい ②家族、一族 ③共通のもので結ばれた人々〔集団〕
｛エジプト口語｝①王朝、王家 ②仕事の仲間、スタッフ ③〔大学などの〕親睦団体、サークル
【語根／動詞】ʾ・s・r ①〔人を〕しばる、拘束する、動けなくする ②捕虜として捕える、捕虜にする
｛シリア｝心を奪う、魅了する、夢中にさせる

（4）「バイト（ベイト）bayt」①家、住居、住まい ②家具、家財 ③〔メッカの〕カァバ神殿 ④墓、墓所 ⑤〔アラブの定型詩の〕二つの節からなる一行；｛エジプト口語｝①一家、家族 ②妻、女房 ③入れ物、

容器、箱、ケース ④〔ゲーム盤などの〕ひとつのマス〔目〕 ⑤〔水を引き入れる〕農地の一区画
【語根／動詞】b・y・t ①〔人が〕夜を過ごす／明かす ②〔物が〕夜を越す、一晩過ぎる ③〔人が〕結婚する ④〔場所で〕夜を過ごす、一泊する ⑤〔人（の家）に〕泊まる、宿泊する ⑥〔未完了形を伴なって〕夜に―を―する／行なう；〔エジプト口語〕①〔物が〕ぴったり合う／はまる ②〔学生が〕同じ学年に留まる、〔落第して〕留年する ③〔海が〕収まる／静まる ④〔冗談やいたずらが人を〕えじき／だしにする、傷つける、からかう
(5)「アーイラ ʻāʼila」（ʻāʼil の女性形）家族、一家、一族、親族
【語根／動詞】ʻ・w・l〔自〕①〔天秤が〕水平にならない、一方に傾く ②〔裁定者が〕正義／公正からそれる；〔他〕①〔人が家族に〕必要な衣食などを供給する、養う、扶養する ②〔物事が人に〕〔重く〕のしかかる、厳しい、苦しめる；〔シリア〕〔人が〕〔扶養する〕家族が多い、大家族である
【派生語】「アウル ʻawl」①ごまかすこと、②〔人々の状況が〕厳しいこと、重大なこと ③〔人が家族に〕必要な衣食などを供給すること、養うこと、扶養 ④〔物事が人に〕〔重く〕のしかかること、困難、困苦 ⑤助け／助力を求めること、依存 ⑥頼りにする人／物、援助者、庇護者

その他に、以下の言葉があった。

(6)「アイイル ʻayyil」人が扶養する家族、扶養家族；〔エジプト口語〕子ども、少年、「ガキ」
(7)「イヤール ʻiyāl」扶養家族、他人に依拠する人、自立しない人

さて、この検索結果で興味深いのは一五九件のヒット数があった「家族」に関連する表現である。以下ではこの「家族」の検索結果の一部について見てみよう。辞書原稿では、動詞の用法などについて〔 〕内にどのよう

な場面で使うかについて意味を補う説明がある。それを用いて「家族」をめぐってどのような表現がなされているのか、詳細に分析することができる。ただし、このコラムではその一部を紹介するだけにとどめたい。

結論を先に言えば、家族の成員の「扶養」に関する表現が非常に多いことである。そのヒット件数は一〇五件であり、全体の六六％（約三分の二）にあたる。

「扶養」に関する用例には以下のようなものがある。

「家族のために金（あるいは糧）を稼ぐ」〔ajtarasha（jarasha のⅧ形）〕
「稼ぎ手・扶養」〔jarama; jalaba（同Ⅳ形 ajlaba）; ḥarasha; raqāḥa（同Ⅴ形 taraqqaḥa）; ramaṣa; saʻy; shāla（エジプト口語「運ぶ」から）; taṣarrafa; ʻasma; ʻumūl; ʻāʼil; fataḥa〕
「家族を養う」〔khāʼil; athara〕
「家族に食料を与える」「逸脱行為をしても何としても稼ぐ」〔ḥarafa〕
「苦労して家族のために稼ぐ」〔ʻāsa〕
「家族を養うぎりぎりの食料」〔ḥaffa〕
「家族のための食料を買う」〔khubra〕
「家族のための糧を探す」〔rawd; ruwwād; irtiyād〕
「〔扶養家族に〕家の賃貸料や農地の借地料をもたらす」〔mughill〕

「扶養」に関連して、反対に「家族が養えない」ことについての表現もある。

「家族が養えない」〔sukuna（同Ⅴ形 tasakkana; Ⅳ形 iskana）〕

「家族が養えないこと」〔miskīn〕

「扶養家族 ʻiyāl が多く貧しいこと」〔ḍafaf〕

「養う家族 ʻiyāl を持つ貧しい人」〔ḍīʻ〕

その他、「家族に十分な栄養を与える（あるいは与えない）」という表現の言葉として使われる単語には以下のものがある。

「家族に十分な栄養を与えない」〔jaḥana（同Ⅱ・Ⅳ形）〕

「十分な栄養を与えない」〔jadhaʻa〕

「［子供や家族に］十分に・食べ物／栄養・を与えないこと」〔jadaʻa〕

「家族に恵みを出し惜しむ」〔ṭaffa〕

「扶養」に関連するその他の言葉

「家族の負担となる重い病人」〔hamala; ḍamin〕

「扶養家族」〔hādha; ridā〕

「養育費」〔irtasagha〕

「扶養」以外のその他の目についた表現としては、以下のものがあった。

「守るべきものとしての家族、貞操」〔dhimār〕

「〔男性の〕家族、親族、一党」〔ʻuzma; maʻshar〕
「人の妻、家族」〔jamāʻa; maḥrama〕
「一族郎党」〔ḥashama/aḥshām; ḥāshiya〕
「家族の許へ帰す」〔ʻakara〕
「家族から縁を切られる」〔khalīʻ〕
「家が家族で満ちる」〔daḥasha〕
「家族が居住する家」〔maghānin〕

II　家族の社会史の諸相

第3章　近代エジプトの村長職をめぐる権力関係

［解説］

エジプトでは、村長のことをオムダ（'umda）と呼ぶ。近隣のアラブの国の人たちには、自分たちの国で使われるムフタール（mukhtār「選ばれし者」という意味）という職名とは違って、どうも何か独特の意味があると思われているようである。この論考を書き終わった直後の一九九四年の春、レバノンのある山村を調査で訪れる機会があった。そこで出会った村長（ムフタール）から「エジプトのオムダとはずいぶん雰囲気が違うだろう」と言われたことを思いだす。ちょうどその頃、オムダを描いたエジプト映画がレバノンのテレビで放映されていたらしく、この発言となったようだ。その映画とは、この論考でも注（42）で紹介した「一国民マスリー（エジプト人）」（一九九一年サラーハ・アブーセイフ監督作品、世界的名優オマル・シャリーフが村長役で出演）である。おそらくレバノンの村長が揶揄したのは、威張り散らす尊大なオムダの姿であったろうと思う。たしかにその権威主義的な態度は、まさにエジプトの中央集権的な国家権力を背景にしたものであり、その点が「地方分権的な」レバノンの国家と社会のあいだの関係とは大きく異なっていたのだろう。

たしかにエジプト社会は中央集権的な性格を、しかも歴史的に持っているかのように語られる（拙著『エジプトの自画像』［長沢 2013a］を参照）。しかし、一九世紀初頭に軍人ムハンマド・アリーが開発マシーンとして作りあげた近代国家（本書第8章参照）によって、エジプト農村はそう簡単にねじ伏せられたりはしなかった。オムダは近代国家と村社会の「家族」のあいだを結ぶ存在として、近代エジプトの権力空間のなかで独特の役割を演じてきたのである（第2章第五節の議論を参照）。この論考で紹介したオムダの職務のなかで、開発マシーンの重要な柱であった灌漑行政については前掲書［長沢 2013a］のなかに関連した研究があり、また治安と紛争の調停については、次の第4章および同章コラム6を参照されたい。

さて、前述の映画「一国民マスリー」の原作は、ユーセフ・カイードの小説『エジプト領内の戦争』［al-Qa'id 1986］であるが、映画ではおそらく描かれていなかったと思う部分がある。それはオムダが息子を徴兵逃れさせる違法行為を行なったのは、その母親が若い第二夫人であり、「男としての能力」を失ったのを露見するのを恐れたためであったという箇所である。この論考でも紹介したように、エジプトでは法律によってオムダは男性であることが決められている（詳しくは本章注（18）を参照）。これほど露骨に村での家父長制的支配を法律で明文化する必要がどこにあるのか、とも思う。しかし、それはエジプト的な特徴というよりは、近代社会における権力の問題として考えるべきなのではないかと考える。

さて、オムダのアラビア語の意味だが、柱（アムード 'amūd）と語根が同じであり、〔国家を〕「支える者」とも訳せるだろうか。同じ語根に大学の学部長を示す「アミード」（'amīd）があるのが面白い（こちらは学長を支える者の意味か）。というのも、この論考を書くきっかけとなったのが、オムダの任命制への変更というオムダ法の改正（一九九三―九四年）であり、ほぼ同時期に国立大学の学部長も政府からの任命制になったからである。この二つの制度改革の背景に何があるかというと、この論考でも言及したとおり、そこには当時のムバーラク体制の権威主義的性格の強化があった。湾岸戦争（一九九一年）の後、その貢献の見返りとしてエジプト政府は、対外債務の大幅削減を勝ちとったがその条件が構造調整政策による経済改革だった。この政策を強行するために、小作法の改正（一九九二年、第6章を参照）などの経済自由化が進行したが、イスラーム過激派勢力との武力対決も一方で起きていた（第7章参照）。こうした抑圧的な時代状況のなかで、第5章で紹介する性的暴行をめぐる異常な事件も発生したのである。

それから四半世紀が過ぎた。その間にもオムダの任命制には変化はなかったが、大学の学部長の任命制の方は、二〇一一年一月二五日革命後に廃止され、教員による選挙制に変わった。革命直後の変化のひとつである。しかし、二〇一三年の政変（「六月革命」とも言われる軍事クーデター）後、他の事象と同様に反動の波が押し寄せるなか、学部長は任命制に再び戻った。一月二五日革命の直後、カイロ大学の通用門を訪れると、それまで厳重な管理をしていた警察の姿はなく、大学の警備員がにこやかに迎えてくれた爽やかな記憶がある。しかし、その後、警察が再び（以前のような制服の警察士官（ザービト）ではなく私服警官が）入構者を厳しく誰何する体制に戻っている。

さて、これまで筆者が会ったオムダのなかで、印象が一番強いのが、上エジプトのソハーグ県カワーミル・バハリー村の村長R氏である。筆者が同県のいくつかの農村を最初に訪問する機会を得たのは、アジア経済研究所の海外派遣員としてエジプトに長期滞在していた時期の一九八二年三月と翌八三年三月の二回である。とくに一回目の訪問はサダト大統領暗殺（一九八一年一〇月）から半年後のことで、訪問したソハーグ県警の治安警察（ムバーヒス・アムン）本部の前には土嚢が積まれていた。また、建物の壁には大統領暗殺直後に過激派に襲撃された銃弾の痕が残っていた記憶がある。農村滞在中、この治安警察本部に何回も足を運ぶことになったことについては、本章の二つのコラム、コラム4「革命後エジプトの選挙をめぐる風景」、コラム5「アメリカとナセル的国家」で若干の説明をした。日本大使館文化部で日本紹介の一六ミリフィルムを数本お借りし、これまたご厚意でジェトロ事務所から映写機を借用して、農村めぐりをしたのは、二回目の訪問となる一九八三年春のことである（コラム4には一九八二年と誤って記してしまった）。いくつかの珍事件が起きた村での映写会であった。

さて、カワーミル・バハリー村であるが、カワーミルという村の名前は、アイユーブ朝第四代スルタンのアルカーミル・ムハンマド（第五次十字軍と和平を実現したことで有名）に由来する。アルカーミル・ムハンマドとは、偶然にもその後、センター長として二回目のカイロの長期滞在となった日本学術振興会カイロ研究連絡センター（第6章参照）の入ったビルがある通り（ザマーレク地区）の名前であった。バハリー（北側）があれば、キブリー（南側）もあるわけで、この南北のカワーミル村は、沙漠と農地の境界線上に住居が細長く鎖状にならぶ景観をしていた。いくつかの家（複合住宅ドゥワール）とこの村では呼ばれていた）は防御性の高い構造をしているのが見てとれた。エジプトの多くの村は、ベイスン灌漑（［長沢 2013a］を参照）による水没から免れるように小高い土地に塊村の円状の形態を取っていたが、以前に読んだ古い人類学のガイドブックの説明にあったように［Barclay 1968: 18］、上エジプトではこのような鎖状のかたちを取る村もあり、その典型であった。

カワーミル・バハリー村のR村長は、上エジプト人らしい立派な体軀と鋭い目をした偉丈夫で威厳があり、「いかにもオムダ」という人物であった。その一方で、農機具の扱い方を実演してくれるなど、気さくな人柄で好感を持てた。ただし、ある村人からは、オムダは実は読み書きができないので、その資格はないのだという陰口も聞いた。しかし、当時の筆者の調査ノートには「なかなかの知識と人の気をそらさない話術を持った」オムダだと書いてあり、村の歴史、とくにカイロなどへの出稼ぎの話については、筆者の海外派遣の研究課題が労働移動であったこともあり、詳しく答えてくれた。

R村長の話によると、一九四〇年代のことであった。カワーミル・バハリー村から二人の男がカイロの青果物卸売市場で働きはじめたのが、その後、彼らは商売に成功して、市場の大物商人に成りあがった。これは前出のエジプト映画の巨匠、サラーハ・アブーセイフ監督（第5章コラム9を参照）の一九五七年作品の映画「フトゥーワ」の世界をそのまま地で行くような話である。映画は、肉体派俳優ファリード・シャウキーが演じる上エジプト出身の力持ちの若者が青果物卸売市場の商人間の争いのなかをのし上がっていくストーリーであり、「フトゥーワ（任侠）もの」の代表的作品とされている。

その後、カイロ市の北側のナイルに面したロード・エルファラグにあった青果物卸売市場を訪れたとき、映画の光景のように、蒲鉾型の卸売棟がならんでいたが、そのいくつかの看板には村出身の大商人たちの名前が書かれていた。同村出身者をはじめとする卸売商人たちの実力は、政府にとってあなどりがたいものであった。門戸開放政策による狂乱物価の時代、業を煮やして「肉無しデー」を設けたりしたこともあるサダト大統領は、青果物の価格統制にも乗りだした。しかし、このとき一夜でカイロの市場からスイカが消える（卸売商人による隠匿）という事件があったことも思いだす。しかし、その後のムバーラク時代に入ると、商人たちの反対を押し切るかたちで、卸売市場は郊外の沙漠の真んなかに開発された新都市、ウブール地区に移転させられた。その後、はたして国家の管理強化がうまくいったかどうかは分からない。

R村長によれば、村出身の商人たちは、その後商売の手を広げ、アレキサンドリアや、さらに産油国のリビアやイラクでも青果物商として活躍し、さらには自動車や電気製品、穀物取引にも乗りだしているということだった。こうした村外で活躍する商人たちの協力で、協同組合（ガマイーヤ）が結成され、今後、村の開発がなされるのだという計画を語った。もっとも、筆者の調査ノートによると、村を案内してくれた大学生は、協同組合といって近代的で社会主義的なかたちは取っていても、実態はアーイラだと語っていた。組合長の選挙となれば、アーイラ間の抗争となるのだ、と。

このカワーミル・バハリー村の訪問を終えて、ぜひこの村の社会構造と出稼ぎ問題の調査をやってみたいと思った。そのためには村出身の大商人で弁護士の資格もあるK氏と知り合いになる必要があると考え、いくつか機会を得ようと試みた。しかし結局、うまくはいかなかった。徒手空拳の外国人研究者にはなかなか難しい調査対象であった。K氏は、野党の新ワフド党に属し、選挙にも出たことがあったと聞く。そのせいであろう、ロード・エルファラグの市場の地面を同党の機関紙「ワフド」が散乱していた光景が忘れられない。そのうち一九九〇年代ともなると、第7章で紹介したように上エジプトは一部が「内戦」状態に陥り、調査など論外の事態となった。

このカワーミル・バハリー村を再び訪れたのは、二〇〇六年九月であった。この訪問の機会は、第2章第一節で紹介した加藤＝岩崎隊が中央動員統計局（CAPMAS）との共同研究の調査対象村に選んでくれたおかげである。村を訪れたとき、年月の隔たりのため、面会した村民たちのなかにR村長がいるのに最初は気がつかなかった。年齢相応に痩せ、黒縁の大きな老眼鏡をつけた姿にかつての面影はなかったからである。この伯父に代わって自称オムダを名乗るH君にも会った。畑のなかの雑草の名前など熱心に教えてくれた利発な中学生であった彼は、かつてと同じ丸刈りの髪型のまま巨漢の中年男性になっていた。今や与党国民民主党の地方幹部として活躍中とのことで、村長の座を狙っているようであった。その後、大与党を瓦解させた二〇一一年革命の荒波をH君がどのように乗り切ったのか、念願のオムダになったかは分からない。

本章は、オムダ職の制度的発展（第一節）と政治的階級としてのオムダ（第二節）に加え、第三節で民衆文化におけるオムダのイメージを大衆演劇のなかに探った。しかし、論文の構成上から言えば余計な付け足しではないかとのコメントをいただいた（アジ研時代の先輩で南アジア研究者の佐藤宏さんから）。たしかにそのとおりだと思った。しかし、地域研究としてひとつの研究対象に関する考察を行なうとき、複数のテーマを並行させて追い求めてしまうことがたびたびある。問題は、これらのテーマをひとつの作品のなかでいかに論理的に関連づけることができるかだろう。第一節と第二節のテーマは、社会科学の枠組みのなかで関連づける作業を行なうことが比較的しやすい。これに対し、たしかに第三節のテーマは、この説明の枠組みをはみ出してしまう。第三節に登場するキシュキシュ・ベイは、本書第2章第三節で紹介したマハフーズの小説でも出てくるほど、近代エジプトの大衆演劇でもっとも有名なキャラクターである。綿花栽培で小金を儲けた田舎の中地主という設定は、第8章で説明したエジプト綿花経済システムの部分的な人格的表現であったとも言える。したがって、このキャラクターは、ムハンマド・アリーの開発マシーンと世界資本主義の伸張が作りだした近代エジプトというスクリーンに映しだされたイメージであり、そこには過去の歴史的文化的な彩りを持った光も同時に投影されているのだ。このように言葉を重ねて述べたところで、しかし、文化的な表象を地域研究の枠組みに組み入れて考察することの説明としてはまだ足りない。第1章や第2章で言及したサイイド・オウェイスの研究を導きの糸とする、民衆的思想的遺産の問題領域（［長沢 1993b］参照）の研究はいまだ道半ばである。

はじめに

(一) 分析視角

オムダ('umda、複数形'umad)とは、近代エジプトの村落行政制度に導入された村長職の呼称である。本研究は、オムダをめぐる権力関係の問題の考察を通じて、重層的な構成を持つ近代エジプト社会の政治空間を理解する手がかりを示そうとするものである。ここで述べる政治空間の重層的な構成、言いかえれば権力関係の多層的な重なりに対しては、さまざまな切り口から接近することができる。ここでは最初に、その切り口のひとつとして、中央―地方関係という座標軸に注目することとする。[1]オムダとは、以下に述べるような意味で、この座標軸において多様な権力関係が交差する接合点であった。

まず、この中央―地方という座標軸における一方の極には、近代エジプトに新しく成立した集権的な国家という権力関係の磁場が存在する。一九世紀初頭のムハンマド・アリー体制に始まり、一八八二年以降の英国占領体制にいたる、この近代的国家体制の生成と再編の過程は、エジプト経済の世界資本主義システムへの編入という社会経済変容(第8章を参照)と、相互規定的な関係を持っていた。そして、「綿花経済」と表現できるこの経済システムの改革を試みたナセル体制以降においても、その集権的な国家体制の基本的な性格は受けつがれることになった。オムダ制度は、こうした近代エジプトの集権的国家を中心とした権力関係を絶えず映しだす鏡であった。

他方、この権力関係の多層構造の底辺に視点を移すならば、そこには農民の日常生活を舞台とするミクロなレベルの政治が展開している。しばしば、古代以来不変であるかのように描写される彼らの日常的な政治の世界は、しかし、先に述べた国家という権力関係の磁場がそうであったように、近代の経済変容と決して無関係な存在ではなかった。そして、オムダは、エジプト農村を綿花経済の細胞に改造する国家的政策の代行者であると同時に、オムダ職（'umdiyya）をめぐる争いが、絶えず村落政治の中心的主題であったことに示されるように、今日ある農村の権力構造を結晶化させる触媒でもあった。すなわち、近代以降に再編されるエジプト農村の社会階層構成は、オムダ制度の展開を中心に形成された村落政治の枠組みによって基本的に規定されたものであった。

しかし、この中央―地方関係という座標軸の両端に位置する二つの権力関係は、同じく近代世界システムへのエジプト経済の統合を通じて形成・再編されたものとはいえ、その基本的な構成原理を異にしていた。そして、この質の異なる権力関係は、近代エジプトの政治変動のさまざまな局面において相互に対抗、あるいは浸透しあう歴史を形成してきた。このような意味で、オムダ職とは、これらの異質な権力空間が交わる接合点であった。

この研究では、このようなオムダをめぐる権力関係の問題に対し、まず、制度史研究の視角から接近する〔第一節〕。言いかえれば、それは、政治・行政制度に現われた問題として権力関係の重層的構造を把えようとする視角である。次に、オムダをめぐる権力関係がひとつの権力の主体（あるいは対象）としての社会階層（あるいは階級）を通じて具体的に表現される局面を考察する〔第二節〕。この場合、オムダをめぐる権力関係の問題は、オムダ層、すなわち、オムダ職を権力基盤として成長した社会層の政治的機能をめぐる問題として登場する。このオムダ層（あるいは、村落有力者層）とは、近代エジプト政治史の叙述において、民族運動の主要な担い手として描かれてきた。そして、前述の中央―地方関係という座標軸で見るならば、農民（fallāḥīn）によって象徴されるエジプト人民衆と、外国人支配階級（あるいは軍事エリート）のあいだをさまざまなかたちで媒介する階層として、叙述されてきた。

最後に、以上の論点を違った角度から立体的に把えるために、エジプト社会におけるオムダをめぐるイメージの変化の問題を取りあげてみる〔第三節〕。この第三の視角において、分析の素材として利用されるのは、民衆的演劇や農村小説の世界である。これらの文芸的表現は、もとより直接民衆の手によるものではないが、民衆文化におけるオムダ像というイデオロギー・レベルの問題を理解する際の手がかりとなるであろう。

さて、この研究は、以上に述べた複数の分析視角から、オムダをめぐる権力関係を把えようとする試みであるが、そこには、少なくともひとつの重要な視角が欠けていることを最初に断っておかねばならない。すなわち、近年、農民反乱をはじめとするエジプト農民の政治行動に関する実証研究が進みつつあるが〔加藤 1990a〕・〔Brown 1990〕・〔バラカート 1991〕[2]、この研究では、そうした農民の（日常的な政治行動を含めた）抵抗や闘争の具体的な考察を通じて、近代エジプト社会に構造化された権力関係の実態を明らかにするという接近法は取っていない。

その意味でもこの研究は、オムダをめぐる権力関係のアクチュアルな全体像を描写するものとはなっていない。しかしながら、現時点で既存の研究を整理しておくというその基礎的な作業が持つ意味は、一定の程度あると考える。以下、本論に入る前に序論として、オムダ研究が今日的に持つ意味について解説しておきたい。

（二）オムダ研究の今日的意味——現代エジプト農村とオムダ制度

近年、エジプト農村の変化を指摘する表現として、「モダーンなオムダ」（'umda mudirn）という言葉がしばしば使われる。たとえば、『ローズ・エルユーセフ』誌（*Rose el-Yousef*, 1986/9/22）は、この「モダーンなオムダ」というタイトルの記事のなかで、最近のオムダの様変わりを次のように描写している。

「いまや我々の村からは、「古いオムダ」は消えてしまった。すなわち、鷹がとまっているような大きな口髭をたくわえ、朝食に三〇個の卵とたくさんのファティール〔ナイル・デルタ中部で有名なバター入りの贅沢な薄焼き〕を食べ、複数の妻を持ち、話す相手すべてに対し声高に命令口調で怒鳴りつけるようなオムダは、今日、テレビのドラマか、映画、演劇のなかでしか見られない。その代わりに、大学を出た技師、会計士や教師の資格を持つ若いオムダ、紙煙草を吸い、ベンツ車を乗り回し、なかには修士、博士の肩書を持つような「モダーンなオムダ」が数多く見られるようになった」[3]。

ところで、農村小説のなかにも、こうした「モダーンなオムダ」が登場する作品がある。たとえば、上エジプトの農村を舞台にしたユーセフ・シャローニー（Yusuf Sharouni）の『血の復讐』［Sharouni 1983］は、カイロの大学の法学部を出た青年が、亡くなった父の跡を継いでオムダとなり、学校や養蜂場の建設など村の発展と改革に努力するが、村に根強く残る復讐慣行（タール tha'r）の廃絶を試みたために、何者かに殺されるというあらすじである。この小説の結末が、この村ではオムダ職が廃止され、代わりに警察の派出所が設置されるというところで終わっているのは、後で見るように、オムダ職制度の存廃をめぐる問題と関係して、示唆的である。

とはいえ、この作品で描かれているのは、「近代教育を受けた農村出身の青年知識人の挫折」といった単純な図式にもとづくオムダ像であり、現実の「モダーンなオムダ」は、これほどにナイーヴではなく、それどころか現代エジプト社会の重層性を持つ権力関係の海をしたたかに泳ぎ回る存在であるように思う[4]。そして、このような新しいオムダが登場してきた背景には、たんに高等教育の農村子弟への普及といった要因だけではなく、より大きな時代状況の変化があるとも考えられる。たとえば、こうした変化の一端は、一九九三年から九四年にかけて、人民議会で審議され、白熱した論議を呼んだオムダ法（正確にはオムダ・シャイフ法 qānūn al-'umda wa al-mashāykh）の改正問題のなかにうかがえるように思う[5]。この法案の問題点については、後で紹介するが、その主たる内容がオムダの選出方法を公選制から任命制に復帰させる点にあることだけを、ここでは指摘しておきたい。この中央政府によるオムダ職への統制強化とも考えられる改正案が検討されている背景には、どのような時代状況の変化が読みとれるのだろうか。

さて、近年のエジプト国内政治における最大のイシューが、大統領の任期三期目に入ったムバーラク政権といわゆるイスラーム「過激派」との対決にあることは言うまでもない[6]。注意したいのは、この対決の局面が、サダト前大統領が暗殺された一九八〇年代初頭の大都市（カイロやアスュート）中心部から、地方（とくに上エジプト）の中小都市、そして農村部にまで広がってきた点である。これら「過激派」の武装活動は、多くの農村住民を巻き込み、その結果として政府の「過激派」捜査にとって、治安組織の最末端であるオムダ制度は、現在あらためて重要視される存在となっている。[7]

とはいえ、オムダ制改革の主たる原因を、こうしたイスラーム「過激派」対策だけに求めることは考えにくい。実際、オムダ職そのものの廃止（警察の派出所による代替）をはじめとするオムダ制度改革の構想は、一九五二年革命以来、一貫して政府が検討してきたものであり、その意味でこうした制度変化が現在の段階で論議されるにいたったのには、別のより深い歴史的背景があるように思われる。

現在のエジプト農村社会においては、先に述べた政治的緊張の問題と並行して、その底辺部で、さまざまな社会経済的変化が静かに進行しつつある。それらの変化のなかで、主要なものを挙げれば、ひとつには一九七〇年代後半以降に拡大した産油国への出稼ぎ労働とその送金が与えた影響であり、第二には、一九八〇年代後半以降、国際的な圧力を受けて政府が採用している構造調整政策、とくにその一環である農業政策の自由化が及ぼす影響である。

まず、前者の影響について述べれば、とくに膨大な出稼ぎ送金の流入は、村落内で政治的地位の低かった農民家族の経済的・政治的地位の上昇をもたらし、後に述べるような、同族（アーイラ 'ā'ila）によって構成される伝統的な村落の政治秩序の流動化を引きおこした。[8]こうした村落政治の不安定化に対するひとつの対応として、同族集団間のオムダ選挙をめぐる抗争の激化を防ぐために、オムダの任命制への復帰が構想されたという解釈がある。[9]

第二の農業政策の転換は、むしろ今後、より大きな影響を持つことが予想される問題である。この政策転換においては、一九六〇年代に形成された作付け規制、農産物価格統制、農協中心の流通統制、農業補助金制度など、一連の国家集権的なシステムが、段階的・部分的に改革の対象となっている。この政策変化の影響に関する総体的な分析は、今後の研究を待たねばならないが、そうした変化が農民の日常的な政治の世界に大きく関係する問題であることは言うまでもない。

ところで、現代エジプト農村の日常的な政治の世界には、以下に見るような二重構造が存在するという興味深い指摘がある。ホプキンス（Nichoras Hopkins）の言葉を借りれば、それは「公式の政治」（formal politics）と「非公式の政治」（informal politics）という二つの局面からなる二重の構造である［Hopkins 1987: 157–65］。まず、前者の「公式の政治」の中核を構成するのは、前述の農業統制機構の最末端に位置する村の農業協同組合組織と「村落単位」（village unit; wahda al-qarya）

と呼ばれる村落行政制度である。

「公式の政治」にとってより重要なのは、後者の村落単位制度である。村落単位とは、行政サービスの単位として複数の村落を統括する行政組織であり、一九七〇年代に再編成され、全国的に普及したものである。この村落単位は、（1）関係各省庁の最末端の役人からなる「執行委員会」（executive council; majlis tanfīdhī）と、（2）村民から選出された各村の代表者の「地方人民委員会」（popular council; majlis sha'bī）という二つの制度的支柱から構成されているが、興味深いのは、オムダがこの制度から除外されている点である。(10)

この制度のもとで、農業、灌漑、公共事業、保健衛生、教育など行政サービスの提供とその財源配分、また村民の要求の吸収などをめぐる日常レベルの政治は、行政組織上「公式には」村落単位を中心に処理されることになっている。しかしながら、現実の村落政治において依然として圧倒的な影響力を保持しているのは、前述のような「公式の」村落行政組織から排除されているオムダであることが多い。そこでは、村内の権力秩序の頂点に位置するオムダが中心となった「非公式の政治」が、「公式の政治」の水面下で厳然として機能している。ホプキンスは、上エジプトの農村調査の事例研究を通じて、こうした「非公式の政治」の特徴として、同族（アーイラ）集団というタテの関係を軸に構成されている階層秩序という「差異の文化」（a culture of difference）の存在を指摘している［*ibid.*: 175–76］。

さて、先に述べたような構造調整政策の波は、こうしたエジプト農村の日常的な政治の世界にどのような影響をこれから及ぼすことになるのであろうか。その場合、考慮に入れなければならない点は、規制緩和や自由化といった政策が、農業以外の部門でもそうであるように、国家を中心とした既存秩序の解体ではなく、むしろその再編あるいは新しい組織化を促すということである。このような新しい変化は、農村内の権力関係に必ずや大きな影響を与えるであろう。

近代エジプトの経済発展を振り返るとき、それぞれの時代において国際的要因に強く規定された経済政策の変化が、これと結びついた権力関係の型を農村社会のなかに埋め込んできた。そして、本章で述べるように、一九世紀前半のムハンマド・アリー体制のもとで、エジプトの農業近代化に大きな役割を果たしたオムダ制度は、その後の英国占領体制そしてナセル体制のもとで、しだいにその職務の範囲を限定されていった。重層的な権力空間のあいだを取り結ぶ存在としてのオムダ制度のこうした変化は、「公式の政治」と「非公式の政治」との関係の変化として展開したと言える。

今回の構造調整という政策変化は、このような二つの「政治」の関係変化に新たな局面をかたち作るものとなるだろう。現在進行中のオムダ法改正問題も、このような文脈で解釈することが可能であり、またその歴史的・構造的背景をふまえた分析は、構造調整政策が持つ歴史的性格を考えるうえでも一定の意味があると思う。

一　オムダ職の制度的発展

オムダ職（およびシャイフ shaykh 職＝村長老）の歴史に関しては、ベアー（Gabriel Baer）の先駆的論文「村のシャイフ、一八〇〇―一九五〇年」［Baer 1969］をまず参照しなければならない。その後、バラカート（'Alī Barakāt）の『エジプトにおける農地所有の発展とその政治運動への影響』［Barakāt 1977］などが代表するエジプト歴史研究者の社会経済史研究において、このテーマに関する一定の研究蓄積がなされてきた。たとえば、アズバーウィー（'Abdullāh Muḥammad 'Azbāwī）の『一九世紀におけるオムダと村のシャイフと彼らのエジプト社会における役割』［'Azbāwī 1984］は、その一例であるし、またアブーゼイド（Muḥammad 'Abd al-Ḥamīd Abū Zayd）の『存続と廃止の間のオムダ制度』［Abū Zayd 1984］といった行政学的研究も現われている。この節では、その他の既存研究に依拠して、オムダ制度の沿革、選任制度の推移、職務と特権の問題など、オムダ職の制度的発展について概観する。

（一）オムダ職制度の成立

〔オムダ職の成立時期〕

オムダ職制度が法律的に確立するのは、前述の「オムダ法」が公布された一八九五年のことである。しかし、英国占領（一八八二年）後の行政改革の一環として行なわれたこのオムダ制の立法化のかなり以前から、オムダの職名は史料に登場する。たとえば、ベアーは、オムダ職の導入時期を一八五〇年代以降と推測したが、バラカートは、一八四三年の文書史料に同名の職が見られる点を指摘し、さらにアズバーウィーによれば、その成立年代は一八三〇年代にさかのぼる（［Baer 1969: 231］・［Barakāt 1977: 231］・［ʻAzbāwī 1984: 10–11］）。また、サイイド・マルソト（Afaf Lutfi al-Sayyid Marsot）は、中央政府の文書にはすでに一八二三年の時点で見いだされるが、社会一般での通用を反映する法廷文書で使われるのは一八四〇年代初め以降だという意見を述べている［Marsot 1984: 115］。いずれにせよ、このような成立年代をめぐる説の展開が重要なのは、オムダ職の起源がムハンマド・アリー期（一八〇五―四八年）に始まることを示している点である。

村落行政に関して、ムハンマド・アリー期とそれ以前を区別する最大の変化は、徴税請負人（ムルタズィム）を仲介した間接支配から、国家による直接的な農民支配の体制に転換したことである。ムハンマド・アリー期以前、すなわち一八世紀において、村の行政機構を代表したのはシャイフたち（shaykh；複数形 mashāykh）であった。アブデルラヒーム（ʻAbd al-Raḥīm ʻAbd al- Raḥmān ʻAbd al-Raḥīm）の研究『一八世紀のエジプト農村』［ʻAbd al-Raḥīm 1974］によれば、彼らはムルタズィムの代理人として、灌漑事業・徴税・治安などにわたる職務権限を持ち、ひとつの村に通常複数が存在したが、そのなかで卓越した人物がシャイフルマシャーイフ（shaykh al-mashāykh すなわち、シャイフのなかのシャイフ）やムカッディム（muqaddim）などの称号（laqab）で呼ばれた。そして、これらの「第一シャイフ」（premier shaykh）とでも言うべき役職は、しだいに世襲化され、シャイフルバラド（shayk al-balad）という役職に転化していったが、その世襲にはムルタズィムの承認が必要であったという［ʻAbd al-Raḥīm 1974: 18–20］。しかし、ここで問題なのは、エジプトのすべての農村がひとりの「第一シャイフ」を頂点とした政治的に統合された共同体であったかどうかという点である。

〔一村一村長職制の確立〕

さて、これらのオムダ職の前期形態というべき「第一シャイフ」の職が、どのようにオムダ職に転換してきたのか、その変化の過程は正確には明らかにされていない。たとえば、この「第一シャイフ」（シャイフルマシャーイフ）の職をすべての農村において設置することを公式に定めたのは、一八世紀末、エジプトを一時占領したナポレオンのフランス軍であったという指摘があるが［Cuno 1992: 167］、この命令が実際どの程度農村で実行に移されたかは不明である。

そして、ムハンマド・アリー期になると、この他、シャイフルバラド、ムカッディム、ムカーディム（muqādim）、あるいは村の大シャイフ（kabīr mashāykh al-qarya）などいくつかの「第一シャイフ」の役職名が史料に残されている。バラカートは、これらのなかでとくにムカッディムについて、この役職が徴税請負制の廃止後に新しく行なわれた検地事業（一八一三―一四年）に関する史料に見いだされる点に注目している［Barakāt 1977: 231-32］。すなわち、前に述べたような徴税請負制の廃止に見られる国家―農民関係の大きな変化が、一八世紀的な「第一シャイフ」とは職務内容を明確に異にした新しい村長職の形成の大きな契機となったと考えられるからである。オムダ職として統一化・制度化されてゆく村長職制度の出発点は、おそらくこの時期までさかのぼることができるといってよいのではなかろうか。

その他の説としては、一八三〇年に公布された「農業法」（lā'iḥa zirā'a al-filāḥ）の法令をめぐって、クーノ（Kenneth M. Cuno）は、一八二〇年代末までに同法を作成した人々によって各農村にシャイフルバラド職が設置されたと推測し、その後一九世紀を通じてオムダ職と互換的に用いられていることになったと述べている［Cuno 1992: 168］。そして、同じくこの法律に注目した加藤博は、同法で用いられた「村役人」のさまざまな名称のうち、「村の大シャイフ」という職名だけがオムダに近い村役人の長として用いられている点を指摘している［加藤 1993a: 52-53］[11]。

この最後に挙げた加藤の研究は、オムダ職とシャイフ職の明確な区別を主張する重要な指摘を行なっている。すなわち、彼は、両者を区別せずに分析したベアーの研究を批判し、ムハンマド・アリー政府による農民支配様式が転換した結果として、オムダ職が設置された、という主張を行なっている。すなわち、ムハンマド・アリー初期の土地国有制と結びついた「原籍地主義による農民の労働力を直接支配する徴税方式」から、同後期の「土地私有制、具体的には地主制を前提とし、居住地を通じて間接的に農民を支配する課税方式」に移行した結果、前者の制度で農民の保証人として機能した村長老（シャイフルバラド）に代わり、オムダが村落の徴税業務の責任者として台頭した、と解説する［*ibid.*: 437-38］[12]。このような加藤の説は、後で見るように、「はじめに」で指摘した「公式の政治」と「非公式の政治」の構造が、徴税業務の分野で形成されたことを示唆しており、その点からも興味深い。

さて、この変化の過程、すなわちオムダ制度の成立過程で重要なのは、一村一村長職の原則によって立つ、中央の直接的な農村支配の基本的土台が作られた点である。一八九五年オムダ法によれば、「オムダとは村（balad）における唯一の長であり、そこにおける仕事に責任を持つものである」とされ、より古いシャイフの職であったシャイフルバラドは、村の居住区（ḥiṣṣa）あるいは、本村に付属する子村（kafr, najʻ, ʻizba）の長としてオムダを補佐する役職として位置づけられることになった［ʻAzbāwī 1984: 11］。

このような一村一村長職の原則は、ひとつの村がしばしば複数の徴税請負人の支配下に置かれ、その支配と結びついて村内に複数のシャイフ職が置かれていた、従来の錯綜した支配関係を整理し、いわば支配系列の単純化を目指すものであったといえよう。そして、この支配系列の単純化は、シャイフの数の制限というかたちでも現われた。

さて、このように村内に複数のシャイフが存在したのは、彼らが村の居住区ごと、すなわち居住区を等しくする同族（アーイラ）集団を単位として選ばれていたという事情を反映していた。とくにそうした居住区構成＝親族集団構成が複雑な場合には、シャイフの数は、しばしば二〇人にも達することがあった［ʻAbd al-Raḥīm 1974: 18］。こうした状況に対し、たとえば一八六九年には一村のシャイフの数を八人以下に制限する法令が出され、またその後六人以下に引きさげられたが、たとえば一八人のシャイフがいた例など、いくつかの村には依然として数多いシャイフ職が存在した［ʻAzbāwī 1984: 12-13］。

一アーイラ一シャイフという従来の村役人の選出方法を、シャイフ職の数を限定し、一村一オムダとしてゆくこの法制化の過程こそ、後述するように、アーイラを中心に行なわれてきた伝統的な村落政治に対する国家の初めての介入であったと見なすこともできるかと思う。ただし、実態を見るならば、オムダ法の公布後においても、ひとつの村に二人のオムダがいた例、ひとりのオムダが二つ以上の村を統括していた例がしばしば見られた［ʻAzbāwī 1984: 11］。

一村一村長職の原則から逸脱するこのような事例の背後には、オムダ職をめぐる有力アーイラ間の抗争など、国家による村支配の一元化を阻害する要因があった。こうした問題は、その後のオムダ法の改正で例外規定を設けることによって、政府も対応せざるを得ないほど重要な問題であった。ここで十分論じられるテーマではないが、この一村一村長職をめぐる問題は、近代以前も含めたエジプトにおける「村落共同体」の存在に関わる問題の一部として位置づけられると思う。

（二）選任制の推移

オムダ制度の沿革においてもっとも重要な局面は、選任制度の変化である。なかでも、任命制と公選制の交替という変化は、それぞれの時代のさまざまな政治的対立が、そしてその結果としての権力関係の再編がもっとも先鋭なかたちで反映する局面であった。以下では、この局面を中心に制度の変化を概観するが、その前にオムダ職の任期・資格要件などについて簡単に言及しておきたい。

現行のオムダ法（一九七八年第五八号法）によれば、オムダの任期は一〇年となっているが、一九五二年革命後の改正（五七年第一〇六号法）以前は終身制であった。また、その資格は、（1）村内に居住しエジプト国籍を有する男子（一九五七年法以前は村内出生者でよかった）、（2）年齢三〇歳以上（同じく以前は二五歳以上）、（3）評判が良く（ḥasan al-sumʻa）、公民権を有する者であり、（4）読み書き能力がある（同じく以前はこの規定がなかった）とされている［Abū Zayd 1984: 50-80］。以上に加えて重要な規定は、オムダ層という政治的階級の形成と密接な関係を持つ財産資格に関するものであるが、これについては、次の第二節で述べる。

〔任命制から公選制へ〕

前述のように、一八世紀におけるシャイフが、同族集団を骨格にした長老制的支配と、任命権を持つ徴税請負人の支配との両者が交錯する役職であったのに対し、ムハンマド・アリー期の村長（オムダおよびその前身としてのシャイフルバラド）は、公式にはその体制の集権的で一元的な支配秩序の一部として位置づけられた。すなわち、村長職は、県（mudīriyya）＝県知事（mudīr）→州（maʻmūriyya）＝州長官（maʻmūr）→地区（qism）＝地区長官（nāẓir）→郡（khuṭṭ）＝郡長官（ḥākim）からなる階層秩序的な地方行政制度の末端に組み込まれることによって、これらの役職と同様に、国家の直接的任命によって選任された。この直接任命制は、その後のアッバース期（一八四八―五四年）、サイード期（一八五四―六三年）においても継続する。

しかし、ベアーによれば、イスマイール期（一八六三―七九年）になると、こうした国家によるオムダの任命も形式的なものとなり［Baer 1982: 32］、さらに近代エジプト初めての議会制度である代議会（majlis al-nuwwāb）が、オムダおよび村のシャイフの公選制を決議するにいたる（一八六九年および一八八〇年の議決）［'Azbāwī 1984: 14］。このオムダ職公選制への移行は、この時期、綿花経済のブームに伴なって力を蓄えた階層、代議会議員の大半がそれに属するオムダ・シャイフ層の利害を強く反映した変化であった。シュレヒ（Alexander Schölch）によれば、オラービー革命（一八七九－八二年）にいたるこの時期、オムダ・シャイフ層は農民大衆の意見を代弁する役割を演じていた、のである［Schöch 1981: 36］。

この新しい村民による公選制度においては、県の役人を長とし、県が選任した同じ郡に属する「見識と誠実さと公正で知られる」オムダ四名、および「住民および民情に通じた」近隣の四人のオムダからなる委員会が選挙の監督を行なった。ただし、このようなオムダ層が主導する選挙の結果に対して、内務大臣はこれを破棄できる規定があり、その点で任命制時代の国家統制の性格は受けつがれていた［'Azbāwī 1984: 14-15］。また、ダーイラ・サーニーヤ地などの大所領においては、オムダの選定において依然として、所領の管理当局に大きな権限が与えられていた［*ibid*.: 15-18］。

しかし、この村長職公選制に対しては、その施行後、さまざまな意見、とくにこれを批判する議論が巻きおこった。すなわち、この改革は農民が選挙に習熟することによって健全な議会生活が定着する第一歩となるとする意見も見られたが、他方、農民たちの愚直（basāṭa）や蒙昧（sadhāja）を指摘し、「近隣のオムダやシャイフと村民のなかの名士たち（al-nabhā'）」による選出制に変更すべきだとする意見、選挙違反の発生を危惧して「名士たち」による選挙の公正を保証する制度を設けるべきだとの提案、そして村民による選挙それ自体が誤りの源だとして任命制に戻すべきだとする意見も出された［*ibid*.: 19-21］。

後に述べるように、これらのオムダ公選制を批判する声の高まりは、オラービー運動が挫折した後における、英国占領体制の下における政治思潮を反映したものであった。こうした政治状況のなかで、前述の一八九五年オムダ法が公布され、オムダ職の公選制は廃棄されることになった。

短命に終わった公選制に代わったのは、シャイフ職委員会（lajna al-shiyākha）という「名士たち」と政府代表者の協議機関を通じたオムダとシャイフの任命制度であり、村民一般の政治参加は排除された。しかも、この制度は、オムダの選出にあたっては州長官の、シャイフの場合はオムダの意向を聞くこと、さらに最終的には内務省の承認を必要とするという、きわめて中央統制的な性格をおびていた［*ibid.*: 21］。

〔英国支配下のオムダ任命制度〕

この一八九五年オムダ法は、英国による植民地支配的な行政改革の根幹となる制度改革のひとつであった。このオムダの任命制度は、内務省に監察官（mufattish）を送り込んだ英国政府にとって、「エジプトの英国人官吏にとって求められるもっとも重要な仕事は、オムダ職の選任である」と述べた当時の英国高等弁務官、クローマーの見解に見られるように、農村社会に対するその階層秩序的な中央支配の伸長を目的とするものであった［Ramaḍān 1983: 286］。

しかしながら、英国人監察官によるオムダ職の掌握を目指したはずのこの制度は、その後の時代の変化、とくに一九一九年革命後の政治状況のなかで、新たな政治的役割を演ずることになる。すなわち、エジプトの形式的独立後に公布された一九二三年憲法による議会制度の枠組みにおいて、オムダ職の任命権は、民族主義政党ワフド党と宮廷派、そして英国から構成される政党政治の三極構造において、重要な政治的手段として扱われるようになる。そして、オムダ職が政党政治の道具と化したこの状況を象徴した動きが、一九二五年の反ワフド党内閣のズィワール政権下における、スィドキー内務大臣による大量のワフド系オムダの解任と、その半年後のワフド党内閣によるその復職措置であった［Baer 1982: 33］。

そして、このオムダ職選出問題の政治化が、中央―地方関係のうえで大きな意味を持つことになるのは、こうした政党間の抗争が、村落内部の同族集団（およびその連合体）間に形成された対立と結びついて、農村社会に広く拡散したことである。このような国政における議会政治と村落内部の「アーイラ政治」との結合は、一九七〇年代後半以降の複数政党制移行に伴ない、与党の国民民主党と野党（とくに新ワフド党）のあいだで繰り広げられた「アーイラ選挙」のかたちを取って、再現されることになる(13)。

さて、オムダ選出をめぐる法改正の問題は、当時、ワフド党と英国植民地統治とのあいだの主要な政治的争点のひとつともなった。たとえば、ワフド党がオムダ職の公選制への復帰を要求したのに対し、英国当局は、政府の管理強化を狙う法案を準備した。この改正案は、選挙の腐敗を防止し、中央統制を強めることを目的にして、前述の選出委員会の構成を政府側委員三名とオムダ・シャイフ四名から後者を一名減らす内容であったが、一九二六―二八年にかけて国会で審議された結果、廃案となった（[Nakaoka 1976]・[Bakr 1982: 52-53]）。この問題は、その後も一貫してイギリス支配当局とワフドなどエジプト議会勢力とのあいだの政治的な争点となった。一例として、一九三六―三七年のワフド党ナッハース内閣が、村落評議会（majālis qarawiyya）制度の導入と結びつけてオムダ公選制の復活を画策したことがあった［Baer 1982: 34］。オムダ法の改正をめぐる動きは、一九四〇年代に入っても継続し、その結果、一九四七年第一四一号法が公布される。この新法における改正は数多くの箇所におよんだが、ベアーは、オムダの選出において政府が最終的決定権を掌握している点で基本的に大きな変化はなかった、という解釈を示している［*ibid.*: 35］[14]。

〔一九五二年革命後の変化〕

さて、このような任命制にもとづくオムダ制度は、一九五二年七月革命政権の眼からすれば、英国植民地支配の支柱であり、また議会政治の政争の道具として機能する旧支配体制の根幹に他ならなかった。したがって、同政権にとって、オムダ制度の改革は、革命直後に断行した農地改革（一九五二年九月）による大地主＝旧支配勢力の払拭を徹底させるという意味においても、重要な政策課題となった。

革命政権は、そのため、オムダ制度の改革に関するいくつかの専門委員会を設置し、以下のような複数の改革案を提出させた。たとえば、ある委員会では、それまで終身制だったオムダ職を六年任期にして存続させるという案が、また別の機関では公選による地方評議会（al-majlis al-baladī）を設置し、その議員から互選あるいは内務省の任命による新しい村長職ムフタール（mukhtār）を選任する案が出された。また地方分権化の推進を構想したある委員会は、オムダの専制的支配と英国支配による利用を批判し、オムダ職の廃止（居住区のシャイフ職は存続）と警察の駐在所による代替を提案した［Abū Zayd 1984: 20-22］。

以上のような議論が行なわれた後、一九五七年第一〇六号法によりオムダ制度の改正が実施された。ただし、この法律の内容は、前に述べた提案に見られた抜本的な改革ではなく、目立った変化と言えば、オムダ職を一〇年任期とすること（ただし、一回のみ内務大臣の承認による任期延長を認める）、そして公選制を再び導入することの二点であった（15）［Abū Zayd 1984: 28］・［山根 1986: 242-43］）。

アブーゼイドは、旧支配層の地主勢力から一般村民への地方権力の移動が行なわれたと、この新しい公選制を高く評価しているが、他方、オムダ職の廃止を求める議論の高まりにもかかわらず結局存続となった事情の一端を、次のように説明している。すなわち、この役職を有効な支配の手段として保持しようとする一部オムダ層による復讐、とくに祖先を等しくする村の住民のあいだに疑惑を巻きおこそうとする陰謀によって、法案に対する攻撃・脅迫が行なわれた、と［Abū Zayd 1984: 31-32］。

その後オムダ法が改正されるのは、一九六四年（第五六号法）である。この改正が行なわれたのは、アラブ社会主義連合（ASU）の結成（一九六二年）に象徴される、体制の社会主義的改造が試みられていた時期であり、このときも、再びオムダ職の存廃をめぐる議論が起きた。しかし、アブーゼイドによれば、オムダ職を村落議会によって代替させるという、革命直後に見られた分権化を指向する意見は、このときにはもはや力を持っていなかった、という［ibid.: 32-36］。

したがって、この一九六四年法改正も部分的なものにとどまったが、ただし、ASUの下部機関への加入資格を持たないオムダの免職措置や、オムダの親戚が村のシャイフの職に就くことが禁止されるなど、その内容には国家エリートが採用した当時の左派的イデオロギーが色濃く反映していた。とくに、後者の改正点は、ASUの末端委員会に同じ家族から複数のメンバーが選出されるのを禁止する措置と並んで、村落政治におけるアーイラ（同族）支配の構造に対してイデオロギー的な攻撃が行なわれたことを意味した。

さて、このオムダ法が改正された時期、ナセル政権が試みた村落政治への直接介入、すなわち、ASUを通じた国民動員体制の組織化と、革命前の「封建的」勢力の払拭を狙ったキャンペーンは、両者とも失敗に終わった。メイフィールド（James Mayfield）は、前者のASUに加盟した農民の数を、成年男子の一五パーセントと推計し、さらに、このASUの末端組織二〇人委員会（lajna al-'ishrīn）が、オムダとシャイフと肩をならべるエジプト農村における第三の権力の場となった、と述べている［Mayfield 1971: 119, 130］。たしかに、この委員会の設置は、ハーリク（Iliya Harik）の研究［Harik 1974］が例示したように、一部の農村で下層農民が中心となった既存の支配秩序の変革を導く制度的手段とはなった。しかし、その実態は、大半の農村では委員の多くが旧地主層や政府の役人であり、村落政治の枠組みに変化は見られなかった、というメイフィールドによる評価に近いものではなかったろうか［Mayfield 1971: 130］。

一方、後者の反「封建制」キャンペーンは、有名な「封建制廃止委員会」（一九六六年）の活動という形態を取って展開した。しかし、このような村落政治への直接的介入に対する反撃は、カムシーシ村事件（一九六六年四月）をめぐる醜聞に象徴されるように、サダト時代、露骨なかたちを取って現われることとなった。(16)

しかしながら、今日の視点からすれば、このような観念的な上からの改革の失敗にもかかわらず、この一九六四年オムダ法改正が行なわれたASUの時代は、前述したような「公式の政治」と「非公式の政治」が対峙する現在の村落政治の構造、およびこれを制度的に整備した一九七〇年代の村落行政改革を用意する時期、いわばひとつの移行期であったと評価することもできる。すなわち、このナセル政権による村落政治への介入は、近代エジプト社会の権力関係が持つ重層構造に従ってオムダをめぐる権力関係に変化をもたらす画期となった。

たとえば、村落議会の沿革を見るならば、今日の地方人民委員会制度の前身は、上記のASU時代の二〇人委員会であり、それはさらに、革命直後の村落委員会制度にさかのぼる。さて、エジプトにおける村落議会制度の歴史は、英国占領期の村落評議会制度の導入（一九一〇年）に始まるが、その後一九二三年憲法により制度化されたにもかかわらず、全国に普及せず、同評議会の数は革命の年、一九五二年でわずか七〇にすぎなかった［*ibid.*: 67］。これに対し、大地主階級の政治的影響力の払拭を目的として農地改革を断行した革命政権は、議会政治と決別し、解放戦線（The Liberation Rally）、国民連合（The National Union）、アラブ社会主義連合と続く一連の国民動員組織を形成するなかで、そうした動員体制の末端組織として二〇人委員会などの村落議会制度を利用し、農村社会の直接的な支配に乗りだしたわけである。

また、一九七〇年代後半に発展する前述の村落単位制度も、その先駆的形態が、やはり革命直後に試験的に導入された(17)（複数の村落を包括する）連合単位（combined unit）制度に求められる［*ibid.*: 74–76］。これらの制度は、前述の村落議会制度と同様、従来の村落の枠を超えた広域的な行政サービスの単位を形成することにより、既存の村落政治の秩序から「公式には」自由な、農民生活に対する国家の直接的な介入を用意するものであった。

〔現在のオムダ法改正問題〕

さて、この村落単位制度の全国的な普及を目的とした地方行政法（一九七九年第四三号法）が公布されるとほぼ同時期（一九七八年）に、オムダ法は再び改正される。現行法として施行されているのは、この一九七八年第五八号法が、一九八〇年第一四八号法によって部分的改正が加えられたものである。これらの法改正は、駐在所の設置に伴なうオムダ職の廃止に関する政府の権限強化（とくに一九九八年法による県治安局長（mudīr al-'āmn bi-l-muḥāfaẓa）への権限付与）や、治安局長によるオムダに対する職務怠慢の罰金措置およびオムダと公務員の兼職承認などの項目からなっていた［Abū Zayd 1984: 37–40］。

そして、「はじめに」で述べたように、一九九三年、政府は、現行のオムダ法（一九七八年第五八号法）の改正案を人民議会に提出した。一九九三年六月一一日付けの「アハラーム」紙に掲載された内務大臣談話によれば、この改正案の主たる内容は、五二年革命後に復帰したオムダ公選制を廃止し、再び任命制に戻そうというものである。すなわち、この新しい任命制では、以下のメンバーからなる委員会によってオムダ職は選任される。それは、県治安副局長（委員長）、村を管轄する地方裁判所の裁判官、県犯罪調査局長、国家公安調査監察官、検察法務官であり、この法案がそのまま成立するなら、オムダ職は、国家の治安司法機構の地方代表者の完全な統制下に置かれることになるようにも見える（*al-Ahrām*, 1993/6/11）。加えて、もうひとつの大きな変化は、任期を一〇年から三年に短縮して、中央からの統制をより強めている点にある（*al-Ahrām*, 1994/1/31）。

さて、この法案の審議をめぐって、人民議会では白熱した議論が巻きおこった。政府および与党側の改正案を支持する理由の第一は、前節で述べたようなイスラーム「過激派」対策であり、もうひとつは、アーイラ（同族集団）を単位とした村落政治の安定化を求める意見である。とくに、後者の側面について内務大臣は、前出の新聞記事のなかで、改正の理由を次のように解説している。「公選制が多くの場合、とくに村内にアーイラ間の対立が存在する場合において、治安と公共秩序が必要とするものとなじまないからである」と語っている。すなわち大臣の説明によれば、オムダの選挙をめぐり、アサビーヤ（'aṣabiyya 族的結集）が高揚して、アーイラ間の抗争（khuṣūma）が激化し、選挙中は村全体がほとんど機能麻痺状態に陥り、そのために、多くの村でオムダ職が置かれていない事態となる（*al-Ahrām*, 1993/6/11）。ちなみに一九九四年初頭の現在において、全国四六五二カ村のうち、オムダ職が置かれている村は、三六〇六あるが（したがって他の約一〇〇〇の村ではオムダ職が置かれず、警察の駐在所によって代置されているという）、そのなかの約四分の一にあたる九一一が空席であり、同様にシャイフ職については、二万六三七四のうち、八六一六が決まっていないという（*al-Ahrām*, 1994/1/31）。

一方、こうしたオムダ法改正案に対しては、野党の側から、任命制への復帰は民主主義に反するとしてこれを批判する議論もなされ、また、オムダの資格をめぐって、財産規定、教育水準、そして従来の男性に限定する資格規定などの点をめぐり、興味深い議論が戦わされた[18]。こうした議論は、現在のエジプトにおける政治的社会的対立の一面を集約しているとも言えるが、ここでそれをすべて詳しく説明することはできない。この研究では、その議論が含むさまざまな問題のなかで、オムダ職存続とアーイラとの関係に焦点を当てることにしたい。なぜなら、この問題は、これまでオムダ制存廃に関して行なわれた議論においても中心的な主題となってきたからであり、現在の改正案もそうした議論の延長線上に位置づけて考える必要があるからである。次に、アブーゼイドが要約している、こうした議論を概観しておこう。

まず、一番目の議論として、オムダ制の廃止を主張する地方行政の専門家たちの意見がある。彼らは、もはや改善の余地もないオムダ制度は廃止し、代わりに複数の村を統括する警察の駐在所を設置すること、ただし、村内の居住区ごとのシャイフは残す、という提案を行なっている［Abū Zayd 1984: 32］。彼らがオムダ職の廃止を求める理由の第一に挙げているのは、現行のオムダ制度と村落議会制度のあいだに行政的な連関が欠如していることである。加えて、地方分権化を推進する立場から見るならば、革命前の事態が示すように、オムダ職が中央政府、とくに支配政党の影響力を直接受ける仕組みになっているのは、地方自治制度上、問題である。

第二は、オムダが、たんなる末端の地方行政職ではなく、一族（ahl）や部族（'ashīra）との仲介役として、中央政府の権力に加えて、心理的な影響力、権力を有し、その結果、オムダ職が「アーイラの願望を実現させる対象、あるいは憎悪と抗争の原因となり」、復讐《タール》の応酬のような犯罪行為をもたらしていることである［*ibid.*: 133-36］。

第三に、一九五七年法以降、一〇年任期と公選制に改革されたとはいえ、現在のオムダ制度は、ひとつのアーイラが世襲的に支配する「一種の行政的封建制度」となり、実際には、住民による選挙はほとんど意味を持っていない。そして、第四に、オムダが果たす多様な職務に適合した資格が、現行の読み書き能力だけという条件では満たされていない、というものである［*ibid.*: 136-39］。

以上のオムダ廃止論に対し、その制度的基盤を強化するような改革措置を施したうえでオムダ制を存続させるべきだ、とする正反対の意見がある。このオムダ存続論を主張する意見に従えば、実際のところ、その住民がひとつの家族から構成されている大半の村では、オムダは一族の正統な長であり、彼と一族の住民を結ぶこの役職に代わる制度は考えられない。そして、この意見は、存続の条件として、次のようなオムダ制度の基盤強化の提案がなされている。まず、第一は、廃止論者と同じく、現行の村落議会制度とオムダ制度の不整合を指摘するが、ただし同議会の長をオムダが務める体制に変更すべきだとして、住民の直接選挙・村落議会議員による選挙の二段階の選挙制度などからなる改革案が出されている。第二は、オムダの教育的資格に制限を加えるべきだという意見であり、この点、公務員のオムダとの兼職を認めた一九七八年法は評価に値する。そして第三の改善案は、オムダ手当ての一般公務員並みの引き上げである。(19)

以上のオムダ制廃止・存続両論を紹介した後で、アブーゼイドは、最後に、「法案作成者の立場」から見たオムダ制度に関する公式の見解を紹介している。それは、以下に挙げるような、国家公安委員会報告（一九七八年六月二七日）の抜粋である。

「村内で中央権力を代表する手段として最適なのはオムダ制度である。これまで多くの研究者が、オムダ職を廃止し政府官吏や公選の行政委員会によって代置する案を繰り返し提出してきたが、現実的な適用を考えると、最適の村落統治制度はオムダ制度である。なぜなら、一般にエジプトの農村は、その大多数がひとつの家族、すなわち出自を同じくする家族か、あるいは姻戚関係を通じてひとつに結ばれた家族から構成されており、したがってそこにおける公正なオムダとは、彼らの利害を護る一族の正統な長に他ならないからである。彼は、住民の問題を解決し村民のあいだに起こった紛争に裁決を下すことができると同時に、政府と国民をつなぐ接合辞（ハムザトルワスル）というべき存在である。したがって、オムダ制度は、村落統治における現実的で確実な行政装置なのである」[*ibid.*: 152-53]。

以上の内容から考えれば、エジプト政府は、少なくとも一九七八年のオムダ法改正時においては、前に示した議論のなかで、後者のオムダ制存続論の方に傾いていたということが言えそうである。この存続論には、後で述べるように、当時の中央権力とオムダ層との関係変化、あるいは中央権力によるオムダ職やアーイラに対する認識という、時代的特徴が色濃く反映していたように思う。

これに対し、一九九〇年代半ばの現在、再び議論されているオムダ法改正は、前述の五二年革命以来のオムダ制存廃論の文脈において、また「はじめに」で言及した新しい歴史的な状況と結びつきながら、どのような改革の方向を示しているのか、そして、それはどのようなイデオロギー的な解釈が可能なのか、きわめて興味深い問題である。ここでは資料不足もあり、その議論に深く立ち入ることはできないが、ただ、オムダ制の廃止論と存続論の両者とも、それぞれ結論の方向は異なるが、村落議会制度との関係、オムダの教育資格、そして村落政治におけるアーイラの重要性などについて、共通する認識が見られることに注意しておきたい。こうした行政テクノクラートの共通認識に対し、今回のオムダ法改正をめぐる議論では、アーイラを見る眼差しに変化がないが、村落議会制度との関係の調整は議論が棚上げされ、またオムダの教育資格については、むしろ逆行する側面が見られた[20]。そこには、オムダ法を策定する側と、同法を適用される側との対立する関係、すなわちエジプト社会の政治空間における重層性がかいま見られたと言えるのかもしれない。

(三) 職務内容の変化

オムダの職務の変化は、ムハンマド・アリー期に決められた内容がその後どのように変容（あるいは縮小）していったかというかたちで記述できるように思う。前述の箇所で、オムダ職の起源を同時期に求めることを強調する議論を紹介したのは、このような仮説を前提に考えたからである。

ムハンマド・アリー期における村長職（シャイフルバラドおよびオムダ）は、綿花など商品作物の栽培拡大と農産物の専売制度を通じた剰余の蓄積により、急速な産業近代化と強大な軍事国家の建設を目指した同体制にとって、政策を実行する末端の担い手であり、また徴税・徴兵・強制労働の徴用などによって農民を収奪する支配の根幹でもあった。しかしその後の時期、国家行政組織の専門化・体系化が進行するのに伴ない、オムダの職務は、縮小・変質してゆく。とくに、英国の植民地統治による行政制度の再編は、こうした変化に対し大きな影響を及ぼした。

以下、ムハンマド・アリー期とそれ以降におけるオムダ職の職務の推移を個別に概観することを通じて、同職をめぐる権力関係の歴史的変化を考える素材を提供したい。

〔税の査定と徴収〕

ムハンマド・アリーは、徴税請負（イルティザーム）制を廃止し、徴税請負人（ムルタズィム）の仲介を排除して、直接国家が地税を農民から徴収する税制・土地制度の改革を行なったが、こうした新政策の手足として使われたのが、村のシャイフたちであった。その場合、村内の居住区のシャイフが個別に徴税請負人と結びついた旧制度とは異なり、村単位の納税連帯責任制度が採用されたことがこの時期の大きな特徴であった。すなわち、彼らは、検地と税査定事業の委員会に動員される一方、村内の農民に対する税金の割当業務を行ない、また村全体の税納入の責任を直接国に対して負うこととなった［Baer 1982b: 38–39］・［ʻAzbāwī 1984: 39–41］。しかし、こうした税の査定・配分の職務は、土地の私有化が進行したサイード期（一八五八年土地法）以降大きく変化する。すなわち、村単位の集団的納税制度が廃止されて徴税業務の個別化が進行し、税金の配分と徴収は末端の徴税吏（サッラーフ sarrāf）が行なうことになった［*ibid.*: 59］。一方、検地と税査定に関しては、オムダやシャイフは関連の委員会に参加することによって影響力を維持し、また英国支配下で行なわれた近代的な地租の確定作業（一八九九年農地税改正令）においても、中岡三益の研究によれば、「およそ真実とはかけはなれた」数字を報告する彼らに依存せざるを得ず、政府が直接農村の社会経済状態を把握できるのは一九五二年農地改革以降のことであった［中岡

1963: 46]。

また、英国の支配下で、一八九五年法によりオムダ制度の法的な整備が行なわれた最大の理由は、オムダの徴税業務における不正行為に対し、英国が不信を抱いていたためであったとも言われる[Ramaḍān 1983: 273]。しかし、国家の直接的な徴税機構の末端に位置づけられたサッラーフによる徴税にしても、その実態は、中岡が次のように描くとおりであった。「ガフィール〔オムダの指揮下、村の治安を維持する警邏職〕にとりかこまれ、村長や長老にともなわれて農地税を徴収するsarrafは、国家の税体制と末端農村の共同体の有力者との関係を象徴するものであった」[中岡 1963: 53]。すなわち、前述した「公式の政治」と「非公式の政治」の構造が、徴税機構の末端において作りだされたわけである。

〔農業行政〕

ムハンマド・アリー期において、シャイフ層は、前述の徴税業務という農民からの剰余収奪のみならず、農業の生産過程そのものに国家が直接に介入する手段としても機能した。とくに彼らは、長繊維綿花(本書第8章を参照)など新しい商品作物の普及と灌漑制度の維持管理に大きな役割を果たした。

ムハンマド・アリーは、前述の「農業法」に体系化されたきめの細かい罰則規定を通じて、綿花栽培をはじめとする農作業の各工程を厳しく管理する制度をしいた。その場合、前述の県知事→州長官→地区長官→郡長官と続く階層秩序的な支配装置の末端に位置したシャイフ層は、こうした生産管理の統制手段として機能した。このような彼らの職務は、綿花の強制栽培に始まり、村の池(birka)の貯水の義務や、しばしば軍隊の派遣によって行なわれた収穫作業の監督など多岐にわたった['Azbāwī 1984: 56-57]。また、その一方で、桑の栽培や養蚕業をフランス人技術者によってシャイフたちに教えさせ、また大シャイフの子弟をヨーロッパに留学させて農業技術を習得させ、またシャイフたちからなる農業技術普及団を当時支配下にあったスーダンに派遣するなど、彼らは、同時期の農業振興政策の担い手としても機能した[*ibid.*: 54-55]。

しかし、このような生産管理と農業技術普及に関する多様な職務は、とくにサイード期以降、減少してゆく[*ibid.*: 62]。その背景には、列強の圧力によって野心的な経済開発の試みが挫折したことに伴ない、統制的な農業政策が放棄されたことと、また農業近代化の担い手として成長した大地主層による農業技術の普及運動が展開し（王立農業会一八九八年）、さらに農政の専門的な官僚機構が整備されていったからである。そして、王立農業会の支部組織（県・郡の農業会）には、数多くのオムダやシャイフが参加し、また内務省農業局の農業省への昇格（一九一三年）は、彼らの要求にもとづいて行なわれたものであった［Ramaḍān 1983: 152-54］。

ただしその後、この農業省は、とくに一九六〇年代以降、全国農村に張りめぐらした農業協同組合を、県と郡の農業局を通じて管理することによって、前述の「アラブ社会主義的な」農業生産・流通統制を行なう大きな権力を持つことになる。とはいえ、オムダ・シャイフ層と政府の農業行政との関係は、前述の反「封建制」キャンペーンが行なわれた六〇年代の一時期の緊張を除けば、調和的な関係を維持してきた。すなわち、多くの富農層が政府の作付け規制を逃れ、果樹や野菜の生産を増大させた事実が示すように、農業統制政策が展開する「公式の政治」の水面下では、彼らが支配する「非公式の政治」が形成されたと解釈することができる（［Zaytoun 1982］・［Ibrahim 1982］を参照）。

〔灌漑行政〕

ムハンマド・アリー期は、ナイル川の氾濫を利用した古代以来のベイスン灌漑から、夏作の綿花栽培を拡大するために、通年水路灌漑への移行が開始された時期であった。その場合、シャイフ層は、従来の村単位で行なわれる日常的な灌漑業務とならんで、灌漑制度の近代化が必要とする大量の農民の徴用事業（次項で述べる）においても大きな役割を果たした。

ムハンマド・アリー期の農業・灌漑法規によると、村単位の水利用に関する規制（他村からの盗水への罰則）や村民のあいだの公平な水分配（「力ある者と弱者の間の公正」）は、村のシャイフの重要な職務であり、また増水時における村の堤防の防御（および隣村の堤防防御への協力）についても、管理責任が厳しく問われる職務であった［'Azbāwī 1984: 45, 51］。しかし、後者の職務は、その後イスマイール期になると、オムダやシャイフから公共事業省（一八六四年設立）の管理下に移行し、彼らの役割は同省の技師への協力に限定されることになる。また、前者の水利用に関する業務は、村単位の共同労働にもとづくベイスン灌漑から、個々の農民が末端水路から揚水するシステムへの移行という、灌漑作業の個別化が進行するのに伴なって消滅してゆく［*ibid*.: 63］（［長沢 2013a］第四章を参照）。

ただし、オムダやシャイフたちは、同じくイスマイール期に体系化された灌漑行政において、県単位の灌漑監督委員会への参加を通じて灌漑事業の運営に依然として大きな役割を果たした（［加藤 1993d］の灌漑行政研究を参照）。とくに、彼らは、この灌漑監督委員会において、通年水路灌漑制度への改良工事が必要とする費用を村単位で分担させる事業に中心的な役割を演じたのであり、この点は一九八〇年代末以降、現在進行中である灌漑改良工事の費用負担問題を考える場合に対照的な事例かと思われる。(21) この灌漑監督委員会制度は、英国占領期の一八九四年水路法の公布以降、農業監督委員会制度へと継承されてゆくが、一九五二年革命政権による水路法改正（一九五三年）によって廃止される。

また、農業部門と同じく、この灌漑行政においても権力を集中した公共事業省と同行政への関与から排除されたオムダ・シャイフ層とのあいだで、「公式の政治」と「非公式の政治」の図式が作りだされたように思える。すなわち農業省の中央指令的な作付け計画にしたがって、公共事業省が設計する毎年の水利用計画が影響力を持つのは、県あるいは幹線水路レベルであり、末端の農村において水をめぐる紛争で大きな力を持っているのは、依然としてオムダやシャイフたちだからである。(22)

〔徴兵と強制労働〕

ムハンマド・アリー期に始まる徴兵と強制労働は、重税とならんで、近代のエジプト農村社会を大きく変容させる要因となった。すなわち、その過重な負担に対する農民の反乱そして逃散が、大規模な人口移動と階層変動を引きおこしたからである。

一八二二年に開始された徴兵制度について、一八三〇年公布の法令選集（qānūn al-muntakhabāt）によれば、村ごとに必要な人員を供出するのは、「カーイマカーム（郷役人）(23)・オムダ・大シャイフ」の職務であり、責任を果たせなかった場合、彼らには厳罰が科せられた［ʻAzbāwī 1984: 48–49］。また同様に、前述の灌漑工事などへの強制労働の動員に関しても、一八三九年の勅令は、県知事が主宰する会議（jamʻiyya）に村々のオムダが出席し、県内の人口を把握して強制労働の割当てを決定することを規定している［*ibid.*: 49］。

また、実際の動員過程においても、シャイフは、遠くの工事現場まで農民を引率し、作業の監督にあたった［Rivlin 1961: 243-44］。また、これらの徴兵・強制労働を忌避し、他村や都市部に逃亡した農民を連れ戻すことも、オムダとシャイフの責任であった。そして、徴兵・徴用の動員決定は、しばしば恣意的に行なわれ、彼らの権力基盤を強化することとなった［Barakāt 1977: 338］。

その後の時期においても、農民の徴兵・徴用は、オムダとシャイフの責任であったが、サイード期には村を単位とする集団的な徴兵制度がなくなり、オムダと村のシャイフのひとりが兵役者を選抜する方式に変わった。そしてタウフィーク期の一八八〇年徴用法（qānūn al-qur’a）以降、オムダとシャイフの職務は、徴兵と強制労働に供出される人員の名簿を作成することに限定されてゆく［‘Azbāwī 1984: 62］。さらに、英国占領期には、強制労働制度そのものが廃止され、オムダとシャイフが直接に村民の労働力に影響力を行使することは制度的には認められなくなった。

〔治安維持・紛争調停〕

治安の維持は、あらゆる時代を通じてオムダとシャイフの重要な職務であった。そして、以上に見てきた職務が、ムハンマド・アリー期以降縮小され、整備された行政機構のなかに吸収されていったのとは対照的に、この治安業務は、とくに英国占領期後、より体系化・精緻化されてゆく。ここでは英国占領期以降の変化を中心に概観する。

英国による占領以前、治安維持の業務として出された法令は、盗賊集団への対応、職務怠慢のオムダ・村のシャイフへの罰則規定（投獄措置、盗難金の賠償）（ムハンマド・アリー期）や、殺人事件のあった村からの武器没収（イスマイール期）など、個別的なものであった［*ibid.*: 44-45, 61-62］。これに対し、英国当局は、占領への不満を背景に増大した農村犯罪に対応し、また支配下に置いた綿花輸出経済を維持するために、その統治機構を末端まで貫徹させることを目的として、オムダ制度の整備に努めた。

まず、英国は、占領直後の一時期（一八八四―八九年）、犯罪者に対する例外的な裁判権を有力なオムダ（大オムダ kibār

ʻumad）に認め、また各県に県知事を長とする治安委員会（lajna; commission）を組織し、各郡からひとりのオムダを委員として参加させ、犯罪事件の捜索に動員した［*ibid.*: 73］。しかし、このようにオムダ層を重用した英国当局であったが、同時に「中央政府との関係が不明瞭であり、中央行政を上まわる権力を保持し、中央行政への服属が不完全であり、さまざまな手段で農民の搾取を行なっている」として、オムダ制度そのものには批判的な認識を持っていた［Ramaḍān 1983: 270］。このような認識にもとづいて、占領行政が行なった一八九五年のオムダ法公布は、任命制による中央権力のオムダの統制と職務の明確化を目指したものであった。同法によって、オムダ制度は、英国が手中に収めた内務省の行政機構の末端に位置づけられ、その治安業務が細かく規則化されることになった。ここで、一九三六年に内務省が出版した『警察制度と行政』［Wizāra al-Dākhiliyya 1936］を一例として参照してみよう[24]。そこでは、オムダの治安業務として、村の治安維持（siyāna al-bilād）、ガフィールの統括、事件の当局への通報（大事件の場合の迅速性、通報項目の詳細）、事件通報前にすべき職務（容疑者の拘束・尋問、被害者の看護）、容疑者の逮捕、犯人の家宅捜索、秘密諜報者の雇用、廷吏による裁判所調書作成の補助など多岐にわたる項目が記述されている。加えてオムダは、「事情日誌」（daftar yawmiyya al-aḥwāl）の記録と、事件・紛争に関する報告の提出を義務づけられていた［*ibid.*: 48–51, 55］。

さて、英国が占領直後に行なった末端の治安機構の改革において、もっとも重要な措置は、オムダ権力の暴力装置であったガフィールの公務員化とその国家による訓練・武器の供与であったと言われる［Tignor 1966: 207］。前掲の『警察制度と行政』は、このガフィール職に関しても、選任の条件と解雇（イズバ所有者など地主による選任の許可）、休暇規定、監督と武器の管理、特別報酬、制裁措置、賃金配分・支払い方法など、ひとつの章を割いて細かい規定を指示している［Wizāra al-Dākhiliyya 1936: 160–76］。

また、同書で興味深い規定は、非村民あるいは非定着民に関するオムダの監視義務である。オムダは、村外者（al-ghurabāʼ）・ジプシー（al-aghjār）・遊牧民（al-ʻurbān）・請負労働者（ʻummāl al-muqāwilāt）〔移動労働者（タラーヒール）：本書第8・9章参照〕・住所不定者（mutasharridīn）・要注意人物（mashābuhīn）・前科者などを監視する職務があり、村外者の場合は滞在理由・交友関係の調査、ジプシーや遊牧民には幕営地の指定を行なった。また、ジプシーの場合は、シャイフルバラドとガフィールによる監視、遊牧民と移動労働者の場合は、シャイフやムカーウィル〔請負業者〕からの名簿の提出を命令するなど、きわめて詳細に規定している［*ibid*.: 58-60］。

さて、同書には、刑事犯罪以外の、郵便・電信電話・鉄道の保全、火事への対応、地権標識の保全など多様な職務に加えて、水（灌漑時期、用水路・排水路）・作物・土地をめぐる紛争の調停の職務が記載されている［*ibid*.: 52-57］。このなかで、とくに紛争の調停というオムダの伝統的な職務が、英国支配下で規定化されたのは重要な意味があるように思う。先述のように土地・徴税制度の近代化や農業灌漑行政の専門化が進行し、従来のオムダの多様な職務が制限される時代となっても、このように村民の紛争を調停する権限がオムダに与えられたことは、彼らが統轄する「非公式の政治」の存在を中央行政側が容認していたことを指し示している。今日でも、「慣習法廷」（al-majlis al-ʻurfī）あるいは「アラブの権利」（haqq al-ʻarab）の名称で知られる村落レベルの紛争調停制度において、中心的な役割を果たすのは、オムダであることが多い(25)。

この治安業務の規定に見るように、英国の占領行政は、オムダ制度の大きな転機となった。すなわち、この時期のオムダ制改革とは、ムハンマド・アリー期における富国強兵政策の末端執行者として多様な職務が変容・縮小してゆく過程を最終的に確認し、治安業務に集中させるものであった。また、ここでは紹介しなかったが、その他の多岐にわたる行政サービス業務（人口センサス調査業務、保健衛生業務、出生死亡記録、家畜の検疫など）も、官僚機構の整備に伴ない、しだいにオムダの手から離れていった。しかしながら、すでに数箇所で言及してきたように、オムダの職務を中央官僚制が吸収する過程は、行政の末端部における「公式の政治」と「非公式の政治」の分離を、それぞれの行政分野において生みだしたと言えるのである。

二　政治的階級としてのオムダ

（一）第二階層論

ひとつの階級を歴史の主体、あるいは運動やイデオロギーの担い手として把える考え方がある。ただし、このような考え方それ自体が、近代西欧に由来する社会認識のひとつの型であり、とくにそれが特定のイデオロギーと結びついてきたことも、周知のとおりである。すなわち、そこで語られる階級概念そのものが、そうしたイデオロギーによって作りだされたのである。

以上に述べたことは、エジプト農村の階級分析をめぐる言説、とりわけそれが国家規模の政治変動と結びつけて論じられるときに、かなりの程度当てはまる。そこで観察されるのは、農村中産階級、または村落有力者層などと名づけられたある階級を、民族主義運動、とくに一九五二年エジプト民族革命の担い手として把える言説である。

この言説を議論の出発点に選ぶことによって、エジプトの重層的な政治空間の構造を分析する新しい視角を提供した研究が、バインダー（Leonard Binder）の『興奮の一瞬において――エジプトにおける政治的権力と第二階層』［Binder 1978］である。彼は、この言説が、異なったイデオロギー的背景を持つ研究者、すなわちアメリカの政治学者とソ連やエジプトのマルクス主義研究者の双方に浸透している点を指摘する［*ibid.*: 6］[26]。彼の指摘を補足すれば、このような言説には、エジプト農業問題研究の古典、イブラヒーム・アーメル（Ibrāhīm ʻĀmir）の『土地と農民』［ʻĀmir 1958: 121–22］の議論が大きな影響を与えているように思う[27]。

バインダーの研究は、自由将校団の階級的出自をめぐるこうした言説を出発点にしながら、それを乗り越える理論的作業の手段として「第二階層」（the second stratum）という概念装置を提起したところに画期的な意義がある[28]。この第二階層という階級概念は、モスカ（Gaetano Mosca）の古典的著作『支配する階級』［モスカ 1973: 424–48］に由来する。

バインダーは、「支配する少数者」と支配を受ける民衆のあいだには、「必須の媒介装置」として、支配階級の第二列というべき「政治的階級」が存在するというモスカの議論を、マルクスの『ルイ・ボナパルトのブリュメール一八日』を援用しつつ、革命における農村中産階級の役割といった動態的な過程に適用する。そこで重要なのは、「自分で自分を代表することができず、だれかに代表してもらわなければならない」とマルクスが描いたフランスの分割地農民になぞらえて、バインダーが、この「第二階層の役割は、集合的行動でも意識的（もちろん「階級意識的」）にも表現されることはない」と述べている点である［Binder 1978: 18–23, 26］。

それにもかかわらず、この階級が「政府と民衆をつなぐ唯一の構造」となり得るのは、「モスカのいわゆる「政治的階級」は支配集団の知識人分子にすぎない」と断じたグラムシによるモスカ解釈が示唆するように、「都市化・官僚化・知識人化」を通じて、「この伝統的な地方エリートが新しい政治的階級である知識分子を生みだしてきた」からである［*ibid.*: 17, 14］。すなわち、のエジプト農村の中産階級、第二階層は、子弟の近代教育と都市への移住を通じて、体制エリートが必要とする多様な「近代的都市的」職業の人材を提供し、独自のネットワークを組織してきた。後述するように、こうした状況こそが、この階級と民族主義運動との結びつきに関してひとつの言説（その場合、一九五二年革命は民族主義運動の最終段階とされる）が生まれる背景となったように思える。

しかし、彼らは一九五二年革命後「支配する階級」となったのではない[29]。バインダーが、「エジプトの政府と経済の合理化された装置の大半は、上部構造的なものであり、それは体制の指導者と一貫して存続する大半の政治社会的下部構造との間の隔壁となっている」と述べる場合、この隔壁を通りぬけて機能するのが、彼の言う第二階層だからである［*ibid.*: 29–30］。さて、ここで指摘された「上部構造」と「下部構造」の関係は、前節で述べた村落政治における「公式の政治」と、「非公式の政治」の併存と密接な結びつきを持っていることは容易に理解できるであろう。その意味において、オムダ職は、バインダーの第二階層の形成と歴史的に不可分の関係にあった。

さて、バインダーの研究は、このような第二階層を実体的な存在として把え、それを数量的に分析しようとしたところにもうひとつの意義がある。彼は、ナセル政権の国民動員組織である国民連合の地方役員の登録リスト（一九五九年）から、二名以上の同じ家族名を持つ組み合わせ（family set）を抽出し、このfamily setを、第二階層を数量的に把握する分析単位とする。そして、このfamily setに属するメンバーの全リストに対する比率、その職業構成、そして地域的な特徴の析出などの計算作業を通じて、いくつかの興味深い結果を示している。ここでは詳しい紹介を行なう余裕はないので、簡単な要約の一部を記すことにする［*ibid.*: 74–76］［第2章第一節で言及した鈴木恵美の「議会家族」研究は、このバインダーの研究を実証面で凌駕している］(30)。

まず、このfamily setの総数は二二三三組、これに属する人物は五四九八名であり、彼らは村落委員会では委員総数の二〇パーセント以下であるが、郡支部の役員では四三パーセントを占め、さらにその四四パーセントが元国会議員の経歴を持つ［*ibid.*: 76–77］。このことから、農村に基盤を置く特定の家族出身者から構成される「郡や国家レベルにおける権威と影響力をもつ中位のエリート分子」の存在が浮かびあがる［*ibid.*: 77］。次に、職業構成について分析すると、family setメンバーの約七〇パーセントは、「伝統的農村的」職業であるが、family set以外のメンバーと比較した場合、「近代的都市的」職業、とくにそのなかでも社会的地位の高い技師・法律家・軍人など専門職の比率が高く、さらに郡の役員ではその傾向が顕著であった［*ibid.*: 78–83］。こうした多様な職業構成は、農村的出自という特徴を保持しながらも、支配エリートが必要とする「知識分子」を供給するこの第二階層の機能的な特徴を示している。

そして、この数量分析の作業のなかで注目されるのが、family setとオムダ職との関係である。前掲の登録リストの職業構成を見ると、オムダ職は全リストでは一九・六パーセントだが、family setメンバーでは二九パーセントに上昇し、このことから、オムダ職と第二階層の密接な関係がうかがえる。ただし、family setの郡役員リストでは、オムダ職の比率は一八・八パーセントへと低下する。とはいえ、全family set 二二三三組には一五四〇人のオムダが含まれている事実を見るなら、これはむしろ「近代的都市的」職業に就くオムダの同族が彼に代わって役員に選出されていると考えるべきだ、とバインダーは解釈する［*ibid.*: 86–87］。「オムダは国民連合の構成が示す多様な部分のなかで鍵を握る要素である。彼らは村落をひとまとまりにするし、また驚くほどに近代的なものと伝統的なものとをひとまとまりにするのである」［*ibid.*: 52］。

（二）オムダ層の形成と展開

すでに述べたように、バインダーの第二階層論の出発点となったのは、民族主義運動を中心に叙述される近代エジプト政治史研究において、農村中産階級の特殊な役割に注目するひとつの言説である。また、この言説は、エジプトの重層的な政治空間の構造、あるいはそこにおける権力関係の積み重なりを前提として、編みだされたものであった。

さて、このように多くの論者によって取りあげられ、解釈されてきたこの階級は、農村中産階級・富農（rural middle class, well-to-do peasant, kulaks of Egypt）、農村名望家層・村落有力者層（rural nobility, rural notables, village notables, provincial nobility, アーヤーン aʻyān）、そしてシャイフ層、オムダ・シャイフ層など、さまざまな名称で呼ばれてきた。これらの階級・階層の多様な呼称には、論者の理論的・イデオロギー的背景により違った内容を付与されているのはもちろんであるが、注意したいのは、仮に同じ名前で呼ばれても各々の時代によって歴史的性格を異にしている可能性がある点である。

たとえば、（1）一八世紀末に存在したアーヤーン層あるいはシャイフ層と、（2）綿花経済の形成に深く関与した一九世紀のアーヤーン層やオムダ・シャイフ層、（3）そして英国占領期にこの（2）の層から大地主層が成長した後、在地に残った中間層的部分は、それぞれ区別して考えることも可能である。さらには、より細かく時期的に区分し、あるいは地域的にも類型化することもできるかもしれないが、ここでは当該テーマとの関わりを探るという範囲で、いくつかの研究を紹介・整理することにとどめたい。

〔一八世紀のアーヤーン層〕

この時期のアーヤーン層・シャイフ層については、最近ではクーノとバラカートの研究がある（[Cuno 1992]・[Barakāt 1991]）[31]。クーノの著作は、かつてグラン（Peter Gran）が提起した挑戦的な主張、すなわちエジプトにおける資本主義発展の起源を一九世紀（正確にはナポレオンの侵略）以降の「西洋の衝撃」に求める通説に対して、それ以前の一八世紀後半における自生的な資本主義の生成を論じた主張を、より実証的に把えなおそうとした試みであるが、そこで重要な意味を持っているのが農村名望家＝シャイフ層の存在である（[Gran 1979]・[Cuno 1992: 85-89]）。

クーノの結論は、通説とグランの説との中間であって、一八世紀エジプトの農村経済はいまだ「資本主義的」とは言えないが、従来見なされていたよりは「近代的」なものであるとして、村のシャイフ層が都市の商人と結びつき、また管轄する居住区の農民に対する支配を利用し、商品作物の生産や金融業を営んでいた実態を描写している［Cuno 1992: 48-49, 56, 58-60］。

ところで、こうした近代以前のエジプトのアーヤーン層の問題は、オスマン帝国支配下の他の地域における地方有力者・アーヤーン層と比較して考えることも有効である。たとえば、永田雄三の研究［永田 1973］が示すように、一八世紀後半のトルコにおいて導入されたアーヤーン職制度は、従来のティマール制やカーディーを中心にした地方の軍事・統治制度が弱体化し、代わってチフトリキ経営や徴税請負権を基盤に成長したアーヤーン・デレベイ層が地方行政官の官職を要求し、その職務権限を拡大させていったものである。

もちろん、オスマン帝国システムにおける位置、軍事組織の形態や村落・地方政治における親族組織の在り方の相違などエジプトとトルコの事例を簡単に比較することは容易ではない。しかし、トルコのアーヤーン職の選出が実際には有力者同士の武闘によるものであったという永田の指摘と、これに対しエジプト農村の場合、有力アーイラ間の抗争を調停する役割を演じるシャイフのなかから「第一シャイフ」が選ばれてきたというクーノの解釈は、それぞれの地方名望家の成り立ち方を示していて興味深い［Cuno 1992: 92-93］。

たとえば、このように村落社会におけるアーイラ政治の枠組みのなかでより「自然発生的に」設置された「第一シャイフ」に対し、ムハンマド・アリー期において導入された村長職は、いわば人為的な「第一シャイフ」の選出を国家が各村落に強制してゆく制度であったと表現できるかもしれない。したがって、近代以前のシャイフ層・アーヤーン層から一九世紀のアーヤーン層（ここでは区別する意味で一応オムダ層と呼んでおく）が成長してゆく大きな契機は、この国家の村落社会への直接関与の開始（それは今日まで連続的に続く過程である）にあった、と見ることができる。

〔一九世紀のオムダ層〕

一九世紀以降この国家による村落社会への直接関与が、オムダ層と言うべきひとつの階級を生みだす契機となったのが、オムダの資格要件としての財産・土地所有規定である。ムハンマド・アリー期には村のシャイフは富裕な家族の出身であることが条件であり、またアッバース期とサイード期では村内で最大の地主であることが求められ、イスマイール期にはこれが慣習法で認められていたと言われる［ʿAzbāwī 1984: 22］。

一八九五年法は、こうした慣習法的な規定を法制化し、一〇フェッダーン（一フェッダーンは約〇・四二ヘクタール）以上の土地所有をオムダの資格条件として規定した（村内に一〇フェッダーン以上の土地所有者がいない場合には最大の土地所有者。また、シャイフルバラドは五フェッダーン以上の土地所有者と規定）［*ibid*.: 22］。ベアーやバラカートが指摘したように、この規定は、必然的に村内で特定のアーイラがオムダ職を独占する結果をもたらすことになった（［Baer 1969: 36-37］・［Barakāt 1977: 232-33］）。

この一八九五年法による土地所有規定は、その後の一九四七年法において廃止され、土地税一〇エジプト・ポンド以上の納税者という規定に代わり、さらに革命後の五七年法では四〇エジプト・ポンド以上の納税者へと改正される。しかし、階級としてのオムダが形成されるのは一九世紀のことであり、その過程に大きな影響力を及ぼした土地所有規定の歴史的役割は、すでに終わっていたと言えなくもない。そして、一九四七年法以来の納税額規定も、「アラブ社会主義」的傾向の強まった時代の六四年法では撤廃される。

しかしながら、サダト時代の一九七八年法では、五フェッダーン以上の土地を保有かつ所有している者（すなわち、小作地は認められない）、あるいは四〇エジプト・ポンド以上の納税者という「伝統的な」規定が復活した［Abū Zayd 1984: 76］[32]。この法改正の背後には、前節で見たオムダ職に対する中央権力の認識が、そしてオムダ層と中央権力の間の関係変化がうかがえる。それは、この時代を特徴づける、アンサーリー（Hamied Ansari）が言うところの「再伝統化」現象のひとつであったのかもしれない［Ansari 1986］。

さて、一九世紀にオムダ職を権力基盤としてひとつの階級が台頭した過程をもっとも詳細に分析したのは、前述のバラカートの研究である。バラカートは、「村のアーヤーン」層を、都市に住むザワート層大地主と一般農民の中間に位置する、オムダや村のシャイフから構成される社会階層（al-sharīha al-ijtimāʻiyya）として把え、その形成を次のように分析する。まず、この階層が台頭する大きな契機となったのは、前節で述べたような徴税や徴兵・徴用に関する村長職の職務であった。たとえば、徴税業務に関してひとつだけ例示するなら、死亡した農民の土地相続に関し、シャイフルバラドにその決定権が与える法令が出されたこともある（一八四六年土地法令）［Barakāt 1977: 233-34］。

こうした職務権限の乱用をはじめ、債務隷属による農民からの土地収奪、村の居住地の一定面積を免税地として取得する権利、農産物の流通支配や農民労働の大経営地への供出、またムタアッヒド〔ムハンマド・アリーの土地国有制が解体した後、一部の土地に適用された徴税請負の管理者〕に就いた場合の特権など、村長職の地位を利用した特定のアーイラによる土地集積が一九世紀を通じて進行した。ただし、バラカートは、こうしたオムダ層＝アーヤーン層がさらに大地主へと成長するのはごく一部であり、オラービー革命まで彼らは「農業的中産階級」としてとどまった、としている［*ibid.*: 235-41, 257］。

オムダ層が、エジプト近代史の舞台のなかで政治的階級として、鮮明な姿を現わすのは、このオラービー革命においてであった。前述の農村中産階級と民族主義運動をめぐる言説が生みだされるのも、この政治変動の過程を経た結果であると言ってよいように思う。たとえば、同革命に関する定評のあるシュレヒの研究は、トルコ・チェルケス系のザワート層＝「支配する階級」に対抗する「土着の名望家」（the autochthonous notables）の役割を重視し、その階層としての性格をウェーバー的な意味での「名望家層」（Honoratioren）であったと把えている［Schlöch 1981: 29］。このような意味での彼らの「名望家層」としての政治的機能が十分発揮されたのは、オラービー革命体制下における代議会での人民の代表者としての活動であった［*ibid.*: 153-60］。

ところで、このようなオムダ層の政治参加の増大は、革命以前から続く一連の発展過程の結果でもあった。たとえば、地方行政への参画を見ると、ムハンマド・アリー期に始まるシャイフの地方行政長への登用は、サイード期になるとさらに発展し、郡長官の四分の一、地区長官の三分の一がオムダ・シャイフ出身者であったと言われる。そして、次のイスマイール期になるとこれまでザワート層が独占してきた高位の地方行政職に参入し、オムダ層出身の県知事も決して例外的ではなくなった［ʻAzbāwī 1984: 120–23］(33)。

そして、こうしたオムダ層の政治的役割の増大と並行して、同時に彼らは中規模地主としての階級的意識が成長していたと解釈する説もある。たとえば、ディビス（Eric Davis）は、一九世紀を通じた長繊維綿花の生産の拡大に伴なって、この社会階層のあいだに一定の階級意識が醸成されたと述べ、それがオラービー運動において重要な役割を果たした点（とくに遊牧民と農民のアーヤーンの連帯の問題）を指摘している［Davis 1983: 39］。また、バラカートは、「代議会と将校という文民面と軍事面の二つの翼」を持つこのアーヤーン層の政治運動こそが、ザワートとアーヤーンのあいだの対立（「綿花の富」の分配をめぐる）を起点として、オラービー革命の爆発を誘導した点を強調している［Barakāt 1977: 467］。

こうしたアーヤーン＝オムダ層とオラービー革命をめぐる言説の持つ問題性、とくにその実証的根拠については、関連する研究点数の多さの問題もあり、ここで十分に論ずることはできない(34)。以下では、前に述べたバインダーの第二階層論との関連で、オラービー運動以降のこの階級の変化（あるいは、その継続性）をめぐる問題について考えることにしたい。

〔英国占領後のオムダ層〕

オラービー運動の挫折後におけるアーヤーン＝オムダ層の変化について、アーメルがはじめに示唆を与え、アブデルマリクがそれを展開したひとつの解釈がある（［ʻĀmir 1958: 120–22］・［Abdel-Malek 1969: 87–88］）。この解釈にもとづいて実証研究を進めたバラカートは、その変化を以下の二点にまとめている［Barakāt 1977: 259–60］。すなわち、（1）彼らの多く、とくに土地所有規模の大きい部分が、都市に移住して不在地主化し、また子弟に教育を受けさせることを通じて、中央における政治活動に参加していったこと、（2）とくに英国占領以後、古い支配階級であるザワート層との通婚が増大し、彼らの伝統と文化を取りいれていったこと（いわゆる「上昇転化」現象）、である。

さて、すでに見たように、バインダーは、こうしたオムダ層の変化それ自体を議論の前提として、第二階層論を展開した。ただし、注意したいのは、その場合、こうした時期の変化がむしろ通時的な現象として把握されたことである。すなわち、彼の議論においては、この階級が「都市化・官僚化・知識人化」を通じて政治エリートの支配を下から支えるといった現象は、オラービー運動以降（さらにはそれ以前から）今日まで見られる一貫した傾向と見なされている。

しかし、英国占領期に起きた変化は、この階級の第二階層としての歴史的な一貫性をむしろ否定する断絶的なものであったとは考えられないだろうか。すでに見たような一八九五年オムダ法に象徴される、中央の植民地支配権力の地方浸透に対し、オムダ層の多くはその権力の網に取り込まれていった。また、経済的には王領地の払い下げ政策の恩恵を被ることによって土地集積を進め、社会的にはザワート層の文化や生活様式に習熟することを通じて、身分的な「上昇転化」を遂げていった（他方、同時にザワート層自体が土着化していったという解釈もある。たとえば、［Springborg 1982: 12］を参照）。その結果、ベアーが述べるように、「イスマイールの時代にしばしば見られた大土地所有者のオムダは、二〇世紀中葉のエジプトには稀にしか見られなくなった」［Baer 1969: 53］。

このような変化を前提にして、オムダ層の政治的機能を論じる場合、かつてオラービー運動のさなかに実現したという彼らの「名望家的支配」（シュレヒ）あるいは明確な階級意識を持った政治行動（ディビス）と、バインダーが想定する「階級意識を持たない」第二階層の政治的機能とは、どのように連続して考えることができるのだろうか。

もっとも、その場合、オラービー運動や一九一九年革命などの特殊な「革命的」局面におけるオムダ層の政治的機能と、両大戦間期における日常的な議会政治のそれを区別する議論は可能である。前者の民族主義運動の局面において、オムダ層は、一般農民の指導者として、またその農民蜂起が過激化（地主の土地占拠など）するのを防ぐ統制者（たとえば、一九一九年においていくつかの地域で結成されたアーヤーン層を中心とする地方自治政府に見るような）として描かれてきた[35]。また、ムハンマド・アリー期における農民反乱においても、これと類似した性格が当時のアーヤーン層に検出できるのかもしれない[36]。

オムダ層をひとつの政治的階級と把える場合、オラービー運動期とその後の時代を比較して両者の質的な相違を指摘するか、それとも政治変動の局面そのものが同じ階級の政治的機能の相違をもたらしたと考えるのか、ここでは何らかの結論を述べることはできない。「はじめに」で述べたように、オムダをめぐる権力関係の問題を、こうした闘争や抵抗といった具体的な政治過程を通じて分析するのは、この研究の範囲を超えているからである。

もっとも、こうした議論の限界は、本節で取りあげているバインダーの研究についても言える。すなわち、彼が採用した第二階層の量的な把握という手法では、公的職務に就いた同階層の数量データの分析を通じて、彼らと中央の支配エリートとの関係を推測することはできるが、具体的な政治過程における実態は見えてこない。たとえば、バインダーは、一九五九年の国民連合の役員リストにおける family set とアリー・ムバーラクの『新編地誌』［Mubārak 1886-89］における在村の名望家の家名とを綿密に比較している［Binder 1978: 127］。しかし、それは、時代を異にした二つの階級の親族的な出自の同一性（それは一九世紀以前にさかのぼることになろう）を主張することにはなっても、階級そのものの歴史的社会的性格が同じことの証明にはならないのではなかろうか。

また、バインダーは、国会議員の名簿を分析し、農村中産階級出身の議員の比率が一八八一年代議会の七五・三パーセントから一九二四年の四九・九パーセントへと低下し、その後三〇年代から五二年革命直前まで再び増加したという計算結果を示している［*ibid.*: 127］。そして、彼は、とくに一九一九年革命以降、都市中間層的性格を持つワフド党が、エジプト政治の機軸的存在となり、農村のオムダ層は都市の議会政治からしだいに排除されていったと、この変化を解釈する。また、一九三〇年代以降に議員比率が上昇したのは、ワフド党がそれまで軽視してきた農村の支持基盤が他の政党によって掘り崩された結果である、と推測する［*ibid.*: 133］。

しかし、オラービー運動を担う政治的階級として成長した一九世紀のオムダ層と、バインダーが言うように、二〇世紀以降、都市の議会政治に従属し、そして一九五二年革命に受け身的に対応したその後の農村中産階級とを同質的なものと取り扱うことは、はたしてどの程度可能だろうか。

バインダーの第二階層論が抱えるより基本的な問題点は、農村の中産階級とその出身者である中央の都市政治の担い手たちの関係である。「都市化・官僚化・知識人化」を通じて広がった第二階層のネットワークが近代エジプト政治において中心的な役割を果たしてきたというその仮説は、前述のようなオラービー運動の担い手をめぐる議論を原型にして繰り返されてきた言説に根ざしているように思う。

たしかに、一九一九年革命の指導者サアド・ザグルールは、ガルビーヤ県の有名なアーヤーンの出身であり、また最近では、一九七〇年代後半以降のイスラーム急進運動に関して、サダト大統領暗殺犯のハーレド・イスラムブーリやジハード団のアッブード・ゾモルが、それぞれ地方ではよく知られた名望家出身であることを強調する研究もある［Ansari 1984］（本書第1章コラム2を参照）。しかし、そうした親族的な出自、あるいはアーイラ的ネットワークが、その他の諸要因との関係のなかで、どのような政治的意味を持ち、それがアーヤーン＝オムダ層をひとつの政治的階級としてどのように機能させているのか、これまで十分に論じられてきたとは言えないように思う。

以上に述べてきた、政治的階級としてのオムダをめぐる議論の最後に、このアーイラ的ネットワークがオムダ層の形成とどのような関係を持つのかという問題について、若干言及しておくことにしたい。

(三) オムダ層とアーイラ

アーイラは、エジプト社会（あるいはアラブ社会）を理解する鍵とも言える概念のひとつである。そして、前節でたびたび言及したところから理解されるように、オムダ職をめぐる権力関係の考察にとって、このアーイラをめぐる問題は避けては通れない。

周知のように、現代のエジプト社会において、アーイラという言葉の指し示す内容は、小家族から拡大家族、さらに大規模な家系集団（しばしば数千人の規模に達する）へと、かなり伸縮の幅が大きい。ここで述べるアーイラと（これまで同族集団という訳語を便宜的に充ててきたが）、社会人類学的な表現を借りるなら、現代アラブ社会でかなり普遍的に観察される父系出自集団（他の地域ではハムーラ hamūla という呼称も用いられる）を指すものと差しあたり考えおきたい。[37]

さて、このアーイラをめぐる問題は、日本の研究者、とくに社会経済史研究者の関心を強く引きつけてきた。[38] そうしたアーイラを共同体論のなかで位置づけようとする試み、それに対する批判については、ここではふれない。ただし、そうした議論は、以下で紹介する政治研究との関係でもう一度読みなおす必要があるように思う。

アーイラをめぐる問題を農村社会研究の枠から外に拡張させ、国家レベルの政治においてアーイラが持つ機能に着目した研究として、すでに言及したバインダーの著作［Binder 1978］に加えて、スプレングボー（Robert Springborg）の研究『エジプトにおける家族、権力、政治』［Springborg 1982］を挙げることができる。この二つの研究は、前者がマクロな数量分析、後者がミクロなレベルで個別のアーイラを扱った事例研究として、一見すると相互補完的な関係を結んでいるように見える。

前者についてはすでに部分的に紹介してきたので、ここでは、後者のスプレングボーの研究を取りあげてみよう。この著作は、政治家サイイド・マレイの個人史を素材とするモノグラフ的研究であり、ここではアーイラとその他の政治行動の単位との関係を扱った前半の第一部についてのみ紹介する。一九九三年一〇月に亡くなったサイイド・マレイは、五二年革命以前は政党政治の新進議員として、ナセル政権においては農地改革の責任者である農業大臣、そしてサダト時代においては国会議長として、絶えずエジプト政治の中心部で活躍しつづけた希有の政治家であった。

彼が属するマレイ家は、一八世紀初めシャルキーヤ県に定住した遊牧民、スルー族の支族であり、一九世紀にオムダ職の地位を利用して土地を集積したが、たとえば、同じく定着遊牧民出身のアバーザ家のような大きな政治的権力を持つ大地主とは異なり、中央政界への進出は遅れた。すなわち、このアーイラが、都市に移住し、近代的世俗教育を受けてさまざまな専門職に従事するメンバーを輩出し、さらにそのリーダーが国会議員となるのは、一九二〇年代以降のことであった。サイイド・マレイは、こうしたアーイラの「政治的機関」(political organization)としての機能を十分に活用する一方、農村事情に通暁したテクノクラートとしてナセル政権に食い込んでゆくことになる。

さて、スプレングボーが、こうした「政治的機関」としてのアーイラの機能のなかでとくに注目するのは、姻戚関係の果たす役割である。彼の分析によれば、マレイ家は、「族内婚と族外婚のきわめて賢明な結びつき」[Springborg 1982: 5]、すなわちアーイラ内の四つのサブ・リネージのあいだで族内婚(endogamy)を繰り返して一族の団結を維持する一方、アーイラ以外に婚姻関係のネットワークを広げてゆく戦略(彼は、これをfamily nestingと呼ぶ)を取った。そして、この族外婚のネットワークは、初期の隣村のアーヤーンに始まり、県レベルの有力家系、やがて中央政界のエリートへと広がっていった。

その場合、スプレングボーが注目するのは、このような「政治的機関」としてのアーイラが持つ政治的機能を操作する主体であり、それは、アーイラ集団内部のより小さな親族単位に求められる。ここで、彼は、ピーターズ(Emrys Lloyd Peters)のレバノン・マロン派村落の研究を手がかりにして、族内婚集団としてのアーイラが持つ重層的な内部構造を指摘する。それは、（1）核家族（nuclear family）、（2）核家族相互の婚姻関係による結合体（彼は、これをaffinal setと呼ぶ）、（3）出自集団（descent group）からなる三層構造であり、アーイラが「政治的機関」として機能する際に重要なのは、二番目の層、affinal setであるという［Springborg 1982: 34-35, 50］および［Peters 1976］を参照）。

さて、ここで注意したいのは、前に紹介したバインダーのfamily set概念は、このスプレングボーのaffinal setと、何らかの意味のある関連性を持つように見えることである。すなわち、第二階層の検出手段として案出された、バインダーのfamily setには、そうした実践的な意味以上の含意がある、ということである。

バインダーが、国民連合の地方役員リストのなかからfamily setを選ぶ方法は、三つの名前の連記から構成される個人名について、（1）父と祖父の名が一致するケース（「家の名」が記されていない場合）、（2）特徴ある「家の名」ともうひとつ同じ名（父あるいは祖父）からなるケースのいずれかに該当するものを選ぶという方式であった［Binder 1978: 75-76］。すなわち、ここでひとつの政治的機能を持つ集団として考えられるfamily setとは、二人の兄弟（あるいは父方のいとこ同士）、言いかえればそれらの二つの核家族を構成単位とする親族集団であることを意味する。

このように、アーイラの政治的機能の分析において、大規模な家系集団であるアーイラと核家族のあいだに中間的な機能的単位を認める点において、バインダーのマクロ的な数量分析は、affinal setに注目したピーターズ＝スプレングボー的な個別事例の研究枠組みと、かなりの程度接近していたということもできる。とはいえ、バインダーの議論は、このようなアーイラの内部構造の問題に、ほとんど踏み込んでいないことにも注意しておかねばならない。

さらに、両者の問題意識は、決定的なところですれ違っているように思える。すなわち、バインダーの第二階層論、あるいはここで議論している政治的階級としてのオムダ層の形成という問題設定に対し、スプレングボーが関心を傾注するのは、政治エリートのリクルート過程に関する「伝統的な」分析だからである。

たしかに、スプレングボーは、アーイラと階級形成の問題をめぐって、「複数の家族が凝集力を持つひとつの社会階級に溶接される」と述べ、また「家族の集合体（family clusters）が国家レベルの政治的リーダーシップを供給する」、あるいは血縁と婚姻の結合・地域的近接性・国政にそれぞれのリーダーを送りだすことから生まれる共通した利害、地方におけるその政治的地位を保持しようとする願望といった要因にもとづいて、有力家族の間に「家族の巣（family nests）」が形成される、などと語っている［Springborg 1982: 5, 72, 82］。

しかし、注意したいのは、これらの「社会階級」、「家族の集合体」、「家族の巣」を構成するのは、前述の affinal set を中心としたネットワークであり、これらのアーイラ集団の全体、すなわち、もしそうならば相当の人数におよぶ、出自集団としてのアーイラの構成員すべてを包摂するものとは考えられていないのではないか、ということである。言いかえれば、affinal set（あるいは、バインダーの family set）とアーイラ集団全体は、ひとつの政治的階級の形成において、どのような関係を持つのか、これらの議論では明らかにされていない。

さて、この階級形成とアーイラの関係について、とくにアーヤーン層あるいはオムダ層がアーイラによって構成されるという言説をめぐって、これまでもっとも多くの研究蓄積がなされてきたのが、社会経済史の分野であった。たとえば、最近の代表的な実証研究と思われるシャラビー（Ḥilmī Aḥmad Shalabī）の『ムハンマド・アリー時代の農村社会』［Shalabī 1992］は、ムヌーフィーヤ県の人口統計データを用いて、当時の農村人口のアーイラ的構成について次のような分析結果を示している。

すなわち、同県の人口は、「アーイラ的ピラミッド」（al-haram al-ʻā'ilī）と表現できる「大アーイラ」と「小アーイラ」からなる階層的な構成をなしており、前者は人口規模においても、後者の数多い「分割された」アーイラ、あるいは「余所者」（al-ghurabā'）と呼ばれる他の地方から流れてきた「小アーイラ」を圧倒している。また、「大アーイラ」の人口は、「小アーイラ」より移住（すなわち、重税・徴兵・強制労働からの「逃散」）が少なく安定しており、村内の特定の居住区に集住し、また相互に姻戚関係を結んで政治的な力を持ち、郡や村のなかで卓越した階級を形成していた。彼らの権力は、水争いなどの紛争の裁定や、裁判で「小アーイラ」の代理として出廷する例などに示された、という［Shalabī 1992: 12-20］。

しかし、このように社会経済史研究で取りあげられるアーイラと、前述した政治学研究の対象としてのアーイラを同一の存在と見なしてよいのであろうか。すなわち、多くの研究者が議論の前提として考えているアーイラの意味が、厳密に言えば、それぞれの議論のコンテクストにおいて異なるということは考えられないだろうか。

ここでいうアーイラの多義性とは、この項の冒頭で挙げた、アーイラという言葉が示す親族集団の範囲の流動性という問題だけではない。すなわち、アーイラを、同質的で固定的かつ社会的な実体と見なすのではなく、むしろ、その政治的、あるいは経済的コンテクストによって、意味や社会的機能を変化する、きわめてイデオロギー性の強い存在として論ずるべきではないだろうか、と考えるのである。

したがって、これまで日本の社会経済史研究者が示唆してきたように、アーイラは、その経済的側面から見ても、土地所有・農業経営・家計のそれぞれのレベルで異なって論じなければならないし、また親族的なイデオロギーとして持つ意味や、スプレングボーのいう「政治的機関」としての機能など、それぞれ異なった定義にもとづいて厳密に区別して分析しなければならない対象であるように思う。

さらに、ここで問題としているアーイラの政治的機能についても、村落政治のレベルと地方政治、国家レベルの政治のそれぞれの局面で、同じ意味や機能を想定してよいかどうかは疑問であるし、また、affinal set を中心とした権力的ネットワークの形成と、集票マシーンなど政治的動員力を持つ存在としてのアーイラとは、それぞれ厳密に区別して分析の対象とすべきではないかと考える。

それでは、仮に、このようにアーイラを多義的な存在と認めた場合、政治階級としてのオムダ層の形成を論ずるために、アーイラは、どのような意味と機能を持つ存在として把えられるのであろうか。ここでは、最終的な結論を述べる余裕はないが、オムダ層の政治的性格をめぐるひとつの対立する論点が、この問題に対し、何らかの示唆を与えるのではないかということを、最後に言及しておきたい。

それは、オムダ層における階級意識の問題である。すでに見たように、第二階層は、それ自体としては明確な階級意識を持たない政治的階級である、としたバインダーの議論に対し、オムダ層における階級意識の形成を強調している論者にデイビスがいる。さて、ここで挙げたデイビスの研究は、民族資本主義の象徴的存在であるミスル銀行グループに関する分析として評価が高いが、そのなかでも重要な指摘と考えられるのが、指導者タラアト・ハルブをはじめ、同グループに参加した人たちが持つ民族意識の考察である。デイビスの研究は、彼らを民族資本の形成に駆りたてた連帯意識の枢要な部分は、エジプト人としての、さらにはアラブとしての出自意識であり、そのイデオロギー的素材となっているのが、それぞれの出自集団としてのアーイラである点を示唆している（[Davis 1983: 85] などを参照）。

ここでは、（1）すでに述べた「都市化・官僚化・知識人化」を通じたアーイラのネットワーク形成を基盤とする機能面から、ひとつの政治的階級を設定する理論的立場と、（2）イデオロギーとしての親族集団が持つ集団意識の形成の問題として、アーイラと階級形成の関係を論ずる立場が対置されている。ただし、これらの異なった側面をあわせ持つ、統合的な社会的実体として、アーイラを理論的に定義づけることがどの程度有用なのか、またはどのような意味を持つのか、こうした問題は、今後、別の素材を使って議論しなければならない。

三　民衆文化に見るオムダ像の変遷——大衆演劇の事例

（一）民衆文化への接近

オムダをめぐる権力関係の考察において、これまで紹介してきたのは、オムダ職を媒介にして、農村社会を上から支配し、あるいは外側から観察する視点に立った議論であった、と言えるかもしれない。こうした眼差しの方向を転じ、またこれまで説明してきたこの問題をめぐるイデオロギー状況の考察に新しい視角を取り入れるためには、観察される側、すなわち支配される側からオムダと権力の問題を把えなおす工夫をすることも必要だろう。

たとえば、そうしたひとつの試みとして、民衆文化に見るオムダ像という問題の立て方も可能である。しかし、こうした方向で研究を進める場合、何よりも、手法や素材そのものの選択が重要な意味を持つことが多い。たとえば、エジプトの一部の民俗学研究者は、「民衆文化における権力」というテーマをめぐって、諺や俗謡を用いた分析を試みている[39]。ただし、これらのエジプト人研究者の手になる民俗学研究については、非文字・非記述文化としての民衆文化に対する接近の在り方に対し厳しい批判も見られる（リフアト・サッラーム（Rif'at Sallām）の『アラブ的遺産の研究——批判的方法論的視角』[Sallām

1989］を参照）。[40]

とはいえ、民俗学といったそれ自体が文化的創造行為であるような、民衆文化へのいわば直接的な接近を取らずとも、間接的なかたちで対象に接近する道も開かれているように思う（とくに外国人研究者にとって）。それは、広義の文芸作品やその他の媒体、すなわち小説や演劇、映画、テレビなど、知識人の手によって民衆文化から汲みあげられ、加工された素材を分析の対象にする方法である。[41]

もちろん、これらの作品は、作り手である知識人が持つイデオロギーの色によって染めあげられてはいるが、しかし他方、そのなかには民衆文化が（しばしば、作者の無意識のうちに）深く滲入している場合が多い。それは、知識人と民衆の双方がともに、ひとつの文化体系のなかで（もちろん、越えがたい断絶をはさみながらも）しばしばひとつのイデオロギー状況を共有しているからである。すなわち、ある特定の時代のイデオロギー状況のなかには、社会階層・文化的な価値意識の異なった人々が、さまざまなかたちでその思想形成の流れに参加している。そうした思想の重層的な流れを読みとることは、民衆文化への接近にとってひとつの切り口となると思われる。

さて、オムダを素材とする映画やテレビのドラマは、最近のエジプトで一種流行のようである。[42] ここでの考察の対象とはしないが、そうした作品が作られる時代的背景には興味深いものがある。次に、小説について見ると、「はじめに」でも紹介したように、オムダは農村小説の主要な登場人物となっている。そのなかで、オムダそのものを主人公としたもっとも有名な作品は、ユーセフ・カイード（Yūsuf al-Qaʻīd）の『エジプト領内の戦争』（一九七八年）であろう［al-Qaʻīd 1986］。[43]

この小説のあらすじは、オムダがブローカーを使って息子の徴兵逃れを画策し、その身代わりとなったガフィールの息子が一九七三年一〇月の中東戦争で戦死するというものであるが、一九世紀以来の徴兵をめぐる国家・農民関係、その媒介者としてのオムダという図式がその下敷きとなっている（もちろん、前述のように、現在のオムダの職務には徴兵に関する業務はない）、また、同作品にはサダト政権が行なった農地改革の見直し政策（国家が接収した一部の農地の地主への返却）に対する農村部の反響も描き込まれ、一九六〇年代の社会主義的な公式イデオロギーによって生みだされたオムダを村の「封建的」権力の象徴として描くパターンが、そこでは繰り返されている。

このような素材は研究対象として十分に役に立つものであるが、ここでは近代演劇の世界で描かれたオムダのイメージについて紹介してみたいと考える。なぜなら、今日、これらの小説や映画、テレビのドラマなどで描かれるオムダ像の原型は、一九五二年革命以前の両大戦間期に、アラビア語による近代演劇によって作りだされたと思われるからである。

エジプトにおける近代演劇は、一九世紀初頭にさかのぼることができるが、そのかなり早い時期から、政治的な思潮を敏感に反映した作品が上演されてきた[44]。その代表は、オラービー革命の前後に活躍したユダヤ教徒の著名な民族主義思想家・文筆家、ヤアクーブ・サンヌーウ（Ya'qūb Ṣannū'）の演劇活動であった。とくに、ときの支配者イスマイールを風刺し、国外追放の処分を受けた作品「ハーラ〔町の街区〕のシャイフ」は、後で述べるように、後のオムダ劇の先駆的な形態であったと考えられる［Vatikiotis 1980: 106］。

そして、オムダが近代エジプト演劇のヒーローとして登場するのは、民族主義の第二の高揚期、一九一九年革命をはさんだ時期であった。なかでも、ナギーブ・リーハーニー（Najib al-Rīḥānī）が作りだしたキャラクター、カフル・バッラース村のオムダ・キシュキシュは、当時の大衆演劇で圧倒的な人気を博した。キシュキシュは、外国勢力＝権力と国民＝農民のあいだ、近代と伝統のあいだを揺れ動き、両者を媒介する国民的キャラクターであった。

ナグワー・アーヌース（Najwā 'Ānūs）の『エジプト演劇におけるオムダのキャラクター』［'Ānūs 1989］は、このオムダのキャラクターの変化を跡づけた興味深い研究である[45]。以下では、前節までの議論との関連に言及し彼女の研究を紹介したい。

（二）エジプト演劇におけるオムダのキャラクター

アーヌースの研究は、第一次大戦直前の一九一三年から五二年革命までの時期を対象としているが、この時期以前の劇でも、オムダが主人公として登場することはあった。ただし、当時のオムダの配役は、前述のサンヌーウの劇と同様、支配者階級であるパシャの手先であり、住民に重税を強いる圧政者（ẓālim）として描かれるのにとどまっていた［'Ānūs 1989: 14–21］。

オムダのキャラクターは、第一次大戦を境に急激な進化を遂げてゆく。その端緒は、アッバース・アッラーム作「王様と悪魔」（一九一三年）に登場するオムダであり、「政府を代表するパシャ・貴族階級へのすり寄りと農村の伝統慣習への執着のあいだを泳ぎ回り、真面目と冗談のあいだを行きつ戻りつする人物」として描かれている［ʿĀnūs 1989: 24］。これに続く大戦中の時期にオムダのキャラクターは、小話（ノクタ）や曲技的動きと踊り、そして歌唱に長けたボードビル的なものへと変化を遂げる。こうした変化は、観客層が古い上流階級から「ムワッザフ〔役人、あるいはホワイトカラー層を指す〕と学生からなる大衆」へと変わったことと関係がある。この新しい観客層は、フランス喜劇の翻訳劇では飽き足らず、「バラディーな〔国民的あるいは田舎風の〕コメディー」を歓迎した。

　こうしたバラディーなオムダ劇は、フランスのボードビル劇など外国演劇の様式に従う一方で、土着的な要素、すなわち、エジプト人にお馴染みのコミカルな仕種（al-faṣl al-mudḥik）、民話や『千夜一夜物語』の利用、小話や冗談（al-fukāhā）、歌謡や諺の多用が見られた［ʿĀnūs 1989: 111–27］。このようにヨーロッパ的な演劇様式のなかに、近代以前の「戯曲的な表現の土着的な型」、たとえば、アブーゼイド・ヒラーリーやバイバルスなどの英雄語り、ターズィエ〔殉教劇〕、影絵芝居（khayāl al-ẓill）、さらにはより民衆的な人形劇（qaraqūz）などが取り込まれていたのが、初期のエジプト近代演劇の重要な特徴であった［Badawi 1987: 2–3］[46]。

　また、アーヌースによれば、当時の演劇では台詞に外国語とアラビア語口語の双方が使われたが（これをal-farankū ʿarabと言う）、これはヨーロッパ人の観客に加えて、彼らのまねをしてエジプト人の新興成り金が劇場に足を運ぶようになったからであり、後者のなかには田舎から出てきたオムダ層も含まれていた［ʿĀnūs 1989: 26］。このような新しいオムダ劇を代表したのが、イブラヒーム・ラムジーの作品「風呂に入れば帰りは裸」（一九一六年）であり、そこでのオムダは、綿花の代金をカイロの女に巻きあげられる田舎の金持ちとして描かれる［*ibid.*: 29–33］。

　そしてこの時期オムダ劇の最盛期を作りだしたのが、リーハーニー作のキシュキシュと、アリー・カッサース作のオスマーン・アブデルバーシトという二人のオムダのキャラクターの登場であった。とくに、キシュキシュの登場で興味深いのは、リーハーニーがこのキャラクターの着想を得たのが、彼が劇作家になる以前、農業銀行に勤務していたとき、町で金を蕩尽したり、詐欺で一文無しになったオムダが、翌年度の綿花販売を担保にして融資を頼みにきた経験に由来するという逸話である。そして、キシュキシュは、ある朝方、彼の夢のなかに、ひとそろいの長衣（ジュッバとカフターン）を着込み、田舎風の大きなターバンを頭に巻いた人物として登場した［*ibid.*: 33-35］。また、キシュキシュは、女性との浮気（mughāzala）や恋の冒険（mughāmara）という従来のオムダのキャラクターの行動様式を受けついでいたが、外国人女性を相手に選び、外国人との恋の争いをすることによって、外国勢力に対して農村＝エジプトを代表する演劇的ヒーローの地位を得ることになった。

また、いわゆる「血が軽い」と評されるオムダ・オスマーンに対し、オムダ・キシュキシュは、アーヌースの表現によれば、「融通無碍の気質と繊細な神経を持つ心性によって、高揚する時代精神をその感情において把握できた」ところに、その「大衆性」の秘密があった［ʿĀnūs 1989: 35］。すなわち、キシュキシュは、大戦から一九一九年革命に向かう時代の社会の変化を敏感に反映する「地域性」（maḥalliyya）という特徴と、演劇的な「普遍性」（ʿumūmiyya）という特徴の両者をあわせ持つ存在であった［*ibid.*: 37］。そして、前者の側面において強調されたのが、第一に彼のエジプト人性であり、土着性（al-khilāqīya）であり、さらに農村出身である点であった。一例を挙げれば、キシュキシュのエジプト的国民性は、当時の民族主義の思潮を反映し、恋の冒険の相手、ウンム・ムハンマドとの掛け合いで次のように表現された［*ibid.*: 40］。

ウンム・ムハンマド：あなたは、上エジプト〔ナイル上流〕の人、それとも下エジプト〔海寄り〕のお方（ṣaʿīdī wallā buḥayrī）？
キシュキシュ：海寄りの上エジプト人さ（ṣaʿīdī baḥr）。
ウンム・ムハンマド：それじゃあ、お国は（wa jinsiyyatak）？
キシュキシュ：エジプトさ（maṣrī）。
ウンム・ムハンマド：じゃあ、宗教は（wa diyānatak）？
キシュキシュ：宗教も、同じくエジプトだ（diyānatī barḍak maṣrī）。

そして、大戦中の徴用や重税による困窮に対する農民反乱（三月蜂起）という側面を持つ民族主義運動、一九一九年革命は、このように農村＝エジプトを象徴するオムダ・キシュキシュを一躍、民族主義的ヒーローの座に押しあげることになった。その代表的なものは、三月蜂起後に上演された一九一九年六月の作品「イッシュ」であり、ギリシア人のハワーガ（旦那）に酒を飲まされ、賭博で土地を騙しとられるオムダとして登場したキシュキシュは、この外国人の横暴に対して、民族主義的歌謡（al-anāshīd al-waṭaniyya）を歌い、ムスリムとコプト派キリスト教徒の差を超えた国民的団結を訴える模範的な人物として描かれる［*ibid.*: 45-46］。

しかし、アーヌースによれば、この「民族主義的なオムダの時代」に、まさに逆説的ながら、この「時代」が進行するのに歩調を合わせて農民たちが決起し攻撃する対象、すなわち圧政者（ẓālim）としてオムダが描かれる劇もいくつか見られた。その代表作、オマル・ベイ・アーレフ（ʿUmar Bek ʿĀrif）作「オムダ」（一九一七年）で登場するオムダは、それ以前のオムダが大地主であったのに対し、オムダの資格規定に達しない三フェッダーンしか土地がなく、村民に賄賂を強制し、紛争の調停を恣意的に執り行なう暴政をしく。そして、最後には歯向かった青年をガフィールを用いて殺害して、怒った村人によって村から追いだされてしまう。この劇は、一九一九年革命の数年前に上演されている点、またオラービー革命以後のオムダ層の変化を指し示している点などが興味深い［*ibid.*: 48-51］。

もっとも、この圧政者としてのオムダという側面は、キシュキシュのキャラクターの一部としても描き込まれていた。とくにアーヌースが注目するのは、（前述の村の「慣習法廷」において）不正な裁定（aḥkām ẓalima）を下し、賄賂を受けとるオムダ・キシュキシュの姿のなかに、アイユーブ朝期の滑稽本である、イブン・マンマーティー『カラークーシュの裁定におけるファーシューシュ』の影響が見られる点である(47)。これは、前述のサンヌーウの劇作「ハーラのシャイフ」においてすでに見られた特徴でもあった。この一三世紀の古典的な滑稽本が描写する「暴政をしく無知な圧政者」のイメージは、こうしたサンヌーウやリーハーニーの手になる近代演劇を媒介にすることによって、またときには公式イデオロギーと結びつきながら（一九六〇年代の「封建地主」としてのオムダ像）、今日の民衆意識のなかに流れ込んでいるように思える。

このようにオムダ・キシュキシュは、エジプト国民＝農民を体現する存在であるのと同時に、イスラーム社会における伝統的な圧政者のイメージの系譜に連なる複合的な性格を持つキャラクターであった。そして、彼の複合的な性格は、前述した近代エジプトの重層的な権力空間におけるオムダ層の政治的機能を表現していたようにも思える。加えて言うなら、この複合的なキャラクターは、前述したように、西洋の演劇様式と土着的な戯曲的表現の型を結合した複合的な表現様式によって支えられていた。ただし、このオムダ・キシュキシュが登場する歴史的背景となったオムダ層の政治的機能も、またこのキャラクターに命を与えた演劇的な表現様式も、ともに特定の時代に規定された移ろいやすい存在であった。

すなわち、一九一九年革命後、キシュキシュが代表するオムダのキャラクターは、エジプトの劇場からしだいに姿を消してゆく。アーヌースは、オムダ層がワフド党と結びつき英国の支配や宮廷派内閣の弾圧に抵抗していた当時の政治状況を反映して、「もはやキシュキシュのような陽気なオムダの時代ではなく、真面目なブルジョアのオムダの時代となった」からだ、という解釈を示している［*ibid.*: 63］。そして演劇史的に見ても、一九二〇年代は悲劇がボードビル劇に取って代わってゆく時期であり、またオムダが登場する劇もマンネリ（kasād）状態に陥り、三〇年代に入ると多くの舞台俳優が新しくできた映画へと引きぬかれていった。

リーハーニーは、こうした状況のなかで、社会風刺コメディーとしてキシュキシュの復活を試み、多くの作品を世に送った。しかし、これらの劇では、外国人女性との浮気といった特徴は残るが、劇中の歌もなくなり、外国語まじりの台詞も消え、キシュキシュはもはやジュッバとカフターンもまとわず、不自然に髭とターバンを着けた人物として登場するだけだった。すでに一九二七年の時点で、ある批評家は、「リーハーニーが、いや正確にはキシュキシュが、大きな成功を収めた一九一八年から二一年にかけての時期とは、〔今や〕観客の質が決定的に違うのだ」とも述べている［*ibid.*: 75］。また、こうした後期の作品で用いられた、キシュキシュが女遊びで破産し、都市の下層階級へと身を落とすというあらすじは、このキャラクター自身の零落をも象徴していた。

その後、第二次大戦から一九五二年革命の時期になると、キシュキシュをはじめとするオムダのキャラクターは姿を消し、新しい登場人物が姿を現わす。そのひとりは、ムハンマド・タービイー（Muḥammad al-Ṭābi'ī）が作りだしたキャラクターである村の大物（kabīr）、アブデルラヒーム・カビール・ラヒーミーヤである。このカビールには、女好き・気風のよさ・

民族主義的感情といったキシュキシュの要素が残存するが、彼はオムダではなく、元オムダという設定でありまた後期のキシュキシュと同じく経済的理由から召使や料理人、はては葬儀屋へと職業を変えて難儀をしては観客の笑いを買った［*ibid.*: 99-108］。

さて、タービイーは、もうひとりのさらに有名なキャラクターを生みだしている。それは、マスリー〔エジプト人〕・エフェンディーである［*ibid.*: 6］。背広を着て、タルブーシュ帽にちょび髭、眼鏡とダンゴ鼻というそのコミカルな姿は、漫画として描かれ、タービイー自身が記者として活躍した『ローズ・エルユーセフ』誌の表紙をしばしば飾った。そして、その名のごとく、エジプト人の都市中間層を体現したマスリー・エフェンディーは、一時、宮廷派政治家に対する皮肉や揶揄によって作者が有罪判決を受けるほどに刺激的な存在であり、また当時の政党政治自身のカリカチュアであった。

エジプト国民を象徴する民族的キャラクターは、一九一九年革命当時の田舎のオムダ・キシュキシュから、都会的なマスリー・エフェンディーへと移り変わった。その背景には、前節で若干言及した、オムダ層の変化を含むエジプト政治の構造変容が存在する。さらに、この両名以前に類似したキャラクターを探せば、中世イスラーム時代にルーツを持つ下町の英雄、イブヌルバラドがまず、頭に浮かんでくる(48)。これらエジプト人意識のプロトタイプを形象化するキャラクターが、連続して登場するイメージの世界こそ、民衆文化から見たひとつのエジプト近代史の姿と言えるのかもしれない。

おわりに

以上、本章では、近代エジプトの重層的な政治空間の構造を明らかにするために、オムダ職をめぐる権力関係の問題について、いくつかの異なった視角から分析を試みた。そこで取りあげた問題の主要なものを、次にまとめておこう。

第一の制度史研究の視角で明らかにされたのは、まず、オムダ職の起源が、ムハンマド・アリー期、すなわち近代エジプトにおいて国家を中心にした権力空間が形成される一九世紀前半に求められることである。そして、新しい国家権力による伝統的な村落政治への介入を象徴したのが、一村一村長職の原則であった。この原則の適用をめぐる問題は、前近代エジプト村落共同体の存在（および近代化論的なその「解体」をめぐる言説）に対し、ひとつの問い直しを提起しているといえよう。

次に取りあげたオムダの選任制（任命制か公選制か）をめぐる問題は、一八七〇年代以降、今日にいたるまで、白熱した論議を呼ぶ国政レベルの政治的争点となってきた。このイシューをめぐって対抗する政治諸勢力は、その時代によって異なっていたが、重要なのは、こうした争点それ自身が重層的な権力関係の存在を指し示していた点である。

ところで、この重層的な権力関係は、今日の村落政治において、ホプキンスが言うところの「公式の政治」と「非公式の政治」が併存する状況を生みだしていると見ることもできる。そして、この村落政治における重層構造は、オムダの職務の変遷と密接な関係を持つものであった。この研究では、徴税、農業、灌漑、徴兵と強制労働、治安維持と紛争調停の各職務分野について、こうした変化を具体的に跡づけてみた。

第二の視角は、オムダ層というひとつの階級の問題に焦点を当て、前述の政治空間の構造を明らかにしようとするものであった。その場合、議論の重要な手がかりとしたのが、バインダーの第二階層論である。この第二階層論に対して、この研究では、同階層の時期的な変化の問題と、この政治的階級が成立する社会的基盤である家族（アーイラ）の問題を中心に批判的な議論を行なった。

これらのいずれの問題においても、第二階層、あるいは農村中間階級の政治的機能をめぐる議論は、第二節の冒頭で述べたように、今も根強いイデオロギーの影響下に置かれている。とくに民族主義の担い手を農村（農民）出身の特定の階級に求めようとする言説は、オラービー革命前後の政治状況を起点として発生し、一九五二年革命後の現在にいたるまで、とくに民族主義的な歴史解釈のなかで再生産されてきた。バインダーの第二階層論は、オムダ層をめぐる言説の存在を関知していながら、しかし結果として、そうした言説を生みだすイデオロギーに依然として束縛されているような印象を受ける。

そうした議論の限界が、この研究で言及した、第二階層の歴史的変化をめぐる問題であり、第二階層とアーイラの問題であった。たとえば、バインダーは、オムダ層＝農村中間階級が、アーイラのネットワークを利用して、その「都市化・官僚化・知識人化」した分子を動員することによって第二階層として機能すると語る。しかし、後者の都市的な知識人分子は、むしろエフェンディー層という異なった社会的特徴と政治的機能を持つ階層として、オムダとは区別して議論することも可能なように思う。

第三の視角による分析は、大衆演劇におけるオムダのキャラクターを素材として選ぶことによって、これまで述べてきたオムダ層をめぐるイデオロギー状況を異なった角度から展望する可能性を示したものである。たとえば、一九一九年革命前後に民族主義的ヒーローとして、大衆的な人気を博したオムダ・キシュキシュというキャラクターは、まさに前述の民族主義的言説を体現した存在であったと見ることもできる。しかし、同じ時期に、これとは正反対の圧政者（ザーリム）としてのオムダが描かれていたことは、とくに五二年革命後のオムダ＝封建地主という左派的な言説の先駆的形態として興味深い。そして最後に述べた、オムダ・キシュキシュの人気が失墜し、都会的なマスリー・エフェンディーという新しい民族主義的キャラクターに取って代わられる過程は、前述のオムダ層とエフェンディー層とを明確に区別する見方を支持するものと言えるかもしれない。

本章は、エジプトの近代初頭（あるいはそれ以前）から今日にいたるきわめて長い時期を対象にしたため、概括的なものにならざるを得なかった。また、その内容は、既存の研究を紹介するのにとどまり、新しい実証的データを付け加えた部分は少なかった。にもかかわらず、そして「はじめに」で述べたように、重要な分析視角を欠いた研究ではあるが、主題であるオムダ職をめぐる権力関係がエジプト政治研究において持つ重要な意味だけは、少なくとも読者に伝えられたのではないかと思う。そして、今後、近代エジプトの重層的な政治空間の構造を理解するために、異なった視角からより実証的な研究を行なううえで、この研究がひとつの基礎的な作業結果として利用されることを願いたい。

〈一九九四年四月発表〉

革命後エジプトの選挙をめぐる風景

革命後、最初の人民議会選挙は、三つの段階とも大きな混乱もなく終わった。また、投票率もきわめて高かった。混乱もなく高投票率であったというのは、昨年（二〇一一年）三月の憲法改正国民投票と同じである。昨年の国民投票の結果を見れば、今回の状況も予測できたかもしれない。また国民投票のときと同じく、イスラーム主義勢力対リベラル＝革命勢力という対立の図式が、この選挙でも繰り返された。さらには、今回の両勢力の得票率と、昨年の国民投票の賛成票（イスラーム主義勢力）・反対票（リベラル＝革命勢力）の比率とを比較する分析結果も出るだろう。

たしかに両勢力の対立は、選挙後のエジプト政治の展開を考えるうえで重要なテーマである。ただし、今回は、こうした政治の「大状況」の分析ではなく、選挙の実施状況に関する感想（しかし実際に現地で見聞したわけではないから、正確には遠方からの「観測」とでもいうべきもの）を述べてみたい。激しく揺れ動く政治の表面の動きから少し視点をずらして、そもそも革命が社会の何を変えたのか、あるいは革命それ自体がどのような社会の変化の結果であるのか、というような問題が、選挙をめぐる風景から見えてこないかと思ったからである。

まず、投票率の高さについて。高い投票率は、革命後の国民の政治的関心の高さを示すもので当たり前だと思う方も多いだろう。著名人や政治家が、国政選挙で投票するのは今回が初めてです、などとインタビューで答えているくらいであるから、一般の国民も同様である。今回の選挙での「人生初投票率」が何パーセントだったのか、アンケート調査などですでに調査している人がいるかもしれないが、数字が分かれば面白い。

こんな革命が起きるかどうか分からなかった数年前、エジプト滞在がかなり長い邦人の方から、実はエジプト人は選挙が大好きなはずだ、という意見を聞いたことがある。なぜなら誰も国政選挙には行かないのに、スポーツクラブ（ナーディー）の役員選挙になると、がぜん皆熱心になって選挙運動をして投票率も高いから、というのである。つまりは、スポーツクラブの役員選挙のように、自由で公正な選挙が行なわれること、そして選挙の結果が自分自身に直接関わりがあると判断されること、という二つの条件が備わった場合は、投票率が高くなるということである。こうした見方は分かりやすいと言えば、分かりやすいし、当たり前といえば当たり前だと思われるかもしれないが、実はなかなか含蓄が深い。

さて、エジプトで「中産階級」を定義するのは難しい。所得統計などの問題もあるが、そもそもこの三〇年くらいの社会や経済の変化によって、「中産階級」の概念が相当に揺れ動いているからである（バブル崩壊後の日本もそうであろう）。一九六〇年代までのアラブ社会主義の時代の公務員を中心にした中産階級の観念が、門戸開放（インフィターフ）政策の導入によって崩壊してから、とくに定義が難しくなった。昔は「お嫁に行くなら将来が安心の公務員」だったのが、今や（中下級）公務員はワーキング・プアの代名詞に近くなっている。その一方、ここはドバイかクウェイトか、と見まがうばかりの高級ショッピング・モールができたり、沙漠の真ん中に「ゲーテッドコミュニティ」式のお金持ち住宅地区が建設されたり、消費や生活スタイルにも、社会格差が大きく広がり、国民生活に亀裂が進んだ。しかし、一部の高級クラブを別にして（高級住宅地ザマーレクにあるナーディー・ゲジーラなど）、最近数を増やしているナーディー（スポーツ施設だけでなく食堂・喫茶店もある市民の社交の場である）の会員になっている人たちを「中産階級」と呼んでもそれほど間違いではない気もする。

この点をめぐって昨年九月一六日付で発信した本コラム〔Asahi 中東マガジン「アラブを見る眼」「アラブ革命──体制の倒れ方、延命の仕かけ」の内容を修正させていただきたいと思う。そこでは都市部において「静かな政治」を支える中間層として専門職協会の存在（コーポラティズム政治）を指摘したが、むしろ注目すべきは、こうしたナーディーの会員のような「サイレント中産階級」であるかもしれない。ごく普通の生活様式を維持し、まっとうな生活要求を政治に実現しようとする人たちがこれから政治にどのように関わっていくのか。もう少し長い目で革命後のエジプト政治の行方を見てゆかなければならない。彼らの不満がその子弟たち（革命の若者たち）

を通じて、革命の背景になったという問題も含めてである。

選挙の風景を遠くから観測していて、九月のコラムの内容にもう一点、修正が必要になった。これも実際に現地に行かないと分からないことだが、農村部へのイスラーム主義勢力の浸透と関係する問題である。コラムを書いた後に、実際にカイロを訪ね、知人や専門家から話を聞いて、これまでのパターン化されたエジプトの農村政治の見方を修正しなければならないと思った。エジプトには一九五二年革命前の議会選挙の時代から、アーイラ（同族）選挙という「村選挙」の伝統があった。筆者自身の田舎もそうだからいろいろ面白いエピソードを覚えているが、日本の村選挙も昔はかなり激しかった。王制時代のエジプトの議会選挙では、民族主義政党のワフド党と国王派の反ワフドの勢力が、村や地方を二分する激しい選挙戦を演じた。サダト大統領が一九七〇年代後半に導入した複数政党制のもとでの選挙でも、一部で与党の国民民主党と新ワフド党のあいだ、あるいは与党系の候補者のあいだで同じアーイラ選挙の風景が繰り返されたと聞く。

今回の選挙でも上エジプトなどでの「部族」選挙の再現を指摘する報道もたしかにあった。それと同時に、「アサビーヤ〔部族的連帯〕から宗教へ」などというタイトルの報道記事で、比例区の政党別リストへの投票では同じ家族のなかでも個人的な投票行動が見られると解説する話が載っていて、なかなか面白いと思った。おそらく今回もいくつかの地方では、おなじみのアーイラ選挙が繰り返されただろう。しかし、こうしたいつもながらの現象の背景にある農村政治の「下部構造」に実は大きな変化が起きているのではないか。今回の選挙をそうした視点で見なおすと、興味深い事実がいろいろ出てくるような気がする。

革命後の村のモスクの変化について、農村調査をしている若手人類学者の竹村和朗さんが本マガジンのエッセイのなかで面白い報告をしている。革命後、村では警察の力が弱くなり、そのため諜報員（ムハーバラート）がいなくなったモスクは、自由にものが言え、情報が交換できる場になったという話である。最近、出版された拙著『エジプト革命　アラブ世界変動の行方』〔長沢 2012d〕でも少し解説したが、九月にエジプトを訪問した際に聞いた話では、こうして自由な公共空間となった村のモスクのネットワークを利用して、サラフ主義者たちが急速に勢力を伸ばしつつあるということだった。まさに今回の革命でそれが実証された。村や地方で勢力を振るってきた大家族、同族集団（アーイラ）というのも、実はその権力基盤は中央政府との関係や警察権力を背景にしていたのではないか。したがってそのシステムが壊れてしまうと（旧与党、国民民主党の解体）、村人たちへの影響力も一気に衰えてしまった、というような状況が起きているのではないか。この辺りも実例で分析してみないと分からない話である。

また、こうした選挙をめぐる風景を考える場合に、過去三〇年に起きたエジプト社会のすさまじい変化を考慮に入れる必要もある。一九七〇年代くらいまでの「都市の農村化」（スラム街などに農村出身者が移住してきてムラの生活が都会で再生産される）という状況から、「農村の都市化」というべき、都市と農村の社会的な境界が不透明になる状況へと変化しているからである。おそらく投票行動の比較研究なども、こうした状況を考えないと、本当の実態は見えてこないだろう。

今からちょうど三〇年前の話であるが、サダト大統領が暗殺されてから半年後の一九八二年春、上エジプトの農村を日本紹介の映像フィルムと映写機を持って巡回したことがある。当時、筆者が行なっていた農村調査もどきの活動の一環であった。当然、警察には一日おきで報告に行かねばならなかったのだが、署内で上映して見せたのが「日本の選挙」という短編の記録映画であった。コンピュータを導入した選挙などの映像に、県の警察幹部がもう一回見たいと強い関心を示したのをよく覚えている。当時も、そして二年前のムバーラク時代最後の人民議会選挙（二〇〇九年一一―一二月）まではそうだったが、エジプトの選挙は内務省・警察の「完全管理」状態にあったからである。

筆者が訪問した当時の県警察本部は、大統領暗殺直後にイスラーム団に襲撃された銃弾の痕が建物に残っていたり、土嚢が積まれていたりした。おそらく昨年の一月の革命の高揚期には、多くの群集が押しかけたりしたのであろう。今思いだすのは、物憂い表情を見せた大人風の県警トップのH・パシャ（通称）であり、筆者に次々に質問（尋問）を浴びせた中堅将校のZ・ベイ、駅前でずっとお前を見張っていた、と言ってきた諜報員のことなどである。彼らはすでに年金生活に入っていて、今回の革命の荒波を直接受けることはなかったかもしれない。
筆者が繰り返し述べてきたことだが、今回の革命の最大の目標は、警察国家体制の解体である。「民主化」という言葉に何かの価値があるとすれば、選挙の過程や結果も大事であるが、昨年の革命の高揚の時期に人々が求めた真の意味での政治的自由の実現いかんであろう。その点で言えば、いまだ革命の道のりは遠いと言わざるを得ない。

〈二〇一二年一月二三日発表〉

《コラム■5》

アメリカとナセル的国家

前回のコラムでは、エジプトの選挙の風景を話題にした。そのなかで日本の選挙に関心を示した警察幹部の思い出話をした。そのなかで今でも記憶に強く残るのは、物憂い表情を見せていたH・パシャのことである。H・パシャは、上エジプトの某県の県警トップを長年にわたり務めてきたが、ナイル・デルタの出身だと聞いた。疲労感をにじませた憂鬱な雰囲気も長い上エジプト暮らしのせいかもしれないと、そのとき思った。確認はできないが、上エジプトの治安の責任者に地元出身ではない中央派遣の警察官僚を置いているのは、この地方の反中央政府の政治風土が原因だったかもしれない。加えて、血の復讐（サァル）慣行が根強く残っていたり、ときどき盗賊団（追いはぎ）が現われたりとか、中央政府にとってやっかいな地域であった。さらに一九九〇年代からは、過激派イスラーム主義者の拠点となる農村も出るなど、この地域では彼らと警察とのあいだで内戦に近い事態がしばらく続いた。

さて、H・パシャの執務室には故ナセル大統領の写真が飾られていた。サダトの暗殺から半年過ぎた頃であったので、暗殺以後に掲げたのか、その前からあったのかは分からない。彼の政治的信条を示すものなのか、ナセルが上エジプト出身であるから、この郷土の英雄への配慮なのか。あるいは中央政府に対する自立心の現われなのか。いろいろ考えてみた。

大統領の写真と言えば、エジプト映画を見ると、役所の幹部などの執務室に飾られているのが定番であった。それは社会の現実をそのまま映しているのと同時に、映画製作者の政府当局に対するおもねりの結果でもあったろう。その在任の三〇年の間に撮りためられた映画のなかで、これからもエジプト人はムバーラク大統領の顔にひんぱんに出会うことになるだろう（デジタル技術で写真は差し替えられるかもしれないが）。

大統領の写真をめぐる話でまた引用してしまうのが、前衛小説家スヌアッラー・イブラヒームの『ザート』ZAAT［Ibrāhīm 2003］（初版一九九二年）である。革命が起きたため、その背景を考える多彩な情報を提供してくれるという点で、ますます「お勧め小説」としてのランクが高まったと思う（カイロ・アメリカ大学出版局で英訳あり）［Ibrahim 2001］。主人公は気の利かない中年女性（ザート）である。サダト大統領の暗殺後、彼女は勤務先の新聞社の上司から、執務室にある大統領の写真を取り替えるように命じられる。するとザートは、二つならんだ写真のなかで、大好きだったナセルの写真を残し、サダトの写真を外してしまう。当然、大目玉をくらうことになり、裏部屋の資料室へと配属替えとなり、新しい苦労が始まる。大統領と国民との関係は、［二〇一二年］六月に予定されている大統領選挙の結果を受けて、少しは変わるだろうか。

さて、執務室のナセルの写真とともに思いだすのは、そのときにH・パシャが話したことだ。それは農村を歩き回る外国人の若い研究者に一言、忠告しておきたいという内容だった。君にたびたび行動について報告を求めるのは、君自身の警護のためである。と同時に君にぜひ知っておいてもらいたいのは、エジプトがたえず外国からの脅威にさらされているということだ。それはソ連だけではなく、アメリカに対してもそうなのである。たとえば最近、農業の技術援助などと称して、アメリカの援助機関のメンバーがこの県にも多くやって来るが、私たちは彼らがCIAだということを知っている。そんな内容の話であった。H・パシャの話は、言いかえるなら、エジプトがなぜ警察国家でなければならないか、という問題に関する解説であったと考えることもできる。

なぜこんな思い出話をするかと言えば、今年（二〇一二年）に入って大きな問題となった、アメリカの民主化支援NGOをめぐる事件の背景を少し考えてみたいと思ったからだ。この事件は、最近、ようやく一応の解決を見せたが、アメリカの運輸長官の息子を含めたNGOメンバーが民主化運動への不正な資金提供の疑惑のために、カイロ空港で出国を禁止された事件だ。彼らは拘束されて、尋問を受け、裁判にまで持ち込まれた。この措置を非難し、エジプト政府に圧力をかけるために、アメリカ側が援助の停止をほのめかすと、軍事最高評議会が任命した首相は、ただエジプトの法律を厳粛に適用するだけだと即座に反応した。さらに選挙で勝利したムスリム同胞団幹部からは、援助を止めると言うなら、それが条件だった対イスラエル和平条約の問題にも関係してくる、と脅迫めいた発言も出た。今回、アメリカ側が少々過敏な反応を示したのは、「これは第二のイランの米大使館占拠〔大使館員人質〕事件だ」という声が上がったことに見るように、やはりイラン革命が与えたトラウマのせいだろう。アメリカのような大国でも（あるいは大国ゆえ）、外交上の心理的外傷はなかなか克服できないということなのかもしれない。

この事件のそもそもの起点は、昨年（二〇一一年）の夏、革命の若者たちの「四月六日運動」に対する外国（すなわちアメリカ）の資金提供疑惑が出たときにさかのぼる。当時、若者たちの軍政府批判の行動がますますエスカレートし、国防省に押しかけるデモ隊と憲兵隊との間で怪我人が出るまでになっていた。あまりにも激しい若者たちの運動に対して当局としては目に余るものがあったのだろう。軍が若者運動に対してかけた外国援助疑惑に対しては、ムスリム同胞団も同調した。こうしてこの事件は、若者・リベラル勢力、イスラーム主義者、軍という革命後の三つの勢力のあいだの争点のひとつとなった。このような外国からの資金援助疑惑の背後は、一月に始まる革命で高揚した民族主義的な感情を利用しようという計算もあったのだろう。しかし、疑惑の実態の白黒は別として、やり方としては古い手口の反革命の動きであると判断せざるを得ない。

要するに悪名高いNGO法は、今も効力を持っていて、この法律にもとづいて、外国からの不正な資金提供を口実に市民運動を弾圧する仕組みは依然として機能しているのである。今回の事件をめぐる批判的報道のなかでは、アメリカのNGOメンバーなどの尋問を行なったのは、旧体制当時と同じ検察官たちだとして、彼らが名指しで非難されている〔NGO法については本書第6章を参照〕。

国家権力の本質とは何か。それを問うことは難しいが、国家の「性質」が変わること、それを革命と定義するならば、エジプトの政治変動はいまだ革命にはいたっていないということであろう。前大統領をはじめ政権中枢の権力者たちの多くは失脚。絶対的な政権与党だった国民民主党はあっけなく解散。他方、長年の弾圧に耐えてきたムスリム同胞団は選挙で勝利。しかし、昨年一月の革命で人々が求めた理想は、いまだ何の明確なかたちにもなっていない。
もちろん東欧などの民主化の事例でも見られるように、司法や治安機構の改革には時間がかかる。しかし、たんに時間がかかるというだけではなく、それらは国家の本質、あるいは個性と深く関わる問題でもある。たとえば日本の例がそうだ。日本の戦後改革は、明治維新以来の革命の匹敵する変化をもたらし、国家の性質は大きく変わったと言える。しかし、戦前や戦争中に起きた検察権力による冤罪事件（大逆事件や横浜事件）は、今日においてさえ依然として取り組まなければならない課題となっている。それは近代日本の国家権力の本質に関わる問題だからである。

革命後の新国家体制をめぐる議論で、最大の関心を呼んでいるのが、イスラームと国家体制との関係、市民的国家かイスラーム的国家か、という問題である。この問題は今後、予定される憲法起草委員会での中心的テーマとして本格的な議論の対象になっていくだろう。この問題への対応が、一九世紀はじめのムハンマド・アリー体制に始まる近代エジプト国家の歴史のなかで、どのような革命的な転換をもたらすのか、関心をもつ人は多いだろう。

しかし、イスラームと国家の関係だけが、新しい「国のかたち」をめぐる議論の主要テーマなのではない。昨年一月に始まる革命の過程が軍事最高評議会で管理される状況のなかで見えてきたのは、ナセル的国家（ナセルが作った国家体制）の遺産をどのように克服するか、という課題である。軍隊の特権的な地位もその一部である。また警察国家の体制の改革も重要な課題である。そして今回の事件が示すのが、現代エジプト国家のこうした体質が、この国の重要な地政学的な立地のゆえに、アメリカとの関係をはじめ、国際政治の過重な圧力を受けて形成されてきたという点である。複雑な顔をもつナセル的国家をめぐる問題については、また機会をあらためて論ずることにしたい〔現代エジプト国家の「複雑な顔」については［長沢 2012c］を参照〕。

〈二〇一二年三月一二日発表〉

第4章　都市化と社会的連帯
——上エジプト農村とアレキサンドリア市港湾労働者社会の事例比較

［解説］

本章は、加納弘勝編『中東の民衆と社会意識』［加納編 1991］のひとつの章として書かれた。同書には、イラン［上岡弘二 1991］・モロッコ［堀内正樹 1991］・トルコ［加納 1991b］・イラク［酒井啓子 1991］・パレスチナ［臼杵陽 1991］といった各地域の事例研究が収録されている。一年間の共同研究の成果ではあるが、当時の日本における中東研究の水準を示すものであり、各論文は今でも読み返す価値がある。

さて、筆者自身の論考は、大きく分けて二つの問題関心から書かれた。第一は、血の復讐慣行（tha'r; feud）を主題とする社会連帯意識（アサビーヤ：第1章コラム1参照）をめぐるものである。別の角度から見れば、紛争調停システムへの関心と言ってもよい。第3章でも言及した紛争調停については、灌漑制度の調査の一環として「ハック・アラブ（「アラブの権利」）」慣行に関する聞き取り調査を行なったことがある（［長沢 1996c］（［長沢 2013a］に収録））。本章のコラム6は、加藤博氏が行なった比較法史学会の報告「イスラム世界における血の紐帯と社会秩序――エジプト農村社会を事例に」［加藤 1998］へのコメントとして書かれたものである。同氏の主たる関心である文明論からのアプローチについては、積極的な意見は述べられてはいないが、同氏の述べる伝統的なイスラーム法体系の枠組みのなかで「下からの見方」における法意識の問題についてコメントしたものである。

この第4章の論考における筆者の第二の関心は、都市化と労働移動についてである。第3章の解説でも言及したが、アジア経済研究所の海外派遣の研究課題が「アラブ世界の労働移動」であり、その成果の一部ということになる。この研究課題の他の成果としては、「エジプトの農業労働力と労働移動」［長沢 1986a］と「「石油の富」と移民労働――中東産油国への労働力移動」［長沢 1991b］の二つの論考が挙げられる。後者は、故森田桐郎先生の国際労働力移動に関する科研費研究会の研究報告として書かれたものである。森田先生は、大学院に進学せずに、アジア経済研究所に就職したばかりの筆者が大学院の演習授業に参加するのを許可してくださり、その後も共同研究に誘っていただいた。当時の演習授業のテキストは、この解説の文章を書いているちょうど数日前（二〇一八年八月一二日）に亡くなったサミール・アミーンの『世界規模における蓄積』［Amin 1974］であった（青年時代のアミーンについては拙著『アラブ革命の遺産』［長沢 2012a: 102, 532］を参照）。

さて、本章で紹介した二つの調査報告の対象となった地域もおそらく大きな変化がその後あったと思われる。そもそも調査が行なわれた時期が、上エジプト農村が一九五〇年代末、アレキサンドリア港湾労働者社会が一九七〇年代後半であったから、それぞれかなりの年月が経っている。まず先に、後者の変化については、本章のコラム7「「洪水の後」のアレキサンドリア」で若干の紹介をした。このエッセイは、第3章の二つのコラムと同じく「Asahi中東マガジン」の「アラブを見る眼」シリーズとして書かれたもので「二〇一四年三月エジプト滞在記」全三回のうちの第二回である（このウェブマガジンは、川上泰徳記者（朝日新聞：当時）の編集で運営され、筆者も「アラブを見る眼」シリーズに計一七回寄稿したが、残念ながら二〇一五年一月に終了した）。このエッセイで述べたように、港の荷役作業も機械化によってすっかり変化してしまったようだが、アレキサンドリアの裏社会は、昔の大物政治家も健在のようであり、あまり変化がないのかもしれない。本章に関連するテーマである同村出身者団体（ガマイーヤ）については、店田廣文氏［店田 1993, 1999］や岡戸真幸氏［岡戸 2015］の研究があるので、参照していただきたい。

さて、血の復讐慣行の調査が行なわれたアスュート県アブー・ティーグ郡に属するバニー・スィミーウ村であるが、二〇〇六年九月に初めて訪問する機会を得た。これもまた第3章の解説で述べたカワーミル・バハリー村と同じく、加藤＝岩崎調査隊に参加させていただいたおかげであった。西部沙漠のオアシス農村をいくつか回った後でナイル河谷に入り（第2章第一節、および［長沢 2010］を参照）、どこか行ってみたい村があるかと加藤氏に尋ねられたので、そういえばと言ってバニー・スィミーウ村の名前を挙げたのであった。

村に着いて驚いたのは、立派な白亜の教会が目の前に建っていたことだ。本章で紹介しているように、かつてキリスト教徒の村民は、この村の政治生活の中心である血の復讐に直接参加することができない、影の薄い存在であった。このときに聞くのを忘れてしまったが、おそらく調査が行なわれた時期（一九五〇年代末）にこんな壮大な建物はなかったはずであり、建設時期はそれほど昔ではなかったと思う。しばし茫然としていると、教会の方から二メートル近くあるのではないかと思うほどの長身の、サングラスをかけた警察士官（ザービト）が、手下の警官を数名したがえ、ゆらゆら歩きながら筆者たちの方に向かってくる。「これはまずい」と思った。まず、ザービトから訪問の目的を訊かれたので、とっさにCAPMAS（中央動員統計局）との共同調査だと弁明した。さらに調査のテーマを訊かれたので、出稼ぎであると答えた。加藤＝岩崎隊のCAPMASとの最初の共同調査はマイグレーションに関するものであったから、この答えは出まかせの嘘ではない。筆者たちの答えを聞いて、警察士官は態度を和らげ、それなら村の主だった人たちと会えばいいということになった。この村は、一九九〇年代以降、政府の治安部隊とイスラーム団など過激派とのあいだの抗争の舞台となった地域（ダイルート騒乱）に近く（第7章参照）、上エジプトの農村部では少数派のコプト派キリスト教徒の商店や教会などへの襲撃事件も何回か起きていた。この村にはもしかしたら村長職は置かれずに、政府（警察）の直接の管轄下にあったかもしれないし、教会の近くに駐在所が設置されていた理由もよく分かる。

こうして近くの民家の応接間（ドッワール）で出稼ぎの話を聞くことになった。これがなかなかに面白かった。この村からの出稼ぎ先は、エジプトではフィーノと呼ばれるイタリア風のコッペパンのパン工場であったという。フィーノと言えば、チーズやレバー（ケブダ）のサンドウィッチ用の庶民的なパンとして知られる。このパン工場への出稼ぎは、最初はキリスト教徒の村民によってなされ、その後、所属するアーイラを問わず、他のムスリムの村民にも広まっていったという。出稼ぎを通じて、宗教や家族の壁を超えたネットワークができたのかどうか、そこまでは確認できなかった。村民との会話のなかで、出稼ぎの理由として、聞き間違いではなかったと思うが、血の復讐を恐れてという言葉も出た。

さて、フィーノ工場はもともとイタリア人の経営だったが、一九六〇年代のアラブ社会主義政策のもと、工場の国有化＝経済の民族化（エジプト化）の対象となった。その結果、経営者のイタリア人は国外退去になり、その後の経営を村出身の従業員が任せられるようになったという話であった。先ほど述べた立派な教会も、おそらくこうした工場で活躍する村出身のキリスト教徒の拠金によって建てられたものではないかと想像した。村民の話では、今やエジプト全国のフィーノ工場は、バニー・スィミーウ村出身者が中心に経営しているという。さらに具体的にどこそこの町の何々というパン工場が村出身者のものだという話を聞いた。しかし、熟練のフィールドワーカーである岩崎さんがその後、調査をしてみたところ、どうもバニー・スィミーウ村出身者だけがフィーノ・パンの工場を一手に独占しているわけではなかったとのことである。彼女がもうひとつの調査フィールドとする北アフリカにも、パン工場と出稼ぎのネットワークの関係する話があるので、面白いテーマだと思ったのではあるが。

それにしても上エジプトには独特の魅力がある。エジプトは「線形のオアシス」に喩えられるが、それは上エジプトの農村に行くと実感する。ナイル川の恩恵を受けた緑の農地と荒漠たる沙漠とが、画然とした境界線で区切られ、鮮やかなコントラストを見せている。清冽な水が流れる近くには、柔らかな日陰を作るナツメヤシ園が広がる。そこでくつろぐ村人たちの風景もこころ優しい。たしかに、本章で紹介したアハマド・アミーンの『慣習伝統表現事典』［Amīn 1953］の記述のように、上エジプト人（サイーディー）は、カイロの都会人からは偏見に満ちた見方もされる。しかし、かつて筆者がスーダンまで陸路で旅行した折に感じた「ナイルをさかのぼれば、さかのぼるほど人間がよくなる」［長沢1998e］という思いは今も変わってはいない。ある上エジプトの村で、長い間の出稼ぎから帰郷して暮らしている男の人に出会ったことがある。幼くして両親を亡くし一三歳のときに単身でアレキサンドリアの税関（ゴムレク）に就職して二五年間働いてきた。毎日がアパートと職場の往復で、同郷人との付き合いもなく、独身で暮らしてきたが、五ヵ月前に村に戻ったのだという話であった（筆者の当時の調査ノートによる）。それから彼がどのように村で暮らしていったか分からないが、戻って来た彼を受け入れてくれる「家族」がそこにはあったのであろう。

一　序論――問題関心の設定

（一）都市化と社会的連帯をめぐる問題状況

第三世界の都市化は、一九六〇年代以降、国際的な労働力移動と結びつきながら急速な展開を見せている。中東地域について見るなら、従来の西ヨーロッパ先進工業国に向かう流れ（トルコから西ドイツ、マグレブ諸国からフランスへ）に加え、七〇年代後半以降、アラブ産油国に向かう労働力移動の流れが激増し、国内人口移動と都市化の動きを加速させている（[長沢1991b]を参照）。

この産油国出稼ぎと結びついた中東における都市化の過程は、世界的な経済システムの変動の重要な一部をなしていると言えるが、と同時に、さまざまな文化領域にまたがる複合的な社会変容の過程としても把えることができる。そしてその場合、都市化現象は、現代の中東社会の変容の全過程におけるいわば主旋律を奏でていると言ってよいほどの重要性を持っている。

たとえば、都市化現象が政治変動の領域にどのようなインパクトを与えたかについて見てみるなら、現代中東の政治危機が、すぐれて急速に変貌する都市空間を舞台として発生してきたことに気づかれるだろう。とくにイラン革命をもっとも激烈な例として、七〇年代以降、しばしば組織的な社会運動の形態を取らない大規模な民衆の「暴動」やイスラーム復興運動の暴力的直接行動が作りだす震動の波が、中東の多くの主要都市を襲った。

なぜなら、これらの民衆暴動の背景である物理的・精神的な剥奪感が主要都市を中心に渦巻いたのは、そこが今日的な国際的経済システムの変動のなかにおいて進行した中東各国の国民経済の「開放化」の帰結である経済的・文化的矛盾の集約点となっていたからである。そして、七〇年代以降の政治変動研究の主題となったイスラーム復興運動の分析において、その運動の参加者が農村や地方都市出身の若年有知識層を主体としているとしばしば指摘される問題も、同様に社会変容としての都市化というコンテクストにおいて十分に議論されるべきであろう［Ibrahim 1980］(1)。

さて、こうした体制側から見た都市を舞台とする「政治危機」は、別の視角からすれば、社会運動の今日的な新しい展開として把えることもできる。たとえば、エジプトの近代史の諸局面を特徴づけてきたのは、民族運動の展開を軸とし、そのときどきの社会問題の深刻化を背景とする都市民衆の直接的政治行動の諸形態であった（ガーリー・シュクリー『エジプトの反革命』［Shukri 1978］の第三章を参照(2)）。

そしてエジプト近代史におけるこれらの民衆「暴動」を相互に比較するとき、ひとつの興味深い事例と言えるのが、一九五二年革命以来、初めての戒厳令が出された一九七七年一月の「食糧暴動」である。すなわち、事件直後のエジプト内務省による暴動の実態に関する報告を見るなら、そこには約一八〇年前に起きたカイロ民衆の反ナポレオン軍暴動（一七九八年）に関する年代記作者ジャバルティーの記述の再現を読む思いがする(3)。もちろんこの場合の記述内容の類似性（たとえば、群衆、下層民に対する用語）は(4)、その用語法に発現する国家的支配における伝統的性格の継承を意味するものと見なすことができないわけではないが、むしろここで問題としたいのは、次のことである。すなわちこれら二つの「暴動」（あるいは「伝統的反抗」）という社会運動の基盤となる都市民衆の社会的連帯意識が近代エジプトにおける都市化という社会空間の変容過程とどのような結びつきを持っていたか、という問題である。

ところで、カイロを事例としエジプトのみならず第三世界の都市化現象の特質を分析した著名な都市社会学者にJ・アブー＝ルゴド（Janet Abu-Lughod）がいる。彼女の研究「移住者の都市生活への適応：エジプトの事例」［Abu-Lughod 1961］(5)

の最大の貢献は、産業化を随伴しない第三世界の都市化、とくに「過度の都市化」(over-urbanization)[6]と言われる状況において発生する「都市の農村化」(ruralization)現象の進行である。

カイロやアレキサンドリアを例に取れば、一九世紀から今世紀前半において、伝統的な街区(ḥāra)をもって構成される旧市街の外に、「街路(shāri')」を張りめぐらした近代ヨーロッパ的な都市計画にもとづく市街区が形成された[7]。そして、こうした新しいかたちの市街区の発展、近代エジプトに形成された綿花輸出経済の発展と結びついたものであった。しかし、この綿花輸出経済の発展が国内的には主として生態学条件から土地/人口バランスの破綻によって閉塞状況に陥り、農村過剰労働力の問題が深刻化するに伴ない、これらの近代的計画都市に向かって大量の農村人口が流入する時代が訪れる。これらの農村出身者は、近代的新市街の一部や旧市街をスラム化する一方、さらに都市の外縁部に自らの街区(ハーラ)を作り、農村的な生活様式・価値観が支配的な居住空間を形成することになる。この後者の過程が「都市の農村化」と呼ばれる現象である[8]。

さて、この「都市の農村化」現象において、本章の主題に関連するポイントは、「街区《ハーラ》」という居住空間と「農村的」あるいは「伝統的」な社会関係とのあいだに結ばれた親和的関係である。すなわち、街区《ハーラ》は、伝統的都市の政治的社会的単位(誤解を恐れずに言えば、伝統的な「都市共同体」の基礎単位)であるが、同時に、しばしばエジプトの農村の居住区構成(それは、多くの場合、親族単位と結びついている)の基礎単位を示す呼称としても用いられてきたからである[9]。

前者の街区という社会空間の特殊性については、たとえば、ノーベル賞作家ナギーブ・マハフーズ(Najib Maḥfūẓ)の一連の小説が、我われに多くの素材を提供している。とくに、『我等が街区《ハーラ》の末裔たち』(awlād ḥāra-nā)という発禁処分を受けた宗教的パロディー小説は、カイロ郊外の架空の街区《ハーラ》を舞台としながら、そこに生産される社会関係、とりわけそれがフトゥーワ(futūwa)と呼ばれる伝統的都市的人間類型と結びついた暴力行為に反映される社会的連帯意識と街区《ハーラ》的社会空間の親和性を、象徴的に描きだしている[10]。

ここで重要なのは、こうしたフトゥーワ的人間類型が示す伝統的都市空間に発生する暴力的社会関係、あるいは民衆暴動という伝統的反抗形態、ある特定の局面でより明確で定型的な政治思想(民族主義あるいはイスラーム復興主義)によって導かれた社会運動へと転換することである。言いかえれば、より下層レベルの社会的連帯意識が、特殊な歴史的条件のもとで、一気に「政治的」局面（あるいは「国家的」次元）に上昇してくる、という事態である。

こうした社会の基層レベルの社会紛争の政治化、という特殊現象を、一八八二年のアレキサンドリア反外国人「暴動」の局面に見いだそうとしたコール（Juan Cole）の興味深い研究をここでは挙げておこう［Cole 1989］〔この「アレキサンドリアの虐殺」事件については［勝沼 2002］も参照〕。エジプトからインドにいたる広い視野を持った比較史的研究のなかで、コールは、オラービー運動と連動したアレキサンドリア都市民衆の「暴動」（一八八二年）を、インド大反乱（一八五七―五八年）と同じく、ヨーロッパ勢力が拡張した時代の初期に起こった反乱（エジプトの反ナポレオン暴動・インドのプラッシーの戦い）に続く、民族主義的な「第二次反乱」（the secondary revolt）と把える。その場合、興味深いのはヨーロッパ資本主義の進出基地であるアレキサンドリア市において、当時、ほぼ日常的に起こっていた、外国人とエジプト人の労働者（「イタリア人・ギリシア人・マルタ人」対「エジプト人・ヌビア人」連合）の抗争（feud）がオラービー運動の民族主義スローガンによって政治的方向づけを与えられた、とコールが分析している点である。すなわち、ethnic feud から、nationalist movement への転換が起こったとするのである。[11]

この「転換」の局面の分析は、より実証的研究によって深められなければならない。そしてこうした作業の重要性、一九七〇年代以降の中東における政治変動の構図を知る人々にとって、容易に理解されるであろう。

しかし、ここで本章が当面の目的としているのは、この「転換」（あるいは、誤解を与えやすい表現だが「政治化」）の局面以前の問題のレベル、すなわち、社会の基層レベルの日常的な社会行為を通じて表現される社会的連帯意識に関してである。

この点で、この序論の部分で言及しておきたいのが、前述の「都市の農村化」と呼ばれる現象をいわば「土着的な都市化」として把える視角である。すなわち、前出のアブー＝ルゴドらの念頭にあったのは、この世界史的現象としての都市化に関し観察される次のような重層的構造であった。

それは、第一には近代資本主義の「中心部」において生成し、また世界的資本主義体制の形成に伴ない、「周辺部」へと「輸出」されていった普遍性を持つ都市化のパターンである。そして、第二にはこうしたいわば「近代的な」都市化を随伴する近代経済部門に組み込まれない都市人口（しばしば、都市「雑」業層とか「インフォーマル」部門としてその経済活動がネガティブな形容詞を伴なって分類されてきた）を吸収し膨張してゆく、とくに第三世界において顕著である「土着的な特徴を持つ都市化」である。これら二つのパターンからなる重層的構造である。

この二つの「都市化」を景観上区別する、すなわち居住空間における類型化をするなら、エジプトおよび多くの中東イスラーム社会の場合、それは前述のとおり「街路《シャーリウ》」的構成と「街区《ハーラ》」的構成として区別されるであろう。しかし、この議論のより大きな論点は、都市化の過程（あるいは、農村社会と区別された「都市」の歴史的成立条件）を社会的分業の展開と結びつけようというあの古典的な議論である。そして、こうした議論は、必ずしも近代西洋の社会科学の独占物ではないことに、ここではとくに注意を促しておきたい。とくに、第二の土着的な都市化の過程を見る場合、これは避けて通れない論点となる。

多くの読者がすでに気づかれるとおり、こうした「土着的都市」化のパターンを中東イスラーム社会において検出しようとするとき、言及せざるを得ないのが、イブン・ハルドゥーン（Ibn Khaldūn）の「都市化」（taḥaḍḍur すなわち「定住化」）と社会的連帯（アサビーヤ ʻaṣabiyya）意識の変容をめぐる有名なテーゼである[12]。

ゲルナー（Ernest Gellner）は、先に述べたように西洋近代の社会科学の独占物ではないこの議論を、デュルケームに先行して、イブン・ハルドゥーンが行なっていたことをめぐり問題提起的な論文を発表している［Gellner 1981］[13]。この論文でゲルナーは、都市化（すなわち、badaw〔農村・遊牧〕的生活から ḥaḍar〔都市〕的生活への移行）は社会的連帯（アサビーヤ）の解体をもたらすというイブン・ハルドゥーンの周知の王朝交替の基礎理論と、一見これとは正反対の結論を導きだしているデュルケームの議論を対置させている。

これもまたよく知られている後者のデュルケームのテーゼは、伝統社会における「機械的連帯」（mechanical solidarity；その典型のひとつは北アフリカの遊牧民社会の事例に求められている）より、近代資本主義社会における社会的分業の発展に支えられた、「有機的連帯」（organic solidarity）の方が社会的連帯の強度がより大きい、というものである［デュルケーム 1980］。

その場合、デュルケームとイブン・ハルドゥーンの議論の組み立て方の共通点は、社会的連帯という道徳的現象の変化を社会的分業の展開と重ねあわせて論じている点にある。そして、両者が想定する社会的分業の展開の在り方の相違が、それぞれの社会の空間的表現とも把えられる都市化の在り方を規定しているわけである。

もちろん、両者の議論を直接的に比較することに問題がないわけではない。たとえば、イブン・ハルドゥーンは歴史的にきわめて特殊な性格を持つ近代資本主義的な社会的分業について当然のことながら無知であった。他方、デュルケームの議論も社会的連帯の「強度」（それが「測定」可能なものかどうかという議論は別として）の増大を何らかの単一指標の量的拡大と把える近代主義者にありがちな定式を用いている点で批判を受けるだろう。

したがって、両者の社会的分業と社会的連帯意識に関する議論を、同一の次元に置いて、前述の「二つの都市化」の図式にそれぞれ並行的に当てはめるわけにはゆかない。言うまでもなく、今日の第三世界における「土着的な都市化」（もしそのようなものがあるとしたら）、近代資本主義の世界的拡大のなかで生まれ、かつこれと共生しているからである。

さらに付け加えて言うならば、「土着的な都市化」の発生する社会空間は、よく言われるような都市流入民が近代資本主義的な都市的生活様式に適応するために準備を行なうクッションあるいは緩衝帯として機能しているだけではない。今日の第三世界における資本主義の発展は、しばしば指摘されるように土着的な都市化あるいはインフォーマル・セクターの成長といった諸現象を必然的に生みだし、そこにおけるいわゆる「非資本主義的」諸関係と「接合」しているからである。

以上の点を念頭に置いたうえで、初めてイブン・ハルドゥーンの提示する都市化の伝統的様式、すなわち特殊な社会的分業との組み合わせの在り方をどう積極的に現代社会分析に活用してゆくかを議論することが可能になる。ただし、本章の目的は、そのような理論的問題に対し何らかの貢献を試みることではない。すなわち、たとえばゲルナーの指摘を待つまでもなく、イブン・ハルドゥーンの研究をいかに現代社会科学に再生させてゆくかは、これまで多くのアラブ人社会学者の最大の理論的関心事となり、もとよりここで整理できないほどの多様な議論が行なわれている（たとえば［Baali 1988］および森本訳・解説［イブン・ハルドゥーン 1979, 80］を参照）。そして、こうした研究は、同時に実証史家による歴史的分析と相伴ない、補強されて発展してゆくだろう。たとえばそこでは、ホーラーニー（Albert Hourani）が問題提起している「都市的アサビーヤ」（urban 'asabiya）の諸形態が議論されることになるのかもしれない[14]。

（二）分析の素材とその空間的設定

むしろ、本章の目的は、以上に述べた「都市化と社会的連帯」をめぐる問題状況を把える具体的な分析素材を提示することにある。ここで本章が取りあげるのは以下の二人のエジプト人研究者の手になる社会調査報告である。この二つの事例のあいだにある社会的空間の差異とそれに密接な関係を持つ社会的連帯の表象について本章の主要な関心を払いたい。

（1）アハマド・アブーゼイド『サァル——上エジプト一農村の人類学的研究』［Abū Zayd 1965］

（2）アブドッラー・アブデルガニー・ガーネム『労働力の移動—アレキサンドリア市港湾労働者社会の社会構造に関する社会人類学的研究』［Ghānim 1982a］

この二つの事例研究が対象とする上エジプト農村とアレキサンドリア市港湾労働者社会という二つの社会的空間を比較すると、そこには、連続性を持った差異あるいは変化が見られる。この変化を、本章では先に述べた「土着的な都市化」の過程として把えたいと考える。その場合、この変化の過程の中心的内容が、社会的連帯の性格をめぐる問題であることは、イブン・ハルドゥーンとデュルケームの二つのテーゼを比較した部分ですでに説明したとおりである。

しかし、デュルケームの考えに従うなら、「社会的連帯はまったく道徳的な現象であるから、そのこと自体によって、厳密な観察をもその測定をも受けつけない。したがって、それの分類と比較を行なうためには、われわれの見落としがちな内在的事実に代って、これを象徴する外在的事実をおき、後者をとおして前者を研究しなければならない」［デュルケーム 1980: 65］。

周知のように、デュルケームはこの「外在的事実」の素材として、制裁的特質を持つ「法」という現象を取りあげ、その類型分析を展開している。これに対して、本章では、「機械的連帯」の表象として彼が否定的な評価を下している「法」現象の一類型、feud と呼ばれる集団的な復讐慣行に注目したいと考えている。

すなわち、本章で取りあげる二つの社会調査は、アラブ社会においてサァル（tha'r; 口語では一般にタールと発音）と呼ばれるこのfeud慣行について、興味深い研究素材を提供している。そして、重要なのはこの社会的空間を異にする二つの調査事例におけるfeud慣行の差異が、土着的都市化における社会的連帯の性格変化を象徴する外在的事実と把えられることである。

ところで、以下の議論を行なう場合に、まず注意しなければならないのは、このfeudという現象をめぐって、よくありがちな文化的偏見を排除することである。たとえば、feudは、デュルケームが表現したように「低級な種に属している」後進的社会において、「不条理な破壊欲」や「知性を欠いた激情的な動き」が支配的であって、こうした「復讐の感情が—略—まったくはるか遠くまでぶちまけられる」といった現象ではない［デュルケーム 1980: 86, 87, 181］。また、急速な社会の「近代化」のなかで取り残された「伝統的」価値が引きおこす社会的病理現象と把えるだけで済む問題ではない。

このfeudをめぐる理論的問題についても、本章ではその詳しい解説は行なわないが、ピーターズ（E. L. Peters）による実証研究とその問題提起を引き継ぎ、これを理論的に発展させたブラック＝ミチョード（Jacob Black=Michaud）の研究が、この分野ではスタンダードな議論の土台を用意していることだけは指摘しておかなければならない（［Peters 1967］および［Black=Michaud 1975］を参照[15]）。本章の議論もブラック＝ミチョード等の理論研究をふまえて展開するものである。

さて、この「序論」を締めくくるにあたって、前掲の二つの事例研究の舞台となる上エジプト農村とアレキサンドリアという二つの地域、そしてとくに労働力移動という媒介項を介して結ばれる両者の関係が、冒頭に述べた近代エジプトにおける資本主義発展の構造のなかでどのように位置づけられるのか付言しておきたい。

アレキサンドリアは、第三節でまたふれるように近代エジプトに形成された綿花輸出経済のいわば「搾乳器」として発展した都市であった。同じ東アラブ地域のベイルートと同様、世界資本主義の「中心部」に隣接した東地中海商業圏の主要都市として、そして「中心部」の基幹産業である綿工業に対する綿花の輸出港として、いわば「植民地主義の橋頭堡」［Reimer 1988］として「周辺部的都市化」［Chainchian 1988］が進展した都市であった[16]。そこでは、カイロでアブー＝ルゴドが発見した二つの都市化と同様の社会的景観を取る二つの都市空間が、文化的緊張をもって並立する「植民地都市に特有の社会空間的分割（sociospatical fragmentation）」［Reimer 1988: 539］が形成され、前述のようにこの日常的緊張が民族主義運動へと政治化する舞台となったのである。

一方これに対し、上エジプト農村は、近代のエジプト綿花経済の発展の陰の部分を代表する存在であった。エジプトが世界資本主義システムに包摂される過程を通じて、上エジプトは遠隔地交易やオスマン帝国域内の分業関係のなかで作りあげてきた自立的な経済基盤を失った（［Lawson 1981］を参照）。そしてさらに、ベイスン灌漑の通年水路灌漑への移行によって綿花生産が飛躍的に拡大した北部のナイル・デルタ（下エジプト）とは対照的に、開発から取り残され、過剰労働力が滞留する地域となった。これらの過剰労働力は、季節的な移動労働者（タラーヒール）としてデルタの綿花生産システムに有機的に組み込まれる一方、さらにカイロやスエズ運河沿岸都市（ポートサイド、イスマイリーヤ、スエズ各市）、そしてアレキサンドリアへと流入してゆくことになる。

本章は、上エジプト農民が故郷の村と出稼ぎ先（この場合は港湾労働）の社会の双方で取り結ぶ社会的連帯の在り様、その比較についていくつかのデータを示そうとするものである。言うまでもなく、こうしたテーマの追究は冒頭で述べた今日における労働力移動の国際的局面での分析に何らか資するところもあると考える。

二　上エジプト農村とサァル（feud）慣行

本節では、前に挙げたアハマド・アブーゼイドの『サァル：上エジプト―農村の人類学的研究』［Abū Zayd 1965］を取りあげる。この調査事例の紹介に入る前に、上エジプト（ṣaʿīd）および上エジプト人（ṣaʿīdī；複数形 ṣaʿāyida）について若干の解説を加えておこう。

〔上エジプトの地域的特徴〕

すでに述べたように、今日の上エジプトは、近代エジプトの不均衡な経済発展が作りだした「低開発」地域としての特徴を持つ。これに対し、近代以前の上エジプト、アラビア半島に小麦を輸出する一方、シリアから輸入した綿花を加工して綿布などをスーダン他に輸出するという前近代の交易体系のなかの自立した結節点として機能していた。それが一九世紀以降、一部の砂糖キビ・プランテーションを例外として、商業的農業の発展から取り残され、同時に手工業生産もヨーロッパ製品の流入によって破壊され「低開発化」が急速に進行したのである。こうした「低開発性」のエコロジカルな条件は、デルタで綿花の拡大とともに進行していた通年水路灌漑の普及の遅れに示されている。そして、上エジプトは、デルタの輸出用綿花生産のための労働力（タラーヒール労働者）供給基地として、近代エジプト経済の再生産構造のなかに位置づけられてゆくことになる。

しかし、上エジプトにはこうした近代的な経済発展が作りだした「低開発性」とは異なった、（しかし、しばしばこれと結びつけて論じられる）もうひとつの社会的特徴がある。それは、下エジプトのデルタと違う地理的条件、すなわち沙漠との近接性から生まれでる特徴とも考えられる。この沙漠との近接性とは、具体的には、遊牧民社会との接触の強さ、そしてアラビア半島との交易や人口移動を通じた文化的結びつきによって説明される。たとえば、今日の上エジプト人は、下エジプトなどより、相対的にアラブの血統意識が強いことで知られる。しかし、この特徴が、前近代のこの地域の歴史発展の結果の継承によるものか、あるいは近代におけるデルタ社会の「発展」に対する相対的な「後進性」なのか、ここでは明確に答えることはできない。たとえば、村の景観ひとつ取っても次のような問題がある。すなわち、上エジプトの沙漠とナイル川農地の境界線に沿い鎖状に延びる村々が、高い壁で囲われた大きな家からなる防衛性の高い建築様式を取っているのは、むしろ北アフリカなどエジプト以外の地域の村と似ていると言うべきなのかもしれない。しかしながら興味深いのは、下エジプトのナイル・デルタの農村もまた、一八世紀には同様の景観を取っていたと言われることである。[17]

このような歴史的背景にまつわる問題は、別の研究に譲るとして、ここでは上エジプト社会が、下エジプト、とくにカイロなどの「中心部」から「周辺」として位置づけられ、また前者からは区別された文化的特徴を持っているということだけを確認しておこう。たとえば「世界の母」(umm al-dunyā) なるカイロから、「辺境人」の上エジプト人の気質がどのように把えられてきたかについて、我われは、典型的な表現を、アハマド・アミーン (Aḥmad Amīn) の『慣習伝統表現事典』

〔Amīn 1953〕のなかに見いだすことができる（アハマド・アミーンについては、本書第2章を参照）。同書の「上エジプト人（al-ṣaʻāyida）」の項では以下のように述べられている〔Amīn 1953: 260–62〕。

「彼らは南部（al-wajh al-qiblī）の住民であり、我慢強い仕事ぶりと困難を耐え忍ぶ強さで知られる。彼らは多くがカイロやアレキサンドリアなどの都市に出稼ぎをして住宅や大きなビルの建設の激しい仕事をその肩に担う人々である。また彼らのなかには、果物などを取り扱う行商人（al-bāʻa al-mutajawwila）として働く者も多い。

彼らは、身内の女性に対する激しい嫉妬心（al-ghayra）[18]を持つ。また、彼ら以外の者に対して団結して連帯すること（al-taʻaṣṣub）が多い[19]。これはとくにアズハル〔学院〕周辺の学生たちのあいだでもっとも激しい様相を呈する。すなわち、下エジプト人（baḥrāwī）が上エジプト人に危害を加えるときには、彼らは団結して連帯し、〔前者も〕同じく団結して連帯するからである。

彼らは寛大さ（al-karam）において下エジプト人より優っていることで有名である。来客があったときには、最大限の寛大さで歓待する。しかし同時に、彼らは行動（al-muʻāmala）の激しさでも知られ、人々に恐れられている。―中略―

また、おそらく彼らの方が〔古代〕エジプト人の血を下エジプト人よりより明白に受けついでいる。これは、彼らと他所の人々との交流が少ないためであろう。―中略―

彼らは自らの手で政府に陳情する（shakwā）ためにサァルを行なうことを好む。長い年月のあいだ、彼らはひたすらサァルの要求を隠し、それが実現可能となるまでそうしているのである。そして、ときがいたると醜悪の極みとも言える身の毛もよだつ事件を引きおこす。その原因の多くは、女性についての嫉妬心、農地や家畜に対する侵害である。―中略―

彼らの国の端には、多くの遊牧民が住んでおり、彼らの性格（akhlāq；あるいは道徳感情）も遊牧民の影響を受けており、また逆もそうである」。

アミーンがここで述べている上エジプト人の気質、とりわけサァルにおける行動様式の特徴は、本節で以下に紹介するアハマド・アブーゼイドの調査の背景をなすものであった。

〔調査の動機と調査村の一般的特徴〕

アブーゼイドによる調査の背景には、上エジプトにおけるサァル殺人の頻発性に関する政府の政策的関心があった。[20] すなわち、全国の犯罪統計における上エジプトのサァル殺人の特異な位置は、一九五二年革命後の政府が社会開発への関心の高さに基づいて設立した国立社会学犯罪学研究所（al-Markaz al-Qawmī li-l-Buḥūth al-Ijtimāʿīyya wa al-Jināʾīyya）が、アブーゼイドに調査を依頼する際の直接的動機をなしたと考えられる。[21]

調査村であるバニー・スィミーウ（Banī Simīʿ）村は、サァル殺人が多発するアスュート県のなかから、比較的少ない人口・良好な治安状態・村落社会の同質性（mutajānasa）などの基準で選定された［Abū Zayd 1965: 14］。同村の人口は、約八〇〇〇人、村に帰属する土地は二五〇〇フェッダーン（一フェッダーン＝約〇・四二ヘクタール）、ナイルの西岸に位置し、県都アスュートから南に約三〇キロメートル、アブー・ティーグ（Abū Tīj）郡に属する［Abū Zayd 1965: 24］（図1を参照）。

同村は、親村と四つの子村[22]（nazla）からなり、村民のほぼ半数が親村に居住し、子村は親村の行政区（nāḥiya）に帰属する。子村の形成要因は、①人口の自然的増大（とくに親村から遠い農地の耕作と夜警のため、親族集団の一部が移住）と、②政治的要因（親族集団相互の抗争の激化とサァルへの恐怖のための逃避）である。それゆえ、個々の子村は、同一の経済的利益を持つと同時にサァルの実行・防衛という政治的単位としても機能している。

この子村における経済的・政治的（とくにサァル実行・防衛の）単位としての特徴は、その居住における集合性（al-takattul al-makānī）によって示されるが、こうした「集住性」こそは、バニー・スィミーウ村のもっとも重要な特徴である［*ibid.*: 28］。この特徴は、親村の居住区構成にも同様に見いだされる。

親村の居住区、これをモデル化した図2に示すように、村の草分け（aṣl al-balad）である人物の廟（ḍarīkh）を中心に、放

（図 1） バニー・スィミーウ村地図

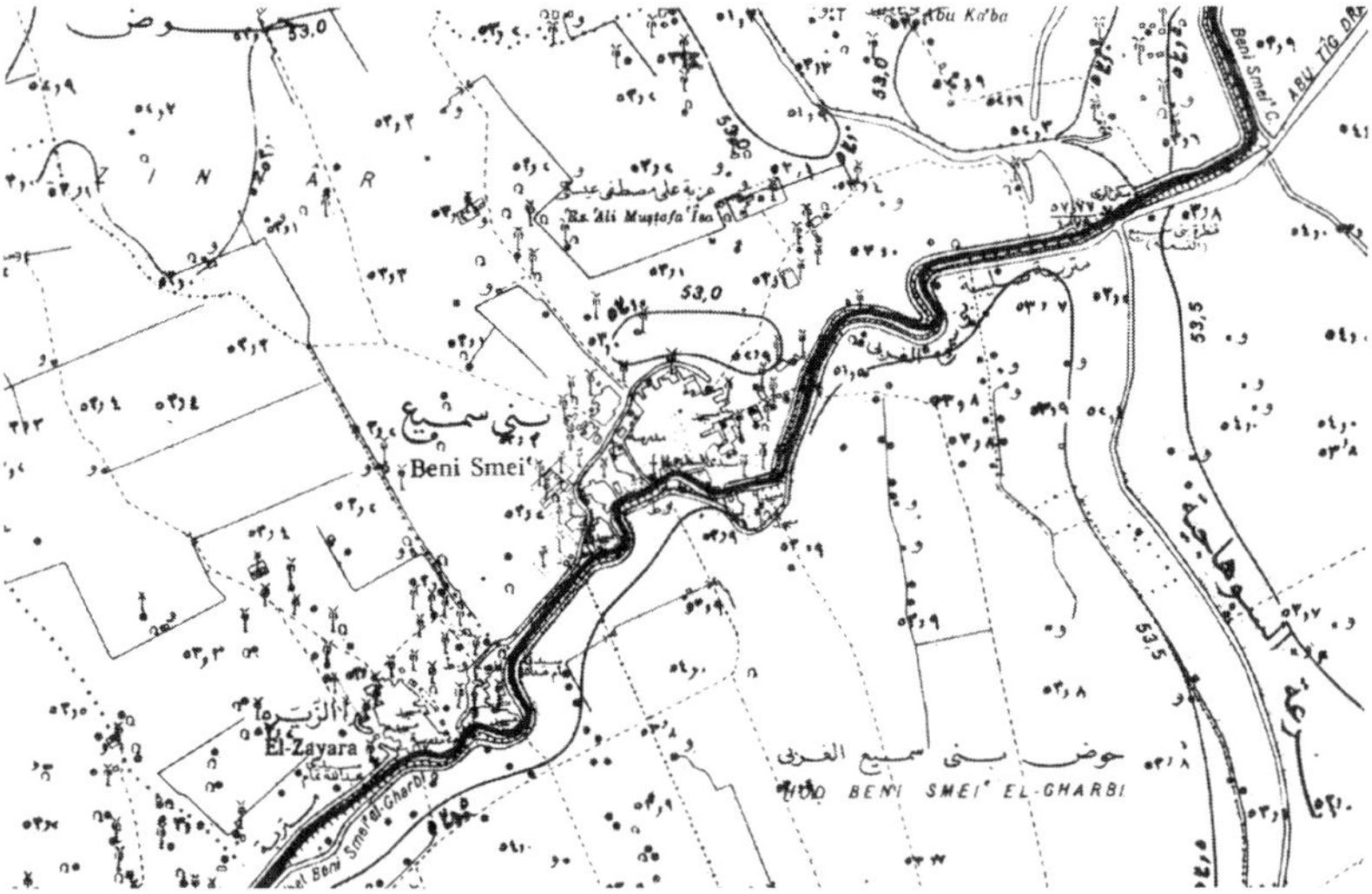

（図 2） バニー・スィミーウ村の親族集団と居住地区の模式図

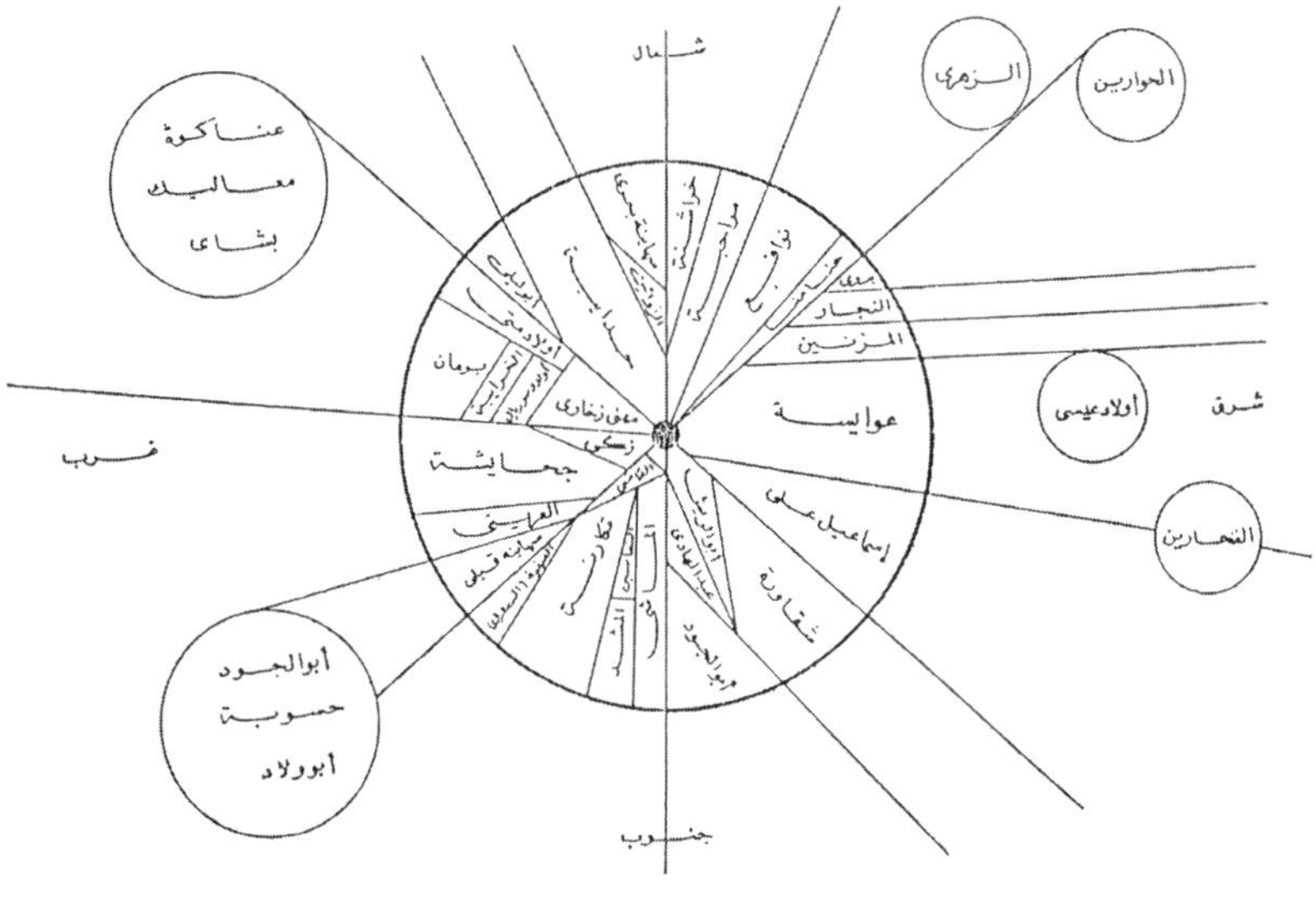

（出所：［Abū Zayd 1965: 25］）

射線上に分割される街区から構成される。そしてそれぞれの街区が村内の親族集団の単位に結びつくと同時に、個々の街区の内部の住居構成も、親族の等級（daraja）原則にもとづいて配置されているという特徴がある［*ibid.*: 28］[23]。こうした親族制度の核（nawāh）となるのが父系拡大家族（al-'ā'ila al-abawiyya al-mumtadda）であり、これは生産と消費の共同的単位であると同時にサァルを実行する政治制度の核となる［*ibid.*: 29］。

〔サァル発生の経済的・生態学的条件〕

サァルの発生は、以上に述べた居住形態の集合性に反映される、村内部の親族制度と結びつくものである。しかし、これを次項以降で述べる前に、サァル発生と当該社会の経済的・物理的・生態学的条件がどのように連関しているのか［*ibid.*: 23］について見ておく必要がある。すなわち、こうした諸条件とサァルとの関係を考えることは、従来サァルに関する調査がなされた沙漠の遊牧民の事例や、次節で述べる都市空間におけるサァル発生などと比較する意味でも重要だからである。「序論」のなかで述べておいたようにそれは社会的連帯意識の変化、物理的条件が作りだす社会的分業形態や生業の形態との関連で分析する素材を提供するからである。

アブーゼイドがこうしたサァル発生の経済的・生態学的条件として挙げるのは、①ベイスン灌漑による農業生産様式と、②分散的小規模土地所有、にまとめられる。ベイスン灌漑は周知のとおりナイル川の自然氾濫（七月中旬〜一〇月）を利用して、堤防によって囲まれた耕地（ベイスン；ḥawḍ）に湛水し灌漑を行なう古代エジプト以来の灌漑様式であった〔詳しくは［長沢 2013a］第六章を参照〕。

サァルの原因となる社会的紛争は、第一に、氾濫水が引いて耕作が開始される時期に、耕地の境界線をめぐって発生するものであった。村のベイスン耕地は、細かく分割所有されており、氾濫により境界線を定めた目印の白い石が動くということから紛争が生じたという［*ibid.*: 32］。また、分散的小土地所有は、これを所有する親族集団および個人の社会的地位を互いに非常に似かよったものとする[24]。そのためこの村のなかには社会的経済的格差がなく、その結果、人々は権力（sayṭara）に容易に服属せず男気（rujūla）を強調する。これらの条件がサァルの実行と長期的継続を支える要因だ、とアブーゼイドは主張する［*ibid.*: 30–31］。

その他、この村ではナイル川の増水期に、運河（turʿa）沿いに揚水機（makīnāt）を設置して、換金作物である綿花を堤防沿いの耕地に栽培するが、この揚水機が接近して設置されることが紛争の原因となる［*ibid.*: 31］。加えて、ナイルの増水期は、一般に農閑期となり、出稼ぎや漁業を行なう者以外は、村の茶屋（maqāhī al-balad, al-ghuraz）で時間をつぶすが、これもサァルの原因となる［*ibid.*: 35］。

以上のアブーゼイドが指摘するサァル発生の経済的・生態学的条件のなかで重要なポイントは、ベイスン灌漑のもとでの特殊な農業生産様式における土地所有と農業経営（あるいは労働組織）の単位に関する議論である。彼は、これらの単位が、サァル実行の政治単位と重なりあうことを暗示しているが、これを具体的データで示していない。後者の単位については、次項以降の親族組織の調査結果を提示しているだけに残念である。ここでむしろ調査者は分散的小土地所有に起因する個々人の類似性・同質性が「機械的連帯」を生むというあのテーゼに接近しているように見える。

〔サァルの社会的単位〕

村内の最小の政治的単位、すなわちサァル実行の単位は、バダナ（badana;「胴」の意味をもつ。同様に身体用語を用いた親族集団の corporate identity を示す言葉はアラブ社会で多く見られる）と呼ばれる父系親族集団である。結束性（tarābuṭ）と凝集性（tamassuk）と連帯性（ittiḥād）という特徴を持つバダナは、次のような構成原理の特質がある。それは、①内部分裂の存在にもかかわらず外部に対して統合的（mutakāmila）な単位となること、②男性の優位（taghlīb al-dhakar）、あるいは男系出自（intisāb fī khaṭṭ al-dhukūr）の優位性、そして③年齢階梯原理（mabdaʾ al-tafāwut al-sinn）である［*ibid.*: 37］。

村内の親族集団は以上の原理に従って、①ウスラ（al-usra; 両親と未婚の子どもたちからなる最小の親族・居住単位）、②アーイラ（al-ʿāʾila; 三世代におよぶ拡大家族）、③小バダナ（al-badana al-ṣughrā; 四・五世代の父系の出自 nisba がたどれる親族集団）、④大バダナ（al-badana al-kubrā; 最大限の遠い世代から出自がたどれる集団）の四段階に区分される［*ibid.*: 39］。

以上に述べた村の親族構成の原理を貫くのは、男性優位の価値観にもとづく父系出自の原則であり、それは勇気（shajāʿa）

こそ〝男気〟の価値と考えるサァル実行の行動規範をかたち作るものである。また、年齢階梯原理は、長老（kibār al-sinn）や家（bayt）やアーイラの長の持つ権威（murjiʿ）の源泉となり、とくにサァルの調停（ṣulḥ）や和平交渉（mufāwaḍa）を行なうバダナ会議（majālis al-badana）を有効に機能させる［*ibid.*: 40］。

以上の親族構成の原理にもとづき、バニー・スィミーウ村は、四つの系統とそれ以外の社会的地位を異にするグループから構成される。それは、①主流バダナ集団、②傍流バダナ集団、③小親族集団、④キリスト教徒である。

まず、第一の主流バダナ集団は、エジプトがイスラーム化された時期にアラビア半島から渡来したという村の草分け、シャイフ・アリー・フィール（Shaykh ʿAlī al-Fīl）の四人の息子を始祖とする四つの大バダナから構成される。この四つの大バダナは、一六の小バダナに、さらに多くのアーイラ、そしてウスラへと分かれる。ここで言うウスラは、小家族としての意味と同時に、サァルの戦闘員である成年男子の数を示すが、そのウスラの数は、この四大バダナ全体で一七〇三を数える［*ibid.*: 42-43］。

第二は、以上のシャイフ・アリー・フィール系列以外のバダナ集団であり、さまざまな理由で村に外から入り定住したグループであり、主流派バダナのいくつかとそれぞれ姻戚関係を結んでいる。これらは、一三の小バダナ、そして八三五のウスラからなる。これらのバダナのなかには、増水期の漁業や農業の賃仕事に携わり経済的地位は低いが、その強力な戦闘力で恐れられるバダナや、スエズ運河工事期に強制労働を忌避してこの村まで逃亡してきたバダナなどが含まれる［*ibid.*: 43-44］。

第三は、バダナという父系出自集団を構成できない小規模親族集団からなるグループである。彼らは社会地位が低く、大きなバダナ集団に保護（al-ḥimāya）と庇護（al-riʿāya）を求め、この周囲を取り巻いている（iltifāf）［*ibid.*: 44］。

最後が、キリスト教徒アーイラである。彼らは、約四〇〇名で一二のアーイラから構成される（したがって、一アーイラ平均三三名の規模）。また、彼らは教育水準も経済的地位も高い、しかし村の社会的階梯（sullam）のもっとも低い地位を占める。すなわち、彼らはサァル行為に直接参加することができず、その成員が殺されるときには、庇護関係を持つムスリムのバダナに代行を依頼する。そして、この庇護を行なうムスリムのバダナは、自らを「キリスト教徒アーイラのアラブ」（ʿarab al-ʻāʼila al-masīḥiyya）と呼ぶ。すなわち、村のキリスト教徒四〇〇人は、それぞれの保護者である「アラブ」を持つわけである［*ibid.*: 45］。

以上のアブーゼイドの調査報告で注目されるのが、③の小親族集団と④のキリスト教徒アーイラが、バダナ集団とそれぞれ結ぶ庇護的関係である。前者の集団は、筆者自身の上エジプト農村での見聞によれば、ハワーシー・バラド（ḥawāshī al-balad）、直訳すれば「村を囲む者たち」と呼ばれる土地無しの農業労働者で、やはり大親族集団を形成できないグループにあたると思われる。この場合の「取り囲む者」（ハワーシー）、バダナを「取り巻く」（イルティファーフ）という二つの表現がともに似かよっているところが興味深い。

さて、後者のキリスト教徒が戦闘行為を村内で禁じられている状況について言うならば、他の同様の事例を筆者は知らない。しかしこれは、いわば、ズィンミー的関係の村落内における再生産という意味で、イスラーム史研究のコンテクストでも興味深いし、また現代の都市化に伴なうムスリム・コプト関係の変化を研究するうえでも重要な論点を提供するものだと考えられる。(25)

〔サァルの法（カーヌーン）と連合・庇護関係の形成〕

ここでサァルの法（カーヌーン qānūn）と呼ばれるものは、実際、慣習法（ʻāda）と把えるべきものである。(26)

アブーゼイドは、同村の調査からサァルの「法」について次のような原則を指摘する。

第一は、バダナの連帯責任（masʼūliyya ḍamāniyya）である。「戦いはバダナ、血はバイト」（al-maʻraka badanāt wa al-damm buyūt）という言葉で示されるように、殺された人間に対する感情は、もちろん小親族単位（バイト）の成員のあいだの方が強いが、しかしサァルの義務は、彼が属するバダナの全成員にただちに波及する。同様のことは加害者のバダナにも言える［*ibid.*: 48–49］。

第二は、均等原則（損失 khasāra の均等）、すなわち同害報復である。このサァル単位、バダナ集団単位のあいだにおける殺害者の数の均衡を図るやり方は、ちょうど金銭の貸借関係に似ているし、事実借金（dayn）にまつわる言葉が用いられる(27)

[*ibid.*: 51]。アブーゼイドは、このような計算を可能にするのは、前述のとおり零細土地所有により村民間に経済的地位の格差がなく、また、主流派バダナ集団内部のように同一の出自を有する成員のあいだには社会的地位の格差もないからだと述べる [*ibid.*]。ただ、この均等原則は、アーイラの長（rabb）が殺された場合は必ずしも適用されないし、また反対に庇護関係にあるキリスト教徒が殺された場合、バダナ集団間の殺害者の数に計算されないということがある。後述するようにこれらは、サァルを長期に継続させる原因となる [*ibid.*: 50–51]。

第三は、連合（laff）、庇護（himāya）関係の形成である。前項で述べた村内の親族集団間の勢力の不均衡は、サァルの発生に対し、とくに力の弱い（すなわち、成人男子の戦闘員の少ない）いくつかの小親族集団がひとつのバダナの回りを取り巻く関係の形成を促すことになる。これが連合（ラッフ、直訳すれば「巻き」）関係である。この「連合」は、安定的な数世代におよぶものと、偶発的・一時的な戦略的目的で結ばれるものとがある。前者の場合は、姻戚（musāhara）関係によるものと、保護（ヒマーヤ）の供与の義務（milha）を求めるものとがある。[28]

以上の原則にもとづいて展開するサァルは、実際には村内の有力大バダナを中心に結成された連合・庇護関係を取り結ぶ集団のあいだで発生する。そして、このサァルは、前述したような諸要因で長期化する。それは、ブラック＝ミチョードが指摘するように、サァルが社会的連帯意識を持った二つの集団相互で長期にわたって継続する社会関係そのものを表現しているからに他ならない。

アブーゼイドが、このような長期化した継続的なサァルの実例として挙げるのは、以下の例である。それは、一九四〇年と五八年に断続的に発生したサァルの応酬関係であり、主流派大バダナであるHバダナとTバダナのあいだで行なわれたものである。Hバダナと連合関係にあるAバダナ、Tバダナを「アラブ」として庇護関係にあるキリスト教徒のBアーイラの成員ひとりを殺害したことに始まるこのサァルの連鎖は、その後Hバダナと連合関係にあるKアーイラとAアーイラ、Tバダナに従属（mawālī）関係を結んだWアーイラのメンバーを巻き込んで拡大し、当時Hバダナ側で四名、Tバダナ側で六名の死者が出た。この抗争は当局の介入と他のバダナによる調停（スルフ）でTバダナが賠償金を受けとりしぶしぶ承服することで終結した。しかし、キリスト教徒の死者の計算をめぐって均等原則にもとづく怨恨は継続し一九五八年になって再び両者のサァルの応酬が始まり、今度はHバダナ側に六名、Tバダナ側に五名の被害者が出た［*ibid*.: 55–58］。

　この両バダナの抗争激化において問題になったのは、抗争の最終局面になってHバダナに属する少年がサァルの犠牲になったことであり、加えてこれに怒ったHバダナがTバダナの女たちを侮辱する行為に出たことである。これは、当事者の両バダナのみならず村社会全体から異常な事件として非難されることになった。なぜなら、これらの行為は、サァルにおけるウルフ（‘urf; 慣行）を著しく逸脱するものであったからである［*ibid*.: 58–59, 63］。

〔サァル慣行の背後にあるもの〕

ここで述べられたウルフは、通常の用語法によると、国家法（カーヌーン）に対する慣習法を意味する言葉であるが、ここでの使用法は、むしろカーヌーンの付則あるいは補則として、サァル実行における禁忌とされる事柄を示したものと言えそうである。[29] さらに、アブーゼイドは、サァル慣行の表の論理（カーヌーン）を下支えするものとしてウルフを把えているようにも見える。

　このサァルにおけるウルフの主要な内容は、女性や年少者には危害を加えない（‘adam al-ta‘arruḍ; すなわち「イルド」〈‘irḍ〉を犯さない）というものであり、これを逸脱することは冒瀆（kafīr）であり恥辱（‘ār）であると考えられる［*ibid*.: 62］。こうしたウルフを支える感情は、前述の「男性の優位」原則から派生するものであるが、このようなウルフは、とくに姻戚関係を結ぶ親族集団間のサァルにおいて発現される。たとえば、妻の実家の者が夫およびその一族の者に危害を加えた場合、彼女の安全は保障される。たとえ、夫が実家の者に殺されても、彼女に子どもがいればすべて夫のアーイラの一員として保護されるし、子どもがいない場合にも危害を加えられることなく実家に戻ることが許される［*ibid*.: 59–60］。ただし、息子が実家の者に殺されたときは、妻は夫のアーイラの側について実家の者に対するサァルを求める。アブーゼイドは、これを姻戚関係に対して父系親族紐帯（rawābiṭ al-qarāba al-‘aṣaba）が優位に立つことを示すものだとしている［*ibid*.: 61］。

　以上の例に見るように、ウルフは男性優位の社会的価値観と分かち難く結びついている。この価値意識こそ、サァル実行のかたちで表現される親族集団の社会的連帯（アサビーヤ）の基盤となるものである。[30] そして、こうしたアサバ原理と結びついたウルフは、個々のアサバ親族集団の連帯を超えた村社会全体の秩序（誤解を恐れずに言えば共同体的秩序）を護るものではなかったかと筆者は考える。というのも、これとよく似たウルフの性格はアブーゼイドがウルフのもうひとつの原則として挙げる以下の原則にも同様に看取できるからである。

すなわち、サァルの実行において、その攻撃対象が人間以外に向けられた場合、それは同じく恥辱（アール）と考えられる。たとえば、揚水機の破壊や家畜の毒殺、収穫物の焼き打ちなどに対する禁忌である。アブーゼイドは、このウルフを、女性や年少者のサァル対象からの除外（tajnib）と同様、男気の強調にもとづくものだと指摘している［*ibid.*: 31-32］。

以上に述べたサァルのカーヌーンとウルフの構造をふまえたうえで、アブーゼイドは、サァル慣行を次のように考える。すなわちサァルとは、かつて行なわれた攻撃に対する復讐や報復を満たすための無目的な（'ashwā'ī）殺人の犯罪ではない。それは、基本的なとくに法律的特徴をもった集合的な社会制度である［*ibid.*: 63］。したがって、サァル慣行それ自体は、決して病理的な社会現象ということはできない。むしろ、病理的な事態があるとしたら、前述したような長期化したサァルがウルフの侵害という村社会の再生産を脅すほどに過激化した場合について言えることであろう。ただし、アブーゼイドは、このようなサァルの変化の背景をなす村落社会の変容について、とくに注目すべきデータを提示してはいない。

三　アレキサンドリア市港湾労働者の社会

〔アレキサンドリア市への上エジプト人の流入〕

「序論」で述べたように綿花輸出経済の「搾乳器」アレキサンドリアは、典型的な植民地型都市として成長した。そしてこのアレキサンドリアの爛熟した繁栄ぶりを、活々と写しだした文学作品としてローレンス・ダレル（Lawrence Durrell）の有名な長編小説『アレキサンドリア四重奏』がある。この小説のなかの表現を借りるなら、「この都市〔アレキサンドリア〕は打ち寄せるアフリカ的暗黒の波を押し戻す堰堤のように作られた」「アジア的ヨーロッパの首都」であり、また「銀行家と綿花の空想的投機家たちのヘレニズム的首都」であった［Durell 1974: 59, 549, 676］(31)。

しかし、一九五二年革命以後、民族主義の嵐のなかでアレキサンドリア市の相貌は激変した。ダレルは、彼の小説とならびアレキサンドリア市を素材に取った名著とされるフォースター（E. M. Forster）の『アレキサンドリア—歴史と案内』の復刻版に寄せた序文のなかでこの変容ぶりを怒りを込めて皮肉っている。彼曰く、かつて五カ国語が自由に飛び交ったコスモポリタンなその都市は、共産主義にかぶれたナセルのために致命的な影響を被り、今やアレキサンドリアはエジプト第二の都市というあまり気の進まない役割を演じているのにすぎない。かつてカフェの看板やポスター等を飾った華やかなヨーロッパ各国語の文字は、すべてアラビア語に書き変えられてしまった、と［Forster 1982: ix, xii］[32]。

このようなアレキサンドリア市の変容は、ひとつにはダレルの言うように、ナセルによる民族主義的経済政策（とくに植民地型金融流通機構の解体）の影響によるものであるが[33]、もうひとつは彼の言う「アフリカ的暗黒の波」、別の箇所の表現を借りれば「アラブの潮とムスリムの潮」［Durell 1974: 552］がこの都市により激しく打ち寄せてきたためであった。そして、この「暗黒の波」の主流をなした人々こそ、上エジプト農村出身者に他ならない。この上エジプト人の流入がアレキサンドリア市における「都市の農村化」あるいは「土着的な都市化」のパターン形成の主因をなしたのである。

一九六〇年人口センサスによると、アレキサンドリア市への流入人口四三万人のうち、五〇〇キロメートル以上も離れた上エジプト四県の出身者が三一・九パーセントを占め、そのなかでアスュート県出身者が五・九パーセント、ソハーグ県が一四・八パーセントであった［Abū 'Iyāna 1980: 531］[34]。そして、これらの上エジプト出身者は、特定の地区に集住することでも知られている。たとえば、カルモーズ区の全人口のうち、三四・六パーセントが上エジプトからの移住者、ラッバーン区は二二・六パーセント、ムハッラムベイ区は二五・四パーセントなどである［Abū 'Iyāna 1980: 556–58］。

すなわちこれらの地区に集住した上エジプト人は、先住者をしだいに追いだして「上エジプト人の街区」(ḥāra al-ṣa'āyida)を作りだしていったのである。図3は、上エジプト出身者、下エジプト出身者、ヌビア人、外国人の主たる居住地区を図示したものである。この図から上エジプト人の多くが、マフムーディーヤ運河沿いのスラム化した居住区を中心に住みついていることが分かるであろう。これは上エジプト人の流入人口比を示した図4によってさらに明白に表現されている。

そして、こうした居住区に集住する上エジプト出身者は、しばしば特定の職業に集団的に就業することでも知られる。た

（図3）アレキサンドリア市への流入者の居住区

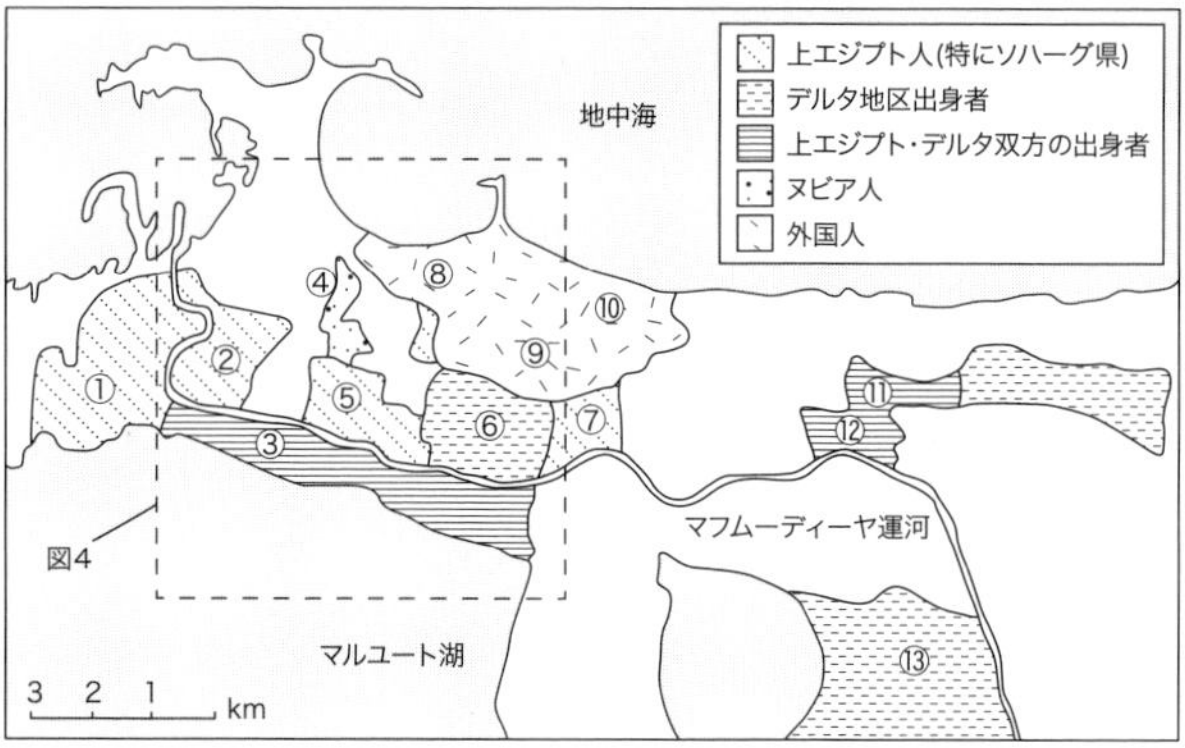

①ミーナー・バサル
②カルムーズ
③ガイト・アイナブ
④マルガニー・アッターリーン
⑤ラーゲブ
⑥ムハッラム・ベイ
⑦ハドラ
⑧アッターリーン
⑨バーブ・シャルキー
⑩イブラヒミーヤ
⑪バーコース
⑫ザーヒリーヤ
⑬アビース

（出所：［Abū 'Iyāna 1980: 555］をもとに加工）

とえば、カイロ在住の上エジプト人について言えば、ゴミ収集業者（al-zibbālīn）や「青果物のマフィア」を組織化している青果商などの例が挙げられる。(35) そし、このアレキサンドリア市の場合、上エジプト人が集中的に就業する代表的職業は、港湾労働者（al-ḥammālīn; 直訳すれば、荷かつぎ人夫、正確には'ummāl al-shaḥn wa al-tafrīgh）であった。

〔出稼ぎ型賃労働—上エジプト出身の港湾労働者〕

アレキサンドリア市の港湾労働者の大半は、アスュートとソハーグ両県の農村出身者で占められている。前掲のガーニムの調査によれば、彼らの主要な出身村は、アスュート県五カ村、ソハーグ県一三カ村の合計一八カ村に限定されるという［Ghānim 1982a: xxi］（村名は、表1参照）。

さて、アレキサンドリア港の荷役作業は、一九五二年革命以前は約二〇名のギリシア人・イタリア人からなる外国人輸出入業者によって支配されていた。彼らの支配が廃棄され、その荷役業の多くが国有化されるのは、「アラブ社会主義」化の時代、一九六三年のことである。(36) しかし、これらの外国人業者が統轄する荷役作業には、早くから屈強な上エジプト人がムカーウィル（muqāwil; コントラクター）を通じて調達されていた。そして、これらのムカーウィルは、自分と同じ村の出身者を集めて村の名を付けた労働集団をそれぞれ形成した。そしてこの同村出身労働集団のあいだに、荷役作業の請負いをめぐって紛争が恒常的に発生することになる。こうした状況は、荷役部門の国有化を経た今日においても変わらない。

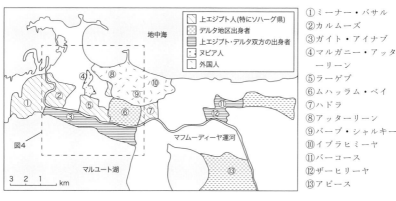

(図 4) 上エジプト人の居住区別集住度

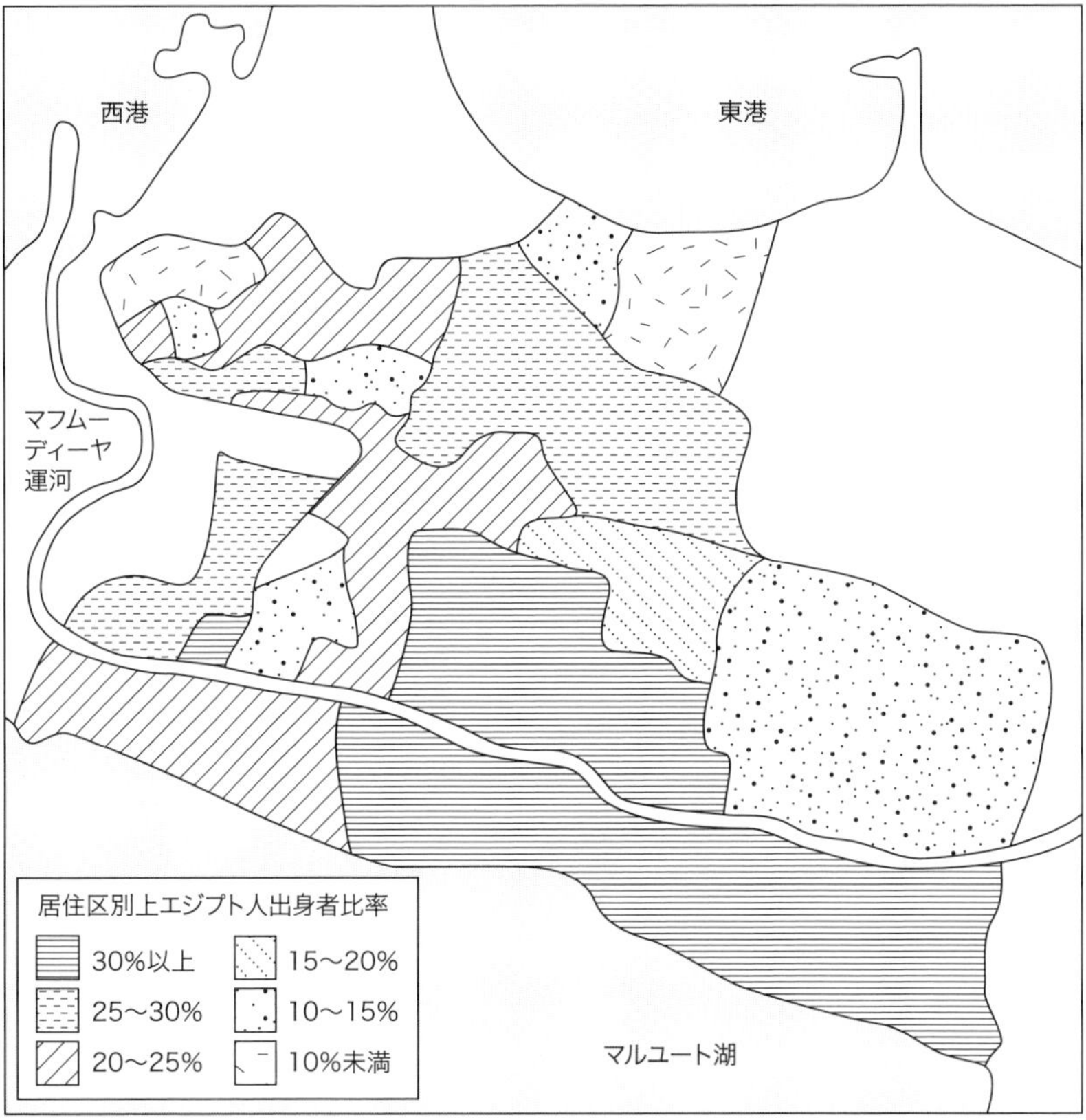

(出所：[Abū ʻIyāna 1980: 551] をもとに加工)

港湾労働者は、後述するように、作業工程別に細分化された分業関係を形成するが、雇用期間の安定性から「常雇い」(al-dāʼimīn) と「臨時雇い」(al-muwaqqatīn) に、さらに後者は「不定期人夫」(al-hammālīn al-ẓuhūrāt) と「季節雇い」(al-mawsimīn) に区分される [*ibid.*: xxv]。もちろん、常雇いより臨時雇いの諸形態の労働者の方が、より「出稼ぎ」的性格が強いという一般的傾向はある。また、公共部門と民間部門を比べると、後者の就業形態の方が季節的性格が強く、したがってより出稼ぎ型が多いと言える [*ibid.*: 118]。しかし、平均約二〇年就業で多くが常雇である材木人夫(公共部門)の場合でも、調査事例の三一パーセントが妻子を故郷に残して働いているという［*ibid.*］。また、二〇〇人の標本調査によると、三ヵ月以内に少なくとも一回は帰村する労働者が一七パーセント、半年に一回が三・五パーセント、一年に一回が三五・五パーセント、一年以上一一・五パーセント、緊急のときだけが三・五パーセントという内訳であった［*ibid.*: 244］。ただし、妻の方が子連れでアレキサンドリア市に一、二ヵ月出てきて夫と一緒に過ごす例も多い。また、退職後に村に帰ると考えている人が同調査の五二・五パーセントを占めており［*ibid.*: 252］、村の墓に埋葬されることを望み［*ibid.*: 254］、また老後は水牛を購入してその乳でできたチーズを食べて過ごすのが彼らにとって何よりの夢である［*ibid.*: 255］(37)。

〔出身村との経済的結びつき〕

港湾労働者と出身村との経済的な結びつきは、前者から後者への送金という貨幣形態による所得の移転だけではない。むしろ、出身村からの贈与による所得移転も少なからぬ重要性を持ち、さらには出身村における不動産所有の存在が労働者と村との経済的・社会的関係の保持に役立っている。

出身村から労働者に対する贈与のなかで、象徴的な意味でも重要性を持つものにズワーダ（zuwāda）と呼ばれる食料袋がある。なかでも季節出稼ぎを行なう労働者（とくに民間部門）は、ほぼ二ヵ月ごとに帰郷するたびに食料袋を持ち帰り、これにもっぱら依存して都市社会のなかで隔離された食生活を維持する。この袋のなかには、パン・チーズ・鶏肉その他の肉、そしてファーシー（al-fāshī）と呼ばれる保存食（小麦から作ったパンを極度に乾燥させ、ミルクを加えターメリックで黄色く色付けたもの）が入っている。この他ならぬズワーダとファーシーとは、上エジプトを主要な給源とする農村移動労働者（タラーヒール）の代表的な携帯品でもあった（［長沢 1980: 58］を参照）。

次に、とくに経済的安定性の高い常雇い形態の労働者の場合を見ると、彼らの関心は農地所有と家屋の所有に傾注されている。まず、農地の所有は老後の生活保障と、場合によっては地代収入（ある労働者の例だと年額七〇〜八〇エジプト・ポンドの額にも達する）という経済的価値を持つが、加えて重要なのは、出身村での土地所有の有無そのものがアレキサンドリア市港湾労働者社会における労働者の社会的地位を決定することである［Ghānim 1982a: 140］。ただし、その土地所有の規模は、多くが零細であり（一フェッダーン未満所有が標本調査〈九二人〉の六五パーセント、一〜三フェッダーンが三三パーセントを占める［*ibid.*: 129］）、留守家族に耕作させるか同族の者に小作に出している。また、同じ標本調査の労働者のうち二〇パーセントが町に出てきてから土地を取得しているという点も注目される［*ibid.*: 130］。

しかしこの農地所有以上に「家」（dār）の所有とその保持の方が労働者の社会的地位にとって重要である。すなわち、妻子を村に残して働きに出る労働者のみならず、妻子同伴あるいは独身で町に出てゆく労働者にとって、自分の親の家（bayt al-'ā'ila）から分離した独立した家（ダール）を建てることが重要な意味を持つ［*ibid.*: 135］。すなわち、ダールを持たない人間は村社会において「文無し」（dā'ī）と見なされ［*ibid.*: 136］、またダールを売り払うことは社会的地位の低下を意味していた［*ibid.*:147］。さらには、留守中にダールを他人に貸すことも、「食えないからダールを貸す」とあざけられるという［*ibid.*:148］。すなわちいつでも住める状態に維持してあるダールを持ち、またいつも人を迎え訪問しあうダールを持つことこそ村社会の成員としての社会的地位を保つ物理的基盤となるのである。その意味で出稼ぎ収入で建てたダールの建築祝い（fatḥ al-dār「ダール開き」）を執り行なうことは、港湾労働者の出身村との社会的結びつきの強さを象徴する出来事なのである［*ibid.*: 115］。

〈同村出身居住集団の形成〉

前述のとおり、上エジプト農村出身の港湾労働者は、特定の街区に集住する。これらの出身村ごとに共住する生活集団は、後で見るように同時に労働集団としても機能している。標本調査（二〇〇人）によると、港湾労働者の八八・五パーセントが六つの区（ḥayy）に住んでおり［*ibid.*: 223］、これらの街区（ḥārāt または aziqqa）で同居する相手は親戚（aqārib）が七九・五パーセント、それ以外の同村出身者（ahl al-balad）が一〇・五パーセントとその大半を占める［*ibid.*: 227］。ただし彼らは、同村出身者以外の隣人（jirān）とはほとんど没交渉の社会生活を送る（標本調査によれば、「隣人と良好な関係を持つ」と答えた者一九・五パーセント、「悪い関係を持つ」が三・五パーセント、そして「親しい関係を持たない」と答えた労働者が七七パーセントに達した）［*ibid.*: 234］。このようなアレキサンドリア都市社会と断絶した社会生活は、同じく標本調査の七八・五パーセン

（表1）アレキサンドリア港湾労働者の同村労働集団

I　主要な同村労働集団

村　名	出身県	特化した職種	労働者数	居住地区	従属する村集団
① Juhayna	ソハーグ	配給物資	2000人	al-Wardiyān, al-Qabbārī	⑱
② al-Ṣawāmi‘a	ソハーグ	甲板作業 一般貨物	800人	al-Labbān	⑧・⑲
③ Abnūb al-Ḥammān	アスュート	埠頭作業 一般貨物 （公共部門）	1000人	al-Gumruk	
④ Nazza	アスュート	材木荷役の独占 （公共部門）	500人	al-Wardiyān	⑳・㉑
⑤ al-Ghanāyim	アスュート	袋かつぎ労働に特化	500人	Kūm al-Shufāqa	⑨・⑭・⑰
⑥ al-Īsawiyya	ソハーグ	埠頭作業	500人	Karmūz	

II　その他の同村労働集団

村　名	特化した職種	村　名	特化した職種
⑦ a-Riyāna	綿花荷役	⑱ al-Mushāwada	袋かつぎ労働
⑧ Awlād Shaḥāta	袋かつぎ労働	⑲ Zayd	
⑨ a-Talāwa	同上	⑳ Shandawīl	材木荷役
⑩ Ṭahṭā	同上	㉑ al-Benhawiyya	同上
⑪ al-‘Umur	埠頭労働	㉒ al-Shūka	綿花荷役
⑫ al-Marāgha	同上	㉓ Tall al-Zūka	
⑬ Awlād Ismā‘īl	同上	㉔ Banī Shāḥ	
⑭ al-Kawmiyya	綿花荷役	㉕ Kūm Safḥat	綿花荷役
⑮ Naj‘ Abū Qisṭ	袋かつぎ労働	㉖ Mūshā	同上
⑯ Ṭamā	同上	㉗ Dīr al-Janādala	材木荷役
⑰ Sāḥa al-Salīm			

（出所：[Ghānim 1982] から筆者作成）

トが市内の交通機関にそれまで乗った経験がなく、ほとんど住居と仕事場との徒歩での移動だけであるという話や [*ibid.*: 168]、また数百人の港湾労働者が繁華街の中心、ラムル駅の場所を知らないという話 [*ibid.*: 202]、あるいは映画を見にゆくことは「恥」(al-‘ayb) だと考えているという話 [*ibid.*: 237] に象徴的に現われている。彼らのこのような都市社会への同化の欠如（‘adam indimāj al-mujtama‘）の原因のひとつとして、ガーニムは「家族や村に対する連帯意識」(al-‘aṣabiyya li-l-‘ā’ila wa al-qarya) という「出身地」(al-mawṭin al-aṣlī) に関するアイデンティティ (al-dhātiyya) 意識を挙げている [*ibid.*: 256]。そして、労働者にとって都市とは市場（スーク）にすぎないと述べている［*ibid.*: 194］のも意味するところは深い。

こうした都市社会から孤立した港湾労働者の社会生活にとって中心的な場となるのがアフワ（al-maqhā; コーヒー茶屋）である。たとえば、標本調査の八五・五パーセントが毎日、特定のアフワで同村出身者と情報交換を行なうと答えている［*ibid.*: 238］。すなわち、同村出身者は、居住地を同じくするのみならず、特定のアフワを自分たちの溜り場とし、たとえば村から出てきた者の居住先・就労先を仲介する場所として位置づけている。そこでは、村からほとんど無一文で出てきた若者が、アレキサンドリア中央駅でたいていはガラビーヤ〔エジプト風長衣〕を着た物売りに彼の村の名の付いたアフワの場所を尋ね、そこで知人や親戚と出会うという話［*ibid.*: 196］が繰り返される。

このような同村出身者集団の都市社会における連帯を強める役割を果たすのが、数々の社会的儀礼である。すなわち、結婚式（al-afrāḥ）、子弟の割礼式（ṭahāra al-abnā'）、そして夜のズィクル〔唱念〕行や快気祝いのクルアーン朗唱会（ハーティマ）や上エジプト風の太鼓打ちの夕べ（al-layālī al-dhikr aw al-khātima aw al-ṭabbāl al-ṣa'īdī）などである［*ibid.*: 169］。そして、これらの多くの場合、贈物（al-hadāyā）の相互交換と相互の絶え間ない訪問が重要な意味をもつ[38]。こうした社会的儀礼と互酬の関係は、「ひとつの村の出身者の友人たち」の集団内に限定されるのである［*ibid.*: 170］。加えて、村出身者全員が参加する連帯を示す社会的行為が、葬儀とサァルである。サァルについては後で扱うのでここでは葬儀にまつわる慣行のひとつを紹介する。村出身者のひとりがアレキサンドリア市で死去したとき、彼の父系出自の親族（aqārib-hu al-'aṣabīyīn）に対し同じ村の港湾労働者たちは金を集めてこれを贈呈するが、しかしたいてい一、二日後に全額が返される。この金は実際には必要のないもので（すぐに返却するのは遺族に経済的余裕があることを示す行為である）、たんに家（al-usra）相互の関係を継続強化させるものとして機能しているだけである［*ibid.*: 172］。また、他の村集団とのあいだのサァルの応酬で殺された人の遺体は、村出身者全員で協力して故郷に移送し村の墓に埋葬される［*ibid.*: 173］。

〔港湾労働における社会的分業〕

さて、以上に述べた港湾労働者社会におけるサァルは、同村出身集団の内部における社会的連帯意識を強化する社会関係であり、またその連帯意識の具体的な表出形態そのものである。こうしたサァルの性格は、後で故郷の上エジプト農村と比較して論じるが、その前提条件として港湾労働そのものに関し、説明を加えておかねばならない。なぜなら、同村出身集団を形成する基本的条件、そしてサァル実行の具体的原因は、いずれも港湾労働の性格、とりわけその内部における社会的分業関係に求められるからである。その場合、あらかじめ議論の焦点を明らかにしておけば、農村社会における生産過程、あるいはその生態学的条件（または同様に沙漠の遊牧民におけるそれらの条件）と比較した場合、この都市の特殊な経済部門の諸条件が、そこにおける社会的連帯意識、あるいはその表現形態であるサァルの性格とどのような関係を持っているのかということが問題にされるであろう。

アレキサンドリア港における港湾労働は、少なくとも以下の三つのレベルでさまざまな職種・労働過程別に分業関係を構成している。

まず第一は、作業場所別の分業である。これは基本的に甲板労働者（ḥammāl al-bākhira、またはal-kūrata、「上」〈fawq〉の労働者とも言う）と埠頭労働者（ḥammāl al-raṣīf、または「下」〈taḥt〉の労働者とも言う）に分かれる［*ibid*.: 51］。すなわち、いわゆる「沖仲士」と「沿岸仲士」である(39)。

第二は、作業工程別の分業である。まず甲板労働は、ウィンチ労働者（winash）、倉庫労働者（anbarji）、デッキマン（ḥikāka）、といった職種に分かれる。ウィンチ労働者は、ウィンチを用いて埠頭と甲板の間の貨物の上げ降ろしを行なう作業に従事し、倉庫労働者は、貨物の積み降ろしの準備、とくに貨物にワイヤーや綱をバランスよくかける熟練を要する職種である。倉庫労働者は、さらに材木の荷造りや綿花に特化した集団へと分かれる。デッキマンは、「上」と「下」の労働者のあいだを連結する役割を果たす事実上の監督（mushrif）である。これら三つの職種の重要度は、デッキマン→ウィンチ労働者→倉庫労働者の順であり、したがって昇進（tarqiyya）もこの逆の順序で行なわれている［*ibid*.: 54-58］。他方、埠頭労働者は、大きく区別して一般の埠頭労働者と重労働の袋かつぎ労働者（ḥammāl al-juwāl）に分かれる。後者は、米や豆、タマネギなど袋詰めの貨物の積み降ろし、とくに積み上げに特別な熟練を要する労働で比較的年長者が多く従事している。

以上に述べたさまざまな職種への特化と熟練形成においては、同村出身集団が大きな役割を演ずる。すなわち、新入りの労働者は、同村出身の先輩からのみ技術を伝達されるのであり、いわばこうしたインフォーマルな職業訓練の過程が、同村出身者集団の連帯を強めるのである［*ibid.*: 179］。

さて、以上の甲板労働・埠頭労働のいずれにおいても作業全体を指揮・監督し、また荷役作業を輸出入業者・機関から請け負ってくるのが、ムアッリム（muʻallim;「親方」）である。すべての作業集団、すなわち同村集団は、このムアッリムのもとに統轄されている。これらのムアッリム（やはり、甲板と埠頭に分けられる）は、しばしば、特定の貨物の種類ごとに特化している［ibid: 58–59］。

第三の分業関係は、この貨物の種類ごとに労働集団が形成されるものである。貨物の種類、主として①材木、②配給物資（主として小麦粉）、③「バラ」（ṣabb；石炭・化学肥料・塩などの流動物、主として民間部門の港湾労働者が従事する）、そして④一般貨物（綿花・米・タマネギ・自動車他）に分けられる。その他として、火気注意の危険貨物を専門とする港湾労働者もある［*ibid.*: 42–47］。

さて、以上の分業関係のなかで、ムアッリムを頂点に編成された職種別構成（デッキマン、ウィンチ労働者他）を持つ労働集団が、それぞれ作業場所や貨物の種類ごとに特化して形成されることになる。その場合、重要なのはこれらの集団がすでに述べたように、ムアッリム（＝ムカーウィル）をはじめとして上エジプトの特定農村の出身者で占められた同村出身労働者であるという点である。

表1は、これらの同村出身集団とそのおおよその人数、そして彼らが特化している作業・貨物の種類および彼らの居住区を示したものである。そこには勢力の強い六つの村、あるいは同村出身集団（Ⅰ）（①〜⑥）と、これに比べると勢力の弱い（人数の少ない）二一の同村出身集団（Ⅱ）（⑦〜㉗）が表示されている。以下に述べるようにこれらの集団は、労働集団であると同時に、サァルを行なう政治的単位ともなる。

〈同村出身労働集団とサァル〉

同村出身集団は、労働集団、あるいは特定の貨物やその荷役作業の特定の過程を請け負う利益単位（waḥda al-maṣlaḥa）

であると同時に、まさにその荷役作業の請負いをめぐって相争う政治的単位でもある。もとより、両者の性格は相互規定的である。そして、ほぼ恒常的に存在する同村出身集団相互の緊張と社会的紛争は、継起的に連続するサァルの応酬という社会関係の形態を取る。

ここで、あらかじめ上エジプト農村内部におけるサァル慣行との比較から導きだされる主要な特徴を述べておけば、それはサァルの実行が村内における親族集団単位（第二節のバニー・スィミーウ村の例ではバダナ〈lineage〉）のあいだではなく同村出身集団のあいだ、いわば村へと拡大しているという点である。すなわち、たしかに村のなかではアーイラのレベルでサァルが行なわれているが［*ibid.*: 368］、ここでは「アーイラの考えは捨て」、すべての村がひとつの政治的単位となり、違うアーイラやバダナの者に対する危害に対してもサァルの実行に参加する［*ibid.*: 362］。また、サァルの実行だけが村の地位を護るのであり、それはムアッリムの権利が侵害されないよう防衛するために行なわれるのではない［*ibid.*: 361］。そして、サァルの実行がアーイラ成員だけに限定されるときには、人々はその「血の冷たさ」（bard al-damm）を非難するという［*ibid.*: 369］。そして、村はサァル実行の単位（いわば「血の場」〈nuqṭa al-damm〉）であると同時に、サァルの調停（al-ṣulḥ）を行なう単位でもある。しかしそこには村内におけるような長老（shaykh）の調停の機能は見られずに、村全体が「仲介の村」（al-qarya al-wasiṭa）となり個人の人格を消滅させて「村の重み」で調停を行なう［*ibid.*: 369］。

以上のサァル単位の親族集団（バダナ、アーイラ）から村（正確には同村出身集団）への拡大は、いわば「親族の系譜」（khuṭūṭ qarābiyya）から「出身（あるいは所属）の系譜」（khuṭūṭ intimā'iyya）への連帯意識の転換を意味するものと言うことができる［*ibid.*: 370］。その場合、しばしば本当の親族関係がなくても同じ村の出身者であると、カラーイブ（qarāyib；親族をしばしば示す言葉 qarīb の複数形）と表現する［*ibid.*: 281］[40]。そして、こうした村単位の社会的連帯意識は、前述のような都市社会のなかで孤立して営まれる上エジプト農村出身者の社会生活と結びついていたと言える。彼らは「アレキサンドリア人」（iskandarānī）ではなく上エジプト人（サイーディー）であることを誇りに思い、またこのサイーディーとしての意識は自分の故郷の村への帰属意識と結びついているのである。すなわち、村こそ彼が帰属するワタン（waṭan; いわば「くに」）なのであり、他方アレキサンドリア都市社会に同化し自らをもはや「他者」（al-ghurba）とは感じなくなった労働者は、「国家（ダゥラ）がすべてひとつである」（al-dawla kull-hā wāhida）と答えているのである［*ibid.*: 250］。ここに示された「ワタン」と「ダウラ」という二つの国（「くに」）を意味する言葉が指し示す帰属意識の偏差こそ現代エジプトにおける社会統合の状況の在り様そのものをも反映しているのである。(41)

〔サァルの法―同村出身集団間における「連合」関係の形成〕

第二節で述べた上エジプト農村の事例においては、サァルは、その実行単位である親族集団における父系の出自原理（いわゆるアサバ意識）と、サァルの実行そのものを支える名誉意識（すなわち男性優位原理に支えられた価値意識）とのあいだに密接な関わりを持つものであった。サァルの単位が村出身の集団へと拡大したアレキサンドリア市港湾労働者の場合においても、後者の名誉＝恥辱感情の基本的性格は維持される。すなわち、サァルに成功するまでは眼を上にあげられないほどに失望し、敗北感を覚えるという［*ibid.*: 363］。また、この名誉意識の別の表現である、女や子どもに対しては危害を加えない（ta'arruḍ）というサァルの「慣習」（ウルフ）は、村と同様この港湾労働者社会でも守られている。仮に婦女子に危害が加えられた場合には、同村出身集団全体で村の地位（markaz）を危機におとしめる恥辱（al-'ār）に対し涙を流すという［*ibid.*: 366］。

また、サァルの実行単位の拡大は、サァルの法（カーヌーン）の拡大的適用をもたらす。すなわち、サァル実行に際して村内において形成された親族集団（バダナやアーイラ）相互の「連合」関係は、アレキサンドリア市港湾労働者社会においては、同村出身労働集団の単位のレベルで再生産されることになる。その場合、村において強力な親族集団（戦闘成員の多い大バダナ）に対し、弱小親族集団が庇護同盟関係に入り、これを「囲む」という関係を取ったのと同様に、強力な同村出身集団のまわりを弱小村落集団が「囲む」わけである。

こうした「連合」関係の拡大的再編において重要な意味を持つのが、前述の居住形態における集住性（takattul）と港湾労働における分業関係である。第一の集住性について言えば、同村出身集団は特定の街区に集住するのみならず、これと「従属関係（'alāqa taba'iyya）にある他のいくつかの小規模な同村出身集団も同一地区に居住する状況が見られる［*ibid.*: 350, 62］

「連合」関係は居住地区の共有によっても強められているわけである。ただし、これらの力の強い同村出身集団の「軌道」(falak)のなかに取り込まれた小さい同村出身集団は、この「連合」関係を「自発的な手段」(ṭarīqa 'afawiyya)で結んでいるわけではない。この関係は、これらの集団が特定の貨物や作業場所などを等しくするひとつの労働単位、そして利益単位として組織されていることにもとづくことが重要である〔*ibid.*：350〕。詳しくは表1の例を参照)。そして、このような港湾労働における分業関係に基礎をおいた同村出身集団の「連合」という利益単位の形成、そしてサァル実行のための政治単位の形成は、次に述べるムアッリムによる仕事の請負いという労働集団内部における権力的関係によってその骨組みを与えられていたのである。

港湾労働者にとってムアッリムは、いわば裁判官(al-qāḍī)や支配者(al-ḥākim)そのものである〔*ibid.*：354〕。すなわち、彼の意思によって仕事の割り振りや、場合によっては仕事の取り上げという制裁が行なわれ、さらにはしばしば彼は直接的暴力をふるって労働者集団を統轄している。この社会では、ムアッリムはある意味で村社会における長老(シャイフ)の存在、あるいはいわゆる長老制的支配そのものを代替する機能を果たしているということができるかもしれない。その支配の性格は、他の東アラブあるいは地中海都市部におけるパトロン＝クライエント関係のそれと比較できるであろう[42]。さて、村における親族集団と長老と、港湾労働者社会における同村出身集団とムアッリムを比較するときにひとつの基準となるのは、それぞれが依拠する物理的・経済的基盤の相違であろう。前者においては(第二節の事例では必ずしも明確に提示されていないが)、農地のアーイラ的所有の存在であり、後者では請け負われた仕事の機会の独占である。しかし、両者には共通する支配の構成原理がある。それは前述のウルフの継続にも表現されているような、男性優位の価値観に裏づけられた親族関係(アサバ的関係)が持つ機能である。すなわち村での親族集団(バダナやアーイラ)から同村出身集団、いわば村へとサァルの単位が拡大した場合において、親族関係はとくにムアッリムの支配を通じて継続維持されている。たとえば、同村出身集団は、対等の村の成員の結合体ではなく親族集団(アーイラ)を基本的な構成要素とするものである。そこでは村におけるそれぞれのアーイラの勢力が直接反映するというよりは、むしろそれぞれのアーイラの成員がどのような職種(とくにデッキマンやムアッリムという監督職)に就いているかが重要である〔*ibid.*：373〕。なかでも、ムアッリムは、父系出身の同族

（aqārib-hu al-'aṣabiyyīn）を監督職に配し、とくに息子にムアッリム職を相続させる［*ibid.*: 356］。

以上に述べたように同村出身労働集団における社会的連帯（それはサァルという形態を取って発現する）は、港湾労働における分業関係と村内と同様の親族関係の両者に基礎を置いた権力的関係（ムアッリムのアーイラによる支配）によって色づけられているのである。

〔港湾労働者社会におけるサァルの変容〕

港湾労働者集団におけるサァルの応酬は、かつての外国人の輸出入業者による外国貿易業務の支配の時代にさかのぼる。すなわち、外国人業者は、しばしば彼らの荷役業務を独占的に請け負うムアッリムと関係が悪化するとすぐに他のムアッリム（基本的に同じ村のムアッリムは避ける）へと下請け先を転換する。こうした不安定な請負い関係それ自体が、ムアッリムを頭に頂く労働集団相互の絶え間ない抗争の原因となる。これらの数百にもおよぶ流血の抗争は、仕事現場の港を超えて居住地区やアフワにまで拡大してしばしば警察の介入を招いた［*ibid.*: 353］。

こうした抗争は、外国貿易業務と荷役作業が国有化された後も継続した。ガーニムはその一例として、一九七五年の七月に始まったナッザ村集団（アスュート県出身、公共部門の木材荷役作業を独占する強力な集団、ナッザ衆〈al-nazzāwī〉あるいはal-nazāzwa と呼ばれる）とナジア・アブー・キスト村（ソハーグ県出身、袋かつぎ労働に特化する弱小集団、ナジア衆〈al-naj'āwī〉と呼ばれる）のあいだの抗争を記録している。争いの発端は、ナジア衆の港湾労働者がナッザ衆の電気工（al-kahrabā'ī）に依頼したラジオの修理が遅れたことをめぐる口論で後者が前者を殴ったところ、そこが「ナッザ村のアフワ」であったために同席した他のナッザ衆が襲いかかり、これにナジア衆の兄弟が所持していた銃を思わず発ち二人が死亡、二人が負傷したことにある。これに怒ったナッザ衆は仕事からの帰り道でナジア衆を待ち伏せ、逃げ遅れたひとりを惨殺する。彼は、最初の加害者と同じアーイラでもなければ同じバダナでもなく、ただ同じ村の比較的有名な人物の兄弟というだけで殺されたのであった（逆の意味の諺として「ライオンのなかの犬を取る」というのがある）。しかし、この後ナッザ衆がナジア衆の家宅捜索を行なったとき、女や子どもに手を出さないというウルフ〔慣行〕は守られた。ただし、両者の緊張関係は極度に達し、サァルがまだ完結していないということで、死亡した三人の遺体の葬式は出せず政府の関係者がその埋葬を行なった。
この抗争は結局、同年一二月に、ナッザ衆と友好関係にあり同時にナジア衆と居住区をともにする「第三の村」、強力な村集団のひとつガナーイム（アスュート県、袋かつぎ労働が専門。その同居地区には三つの従属する村集団 Ṣāha al-Salīm、al-Talawā、al-Kawmiyya も居住するが、ナジア衆がその「連合」関係に入っているとはガーニムは述べていない）が仲介して、治安当局の立会いのもと和平が図られた［*ibid.*: 364-67］。

しかし、ここで紹介した同村出身労働集団を単位とするサァルの実行にもしだいに変化が起こりつつある。第一の原因は、荷役部門の国有化の影響である。すなわち、国有化によってとくに公共部門において政府から任命されたムアッリムは、労働者にとってもはや「役人」（muwazzafīn）にしかすぎなくなり、彼らのためにとても自らの死を賭してまでサァルを行なおうとは思わなくなったという［*ibid.*: 358］。また、国有化による公共部門の荷役作業の経営は、同村出身集団相互の抗争を減少させた。第二は、民間部門のムアッリムにおいてもかつてほどの力はなくなった。外国人業者から公共部門へと下請け関係が変わった公共部門のムアッリムとは違って、民間部門のムアッリムは自らが仕事主（ashāb al-ʿamal）であり、公共部門の成立後も経済基盤と権力を保持していた。しかし、新しい状況として、同じ村から複数のムアッリムが、したがって複数のアーイラ的背景を持つ労働集団が形成されてきたことが指摘される［*ibid.*: 359］。これは村単位の労働集団、したがってサァルの実行単位＝政治的単位のアーイラへの分解を意味していた。ただこの場合でも、複数のアーイラ労働集団は同じ仕事を共有し、輪番制（niẓām al-dawr）によって村集団内部で仕事を回しあっているようである［*ibid.*: 360］。

こうした村単位の集団のアーイラ単位への分解と並行するように、サァルの現象にも変化が見られるようになった。すなわち、現在では、サァル実行が村単位というのは外観上の形態であり、実際にはサァル実行でもっとも責任があるのはやはり当事者のアーイラである。たとえば、仮にサァルが同じ村集団の他のアーイラによって行なわれた場合、警察への申告においては当事者のアーイラが責任を取らねばならない［*ibid.*: 363］。さらには今や「村の名」よりも家族や子どもたち（al-usra wa al-awlād）への個人的利害の方が重要になったという［*ibid.*: 362］。

今ではサァルも早急な和平か、あるいはサァルに対する「中立性の表明や明白な介入の欠如、事態の監視だけの満足、完全な沈黙」が見られるようになり［*ibid.*:363］、また、サァルの範囲が再び村からアーイラへと縮小する現象も見られるようになった［*ibid.*: 367］。

こうした都市社会におけるサァル発生の諸形態のなかでもっとも注目されるのは、親族集団のアーイラ内部においてサァルが発生するようになったことである［*ibid.*: 375］。このアーイラ内部の小家族（ウスラ）間で行なわれるサァルは、村では発生することが法（カーヌーン）において制御されていた。これは、都市社会ではこうした大規模親族集団による社会関係の伝統的な統御機能が働かなくなりつつあることを意味しているのかもしれない(43)。

以上に見たサァルの変容した諸形態の併存こそが、現在エジプトの都市化と社会的連帯の複雑な在り様を示していると言えるのである。

むすびにかえて

第二節で述べた上エジプト農村におけるサァルの「伝統的な」型と、第三節で紹介したその変容形および解体形というべきものを比べるとき、少なくとも次のような二つの系列の議論が可能である。第一は類型論的把握であり、第二は歴史発展の過程として把えようという視角によるものである。

第一の類型論（あるいは「共同体論」）によれば、農村（特殊な灌漑農業システムによって特徴づけられる）と都市（しかもその特殊な生産サービス部門）というそれぞれの社会的・生態学的環境において、どのような社会的連帯意識を基盤とする社会集団の形成が行なわれているか、その構成要素とその組み合わせを要因分析する方向で議論が展開することになる。その場合、直接的に把握することのできない道徳的現象としての社会的連帯意識の主要な発現形態であるサァル（feud）という社会的行為、あるいは社会関係そのものが、議論の重要な素材を提供するわけである。さらには、この「農村」と「都市」に加えて、これまで同様の調査が行なわれてきた「沙漠」のそれを比較類型論に加えることも可能であろう。すなわち、それはアラブ社会分析の古典的な類型論〈沙漠―農村―都市〉の教科書的事例となるかもしれない。

そこではいずれもアサバ原理という共通した親族構造の特徴を持つ一方で、三つの地点でさまざまな経済チャンスの占有がこれと組みあわさって社会的連帯の諸類型を作りあげている。すなわち、沙漠の場合は遊牧生活にとって不可欠の放牧地や水場の占有が、農村の場合には灌漑耕地の分割や灌漑水そのものの占有が、そしてこの都市の特殊な経済部門（近代部門のように雇用機会など経済チャンスの配分が制度化、合理化されていないインフォーマル部門）においては特殊な分業関係に裏づけられた経済チャンスの占有が問題となるわけである。

その場合重要になるのは、マックス・ウェーバーの表現を借りるなら、それぞれの経済チャンスをまず対外的に閉鎖する（たとえば、上エジプト農村の場合は自らの村の属するベイスン灌漑水に対して、またアレキサンドリア市港湾労働者においては、雇用機会を上エジプト農村出身者だけにほぼ独占させる）行為が論理的には先行すること、そしてこの対外閉鎖過程において使われる組織原理（親族関係やその他のアイデンティティ形成要因）が、今度は対内的に経済利害を閉鎖する（経済チャンスを集団的に分割・占有する）場合において用いられるという過程である（マックス・ウェーバー「開放」経済関係と「閉鎖」経済関係」〔ウェーバー 1975〕「経済と社会集団」第二章第二節）。こうした経済チャンスの対外的・対内的閉鎖のプロセスそれ自体が類型分析の対象ともなるわけである。このプロセスにおいて、サァルの形態と性格が、それぞれの諸類型を区分する重要な特徴となることは言うまでもない。

第二の議論の方向は、サァルおよびそれを支えた構造原理そのものの変質＝解体の過程をたどろうという視角によるものである。第三節の末尾の方でふれておいたように、アレキサンドリア港湾労働者社会において「再編」されたサァルは今や大きく変質しようとしているようである。すなわち、①サァルの単位を親族集団（バダナ）から村出身集団へと拡大させ（同時に、「連合」関係も拡大再版させ）、同時に②農村における集住性を都市の街区のなかに再生産し、③農業的利害から都市的職業の雇用機会の利害へと利益単位の基盤を変換させ、また④村の長老制支配という直接的な家父長的権威からムァッリムの支配といういわば「都市的な」権力関係へと転換するといういくつかの「変態」過程に成功して「再版」されたサァル慣行は、実のところその社会的基盤が脆弱なものであったと言えるかもしれないのである。そこでは世界史的に不可逆的に進行しつつある近代資本主義的な社会的分業のもたらす社会変容の過程が検出できるのか、それとも本章の「序論」で述べたようなイブン・ハルドゥーンによるアサビーヤ論の有効性が実証できるのか、これをめぐって議論が展開されることになろう。

〈一九九一年三月発表〉

《コラム■6》

イスラーム世界の広がりと法秩序――加藤報告に寄せて

筆者は、報告者〔加藤博〕の主著『私的土地所有権とエジプト社会』［加藤 1993a］の書評を行なったことがある［長沢 1995a］。その書評では同書が提示する伝統的イスラーム土地法体系のモデルが持つ有効性を評価したうえで、この「それぞれ独自の法領域と法秩序を持つイスラム法、世俗法、慣行という三つの法規群から構成される重層的かつ多元的な法体系」についてさらなる説明を求めた。筆者が関心を持ったのは、三つの法規群相互の関係、とくにイスラーム法と慣行の関係をめぐる問題である。たとえば、報告者は、同書において近代エジプトにおける私的土地所有権の成立が、通説の述べるところの単純な西洋法の移植ではなく、農民の自発的な土地処分慣行が世俗法によって追認されてゆくという、前述のイスラーム土地法体系の枠内で行なわれた自律的な過程であるという仮説を提示している。

筆者は、この大胆な仮説を評価するものであるが、しかし、①農民の自発的な土地処分の慣行は、報告者が指摘する普遍法としてのイスラーム法の財産規定が持つ「所有権」という基本規範とどのような関係にあるのか、すなわち、この慣行の背景にある農民の高い権利意識は、イスラーム法の基本規範によってどのように支えられているのか、といった問題について具体的な説明を求めた。また、②近代的な私的所有権の確立によって否定されてゆく（自発的な土地処分に規制を加えていた村落共同体規制など）その他の慣行の存在を考えた場合、慣行（および農民の権利意識）の多層的多元的構造と、それに対するイスラーム法の関わり方についても、より踏み込んだ説明を求めた。

今回の報告は、そのテーマ設定のために、当然ながら筆者の前述の質問に正面から答えるものではなかったが、しかし「血の紐帯」をめぐる問題を通じて、慣行の重層的世界とイスラーム法との関わりをめぐり示唆に富む内容を持ち、大いに啓発された。本稿では、今回の報告が対象とした「イスラーム世界」の地域的広がりとそこにおける「地域的な知」としての法の問題について、若干の補足的な説明を行ないたいと思う。

中東研究者の間で最近、よく問題になるのは、イスラーム世界を一枚岩的な「イスラーム社会」として描く本質主義的な議論に対する警戒である。それは、ヨーロッパ世界と対置することによって成立するイスラーム世界像の問題性であり、これら二つの世界を比較して前者に存在するものがいかに後者では欠如しているかという不毛な方向にしばしば議論が逸れてきた研究史への反省である。よく言われるように、イスラーム世界は、時代と地域によって異なる多様な特徴を持ち、そこに存在したのは Islamic Society ではなく、Muslim Societies だったというべきであるように思う。言わずもがなのことだが、この報告が事例として取りあげた近代エジプト（下エジプトのナイル・デルタ）の農民社会とは、こうした多様性を持つイスラーム社会の一部分にすぎないことを確認しておきたい。ではその一方で、こうした多様なイスラーム社会に統一性を与えているものがあるとすれば、それは何かと問うとき、法の持つ役割が重要な研究課題として登場してくる。すなわち、イスラーム法がこれらの多様な現実と歴史をはらむ諸地域で果たしてきた機能と意味を検討することは、比較の視点に立つイスラーム地域研究の重要な研究領域だからである（さて、ここで一九九七年度から五年間の計画で文部省科研費創成的基礎研究「現代イスラーム世界の動態的研究」（略称「イスラーム地域研究」研究リーダー：佐藤次高・東京大学教授）が開始されたことをこの場を借りて広報させていただきたい〔その後、第二期のイスラーム地域研究（二〇〇六―一五年）NIHUプログラムが実施された〕）。

さて、イスラーム世界の多様性というとき、たとえば、この世界を中心＝周辺構造を持つものとして把え、一方に数々のイスラーム帝国が成立・解体を繰り返してきた中東地域を上位に置き（あるいはそれをイスラーム社会モデルの典型として描き）、他方、アフリカやアジアに広がる周縁部を「田舎イスラーム」と揶揄して低く位置づけるような議論もしばしば見られる。たしかに、イスラーム法に関する専門的知識の普及、それを継承する知識人層としてのウラマーの存在、この社会層が供給する裁判官（カーディー）とその養成制度の展開、そして集権的政治権力と結びついたシャリーア法廷の制度的確立などを見るならば、前近代のイスラーム世界の内部には、その「中心」地域と「周縁部」のあいだには大きな格差が存在したと考えても、それはしかたがないことだろう。しかし現在、このようなイスラーム世界に関する自地域（中東）中心的な「中心＝周辺」の単純な図式は、開かれた視点に立って見なおすべき時期に来ているように思う。

たとえば、東南アジアのイスラームと政治について考察したミルナー［Milner 1983: 23］は、イスラーム的司法制度の発展が遅れたこの地域においても、政治文化のなかには代表的なイスラーム史研究者ホジソン［Hodgson 1974］がいうところの 'sharia minded' political thinking、すなわち普遍的なイスラーム法の考え方が生きていると主張する。それは、イスラーム世界における法の比較研究を行なうためには、法制度面での展開に注目するだけではなく、世俗法や慣習法とイスラーム法の関わり、多様な社会集団における法意識の在り方といった側面も視野に入れて考察することが必要だという視点である。

さて、このような図式において「中心」地域とされる中東も決して一様な社会ではなかった点もここで注意しておきたい。たとえば、官僚制が高度に発達したオスマン帝国中核地帯の外側には、むしろそれこそが「中東的」特徴とされる「部族的・遊牧的勢力が支配し、血縁関係により依存的な社会」が広がっていた（そして本稿のテーマとは直接関係はないが、興味深いのは、西洋近代の波に対する対抗運動として厳格なイスラーム法の適用を求める初期の復興運動がイスラーム的司法制度が高度に発展していた帝国の中核地帯ではなく、アラビア半島のワッハーブ運動などの例に見るように、辺境地域において発生したことである）。たとえば、沙漠の遊牧民にとって、敵対する部族集団や異邦者である隊商から略奪する行為は、名誉ある彼らの生業の一部であった。したがって、前近代の中東においては、こうした略奪（ガズウ）を「部族の富を増やす若者の冒険」として称揚する沙漠の遊牧社会の文化（たとえば、［ブシュナク 1995］が紹介する民話と伝承の世界を参照）と、窃盗と追い剝ぎはハッド刑として極刑に処す公的なイスラーム法の世界が同時に併存していたわけである。

さて、中東（あるいはアラブ世界）の社会構成の差異を論ずるとき、都市・農村・遊牧社会に区分する三分法がよく用いられる。その場合、イスラーム法の制度的展開の中心は、たえず都市に置かれ、まさにそれがイスラームが都市的な性格を持つ宗教とされる由縁ともされた。しかし、実のところ都市・農村・遊牧社会三者の社会関係における差異、あるいはその間の境目は決して断絶的ではなく、むしろそれぞれの価値観や文化が相互に浸透しあっていたと見るべきである。こうした三つの社会のあいだの相互浸透性は、法をめぐる文化や意識のついても同様に見られるはずである。

たとえば、沙漠の遊牧民の社会関係を特徴づけるものとされる復讐慣行（サァル thaʼr；エジプトの口語では一般にタールと発音される）をここで例に挙げてみよう。「血の紐帯」のまさに代表的な表現形態であるこの慣行は、上エジプトの農村や一部の都市地区においても、人々の政治生活を律する法として有効に機能している（地中海・中東地域における復讐慣行 feud を比較分析した研究として［Black=Michaud 1975］を参照）。筆者は、上エジプト農村とその地域からの出稼ぎ民が構成するアレキサンドリア市港湾労働者社会を事例にして、この復讐慣行を比較したことがある［長沢 1991a］（本書第4章）。それは、都市化に伴なう社会的連帯意識の変容を知る手がかりとして、彼ら自身の法として機能する復讐慣行に注目した試みであった。そこで筆者が描いたのは、①復讐の単位が村内の親族集団から都市では村出身＝同業集団に拡大し、②農村における集住性が都市の街区のなかに再生産され、③農業や灌漑をめぐる利害から都市的職業（複雑な分業関係を持つ荷役労働）へと利益単位の基盤を変換させ、④村の長老制支配から親方（ムアッリム）の支配という「都市的な」権力支配に転換するという、この慣行の都市化に伴なう変容の過程であった。

さて、イスラーム法において、すでに言及したように窃盗や追い剝ぎが、姦通やそれをめぐる中傷、そして飲酒とならんで政府による厳格な刑罰の執行が求められるフクーク・アッラー（神の法）の対象となるのに対して、殺人は、フクーク・イバード（人間の法）の領域であり、そこでは当事者間の交渉が行なわれ、その結果として個人のイニシアティヴによって法廷に持ちだされるべき「私的な法」の対象なのである［ガーバー 1996: 138］。そこで下される裁定は、報復の殺人であれ、賠償金の支払いであれ、イスラームの法的枠組みのなかでその正当性を保障される。この点から考えるならば、前述の現代エジプト社会における復讐慣行も、近代的な刑法が施行される以前は、伝統的なイスラーム法の体系と整合する地位を保障されていただろうことが想像される。

ただし、これは、言うならば伝統的イスラーム法体系における「上からの見方」、正統的な解釈だという点に注意しておきたいと思う。それは、すべての法や規則に正当性を付与し、自らを頂点とする体系のなかにそれらを統合する機能を持つ、「上から課された理論としての法」であるイスラーム法を主体として、その観点(あるいは専門的な法学者の視点)から解釈した見方である。これに対して「下からの見方」、すなわち交渉過程において機能する法のレベルに下りて、慣習法の側からイスラーム法による正当化、法体系の秩序立ての過程をどのように解釈するのかという視点を持つことも、伝統的なイスラーム法の重層的な構造を考え、またその時代的地域的差異を比較するために重要ではないかと思う。それは慣習法として一括される多様な慣行の複雑な構成の内部において、イスラーム法の精神あるいは'sharia minded'と言われるものがどのように浸透し、独自のかたちで(ウラマーの専門知識を直接に媒介することなく)解釈されているかという下からの見方である。

さて、エジプトにおいて、遊牧社会と農村の慣習法をめぐる密接な関係(連続性)を推測させる制度として、ハック・アラブと呼ばれる慣習法廷の存在がある(この慣行について、筆者は、簡単な調査を行なったことがある[長沢 1996c]、その後[長沢 2013a]に所収)。村の有力者や村長が主催し、村内の紛争を裁定するこの制度は、「ハック・アラブ」すなわちアラブの権利、あるいはアラブの法と翻訳することができる。ここで言うアラブとは、近代的な民族意識にもとづく民族としてのアラブではなく、遊牧民(バダウ)のことを意味する。この制度が発達しているのは、筆者の見聞によれば一九世紀以降に遊牧民が定住した農村地帯であり、またいくつかの調査事例が示すように(たとえば[al-Hilw & Darwish 1989])沙漠の遊牧民の間には精緻な紛争調停制度が見られる。

さて、前者の民族意識としてのアラブには、そのイスラーム的要素をどう解釈するかをめぐって長い論争があるが、後者の場合も、よく似た議論を展開することができるかもしれない。すなわち、その場合の議論の焦点は、アラビア半島の遊牧社会に起源を持つ紛争調停の制度におけるアラブ的なものに、どのようにイスラーム的要素を、すなわち普遍法としてのイスラーム法の影響を見いだしてゆくかという点に置かれることになろう。もちろん、こうした問題設定それ自体が誤りであり、これらの復讐慣行をめぐる調停、遊牧民の紛争調停制度、あるいはその影響を受けたハック・アラブ慣行などは、いずれも非イスラーム的な、あるいは前イスラーム的な（ジャーヒリーヤ＝無明時代的な）部族的性格を持つのだという批判的議論を行なうことも可能だろう。しかし、これらの紛争と調停の過程において、当事者間の交渉を通じて導きだされる社会的事実の解釈の共有、すなわち公正（アドル）か不正（ズルム）かという彼らの判断が「上からの法」としてのイスラーム法と水面下で何らかのつながりを持つことは、議論のひとつの前提とはならないだろうか。

公的なイスラーム法と交渉過程として現われる実践的な慣習法の世界とのあいだの関係は、一様には論じられない、まさに「地域的な知」としての性格を持つ法の問題領域に属する。そこでは、とくに民衆の法に関する態度、あるいは公正をめぐる意識の構造の分析が、重要な課題となるであろう。たとえば、前近代のエジプトにおいて、軍事的支配者（マムルーク）と正統的な宗教的権威者（ウラマー）が結託した表の公的な権威秩序に対し、その裏側ではスーフィー（イスラーム神秘主義）の聖者たちの世界である「影の政府」（フクーマ・バーティニーヤ）が民衆の支持を集めていたという議論がある［Reeves 1990］。また、イスラーム法四大法学派のひとつ、シャーフィイー派を率いたイマーム・シャーフィイーの墓廟に、全国から不正（ズルム）を訴え、公正な裁きを求める民衆から届いた手紙を分析した興味深い研究もある［'Uways 1978］。ただし、この研究は、古代エジプト時代からの連続性を強調しているが。これらは、いずれも公式の文献資料など表面には現われにくい民衆の秩序意識の所在を指し示す研究である。前述のイスラーム法をめぐる地域的な個性を検出していく作業のためには、イスラーム法をめぐる現実の事例研究の積み重ねや比較制度史的な考察と同時に、このような研究をはじめとする人類学など他の分析手法の援用も不可欠となろう。以上、必ずしも報告の内容に踏み込んだ解説とはならなかったが、その主題の周辺に存在するいくつかの問題について、若干の研究状況の紹介を試みた。

〈一九九八年一二月発表〉

《コラム■7》

「洪水の後」のアレキサンドリア

今回は、前回〔「鈴木登さんのいないカイロ―エジプト滞在記（1）」二〇一四年四月一五日発表〕に続いてエジプトでの印象記の第二弾である。今回はアレキサンドリア訪問の見聞話が中心である。

筆者にとっては久しぶりのアレキサンドリア市であった。前回、同市を訪れたのは革命の前のことであり、五年ほどのご無沙汰となる。とくに「沙漠道路」ルートは一六年ぶりである。その後のアレキ行きは特急列車に乗ったり、デルタの村々を訪問しての「農業道路」ルートだったりした。だから最近、沙漠道路を通ったことのある人には何でもない話だろうが、道路の周りの風景の変化は驚くべきものであった。車窓で見る風景に沙漠や荒蕪地を見かけるのも稀れになり、一面の農耕地が広がっている。もはや「沙漠道路」とは言えず、「第二農業道路」とでも言うべきではないかとも思った[1]。

〔沙漠道路とワーディー・ナトルーン刑務所〕

アレキサンドリアに向かう沙漠道路で、ワーディー・ナトルーン刑務所の前を通った。「沙漠の修道院」で有名なワーディー・ナトルーンであるが、刑務所の周囲は緑の農園で埋めつくされている。その風景を見て、以前に僻遠の西部沙漠の真っただ中にある「沙漠の刑務所」、マハーリーク監獄の前を通ったときのことを思いだした（拙稿「エジプトの西部沙漠を訪ねて」〔長沢 2010〕を参照）。この「沙漠の収容所列島」と言うべき政治囚の監獄には、筆者の亡くなった友人で往年の共産主義運動の闘士が九年間、収監されていた（拙著『アラブ革命の遺産　エジプトのユダヤ系マルクス主義者とシオニズム』（〔長沢 2012e〕第一〇章を参照）。当時、一九六〇年代の前半、この政治犯監獄ではムスリム同胞団や共産主義者の囚人労働を使って、周囲の沙漠の農地開発が試みられた。この計画は結局、失敗に終わったが、このワーディー・ナトルーン刑務所では、農地開拓事業が成功しているようである。

さて、ワーディー・ナトルーン刑務所と言えば、今やムハンマド・ムルシー前大統領の「脱獄」容疑でその名が知られるようになった。二〇一一年一月二五日に革命が始まると、三日後の二八日にムルシー氏は他のムスリム同胞団の幹部たちとともに治安当局に逮捕され、この刑務所に収監された。しかし、革命の混乱のなか、二日後の三〇日に他のメンバーとともに監獄からの脱出に成功する。そしてまもなく自由公正党の党首に選ばれ、突如としてエジプト政治の表舞台に登場し、最後には大統領にまで上り詰めた。

ただし、二〇一二年六月に彼が大統領に就任した直後から、司法当局は、革命当時の「脱獄」に関して、ハマースやヒズボッラーといった外国勢力の関与があったという容疑をかけ、審理をしつこく続けていた。現在、逮捕された前大統領の裁判では、在任当時の反政府デモ参加者の殺害指示とならんで、「脱獄」に始まる外国のイスラーム主義勢力との内通、という国家反逆行為が罪状に挙げられている。現在、ムスリム同胞団の弾圧、イスラーム主義勢力の抑圧に向かう流れは、エジプト、そしてサウジアラビアやUAEなど湾岸諸国で始まり、さらには英国やカナダなどにも広がりを見せている。こうした流れのシナリオは、すでにモルシー政権成立の直後から書かれていたのではないか、と思わせるほどである。

〔ハーレド・サイード君のネット・カフェを訪ねて〕

アレキサンドリアは二泊三日の短い滞在だったので、二日目に町中を見て回るのと、知人に紹介された同市在住の知識人と面談するだけで終わった。その面談の中身については、次回の滞在記で紹介したい。

まずは何よりも先に、ハーレド・サイード君が警察によって虐殺されたネット・カフェを訪ねようと思った。二〇一〇年一二月に焼身自殺を試みたチュニジアの野菜の露天商、ムハンマド・ブーアジージー君と同じく、エジプトの場合、ハーレド君の死こそが変革を求める民衆運動の発火点となったからだ。革命から半年前の一〇年六月六日のことである。ハーレド君は、警察官と麻薬の密輸業者のやり取りを密かに撮影して、告発しようとしていたが、カフェに踏み込んだシーディー・ガーベル署の警察官によって殴打され、そのカフェの前の路上で撲殺された。彼の殉難が当時、どのように国民に大きな衝撃を与えたかは、革命が起きたときに明らかになった。チュニジアでの革命の報に接したワーエル・ゴネエム氏が「僕らは皆、ハーレド・サイードだ」のフェイスブックを立ちあげると、この運動が革命の重要な起動力になったからである。こうした一連の話は、すでに革命伝説となったと言えるだろう。

カフェの正確な住所は持ちあわせていなかったので、シーディー・ガーベル区のクレオパトラ地区あたり、というアバウトな情報であちこち訪ねてやっとたどり着いた。道を訊いた多くの市民がその場所を知っていて教えてくれた。シーディー・ガーベル駅から行ったので時間がかかってしまったが、海岸沿いのコルニーシュ通りを走って、海沿いにあるカフェ・クレオパトラの前の横道を入ればすぐのところにこのネット・カフェはあった。

夏の保養地でもあるアレキサンドリア市では、海岸沿いの地区から開発が進み、中上層の市民の居住区となった。これに対し、同市の「裏口」にあたるマフムーディーヤ運河（同市再開発のため一九世紀初めにムハンマド・アリーによって開削）沿いの地区は、上エジプトからの貧しい出稼ぎ労働者（主に港湾労働者）の移住によって発展した。ハーレド君の自宅のアパートは、カフェと同じ通りにあって海から近く、前者の地区に属するからその出身階層も分かる。後でカイロに戻ってから、彼の遺族のことをよく知っており、紹介してあげたのに、という友人から話を聞いて残念だった（「早く教えてくれよ」とも思ったが）。

ハーレド君の虐殺については、このカフェの経営者の息子からその様子を聞いた(2)。そして彼の血が流れたであろうと思われる街路の地面を見つめた。お茶をすすりながら街路を眺めていると、水道管か何かの敷設工事らしく、地面が一部掘り返される喧騒のなか、中年の紳士やお婆さん、若い男女たちが何事もなかったかのようにカフェの前を通り過ぎていく。

このカフェは一九三六年にお祖父さん（上エジプト・ケナー県の出身であるという）が創業したという古い歴史があると聞いた。九年前に隣の薬局があったところに、若者向けのネット・カフェを併設したのだという。本店の方は、奥行きのある昔ながらのアフワ（コーヒー茶屋。アレキサンドリアでは伝統的に「ブルサ（取引所）」ということが多いと言う）である。

カフェとハーレド君の家があるこの通りには、壁などにスプレーで描かれた彼の肖像を何点か見つけることができた。フェイスブックの文句「僕らは皆、ハーレド・サイードだ」や「彼のことは忘れない」という文字も添えられている。そのいくつかは、絵や文字がかすれて消えかかっている。それは革命という「洪水」が引いた後のひとつの風景である。

［映画『そして洪水の後で』］

エジプトから戻る飛行機の機内サービスで『そして洪水の後で』Wa Baada Al Tofan（二〇一二年：ハーゼム・メトワッリー監督作品）というエジプト映画を観た。今回のエッセイのタイトルはこれから付けた。革命を洪水にたとえ、「洪水」後のアレキサンドリアを舞台にしたサスペンスタッチの社会派映画である。[3]

さて、一年前に書いた本コラム第一一回「エジプト革命から二年経過とその未来」では、革命を予兆した映画として、セクハラ問題を正面から取りあげた映画『678』（二〇一〇年：ムハンマド・ディヤーブ監督作品）を紹介した[4]〔この映画については、第5章コラム9も参照〕。同じく、革命を予感させる映画として、東京大学東洋文化研究所で定期的に開催されている「中東映画研究会」で、『エジプトの二人の娘』（二〇一〇年：ムハンマド・アミーン監督作品）を観る機会があった。[5]

以上の二本は、いずれも革命の前年に発表された作品であり、革命の背景を考えるうえで興味深いポイントを多く含んでいる。しかし、革命後の映画、革命が映画作品に与えた影響についても、検討していく必要があるだろう。[6]

さて、機内で観た映画『そして洪水の後で』の主人公は、イギリスに長期滞在しているエジプト人の女性研究者ヤスミーンである。革命が起きたと聞いた彼女は、博士論文執筆の調査のために「洪水」直後の母国を訪れる。[7]

ヤスミーンが訪れたのは、家族の出身地、アレキサンドリアである。地中海沿いのコルニーシュ通りのカフェで、たむろしている若者たちに接近し、さっそくフィールドワークを開始する。革命に参加した彼らと議論するうち、革命の背景には「腐敗（ファサード）」の問題があると理解した彼女は、その深層に迫ろうとする。彼女が旧体制の腐敗した政治家たちのなかから、事例研究として選んだのが、ラフィーク・タイイブ（もちろん実在しない人物。「仮名」である）という元大臣であった。この政治家の腐敗には、どのような社会的背景があったのか、彼の個人史を調査することで腐敗の心理学的分析をしようとしたのである。

ここからのストーリーはサスペンスである。まずは大臣と少年院で一緒だった老人から、当時の凄まじい過去の話を聞きだす（院内の警官や看守を自然死に見せかけて殺害する方法など）。そして、最後には元大臣の妹のインタビューに成功する。妹が住んでいるのは、ナイルデルタの地方都市、ベンハーという設定である（同市は、旧友の人類学者故大塚和夫さんの調査地だった）。最初は罵られて追い返されるが、ついに元大臣のスラム街での暗い生い立ちの話を聞くことになる。それは父親のいない親子三人の母子家庭に犯罪者の男が入り込んで、母親が堕落していく話であった。やがて少年院から出た彼は、母親とは親子の縁を切り、妹とともに名前も出身地、経歴も変えて新しい人生を歩きはじめた。それは裏社会でのし上がっていく道であった。やがて彼は有力政治家によって引きたてられ、エジプト政治の表街道を歩きだす。

〔古い腐敗と新しい腐敗〕

このアレキサンドリアのスラム街、そこで犯罪者から政治家にのし上がっていくという話は、どこかで聞いた話である。それは、サダト大統領が暗殺された直後に暴かれた腐敗のスキャンダルのひとつ、アレキサンドリア県の国民民主党支部長、ラシャード・オスマーンの話を彷彿《ほうふつ》とさせるからだ。上エジプト出身の貧しい港湾労働者から身を起こしたラシャード・オスマーンは、麻薬取引で蓄財してアレキサンドリアの経済界で頭角を現わす。さらにはサダト大統領と刎頸《ふんけい》の友であった政商オスマーン・アハマド・オスマーンにも目をかけられて政界進出を果たす。ちなみに、（二〇一四年）三月に新首相に就任したムハンマド・マハラブは、このオスマーン・アハマド・オスマーンが創業したゼネコン大手、アラブ・コントラクターズ（アスワン・ハイダム建設工事で成長）の後継者の元社長である。旧体制を代表する人物だという批判が出てくるのは当然である。

この二人のオスマーンの話を含め、サダト時代の腐敗の問題については、ムハンマド・ハサネイン・ヘイカルが『怒りの秋』［Heykal 1983］（邦訳［ヘイカル 1983］）のなかで詳しく紹介している。今も現役の九二歳のヘイカルは、シーシー大統領候補の顧問を務めており、その指南役なのだという話を今回の滞在で聞いた。まさにエジプト現代史における怪物的存在である（本書第1章コラム2参照。その後、二〇一六年二月に死去）。

さて、映画の感想だが、ここで描かれている腐敗の質がどうも古いのではないか、と思った。ラシャード・オスマーンは、サダト大統領が導入した門戸開放政策（インフィターフ）で金儲けした素性怪しい成金の典型である。彼らは、この部分的で恣意的な貿易自由化の恩恵を受けて育った。一方、ムバーラク時代の「新しい腐敗」だが、最近の報道で気になったのはユーセフ・ボトルス・ガリー元財務大臣の動向である。革命後、疑惑容疑をかけられた彼はイギリスに逃亡し、病気で亡くなった奥さんの死に目にも会えずに、帰国できないままでいる。最近、パリの空港で逮捕されたが、すぐに釈放され、エジプト政府がインターポールに抗議したという記事を読んだ（*al-Ahrām*, 2014/4/16）。コプト教徒の名家出身で、元国連事務総長の甥である彼の容疑は、三六〇〇万エジプト・ポンドの公金の不正支出であり、懲役五五年の判決が下っている。その他、ムバーラク時代の腐敗問題で、現在、他に五三人の逃亡容疑者がいるが、英国やスイスなどに不正に流出した額は六〇〇億ドルにおよぶという（同上記事）。

ヘイカルの『怒りの秋』では、アンワル・サダト大統領の弟、エスマト・サダトも断罪されている。当時の「古い腐敗」については、拙著『エジプト革命　アラブ世界変動の行方』［長沢 2012d: 122］でも紹介したので参照していただければと思う。たまたま今回の滞在中、イズベキーヤ公園の古書店街で、エスマト自身が書いた『隠された真実』（一九九一年）という腐敗疑惑を否定する内容の本を見つけた。本の半分が裁判記録の紹介である。当時の新聞によると大統領の兄の名前を使った不法な取引により、エスマトと息子たち三人は一億五〇〇〇万ドルを蓄財した、とある（*The Telegraph*, 1983/2/12）。

サダト時代とムバーラク時代の腐敗の違いは、こうした腐敗の規模、金額だけの違いだけではない。前掲の拙著で述べたように、とくにムバーラク時代の末期、新自由主義経済政策の展開のなかで、腐敗は深化（あるいは進化）と発展を遂げた。公共部門の民営化に伴なう腐敗疑惑がその代表である。もちろん民営化がどの国でも腐敗を伴なうわけではない。だからこそエジプトの経済改革の問題は深刻なのだ。

ムバーラク時代の腐敗容疑は、元大統領と二人の息子を筆頭に今も、裁判が続いている。しかし、次々に減刑措置がなされているようであり、その行方は、司法の政治的な性格を考えると、実際のところどうなるか分からない。エスマトの本のように、自らの潔白を訴える本もいつか出されるかもしれない。エスマトが無罪となった後、彼の息子たちの中からは、国民民主党の有力議員となる者も現われた。エスマト・サダトと父と同じ名前で呼ばれる彼は、その後二〇一一年革命を経て、旧与党勢力を結集する人物として今も政治的な影響力を保っている。これと同様に、反動の暗雲が漂うなかで、国外逃亡者を含め、今回の革命で失脚したかに見える政治家のなかから、復権する者もこれから多く出てくることだろう。

〔港湾都市アレキサンドリアの盛衰〕

映画『そして洪水の後で』で描かれる元大臣が生まれ育ったのが、アレキサンドリアの港湾近くのラッバーン区である。すでに述べたように、光り輝く地中海の海岸沿いの地区とは反対の、アレキサンドリアのもうひとつの顔に当たる。上エジプト出身の港湾労働者が多く住む貧しい地域だ。しかし、彼らのたくましい肉体こそが、エジプト最大の輸出港としてのこの都市の発展を支えてきたということを忘れてはならない。ロレンス・ダレルの小説『アレキサンドリア四重奏』［ダレル 2007］で描かれる外国人とお金持ちの「租界」社会だけがアレキサンドリアではないのだ。

アレキサンドリアは、近代エジプトの綿花輸出経済の「表玄関」として栄えた港町であった。しかし、今のアレキサンドリアに昔日の面影はない。とくにこの数十年、ダミエッタやポートサイド、スエズなどに新しい港湾施設が作られて、貿易港としての役割は相対的に低下した。さらに世界の主要な港湾と同じく、クレーンによるコンテナ搬入装置など、荷役作業の近代化、機械化が急速に進むとともに港の風景も一変した。さまざまな港湾労働の職種に就く熟練の肉体労働者たちを「親方」が統括する（場合によっては非合法の暴力組織が介在する）といった伝統的な港湾労働の形態は、この港町でも今や見ることはできない。

筆者は以前、アレキサンドリアの港湾労働者と彼らの出身村での血の復讐慣行の相違を比較した論文を書いたことがある（［長沢 1991］）［本書第4章］）。しかし今回、港を訪ねてみると、かつての港湾労働者の姿は見られず、フォークリフトやその他の運搬・輸送機械のオペレーターなどに取って代わられている。また港湾地区の再開発も進み、一部では港湾労働者が住んでいたスラム地区が撤去され、住民を沙漠の新住宅地区に移送し、その跡地に中国企業が進出して、新しい商業拠点を作っているなどという話も聞いた。

この話を耳にしたのは、映画に出てくるラッバーン区のアフワでのことである。ひっきりなしに大型トラックが土煙を上げて通る道路の前で、再びお茶をすすっていると、前の建物に掛けられた横断幕にラシャード・オスマーンの名前が見えた。サダト暗殺直後の腐敗疑惑で登場したときから数えると、相当の年齢になっているはずで、今も健在とは驚きだ。もっとも、彼を断罪した大ジャーナリストのヘイカルもまだ意気盛んなのだから、不思議なことではないのかもしれない。筆者は以前にラシャード・オスマーンの出身地、ソハーグ県のジュヘイナを訪ねたことがある。その頃の彼は立派なモスクを建てた故郷の町で謹慎していた。その後、復権してアレキサンドリアに戻り、また蓄財を重ねてきたのだろう。

ラシャード・オスマーンの名前が入った横断幕には、「今年の預言者生誕祭（マウリド・ナビー）をエジプトの伝統的な慣行としてお祝いする」という趣旨の文句が書いてある。聞くところによると、ムスリム同胞団の政権下だった昨年（二〇一三年）は、カイロの下町の伝統イスラームの祭典、預言者一族のサイイダ・ゼイナブやサイイド・フセインの生誕祭も自粛気味に行なわれたという。スーフィー教団の関係者などが集まって騒ぐお祭りを厳しく咎める同胞団やサラフ主義者を気にしてのことらしい。(8) ムルシー政権がクーデターで打倒された今、たしかにいろいろなものが復活してきているようである。

〔警察とシャヒード〕

映画『そして洪水の後で』のラスト・シーン近くで、酔っぱらった警察官が登場する場面がある。コルニーシュ通りのカフェで若者たちが議論していると、警察官は話に割って入ってくる。「俺は学校ではまじめに勉強した。警察を職場に選んだのは、腐敗からもっとも遠い部門と考えたからだ。しかし、実際にはどうだったか。自分はこんな歳になってもまだ結婚できない。昇進も遅く、下っ端のままだ。そして、上の幹部の連中は腐敗にまみれているんだ」。こう話すと、中年の警官は「ビラーディー（我が祖国）……」と国歌を口ずさみながら、ハイネッケンの緑色のネオンが光るドアの向こうに去っていくのであった。

この映画に登場する警察の署長室には、革命前の映画ではお決まりの微笑んだ若いムバーラク大統領の写真はなく、代わりに「警察は国民（シャアブ）に奉仕する」という標語の額が架けられている。本コラム第五回（本書第3章コラム5）でも書いたことだが、今後、新しい大統領が選ばれ、その写真が元大統領のように再び架けられるようになるとしたら、やはり革命の時代に一区切りがついたと判断せざるを得ないだろう。もうすぐそれも分かることになる。

カイロを飛び発つ日（四月二日）、カイロ大学の正門前で連続爆破事件が起きて、ギーザ県警察の高級幹部が死亡した。おそらく彼はシャヒード（殉死者）として、治安当局の宣伝に使われることになるだろう。その数日前、カイロ大学に向かう同じくギーザ県のドッキ区の表通りに、ケルダサ村（かわいい農村画の絵柄の絨毯作りで有名だが、昔から同胞団の拠点としても知られる）で死亡した警察将校の似顔絵が大きく掲げられるのを見た。酷い殺され方であり、彼の住居がこの通りの近くにあるのでシャヒードとして絵が飾られているのだと説明を受けた。

二〇一一年一月二五日革命の際には、「軍と国民はひとつの手」という標語が流行った。二〇一三年六月三〇日革命を経た現在、「軍と警察と国民はひとつの手」という言葉が書かれているのを見かけた。軍と国民の結束に、警察が加わったわけだ。

第一の洪水が去った後、再び第二の洪水がエジプトの街路を一杯に満たした。現在は、これらの二つの洪水が去った後の風景が見られる。たとえば、今も一部に残る同胞団による軍批判、シーシー非難の落書きは、二番目の洪水の後の生々しい風景のひとつである。この風景の話を含めて、次回の滞在記第三弾では、昨年夏の政変をどう評価するか、今後のエジプトをどう考えたらいいのか、現地で会った知識人の意見を紹介したい。

〈二〇一四年五月二日発表〉

第5章　アタバの娘事件を読む——現代エジプト社会における性の象徴性

［解説］

本章の主題は、第2章第五節でも言及した暴力とセクシュアリティをめぐる問題である。考察の対象としたのは、一九九二年にカイロの繁華街で起きた女性への暴行事件、「アタバの娘事件」をめぐる報道記事である。ただし、本章のなかの性的暴力に関する生々しい記述を読み通すことが難しい方も当然おられるであろう。その場合は、事件に関する新聞報道を紹介した第二節の部分は読み飛ばしてくだされぱと思う。しかし、本章の冒頭の文章で書いたように、いかに詳しく事件報道を紹介したにしても、この事件を取りあげたのは、決して「無邪気な好奇心と無神経な探求心に導かれた知的満足」のためではなかった。「手を水につけたままの人には、手を火で焼かれる人の気持ちは分からない」というアラビア語の諺が示す気持ちは、執筆に際してたえず心中にあった。

この事件を取りあげたのは、筆者だけの個人的な特別な関心によるものではない。この事件が、近代のエジプト社会史のなかで歴史的な意味のある出来事であったということについては、たとえば著名な経済学者のガラール・アミーン教授も認めている。同教授は、同時代のエジプトに関する多くの社会評論を発表され、筆者もたびたびその内容を参考にしてきた（たとえば［長沢 2012c］など）。アミーン教授は、『エジプトの軟性国家』［Amin 1993］という評論集のなかで「歴史家たちはアタバの事例を将来どのように叙述するか」というエッセイを書き、事件への大きな関心を示している。そして、事件に関する新聞報道を整理して分析した結果、来るべき二一世紀の末に歴史家が真実を究明しようとするなら大変な苦労に直面するに違いないと感想を述べている。と同時に教授は、事件に遭った女性が、自動車でしか出歩くことがない恵まれた娘たちとはまったく違うのだ、ともコメントしている。彼女たちは、このアタバ広場に足を踏み入れる必要もないし、そもそもそれがどこにあるかさえ知らないであろう、と［*ibid.*: 106］。

アタバの娘事件が起きた一九九〇年代初頭は、一九七〇年代初頭の門戸開放政策の開始から二〇年を経た時期であった。さらにそれから一〇年が過ぎて二一世紀に入ると、中・上流層が自動車で郊外の複合商業施設、モールに出かけるようになるなど、エジプトの消費文化は大きな変貌を遂げた（［Abaza 2006］を参照）。たしかにアラブの新しい消費文化のスタイルが生まれ、それを先導するのは湾岸産油国のドーム球場級の巨大モール（まるで宇宙基地のような）である。しかしその一方で、今でも庶民的な商業中心地であるアタバ広場には庶民層の女性たちが多く集まり、近くの商品売り場の人混みの流れのなかに身を任せている。この論考を書いたのは、事件から八年も経った後である。そのあいだにアタバ広場では地下鉄工事もあり、大きく景観が変わった。広場全体が縮小し、バス・ターミナルもビルの建物になった。今年（二〇一八年）の春、久しぶりにアタバ広場からフセイン・モスクに続く商業道路ムースキー通りを歩いてみた。通りの左右から衣料品を中心にした屋台が延び、人ひとり分が歩くほどの隙間しかない。二〇一一年革命の直後、近代的市街地の目抜き通りにも、こうした行商人たちの屋台が溢れた時期がしばらく続いた。しかし、二〇一四年の夏に大統領に就任したシーシー元将軍の命令で屋台は強制的に撤去され、カイロ市街は革命前の姿に戻った。そして筆者が久しぶりに訪れた二〇一八年三月のアタバ広場には、シーシー大統領再選を支持する屋台の行商人たちの横断幕が掲げられていた。

さて、本章の第五節「アタバの娘事件を読む」での議論は、第1章で示した「伝統的な下部構造の変容と再生」などという二項対立的な図式からは少し抜けだしてはいるかと思う。しかし、これも第2章の結論部分（第五節）で言及したセクシュアリティとセキュリティの関係をめぐる問題領域の議論としては、まだ問題提起のレベルにとどまっている。この問題領域をイスラーム復興という時代状況のなかで展開するイスラーム的言説の世界に位置づけてどのように検討していくかという問題は、「イスラーム・ジェンダー学」研究を目指す研究者に大きく問われている。嶺崎寛子の近著『イスラーム復興とジェンダー——現代エジプトを生きる女性たち』［嶺崎 2015］はそうした試みであろう。

本章に付録資料として付けた二つのコラムのうち、最初のコラム8で扱ったヴェール問題については、すでに後藤絵美『神のためにまとうヴェール―現代エジプトの女性とイスラーム』[後藤 2014]が出されているので、果たして収録する価値があるかどうか自信がない。しかし、この論考が扱った事実そのものがすでに「歴史」ともなっているので、許していただければと思う。

コラム9は、セクハラ(というよりは痴漢)を題材とした映画を扱ったものである。このエッセイの主題も第2章第五節で言及した暴力とセクシュアリティをめぐる問題領域に関わっており、広い意味での「家族」を問う内容だと考える。また、このエッセイでは、紹介した映画には二〇一一年革命を予兆させる内容があるとも言及した。そして、映画が取りあげた「日常的な」性をめぐる暴力、あるいは集団的痴漢行為は、社会全体の性と暴力の管理の問題につながっている。すなわちそれらは、革命前の女性デモに対する治安権力の無法な行為([長沢 2012d]を参照)、そして革命のさなかにおける軍による女性活動家に対する性的暴力が示すような、国家が主体となる性的暴力の問題と決して無関係ではない。二〇一一年革命をめぐる諸事例は、暴力とセクシュアリティをめぐる問題領域をより深く考察するための材料を提供するであろう。

さて、最後に本章の原稿を書くことができたのは、押川文子さんが組織した国立民族学博物館地域研究企画交流センター(当時)の共同研究のおかげであった。その後、現在の「イスラーム・ジェンダー学」科研の企画にいたるきっかけを与えてくださったことに、ここで感謝したい。

はじめに

地域研究は、しばしば人々の悲しみや不幸を考察の素材に選ばざるを得ないことがある。その場合、人のこころの傷や痛みを理解するところ少なく、無邪気な好奇心と無神経な探求心に導かれた知的満足の結果に終わってしまうことに、何よりも自戒をしなければならない。とはいえ、本章で後ほど引用するアラビア語の諺が示すように「手を水につけたままの人には、手を火で焼かれる人の気持ちは分からない」のではあるが。

アタバの娘事件とは、カイロの中心街にあるアタバ広場で一九九二年三月に起きた婦女暴行事件の通称であり、当時、異常とも言える社会の関心を集めた。ラマダーン（断食）月の人出で混雑するバス・ターミナルにおいて、公衆の面前で若い女性が暴行を受けたという衝撃的な報道は、エジプト社会の倫理秩序を根底から覆す犯罪として当時、人々を一種のパニック状態に陥れた。この事件の衝撃の大きさを日本の読者に分かりやすいようにあえて例を挙げるなら、一九八八―八九年の連続幼女誘拐殺害事件や一九九七年の神戸少年殺人事件などがそれに匹敵するであろうか。

以下で紹介するように、人々の関心を集めたこの事件は、長い審理の結果、意外な結末を迎えることになる。アタバの娘事件は、事件のこうした真相をめぐる錯綜した議論とともに、現代エジプト社会の性に関するさまざまな問題を考える材料を提供する興味深い事件であった。以下、本章では、同事件に関する新聞雑誌の報道記事を用いて、事件の経緯とその社会的反響を紹介し、現代エジプト社会の理解のために事件がどのような意味を持つものであったか、筆者なりの解釈を示してみたい。

さて、本論に入る前に、ここで使用した資料の限界についてお断りをしておきたい。このエジプトでは想像もつかない事件は、当時、過熱した報道を招き、新聞や各種雑誌、そしてテレビなど多くの媒体で連日のように取りあげられた。こうした事件をめぐる膨大な量の情報に対して、本章で使用するのは、事件当時、筆者が日本国内で入手可能であった日刊紙一紙（『アハラーム』紙 al-Ahrām）と週刊誌二誌（『ローズ・エルユーセフ』誌 *Rūz al-Yūsuf* ; *Rose el-Youssef* 誌、『アハラーム・イクティサーディー』誌 *al-Ahrām al-Iqtiṣādī* 誌）だけであり、事件報道の全容を把握するには不十分である。ただし、こうした情報が限定的であるがゆえに具体的な情報を詳細に紹介し、なおかつ焦点をしぼって分析することができた面もあるかと思う。

一　事件の現場――アタバ広場について

はじめに、事件の舞台となったアタバ広場について解説しておきたい。なぜなら、この事件は、同じく世間を震撼させた一九八五年の「マアディーの娘」事件(1)のような郊外の住宅地でも、あるいは沙漠やナイル河畔といった人影少ない場所でもなく、雑踏と喧燥が渦巻くカイロ最大の商業中心地で発生したからである。

筆者にとって、アタバ広場と言えば鰯の缶詰にもたとえられる蒸し風呂の満員バスに詰め込まれ、ようやくたどり着いたバス・ターミナルの圧倒される人込みの光景が思い浮かぶ。そこは、水売り屋の赤いジュース（タマル・ヒンディー）、舞い踊る埃と紙屑、露店のカセットテープ屋が流すアラブ演歌、そして行商人たちのさまざまなかけ声などが彩る、血の沸き立つような庶民の市場空間への入り口である(2)。

アタバ広場の全景を一望するためには、アズハル・モスクに向かう高架道路から見下ろしてみるがよい。眼下には、数知れぬ群衆の頭がそれぞれ無秩序な方向へと混じりうごめく壮観が広がって見えるだろう。現代カイロを代表するとも言えるこの光景は、猥雑な市場空間とでも表現したらよいのであろうか（事件の背景を解説した経済専門誌『アハラーム・イクティサーディー』誌（一九九二年五月一一日）は、「アタバのスーク〔市場〕という名前の森」と形容している）。

大きなバス・ターミナルを持つ広場の周辺には、庶民的な（シャアビーな）商業地区ムースキー通りを中軸にして、その南側に「カイロの胃袋」、公設の生鮮食料品市場（スーク・アタバ）や家具製造の工房（ワルシャ）地区、北側にインテリア用品・雑貨販売のスーク・バラブラなどが広がっている。また、後述のように、往時の輝きはないにしても、隣のイズベキーヤ公園周辺には劇場や映画館、その他の歓楽施設が連なり広場の性格に独特の色彩を加えている。

しかし、アタバは、このような庶民の商業中心地という特性だけではない独特の公共空間としての個性を持っている。事件の意味を考えるうえで重要なこの個性は、アタバが近代カイロの都市発展に果たした特殊な歴史的役割と密接に関わっている。それは、何よりもアタバという名前の由来によって表現されていると言ってよいかもしれない。

アタバ広場の名前は、かつてここにアタバ・ハドラー（al-'Ataba al-Khadrā'）、すなわち「緑の敷居」と呼ばれる宮殿（sarāy）があったことに始まる。この宮殿には、最初の混合裁判所が設置されたが（一八七六年）(3)、その後、同裁判所が七月二六日通りに移築される（現在の最高裁〔破毀院〕の建物）のに伴ない取り壊され、その跡地がファールーク国王によってアタバ・ハドラー広場と命名されたと言われる［Muhammad 1986: 277］。

アタバが都市空間として持つ独特の個性は、カイロを東西の旧市街と新市街に分かつ境界という、この立地の特殊性に起因する。アタバは、その意味で旧市街に入る玄関口、まさに「敷居」であった。この敷居をまたいで東側の旧市街にひとたび足を踏み入れれば、そこにはイスラーム的精神世界の中核である（あるいは「奥座敷」と表現できる）フセインとアズハルの両モスクに続く華やかな街路（誤解を恐れずに言えば「門前町」）、ムースキー通りの喧騒が私たちを迎える。この衣料品や電気製品の店が建ちならぶ繁華街からは、さらに数多くの路地（ハーラ）がもつれ合うように枝分かれし、これら迷路状の路地裏へ、老朽化した伝統家屋が密集する旧街区へと人々が静かに消えてゆく。

他方、これとは対照的にアタバ広場の西側には、長年積もった沙漠の埃で薄汚れているとはいえ、ヨーロッパ調の近代的なビル群が大きな車道（シャーリウ）によって整然と直線状に切り分けられた新市街が、ナイルの岸辺まで広がっている。このような新市街の発展、すなわち西洋的都市化の起点となり、またその中心点であり続けたのがアタバであった。

近代カイロの都市計画は、一八世紀末にナポレオンの占領軍が行なった道路建設が端緒とされる。アタバに隣接するイズベキーヤ地区に駐屯したフランス軍は、旧市街の西端にある同地区と、カイロの外港でありナイル河水運の拠点であったブーラーク地区を結ぶ戦略的な道路（現在の七月二六日通り）を手始めに建設した。その後もアタバは、最初に敷設された路面電車のターミナルとなったし（一八九七年）、また中央郵便局や初めての自動回線電話局（セントラール）が置かれた（一九二六年）のもここであった［Zakī 1969: 49, 52］。

また、スエズ運河の開通を記念して歌劇「アイーダ」が上演されたオペラ・ハウスがすぐ西隣に建設された（一八六九年）というのも、アタバ広場の「西側」に向いた顔を表わしている。この欧風文化の発信装置は、前述の混合裁判所とともに、エジプトの「一九世紀的な近代化」における西洋の文化的および政治的覇権を表象する場所、という立地上の特殊性をアタバ広場に与えたと言ってよいかもしれない。

もっとも、現在では焼失した旧オペラ・ハウスの跡地が無粋な立体駐車場に変わったことに象徴されるように、アタバを中心に展開したエジプトの一九世紀的な近代化の面影も随分と色あせてしまった。同様に、アタバ広場の近くにあった綿花取引所（ブルサ）で大金を手にした田舎出身の地主やオムダ（村長）が怪しげな飲み屋で金を巻きあげられたという、かつてよく流布し大衆演劇の題材にもなった逸話［長沢 1994b］（本章第3章）も、今は昔の感がある。ナセルの一九五二年革命は、綿花流通を国有化し、農地改革によって地主層に大打撃を与えたが、同時に公娼制度を廃止し、イズベキーヤ地区にあった売春宿や歓楽街の赤い灯を消した。社会的公正と健全な民衆倫理を掲げる社会的中下層の革命によって、綿花経済に支えられた一九世紀的な近代の文化や風俗は、後景に退くことになった。

しかし、今日のアタバという都市空間にさらに大きな影響を与えたのは、ナセルの行なった政治革命よりも、同時期に起きた人口の都市流入による社会変化であっただろう。急激な都市化に伴なうカイロ、および同市を中心とするカイロ圏の発展は、上記の新市街・旧市街の対照性を基調にしながらも、郊外の田園都市計画にもとづく高級住宅区と工業労働者地区、墓場が居住地となった「死者の街」をはじめとするスラム地区、これと競いあうように外に広がる中間層住宅区など、性格を異にするさまざまな都市空間の共存状況をもたらした(4)。アタバは、先に述べた近代・前近代という二つの都市空間のあいだにおける境界領域としての性格を根底に維持しながらも、さらに今日では多様な都市空間を結ぶ移動の交点という、公共空間における新しい中心性を獲得しているのである。

エジプト社会の倫理秩序を根本から揺さぶったアタバの娘事件が、他ならぬこのようなアタバという特殊な都市空間で発生したことは、たんなる偶然とは言えない象徴的以上の意味があった。

二　報道に見る事件の顚末

警察の記録ではムースキー管区第九二／一七七九号事件（鑑識番号第二六五事件）、一般には「アタバの娘（fatāt al-'ataba）事件」（あるいは「アタバ広場事件」）という名で知られるようになったこの事件は、一九九二年三月一九日の夜一〇時に発生した（『ローズ・エルユーセフ』誌一九九四年九月二六日）[5]。本章で資料として使用した新聞と雑誌の紙面に、同事件が最初に報道されたのは、三月二三日のことであるから（「アハラーム」紙一九九二年三月二三日）、この時点で事件発生からすでに三日あまりが経過していたことになる。

エジプトにおいて大きな社会的・政治的事件が公に報道される場合にしばしば見られることであるが、この最初の記事が掲載される前に、広まった噂を通じて事件がすでに多くの人々のあいだで知れわたっており、その結果、新聞当局もあまりにも衝撃的なこの事件を公式に報道せざるを得なくなったという状況があったのかもしれない。この記事には、「アタバの娘に対する暴行容疑者にさらに四五日の拘留延長」という、すでに事件が周知であることを前提にした見出しが付けられている。同記事の内容は、以下のとおりである。

【「アハラーム」紙一九九二年三月二三日記事】「会計士を含む四人の容疑者が運輸公団のバス内で醜悪な犯罪を犯した。犯人のうち二人が、母親と一緒にいた娘を後ろから引っ張り倒し、乗客が驚くなかで暴行（i'tidā'）を加えた。この二人は、取り調べにおいてこうした容疑を否認しているが、トゥラ〔カイロ南部の沙漠沿いにあり、政治犯監獄でも知られる」の拘置所移送の措置を受けた」。

この最初の記事では、事件の取り扱いは小さかったが、翌日の報道では、これより七倍ほど大きい紙面を取った社会面のトップ記事となり、詳しい目撃証言などが掲載された（「アハラーム」紙一九九二年三月二四日）。エジプトの主要紙のなかでもとくに高級紙とされる同紙においては、きわめて例外的である暴行状況の詳細な描写がこの日から始まった。容疑者の実名報道が最初になされたのもこの記事であった(6)。

【「アハラーム」紙一九九二年三月二四日記事】「アタバの娘事件：容疑者の会計士、刑務所移送前に自殺未遂。検察側全ての証人に対し目撃証言を要求」という見出しが付けられた同記事の内容は、以下のとおりである。

「検察は、犯人の数を特定し犯行の手口を解明するために、多くの目撃者から証言を求めて捜査を進めている。一方、アタバ広場の娘の凌辱（hatk al-'irḍ）事件の容疑者、会計士ガマール・バドリーは、もうひとりの容疑者、ガマール・アブドゥルハマド・イスマイール（無職）とともに四五日の拘留延長となり、刑務所に移送される車内で昨日、手首の動脈を切り自殺を試みたが、すぐに病院に運ばれ、応急措置が取られた。彼が自殺を試みたのは、不正（ズルム：ẓulm）を感じたからだという。

一方、捜査当局が明らかにしたところによれば、逃走中とされる他の二名の共犯者は、実際にはおらず、被害者の女性自身も会計士は犯行に関与せず、無職の男だけの単独犯行だと供述している、という。複数の目撃者は、犯行の様子を以下のように証言している。

当初、無職の男は、バスの前に立っていた被害者の娘に体を押しつけていたが、娘がバスのステップを上ろうとするのを邪魔してさらに激しく体をくっつけて、スカートのジッパーを引っ張った。するとジッパーが裂けてスカートが脱げ落ち、娘は半裸になった。それから、男は、バスの外で泣き叫び助けを求める娘の前に立ちはだかり、地面に押し倒して娘にのしかかった。彼は犯行に没頭しているところを逮捕された。

検察官は、娘が乗車しようとしたバスの運転手、車掌、そしてスカートが脱げ落ちた娘に体を隠すようにとガラビーヤ〔長衣〕を差しだした女性からも証言を求めた。また、取り調べに対し、娘と母親は、容疑者たちとはこれまで面識もまた揉めごともなく、復讐に関わる怨恨（khusūmāt tha'riyya）もなかったと述べている」。

【「アハラーム」紙一九九二年三月二五日記事】 この次の日の記事には、さらに詳しい目撃証言が掲載される。「首席検察官、検察の調査続行を指示。目撃者の女性：娘の半裸と出血を見て、自分のガラビーヤで隠した」という見出しの同記事の内容は、以下のとおりである。

「首席検察官は、昨日、自ら最初の取り調べを行ない、多くの目撃者のなかで行商人と娘にガラビーヤを与えた婦人から次のような証言を得た。

目撃者1　ヒシャーム・アリー・タマーム（行商人）の証言：バスの停留所で時ならぬ騒ぎを聞きつけ、群衆のなかに飛んでいって入ってみると、片手に拳銃を持った警官が、もう一方の手でひとりの男の襟をつかんでいるのを見ました。私は、この警官にもうひとりの犯人を逮捕するまで、こいつを捕まえていてくれ、と頼まれたんです。(7)

目撃者2　アジーザ・サラーハッディン・アブデルワッハーブ（タバコ屋女主人）の証言：助けを求める大きな叫び声を聞いたので、声がするところに行くと、バスから二〇メートルほど離れた場所で半裸の娘が血を流しながら座り込んでいるのを見つけました。そこで娘に体を隠すようにガラビーヤを渡したんです。娘の隣には母親と二人の妹がいましたが、誰も彼も最悪の状態で、娘はヒステリーを起こしていました」。彼女は、警官が最初に捕まえたのは、ガマール・アブールハマド〔無職の男〕の方だとも証言した――以下略――。

【「アハラーム」紙一九九二年三月二六日記事】「アタバの娘事件：娘の母、醜聞（faḍīḥa）を恐れて娘の衣服を隠す。新たな目撃者、娘を押さえつけた後で逃亡した二人の犯人の特徴を証言」という見出しのこの記事の内容は、以下のとおりである。

「娘の母親が娘の醜聞を危惧して隠匿していた衣服が検察に引きわたされ、この娘の血の付いた衣服は監察局に回された。また、新しい目撃者によって、逃亡中である二人の犯人の特徴に関する初めての証言が得られるとともに、会計士の犯行への加担が確認された。

目撃者1　アハマド・アブデルバディーウの証言：それは、私が帰宅するため一時間ほどバスを待っていたときのことです。そのとき二人の容疑者は、停留所にバスが到着するたびに女性の乗客たちに体を押しつけていました。そのうち、ガマール・バドリー容疑者〔会計士〕がある女性に触り、彼女が嫌がって声を上げるのも聞きました。一方、ガマール・アブールハマド〔無職〕の方は、雑踏のなかで女性を胸に抱きすくめたり、気持ちの悪いやり方で女性たちの体の敏感な部分に手を伸ばそうとしていました。やがて、一七番路線のバスが到着すると、二人の犯人は「被害者」の娘がバスに乗るのを邪魔したのです。そこで娘は、後ろのドアから離れて、前のドアから入ろうとしましたが、また男たちは娘を追いかけて、激しい混雑のなか、彼女が再びバスに乗ろうとしたとき、二人して娘の背後から手をかけました。それから、ガマール・アブールハマドは、娘の両足を引っ張り地面に引きずり倒し、衣服をはぎ取ったんです。奴は、半裸のまま地面に倒れ込んだ娘の体に下の方から手を伸ばしました。一方、会計士の方も拳銃の音がしたときには娘を手で触っていたように見えます。さらに、別の二人の男が動かないように娘の腕をつかんでいました。奴らの特徴は、ひとりが田舎風のガラビーヤを着てやせて背が高い男で、もうひとりは中背で小太りの男でした。二人は、銃声が聞こえてバス停が大騒ぎになるとすぐに見えなくなりました。

目撃者2　カーメル・アブデルムネエム〔露店商〕の証言：いつものようにバス停の近くのアタバ広場で店を広げていると、突然、銃声を聞き、見ると警官がガマール・アブールハマドを捕まえていて、他の犯人を逮捕するまでこいつを捕まえといてくれ、と人々に頼んでいました。すぐにあたりは、すごい騒ぎとなり人込みでごったがえしました。しばらくして警官がガマール・バドリーを捕まえてきました。アハマド・サクラーンというもうひとりの目撃者から聞いた話ですが、ガマール・アブールハマドは、娘の衣服をはがして、血が流れるまできつく抱きついていたということです。――以下略――」

自分こそが被害者であり、犯人は四人いたと証言する

【「アハラーム」紙一九九二年三月二九日記事】「アタバの娘と母親に対して四時間に及ぶ事情聴取がなされるなか、娘は、自分こそが被害者であり、犯人は四人いたと証言する」というこの記事で、初めて被害者の発言が掲載される。以下は、その内容である。

「検察は、他の目撃者たちの証言との食い違いをめぐって、娘と母親に対し四時間にも及ぶ尋問を続けた。被害者の娘は、この醜悪な犯罪の唯一の被害者である自分だけが、誰よりもよく事件のことを知っていると強調した。

被害者の娘の証言：地面に押し倒された私は、容疑者ガマール・バドリーによって両足を押さえつけられ、もうひとりのガマール・アブールハマドに体の敏感な部分を手で触られました。さらに、別の二人の男が後ろから私の前腕をつかんでいたのですが、彼らの特徴を見てとることはできませんでした。四人の男は、私をバスのドアから引きずり降ろし、下着をはぎ取ったのです。

また、容疑者の手が血で汚れていなかったことについて訊かれると：それは、皆が二人の男を捕まえて激しく殴ったから、警察署で彼らが手を洗ったためではないでしょうか。つまり、多くの乗客たちが彼らに復讐を行なった（intaqama）ため、ガマール・アブールハマドの顔は、血だらけになったんです。

次に、他の目撃者の証言との食い違いについて訊かれた被害者は、「この嫌らしい暴行を受けたのは私です。犯人たちをこの目で見て、何が起こったかについて誰よりも知っています」と訴えた。また、母親も娘の主張を支持し、「犯人は四人いました。奴らは二手に分かれ、一方の二人が娘を後ろから押さえつけ、また［もう一方の二人のうち］ひとりが娘の両足をつかみ、別のひとりが娘の体に手を伸ばしたんです」と証言した。

【「アハラーム」紙一九九二年三月二九日記事】「検察、アタバの娘に関する監察医の報告を受領。処女膜の破損、右腕の裏に人の歯形があった」という見出しの記事の内容は、以下のとおりである。

「昨日、検察官が受けとった監察医〔後出の『ローズ・エルユーセフ』誌（一九九二年一二月二八日）の記事によるとこの監察医は女医である〕の報告によれば、処女膜（ghishā' al-bakāra）に一本の指の挿入による部分的な破損が見られるが、同時に複数の傷が残っていることから、犯人は単独犯ではないことが確認された。検察は、さらに娘の衣服についた血液の化学的な成分分析を指令した。監察医の報告の詳細は、以下のとおりである。「処女膜に破損（tamazzuqa）が、そして左前腕の裏に人の歯形（'aḍḍa）が認められた。また、左足にも複数の噛み傷（kadāmat）があるが、これは力ずくでつかまれたときについたものであろう。また、左の太ももの中央にも複数の傷が見られるが、これは外性器に手を伸ばそうと太ももを押し広げたとき指で圧迫されてできたものと思われる。また、両太ももの裏には擦傷（sahajāt）と引っかき傷（khudūsh）があるが、これはごつごつした表土のうえで擦ったためであろう。処女膜に関して言えば、一部の破損、すなわち部分的な引っかき傷があり、また性器の一部に認められる傷は、一本の指を差し込んだこと（idkhāl）によるもので、これは単一の人物が行なった挿入（tadākhul）の結果、生じたものと考えられる。その他の傷について言えば、これらは複数の人物によるものであろう。以上の観察された傷が発生した時間は、血がにじむほどの跡を残すほど暴力的に下着を脱がされたという被害者の証言とも一致する」。

しかしながら、検察官は、監察医の報告が被害者やその他の目撃証言と一致している点を認めながらも、依然として食い違いや矛盾が残っているとも指摘した。また同時に、会計士ガマール・バドリーの弁護士が、同容疑者には片足に麻痺があり、このような犯行はできないと主張して、調査のやり直しを請求したことも明らかになった。しかし、検察は、調査の段階はすでに終了したとして、この請求を退けた」。

【「アハラーム」紙一九九二年四月一日記事】「二人の犯人は、容疑事実と目撃者の証言を否認」という見出しのこの記事の内容は、以下のとおりである。

「検察官は、容疑者に対し目撃者の証言と処女膜の破損に関する監察医の報告について尋問を行なった。第一容疑者ガマール・アブールハマドは、血が流れるまで娘の体の敏感な場所に指で触ったという複数の証言と、処女膜の破損の報告に対し、目撃証言の事実を否認し、被害者の娘とは面識がなく、事件と無関係であると主張した。一方、ガマール・バドリー容疑者は、被害者の左上腕部と左足にある痣について、彼女の足をつかんでいたという目撃証言を否定し、同じく被害者とは面識がないと応答した」。

以上が、「アハラーム」紙によるアタバの娘事件に関する報道の紹介である。しかし、この報道を少しでも注意深く読まれた読者には、犯行の事実が、被害者と容疑者の供述、そして目撃者による複数の証言においてさまざまに異なっている点にすでにお気づきかと思う。同紙に載った論説記事「社会学的観察」（シヌート・ハリーム・ドース博士「アハラーム」紙一九九二年四月一二日）は、「ひとつの事件に一〇人の目撃者の証言がすべて食い違っているというような状況は、物的証拠の乏しさとともに容疑者全員の無罪を証明するものだ」と解説している。

さて、本章が「アハラーム」紙とともに主要な資料としている総合週刊誌『ローズ・エルユーセフ』[8]は、この錯綜した事件の顛末を次のように叙述している。それは、「アタバの強姦事件の真実」（同誌一九九二年三月三〇日）[9]と、「〝今年の犠牲者〟は、アタバの娘」（同誌一九九二年一二月二八日）という見出しの二つの記事であり、そこには同誌らしい脚色がかった詳しい描写が見られるが、ここでは紙面の制約があるため、内容的に重複の多い両者をまとめて簡略に紹介するにとどめる。また、三月三〇日の記事において、初めて被害者の氏名が公表されるとともに、容疑者と被害者の居住地が明らかにされた点にも言及しておきたい。

【『ローズ・エルユーセフ』誌（一九九二年三月三〇日、同年一二月二八日）による事件の再現】

「被害者であるシャーヒナーズ、愛称ノーサは、商業高校を卒業した後、四〇エジプト・ポンドの月給で（これは一カ月にほんの数回、家族のために肉を買える程度の金額であるという）弁護士事務所に勤めている二二歳の女性である。事件の当日、彼女は、四〇歳近い母親と二人の妹と一緒に、アタバにラマダーン月のイード〔お祭り〕に新しい着物を買いに来た帰り道、ブーラーク・ダクルール地区〔ギーザ県にある庶民地区〕のナーヒーヤー区〔同地区のさらにはずれにある元農村地区〕行きの一七番のバスを待っていた。一方、容疑者のひとり、建設労働者〔「アハラーム」紙では無職とされた〕ガマール・アブールハマドは、裕福なドッキ地区〔ブーラーク・ダクルール地区に行く途中にある中上層住宅区〕に埋め込まれたかたちの貧民区、イズバ・アウラード・アッラーム〔イズバという名前からやはり元農村地区であろう〕にある自宅に帰るため同じ路線のバスを待っていた。女性との付き合いの経験が乏しい彼は、被害者に目配せをしているうちに彼女が「釣り針」に引っかかったという感触を覚えた。一方、国民銀行に勤める会計士ガマール・バダウィー〔同容疑者の氏名は「アハラーム」紙ではガマール・バドリーであった〕も同じ路線のバス停にいた。彼は、本来ならハリーファ区〔カイロ市南東部の「死者の街」を含む庶民地区（本書第2章第四節参照）〕のリファーイー通りにある家に帰るため八四番のバスを待つはずであったが、バス停留所の監督官が目撃したところによれば、彼は一七番の路線があるバス停のあたりをうろついていたという。

その日の夜一二時近く〔「アハラーム」紙は犯行時刻を一〇時としている〕、ようやく待った終バスがやってきた。日頃の経験から母と妹二人は殺到する乗客のなかに体を預けてうまくバスに乗ることができたが、出遅れたノーサはバスのステップで転んでしまった。そこは、ちょうどガマール・アブールハマドの目の前だった。待ち構えていた彼は、ノーサの太ももを両腕で引っ張り、公衆の面前で、性に関して禁忌（ハラーム：ḥarām）とされる悦楽の行為（ムトア：mut'a）を始めた。しかし、彼女は気を取り戻してその手を逃れ、後ろのドアからバスに乗ろうとしたが、「酩酊」状態にあった若者は彼女の背後に回り、さらにスカートをつかみ、ジッパーを開けて掌を温かい肉体のうえで動かした。一中略―ノーサは、ドアの外に逃げようとしたが地面に倒れてしまった。そこにアブールハマドがのしかかり、さらにその欲望を実現しようと心に決めていた雑踏のなかのそのほかの何人かの男がこの犯行に加わった。地面に転がったノーサは、すべての者の前に置かれた一塊の肉であった。彼女の母によれば、会計士ガマール・バダウィーも、このゲームに加わったという。彼女は、もう一度逃げようとしたが、今度は別の二人の男に捕まってしまった。そして、ついにアブールハマドは、「彼の話をやり遂げた」。しかし、この事態は、私服警官が放った二発の銃声によって終了した。警官は「宗教的テロリスト」が騒ぎを起こしたと考えたのである。しかし、二回の発砲を聞くまで、すべての人々は、バスの運転手や車掌、監督官や物売りたち、そして乗客たちは「酩酊」状態に陥っていた。ノーサが言うところによれば、「彼ら全員はただ眺めているだけ」であった。行動を起こすことができないほど誰も無力ではなかったというのに」。

同誌が伝える事件の顛末は、「アハラーム」紙と比べると、とくに犯行の描写の部分が誇張されて伝えられている印象を与える。それは、おそらく事件の報道というよりは、事件を「目撃」した人たち、さらにはそれを伝え広めた人たちの想像と恐怖、そしておそらくは願望の表現でもあったのかもしれない。しかし、この報道が最後の部分で述べている目撃者たちの傍観という態度は、公衆の面前で行なわれた婦女暴行というエジプトでは考えもつかない事件と同様に、社会に大きな衝撃を与えた問題であった。

三　事件の反響

アタバの娘事件が報道されて一週間が過ぎた頃から、事件の事実関係の報道とともに、事件が社会に与えた影響、事件への対策、そして事件そのものの解釈に関する記事や論説が見られるようになる。これらの記事の内容は、以下のように分類することができると思う。それは、（1）犯行を拱手傍観していた目撃者や乗客の態度に対する非難、（2）警察批判と治安の強化、（3）婦女暴行に対する刑罰強化、その他として（4）マスコミの報道批判、である。

以下では、それぞれのテーマについて記事や論説を紹介しよう。

（一）目撃者・乗客の傍観的な態度に対する非難

先に挙げた「アタバの強姦の真実」（『ローズ・エルユーセフ』誌一九九二年三月三〇日）は、事件に対する若い女性の反応を次のように伝えている。

「被害者ノーサと同じ年頃の若い女性ニールミン・ヒグリスさんは、本誌に対して次のように述べた。「犯罪をまるで映画のシーンであるかのように眺めていただけで何もしなかった目撃者全員は罰せられるべきです」。また、同じくニスリーン・サイイドさんは、「何が起こったのかまったく分からないわ。人々には勇気（シャハーマ：shahāma）が欠けていたんじゃないかしら」と語った。また、ダリヤー・ファウジーさんは、アタバで起きた事件を耳にしたとき、思わず悲しくなってこう叫んだ。「こんな事件に出遭ったら、彼女を救いに中に入っていかなくちゃいけません。「これは私たちには関わりがないことだ」（イフナー・マールナー：iḥnā māl-nā）、なんて言っていてはいけません」。また、「アタバ広場はもう近づきたくない禁制（ハラーム）の場所だわ」と述べる女子大生ファーティン・ムハンマドさんは、さらに「これは他のどんな広場でも起きることです。でも、私は、ノーサさんに起きたことが自分にも降りかかったような気がしてこころが痛みました。家族からは、外出は大学の行き来だけにしなさい、と言われています。もし、外に出かけて行くことになったらどうしましょう。私の姉妹の誰にも十分な警備が必要です」」。

また、「アハラーム」紙（一九九二年四月一一日）には、「民衆は行動し、アタバの事件を繰り返させなかった」という見出しの記事が載っている。同記事によると、ナイル・デルタ中部のシビーン・コーム市（ムヌーフィーヤ県）の公道で、五人の男たち（警察の取り調べによると職業は仕立屋・学生など）が二人の娘に暴行を働こうとしたところ、悲鳴を聞きつけた数十人の人々がこれらの若者をこらしめ、あやうくリンチ（fatk）にかけるところであったという。この事件は、アタバの娘事件が全国的な関心を引き、その結果、当時の社会全体が性犯罪に関して緊張状態にあったことをうかがわせており興味深い。また、前出の被害者自身の証言（「アハラーム」紙一九九二年三月二九日）を信ずるならば、アタバの事件においても人々は、容疑者のひとり、ガマール・アブールハマドに対し「復讐」をした。これも、当時の人々の興奮状態を伝える情報だと言えよう。

次にこの問題に関する識者の見解を見てみたい。前出の「アタバの強姦の真実」（『ローズ・エルユーセフ』誌一九九二年三月三〇日）は、以下の談話を載せている。教育省大臣フセイン・カーメル・バハーッディーン博士：「この悲劇を目撃していた人民大衆の態度はまったく不可解だ。彼らに対してこそ早急な心理学者の調査が必要なのである」。次に、共和国ムフティー〔イスラーム法にもとづく最高の法判断ができるシャイフの役職〕猊下（faḍīla）サイイド・タンターウィー博士〔当時。その後アズハル総長に昇進〕の談話：「事件を目撃していた人たちの行動様式は、男気（ムルーワ：murūwa）と人間性に反するものだ」。カイロ中央検察局主席法律官ハニー・ハリール氏の談話：「目撃者たちも犯人のなかに加えるべきではないかと私は考えている。ムスリムの民衆（シャアブ：sha'b）たる私たちが持つべき道徳とは、不正（ズルム）を許さないということにある。助けを求める声を聞いたら全員がすぐに行動を起こすべきだった」。社会学者（女性）イルハーン・アフィーフィー博士：「人々はスリとか窃盗とかいった犯罪は予想していたが、バス停が強姦の現場になるとは思ってもみなかったのでしょう。なぜなら、人々は生来、「忌むべき形の」（faḥisha）セックスは秘密裏に行なわれるものだと考えているからです」。

その他の論説記事「アタバ事件、その原因と対応」（ムハンマド・カダリー・ハサン博士『アハラーム・イクティサーディー』誌一九九二年四月二〇日）は、「警察が犯人を逮捕するまで無関心を装っていた人々に見られる消極的な態度は、〔ナセル時代の〕全体主義的支配が作りだしたものであり、その後〔サダト政権による〕門戸開放政策の時代に起きた社会階級の変動や西洋的価値観の流入などによって、この消極性はさらに強まったのだ」と分析している。同様に、前出の論説記事「社会学的観察」（「アハラーム」紙一九九二年四月一二日）は、「こうした人々の周囲の出来事に対する無関心は、エジプト社会が通った文明的発展の道の結果だ」、と述べている。また、「我われはアタバの事件で衝撃を受けたか？ そうだ、私たち全員に責任があるのだ」（『アハラーム・イクティサーディー』誌一九九二年四月二〇日、コラム「エジプト婦人」〈コラムニスト：ムハンマド・バーシャ〉〉という見出しの論説記事は、「民衆のあいだに積極的な対応を取り戻すためには、イブヌルバラド〔カイロ市井人の任侠の理想像〕のような勇気ある国民的性格が象徴する伝統的な社会的価値の復権が必要だ」と訴えている。

(二) 警察批判と治安の強化

事件に対する世論の第二の反応は、この異常な犯罪を防止できなかった警察に対する批判であった。前出「我われはアタバの事件で衝撃を受けたか?……」(『アハラーム・イクティサーディー』誌一九九二年四月二〇日)によると、事件直後に、警察が一〇〇〇人近い関係容疑者を拘束したことに対する反発もあいまって、「事件が起こったとき警察はどこにいたんだ」という声が人々のあいだで繰り返して交わされたという。また、容疑者の指紋の跡を保全しなかった捜査上のミス(前出「社会学的観察」「アハラーム」紙一九九二年四月一二日)や、事件への関心が高いのに監察医の報告が一〇日もかかるのはおかしいといった捜査の遅れに対する批判(前出「アタバ事件、その原因と対応」『アハラーム・イクティサーディー』誌一九九二年四月二〇日)も見られた。また、後述のように、自分たち被害者の方が警察によって犯罪人扱いされたという被害者の母親による批判の声も報道された(「アハラーム」紙一九九二年四月一日)。

日頃、新聞の社会面には警察に追従し手柄話的な「提灯記事」が多い点を考慮に入れれば、たとえ当時が政府の報道統制が比較的緩んだ時期だったとはいえ、このように公然とした警察批判がなされたのは注目に値する。しかし、こうした事件をめぐる警察批判は、さらに内務省幹部の腐敗告発に発展し、その後のマスコミ統制の強化(一九九五年の新聞法改正)の原因のひとつになったとも考えられないことはない(長沢[1995b]を参照)。

その他、新聞の報道には、あまり説得力のない論説記事「警察を弁護する訳ではないが!」(ムルシー・アターアッラー「アハラーム」紙一九九二年四月二日)を除いて、その後警察当局側から反論は、しばらく見られなかったが、事件から二カ月近くが過ぎようとした頃、治安対策強化の記事が見られるようになる。「広場に交番を!」という見出しの記事(「アハラーム」紙一九九二年五月一四日)は、一昨日(五月一二日)になって、アタバ広場を含む一〇カ所の広場に交番(ノクタ・ショルタ)が設置され、制服・私服の警官が多数動員されたと報道し、警官へのインタビュー記事を載せて治安対策の宣伝に努めている。また、「通りに規律（indibāt）を取り戻すために一日取り締まり！」という記事（「アハラーム」紙一九九二年六月一一日）は、警察の治安維持の実績を報道したもので、カイロ東部地区一斉取り締まりの成果を公表している[10]。また、治安対策ではないが、交通公団が女性専用バスの運行を一部路線で試験的に開始したと伝え、女性客たちの声を載せる記事が見られた（「アハラーム」紙一九九二年五月三日）[11]。

（三）婦女暴行に対する刑罰強化

アタバの娘事件は、一九八〇年代半ば以来、活発となった婦女暴行に対する刑罰強化を求める世論（具体的には強姦罪に死刑を適用しようという意見）に再び火をつけた。前出の論説記事「我々はアタバの事件で衝撃を受けたか？……」（『アハラーム・イクティサーディー』誌一九九二年四月二〇日）は、なぜ非常事態法[12]を適用して犯人を逮捕しないのかという声さえ上がったことを紹介し、さらに大統領が凌辱（hatk al-ʻirḍ）に関する法律制定を指示する共和国令を公布したと伝えている。

さて、「アハラーム」紙は、四月二八日と二九日の二日連続して、この刑法改正問題に関する記事を掲載した。以下、これら二つの記事を要約して紹介するにあたり、資料の制約から他の問題と同様、それがこの複雑で専門的な内容をもつ議論の全体を示すものではないこと、また事態の結末まで明らかにできなかった点をあらかじめ断っておきたい。

四月二八日付け記事の見出しは「改正そして改正。名誉（ʻirḍ）をめぐるさまざまな犯罪に対して再考が望まれる。新法案は接触（talāmus）が死刑で強姦には禁錮という内容」、そして翌二九日の記事には「ムフティー猊下は強姦罪に死刑適用を是認。人民議会法務委員会の委員は、合意のうえの姦通（zinā）、性的逸脱（同性愛：shudhūdh）、女性の公道における露出的な衣服（sufūr）に対しても刑罰の適用を要求」という見出しが付けられていた。以下では、二つの記事に登場する法律専門家の意見、そして刑法改正案をめぐる人民議会法務委員会での議論を整理して紹介する。

同委員会の答弁に立ったファールーク・サイフ・ナスル法務大臣によると、今回政府が提出した刑罰強化の法改正案は、アタバの娘事件への対応として出されたものではなく、またマアディーの娘事件（注（1）を参照）以前から法務省基本問題審議会で検討してきたものであった。その理由は、一九三七年に制定された現行刑法では対処できない宗教的価値や市民の名誉（シャラフ）を侵害する新しい犯罪が発生しているからである。ただし、法務大臣は、「政府は自らの意見に必ずしも固執しておらず、法案が正当性を持ち合憲であることを望むだけである」と述べて、法務委員会での議論にゆだねる態度を示した。

同大臣によると改正案の主たる内容は、強姦と同様に、特定の状況における凌辱に対しても刑罰を強化し死刑にするものであったが、これに対する法務委員会委員長ファウジーヤ・アブドッシタール博士（女性）の意見は、委員会の論調を反映して批判的であった。

委員会側の批判は、強姦の罪より凌辱の罪を重くする内容の改正案は、二つの刑罰の均衡を欠くことになるのではないか、という危惧にまとめられる。アブドッシタール委員長は、同委員会アーデル・シドキー議員の意見を紹介して、「強姦が死刑になるのは夫のいる妻を誘拐して暴行を加えたうえで殺害したといったような特殊なケースのみだけだ」、とも述べている。(13)

さて、この法務委員会の意見を支持する立場から、刑法学の権威マハムード・ナギーブ・ホスニー博士は、強姦と凌辱の定義を次のように解説する。すなわち、「強姦（ightiṣāb）が被害者に対する性的結びつきの強制（farḍ al-sila al-jinsiya）であるのに対し、凌辱（hatk al-ʻirḍ）とは被害者の生殖器への接触（al-misās bi-ʻawra）にすぎない。当然のことながら強姦は凌辱より重罪でなければならないが、今回の改正案ではそれが逆転している」、と。同様に、カイロ大学法学部イスラーム法学教授ユーセフ・カーセム博士も、より重大な強姦への刑罰を凌辱に適用するのは法律的な欠陥であると指摘するが、ただし、名誉（イルド）の犯罪に関する現刑法を改正するのは適当だとも述べる。

政府の改正案は、法務委員会の報告によると、反対意見の多いこうした凌辱に死刑適用という点に加えて、具体的には刑法に以下の二つの条項を追加するという内容であった。

第一は、刑法第二六七条第三項として「女性の意思に反して性交を行なった者に懲役、ただし犯人が被害者の親族、保護者、雇われ人などであった場合には無期懲役とする」という提案である。これに対して、法務委員会は、この修正では不十分であり、「犯人が武器を携行した場合、酒や麻薬で酩酊状態であった場合、〔人前で〕公然と行なった（ʻalaniyya）場合、さらに二人以上で犯行に及んだ場合には死刑を適用する」という無期懲役から死刑に刑罰を強化する修正案を提案している。

同委員長は、この案は共和国ムフティーに法判断を仰ぎ、以下のような意見を受けたとして紹介している。彼女によれば、ムフティー猊下ムハンマド・サイイド・タンターウィー博士の見解は、以下のとおりであった。「この条文は、生命（al-anfus）と財産、そして名誉（al-ʻaʻrāḍ：イルドの複数形）を保護するイスラーム法が示すところのものと一致する。この条文の死刑の刑罰は、ハッド刑（ḥadd min al-ḥudūd）によっては細目（nuṣūṣ）が規定していない非難さるべき刑罰（al-ʻuqūbāt al-taʻzīriyya）、すなわち反逆の罪（al-maʻāṣī）にあたるものである」。

政府の第二の提案は、刑法第二九〇条の改正である。同条は、女性を誘拐して暴行した場合に死刑に処するという内容を持ち、これまで強姦への死刑の適用を認めた唯一の条文であった。これに対し、政府の改正案は、死刑の適用に以下のケースを追加しようとするものだった。すなわち、それは「武器を携行した場合、公然と行なった場合、複数による犯行の場合、その他の深刻な（mushaddida）場合」には、強姦ならびに凌辱に対して死刑を適用するという内容であった。

しかし、アブドッシタール委員長は、この提案は委員会内部でその合法性をめぐって議論を呼んだとして、その内容を次のように紹介する。すなわち、この条文の改正点は、誘拐の場合以外にも強姦と凌辱に死刑を適用するという画期的内容だった。しかし「深刻な場合の凌辱」が死刑となり、そうでない「通常の」強姦が第二六七条によって数年の懲役刑にとどまるという解釈も成りたち、公正さに欠ける、と。

これに対して、政府や議会が主張する刑罰強化の提案そのものに批判的な意見も、この「アハラーム」紙記事には紹介されている。たとえば、アインシャムス大学法学部イスラーム法教授アブデルメギード・マトルーブ博士は、このような「地上に頽廃をまき散らす」輩に対して、法律を強化する必要はないと述べる。麻薬を取り締まる法律のように刑罰を強化しても犯罪は防げないのであり、むしろ法律の施行において無感覚（al-tahāwun）になることの方が恐ろしい。イスラーム法の刑罰の施行で重要なのは、犯罪を前もって思いとどまらせることにあるからである。

同様に、刑罰強化に対する批判的意見として、「法律は何をしている。公道が寝室になっているのか!?」（『ローズ・エルユーセフ』誌一九九二年四月一三日）という記事で、アズハル大学心理学教授ムハンマド・シャアラーン博士は、次のように性犯罪を分析する。「一般に凌辱事件は、秘密の場所でひっそりとしたかたちで行なわれる。とくに金持ちのエリートたちが陰で行なっている性暴力を法律で抑止することはできない。刑罰の強化は、社会全体を保護するのではなく、このような特権階級を保護する結果に終わる。性暴力の原因は、貧困と失業であり、またこうした暴力や強姦、そして禁じられた性的関係は、その多くが親しい人々のあいだで、すなわち友人や隣人、家族内など法律が取り締まれないところで起きているのだ」、と。

以上、人民議会法務委員会内部の議論を中心に、性暴力（凌辱・強姦）に対する刑罰強化の議論を一部紹介した。この問題は、後でも取りあげるが、イスラーム法を「主たる法源のひとつ」とした一九七一年憲法以降、「イスラーム法の実施」問題が重要なイシューとなった現代エジプト政治において、具体的にどのように法案が議論されるのか、実際の政策決定過程や議会制度の機能の一端が見えて興味深い(14)。

また、こうした政府と議会による性暴力への刑罰強化論とならんで、法務委員会内部で性暴力の発生を防止するために「合意のうえでの姦通（zinā'）、同性愛（shudhūdh）、女性の公道における体を露出した衣服の着用（sufūr）に対しても刑法で処罰の対象にすべきだ」とする意見が提出されたというように、当時、性の社会的規制をめぐる議論がエスカレートしていた点にも注目しておこう。

(四) マスコミ批判

さて、最後に「アタバの娘事件」に対する反応として、事件のマスコミ報道に対する批判的意見があったことについても触れておかねばならない。

まず、前出の論説記事「社会学的観察」（「アハラーム」紙一九九二年四月一二日）は、次のように述べる。新聞は、決して「第四の権力」などではない。内務大臣が述べたように、この事件はどこでも起きるあたりまえの性犯罪にすぎないのであり、普通の事件の域を超えるものではない。にもかかわらず新聞があたかも異常な事件であるかのように集中的に報道し、またエジプト民衆に勇気が欠如しているという論調を誘導したのは問題がある、と。

同じく前出「アタバ事件、その原因と対応」（『アハラーム・イクティサーディー』誌一九九二年四月二〇日）は、マスコミの社会秩序の保持に対する責任を追及する。すなわち、容疑者の有罪が確定するまで法律に則った安定した報道のあり方が求められるのに、容疑者が完全に有罪であるかのような記事が書かれた、と。また、前出「我々はアタバの事件で衝撃を受けたか?……」〔同上誌一九九二年四月二〇日〕は、事件を詳細に報道することによって民衆の恐怖心をいたずらにあおったマスコミを非難し、同時に事件の審理とは関係のない事実まで報道するのを許した警察にも批判の矛先を向けている。

しかしながら、「アタバの娘事件」は、現代エジプト社会において決して「普通の事件」とすませてしまうことはできないように思う。むしろ、識者や政府が行き過ぎと判断した報道における異常な興奮それ自体が、検討すべき社会現象であった、と言うべきであろう。加えて言えば、警察批判の箇所で述べたように同事件への過熱した報道は、三年後の新聞法改正の遠因となったのかもしれない〔[長沢 1995b] 参照〕。

四　被害者に関する報道と事件審理の意外な結末

アタバの娘事件をめぐる報道が過熱するなかで、被害者個人に対する関心の高まりを反映して、いくつかの訪問インタビュー記事が掲載された。これらの記事が示す被害者個人の情報とそれをめぐる言説は、事件の社会的意味を考えるうえで重要な資料になる。まず、「強姦は引き続きなくならない。被害者の母親は、「娘はヴェールをしていたし、礼拝もし、化粧(al-mākiyāj)すら知らなかった」と訴える」という見出しの記事〔「アハラーム」紙一九九二年四月一日〕の一部を紹介しよう。母親の写真〔目の部分を隠した〕を大きく載せた同記事には、以下のような被害者の家への訪問記が掲載されている。

「記者は幅二メートルの狭い路地〔ハーラ〕に入った〔被害者の居住区であるブーラーク・ダクルール地区ナーヒーヤー区〕。路地の途中に一軒の店があり、その前に三人の若者が立っている。彼女の住所を訊こうと思ったが、何となく彼女の名を口に出すのがはばかれる。若者たちも同じく話しかけられたくない様子だった。〔記者は〕さらに先に進んで、家のドアをノックすると、礼儀正しい若者がドアを開けてくれ、それから三つの寝室の中央にある小さな応接間に通された。

彼は、被害者の弟であると名乗り次のように語った。「自分たちは五人兄弟、うち四人が姉妹で姉は長女でした。とてもこころが痛みます。神よ、彼女たちとともにあり、お護り〔サタラ satara：「隠す」という意味もある〕くださいますように。私たちの父は、モスクでクルアーン詠唱の仕事に就いていましたが、一二年前に母と離婚しました。その後、母は靴職人と再婚し、私たちはこの現在の父と一緒に住んでいます。私は、母と新しい父とのあいだに生まれた二人の弟と同じ部屋で、そして姉妹たちは別の部屋で寝起きしています。姉は、中背でちょっと浅黒く（khamriyya）容姿は普通です。そして、ムハッガバ〔muhajjaba ヴェールをして髪を隠し、体の線を出さない長いゆったりとしたワンピースの服を着ている状態〕でした」。記者の質問：「あなたはムハッガバだと言うけど、〔目撃者たちは彼女が〕短いスカートを着て、派手な恰好をしていたと言っていますよ」。弟：「それは違います。姉はもう三年前からムハッガバをしており、外出するときにも化粧（masāḥiq）をしないんです。姉はきちんと礼拝もしているし、私が礼拝の義務をさぼると言って、いつも私に注意するくらいですから。すみません、今、姉は誰とも会いません。死にそうなほど悲しみに沈んでいるんです」。そこに母親が興奮して声を荒らげながら出てくる。母親：「もうすっかりくたびれたよ。誰にも会いたくなんかないね。誰も助けてくれないから。検察も警察も、まるで私たちを犯人のように扱うんだよ、被害者じゃあなくて。とっても無礼な言葉遣いで。なんて罰当たりな奴らだろう（harām ʻalay-hum min-hum li-llāh）。もう、これからバスにもタクシーにも乗らないよ。家のなかにじっと座っているよ。誰も娘を弁護してなんかくれない、傷ついているというのに。まったく娘と狼の手の区別もつかないんだから。あたしはもうお仕舞いだよ。名誉のない闘いのなかで駄目になってしまったんだ。こっちの方が正しいっていうのに（sāḥiba al-ḥaqq）。いったい誰があたしの真実（ハック）と娘の名誉（シャラフ）を護ってくれるというのかね」。

その後、事件をめぐる嵐のような報道が途切れてしばらく月日が過ぎた、同一九九二年の暮れに、久しぶりに『ローズ・エルユーセフ』誌（一九九二年一二月二八日）にアタバの娘事件の記事が掲載された。年末特集の「〝今年の犠牲者〟は、アタバの娘」という見出しの記事には、被害者の大写しの顔写真と、二人の容疑者の写真（一方のガマール・アブーハマドの顔は、殴打されて腫れている）が掲載されている。

この記事には、次のような被害者宅への訪問記が載せられている。「記者は、ブーラーク・ダクルール地区にある狭い路地に入り、さらに一家が住む三階のアパートに向かった。アパートを昇る階段は狭く暗いが、人間と警察と光で溢れた、しかしそれでも、シャーヒナーズを護ることができなかった、あのアタバ広場より、ここははるかに安全な場所なのだ。私たちとの初めてのインタビューに、普段着のガラビーヤを着た鳶色の瞳の彼女は、震えながら次のように答えた。「あなたたちはひどいわ（ḥarām ʻalay kum）。なぜって私に事件のことを話してほしいって言うんでしょ。私は忘れたいのに。とってもできないわ。私が苦しいのを面白がって、みんな私を忘れようとして、私が死んだらいいと思っているんだから」。また、彼女の隣人であり弁護士であるファトヒー・ザアタル氏は、彼女について「礼儀正しい娘で、衣服も振る舞いも慎ましやかで、事件の後はアパートから外に出るのを拒否しています」と証言した――以下略――」。

この記事には続いて被害者宅を二回目に訪問した際の母親の発言が載せられている。「どうしてまだ判決が下されないのか分からないよ。私と娘の権利として加害者には絞首刑になってほしい。でも、最高で七年間の懲役だと、皆が言うわ」。さらに記事には容疑者のひとり、会計士ガマール・バダウィーのインタビューも掲載されている。警察署の三階で新調の白い服を着た容疑者は、妻モナーを連れだって現われて次のように語った。「事件が起きたバス停で銃声が聞こえてから五分後に私を逮捕したと警部は言っていますが、それは事実です。事件が起きたとき、私は八四番のバスを待っていましたが、それは一七番と同じバス停でした（前出の『ローズ・エルユーセフ』誌（一九九二年三月三〇日）記事のバス停留所監督官の話と食い違っている）。時刻は、かなり遅く、ひどく混雑していましたが、そこに一七番のバスがやって来ました。人々が走ったとき、私はある声を聞きました。それは、バスの方から聞こえてくるアタバ広場にいる誰かの声でした。そして警官が銃を発砲し、人々が走り寄ってきたので、私は倒れてしまい立ちあがることができないでいました。私のような片足の（不自由な）男がどうして走ることができたでしょう」。記事は、続けて被害者にはひとりしか弁護士が付いていないのに、ガマールは三人の弁護士を雇っていると書いており、長引く審理の結末が被害者にとって厳しいものとなることを示唆している。

記事の最後は、監察局のマーグダ・ヒラール・カルダーウィー博士（女性）の監察医としての次のようなコメントで締めくくられている。「私は、一三年間監察医の仕事をしていますが、アタバで起きた状況のような凌辱の事例に出会ったことはありません。私としては、事件以前、彼女が完全な処女であったことを確信しています。彼女は、私たち東洋社会で、いや世界のどこでも娘が持つもっとも大切なものを失ってしまいました。ですから彼女は最悪の精神的被害に苦しんでいるのです。どんなに言おうと〔諺に言うように〕「手を水につけたままの人には、手を火で焼かれる人の気持ちは分からない」のですから」。

この記事が出てから二カ月後、そして事件発生一一カ月後に、突然、驚くような裁判所の審理の結果が公表された。「アタバの娘事件の容疑者、無罪に。娘と目撃者の証言に矛盾」という見出しの記事（『アハラーム』紙一九九三年二月二六日）の内容は、以下のとおりである。

「アタバの娘、シャーヒナーズ・アブデルアジーズ事件が審理されてから一一カ月経った昨日、カイロ刑事裁判所は容疑者、ガマール・アブール ハマドとガマール・バドル・ムスタファー〔同紙の記事では、これまでガマール・バドリーと記載されてきた〕の無罪の判決を下した。その理由は、被害者と目撃証人との食い違いにある。

裁判所は、被害者の容疑者に対する告訴を棄却し、弁護費用の支払いを彼女に命じた。また、会計士ガマール・バドル・ムスタファーの告訴を民事裁判所の審理に移すように命じた。裁判所は、容疑者の親戚たちのヒステリー状態に近い絶叫によって騒然となった。「正義（アドル：ʻadl）よ、万歳」。第二容疑者の会計士ガマール・バドル・ムスタファーは、無罪の判決を聞いて、被告席の檻のなかで思わず崩れ落ちた」。

さらに、同記事によると、この裁判に被害者は欠席し、またその開廷に際して裁判官は、容疑者の親戚を廷内から退出させ、弁護士と報道関係者だけに限定したという。このような措置は、この容疑者の親族にとっても名誉に関わる裁判がいかに興奮をもたらすものであったかを示している。

アタバの娘事件で最後に紹介する報道は、容疑者の無罪判決からさらに一年七カ月後、そして事件発生から数えて二年半も過ぎた後に掲載された「誰もが事件のファイルを閉じることに反対する。アタバの娘、結婚へ」という見出しの記事（『ローズ・エルユーセフ』誌一九九四年九月二六日）である。同記事は、無罪判決に対し検察は控訴したが、刑事裁判としての判決は覆されないだろうという観測からであろう、これが事件の最後の報道となると断り書きを入れている。すなわち、これは、事件の審理が民事法廷に移り、被害者が五〇一エジプト・ポンドの賠償請求、二人の「強姦」容疑者は百万エジプト・ポンドの賠償を要求するという状況をふまえて、見出しとはむしろ逆に、「誰もが反対するにもかかわらず」事件のファイルをマスコミ自らが閉じようとした記事であったとも言えるだろう。

このとき、事件の報道に「幕を引く」ために持ち出されたのが、アタバの娘の結婚話であった。同記事によると、事件が大きな反響を呼ぶなかで、見も知らぬ五人の男性が彼女に結婚を申し込んできたという。ただし、彼らの動機は、娘への同情であり、また彼女に対して提供の申し出があったアパートの家賃立て替えや家具の購入資金といった贈り物を当てこんだものであった。しかし、彼女は、結局、五年前に一度は婚約した男性と結婚することになった。その頃、彼女は、商業学校の一年生であり、恋仲となった相手は近所の男性で友人の兄だったが、決定権を握っていた母親が反対し破談になった。母が反対したのは、自分自身の経験によるものだった。彼女の離婚した前の夫との生活は、愛があったが貧しく、病院に働きに出ざるを得なかった。結局、別れた夫はサウジアラビアに出稼ぎに行くことになったが、彼女が再婚した相手は、またしても豊かではなく、新たに三男、二女を得た暮らしも苦しかったからである。その後、娘は二回婚約したがいずれも結婚にまでいたらなかった。

そして、ある日突然、白いドレスに頭巾（タラハ）という晴れ着に身を包んだアタバの娘が婚約者に伴なわれて路地に現われた。それは、二人のために歌を唄うささやかな行進隊と、弁護士をはじめとする少人数の近所の人たちだけの参列という慎ましやかな婚約式であった。彼らは、来月、サイイダ・ナフィーサ・モスク、（旧市街にある預言者の孫娘サイイダ・ナフィーサの墓を記念した由緒あるモスク）で結婚契約式を行なうという。

最後に同記事は、アタバの娘は果たして普通の家庭生活を送れるのかという「論理的な質問」に対する専門家の見解を紹介している。国立社会学犯罪学研究所のイッザト・カリーム博士（女性）の話：「シャーヒナーズさんは、何の過ちも犯したことのないきわめて正常な方です。また、調査によって、罪となるいかなるかたちの行為も行なっていないことは明らかです。でも、彼女が事件を忘れるにはかなりの時間が必要でしょう。私は、夫が彼女のことをよく理解してくれると信じます。というのは、彼があらゆる障害を乗りこえて、結婚を決意したからです。ただし一般的に言って、二人の結婚にはある種の相互理解が必要です。夫は、いかなるかたちであれ彼女の前では事件を思いださせないことが肝要ですし、彼女も起きたことは忘れなければいけません」。

五 アタバの娘事件を読む

アタバの娘事件は、やがて忘れ去られてゆくのかもしれない。しかし、この事件は、二〇世紀エジプトで「実際に起きた」数々の大事件と比べても、決してひけをとらない深い社会的かつ歴史的な意味を持ち、人々の記憶の底でこれから何回も解釈しなおされてゆくことだろう。その場合、本章では、現在という時代に拘束された狭い視野から、また前述の限られた資料から、そして筆者自身の偏りと能力から不十分なものになるとは思うが、あえてこの事件を読み解くための鍵となる視角を最後に示し、読者の批判を仰ぎたいと思う。

（1）アタバの娘事件を読む第一の鍵は、本章の最初で述べたアタバ広場という「場所」の持つ意味である。そこで少なからず紙面を費やしたこの問題については、事件の起きたアタバ広場が、現在のエジプト社会全体を表象する中心性を持つ公共的な空間であった、という点を繰り返し述べておくのにとどめたい。あえて付け加えるなら、このアタバ広場が持つ公共性とは対照的な、被害者（そして容疑者）の居住区が持つ「私的空間」としての属性の問題となるであろうか。

（2）「場所」の次に第二の鍵となるのは、「時代」である。もちろん、信仰の実践が試されるラマダーン月に事件が起きたことは、人々の倫理意識に計り知れない衝撃を与えた。しかし、ここで注目したいのは、事件のより大きな「時代」的背景である。事件が起きた一九九二年には、今から振り返ると時代の節目となるいくつかの重要な事件が発生した。五〇〇〇人以上の死者を出した政府とイスラーム主義武装勢力との連続的な抗争事件が過激なかたちを取ったのは、ほぼこの年からである（その後、同勢力の中心組織、イスラーム団は、一九九九年三月に武装闘争停止の最終的決定をした）。また、同年の六月には、イスラーム主義者を批判する著作を発表したリベラリスト知識人、ファラグ・ファウダが暗殺され、その後の思想的テロリズム（ナスル・アブーゼイド夫妻離婚訴訟事件[15]など）の先駆けとなった。

こうした政治的事件の背景をなすムバーラク体制の変化が始まったのは、一九九〇―九二年の湾岸危機・戦争以降のことである。多国籍軍に参加し、その「報酬」として巨額の対外債務の返済を免除された同政府は、これ以降、IMFや世銀が指導する経済改革を模範的に推進する一方、開発独裁の性格を強めていった［長沢 2000a］（本書第6章）。イスラーム急進勢力に続いて、より穏健だが潜在的にはエジプト最大の政治的組織力を持つと言われるムスリム同胞団への弾圧が再開され、また野党に批判された恣意的な選挙運営や、本稿でも触れた（第三節（二）新聞法改正によるジャーナリスト逮捕など、国内の政治的な緊張は、一九九〇年代になってより強まった。このような政治経済体制の変容に伴なう人々の危機意識がアタバの娘という不可解な事件そのものを作りだしたという解釈も可能かもしれない。

さて、政治的不安や緊張を反映した人々の噂、あるいは共同幻想が生みだした社会現象は、これまでもいくつか発生してきた。そのなかでもっとも有名なのは、一九六七年の第三次中東戦争敗北と、そして一九八〇年代半ばの政治不安をそれぞれの時代的背景として、コプト派教会の上空に聖処女マリアの像が出現した事件である（「聖処女二度目の出現」『ローズ・エルユーセフ』誌一九八六年五月五日。当時の政治不安については伊能［1993］を参照）。また、アタバの娘事件との関連で、事件の翌年（一九九三年）の四月に女子学生の集団失神が発生したという出来事にも関心を払っておく必要があると思う。この現象を報道した「アハラーム」紙（一九九三年四月八日）によれば、一三歳から一六歳の少女が九県で一三〇〇人、集団で失神するという事件が起きた、という[16]。この記事のなかでも言及されているが、これとよく似た若い女性の集団的な精神疾患という現象は、かつてイスラエル占領下のヨルダン川西岸地区でも起きたことがある。この事件の背景には、一九八二年七月のイスラエルのレバノン侵攻と九月のサブラ・シャティーラの難民キャンプ虐殺によって高まったパレスチナ人社会の絶望的な強迫意識があった。パレスチナ人の人口増大を抑制するために、イスラエルが飲料水に不妊薬を注入したという当時広まった噂は、若い女性たちのあいだにパニックを引きおこした。

以上のいずれも、社会的危機と性の象徴性をめぐる問題とのあいだに何がしかの意味のある関連があることを示唆する事例であった。また、これはあまりにも野蛮で露骨な形態ではあったが、旧ユーゴスラビアで起きたエスニック・クレンジングという恐ろしい名前の集団暴行と同様に、民族をめぐる共同体感情と性の象徴性との関連を示す事例のひとつとして位置づけることも可能かもしれない。

(3) たしかにアタバの娘事件は、エジプト社会における性と共同体感情との結びつきを示す興味深い事例であった。ところで、エジプトにおいて性の持つ意味を真正面から問いなおし、近代的な思惟の対象として考察してきた知的な営為として、小説の役割にここで注目してみたい。この点で医師出身のフェミニスト作家、ナッワール・サアダーウィーの一連の作品は、国際的にも有名である。ただし、この事件を解釈するうえで有意義な比較を可能にするのは、やはりユーセフ・イドリースの小説、とくに代表作『ハラーム』であろう［イドリース 1984］。貧しさゆえに産んだばかりの不義（ハラーム）の子を扼殺した女の出稼ぎ労働者の罪を、いったい誰が問うことができるのか、という重いテーマを投げかけたこの小説は、舞台となった出稼ぎ先の農場の村（イズバ）の性をめぐる虚飾に満ちた人間関係を暴いてゆく。その場合、ハラームの子が見つかったときに、村中を襲った貞操をめぐる恐慌は、アタバの娘事件の与えた社会的影響と共通する性格を持つ重要な場面であると言えよう。村の男は、自分の管理下にある娘の貞操を疑って、喜劇的なまでの動揺を示したのであった。

この場面との類比で言うなら、アタバの娘事件は、いわばエジプト社会全体を『ハラーム』の村にした、と表現できないこともない。すなわち、事件を通じて、エジプト社会全体が性を管理し貞操を守る共同体として自らを再確認するという現象が起きたと解釈することも可能なように思う。

また、『ハラーム』などエジプト農村小説が提起する問題点から事件を読むとき、もうひとつ付け加えるべき点は、忌むべきもの（ハラーム）を覆い隠す（サタラ）行為である。事実関係を不透明にしたまま、被害者の結婚話によって社会的汚点を覆い隠そうとする事件報道の結末は、「一族の婦女子の身を婚姻によって覆い（サタラ）、社会的に救済する」［奴田原 1985: 115］まさに災いある事実を粉飾しようとする農村社会の人間関係の技法が、今日のエジプト大衆社会全体に拡大的に応用されたものだと言えないこともない。

（4）とはいえ、こうした性をめぐる共同体感情を社会的に支えるべき現実の家族関係が、急速な社会変動の波に洗われつつあるのが現実のエジプト社会である。今回の事実報道で奇異に感ずることのひとつは、伝統的な家父長的秩序において被害者の女性を保護するはずの男系の親族、すなわち父親、父方の叔父、あるいは従兄が姿を見せず、一連の記事には母親と年若い弟が登場するだけだったことである。母と離婚した実父は、産油国に出稼ぎ中ということになっているし、同じく決して豊かではない継父も姿を見せず、被害者を気遣ってくれたのは、勤務先の上司の弁護士だけであった。現代エジプトの都市社会の下層には、伝統的家族関係から身を引き離され、家父長的秩序の庇護を受けることもできず、かといってそれに代わって自身を護る新しい社会的な制度を持つことのできない人々が多数暮らしている［長沢 1987］（本章第1章）。

また、こうした被害者を取り巻く状況は、エジプトなどアラブ・アフリカ社会の女性問題で国際的な関心を集める女子割礼（女性性器切除：hitān）をめぐって、カイロ世界人口会議（一九九四年）開催時に問題になったCNN報道事件の場合と対照的であった。当時、この問題に対する報道規制において、重要な役割を演じたのは、政府当局とともに、取材を受け入れた少女一家に対し一族の名誉を汚したとして憤激した同族からの攻撃であった［長沢 1995b］。この点で、アタバの娘事件の裁判において、会計士の容疑者の一族が見せた名誉をめぐる興奮に対して、被害者女性の「正当な」保護者であるべき男系親族の影の薄さは、やはりあまりにも対照的であったと言わねばならない。

（5）事件を読む次の鍵は、事件の社会的反響のところで紹介した法意識における性をめぐる問題である。そこでふれたように、婦女暴行に対する刑罰強化とイスラーム法との関係は、一九八〇年代からすでにマスコミにおいて白熱した議論の対象となってきた。たとえば、一九八〇年の刑法改正（同年第二一四号法、一九八三年施行）にもとづいて、初めて強姦に死刑判決が出された一九八四年、ときのムフティーがイスラーム法に反するとしてこの死刑の執行に同意（tasdīq）をしなかったことがある（「アハラーム」紙一九八四年一二月二五日）。この決定に対しては、ムフティー制度の存在意義を含めて批判的な論調が当時、新聞の紙面を賑わした（同紙一九八五年四月八日）。しかし、それに続いて前述のマアディーの娘事件が起き、その犯人に再び死刑判決が出されるという経緯（同紙一九八六年五月一三日）を経て、新しく就任したムフティー、前出のタンターウィー博士は、強姦にハッド刑が該当するという解釈を公式に初めて承認したのであった。すなわち、コーランにおいてハッド刑の適用の根拠となる章句（食卓の章第三七節）、「神とその使徒に戦いを挑み、地上に頽廃を撒き散らして歩く者どもの受ける罰として、殺されるか、磔にされるか、手と足を反対側から切り落とされるか、さもなければ国外に追放されるほかはない」に照らしてみて、強姦とは「地上に頽廃を撒き散らす」行為そのものではないか、と激昂する世論の動きに同調する解釈を示したのである（『ローズ・エルユーセフ』誌一九八八年九月二六日）。

現代エジプト研究で最大の関心を集めるのは、下からのイスラーム運動と上からの政府によるイスラーム化政策との対抗が織りなす「政治のイスラーム化」現象である。この問題を考える場合、しばしば見過ごされがちなのは、「西欧的＝世俗的」対「伝統的＝イスラーム的」というかたちで単純化される政治的言説の世界のはるか下方で、日常的に問いなおされつつあるイスラームを媒介にした社会規範の秩序形成の在り方であると言えよう。

たとえば、一九七〇年代以来、主要な政治的争点となってきた「イスラーム法の実施」問題を例に取るなら、それが決して抽象的な政治的言説としてではなく、生活感情と密接に結びついた切実な諸問題を通じて、多様な人々の法意識のなかに入ってくる、その具体的な展開形態にこそ注意を払わなければならない。加えて言えば、このイスラーム法における強姦への死刑適用問題において注目されるのは、ムフティーの法判断が世論の動向に敏感に対応しているように見える点である。

この点に関連して留意したい問題として、この政治的自由の制約という条件付きの大衆情報社会のなかで、公的な世論形成において専門家が果たす役割が挙げられる。イスラーム知識人（ウラマー）であれ、近代諸科学の有識者であれ、これら知識人の公的な言説のなかには、もちろんそこには埋めようのない隔たりがあるとしても、民衆の法意識が浸透しているという問題である。[17]

（6）アタバの娘事件において、民衆の日常意識を表出する役割を果たす、これら有識者の世論形成（誘導）に占める位置を考える点でもぜひここで言及しておきたいのは、この事件に対する女性の視点である。すでに挙げた性をめぐる共同体的感情や家父長的秩序を前提にした考え方が男性支配の社会的言説にもとづくものであるとするならば、アタバの娘事件に対する女性の視点というのはいかなる形態を取り得るのか。これもまた難しい設問であるが、ここでは本章が扱った記事に登場する一四人の専門家のうち四人が女性である点をとりあえず指摘しておきたい。なかでも、人民議会法務委員会委員長と事件を扱った監察医という重要な役回りが女性に割り振られていた点には、少なからぬ社会的意味が込められているように思う。その一方で、こうした公的言説の管理に参加する知的エリートの女性の対極には、本章で紹介した記事のなかに登場する「普通」の女性たちの姿がある。事件に対して「素直な」反応を示した若い女性たち、娘の醜聞（ファディーハ）を恐れた母親、そして娘の名誉のためにガラビーヤを渡して血で汚れた恥辱を覆い隠そう（サタラ）としたタバコ屋女主人。彼女たちは、それぞれの生活経験に直接根ざした主張を通じ、性をめぐる支配的な言説の世界に対し、どのような態度で向きあおうとしたのか。単純な図式かもしれないが、そこには男性優位の公的言説の世界に対して、社会的距離を異にしたこれら二組の女性たちが、それぞれ異なった関係を取り結んでいる、ひとつの構図を見いだすこともできるように思う。

（7）しかし、それにしても『ローズ・エルユーセフ』誌の見出しにあったように「アタバの娘事件の真実」とはいったい何だったのであろう。食い違う複数の目撃者の証言、被害者の訴え、容疑者の申し立てという混乱した情報のなかから、どのような一貫した事実を導きだすことができるのか。とくに本章で用いた新聞雑誌報道の信頼性の低さは、容疑者の名前が同一紙のなかでさえ統一されていないことからも分かる。このような混乱した情報は、さまざまな噂や伝聞が行き交う現代エジプトの大衆社会という文脈のなかから生まれてきたと言うべきかもしれない。

筆者が個人的にエジプト人の知人から聞いた「噂」には、相思相愛の婚約者から引き離された被害者の娘による狂言であった、あるいは婚期が遅れた彼女の妄想（処女喪失をめぐる）であったという推測、さらには言論統制を狙っていた警察の「やらせ」事件だったという疑惑など、暴行の事実そのものを否定する解釈すらあった。

しかし、それらが噂にしても、信じがたい暴行の事実があったという社会的に広まった認識には、事件の社会的反響のところで述べたように、その背後に事件の「観衆」であった大衆の欲望や妄想と結びついた危機意識を感じとることができる。こうした危機意識が(2)で述べた時代状況、あるいは(3)と(4)で言及した性をめぐる共同体感情とこれを支える伝統的家族秩序の動揺などの議論から、どの程度、説得力のある説明が可能なものか、筆者には不明である。たとえば、こうした危機意識をイスラーム運動の展開と直接結びつけて論ずるのにも躊躇を覚える。現代のイスラーム運動は、貧困や失業といった経済的要因だけで説明できないのと同様に、伝統的秩序の崩壊に対する社会の自衛作用という解釈の枠には収まらない歴史的現象と考えてみたいからである。

(8)最後に本章を閉じるにあたり、「はじめに」の議論に立ち戻り、被害者の女性の苦しみに思いを少しでも近づけてみようと思う。そうすると、すでに述べたように事件をめぐって多様な方向に乱反射する問題領域のなかで、やはり性をめぐる人間の尊厳と名誉の問題が中心的な位置を占めていることにあらためて気がつく。被害者とその家族の名誉、容疑者およびその一族の名誉、事件を知った人たちの感じた名誉、それらの対立し、また共鳴しあう性をめぐる名誉の意識の世界は、これまで中東人類学の伝統的な研究領域であった[18]。

仮にここで名誉とは人間の尊厳を内に入れる容器のようなものだと表現することが許されるなら、これらの研究ではいわばこうした器の形状のレベルにおいて議論が展開されてきたと言えるかもしれない。もとより筆者にこの問題に関して批判的な研究を行なう能力はないのだが、これらの性と名誉をめぐる考察は、名誉によって護られるべき人間の尊厳そのものをめぐる文化理解の問題にまで立ち入って行なわなければならないように思う。それもまた、性を研究対象とする場合の地域研究の重要な課題である。

〈二〇〇〇年一二月発表〉

《コラム■8》

ムハッガバート現象

〔社会的規制と自己表現〕

どんな服を着るのかは、よく言われるように、さまざまな社会的規制と服を着る本人の自己表現とのあいだのせめぎあいの産物である。もっとも、流行の波、あるいは企業的規律に身をゆだね、こうした緊張関係を自覚しないのが普通多いのかもしれない。しかし場合によっては、衣服の選択が決死の覚悟を強いる状況も存在する。

一九九一年二月、カイロの南方約百キロメートルにあるベニー・スエフ県の鉄道で、「イスラーム過激派」集団が、ヴェールをつけていない女性の乗客が列車に乗るのを妨害し脅迫する事件が起きた。新聞によれば、この事件を警察に通報した女性たちが、これら「過激派」の報復を恐れ匿名を希望したというところに、近年とくに南部エジプト地方に高まっている宗教的緊張の深刻さがうかがわれる。警察に逮捕されたこの事件の犯人、一〇名の「過激派」の年齢は、十七〜三二歳（平均二四・三歳）、その大半が地方公務員や学生という教育を受けた階層であった（以上、「アハラーム」紙一九九一年二月七日記事）。

〔ヴェール現象の二つの解釈〕

一九七〇年代以降のイスラーム化現象のなかで、ヴェールをまといイスラーム的規律に従った衣服を身につける女性たち（エジプト方言のアラビア語でこれをムハッガバートと呼ぶ）の数が増加したと言われる。このムハッガバート現象に関しては、これまでさまざまな解説がなされてきた。それらをここですべて紹介することはできないが、ただ、はじめに挙げた図式に合わせた単純な解釈を試みるなら、その議論には次の二つの方向を認めることができるように思える。すなわち、第一の見方によれば、この現象は宗教の規範を媒介にした男の支配（家父長制）の貫徹であるが、別の観点に立てば、宗教を通じたひとりの女性の社会的な自己主張の表現形態に他ならない。

もっとも、例に挙げたような暴力的事件や、革命後のイラン、最近のスーダンのような国家によるヴェール使用の強制の事例を目の当たりにすると、前者の解釈、すなわち男の利害の押しつけという理解の方がより説得的に思えてしまうのもやむを得ない。事実、この解釈に有利な材料は表面的な日常生活に満ち溢れている。たとえば、カイロの露天の本屋で売られている実用書、エチケット集の類いは、女性の衣服についておおむね次のような条件をならべ立てている。

衣服は体全体、顔と両手を除いて覆うこと、透けて見えないような厚手の生地であること、人の視線を集めるような派手な服はダメ（「悪魔の笑うような」色のヴェールも）、体の線をあらわにしないダブダブの服（腰のベルトは付けない）云々。さらには、衣ずれの音を大きくたててはいけないとか、ヴェールをしながら男子と臨席するとはせっかくの信心も台無しとか、これらの訓徳書を執筆したアズハル（イスラームの最高学府）のシャイフたちの注文のそれは口うるさいこと。

〔なぜヴェールを着るか〕

さて、これに対し、ムハッガバートになろうとする女性の内面的な動機について、外部社会の観察者が利用できる客観的な資料は限られている。ここでその一部を紹介するのは、社会調査では定評のある、カイロの国立社会学犯罪学研究所の調査報告『女子大生におけるヴェール現象の調査』（一九八二年）［Ramaḍān 1982］である。この調査は、ムハッガバートの女子学生二〇一名に対し、出身地や父親の職業などの社会経済的特徴から、外交問題に関する意見にいたる八七の質問を試みたものである。その結果、一般にムハッガバートの学生はヴェールをつけていない学生（調査対象一八七名）と比べると、相対的に両親の教育水準が低く、また低所得層の出身の比率が高いという特徴があることが分かる。

ここでいうムハッガバートの服とは、着ている本人たちによれば、「見えず、分からず、はっきりせず」の完璧な状態を指し（七八パーセント）、ゆったりしたガラビーヤ〔エジプト長衣〕程度でよいというのは少数（一一パーセント）であった。注目されるのは、こうした服を着るのを家族から反対されている人が一六パーセントおり、ムハッガバートとなるにはそれなりの決意が必要だということである。

なぜムハッガバートとなるのか、その理由の大半（七四パーセント）は、「神に近づく」あるいは「信仰心に目覚める」ためであった。彼女たちが相談相手の第一に挙げるのは宗教者であり（八三パーセント）、新聞・ラジオ・テレビの宗教関係の記事・番組を好み、また多くの人（七二パーセント）が映画は宗教的価値・道徳から離反していると考えるので見に行かないと答えている。そして実際、ヴェールを着けてよかったこと、それは「やすらぎと平安を覚える」（五〇パーセント）、「尊敬されるようになった」（二〇パーセント）、そして「公道で嫌な目に遭わなくなった」（二〇パーセント）ことだという。とくにこの最後の答えは、その背景に今日のエジプトの緊張に満ちた都会生活を連想させる。たとえば、前述の訓徳書が、結婚に必要なマンションも買えない多くの若者との過ちを起こさぬよう身を護るためにヴェールをつけろと脅しているのもそれなりの効果があるのであろう。

〔強制の是非と背景〕

では、こうしたヴェールを他人に強制すべきか。ヴェール着用の法制化を求める人は三三パーセントであり、個人にまかせる五二パーセント、家族の判断が一五パーセントであった。法的に強制する必要がないとする後者の二つの意見を持つ人たちは、「ヴェールが単なる衣装ではなく義務だということは個人で確信を持つべきことだから」、そして「社会を改革するのは家庭からだから」とその理由を述べている。前に挙げたムハッガバート現象の解釈の問題のためには、こうした個人と家に関する彼女たちの意識をより深く知る必要があるだろう。彼女たちの多くは、女性に教育が必要なのは良い妻になるためと考え、家の外での労働にも多くが消極的な回答をしているが、そうした「家」のなかに籠もろうとする心情を「社会」に対する無関心、逃避の現われと簡単に断定することはできないからである。

最後に、ムハッガバートにならない女子学生の声も少し聞いておこう。彼女たちはムハッガバートの友人をどう見ているだろうか。この問いに対し、四八パーセントの人が「宗教と神の教えを守り尊敬できる」と答えているが、「ヴェールをつけているけどそれほど道徳心の高くない人もいる」、「信仰とその行動が一致しない人もいる」という意見が二八パーセントあった点もまた興味深い。

〈一九九三年三月発表〉

図1　ムナッカバの女性を見るムハッガバの女性
「ねえ、あれ、やりすぎじゃない。あのヴェール、頭ばかりじゃなく、「理性」も隠しているわ」
（出所：*Rose El-Youssef*, 1990/3/19）（画：Gum'a）

《コラム■9》

革命とセクハラ―エジプト映画「678」をめぐって

最近のアラブ映画研究の進展は目覚しい。パリのアラブ世界研究所などには立派なフィルム・アーカイヴがあるし、また現地でも俳優や作品の一覧など映画名鑑の類の出版も目立って増えている。日本ではアラブ映画研究の博士論文を書こうという大学院生も出てきている。本来なら本稿の執筆も筆者ではなく、こうした新進気鋭の映画研究専門の若手研究者か、あるいはもし存命であったなら畏友、故高野晶弘さん（現代アラブ文学研究者、二〇〇四年六月没）にお願いすべきところであったろう（高野さんについては、第2章コラム3を参照）。彼は以前、本誌（『地域研究』）の刊行主体である地域研究統合情報センターの前身組織、地域研究企画交流センターが収集した現代エジプト映画の映像資料の整理と分析を依頼されたこともあった。高野さんのレベルにおよぶものではないが、代筆のつもりで執筆させていただく。

アジア・アフリカ諸国のなかで、インドや日本とならび、エジプトの映画産業の歴史は古い。「エジプトの渋沢栄一」とでも言うべき民族資本家のタラアト・ハルブは、一九二〇年代に早くもこの有望な産業に目をつけていた。一九五二年の革命を経て、映画産業はアラブ社会主義体制のもとで国有化されたが、娯楽性の高い商業映画の製作は変わらずに続き、エジプトはアラブ第一の映画大国になった。エジプト映画発展の背景には近代演劇の発展という素地があったと筆者は見ている。その一方で、同じ中東地域で芸術性の高いことで知られるイラン映画にも十分対抗できる高品質の映画製作の伝統もしっかり維持されてきた。エジプトの映画監督と言えば、国際的に知名度が高いのは、ユーセフ・シャヒーン（一九二六―二〇〇八年。代表作「アレキサンドリアWHY」一九七九年、「炎のアンダルシア」一九九七年）である。しかし、高野さんは、技巧性に優れたこの監督の作品には点が辛く、もうひとりの巨匠で骨太のリアリズムの映像作家、サラーハ・アブーセイフ（一九一五―九六年。「フトゥーワ」一九五七年、「始まりと終わり」一九六〇年）の方を「エジプトの黒澤」と呼んで評価していた。

筆者が映画館に通ってエジプト人の観客と一緒に映画を観ていたのは、初めて長期滞在した一九八〇年代初頭の時期である。カイロの目抜き通りにある高級映画館シネマ・メトロから、地方都市の場末の映画館まで、また作品の方もピンからキリまでだった。ただ奇妙なことに、記憶に残っているのはキリのB級映画の方である。脇役の老優が映画作成中に急死してしまい、途中から別の俳優が声だけで代役を務めるという映画などは不思議に覚えている。映画が作り直しにならなかったのは、経済性のためではなく、この急逝した俳優を追悼してのことだったと好意的に解釈することにしたが、それにしてもあまりにもエジプト的である。

ただエジプト映画の名誉のために言っておくと、ハリウッド映画の影響のためか、その後は技術も映像の内容も近代化、あるいはグローバル化が進んでいる。たとえば昔のフトゥーワ（任侠）もの映画も、銃撃戦満載のスマートなギャング映画に変わってしまった。娯楽性は相変わらず高く、観客へのサービス精神も変わらないが、しかし昔のレトロな味わいが消えた。エジプト社会自身が変わってしまったのだからしかたがないことだろう。

短期の出張ばかりで映画館に行く余裕がない最近は、もっぱらエジプト航空などの機内サービスで映画鑑賞をするだけになった。そんななか、昨年の夏の帰りの便で出会った映画「678」（ムハンマド・ディヤーブ監督、二〇一〇年）は、地域研究にとって栄養価の高い秀作であった。映画のタイトルの678（シッタ・タマニヤ・サバア）とは公営バスの番号であり、このバスの車内で三人の女主人公のひとりである公務員のファーイザがセクハラ、つまりは痴漢に悩まされるというところから話は始まる。

ところでエジプトのバスに関係する映画と言えば、「バス・ドライバー」（アーテフ・タイイブ監督、一九八三年）が有名である。米映画「タクシー・ドライバー」（一九七六年：主演ロバート・デニーロ）のパロディーという感じがしなくもないが、運転手が車内の不正行為についに怒りを爆発させるというラスト・シーンは、門戸開放政策の導入直後の混乱する社会の世相を十分に反映させていた。B級映画としては「婚礼の夜の涙」（サアド・アラファ監督、一九八一年）という作品をついでに思いだしてしまう。フトゥーワもので有名な名優ファリード・シャウキーが、箱入り娘のバス通学を心配してバイクに乗せて送り迎えするシーンが出てくる。考えてみれば当時もかなりの満員バスであったが、今ほどのひどい痴漢行為はなかったように思う。ちなみに娘役を演じたのが、前出の「バス・ドライバー」の主演俳優、ヌール・シャリーフの奥さんの美人女優、ブーシー、そして娘の恋人役を演じたのが、この映画の公開直後に事故死した伝説的なギター奏者、オマル・ホルシード（タレント女優シェリーハーンの兄）であった。

映画「６７８」の内容については、朝日新聞の川上泰徳氏がウェブマガジン「Asahi中東マガジン」（二〇一二年一〇月二九日配信）で紹介しているので、そちらを参照していただければと思う。http://astand.asahi.com/magazine/middleeast/watch/2012102900003.html

筆者がこの映画に興味を持ったのは、拙著『エジプト革命　アラブ世界変動の行方』［長沢 2012a］でも述べたが、革命とセクハラの奇妙な関係をめぐってである。革命の前年までは、ラマダーン月の断食明けのお祭り（イードルフィトル）の夜、一部の羽目をはずした若者たちが集団セクハラを起こし、社会問題となっていた。ところが革命の年、二〇一一年には、この動きがぴたりと止んだ。セクハラに向かっていた若者たちのエネルギーが街頭での運動に発散された、と考えるのは少し安易かもしれない。しかし実際に、革命の山場では、熱狂的なサッカー・ファン（ウルトラ」と呼ばれる）の若者たちが、日頃のサッカー場での警備の警官との応酬に「慣れている」ということから重要な役割を果たしたとも聞く。こうしたことを前提に映画「６７８」を観ると、二番目の女性主人公、上流階級の芸術家セバが、医師の夫とサッカー場ではぐれてしまい、群衆のなかで暴行を受けるというシーンが出てくるので複雑な思いがするのである。

筆者が昨年（二〇一二年）の夏、カイロに到着したのは、まさに断食明けの休みが終わった頃であったが、集団セクハラが再び始まったという記事、さらに各地で拡大していると憂慮する論説を新聞で目にした。セクハラの復活は、革命の「ハレ」の季節が過ぎたことを示すものかもしれない。しかし、エジプトの将来を決定づける現実の政治の動きは、その後も重要な展開を見せている。

映画を観て興味を持ったので、セクハラ関係の新聞記事をチェックしてみると、断食が始まる直前の七月に、カイロ・アメリカ大学の女子学生が学内で受けたセクハラ行為を警察に訴えでたというニュースがあった（*Miṣrī al-Yawm*, 2012/7/20）。彼女の写真も載っており、覚悟の行動である。実は映画「６７８」は実際に起きた事件にもとづいている。映画のエンディングは、「ある勇気ある女性がエジプトで初めて痴漢行為を裁判所に訴えた結果、セクハラに関する新しい法律が施行された。しかしその後、実際に訴えでるケースはきわめて稀れである」という説明で終わっている。

この事件の勇気ある女性をモデルとしたのが、映画の三番目の女性主人公、ネッリーである。彼女は民間企業のコールセンターで仕事をしているが、顧客のセクハラ電話に悩まされ（日本の場合も相当ひどいと聞くが）、男性の上司に訴えても相手にされない。鬱屈した気持ちで帰宅する途中で、軽トラックの運転手からセクハラに遭い、駆けつけた母親と一緒に文字どおり車に体当たりして犯人を警察に突きだす。しかし、警察署の刑事からは世間体を気にするようにと諭され、またテレビの討論番組に出演して訴えるが、男性の視聴者からは侮辱的な反応を受ける。家族からは反対されるが、最後は婚約者にも励まされて裁判所で告訴に同意するというところで映画は終わる。

女性たち自身が行動を起こさないと問題は解決できない、というのがこの映画のメッセージである。サッカー場で暴行を受けたセバは、セミナーを開いてこうした考えをセクハラに悩む女性たちに訴える。最初の主人公ファーイザは、このセミナーに参加したひとりであり、あるとき痴漢の犯人にピン（頭衣を留めている）で、さらにはナイフで反撃を試み、ついには警察も動きだす。彼女が行動を起こしたのは、痴漢を避けるために遅刻が多く、給料が減額された日の帰り道だった。また、バスではなくタクシーを使うこともあり、夫の稼ぎが悪いこともあって、ついに子どもたち二人の学費が払えなくなる。

筆者にとって印象的だったのは、このとき彼女が学校に乗り込んで、子どもたちが受けた罰と同じように、校庭で後ろ向きに壁に手を付けて「立たされる」恰好をするところである。慌てた教師がなだめに来る、というシーンであるが、ここには自らの身体を人目に晒して、恥をかこうが何であろうが自分で行動するという強い意志が示されている。この映画「６７８」の製作は、二〇一〇年である。翌年の革命において、治安警察の隊列やスナイパーの銃弾を恐れずに、街頭に繰りだした若者たちの行動と決意の兆しを早くもこの映画のなかに見いだすことができるのではないかとも思った。

もうひとつ印象的なのは、主人公三人がセクハラの横行する場所だとして、一緒にサッカー場に乗り込むシーンである。彼女たちは、国際試合の応援席から相手チームを励まして「ザンビア、ＧＯ！」と大声で連呼し、周囲の男性のサッカーファンを唖然とさせる。二〇一一年の革命ではエジプト全体が国際試合のサッカー場のようになったと言えるほど、ナショナリズムが高揚した。しかし重要なのは、革命の経験はそれと同時に、映画の彼女たち三人のように孤立してでも、自分たちの意志を力強く表明する勇気を多くの人たちに与えたということである。今後、二〇一一年エジプト革命を記念し、記憶するための映画作りが進むであろうが、映画「６７８」は革命の先駆けを示すという位置づけをもって評価されていくであろう。

〈二〇一二年三月発表〉

第6章　現代エジプトの社会問題とNGO

［解説］

本章は短い論考だが、筆者の二回目のエジプト長期滞在の報告である。本文でも書いたとおり、日本学術振興会カイロ研究連絡センターのセンター長として、一九九八―九九年の一年間滞在し、事務所の新設と整備のためにほとんどの時間を使った（［長沢 1998c］を参照）。この滞在は、筆者の研究者人生にとって、結果として大きな区切りをなすものとなった。とくに職住接近であったために家族との濃密な時間を与えられたことについて、今になって考えると何よりも感謝したいと考えている。

本章のテーマについては、実はそれほど関心があったわけではない。短期調査に訪れた当時の大学院生のNGO訪問を勝手に手伝うかたちで得た知見をまとめたのがこの小論である。ただし、今から振り返れば、その後一〇年過ぎて起きた二〇一一年の一月二五日革命の背景となる事象に接していたことになる。

第3章の解説や第5章の時代背景のところで述べたように、湾岸戦争における多国籍軍側への協力の後、構造調整政策の強行のために体制の権威主義化が強化された（新聞法改正などメディア統制の強化については拙稿「エジプト―報道の自由化をめぐって」［長沢 1995b］を参照）。こうして、一九九〇年代後半になるとムバーラク時代も「後期」に入ったのではないかと述べたが（拙稿「エジプト―「ナセルのエジプト」は変わったか」［長沢 1997a］）、しかし、この「後期」は結果としてとても長かった。余所者の外国人研究者がそう思うのであるから、エジプト国民はどうであったか。

このムバーラク時代「後期」を特徴づけるイスラーム武装勢力の弾圧という暴力の時代（第7章参照）は、日本人観光客一〇名が犠牲となった一九九七年一一月のルクソール事件を境目に終わりを告げた。しかし、二〇〇一年の九・一一事件後には対テロ戦争を口実にしたムスリム同胞団への弾圧や他の社会運動への抑圧が相変わらず続くことになる。しかし、息苦しさと鬱屈した社会状況のなかで新しい社会運動のかたちも見えはじめていた（拙稿「門戸開放期エジプトの国家と社会」［長沢 2012c］を参照）。一九九八年当時のＮＧＯや人権団体の訪問では、この小論でも少しふれたように、実に気持ちのいい人たちに出会った。このことは、エジプトの人たちへの期待につながった。こうした人たちの思いと勇敢な行動のうえに二〇一一年の民衆蜂起（一月二五日革命）が起きたことを確信する。

さて、この小論で言及したエジプトの悪名高いＮＧＯ〔規制〕法であるが、他のアラブ諸国でも運動弾圧のモデルとして導入されたのではないかと思う。とくに外国からの政治介入（民主化支援の名を借りた干渉は実際にあるが）を口実にしたＮＧＯの監視については、第3章のコラム5でも言及した。最近では、二〇一一年革命後の自由と人権を謳う新憲法のもとで、二〇一七年五月に再びＮＧＯ法は再改正され、さらに監視が強化されたという批判がなされている。

最後に小論で取りあげたストリートチルドレン問題ついて補足しておこう。小論ではこの問題がごく最近に起きた現象のような書き方をしているかと思う。しかし、エジプトにおける浮浪児問題の歴史は古く、少なくとも一九三〇年代には顕在化していた。第2章でその一部を使った（また第10章でも紹介する予定の）社会学者サイイド・オウェイスの自伝『私が背負った歴史』の第一巻［'Uways 1985］第七章には、一九三〇年代のカイロ市内の浮浪児問題に言及している部分がある。浮浪児の「狩り込み（jam'）」計画（一九三八年）の話が紹介され、オウェイス自身がこうした浮浪児を収容するコモンボ（砂糖キビ生産で知られる上エジプトの開拓地区）にあった収容施設の所長として苦労した経験が語られている。また、勝沼聡の博士論文「近代エジプトにおける監獄制度の研究」［勝沼 2013］は、第六章「近代エジプトにおける少年感化院制度の展開」で非行少年をめぐる政策問題を実証的に考察している。池田美佐子の一連の研究（［Ikeda 2006, 2009］）が示すように、両大戦間期（立憲王制期）エジプトの社会問題は相当に深刻化しており、一九五二年革命の最大の背景となった。

はじめに――カイロに滞在して

一昨年の一九九八年四月から一年間、筆者は、日本学術振興会〔学振〕カイロ研究連絡センターの運営に携わった（今後、日本の中東イスラーム研究の地域的な拠点として期待される同センターの役割については、［長沢 1998b］を参照）。それは、移転した事務所の運営に追われる毎日であり、必ずしも研究に割く時間は十分ではなかったが、現地の新聞や雑誌の記事を拾い読むことは、地域研究者としての最低限の日課としていた。本章は、そうした記事の切り抜き作業を通じて、筆者が関心を持った現代エジプト社会の諸問題を、覚え書き風に叙述してみたものである（ただし、執筆にあたっては、帰国後の報道、および今回の滞在以前の古い切り抜き記事も参照・利用した）。

まず、はじめに読者の方々の興味を引くために印象的な記事の例を挙げておこう。前回、一九八三年に筆者が長期滞在していた当時、ある知日派のエジプト人に最近の日本の様子を訊ねられて、学校が荒れていること、なかでも多発する校内暴力について説明をしたことを覚えている。ところが、今回の滞在では、エジプトでも日本の教育現場を想起するような事件を報道する記事に出会った。

たとえば、カイロ近郊のある女子高で女子学生が椅子で教師を殴りつける事件を報道した新聞記事（*al-Ahrām*, 1998/10/31）には、事態を憂慮した教育大臣が教師・生徒双方の暴力を「やくざ（バルタギー）の振る舞い」と批判し、校内の規律を強化すべきであるとの談話を寄せている。(1) 同じく一連の校内暴力事件(マンスーラ市で遅刻した生徒を注意した教師がナイフで首を刺されて大怪我など)を報道している『サバーハ・エルヘイル』誌(1991/3/18)は、今の子どもたちは父親も怖がらないのだから、ましてや学校で先生の言うことを聞くはずがない、という保護者の意見を紹介している。父親や祖父など年長者の面前では若者はタバコを吸わないのが当たり前とされたエジプト社会は、現在、どのように変わりつつあるのだろう。

一九七〇年代後半になって急増した産油国への出稼ぎが、教師の間に志気ならびに質の低下をもたらしたこと、また安い給料を補うためにアルバイトで行なわれる補習授業(durūs khṣūṣiyya)に伴なう問題など、たしかに学校や教育制度の側が抱える問題も深刻ではある。しかし、紹介したような校内暴力の発生の背後には、日本がそうであるのと同様、エジプト社会全体の変化という問題が横たわっていると考えざるを得ない。

後に述べるように、湾岸戦争を大きな画期として、エジプトの政治経済状況は、現在、急速な変化を遂げつつある。公共部門の民営化(それに伴う労働者解雇)など経済自由化政策の強行と、同時に行なわれる政治的抑圧の強化(イスラーム運動の弾圧を中心とする)といった、いわゆる「開発独裁」的な政策セットの採用は、順調な経済成長と物質生活の充実(もちろんすべての社会階層が同様に享受したわけではないが)をもたらしつつある。しかし、こうした経済的な繁栄の一方で、従来では考えられないさまざまな社会問題が発生しているのも、現代のエジプトという現実のひとつの断面である。

また、一九九〇年代のエジプトで起きた注目すべきもうひとつの変化は、NGOや人権団体などの活動の活発化である。それは、すでに述べたような社会問題の深刻化や、形骸化される民主化と強まる人権抑圧に対して発生した社会運動の一形態である、という解釈も可能ではあるが、同時に、国際機関からの援助など、今日的な意味での国際化というコンテクストにも注意を払わねばならない。筆者は、学振のカイロ事務所を訪問する日本人研究者の研究協力と道案内を兼ねて、以前から関心があったNGOや人権団体のいくつかを訪れる機会を得た。以下では、新聞雑誌記事とこうした機関訪問に際して得た見聞にもとづいて、現代エジプトの社会問題とNGO活動について、若干の情報を提供したいと思う。ただし、それは、問題の全体像を描くものではなく、あくまで印象記の域を出ないものである点をあらかじめお断りしておきたい。

一　ストリートチルドレンとNGO

エジプトは子どもを大切にする家族的社会である。こうしたイメージでエジプト社会を説明することが多かった筆者［長沢1987］（本書第1章）にとって、今回の滞在中、もっとも衝撃を受けたのは、ストリートチルドレン（aṭfāl al-shawāri'）に関する記事であった。たとえば、『ローズ・エルユーセフ』誌（1998/9/14）には、「カスル・ニール橋の下に酔っぱらった子どもたちの「入植地」が」という、いかにも同誌らしい大げさなタイトルのルポルタージュ記事が掲載されている。カスル・ニール橋（通称ライオン橋）といえば、ナイル・ヒルトンなど一流ホテルやアラブ連盟本部、旧外務省庁舎の真ん前にあるカイロの表玄関というべき場所である。同記事は、この橋の近くに住み着いた子どもたちの生活について、性病と同性愛の問題、飲酒とバンゴー〔麻薬の一種〕の蔓延などの実態を告発し、また子どもたちが家を出るにあたっての家庭事情について、これが例外的な事例であってほしいと読者が祈るであろうほどの凄まじい家庭崩壊の内容を描写している。

もちろん以前から、路上で物売りや物乞いをしたりする多くの子どもたちの姿は、確認されていた。しかし、家族から離れ集団で路上生活を行なう子どもたちの姿が世間の注目を引く存在となったのはそれほど昔のことではないように思う。『サバーハ・エルヘイル』誌（1998/4/16）に掲載された記事は、ストリートチルドレンを保護するNGOとして、代表的な組織である「希望の村」（Hope Village; Qarya al-Amal）を紹介しているが、同組織は、一九八八年に英国人によって設立されたとしているから、おそらくこの時期までには事態は相当深刻になっていたのかもしれない。

さて、筆者の切り抜き資料によれば、青少年の非行（inḥirāf）の記事は、かなり前からあったわけで、門戸開放政策がもたらした社会変化、とくに産油国出稼ぎによる親の不在などを問題とする論調は、一九八〇年代の初めから見られた。たとえば、家出をする子どもたちに関するルポルタージュ記事（*al-Ahrām*, 1982/8/10）などがそれであり、また、『ローズ・エルユーセフ』誌（1986/6/2）「一〇〇〇人の子どもはどこに消えたか」では、国会の議員委員会による青少年保護施設への訪問記を載せている。さらに、一九九〇年代になると、（湾岸戦争後のアラブ産油国への反感を背景にして）某産油国への人身売買疑惑と結びつけて児童の行方不明・誘拐を問題として取りあげられた記事（*Rose el-Youssef*, 1992/4/1）や、児童の臓器売買の記事（*ibid.* 1992/4/20）などが見られるようになった。

おそらく、社会現象としてのストリートチルドレンは、最後に挙げた記事と同じ時代的文脈のなかで扱うべき、まさに最近の現代的な現象だといってよいように思う。ラテンアメリカや東南アジアなど一部の外国の話と考えられてきたaṭfāl al-shawāriʻ〔通りの子どもたち〕という、文字どおりの翻訳語がアラブ世界でも通用する時代になったのである（イラクでも湾岸戦争の影響で同様の現象が見られるようになったという情報がある）。

前出の『サバーハ・エルヘイル』誌によれば、「希望の村」には、一時的収容施設と恒常的収容施設があり、たとえば前者の施設には毎日、サイイダ・ゼイナブとショブラの両地区だけで四〇人から六〇人の児童が収容されている状況だという。これらの施設での児童からの聞き取りによると、家を出て路上生活を行なうようになった事情は、父母の離婚とその後の父の暴力、あるいは母の死去に伴なう父の再婚と継母の虐待などといった一定のパターンが認められる。

筆者は、昨年（一九九九年）の二月、エジプト人の友人の紹介によってストリートチルドレンに関する二つのNGO組織を訪ねる機会を得た。最初に訪れた「児童の保護と成長と人権のためのセンター」（Markaz Ḥimāya wa Tanmiya al-Ṭifl wa Ḥuqūq-hu）は、全国にあるストリートチルドレンおよび児童問題に関するNGOのネットワークの中心組織で、国際的な運動とも連携を取りながら、各組織のスタッフの研修事業などを行なっていた。運動を全国的に展開させる必要があるのは、ストリートチルドレンが全国主要都市で発生しており、カイロを結節点にして子どもたちが各都市を移動している状況があるからだという。

次に訪問したのは、実際に路上生活をしている子どもたちを直接保護する活動を行なっている「社会平和のためのエジプト協会」（al-Jamʻiyya al-Miṣriyya li-Salāma al-Mujtamaʻ）という団体だった。ここでは、保護した子どもたちにシャワー、食事、医療など基本的なケアを施すと同時に、読み書きや裁縫などの教育・訓練コースを開設していた。また、絵描きや粘土細工は、精神的に傷ついた子どもたちの心理面での治療という意味も持っているという話だった。同施設で出会った子どもたちの表情は、いずれも明るいが、顔などに刃物による傷が多く見られた。これは仲間同士の喧嘩によるものもあるが、

「精神的な自傷行為」の結果でもあるという解説を聞いた。

このNGOのスタッフは、ストリートチルドレンを保護するために、何日間も一緒に路上に寝泊まりし、たとえば子どもがやくざによって拉致されれば体を張って取り返しにゆくという話を聞いた。唯一の有給スタッフ（資金不足のため現在のところ一名のみである）であるR氏は、カヤック（ひとり乗りボート）の元エジプトチャンピオンであるが、ナショナルチームのコーチの職を投げうって子どもたちと一緒に路上で泊まり込みの活動を続けているひとりである。筋肉隆々の「気は優しくて云々」という言葉がぴったりの彼は、柔道のロサンゼルス・オリンピック銀メダリスト、ムハンマド・ラシュワーン選手を筆者に思いださせた。

この協会のスタッフによると、カイロだけで約一〇万人のストリートチルドレンが存在するが、彼らは三〇人から四〇人のストリート社会を形成し、それぞれが年長者のリーダー、ストリート・リーダーを持つという。たとえば、ギーザ駅のストリート社会の場合、約一五〇人の子どもたちが六、七名のストリート・リーダーによって統率されている。また、女児は、ストリートチルドレンの約三分の一を占め、ある地区では彼女たちだけのストリート社会を作っていると聞いた。ストリートチルドレン対策としては、このストリート・リーダー層を掌握することが重要であり、彼らに住居を提供して安定した社会生活を送らせようと試みているが、アパートを提供された彼ら若者はすぐに結婚してしまう、という。家庭の事情で路上に放りだされた子どもたちが自立したかたちで通常の居住生活を営むようにと考えた施策だが、しかし、このようなストリート・リーダーたち若者の心情も分からないことはないといった表情で、スタッフは、苦笑しながら話してくれた。(2)

二　開発独裁と社会問題

エジプトを何回か訪れている方にはお分かりになると思うが、カイロ国際空港からダウンタウンへ向かう途中、アッバーシーヤの高架を降りた道路がラムセス駅にさしかかる手前のあたり、車窓の左手を見ると、以前あった密集家屋がすっかり取り払われて、数本の椰子の木にモスクと聖者廟を残すのみといった光景の空き地があるのに気がつかれるであろう（もっともその後、この区間の空港まで伸びる高速道路が開通したので、現在では見ることができなくなった)。

新聞報道によると(*Middle East Times*, 1-7 Nov. 1998; *Al-Ahram Weekly*, 29 Oct.-4. Nov. 1998)、一九九八年一〇月二三日早朝、一〇〇名以上の警官隊が動員されてこの地区(面積二万平方メートル)に住んでいた四五〇の家族(三七〇〇名)が強制的に立ち退きをさせられた。住民の多くは日雇い労働者であったにもかかわらず、移住先は、僻遠のカイロ―イスマイリーヤ道路にある沙漠のなかの新興住宅区、ナフダ地区の公営住宅であったという(住み替え用の住宅が用意されていたというところが、一九六〇年代のアラブ社会主義的なポピュリズムの名残りと言えないこともないが)。

このスラム街が撤去された目的は、第一が空港からの道路に接し美観を損ねていたこと、第二がスラムによる環境汚染、そして第三がイスラーム過激派の潜伏する危険性ということであった。カイロ県では今後一一万人が住む一三のスラム居住地区を撤去する計画があるという。

野党紙(*al-Ahālī*, 1998/10/28)は、この強制的なスラム街撤去に対し、人権団体(人権法律支援センター)が批判の声明を出したと報道しているが、同日の別の記事では地方でも「環境保護」を目的にして湖の岸辺に住む漁民の家屋が強制撤去された事件(カフル・シェイフ県)を紹介している。同様の記事としては、ムカッタム地区のスーク(市場)が条例違反でブルドーザーによって強制撤去されるという事件の報道(*al-Ahālī*, 1999/2/3)があった。

このようなスラム街・不法住居の相次ぐ強制撤去は、以前からあったのは確かではあるが(たとえば、一九九二年の地震による建物損傷を口実にした住民立ち退き)、しかしマスコミの関心を集めるほどに露骨なかたちで行なわれるのは、最近のことではないかと思われる。

以上に紹介したスラム・クリアランスは、湾岸戦争を境目にして急激に変容したエジプトの政治経済体制の新しい顔を示すものだったと言えるかもしれない。エジプト政府は、湾岸戦争における多国籍軍への参加の見返りとして、多額の経済援助(公的累積債務の帳消し五〇〇億ドル)を引きだすことに成功した。この経済援助は、その後の急速な経済成長を支える基盤となったが、同時に、この援助交渉の過程でIMF・世銀が主張する経済改革の強化を約束させられたのである。

一九九一年六月に公布された公企業の民営化法は、その約束履行の第一歩であった。その後、民営化は、大方の予想に反して、一九七〇年代以来これまでの牛歩にも似た改革の歩みと比べるなら驚くほど速いペースで進んでいる。IMFのエジプト調査団は、インフレ率が二〇パーセント台から四パーセント以下に低下し、経済成長率も五パーセントを超えるエジプトの経済運営を絶賛し、「世界で民営化が成功している四つの市場のひとつ」とまで持ちあげている（*Al-Ahram Weekly*, 7-13 May, 1998）。

一方、農業部門を見ると、農地改革体制の見直しを行なった小作法（地主・小作関係法：一九九二年第九六号法）が施行されて、小作農からの土地取り上げなどに反対する争議が起こり農村部に混乱をもたらした。この法律の施行は、制定から五年後の一九九七年とされており、その間準備期間が置かれていたわけであるが、これはかつて食糧補助金削減をきっかけに発生した二〇年前の一九七七年暴動に懲りた政府の「時間差つき改革」とでも言うべき巧妙な手法のひとつとも考えられる。よく知られているように、七七年一月の物価暴動以降、急激な改革措置を避けて、価格を据え置きのままパンのサイズを小さくしたり、また電気などの公共料金の段階的な値上げをするなどの手法を用いてきた。ただし、このような政策の手法は八〇年代のそれを踏襲しているとはいえ、抵抗を排し速度を上げて経済自由化を推進してゆこうという断固とした態度がうかがえる。

さて、政治の分野を見ると、経済の自由化と連動した政治の自由化は、一九七〇年代以降の政策課題であったが、九〇年代に入ってから停滞するようになった。過去二回の国会（人民会議）選挙は、政府（内務省）の選挙干渉に対する野党の抗議によるボイコットや、ムスリム同胞団系の立候補者を排除する政策によって、与党（国民民主党）が絶対多数の議席を確保する結果に終わっている。ムバーラク大統領の誕生日を祝賀するマスコミなどの翼賛記事や各企業などの祝賀広告なども、おそらくイラクやシリアなどに比べれば慎ましやかなのかもしれないが（両国の大統領選挙を批判的に報道するエジプトのマスコミの「五十歩百歩」的姿勢も考えものである）、しかし、こうした祝賀が年中行事となったのは、正確には不明であるが、やはり湾岸戦争以降のことではないだろうか。ムバーラク大統領は、一九九九年九月に再選され、その任期は第四期目に入り、革命後歴代の大統領はおろか今世紀エジプトの統治者としての最長の「治世」（二四年）を記録することになっている。

さて、ムバーラク政権による報道と言論の自由化は、野党紙の発行停止措置がしばしば見られたサダト時代と比べた場合、政治自由化における大きな前進だった。しかし、内務省幹部の腐敗の追及記事をひとつのきっかけとして新聞法が改正され(一九九五年五月)、その結果として記者の逮捕投獄が可能となったのは、この領域における最近の大きな変化である。実際これまでも『シャアブ』(*al-Sha'b*)紙(社会労働党機関誌)記者など何人もが長期の投獄措置を受けている。

また、経済自由化政策の促進と直接の関係はないとはいえ、湾岸戦争後の一九九二年頃からイスラーム運動急進派との公然とした武力対決が鮮明となり、上エジプトを中心に治安警官隊との事実上の内戦に近い様相を呈するようにいたったのは、エジプトの政治的事件でもっとも関心を集めた最近のイシューである。日本人観光客の犠牲者を出したルクソール事件(一九九七年一一月)にいたる数々の血なまぐさいテロ事件に対し、政府は、インババ(カイロ市のナイル川西岸の庶民地区)にあったイスラーム団の「王国」の撲滅(一九九二年六月)を手始めにして、断固たる弾圧姿勢を示し、現在のところ表面的には押さえ込んだかたちとなっている。

現政権の「開発独裁」への傾斜を顕著に示すのは、サダト時代以降、事実上の活動を許してきたムスリム同胞団の弾圧を再開したことであろう。政治的影響力の大きい法律家協会など、専門職協会の役員選挙において一九八〇年代後半、同胞団が次々と勝利を収めたことに警戒した政府は、ジャーナリスト協会選挙では法律改正を行なってまでしてこの動きを押しとどめた(一九九三年)。さらには、同胞団には独自のテロ組織があるという嫌疑をかけて、再び幹部の大量逮捕に乗りだし、また人民議会選挙への参加も拒む姿勢を示している。

たしかに急進派・穏健派いずれのイスラーム運動も、失業(一部の推計では失業率は一七パーセントを超える)など社会経済問題に対する直接的な反応として発生したものではないであろう(ただし、これらの問題を「文化的」に解釈して運動を展開しているると考えることはできる)。しかし、経済自由化を強行する現政権が、ナセル時代の経済政策(アラブ社会主義)における食糧補助金制度などポピュリズム的側面を切り捨てつつあるという社会的文脈において、これらの運動が政策執行の大きな政治的障害として見なされるという構図をそこに描くことも可能である([長沢 1998b]参照)。

さて、このような新しい政治的環境のなかで注目したいのは、思想的テロリズムの横行と言うべき事態である。一九七〇年代に活発化した下からのイスラーム化運動と、これに対する政府側の上からのイスラーム化は、「イスラーム法の実施」

問題を中心にして互いに影響を与えながら、さまざまな知的思想的局面において進行した。このイスラーム化現象が思想的テロリズムとの結びつきを顕著に示したのは、一九九二年六月に起きたリベラリスト知識人、ファラグ・ファウダの暗殺事件であり、その後、ナスル・アブーゼイド夫婦離婚訴訟事件[3]やノーベル賞作家ナギーブ・マハフーズ暗殺未遂事件（一九九四年一〇月）など、反イスラーム的と断定された知識人への圧迫は続いた。

最近になって、こうした領域で問題になったのは、大学の反イスラーム的教科書狩りとも言うべき現象である。一昨年、話題となった映画「アメリカ大学の上エジプト」[4]で注目されたわけでもあるまいが、フランスのマルクス主義者のイスラーム学者、マキシム・ロダンソンの『ムハンマド』が、その預言を冒瀆する内容にもかかわらず、教科書に用いられている、とカイロ・アメリカ大学を糾弾するキャンペーンが、政府系・野党系新聞ともに行なわれたことがあった。さらに、こうした「禁書」措置は、他の書物にもおよび、一部の国立大学では教科書からマハフーズなどの作品を除外しようとする動きもある。

自由化による表面上の経済繁栄と欧米的消費文化の広汎な流入が見られるエジプト社会において、その将来を考えるうえで真に恐れるべきは、勢いを止められた急進派組織による直接的なテロリズムより、まさに「開発独裁」が生みだす閉塞的な時代状況を象徴する、こうした自主規制的な思想統制であるように思う。

三　経済自由化と社会運動

一九九一年の公共部門民営化法（法令第二〇三号「公共ビジネス部門法」）は、エジプトの経済改革の大きな分岐点となった。これまで工業省などの管轄下にあった公団は、持ち株会社の形式に移行し、これら旧公団が抱えていた公企業三一四社が順次、民営化の対象となった。当初は、これまでの紆余曲折した経過から予想されたとおり、改革のペースは遅く、一九九一―一九九五年の六年間で民営化された企業は、わずか二四社にとどまった。

しかし、一九九六年以降、急に民営化のスピードが上がり、九八年五月までの二年間で五四社が売却の対象となった。政府は、二〇〇〇年までに国有資産の九〇パーセントを売却すると発表しているが、九九年一〇月の改造内閣では、担当大臣の公共ビジネス部門相が三カ月以内に最大限四八社の民営化の準備ができていると表明している（*Al-Ahram Weekly*, 21–27 Oct. 1999）。問題は、この新しい民営化措置によって最大三五万人が早期退職すると予想されている点である。

こうした民営化は、公企業に働く労働者とその家族に大きな影響を与えてきた。一九九三年一〇月に最初の工場が民営化されるのに際して示された雇用対策は、以下のとおりであった。（1）男性五一歳、女性四五歳以上の労働者の年金保障付き早期退職勧奨、（2）三七歳以上で退職年齢未満の労働者に事業資金（小商店開業など）提供の退職勧奨、（3）一八―三六歳の労働者の職業再訓練［Posusney 1997: 229］。

後出のNGO、人権のための土地センター報告書［一九九八年エジプトにおける労働者の状態］（アラビア語一九九八年一二月）によると、一九九六年以降に早期退職に応じた労働者の数は、八〇〇〇人を超える。たとえば、ヘルワン（カイロ南部の工業地帯）のある工場では九七年一二月までに従業員一万人の四分の一である二五〇〇人の首切り計画が公表されるなど、リストラの嵐が労働者の街を襲った。その結果、繊維業界、大手のヘルワン紡織会社の場合、一九七七年の従業員数二万二〇〇〇人から、一九九八年現在で半分の一万一〇〇〇人まで減少し、さらに同年末に一六〇〇人の解雇が予定されているという（*Al-Ahram Weekly*, 13–19 Aug. 1998）。

エジプトの労働運動は、ナセル時代以来、強力な国家による統制を受けながらも、同時に政府を支える重要な政治勢力であり、また民営化に対する強力な反対勢力であった。しかし、一九九〇年代に入ると指導部が民営化支持に傾き、これに対して反主流派の左派活動家が支部組合において労働者委員会を組織化し、山猫ストなど労働者家族ぐるみの闘争を激しく展開するようになった。（［Posusney 1997］参照）。政府は、こうした労働者の抗議運動に対して、活動家の逮捕や労働者デモに対する治安警察隊の動員など厳しい弾圧措置を取った。一九九八年の一月から一一月までに労働者が行なった抗議行動は、一一四件（スト三三、ロックアウト一八、デモ一四、ハンスト七、その他四二）に達した。（前出、人権のための土地センター報告書）。

このような情勢をめぐって現在、大きな議論の対象となっているのが、労働法の改正問題である。改正の主内容は、ナセル時代に労働者に与えられた諸権利（とくに雇用保障）を廃止する一方で、それと引きかえにこれまで禁止されてきたストライキ権を付与するというものであった。すなわち、アラブ社会主義時代に政府と労働者階級が暗黙に行なった「契約」を破棄し、労働の分野においても経済と政治の双方において自由化を進めようとする内容であった。この「統一労働法」（一九五六年制定）の改正案は、一九九四年末に人民議会に提出されたが、その後反対意見が強く審議がストップしている（同法案は *al-Ahrām al-Iqtiṣādī*, 1998/5/18 に掲載されている）。経営者層は、労働者の解雇権を認めたこの法案をおおむね歓迎しているが、労働者側は、スト権の付与は形式的なものであり、実際には政府の規制により運動の統制状況は続くと批判的である。

実際、門戸開放政策以降に設立された民間企業の多くでは、現行労働法の労働者保護規定がかなり免除されている（あるいは保険制度など法律の施行が無視されている）状態であり、また労働運動も抑制されている。たとえば、沙漠道路にある新工業都市、「ラマダーン一〇日」の場合、約七〇〇ある工場のなかで労働組合があるのは七つにすぎない（*al-Ahrām*, 1998/11/18）。その結果、これまで民間企業の労働者が公企業への転職を希望する傾向がしばしば見られたのであるが、これからはむしろ労働者の権利を規制した民間部門の雇用関係がエジプトの労働市場で広まってゆく可能性がある。

このように民営化と労働法改正は、公企業と民間企業間の差異を解消することを通じて、エジプトの労働市場全体をいわば「平準化」してゆく動きであるとも言える。それは、さらに言えばグローバルな経済自由化の流れの一環でもあるが、同時に労働市場内部で新しい差別化を作る、すなわち新しい競争的労働市場で自由化に対応する能力を持つ労働者とこれから排除される労働者を選別する動きでもあることは確かであろう。経済のグローバル化が経済活動の平準化を促進するのと同時に、新しい差別構造を作りだすという傾向は、とくに途上国において顕著に観察される事実だからである

さて、都市工業部門での経済自由化の影響が公企業労働者に集中していたのと同様、農村においてはかつてアラブ社会主義的な経済政策の最大の恩恵を受けた小作農が経済自由化の攻撃目標となった。この問題の最大の焦点は、農地改革法の一部改正を行なった一九九二年の第九六号法（いわゆる地主・小作関係法）問題である。農地改革の主要な柱は、土地所有の上限設定による旧大地主層の一掃と同時に、地主・小作関係の統制であり、農村部の所得分配に与えた影響ではむしろ後者の

方が大きかったとも言われている〔Abdel-Fadil 1975〕による)。

農地改革体制の見直しの動きは、門戸開放政策の採用と同時に始まった。ナセル時代に接収された地主の土地の一部が返還され、一九七五年の小作法改正によって小作料の基準となる地税の引き上げなど小作農保護の政策から転換する姿勢が示されるようになった(〔長沢・佐藤・長田 1984〕参照)。今回の改正はさらに地主に有利な内容であり、法律施行五年後にすべての小作契約を改定し、場合によっては契約を解消して小作農から小作地を取りあげることを可能にする条項を含むものであった。

この法律は、一九八〇年代に進行した農業政策の自由化の総仕上げを示すものであったと位置づけることもできる。すなわち、綿花など一部の重要な作物を例外として、農作物の流通の自由化と価格統制の撤廃を政府は進めてきたのであり、その意味では都市部の工業部門より経済自由化の進捗度は高かった。この法律改正は、土地市場の自由化を促進することによって農業の商業化をさらに推し進める効果を狙ったものであった。

しかし、同法の改正に伴なう紛争は、これまで分かっただけで死者五〇名、負傷者二九八名に達する犠牲者を出してきた(*al-Ahāli*, 1999/2/17)。一九五二年革命直前の社会不穏を招いた四〇年代末の大地主所領地での農民反乱以来という騒乱状況は、当時と比べて格段に強化された地方の警察力によって押さえ込まれたが、これに対する新しい抗議の運動の形態も小規模ながら生まれている。人権のための土地センター(Land Center For Human Rights)というNGO組織がそれであり、同センターの活動報告(一九九七年版アラビア語一九九八年一月)によると、治安警察によって農民問題に関心を持つ二〇人の知識人が逮捕される(一九九七年九月)といった弾圧にもかかわらず、同組織は小作農の権利を保護するために土地の強制収用に対する訴訟活動などによって、新法反対の運動の先頭に立っている。さらに、農業での児童労働などの問題の調査や、農民との対話サークル活動、さらには依然として国家統制の強い農協組織に代わる民間企業形式の自立的な農民による生産結社の提案など注目される活動を行なっている。

むすびにかえて――NGO法改正問題と民主化の行方

開発独裁のもとで進行する経済自由化は、新しい社会運動の諸形態を生みだしつつある。そのひとつが、NGOと総称される組織とネットワークの形態である。人権団体などに代表されるこの新しい運動組織が結成される背景には、第一に冒頭で述べたストリートチルドレン問題など新しい社会問題の発生が認められる。これらの社会問題が、一九七〇年代に始まる門戸開放政策と、その今日的な形態である経済自由化と密接な結びつきを持つことは、容易に理解できる事実であろう。

新しいNGO組織発生のもうひとつの原因は、進捗する経済自由化とは逆の動きを示す政治の自由化の停滞という現象である。イスラーム運動の弾圧と結びついた、あるいはそれを口実にした現政権による政党活動の規制、恣意的な選挙運営、さらに野党紙などに対する言論統制の強化は、民主化を求める勢力に、国家の政治団体統制から自由な、すなわち形式的には「非政治的な」団体の結成という手段を取らせることになった。そして、こうしたNGO結成の動きは、途上国に市民社会や人権概念の確立を求める国際社会、とくに欧米を中心にした国際援助機関によって支持されてきたのである。

一昨年（一九九八年）から昨年にかけて話題を集めたNGO法改正問題は、こうした政治状況を分かりやすいかたちで示すものとなった。ナセル時代に制定されたNGO法（社会団体規制法：一九六四年第三二号法）とは、相互扶助団体（ガマイーヤ・ハイリーヤ）などの社会団体を社会省に登録させ、その政治活動を規制することを目的にしていた。これに対して、最近の人権団体などに代表されるNGOのなかには、民間会社などの法人形式を取ることによって同法の規制から逃れるケースがしばしば見られた。

政府が提案した改正法（一九九九年第一五三号法）は、これらの団体を政府の統制下に取り込むことを目指していたが、同時に近年、増大したNGOの活動を奨励し、保護する枠組みを提供する内容も持ち、この点を評価して、NGOの代表者もその法案審議に協力した。それは、政府とNGOが法案審議において協議の場を持つというエジプトでは稀れな試みであり、民主化の進展を占う点でも注目された動きであった。しかし、その結果は、NGO側の失望に終わった。NGO法改正は、新聞法、専門家協会法の改正と同様、そして現在、審議が延期となっている前述の労働法改正と同じく、開発独裁下で行なわれる民主化の限界を示すものであった。

この法律改正問題の顚末は、援助におけるＮＧＯの役割に期待をかけていた一部の国際援助機関を失望させた。今日のＮＧＯを、かつての民族革命の時代に活躍した社会運動と区別する特徴点は、国際的な広がりと草の根ネットワーク的な組織の在り方にあるとも言えよう。これは、現実の国家権力との関係、イデオロギーなどで異なるとはいえ、今日のイスラーム運動にも共通して見られる社会運動としての時代的特徴であるかもしれない。

本章では、これらの点について十分に議論を展開する余裕は、残されていない。最後に、以上の論点のうち、ＮＧＯが持つ国際的な広がり（もちろん、イスラーム運動ともその内容は異なるが）について若干の私見を述べるにとどめたい。さて、民族革命の時代の社会運動、たとえば労働運動や女性運動は、民族解放の思想を運動の第一の基盤としていたと言えるだろう（その結果、最終的にはナセルの強権的な民族主義国家による指導と統制を受け入れることになった）。これとは対照的に、現代のＮＧＯは、国際的な支援の広がりのなかにこそ、その基盤を持っていると表現できるかもしれない。

もちろん、これは単純化しすぎた議論であり、たとえば上面《うわつら》ではないかたちで「人権」や「市民社会」といった外来の概念が独特に解釈されているという例に見るように、ＮＧＯ運動を支える思想的な基盤の問題も重要であることは言うまでもない。また、この議論は、外国からの援助に伴なう道義的問題に対する批判など、資金援助についてのみ述べているわけではない。むしろ、ＮＧＯの基盤としての国際的支援において重要なのは、この資金援助の側面だけではなく、国際援助機関や外国のマスコミの圧力を媒介にして、ＮＧＯを国家権力と対峙することを可能にする政治的な力学である。このような国家・ＮＧＯ・国際援助機関のあいだに見られる、いわば「三すくみ」の力関係は、途上国の多くでよく観察される構図だともいえるだろう。

ただし、こうした国家・ＮＧＯ・国際援助機関のあいだに見られる三角関係は、今日における第三世界の社会運動の強さと同時に弱さを示すものでもあった。経済自由化の進行がもたらす社会混乱を解決し、また政治的民主化を先導するという希望に満ちた役割をすべてＮＧＯに求めるのは、もちろん過剰な期待と言えるだろう。ただ、筆者がエジプトのＮＧＯに対し好意的な関心を示すにいたったのは、実際に個人的体験として、これらの活動に携わる人たちのさわやかな人柄に接したからである。「何がなくとも人はいるエジプト」という印象を再びあらたにした一年であった。

〈二〇〇〇年三月発表〉

第7章　イスラーム運動とエジプト農村

［解説］

本章のメインテーマは、イスラームと広い意味での「家族」の関係をめぐるものである。分かりやすく言えば、イスラームと「部族主義」との関係である。イスラームの知的・霊的権威者が「部族」間の抗争の調停において重要な役割を果たしてきたことはよく知られている。たとえば、最近では二〇一四年四月にエジプト最南部のアスワンでヌビア系部族とアラブ系部族のあいだで起きた抗争事件の例がある。おそらく隣国のリビアの内戦によって武器が大量に流入したことも事件の背景にはあるのだろう。短期間でこれほどの多数の死者を出した血の復讐（タール）の事件はこれまでなかった。当時の首相は、アスワン大学学長を委員長とする事実究明委員会を組織したが、これに対し両部族の指導者が求めたのは、アズハル総長による直々の調停であった。現総長は、その出自と経歴から調停をする権威を十分に備えたイマームであるが（［長沢 2015］参照）、近代国家にとって（自らが作りだした）「体制イスラーム」（本書第2章第五節参照）の権威の重要性を示す事例となった。

さて、本章では、この体制イスラームの権威に挑戦するイスラーム主義の運動（イスラーム運動）と「家族」との関係をめぐる事例を取りあげている。当時の一九九〇年代において、上エジプトの農村地帯では、イスラーム主義武装勢力と政府の治安部隊とのあいだで「血の復讐」の交戦が続いていたが、しかしそれはまだ「対テロ戦争」以前の時期であった。同時期には、アルジェリアにおける内戦（軍・治安部隊対イスラーム諸武装勢力）が猖獗を極めており（エジプトよりはるかに陰惨な「暗黒の一〇年」）、アフガニスタンではターリバンの勢力が伸張していた。いずれの武装勢力も首都から遠く離れた農村部や沙漠地帯を含む周辺地帯を活動の基盤とした。

筆者は「中東近代史のもうひとつの見方」［長沢 2016b］という最近、書いた論考のなかで、中東において「国のかたち」を作るのに決定的な影響を与えてきた三つの力のひとつとして、下からの土着的秩序を作ろうとする動き、イスラーム運動を挙げた（他の二つの力は「外からの介入」と「国家エリートによる上からの改革」）。この運動は、近代当初、アラビア半島のワッハーブ運動やスーダンのマフディー運動のように、周辺地帯に始まったが、やがて二〇世紀に入るとエジプトでムスリム同胞団が結成されて以降、都市部で近代的な社会運動として勢力を広げた（［長沢 1989］）。

しかし、本章が扱った事例の一九九〇年代頃から、イスラーム運動は武装闘争というかたちを取りながら、再び中心部から周辺地帯に活動の重心を移していった。この原点回帰のように見える動きには、運動それぞれの事情があった。とくに注意したいのは、一九九一年のアルジェリア地方選挙で勝利したイスラーム救済戦線（ＦＩＳ）に対する弾圧に見られるように中心部での議会主義による運動の挫折があったことである。こうした国家エリート（専制的な治安当局）との暴力的な対決が強まるなかで、ますます過激化したイスラーム運動は、首都中心部から離れた周辺地帯で勢力を伸張させた。その後この傾向は、二〇〇三年のイラク戦争、そして二〇一一年からのシリア内戦を通じてさらに強まり、欧米など中東以外にも頻発する「テロ」事件によって大きな影響を与えることになった。

ここで注意したいのが、冒頭に述べたような、イスラーム運動と「家族」あるいは「部族主義」との関係である。こうした周辺地帯では、近代以降、遊牧民が定住化によって数が減少し、生業形態に大きな変化が見られ、また国家権力も形式的な制度面で見るかぎり末端部まで浸透していた。にもかかわらず、治安維持、第2章第五節で使った言葉で言えば、セキュリティという「生の保障」に果たす「家族」の役割は依然として大きかったのである。イスラーム運動がこうした地域に浸透していった場合、この章の事例について言えば、運動は上エジプト農村の同族集団アーイラと緊張関係を持つ場合もあれば、その機能を代替して「解放区」を作ることもあった。また、イラクやシリアの一部の地域に、「破綻国家」とも言える国家の溶解という異常な事態が起きたとき、本来は国家が果たすセキュリティ維持の機能を「家族」が代替する場合もあった。しかし、同時にこうした過激な勢力が強制的に「家族」の機能を代替する場合も見られたのである。

さて、問題なのは、こうした特殊で異常な事態に対し、イスラームは本来的に部族主義と親和的である、あるいはイスラームは部族的な宗教であるというような言説が西側のメディアや識者のあいだに散見されるということである。それは「ネオ・オリエンタリズム」的な言説の典型的なかたちと言ってよい。サドウスキーの「新オリエンタリズムと民主主義論争」[Sadowsky 1997]（初出一九九三年）は、「対テロ戦争」時代以前に書かれたが、その「ネオ・オリエンタリズム」を批判した論点は今でも有効である。彼が批判する新世代のオリエンタリストを代表するのが、クローンである。彼女の研究『騎乗の奴隷たち』[Crone 1980]は、アッバース朝期にシャリーアを体系化したのは、「定住国家」に敵意を抱く部族的な出自を持つウラマーたちであったとする。その結果、「ハック・アラブ」つまり「アラブ〔遊牧民〕の法」が「神の法」とされたのだという[Sadowsky 1997: 37-38]（「ハック・アラブ」については、本書第4章コラム6および[長沢 1996c]（[長沢 2013a]に収録）を参照）。

イスラームが本質的に部族的宗教であるのか、あるいはメッカの商人の都市的な宗教であるか、という議論に筆者の関心はない。しかし、イラク戦争やシリア内戦によって、ますますイスラームと暴力とのつながりが注目されるなか、こうした本質主義的な言説が広まる（広めさせている権力がある）ことに大きな危惧を覚える。「対テロ戦争」が正当化される場合、中央国家権力に歯向かう「テロ組織」は、多くが周辺地帯の「部族」的性格を持つとされる少数派勢力であったからである。ロシア連邦にとってのチェチェン人、中華人民共和国にとってのウイグル人、トルコ共和国にとってのクルド人などなどである。こうした「ネオ・オリエンタリズム」の言説の果たす役割は明らかであろう。

さて、本章のコラムとして、イスラーム運動の発展とも関係の深い現代メディアについて書いたエッセイを収録した。都市、農村、沙漠世界、それぞれにイスラームのかたちがあり、またさまざまなメディアが共存するのが実態だと言えるだろう。しかし、それにしても宗教におけるメディアとは、深くまた切実な問題である。本章のコラム10ではこの問題を扱った。

一　ムスリム社会運動の地域的展開

〔現代イスラーム運動の地域的展開〕

イスラーム運動の地域的展開を分析する作業は、この運動の社会的歴史的性格を考えるうえでいくつかの材料を与えてくれる。また、この作業は、近代エジプトで展開してきたさまざまな「ムスリム社会運動」の地域的性格を分析する、より長期的な歴史的視野のなかで進めなければならない(1)。

さて、一九八〇年代以降、すなわちサダト大統領暗殺以降のイスラーム運動の地域的展開については、すでにいくつかの研究がなされている。それは、暗殺の実行犯とされたジハード団の容疑者リストの出身地別分析を中心にして、アンサーリー（Hamied Ansari）、ケペル（Gilles Kepel）、アイユービー（Nazih Ayubi）らが行なった研究である（[Ansari 1984]・[Kepel 1985]・[Ayubi 1991]）。彼らの研究に共通する指摘を要約すれば、以下のものになろう。

それは、ジハード団など「過激派」の社会的出自を調査すると、大カイロ（カイロ県とその縁辺のギーザ、カリユービーヤ県の一部）と上エジプト（とくに、ミニヤ、アスュート、ソハーグの三県を中心）に集中しているという特徴である。その他、アレキサンドリアが例外的な事例として挙げられるくらいである(2)。さらに、居住地区を分析すると、大カイロの場合は、中下層が居住する周縁部、とくに農村からの移住者が流入するマタリーヤ、ロード・エルファラグ、ブーラーク・ダクルールなどに集中している。

図1は、リファト・サイイド・アハマド（Rif'at Sayyid Aḥmad）の研究（『蜂起者たち（武装した預言者2）』）が示した一九七九―八七年における「大衆的憤激（ガダブ）の事件の地理的分布」を、表1は、同研究の付属資料「ジハード団容疑者の県別分布（一九八一年九・一〇月）」をそれぞれ示したものである［Aḥmad 1993: 99-100］。とくに、表1は、大カイロ地区と上エジプトへの集中という、先ほど述べた特徴を裏づけるデータを示している。また、「アハラーム」紙一九八一年九月七日の記事によれば、一九八一年九月のサダト大統領による反体制派大弾圧で検挙された「イスラーム運動諸組織のアミール〔首領〕」一四人の出身地別構成は、上エジプト出身が九人、デルタ地方が三人、ひとりがカイロ、残りひとりはカイロ生まれだが、上エジプト育ちという内容であった。また、表1と同じ資料から、大カイロ地区で検挙あるいは指名手配中のジハード団メンバー計一四八名のなかで、居住地が記されている者の構成は、以下のとおりであった（カイロ県とギーザ県、それぞれ多い順に列記する）［Aḥmad 1993: 101-09］。カイロ県：サーヘル（七名）、アインシャムス（五名）、ロード・エルファラグ（五名）、ブーラーク（三名）、マアディー（三名）、ヘリオポリス（三名）、マタリーヤ（三名）、ワーイリー（三名）、ヘルワン（二名）、ザウィーヤ・ハムラー、ショブラ・ヘイマ、ショブラ、ザイトゥーン、サイイダ・ゼイナブ、アッバーシーヤ、マスル・アディーマ、ザーヘル、マディーナト・ナスル、アブディーン（各一名）。ギーザ県：インババ（六名）、アグーザ（二名）、アイヤート（二名）、ブーラーク・ダクルール（二名）、ターリビーヤ（一名）。

また、以上の点について、ケペルは（おそらく同じ資料を用いたと思われる）、図2のような分布図を示している。もちろん、これは現住地を基準にした分類であり、これらのカイロ・ギーザ居住者の場合、出身地や出生地のデータによればまた異なった結果になる可能性がある。さて、注意したいのは、以上のデータが「過激派」、いわば直接行動主義者の分布であって、一九七〇年代末から八〇年代前半にかけて当時の運動それ自体は、全国的な広がりを見せていた点である。たとえば、表2は、同じ一九八一年九月弾圧でイスラーム運動との関係を疑われワクフ省管轄下に移管された民間モスク（masjid ahlī）の地域別分布を示したものであるが、このデータからは、当局が警戒した運動が全国的な展開を示していたことが推測できる。たとえば、政府がイスラーム運動の拠点と考えたモスクは、先に示した「過激派」の構成と比べて、上エジプトやカイロな

（図 1）大衆的憤激（al-ghaḍab al-jamāhīrī）事件の地理的分布（1979-87 年）

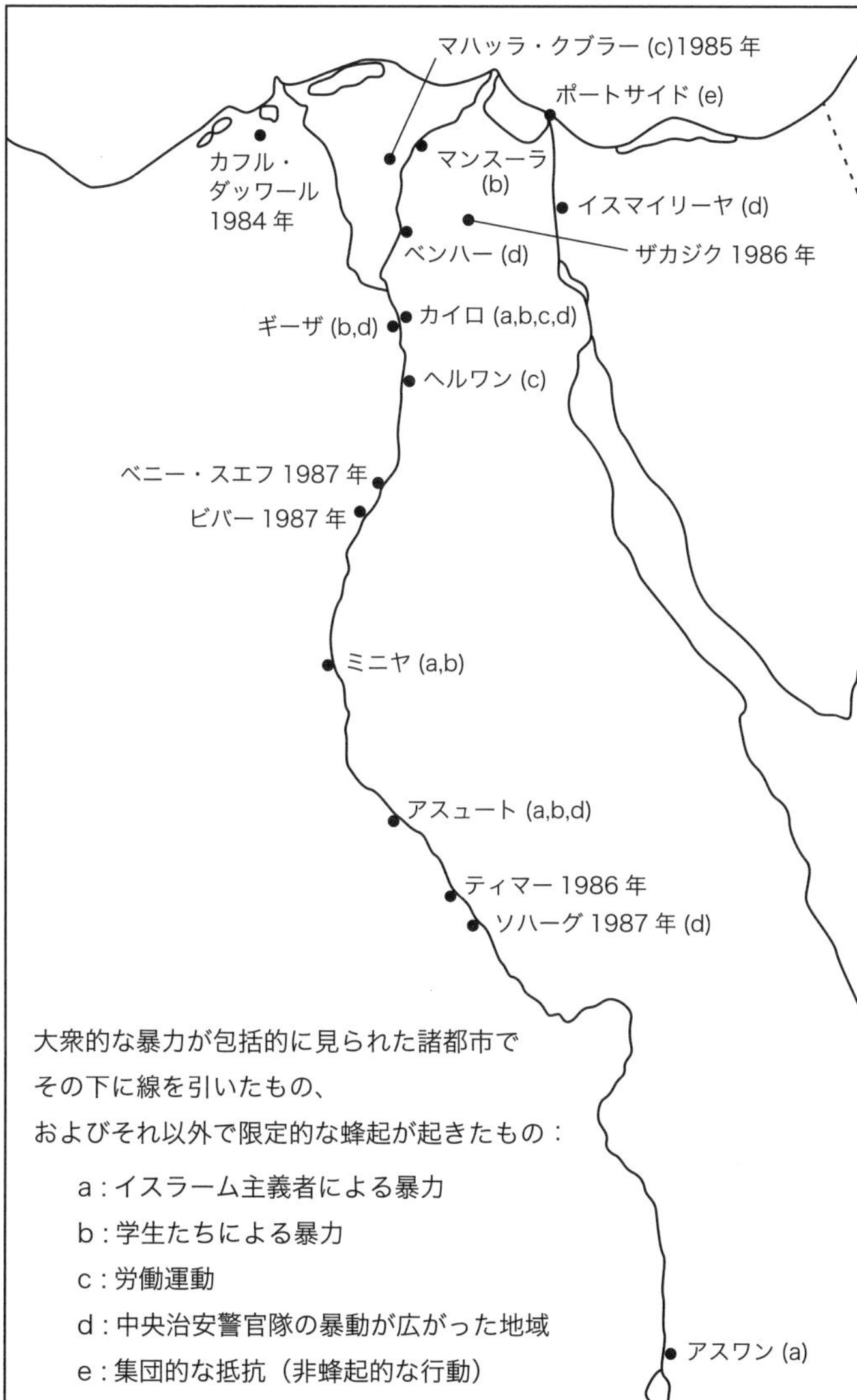

（出所：［Aḥmad 1993: 99］）

［補注］原文どおりに訳したが、原図には下線が引かれていない。「d: 中央治安警官隊の暴動」とは、1986 年 2 月に中央治安警官隊の一部が徴兵後の待遇への不満から起こした反乱のことを指す。

（表1）ジハード団容疑者の県別分布（1981年9・10月）

県　名	人　数	%
カイロ	57	21.0
ギーザ	78	28.7
カリユビーヤ	1	0.3
（大カイロ小計）	（136）	（50.0）
アスワン	2	0.7
ケナー	12	4.4
ソハーグ	29	10.7
アスュート	32	11.8
ミニヤ	22	8.1
ベニー・スエフ	11	4.0
ファイユーム	9	3.3
（上エジプト小計）	（117）	（43.1）
ガルビーヤ	1	0.4
シャルキーヤ	9	3.3
ブヘイラ	2	0.7
ダカハリーヤ	5	1.8
イスマイリーヤ	1	0.4
ワーディー・ガディード	1	0.4
（その他の県小計）	（19）	（7.0）
合計	272（＊注）	100

（出所：［Aḥmad 1993: 100］より筆者作成）
（＊注）原表は271だが、修正した。

どの比重が低く、その代わりにデルタ諸県とスエズ運河都市などの都市的な県に重心が置かれていたことが分かる。

しかし、次節で具体例を示すように、八〇年代後半から九〇年代に入った時期の運動は、イスラーム団の「王国」となったギーザ県のインババ地区など大カイロ周縁部と、観光客襲撃で一時期世界からも注目された上エジプト農村部という、前出の二つの地域で目立った動きを見せるようになったのも確かである。

〔近代エジプトの農村―都市関係〕

冒頭に述べたように、ここでこの運動の地域的展開をより長期的な視点で考えてみよう。まず、これまで紹介した資料から、（1）最近の展開、すなわちサダト暗殺の一九八〇年代以降、あるいは一九七〇年代後半以降の現代におけるイスラーム運動と、（2）「中期的に」歴史をさかのぼり、ナセル政権による弾圧以前のムスリム同胞団を中心とした一九三〇―五〇年代のムスリム社会運動とを比較してみよう。するとそこには明らかに、カイロなど大都市中心部からから上エジプトへ、都市部中心から農村への蔓延へという展開、あるいは重心の移動が読みとれる。次に、さらに今度は「長期的な」視点に立ち、（3）近代的組織的なムスリム社会運動、ムスリム同胞団成立以前の時期について、広義のムスリム社会運動、あるいは都市暴動や農民反乱など、近代初期の社会運動全般の地域的展開と比較して考えてみよう。その場合、最後の大規模な農民反乱を伴なった一九一九年革命を中心とする民族主義運動の時代をさらにさかのぼると、そこには上エジプトを中心に展開した農民反乱、とくにマフディー〔救世主〕を

（図 2） ジハード団容疑者の居住地と地区類型

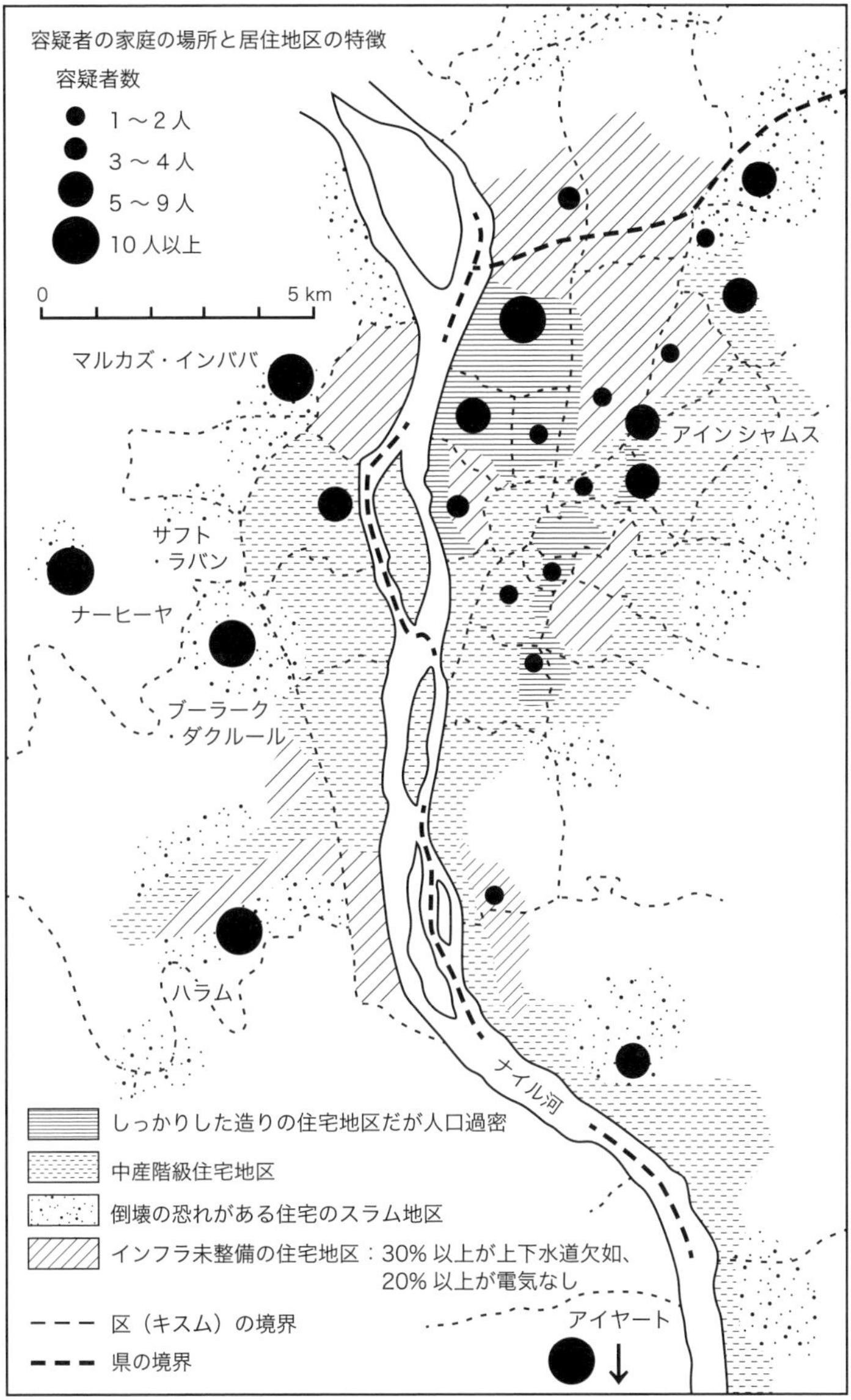

（出所：［Kepel 1985: 222］）

名乗る人物に率いられた一九世紀前半の宗教的性格を帯びた反乱の事例に目が向かう（この問題については、［バラカート 1991］を参照）(3)。もちろん、こうした長期的視点に立つ考察において、次節で取りあげるような現代の上エジプト農村のイスラーム運動のリーダーを、二世紀の年月を経たマフディーの再来とみるのは誤りであろう。しかし、歴史的（そしてイデオロギー的）性格が異なる二つのムスリム社会運動が、農村（とくに上エジプト農村）の基層的な社会関係とそれぞれ密接なかたちで関わりを持っていたことは、否定できないように思う。

とはいえ、このほぼ二世紀にわたるエジプトの近代化の過程は、一九三〇―五〇年代にかけて都市部を中心に活躍したムスリム同胞団の初期運動期という中間期をはさんだかたちを取る、前述の二つの農村部でのムスリム社会運動（マフディー反乱と現代のイスラーム運動）のあいだに大きな歴史的性格の違いを作りあげた。両者のあいだには、政治、経済、そして宗教の制度的側面における中央集権化の進展と、それに伴なう都市―農村関係の変容がある。こうした問題でもやはり先駆的な研究を行なったのは、近代エジプト社会史の代表的研究者ベアー（Gabriel Baer）である。ベアーの研究は、批判的な検討が必要とされるが、ここでは彼の遺稿となった論文「エジプトとシリアにおける農村と都市―一五〇〇―一九一四年」［Baer 1982b］の一部を紹介しておこう。

ベアーは、前近代エジプト農村の宗教の制度的諸側面をめぐる都市との関係について、次のような点を指摘している。まず、イスラーム教育について、ムハンマド・アリーやイスマイールによる教育改革が進んだ一八七〇年代においてもクルアーン学校がある村は、全国農村の五パーセントにも満たなかった。むしろ、当時の教育の近代化政策は、都市中心で行なわれた。また、イスラーム法制度については、公的な裁判制度は、都市部と異なり、農村部とくに上エジプトにおいては、シャリーア法廷の体系との結びつきが弱かった。また、各法学派の枠組みを通じて都市と農村が結びつくこともなかった。また、イスラーム知識人の在り方については、農村出身のウラマーは、比較的数多く記録に残っているが、しかし大半が都市に居住しており、こうした都市のウラマー層と「農村のファキーフたち」（fuqahā' al-rīf）のあいだには明確な社会的隔絶があった。後者は、クルアーンの朗唱や結婚契約の締結などを職務としていたが、彼らを任命したのは宗教的権威者ではなくムルタズィム〔徴税請負人〕であった。また彼らは、法学派の違いも分からないなど総じてイスラーム的知識の水準が低かった。彼らとならんで、農民の宗教生活を支配したのは、スーフィーのダルウィーシュ（fuqarā'）であった。ベアーの論文におけるひとつの結論は、前近代エジプトにおいて、農村と都市は有機的結びつきを持たず、「経済的にも政治的にも行政的にも、そして宗教的にも相互に結びつきを持った社会的実体として統合されていなかった」という主張であった(4)。

一九世紀初頭にムハンマド・アリーが開始した近代化政策は、前述したような都市―農村関係、そして農村における宗教の制度的側面に対して大きな影響を与えた。彼は、ワクフ改革やアズハルへの介入など、伝統的な宗教的権威に対し強権的国家体制への従属を強制したが、他方、こうした都市（カイロ）中心の宗教的権威が地方に勢力を拡大する制度的支援を行なった。同様の過程は、ナセルによって約一三〇年後に繰り返されることになる(5)。ナセル政権下の地方での教育発展、とくに公的なイスラーム教育の伸長が、現在の草の根レベルのイスラーム復興の現象の重要なひとつの背景であることは否定できないだろう。

さて、近代初期に話を戻すと、当時の教育発展は、たしかに都市中心であったが、都市に設立されたマドラサで学業を終えた農村の子弟の多くが帰郷している事例は多く観察された。そして、二〇世紀に入ると多くのモスクが農村部で建設されるようになる。また、農村部で大きな権勢をふるっていたスーフィー教団に対する中央統制が始まるのもムハンマド・アリー時代であった。また、法制度の面では、これまで慣習法が大きな位置づけを与えられていた農村部に、一九世紀以降、シャリーア法廷が数多く設立されるようになった。総じて言えば、これらの制度的発展は、いわゆる「正統イスラーム」の農村部への普及を促したのである。これが、「世俗化」の進行による「伝統的イスラーム社会」の危機が生じたと語られる、エジプトの「近代化」のもうひとつの側面であった。

〔上エジプトの特殊性〕

二〇世紀以降、とくに一九五二年革命以降の変化についてふれる余裕は、ここではない。ただ、次節の議論に入る前に、その前提として、こうした農村部のイスラーム、あるいは都市―農村関係の変容過程との関係から、上エジプトの特殊性について、若干議論をしておきたい。すでにふれたように、ムハンマド・アリー体制、あるいはナセル体制といった強権的な国家体制の成立と結びつくかたちで進行した、アズハルを中心とするイスラーム的教育制度の地方への普及は、農村部のイスラームの在り方に大きな影響を与えた。ここで、一例としてハーラ・ムスタファー（Hāla Muṣṭafā）の研究『サダト＝ムバーラク期における国家と宗教—交渉と対決の間—』〔Muṣṭafā 1995: 334-60〕に依拠して、イスラーム的指向を持つ任意団体の地域的分布を検討してみよう。まず、表3は、「公共的性格を有する民間互助団体」（al-jamʿiyya al-ahliyya dhāt al-ṣifa al-ʿāmma）における「イスラーム系団体」が占める比率の地域的差異を示したのである。同表から、一九六八年といういささか古い統計ではあるが、民間互助団体に占めるイスラーム系団体の比率が、カイロで二四・五パーセント、アレキサンドリアで二一・〇パーセント、デルタ諸県で三〇・三パーセントであるのに対し、上エジプト諸県では五五・六パーセントにも達していることが分かる。また、表4は、同様にムスリム青年協会（Jamʿiyya al-Shubbān al-Muslimīn：YMMA）の支部数の地域別分布を示したものである。同協会は、〔YMCAに対抗して〕一九二七年に国民党議員によって創設された歴史の長い青年組織であるが、ハサン・バンナー自身もダール・アルウルーム〔一八七一年創設の伝統的イスラーム教育と西洋近代教育の融合を図った「高等師範」学校〕の学生時代に学友と同協会に参加した例に見るように、ムスリム同胞団とのつながりを持っていた。一九八六年段階で、同協会の加盟員は、一五万人を超え、支部も一一二に達した。表4も一九六四年と古い統計であるが、農村部や辺境部、なかでもやはり上エジプトの諸県に（人口規模から考えればデルタ諸県に比較して）相対的に数多く支部が設置されているのが分かる。これらの資料は、いずれも上エジプトが現在のイスラーム運動の重要な拠点である背景に示唆を与えていると言えよう。

さて、ある社会運動を分析する場合、指導者に関する考察と運動の支持者の広がり、すなわち社会的基盤をめぐる議論とは区別する必要がある。運動の指導者について言えば、この点で、ムスリム同胞団のリーダーで刑死したサイイド・クトゥブ（アスュート県アブー・ティーグ郡ムシャー村出身）に始まり、「ムシャー村から歩いて二時間ほどの距離にある」アブー・フルス村で生まれたシュクリー・ムスタファー〔タクフィール・ワ・ヒジュラ（ムスリム団）指導者〕など、上エジプト、とくにアスュート県は、これまで多くの運動指導者を輩出してきた。ところで、奇抜な議論かもしれないが、これら現代の運動指導者と、一八世紀末のカイロにおける反仏暴動の民衆リーダー、オマル・マクラムと比較することは、意味のあることだろ

（表2）1981年9月に政府管理に移管した民間モスクの地域別分布

県　名	人　数	%
カイロ	7	10.4
ギーザ	6	9.0
カリユビーヤ	1	1.5
(大カイロ小計)	(14)	(21.9)
ケナー	3	4.5
ソハーグ	5	7.5
ミニヤ	7	10.4
ベニー・スエフ	3	4.5
ファイユーム	5	7.5
(上エジプト小計)	(23)	(35.9)
シャルキーヤ	4	6.0
ダカハリーヤ	5	7.5
イスマイリーヤ	2	3.0
スエズ	3	4.5
ポートサイド	8	11.9
アレキサンドリア	4	6.0
ダミエッタ	1	1.5
(その他の県小計)	(27)	(42.2)
合計	64	100

（出所：*al-Ahrām*, 1981/9/8 記事から筆者作成）

（表3）民間互助団体に占めるイスラーム系団体の地域別差異（1968年）

県　名	民間互助団体数 (A)	そのうちイスラーム系の団体数 (B)	(B)÷(A)×100 (%)
カイロ（＊注）	49	12	24.5
アレキサンドリア	19	4	21.0
デルタ諸県	33	10	30.3
上エジプト諸県	27	15	55.6
合計	128	41	32.0

（出所：［Musṭāfā 1995: 342］から筆者作成）
（＊注）カイロにはギーザを含む。

うか。マクラムは、アスュート出身のシャリーフ〔預言者ムハンマドの子孫〕の家柄である。アハマド・アミーンが『慣習伝統表現事典』の「上エジプト人」の項目（本書第4章参照）で述べているように、アズハル学院の学寮は出身地ごとに分けられていたが、マグレブ出身者とならんで（いやそれ以上に）学寮内で強大な勢力と結束力（アサビーヤ）を誇ったのが上エジプト人学生であった［Amīn 1953: 260–61］。アサビーヤの表現でもある復讐慣行は、直接的なかたちではないものの、学生たちの派閥抗争においても大きな影を落としていただろう。政治的空間としてのカイロ社会内部に大きな影響力を持ったアズハル学生のなかにあって、マクラムは、今日的に言えば、学生運動のリーダーであった［Riḍwān 1986: 514–17］。

当時の騒乱状況において、この上エジプト出身の学生運動リーダーが、その他都市中下層の民衆の運動のあいだに連帯関係を作りだすことができた背景に、上エジプトのアサビーヤ的要素が大きな力を与えていたことはないのか。こうした運動指導者のレベルにおいては、ベアーの主張とは反対に、中央都市部の政治空間（それは国際関係を敏感に反映していた）と地方のそれとは互いに通底しあう関係を持っていたのではないか。ここでは、詳しく展開できないが、次節で見るように、現代のイスラーム運動は、地方政治、あるいは村落政治（とくに上エジプトにおける）のさまざまな局面と密接な関係を持って

（表4）ムスリム青年協会支部の県別分布（1964年）

県　名	人　数	%
カイロ	3	3.0
ギーザ	1	1.0
カリユビーヤ	5	5.1
（大カイロ小計）	(9)	(9.1)
アスワン	2	2.0
ケナー	8	8.1
ソハーグ	13	13.1
アスュート	5	5.1
ミニヤ	10	10.1
ベニー・スエフ	4	4.0
ファイユーム	1	1.0
（上エジプト小計）	(43)	(43.4)
ガルビーヤ	6	6.1
シャルキーヤ	9	9.1
カフル・シャイフ	5	5.1
ダカハリーヤ	5	5.1
ムヌーフィーヤ	4	4.0
ダミエッタ	2	2.0
その他デルタ	5	5.1
（デルタ小計）	(36)	(36.5)
紅海	4	4.0
マトルーフ	3	3.0
ワーディー・ガディード	2	2.0
北シナイ	1	1.0
南シナイ	1	1.0
（辺境県小計）	(11)	(11.0)
合計	99	100

（出所：［Musṭāfā 1995: 358］から筆者作成）

（＊注）「その他デルタ」とは、ブヘイラ、アレキサンドリア、スエズ、ポートサイド、イスマイリーヤの各県でいずれも支部数は1である。

いる。

さて、冒頭に述べた研究者のなかで、アイユービーは、上エジプト（とりわけ、アスュート）が運動の拠点となり、また指導者を輩出してきた背景を次のように説明している［Ayubi 1991: 167, 242］。上エジプトとデルタは、歴史的な住民形成の点において、アラブ化の過程において、すなわちアラブの移住の歴史において大きな違いがある。アラビア半島から移住した部族のなかで、相対的に農業部族がデルタを選好した傾向があるのに対し、上エジプトには遊牧部族が多く移り住んだ。加えて、その後も上エジプトは、バニー・ヒラール族やハッワーラ族など何回にもわたる遊牧部族の移住の歴史を持つ。こうした移住の歴史は、上エジプトの農村内部に下層農民の先住村民（ファッラーフ）と移住民の支配層（アラブ）という重層構造を作りだす（さらに下層にキリスト教徒）一方、根強い反中央感情を育む原因となった。数々のマフディーの乱、マムルークの反抗は、その例であるし、遊牧民の卓越した政治的軍事的役割は、デルタでは見られないものであった。こうした現象の背景には、沙漠との地理的近接性や、紅海を経由したアラビア半島との社会的経済的結びつきの強さなどがあった。

近代以降の上エジプトの社会的特徴に大きな影響を及ぼしたのが経済開発における立ち遅れ、あるいは低開発化の進行であった。デルタを中心に進展した灌漑制度の近代化が、上エジプト全域に普及するのは、アスワン・ハイダムの完成（一九七一年）を待たねばならなかったし、人口密度の高い上エジプト農村部は、貧困とデルタ農村や中心都市への出稼ぎで知られるようになった。上エジプトの「首都」とされたアスュートは、近代商業の発展による長距離交易（スーダンとのあいだの「ダルブ・アルバイーン」ルート）の没落に加えて、工業化の進展でも立ち遅れを見せていた。ナセル時代になってアスュート大学が設立された結果（一九五七／五八年）、同市の青年層の人口が膨らんだが、すでに述べたような事情から、彼らには就職口を含めて将来の望みが閉ざされていた。ただし、このような経済的貧困とイスラーム運動の過激化を結びつける議論は、一般的によく見られるが、具体的な因果関係の実証分析がそれほどなされているとは思われない。

そして最後に、上エジプトとイスラーム運動の関係で、その他の論者によってもよく指摘される問題として、キリスト教徒の人口比率が高く、宗派対立の緊張関係があったことが挙げられる。加えてサダト時代には大統領の意向を受けて、当時の県知事ムハンマド・オスマーン・イスマイールが、反キリスト教徒感情からムスリム同胞団などイスラーム運動勢力を公然と支援したことが現在の状況を招いた一因であった、とアイユービーは指摘する。

さて、この上エジプトの宗派対立とイスラーム運動との結びつきについては、次節でも取りあげるが、その前にひとつの興味深い例として、オマル・アブデルラフマーン〔イスラーム団の精神的指導者で、一九九三年のニューヨーク世界貿易センタービル爆破事件の容疑者〕とファイユームの農村をめぐる逸話を挙げておこう。彼の個人史『真実の言葉』['Abd al-Rahmān n.d.: 11-15] は、近代エジプトにおけるイスラームの地域的発展のひとつの側面を物語っている。アブデルラフマーンは、一九三八年デルタ北東のダカハリーヤ県マンザラ郡のある村に住む貧しい両親のもとで生まれた。生後一〇カ月で視力を失った彼は、幼少の頃から母方の叔父にモスクに連れてゆかれクルアーンの読唱の手ほどきを受けた。その後、五歳のときにタンターのある宗教専修学校（マアハド）に入れられ、そこで一一歳でクルアーン暗唱を達成し、ダミエッタの専修学校で四年後に〔一五歳で〕アズハル小学校卒業免状を取得、さらにマンスーラの新設の宗教専修学校に入学し、五年後一九六〇年に〔二二歳で〕でアズハル高等学校卒業資格を獲得、カイロのアズハル大学神学部への入学を果たす。アブデルラフマーンは、同学部を五年かかって卒業する（彼は、当時のアズハル大学改革が不徹底であるために一年余計に就学し、そのために就職で問題が生じたと大学当局に不満を述べている）。ただし、一九六五年〔二七歳で〕きわめて優秀な成績で卒業したにもかかわらず、大学に助手として残ることができず、こころならずもワクフ省によってファイユーム県のある村のモスクのイマームに任命される。この村の人口は、二万人を数えたが、その三分の一はキリスト教徒であり、オリーブやライムの生産といった商業的農業が発達し、村民は「市場的気風」を持ち、ひんぱんに離婚（タラーク）の誓いを立てることが横行していた。しかし、彼の熱心な説教の結果、赴任当初、早朝のファジュルの礼拝にほんのひとりか二人しか来なかったモスクに、やがて礼拝者が列をなすようになった。彼は、このモスクのイマームの仕事と同時に勉学にも努め、着任二年後の六七年に〔二九歳で〕修士号を取得し、県都のファイユーム市に転任となり、数多くのモスクで説教を行なうようになる。翌六八年に、彼はアズハル大学に助手になったが、各地での説教は続けた。

しかし、この頃から説教の内容に対する嫌疑を受けて、治安当局から目を付けられるようになり、その結果、六九年四月にアズハル事務局に呼びだされ、事務総長から自宅謹慎と減俸の処分を申し渡される。この処分は、同年末に取り消されるが、翌七〇年に逮捕され、釈放された後、再びファイユームに戻り宗教専修学校の教師となる。その後、ミニヤやアスュートで教鞭を取り、またリヤド女子大学の教師としてサウジアラビアに渡った後、一九八一年サダト暗殺に対する教唆の罪を問われ、一躍彼の名前は広く知れわたることになる。

彼の個人史で興味深いのは、第一に、地方に普及した宗教専修学校などアズハル系の教育機関のネットワークが持つ社会的影響力であり、また第二に、彼自身が抱いた宗教的権威アズハルへのコンプレックスに満ちた憧れである。前者について言えば、彼のような数多くの「田舎のウラマー」の日常的な教育活動が、農村部、とくに上エジプトの青年層に大きな影響を与えたことは十分に(筆者の上エジプト農村での見聞からも)予測される。また、後者について述べると、上エジプトで地方宗教教師を務めていた時代に彼は博士号を取得するわけであるが、そうした彼の近代的な教育階層制への執着が注目される。安易な比較はできないが、半世紀前、上エジプトの農村出身でアズハル学院を卒業した後、フランスに留学した(デュルケームの講義も聴講した)近代エジプトを代表する大知識人、ターハ・フサイン(本書第2章第二節参照)と、このオマル・アブデルラフマーンとのあいだには、どのような時代の変化が起きたのであろうか(同じく農村生まれの盲目の少年であった二人の個人的資質の違いを超えて)。

二 イスラーム運動と村落政治——ダイルート騒乱をめぐる報道記事から

〔ダイルート騒乱の展開〕

近年のイスラーム運動をめぐる事件の流れのなかで、一九九二年は、重要な画期となった年である。同年に発生した事件で今も強く印象に残るものを二つ挙げれば、第一が六月八日に起きた作家ファラグ・ファウダの暗殺事件、第二がほぼ同時期に起きたダイルート騒乱事件であろう。前者の暗殺事件は、思想的な危機状況の象徴として現代エジプトの知的社会に大きな衝撃を与えたのに対し、後者のダイルート騒乱は、イスラーム運動と伝統的農村社会との根深い関係を示唆した点で注目すべき事件となった。

ここでは、筆者の手元にある当時の新聞雑誌記事の切り抜きを用いて、伝統的な村落政治とイスラーム運動との関係を議論するための材料を提示してみたい。

ダイルートは、アスュート県の北の外れ、ミニヤ県との県境にあるナイル川西岸に面した町であり、ダイルート郡の中心地（マルカズ）でもある。この騒乱は、一九九二年五月、このマルカズに属するひとつの村、マンシーヤト・ナーセルで起きた殺傷事件で始まった。この村は、サナブーという村から枝分かれした子村である。事件は、マンシーヤト・ナーセル村から、サナブー村、ダイルート市という順序で拡大した〔以下の叙述は、「アハラーム」紙一九九二年五月二日、六日、七日、九日、六月一日、二三日、二五日、八月二三日、二四日、『ローズ・エルユーセフ』誌三三六〇号、三三六二号、三三六五号にもとづく〕。

このマンシーヤト・ナーセル村で、一九九二年五月のはじめに一四人の犠牲者と三人の学童を含む五人の負傷者を出す衝突事件が発生した。犠牲者のほとんどは、コプト教徒の農民だった。ことの発端は、それより二カ月前にさかのぼる。同年の三月に、マンシーヤト・ナーセル村に住むあるコプト教徒の男性が家屋をムスリムの村民に売ろうとしたところ、別の一族（ウスラ）が自分たちが買いたいと、その売買契約を破棄するように要求し、コプト教徒の一家とのあいだに紛争が持ちあがった。ここで、後者の一族のメンバーのひとりが「過激派」に属していたことから、「過激派」がこの両者の争いに介入し、ひとりのコプト教徒と二人のムスリム〔うちひとりは「過激派」メンバーとも「過激派集団」シンパとも言われた〕が死亡する事件が起きた。治安当局は、すぐに夜間外出禁止令を出すなどして事態の鎮静に努めたが、四月には「過激派」の狙撃にあって村出身の医師が殺される事件が起きた。彼が殺害された理由は、村に住む彼の父親が警察に「過激派集団」の情報を流したことに対する復讐であった。「過激派」がシャンム・ナシーム〔春風の薫りを楽しむ祭り〕の期間中に配布したビラによれば、この殺人は三月の同胞の殺害の仇討ちであったという。

さて、治安当局によれば、一連の事件を指導したのは、ダイルート郡の「過激派」諸集団のアミール〔指導者、首領〕、ガマール・フェルガリー・ハリーディー〔三七歳〕という人物であった。彼は、ダイルート市の物資供給課の監察官を務める公務員であり、マンシーヤト・ナーセル村の「スンニーヤ・モスク」で集会を開いて多くの若者を動員した。彼ら〔若者たち〕は、村の住民のあいだに絶大な信頼と権力を獲得し、村民に対し数々の命令や訓令を発令するようになった。彼らの支配から逃れようとする者は、暴力をふるわれた。こうした事態は、三月の事件まで続き、〔警察の介入後〕彼らはダイルートの根拠地のひとつであるナイルの岸近くの「マサーラ村」に拠点を移した。

その後五月の殺傷事件が起きたわけだが、報道記事によれば、この事件は、「過激派」のアミールであるハリーディーが「復讐（タール）の範囲を拡大する」指令をメンバーに下したことに原因があるという（『アハラーム』紙五月七日記事）。この五月のマンシーヤト・ナーセル村で起きたコプト教徒殺害事件に対して政府は、「特殊部隊」を投入し、激しい戦闘の結果（同紙六月一九、二九日の交戦で九人死亡）、六月二三、二四日にマサーラ村とサナブー村の制圧に成功したという声明を発した（同紙六月二五日記事）。しかし、その後も八月にアスュート県の別の町マンカバート市で、ダイルートのジハード団組織が警察と交戦する（同紙八月二四日記事）など、事態は鎮静化するどころか、ますます地域的な広がりを見せた。この一九九二年は、前述のオマル・アブデルラフマーンが、キリスト教徒の多い村でモスクのイマームをしていたファイユーム県で「過激派」による殺人事件が起きている。彼との直接的な関係は、筆者には不明であるが、同年の五月中旬には、同県のカハ村で治安将校の殺害、四月にも灌漑監察官二名の殺害という事件が発生した。これは、二年前の一九九〇年にキリスト教徒への攻撃事件と関連して発生した警察による一六人の「過激派」殺傷に対する復讐であったと言われる。このファイユームの事件に加えて、ベニー・スエフでの「過激派」四人が死亡する事件をはじめとして、ケナー、アスュート、ソハーグなど上エジプト各県で警察と「過激派」は交戦状態に入った。その他、キリスト教徒の巡礼団のバスに対する襲撃事件（ディル・マワース）や、観光客の襲撃事件も多数発生している。これら一連の事件のなかで、ダイルート騒乱は、中心的な事件であった。

〔サナブー村の知られざる支配者〕

以上に紹介したダイルート事件をめぐる数々の報道のなかで、村社会とイスラーム運動の関係に関するひとつの興味深い記事があったので、ここで紹介しておくことにする。それは、『ローズ・エルユーセフ』誌（第三三六八号一九九二年一二月二八日）に掲載された「サナブー村の知られざる支配者」（ḥākim sanabū al-khāfī）というルポルタージュ記事である。以下、その主要な部分を紹介する。

六月のイスラーム団と治安警察の衝突において、アラファ・ダルウィーシュというひとりの青年が亡くなった。この衝突の後、ダイルートとサナブー村で事件が頻発し、今日にいたるまで平穏は戻っていない。翌日、イスラーム団を名乗る者たちが復讐を行ない（tha'ara）、サナブーのコプト教徒が所有する一三軒の店に火をつけた。治安は回復せず、村は占領され、外出禁止令が出され、しばらくして〔イスラーム団の〕支配はダイルート市におよんだ。—中略—

サナブー村の住民は、誰ひとりとしてアラファ・ダルウィーシュ〔当時二七歳〕が、すなわち彼らが呼ぶところのシャイフ・アラファが、いつ、どのようにイスラーム団に入ったのかは知らない。村民たちは、次のように語る。「気がつくと、彼は子どもの頃から連中と一緒にいたし、そのうち大きくなって顎髭を伸ばし放題にしていると有名になった。もうその頃には、彼は中学二年生だったが、連中〔の集団〕に加盟していたんだろう」。当時、彼はダイルートのイスラーム団の拠点だったサッワーハ・モスクに通っていた。そこで彼は、サダト大統領暗殺に加担したナージフ・イブラヒームの手によって薫陶を受けた。ナージフが逮捕された後は、アスュート県の集団のアミールであったマフムード・シャイーブが彼の訓練を続けた。

当時のアラファの役目は、学校の友だちをサッワーハ・モスクに誘って—中略—この秘密組織に加入させることだった。年月が過ぎ、アラファ・ダルウィーシュは、ダイルート郡で最大の村〔注（6）を参照〕であるこのサナブー村の団員のトップになった。この村だけで団員は、九〇〇人に達した。アラファは、彼らを完全な統制下に置き、彼ら〔イスラーム団員〕は、村（バラド）の権力者となった。シャイフ・アラファは、村のナンバー・ワンの人物となり、交番の〔警察の〕将校さえも村民の争いごとの調停を彼に頼むようになった。実際、多くの人たちが、彼に陳情（シャクワー）を持ち込んで、〔政府の警察がするように〕陳述調書（muḥāḍir）を発行するのではなく、感情のこもったかたちで（waddiyan）問題の解決を頼んだ。陳情は、とくに相続をめぐるものが多かった。加えて、何人かのコプト教徒が、彼に陳情を持ち込み、彼らの同族との争いごとで彼らの側に立ってくれるように、また有力者（al-aqwiyā'）から〔イスラーム〕団が彼らを保護（ヒマーヤ）してくれるように彼に仲介を頼んだ。

こうした事態を助長したのは、アラファが暴力とは縁のない穏健な人柄として知られていたからである。村人は、それまで〔イスラーム〕団が村でやった暴力事件に、彼が関与していたことを知らなかった。実際には、彼はアミールとして、団員にさまざまな命令を下し、彼らはそれを実行していたのであり、彼は責任を決して免れない。〔それらの命令とは〕たとえば、マウリド〔聖者の聖誕祭〕やズィクル〔唱念〕の行の禁止、コプト教徒によるマール・ギルギス〔聖ジョージ〕の生誕を祝う祭りの禁止、飲酒者の鞭打ち、村落議会〔政府が一九七〇年代以降農村部に設置した複数の村を統括する行政組織（本書第3章第一節を参照）〕が建てた購買所でのパンの販売の統制におよんだ。アラファは、サナブー村でこの集団が拠点づくりに成功したことから、アスュート県の集団のアミールたちのあいだで有名になった。この村の人口は、四五〇〇人でそのうちキリスト教徒の数が四〇パーセントも占めていたからである。[6] この村は、これまでムスリム同胞団が指導部の設立に失敗した所でもあった。また、この村は、暴力と流血〔復讐慣行のことを指す〕で知られるダイルート郡の多くの村のなかにあって、もっとも平穏な村として知られていた。

村の住民のあいだで、アラファは、イスラーム団の他の団員のような白いガラビーヤ〔宗教熱心な人の服装として知られる〕を身に着けることなく、いつも普通の服で通していた。また、家にはすべての近代的な器具があった。ただし、テレビだけは例外であり、彼は家のなかにテレビを持ち込むのを断っていた。なぜなら、それは、倫理的逸脱（fitna）を助長すると考えたからである。このサナブー村の知られざる男、シャイフ・アラファこそが、いつ果てるとも知らぬダイルート事件のきっかけを作ったのである。

〔イスラーム運動と村落政治〕

以上に示したサナブー村の事例は、興味深い事実をいくつか含んでいるが、雑誌記事の持つ限界のため、すべてが本当の事実か確認が必要であるし、またより詳細な状況説明が必要な箇所も多い。したがって、正確な資料分析にもとづく結論を提示することはできないが、ただ筆者の関心にもとづきひとつの推測を行なうことを許されるなら、それは、以下のようになろう。サナブー村で発生した新しい支配者（hākim）の登場とは、村落政治における伝統的な支配の様式のイスラーム運動による代替、あるいは両者の接合ではなかったかという推測である。その場合、イスラーム運動による村落支配は、もちろん近代的な官僚制的な支配の貫徹ではなかったのだが、といって伝統的秩序を根底から覆す、イスラーム共同体の論理にもとづくカリスマ的な政治革新でもなかったのではなかろうか。名門家系の有力者の支配と同族間の抗争を特徴とする「アーイラ（同族）政治」は、エジプトの地方政治、村落政治のひとつの特徴であるが、(7)イスラーム運動による村落支配は、こうした伝統的な支配の様式を代替しながらも、その支配の基盤の一部を後者と共有していたのではないか。あまり根拠もない推論をこれ以上展開しても意味のあることとは思えないので、ここでは関連する報道記事を紹介するのにとどめておく。(8)

『ローズ・エルユーセフ』誌（第三三六二号、一九九二年一一月二三日）が掲載した上エジプト諸県におけるイスラーム運動と映画をめぐる問題の報道のなかに、「部族が過激派から映画を護る」と題する記事があった。イスラーム運動が、映画をはじめとして演劇や民俗的舞踊などイスラーム的価値道徳に反する文化活動を攻撃目標としてきたことは、よく知られている。また、いかがわしいビデオ・クラブが彼らの焼き討ちに遭うことは再三にわたった。同記事は、「過激派」がダイルートなどの映画館を閉館にするよう脅迫状を送りつけているが、名門の大アーイラの有力者（人民議会議員）が所有する映画館は攻撃目標から外していると伝えている。すなわち、イスラーム運動が上エジプトで隠然たる権力を持つ大アーイラの支配に真っ向から挑戦するのを避けている事実を、この記事は伝えようとしている（もちろん、有力者の議員におもねる提灯記事とも思われるが）。

また、サナブー村の社会構造について、前出の「アハラーム」紙（一九九二年五月六日記事）は、次のような特徴を述べている。すなわち、サナブー村で問題が起きたのは、「紛争の原因を除去するよう介入ができる大アーイラがこの村に存在しなかったからだ。この事実は、ダイルート郡の他の五四の村でこうした紛争が起きていないことによって証明される」。「他の村で紛争が起きていない」という断定の根拠は分からないが、ただサナブー村で「大アーイラ」が存在しないというのは、興味深い指摘である。イスラーム運動がアーイラ政治に取って代わった背景には、この村の同族構造が持つそうした不安定な性格という特殊性があるのかもしれない。前出の記事が示したような「シャイフ・アラファ」の持つ紛争の調停機能は、村の日常生活における政治過程の基本的要素となっていたのだろう。(9)

また、同紙の六月一日記事「これは復讐か宗派紛争か」は、この節の冒頭で紹介したマンシーヤト・ナーセル村のコプト教徒殺害事件が、実は二〇年来の復讐（タール）という長い歴史を持つ出来事であったと述べている。上エジプトの村落政治は、しばしば復響慣行とムスリム―キリスト教徒の支配従属関係の結びつきによって特徴づけられるが、とくに近代以降の社会変容において、この構造に変化が見られた可能性がある。すなわち、ある人類学調査によれば、これまで復讐の武闘行為には、コプトは参加資格がなかったし、また抗争する両陣営において殺害された人数の均衡を計算する際に、死亡したコプトは彼を庇護するムスリムのアーイラの「人数」に数えられるかどうか問題となることがしばしばあった[10]〔本書第4章を参照〕。今回の騒乱事件で、政府は、ワクフ省大臣、アスュート県知事、同県公安局長が列席して、犠牲となったコプト教徒一家と面会し、彼らの国家による庇護を表明したが（同紙五月七日記事）、こうした事態が「ズィンミー」としてのキリスト教徒の安全保護が村落政治のレベルでは維持できなくなったことを示しているのかどうか、前掲の資料だけでは判断の材料として不足である[11]。

さて、イスラーム運動と村落政治との関わりは、この一九八〇年代後半以降の新しい現象ではない。たとえば、次の例は、ムスリム同胞団の農村への活動拡大の在り方のひとつの側面を示している。サイイド・クトゥブの刑死事件が起きた、ナセル政権の同胞団弾圧の過程で、当時の一九六五年八月、軍隊による制圧を受けた村があった。それは、現在、一般にはピラミッド近くの観光村として知られるケルダサ村である。同村は、一九四八年のパレスチナ戦争のための軍事訓練場となるなど、ムスリム同胞団と密接な結びつきを持っていた。かつて、この村は長年にわたって、村長職をめぐり村内の二つのアーイラ間で抗争が絶えなかった。この抗争は、しばしば流血を伴ない、復讐の応酬という状態になっていたが、この事態を収拾したのが、ハサン・バンナーであった。彼が両アーイラの抗争を調停したその日から、この村民は、ダアワ〔宣教〕のもとにひとつにまとまるようになった［Mahfūz 1988: 44］[12]。

また、この村の近くでは、一〇年ほど前にも、ギーザ県の有名な二つのアーイラのあいだの抗争に対して、アズハル総長が調停に乗りだすという出来事があり、新聞記事として取りあげられたことがある（「アフバール」紙一九八六年九月七日記事）。このように、復讐慣行（およびこれを重要な構成要素とする村落政治）とイスラームの結びつきは（とくに紛争の調停機能における)、ムスリム社会運動にかぎった話ではない。いわゆる「正統イスラーム」の最高権威も、調停のプロセスに動員されることはあったし、さらに都市中心部から離れた辺境地域では、地方的な宗教的権威を持つスーフィーの聖者などが復讐をめぐる紛争の調停機能を持つこともあったろう。言うまでもなく、これらの問題は、イスラームと紛争調停との関係、あるいはアサビーヤ論の展開と結びついており、筆者の手に余るものであるので、これ以上の議論は差し控えたい。

ただ、最後に注意を喚起しておきたいのは、以前に指摘したことであるが、ムスリム社会運動の「農村的性格」(「非都市的」と言いかえてもよい)を強調する議論に対して、慎重な態度を取るべきだということである。現代のイスラーム運動と村落政治との関わりについても、前者が伝統的=農村的関係と一定の親和性を持っていると考えるよりは、紛争調停における機能やアサビーヤ論といった、イスラーム史や人類学など社会諸科学の方法論的枠組みのなかで考える方が有用であるだろうし、都市的か農村的か、近代的か伝統的かと区分しても生産的な議論にはならないのではないかと思う。前掲のオマル・マクラムの働きも、都市的なアサビーヤ(ホーラーニーが問題提起したところの)[Hourani 1983: 23]といった観点から歴史的な再解釈を行なう必要があるであろう。加えて言うと、都市—農村関係の見直しというのは、アラブ・イスラーム史の流行のテーマであるようだが、「都市の農村化」と同時に「農村の都市化」も進行しているようにも見える現代エジプトにおいて、イスラーム運動の地域的展開を考察することは、以上に述べた歴史の見直し作業に何らか資するところがあるのではないか、そのような意味から言っても今後の研究が期待されるのである。

〈一九九六年三月発表〉

現代メディアとイスラーム

〔メディアとしてのカセットテープ〕

朝一番で起きて、ナイル・デルタの地方都市行きの乗合タクシーに乗った。エジプトは、沙漠の国であるが、冬場には濃い朝霧が大地を覆うことが多い。その霧のなかをタクシーが、大型トラックやロバの荷車のあいだを縫うように追いぬいていくのは、それなりの緊張感がある。しかし、慣れとは恐ろしいもので、座席に収まりしばらくすると、まぶたが重くなるのがいつものことであった。しかし、その日は、心地よいまどろみを台無しにする、がなり声で目を覚まされた。運転手が持参したカセットテープから、アメリカを罵倒し、シオニズムを呪う猛烈なアジ演説のようなシャイフ（イスラームの教師）の説教が、目いっぱいの音量で流れはじめたからである。語気強い説教（フトバ）の声が、汗臭い車中を渦巻くように流れた。それから終点に着くまで二時間あまり、筆者にとっては苦行が続いた。乗客の誰ひとりとして文句を言ったりしないのも心外だった。それどころか、意外だったのは降りるとき、前の座席の若者が、運転手にテープの値段や買った場所を訊いていたことだ。髭をきれいに剃って、精一杯におめかしをしたこの田舎風のあんちゃんは、宗教や政治の世界から、およそ縁遠いように見えたからである。

さて、やはり同じく朝早くタクシーに乗っていても、カー・ラジオから聖典クルアーンの章句が朗々と詠じられるのが聞こえ、異教徒のこころにも静かな安らぎを与えることがある。カセットテープの激烈な説教も、ラジオ番組の静かな聖典の章句の読誦（キラーア）も、いずれも現代イスラームが持つそれぞれの顔の一面である。興味本位に前者の「怖い」イスラームのイメージだけが増幅されて伝わることには、注意しなければならない。とは言っても、政府の統制下にあるラジオやテレビ、新聞で情報が伝わる世界と、普通の人々が身近に接するモスクでの説教や喫茶店（アフワ）での世間話、そしてカセット・テープの世界とのあいだには、大きな段差があるのも事実である。

このとき小耳にはさんだ運転手の話だと、テープの説教の主は、カイロにあるスンナ派イスラーム世界の最高権威、アズハル大学で講師をしているシャイフだそうだから、警察と武力抗争をしている、いわゆる「過激派」の作成する違法テープではなさそうである。その後読んだある雑誌記事によれば、過激な政府批判の内容を持つ宗教的な違法テープは、五〇万本にのぼる数が市場に出回っていて、しばしば警察の取り締まりを受けているという。また、この記事は、都会の有名なシャイフのテープがタクシーなどの運転手を通じて農村の住民に運ばれていくと解説しており、先ほどの話を裏づけている。

このような大衆に人気のある説教師のひとりにキシュク師というシャイフがいた。エジプトの友人に聞いた話では、カイロの北部にあるキシュク師のモスクでは、毎週金曜の説教を自由に録音できる設備があったという。そのとき彼が説明してくれたキシュク師の説教でよく覚えているのは、イランのシャー（国王）が革命後、亡命先のアメリカからも追いだされ、カイロの陸軍病院で臨終を迎えたときの一節である。病院の周りは治安警官隊で囲まれていて、これじゃあ空の高みから迎えに降りてくる天使が近づこうにも近づけないではないか、とシャイフは述べて聴衆の笑いを誘ったという。この話は、晩年の孤独なシャーを迎え入れたサダト大統領自身が、その後ジハード団によって暗殺されて間もない頃だったから、とりわけ強く印象に残った。イラン革命が成功したのは、亡命先のパリからホメイニー師の説教のテープが大量にダビングされてイラン国内に送られてきたからだ、とよく聞かされた説明がそのとき実感として納得できた。

ナセルの革命から半世紀も経とうとしているのに、識字率がようやく五割を超えたところで伸び悩んでいるエジプトでは、カセットテープに代表されるように、音声によるメディアの果たす役割が依然として大きい。このカセットテープの普及には、第一次石油危機後の産油国への出稼ぎブームが大きな影響をおよぼした。当時、出稼ぎの土産の代表は、日本製のラジカセだった。そして、やがて出稼ぎ労働者の家族との交信に、肉声の便りを運ぶカセットテープが用いられるようになった。かつては、郵送されるカセットテープは、警察の厳しい検閲の対象だったが、今やテープ専用の郵便封書もあるようだから、時代はずいぶん変わったのだろう。

もっとも、カセットテープの普及は、たんに識字率の低さという教育の遅れに原因があっただけではない。むしろ、注意したいのは、通常、新聞など印刷物の世界が、堅苦しい言葉が多く、文法規則も厳格な正則アラビア語（フスハー）によって支配されているのに対し、カセットテープの世界では、人々の生活用語である口語（アーンミーヤ）が主役となっている点である。先ほどのキシュク師などシャイフの説教が人気を博しているのは、そこに口語表現が巧みに用いられているからだと言われる。また、占領地パレスチナの抵抗運動、インティファーダでも、民族統一指導部が発行するパンフレットが、カセットテープに吹き込まれることによって、人々のあいだにより広まったという話も、アラブ世界で音声メディアが果たす重要な役割を示している。

〔アラブをひとつにした「アラブの声」〕

近代以降の新しいメディアの登場は、アラブ・イスラーム社会に大きな影響をおよぼしてきた。なかでも、アラブ世界そのものをひとつの政治的な単位としてまとめ上げるのに、画期的な役割を果たしたのが、アラビア語によるラジオ放送の開始である。ラジオ放送は、第二次大戦中、連合軍の広報手段として発達した。その後、独立した各国で開始された放送のなかで、歴史に残る影響力を持ったのが、ナセル政権の「アラブの声」（サウトルアラブ）放送である。この「アラブの声」は、バグダード条約機構に反対するキャンペーンがイラクの王制崩壊を導くなど、アラブ諸国に民族革命が波及するうえで絶大な威力を誇った。イエメンの山間地に住む部族民も、エジプトの片田舎の農民も、この放送が伝えるナセルの演説で自分たちが同じアラブ人であると初めて教えられたのだという。また、エジプトは、当時、アフリカ独立運動の中心でもあり、スワヒリ語版の「アラブの声」放送は、ケニアの独立運動を支援し、イギリス政府の怒りを買ったこともあった。

しかし、その後「アラブの声」放送は、一九六七年の第三次中東戦争で、アラブ側が緒戦で惨敗を喫したにもかかわらず、大戦中の日本の「大本営発表」と同じく勝利の報道を流したことで、一気に信用を失った。この戦争報道以降、アラブの人々は、政府の放送や報道を信用しなくなったと言われる。サダト大統領が暗殺された日、その直後にテレビ放送が中断されたときに、エジプト人の友人が、国内の放送ではなく、BBCのアラビア語放送にラジオのチューナーを急いで合わせた姿を、筆者は今でもよく覚えている。

〔テレビの果たした役割〕

ラジオの放送以上に、現在のアラブ・イスラーム社会の日常に溶け込んでいるのが、テレビ、とくに最近は衛星テレビの普及である。ただし、テレビが送る映像は、保守的な立場を取るイスラーム主義者の警戒の的であった。とくに、偶像崇拝に神経質なサウジアラビアでは、一九六五年、テレビ放映の開始の是非が深刻な政治問題となったことがある。このとき、放映を許可し、反対派を弾圧したのは、奴隷制度の廃止などを行ない開明君主の名が高かったファイサル国王であった。同国王が、七五年に暗殺されたのは、この放映反対派の弾圧に対する復讐だったという説がある。

しかし現在、テレビは、イスラーム世界をひとつにする重要な機能を果たしている。ハッジ（大巡礼）の月、サウジアラビアが守護する聖都、マッカ（メッカ）に集まる各国の善男善女の姿をテレビで同時に見ることができるのは、世界のムスリムにとって、何と幸せなことであろう。神が命じたように、ハッジ月第一〇日目の犠牲祭（イードルアドハー）に、巡礼者とともに全世界のムスリムが犠牲の羊を同時に屠り、ともに祈りを捧げることができるのである。あるメディア学者が述べたように、たしかにテレビは世界をグローバル・ビレッジにしたのであろう。この表現にならえば、多様な地域、異なった国に住むムスリムたちが、こうしたリアルタイムの体験を可能にすることを通じて、グローバルなイスラーム共同体（ウンマ）を実現することができたのだ、とも言えよう。

かつてテレビ放映問題で揺れたサウジアラビアは、現在、アラブ世界向けの衛星放送を数局保有している。さらに、ロンドンから二つの権威あるアラビア語紙を発行し、アラブのマスメディアで覇権を握ろうとしている。豊富なオイル・マネーを背景にしたこの政策は、数々の危機を乗りこえてきたサウード家の国際政治に対する鋭い戦略感覚を表わしているとも言えよう。さて、サウジアラビアが代表するアラブ世界の既成秩序に対し、各地の民主化やイスラーム運動の動きなどを、比較的自由な感覚で伝える衛星放送のジャジーラ・テレビが最近、注目されている。ジャジーラ・テレビの発信元は、湾岸の小産油国カタルである。

アメリカから指名手配されているオサーマ・ビン・ラーディン氏のインタビューや、イスラエルの知識人も参加する討論番組、南部スーダンの解放運動とイスラーム主義者の北部中央政府との対話といった刺激的な報道番組が面白い。衛星放送による宣伝効果が話題となった湾岸戦争の後で、CNNの向こうを張って、九八年に報道したアメリカのイラク攻撃「沙漠の狐」作戦のイラク国内からの映像は、世界に配信されてジャジーラ・テレビの声を上げげた。最近では、アフガニスタンのターリバンがバーミヤンの仏像を破壊した映像を世界でいち早く送っている。アラブ世界で最大の穏健派イスラーム組織、ムスリム同胞団〔シンパ〕の人気のあるシャイフが担当する法律相談も看板番組である。

現在のアラブ・イスラーム社会には、以上に見てきたように、さまざまなレベルのメディアが同時にならんで存在する。アラブ初のノーベル賞作家、ナギーブ・マハフーズが描いたように、かつて街角の喫茶店(アフワ)を訪れて、人々に数少ない娯楽を与えた物語師は、ラジオの設置とともに姿を消した。さらにその後は、テレビのサッカー観戦がアフワに人を集めている。そして今は、水タバコをくゆらせ、老人が一杯の紅茶で半日を過ごすアフワのすぐ近くには、インターネットカフェがオープンしている。そして、反政府系の「危ない」サイトも多いインターネットは、将来、アラブ世界の政治地図を塗り変える可能性もあるのかもしれない。

しかし、こうした最新のメディアの世界は、コンピュータの操作能力に加えて、英語、または知識人の言語である正則アラビア語(フスハー)の力が必要であり、普通の人たちにとってしばらくは敷居が高いままであろう。こうしたメディアの利用に見られる格差に対して、昔も今も重要なのは、並列するレベルの異なったメディアの間を仲介し、さまざまな階層の人を結びつけるネットワークの在り方である。また、異なるメディアの「言葉」に通じた民衆的知識人とも言うべき人々の重要な役割である。

さてここで、近代的なメディアとイスラームとの関係という主題に今一度戻ってみよう。これまでふれなかったが、もちろん近代の出版文化は、数々のメディアのなかでイスラームの社会的在り方に決定的な影響をおよぼした。たとえば、クルアーンの注釈書から道徳教本にいたる、おびただしい数の印刷物によるイスラーム的知識の大衆への普及は、伝統的な知の権威の秩序とは異なり「平信徒」的な立場からイスラームを語る新しいタイプの宗教知識人の登場を伴なった。このイスラーム的知識の大衆化現象こそが、現在のイスラーム運動の社会的背景を作っているのだと言えよう。

しかしながら、近代の出版文化は、伝統的な信仰の態度に混乱をもたらす場合もあった。一例として、ある社会学者〔サイイド・オウェイス〕の自伝に書いてあった回想であるが、一九三〇年代のカイロでは、毎朝市内の紙くずを拾うのを日課にしていたシャイフがいたという。このシャイフは、夜明け〔ファジル〕の祈りが終わると、疲れるまで新聞や古本の紙切れを拾い集めては燃やしていた。それは、これらの紙に神や預言者の名前が書かれ、人々の足に踏まれるのを恐れたからだ、という。現在のゴミと埃に溢れる路地や通りの雑踏からは、とても想像できない話である。

〔メディアとしての人間〕

ただし、こうした近代以降のメディアの発展、さらに最近の情報技術革命による状況の変化にもかかわらず、宗教における第一のメディア〔媒体〕は、依然として人間そのものではないかと思う。すなわち、不遜な言い方をすれば、神にとってのメディアとは、天変地異による徴《しるし》ではなく、まず教えを託した預言者〔ナビー〕であり使徒〔ラスール〕であった。メディアとは、人間にとって意思や情報を伝えるモノとしての手段であったが、神にとっては人間そのものが第一のメディアなのである。こうした宗教とメディアとのあいだの関係の本質的な部分は、あらゆる歴史的、技術的な変化を乗りこえて、変わることがないのではなかろうか。

さて、エジプトには優れた農村小説がある。そのなかで、アブデルハキーム・カーセムの『人間の七日間』［Qāsim 2005］（初版一九六九年、英訳［Kassem 1996］）は、敬虔なエジプト人の信仰的世界の深みを示す珠玉の一品である。小説は、エジプトでもっともよく知られたスーフィーの聖者、サイイド・バダウィーの聖誕祭（マウリド）に向かう農民たちの姿を描いている。数々の印象に残る場面のなかで、ここでは男たちがマウリドの開催日を新聞から知る部分に注目しておきたい。それは、彼らが新聞を手にして「神がマウリドの開催を宣言されたぞ」と興奮して語りあう場面である。そして、それに続く回想シーンとして、デルタの東端の沙漠にある聖者廟で開かれるマウリドの話が出てくる。その崩れかけた廟は、毎年のマウリドに多くの人と家畜、テントで取り囲まれるが、マウリドの開催日を知らせるのは、アブー・ガリーダ（新聞の親父）のあだ名を持つ色の黒い痩せこけた男である。

裸足の彼は、開催日が書かれた紙切れをはさんだナツメヤシの葉を持ちながら、七つの県の村々を歩き回って皆に開催日を知らせる。村人たちは、茶と食事を用意して引きとめるが、男は「まだ県が四つ残っている」と言って断り、村を去ってゆく。

先に登場した紙くずを拾い集めるシャイフと同じく、このアブー・ガリーダという男もやはり時代に乗り遅れた遺物として消えてゆく存在なのであろうか。しかし、小説の主人公である少年の目の裏に焼きついた男の姿は、心身のすべてをもって神の意思を伝えようとするメディアとしての人間そのものであるように見える。すさまじい勢いで社会の仕組みを変えてゆく現代メディアの波のなかで、アブー・ガリーダの姿が消え去ることはないであろう。

〈二〇〇一年一二月発表〉

第8章　世界綿業の展開とエジプト農村の労働者問題

［第8章・第9章解説］

この第8章と次の第9章は、他の論考とはいささか毛色が違う経済史の論考である。第8章は世界資本主義システムとエジプト農村社会との関係を議論し、第9章はこれを補足して綿花経済の中核的経営体であるイズバ（農場型農村）における労働制度を分析している。それぞれ近代資本主義システムと「家族」とのあいだの「共生関係」に焦点を当てている。いずれの論考も歴史学講座の分担執筆や学会報告の機会を与えられたおかげである。また、これら二つの論考の考察の軸となった世界資本主義システム論には、第4章の解説でも述べたように、故森田桐郎先生の演習授業および研究会で接する機会を得た。その解説でも書いたが、第8章の原稿と並行して発表したのが産油国への国際労働移動の構造を考察した［長沢 1991b］であり、出稼ぎがエジプトの農業や農村社会に与えた影響を分析した［長沢 1986a］であった。両者ともに労働移動と家族の関係を議論する部分もあったので、本書に収録することもできたかもしれない。

農村研究については、第3章解説で述べたように、結局、筆者はモノグラフの執筆ができるような本格的なフィールド調査を行なう機会には恵まれなかった。しかし、アジア経済研究所（以下、「アジ研」）の故滝川勉調研（調査研究部）部長（当時）が長期にわたって組織された東南アジア農村研究会にはオブザーバーとして参加し、勉強させていただいた。筆者の研究の出発点は、この第8・9章でも登場する農村移動労働者、タラーヒール労働者であった（［長沢 1980］）。そのきっかけは、アジ研入所後の二年間、まことに贅沢な話であるが、公費で奴田原睦明先生からアラビア語の個別授業を受け、その最後のテキストがユーセフ・イドリースの小説『ハラーム』［イドリース 1984］だったことにある。第5章でも少し紹介したが、この小説はヒロインが出稼ぎ労働者の女性であり、舞台となるイズバ社会もよく描かれている。また、当時、農地改革や緑の革命後における雇用労働問題がアジアの農村・農業研究で注目されていたこともタラーヒール労働者問題を取りあげた理由であった。

その後の筆者のエジプト農村研究は、「エジプト資本主義論争の構図と背景」［長沢 1990］という論文を書くことで一応の節目を迎えた。第2章第五節でも言及したが、この「論争」の執筆目的は、資本主義分析をめぐる「理論の普遍的な発展の道筋をたどること」にあったのではない。多くの（とくに非ヨーロッパ）地域で展開した「資本主義論争」とは、それぞれの地域の「近代」を問う思想的闘争であった。そして、「近代」とは何かを問うことは、同時に「非近代」を問う、そして「近代」と「非近代」の関係を問うことに他ならなかった。その場合、「近代」の在り方の類型、「非近代」（あるいは「前近代」）の概念規定、あるいは「近代」と「非近代」の関係の構造的な把握をめぐって、非ヨーロッパ地域の研究者は、欧米起源の社会理論や歴史概念の適用に苦心することになる。この知的作業には、それぞれの時期の時代状況に制約された、個々の知識人の思想的な自己形成の個性が反映している。これが筆者の資本主義論争に関する地域研究的な関心であった。

筆者のエジプト資本主義「論争」論文［長沢 1990］は、必ずしもこうした自身の関心に十分に応える成果とはならなかったが、他地域の「論争」とも比較する論点はいくつか示すことができたのではないかと思う。しかし、この論文を発表した後、アジ研の先輩のラテンアメリカ研究者吉田秀穂さん（アンドレ・グンダー・フランクの従属理論に対する批判的紹介でも知られる）から他人の「論争」の紹介ばかりしていないで自分自身の分析を示すべきではないか、とのコメントをいただいた。この第8・9章は、このコメントへの一部の回答でもあった。

この回答において、前述の「近代」と「非近代」、両者の関係をめぐる問題は、エジプト綿花経済システム（第8章）と、その中核的な役割を果たした経営体であるイズバ型労働制度（第9章）をめぐって議論された。とくに後者においては「不自由な賃労働」［Miles 1987］とエジプト農村の家族との関係にも言及した。ジェンダー gender という言葉を筆者が初めて使ったのがこの論文であった。

第9章のコラムとして、エジプト資本主義論争の論文［長沢 1990］で言及した「封建」地主に対する農民運動の「聖地」、カムシーシ村への訪問記(二〇一二年八月)を収録した。ナセル体制下の政治エリート(自由将校団メンバー)間の権力闘争の道具とされた「封建制廃止委員会」の活動に巻き込まれた村でもある。一九五二年革命後、封建制(al-iqṭāʻ)は、植民地主義(al-istiʻmār)とならんで、アラブ民族主義(社会主義)体制の階級敵と規定された。封建制とは、否定すべき「近代」=植民地主義と結びついた「非近代(前近代)」であった。

カムシーシ村の訪問にあたっては、実際に農民の活動家が「封建制」をどのように考えているのか、という点に関心があった。この訪問記のエッセイでは書かなかったが、「封建地主」一族による賦役(強制労働)やタマッリーヤ(隷属的な「半小作農的農業労働者」)として働かされた話も出た。村の女性活動家シャーヒンダ・マクラドさんの自伝[Maqlad 2006]を読むと、封建勢力によって殺害された夫サラーハさんとは、同じ一族(アーイラ)であった(イトコ婚)。しかし、彼らの闘争は、「封建地主」フィキー一族との間のアーイラ間の抗争ではなかった。農民運動の側にも、多くのアーイラ・フィキーのメンバーが加わっていたのである。

シャーヒンダさんは、筆者のカムシーシ村訪問から四年後の二〇一六年に七八歳で死去した。彼女を紹介してくれたのは、長年の友人で農業労働者問題研究の第一人者であるハサネイン・キシュクさんであった([Kishk 1996]参照)。キシュクさんには、かなり前になるが往年の労働運動活動家のアティーヤ・セラフィー翁を紹介してもらったこともある。自身もタラーヒール労働者として働いたことがあるというセラフィー翁が書いた『タラーヒール労働者』[al-Ṣayrafī 1975]は、筆者の最初の論文[長沢 1980]の貴重な資料となった。翁(アンム・アティーヤ)は、革命の年二〇一一年に八五歳で亡くなった。セラフィー翁については、いくつかの忘れられないエピソードがある。

キシュクさんとともに長い付き合いだったのが、ハリール・カルファトさんである。エジプト資本主義論争の論文[長沢 1990]で取りあげた『エジプトにおける封建制と農業資本主義』[Ṣāliḥ 1979]

は偽名で書いた本であったが、その本名が分かり、実際に会えたのはかなり後のことであった。カルファトさんも二〇一五年に七三歳で死去した。その翌年、追悼文「あるヌビアの友人との別れ」［長沢 2016c］を書いた。カルファトさんもキシュクさんもかつての左翼学生運動の闘士であった。キシュクさん自身は相次いで家族の不幸に見舞われ、この数年は持病が悪化し病床にある。エジプトを訪問する際に、その献身的な世話をしている知人や友人の姿に接するとき、あらためて「家族」とは何か、ということを考えさせられる。

はじめに

今日、第三世界から先進工業国に向かって労働力移動の新しい波が打ち寄せている。一九六〇年代に一部の欧米諸国で顕在化したこの波は、「石油危機」を契機として七〇年代後半に形成されたアジアから中東産油国に伸びる「労働力のパイプライン」を媒介にして勢いを増し、今や日本の岸辺を激しく洗うようになった。従来の南北関係の枠組みを変え、さらには南の世界内部にも新しい経済関係を作りつつあるこの労働力移動が、直接的な流出源はさまざまであるにしても、基本的には第三世界の農村に滞留する過剰労働力を水源としていることに異論はないであろう。

では、この過剰労働力のプールは、どのように第三世界の各地域で作りだされたのか、あるいはそれは何ゆえに「過剰」とされているのだろうか。この問いに答えるためには、各地域で過剰労働力がさまざまな時代にわたって作りだされる過程はそれぞれに個性的であること、そしてこれらの過程は今日の国際労働力移動の現象がそうであるように各時代の世界資本主義の展開に強く規定されていたこと、この二点をまず確認しておく必要がある。

ところで、発展途上諸国におけるこのような過剰労働力の存在をむしろ積極的に評価する発展モデルを提示した開発経済学の古典的論文として、アーサー・ルイス「無制限労働供給による経済発展」［Lewis 1954］がある。この有名な「ルイス・モデル」は、前述の労働市場の国際化という世界史的状況を前にして一国レベルより今やむしろグローバルな局面でその適用が求められているとさえ言えそうである。この問題はここでおくとしても、本章の主題とでの関連で興味深いのは、ルイスが論文のなかで「無制限労働供給」の前提条件を満たす典型例としてエジプト、ジャマイカ、インドの三つの地域を挙げている点である。

なぜなら、ルイスによってほとんど偶然に例に挙げられたかのように見えるこれらの三地域は、後で見るように、近代世界に資本主義的秩序が成立する過程で重要な役割を担った綿花とコーヒーという国際的戦略商品の生産を通じ、当時の国際分業体系のなかで深い結びつきを持っていたからである。そして、この世界資本主義体制の確立の不可欠な一部であった商業的農業の展開がこれらの地域に残した歴史的刻印こそ、容易な「無制限労働供給」を可能とする過剰労働力の存在に他ならない。

本章は、資本主義的な世界体制の確立の決定的な契機である綿花とイギリスとの出会いを起点とし、世界綿業の展開を中心軸に据えて資本主義が世界を秩序立ててゆく動き、そしてこの世界を構造化する動きにエジプトが巻き込まれ、その結果エジプト農村に特殊な形態の過剰労働力が生みだされるという一連の流れを描くものである。世界綿業の展開がエジプトの農村労働力をどのように再編していったのかをめぐるこの概説的な叙述を通じて、第三世界における労働力問題の歴史的構図の一断面を明らかにすることができれば幸いである。

一　イギリス綿工業と世界資本主義

(一) イギリス綿工業の成立

亜熱帯原産の綿花とイギリス資本主義との出会いは、資本主義の世界的な支配体制を生みだす重要な契機となった。ところで、この両者の出会いを語るとき、まず近代以前の世界における技術移転の長い連鎖の歴史にふれなくてはならない。世界綿業の母国インドを出発点とし、イスラーム世界を経由して中世ヨーロッパへと伝播するこの世界綿業の伝播の道、「綿花の道」が、北西ヨーロッパの辺境の地イギリスに到達するのは一六世紀も後半のことであった。

この長い道のりの途上で世界綿業は、イスラーム世界ではモスリンの語源となるイラクのモスルで、また中世ヨーロッパではフッガー家を生みだす「バルヘント産業」において、それぞれの地域経済のなかで繁栄の拠点を作りだしてきた。しかし、この「綿花の道」の西の端にあったイギリスが、本格的な綿業を開始したその直後に、新しい世界的な商業ネットワークの中心地となり、そして高品質のインドの綿製品と直接出会うことによって、綿花は新しい世界史の扉を開く役割を与えられるのである。

さて、当時のヨーロッパ綿業は、亜麻糸を経糸に用いるファスチアン織りが主流であり、新たに輸入された繊細な純綿のインド製品の水準におよぶべくもなかった。したがって、インド製のキャラコはまたたくまにイギリス市民を魅了し、一八世紀に「衣料革命」と呼ばれる消費ブームを作りだした。さらに重要なのは、このインド製綿布がイギリス―西インド諸島―アフリカを結ぶ三角貿易において、熱帯で働く奴隷労働者の衣服としてそれまでの毛織物製品を代替する戦略商品となったことである。

そして、こうした国内・海外の需要変動に、イギリスの繊維産業は敏速に対応した。このイギリス綿工業の急速な発展は、もちろんそれ以前の毛織物産業を中心とした国内の市場・生産組織の発展を基礎に置くものであったが、同時に政府による強力な産業保護（一七〇〇年のインド製キャラコの輸入禁止令）によっても支えられていた。

また、綿工業が資本主義的な国際分業体系の中心的産業となり得た要因のひとつは、発生期資本主義の中心産業であった毛織物工業と異なり、最初から原料の綿花の供給をヨーロッパ経済の外部に依存していたことである。たとえば、ファスチアン織りの名称がエジプトのフスタート（カイロの前身都市）に由来するという説が示すように、近代以前のヨーロッパは中東から多くの綿製品を輸入していたが、同時にヨーロッパ綿工業の原料である綿花それ自体も中東地域からの輸入に依存していた。

これに対し、後発のイギリスで新たに展開した綿工業は、原料の綿花の供給地をスミルナやレバントといった東地中海の伝統的な輸入先から、より品質の高い「海島綿」をプランテーション生産する西インド諸島に転換し、同時にその産業立地ある。

を西のロンドンから奴隷貿易の富を蓄積したリヴァプール港の後背地、マンチェスターへと移した。そして、このようなイギリス綿工業の地理的展開そのものが、ヨーロッパ経済の重心の移動、そして世界資本主義体制の確立を意味していたのである。

(二) イギリス綿工業による資本主義世界の構造化

世界綿業の近代的形態、イギリス綿工業は、周知のように産業革命の「主導部門」であった。しかし、その世界史上の画期的な意義は、ひとりイギリス国民経済に対してのみならず、次に述べるような二つの局面において、世界資本主義全体の枠組みをかたち作っていったところにある。

第一の局面は、綿工業における一連の技術革新に導かれた基層的な生産関係の変革=機械制工場システムにもとづく資本蓄積様式の形成である。すなわち、産業革命の教科書的知識としてよく知られている紡績部門と織布部門の相互刺激的な技術発展のサイクルは、生産費の減少=市場価格の低下にもとづく市場の拡大という近代工業固有の蓄積様式を生みだした。そして、この特殊な蓄積様式を確立することによって、イギリス綿工業は、世界的規模で農工結合の分解をもたらす破壊力を持つことになった。

世界各地域の域内分業を破壊してゆくこの力の凄まじさは、イギリス綿製品の輸出先が、一八二〇―四〇年のあいだに大きく非ヨーロッパ地域へとシフトしていくなかで十分に発揮された。この世界的規模で古い生産関係を打ち壊してゆく過程を通じて、イギリスを「世界の工場」とし、周辺諸地域を食料・工業原料供給基地として従属させてゆく、一九世紀的な国際分業の体系=近代世界システムの基本的枠組みが形成されることになった。

しかし、このようなイギリス綿工業の破壊力は、こうした技術革命の過程だけから生みだされたわけではない。この世界資本主義の「中心部」における新しい蓄積様式を支えていたのは、工場制度のもと、機械体系に対応して再編成された労働者に対する搾取そのものであった。加えて、この世界史上初めて登場した「工場労働者」階級が、少数の熟練工=成年男子と多数の不熟練工=女性・年少者から構成されていたこと(一八三〇―五〇年代の綿工業労働者のうち七割以上が女性および一八歳未満の年少者であった)、言いかえるなら近代の工場制的労働力編成が当初から性別分業にもとづく家父長制的な支配秩序と結びついていたことは、後で述べるエジプトの農村労働力の編成と比較するために、覚えておいて良い事実である。

綿工業が世界資本主義体制の形成に果たした役割の第二の局面は、近代世界システムの中心部におけるこの基層的な生産関係の外縁に成長してゆく「資本主義的な上部組織」の発達に対する貢献である。すなわち、鉄道・船舶・電信などの運輸・通信部門と、銀行・保険業などの金融・流通機構という二つの側面から構成されるこの「上部組織」は、非ヨーロッパ地域の経済従属化の過程を強力に推し進める物理的・制度的手段となった。そのなかでも、綿工業の展開と結びついた鉄道の発展は、その後資本主義の基軸産業となってゆく製鉄業・機械工業の発展を直接に導くと同時に、この運輸革命の世界的な普及が果たした資本輸出の主導的役割によって、資本主義の世界的支配に強力な支柱を提供した。

ここで注目されるのが、実はこのイギリスからの資本輸出が、当初から綿製品の輸出と密接な関係を持っていた点である。すなわち、一九世紀前半におけるイギリスの資本輸出は、マーチャント・バンカーが支配する綿製品輸出の貿易金融と結びついて初めて実現した。綿花輸出における外国為替手形の取引を行なう短期金融市場と外国政府債の投資を扱う長期資本市場の両者を連結する役割をこれらのマーチャント・バンカーが果たすことにより、ロンドンは世界資本市場の中心、「世界の銀行」としての地位を獲得する。この綿工業が生みだす高利潤を基盤として全世界に資本輸出を行なう機構こそ、鉄道や運河の建設がもたらした対外債務の累積のために国家財政の破産に陥ったエジプトをひとつの典型的事例として、非ヨーロッパ地域の従属化をいっそう深めさせてゆく仕組みを形成したのである。

その他、世界資本主義の「上部組織」を構成する制度的な要素として、前述の金融的支配の機構と結びついて従属地域の農業生産に張りめぐらされた、集権的な流通ステムについても指摘しておく必要がある。商業的農業のいわば神経系列をなす中心部資本によるこの「指令システム」は、マンチェスター綿業資本とエジプトの綿花生産のあいだに典型的なかたちで形成された。

(三) イギリス綿工業の危機―「綿花飢饉」

以上、綿工業の固有な蓄積様式を基本的な動力とし、「資本主義的上部組織」の物理的・制度的な強制手段を用いながら世界資本主義システムが拡張してゆく道すじを概観した。ところで、このシステムの心臓部であるイギリス綿工業の「破壊的な」競争力は、同工業固有の蓄積様式や労働力の搾取方式だけではなく、何よりも大量で廉価の綿花が新大陸から供給されることによって保障されていた。

イギリスの綿花輸入に占める米国綿花の比率は、すでに一九世紀初頭で六割、一八五〇年代には九割を超えていた。また、イギリス綿製品の価格は一八二〇―三〇年のあいだで、五割以下に低下し、また三〇年の綿糸価格は低番手でインド製の三分の一、高番手で四分の一の水準という競争力を誇ったが、これを支えていた大きな要因が、イギリス綿工業と排他的な供給関係を取り結んだ米国南部における奴隷制農場による綿花栽培に求められることは言うまでもない。

しかし、世界資本主義体制の順調な発展を保障してきたこの特殊な相互依存の関係は、米国の南北戦争(一八六一―六五年)によってその脆弱性を一挙に暴露されることになる。南北戦争が引きおこしたいわゆる「綿花飢饉」は、イギリスが輸入する綿花の総量を一八六〇―六三年で六割近くも減少させるほど凄まじいものであり(六〇年の水準には七一年まで戻らなかった)、多くの綿業資本家を恐怖の底に落とし入れた。

この綿花飢饉の危機に直面したイギリス産業資本は、綿花の供給地の分散化を図るため、実にフィジー諸島にいたるまで世界中に綿花栽培の適地を必死に探し求めた。そのなかで脚光を浴びたのが、「海島綿」とならぶ品質を誇ったエジプト綿である。早くからエジプト綿の品質に注目していたイギリスは、すでに一八四〇年代からエジプト綿の輸出相手国として支配的な地位を確立していたが、綿花飢饉が起きるやエジプトの支配者サイード・パシャに圧力をかけて綿花の増産を促した。

そしてまさにこの時期、エジプトの農業生産システムは、次節で述べるように、この需要増大に極めて柔軟に対応できる物理的・制度的条件を備えていたのである。その結果、エジプトの綿花輸出は、一八六一―六五年のあいだで三七〇万ポンドから一六四〇万ポンドへとわずか四年間で四倍に増大し、また綿花輸出先に占めるイギリスの比率は、一八五九年の六五パーセントから六九年には九五パーセントにまで上昇した。

そして、ドイツや米国などの新興工業国の綿工業の追い上げに対抗し、製品の高級化を迫られつつあったイギリス産業資本にとって、生産量が減少した「海島綿」を代替する高品質のエジプト産長繊維綿花の重要性は一段と高まることになる。さらに、世界資本主義がその「上部組織」を周辺部に伸ばしてゆく場合の重要な結節点でもあったエジプト（言うまでもなくスエズ運河の重要性によって）は、イギリスの「公式的帝国」のなかに組み込まれてゆく十分すぎるほどの条件を満たしていたのである。

二　エジプト綿花経済の形成

（一）オスマン帝国システムの危機とムハンマド・アリー「独占」体制

近代のエジプト経済は、前節で述べたイギリス綿工業を中心軸として形成された資本主義の世界的体制のなかに、綿花生産に特化した構造を持つこのシステムに従属する一部＝「綿花経済」として組み込まれてゆく。ところで、世界資本主義に組み込まれる前のエジプトは、前近代の世界を構成した世界的な「帝国システム」のひとつ、オスマン帝国システムの有機的な一部を構成していた。そして、この旧帝国システム全体が新しくヨーロッパに登場した近代世界システムに従属してゆく過程と、この従属化の危機を克服するために旧システムの「周辺部」エジプトにおいて行なわれた支配秩序の再編の皮肉な結果が、エジプト綿花経済の生成を用意したのである。

さて、オスマン・トルコ帝国は、周知のように、①異民族＝奴隷身分出身の特殊な軍事カーストを基盤とする強力な暴力機構と、②イスラーム帝国というイデオロギー装置とを結びつけた広域的な政治支配の体系であった。そしてこの多民族を包括する政治支配のもとで、次のような広域的な経済圏が形成されていた。すなわち、それが、①帝国の集権的な軍事制度と連結した貢納制的支配＝農業余剰の収奪のメカニズム（およびそれによって秩序づけられた基層的な生産関係）と、②局地的市場圏から帝国内の地域的分業体系および遠隔地交易にいたる重層的な市場経済のネットワークの両者が織りなすひとつの経済体系、オスマン帝国システムである。

この旧帝国システムが近代ヨーロッパの政治的・経済的覇権に屈服してゆく過程は、前述の帝国内の支配体系やネットワークのそれぞれの局面で次のように進行した。まず、一六世紀に始まるオスマン帝国のヨーロッパに対する軍事的敗北は、帝国内の集権的な軍事支配体系に動揺を与え、この動揺が貢納制的支配の再編（徴税請負制（イルティザーム）への移行）をもたらした。その結果帝国中央の軍事支配の弱体化に伴ない、周辺部ではこの徴税請負制を利用した地方有力者層が、「ヨーロッパ世界経済」の膨張に積極的に対応した換金作物の生産を行なって余剰を蓄積し、帝国システムからの自立の動きを示し始める。

次に、オスマン帝国システムに深刻な影響を与えたのは、近接するヨーロッパが輸出する近代的な工業製品の大量の流入であり、これによって帝国域内の分業体系が崩れはじめる危機に直面した。ここで上エジプト南部のある地方を例に取るなら、かつては小麦をアラビア半島などに輸出するほど農業生産力の高かったこの地域は、工業生産においても生糸や綿花をシリアから輸入し繊維製品をスーダンなどに輸出する手工業生産組織が発達し、帝国域内の分業システムのひとつの結節点として機能していた。そして、一八世紀前半にはこの上エジプト製綿布は、フランスに、さらには仏領西インドへと再輸出されることを通じて、新しい世界的な商業ネットワークの一部に組み込まれつつあった。

しかし、品質と価格の両面で優位に立つヨーロッパの工業製品（それは一八世紀後半のフランス製毛織物、一九世紀のイギリス製綿布という二つの波となって中東に押し寄せた）は、帝国内部の多様な手工業製品・農産物の地域的特化を誇った分業体系を破壊し、中東地域の農村をヨーロッパにもっとも近い食料・工業原料の供給基地へと作りかえてゆく。そして、この変容過程のなかで、「開発」過程から取り残された上エジプト農村は、かつての域内分業における自立的な地位を失い、後述のように綿花経済に対する過剰労働力の供給源として「低開発化」されてゆくことになる。

第三の変化は、東西を結ぶ遠隔地交易の中継基地としての中東地域の地位が低下したことである。一八世紀のエジプトの国際交易を見ると、かつて交易の中心だった香辛料の役割は低下し、代わってヨーロッパの新しい消費需要に応えたイエメン産のコーヒーからの関税収入が国庫歳入の約半分を占めるにいたっていた。しかし、西インド諸島で新技術を用いたコーヒー・プランテーションが生産を開始するやいなや、たちまちエジプトが輸出するイエメン産コーヒーは価格競争に敗退し、加えて同時期に綿布輸出も減少した結果、対ヨーロッパ貿易赤字が急速に拡大することになる。以上に述べた旧システムの危機の諸局面、とくに最後の危機の局面に対し、根本的な支配のシステムの変換により危機を乗り越えようとしたのが、ムハンマド・アリー体制(一八〇五―三八年)であった。

東地中海の商業動向に敏感であったアルバニア出身の軍人ムハンマド・アリーは、中継交易の衰退に伴なう貿易赤字と財政危機に対して、ヨーロッパ向けの輸出用農産物を積極的に増産し、この農業余剰を国家が直接農民から収奪する制度である「独占(イフティヤール)」体制を作りあげようとした。そのために彼は、まず旧システムの政治支配の根幹であった税制度=土地制度の連結構造の解体、すなわち徴税請負制(イルティザーム)の廃止と軍事カースト(マムルーク)権力の打倒を強行し、土地国有制にもとづいた新税制を採用した。

そして、それまで対ヨーロッパ交易の主力商品であった小麦の輸出が、英仏両国の取った輸入規制策とロシア産黒海小麦のヨーロッパ市場への大規模な参入によって伸び悩むと、これに代わる新しい商品作物の導入と開発に力を入れるようになった。その結果、砂糖キビ・インディゴ・米・藺など二〇〇におよぶ多様な新作物のなかでもっとも有望な商品として開発されたのが、カイロ郊外の庭園で偶然発見されたと言われる高品質の長繊維綿花(ジュメル綿)である。この新品種は、従来の短繊維綿花に比べて二倍から四倍の価格で販売され、その収益は一八二〇年代にムハンマド・アリー政府の地税収入の二分の一から三分の二を占めたという。

しかし、綿花をはじめとするこれらの新作物の開発にあたっては、輸出目的と同時に国内産業の育成との結びつきも期待されていた。すなわち、ムハンマド・アリー政府は、ヨーロッパ工業製品の流入により崩壊しつつあった域内分業体系を修復するために、農業の「独占」体制を工業部門にも適用してイギリス製綿布の輸入を禁止し、在来の都市ギルドや農村手工業を再編して先進技術を導入した一群の大規模工場を建設した。しかし、自らの「世界システム」の建設を目指した帝政ロシアにも比すべき、このムハンマド・アリーの野心的な工業化・経済自立化の試みは、次の二つの点において挫折の要因をはらんでいた。

その第一は、ムハンマド・アリー体制の著しい軍事的性格が、ヨーロッパの覇権体制、すなわち近代世界システムの地理的展開に対して持つ危険性であった。イギリス自由貿易帝国主義の「インドに伸びる道」にとって大きな障害物であったムハンマド・アリーの「独占」体制は、列強の軍事干渉と英土通商条約（一八三八年）の適用によって崩壊し、関税自主権を剝奪されたエジプトの初期的工業化は挫折する。加えて、列強によるエジプト軍の強制的な縮小は軍需工業に打撃を与え、またシリアやスーダンなど植民地の放棄は、再び回復した繊維製品の輸出市場の喪失を意味していた。

第二の要因は、ムハンマド・アリー体制が土着の商人・企業家層の利害と結びつく以上に、工業化の担い手が示すようにシリア人・ギリシア人・アルメニア人など東地中海の商人資本家層によって支えられていた点である。コスモポリタンな性格を持つ彼らは、ムハンマド・アリー体制の崩壊後、世界資本主義「中心部」との仲介的機能を果たすべく綿花経済の「上部組織」である流通金融機構の形成に積極的に参加してゆくことになる。

（二）エジプト綿花経済の形成とその構造

エジプト綿花経済は、このムハンマド・アリー「独占」体制が倒壊した後、その巨大なむくろを土壌にして綿花生産だけが異常に肥大してゆく過程のなかからその姿を現わしてゆく。その場合、綿花経済の「根」をなす基層的生産関係がエジプト農村の内部により深く伸びることを可能にしたのは、ムハンマド・アリー体制の強権的な開発政策（とくに労働力動員政策）という農村社会に深く打ち込まれた「鋤」の働きであった。

さて、アリー政府が導入しようとした新作物とくに綿花は夏期に多量の灌漑水を消費したことから、古代以来ナイル川の自然氾濫を利用した灌漑様式（ベイスン灌漑）を堰やダムによって流量を調節し、深い夏運河の掘削により通年灌漑を可能とする近代的システムへと転換する大規模な土木工事が必要であった。また綿花は、従来の中心作物の小麦に比べると単位面積当たり二倍の労働投入を要する労働集約的作物であった。そのために、ムハンマド・アリー政府は農民の総労働時間を強制的に延長させ、さらには女性や児童の労働力まで動員する体制を取った。

このような商業的農業の開発初期に生じた労働需要の急増に対し、ムハンマド・アリー国家は、軍隊を農村に派遣して綿作を強制するために農業の生産過程を直接管理する一方、農民を土木工事のための大規模な強制労働に動員した。しかし、こうした国家による強制労働は、重税や徴兵制の採用とともに農民の困窮を深め、これに対する大規模な農民反乱と農民の逃亡を続発させることとなった。当時の記録によると二〇〇〇人近い農民が遠くシリアまで逃亡し、これに対応して村の長にカイロなど都市部に逃げ込んだ農民の逮捕を命ずる法令が出されたという。そして、こうした農民の逃亡による労働力不足のため、一八三〇年代の初頭には上エジプトの耕地の四分の一が耕作を放棄されたという推計がある。

そしてこのような強制労働を原因とする農民の逃亡は、やがて農民の土地喪失を招く大きな原因となった。すなわち強制労働がもたらす農村人口の流動化は、ムハンマド・アリー「独占」体制の崩壊と並行して行なわれた土地私有化の進行と結びつくことによって、綿花経済の社会的骨格をかたち作る大地主制の成立をもたらしたのである。

すなわち政府は、「独占」体制の制度的基盤であった土地国有制を放棄し、綿花栽培に熱中する王族やトルコ人・チェルケス人の支配エリート（ザワート層）の私的な利害に従属して、彼らに農民の逃亡した放棄農地や灌漑工事によって作りだされた開墾地を下賜していった。一方、政府は、農民の保有地に対しても地税収入増大などを目的として段階的に私有化を認めていったが、このエジプト土着の農民層のなかからも、強制労働や徴兵の割り当てなどを通じて村長職の特権を利用し、重税や債務の増大に苦しむ農民を収奪することによって土地を集積する村落有力者層（アーヤーン層）が成長した。

そして、近代エジプトの地主制の骨格を構成するこれら二種類の地主層、ザワート層大地主とアーヤーン層中地主は、綿花経済の中核的な経営の担い手となった。とくにザワート層は、灌漑用水を優先的に供与されるなど国家に保護されながら、積極的に新技術を導入し、厳しい生産管理を行なう大エステート経営を展開した。そしてこの大経営地（イズバと呼ばれる）の周囲を取り囲むかたちで、より労働集約的・土地集約的な技術選択を行なう一般農民の小経営が広汎に存在し、ここに今日まで続くエジプトの農業経営における二重構造が形成されることになる。

たとえば、綿花の作付け回数を見ると、大経営では三年に一度であったのに対し、小農の場合、基本的に二年に一度という格差があり、後者の場合、土地の肥沃度は急速に低下することになった。また、次節で述べるように、この二重構造は、その下部を構成する零細経営層から連続的につながる膨大な土地無し農民という過剰労働力の海によって支えられていたのである。

以上に見てきたように、夏作の綿花栽培拡大→灌漑システムの転換→農民に対する強制労働・重税・徴兵→農民の逃亡と土地収奪→土地私有化と地主制・農業経営の二重構造形成と続く一連の過程によって、綿花経済の基盤をなす基層的な生産関係が形成される。そしてこの基層的な生産関係におおいかぶさるかたちで、また農業剰余の収奪システムである地主制と結びつきながら、綿花経済の「上部組織」である流通金融機構がかたち作られてゆく。この機構は、前節で述べた世界資本主義の「上部組織」の末端部分そのものであり、次のような世界システムの中心部から伸びるこの「上部組織」の物理的・制度的な手段により形成された。

第一の物理的手段は、世界の東西交通の要衝であるエジプトに押し寄せた運輸・通信手段の技術革新の波であった。まず、強力な蒸気船の登場は、ヨーロッパのインド行き航路を喜望峰経由に代わって従来の帆船では定期的な航行が困難であった紅海のスエズ港の利用を可能にした（一八三〇年）。そしてこの新航路の開拓は、スエズ―カイロ―アレキサンドリアを結ぶ道路の整備、さらにはこれら三都市間の鉄道建設（一八五二―五八年）を導いた。スエズ運河の完成（一八六九年）は、この発展の最終的到達点であった。また、ほぼ同時期に通信手段も著しい発展をたどり、ヨーロッパから電信網が延びるのと同時にアレキサンドリアに世界初の綿花先物市場ができた一八六一年は、ちょうど空前の綿花ブームが巻き起こる南北戦争開始と同じ年であった。

世界資本主義の動脈の重要な一部となったこのような近代的な交通体系の形成は、もちろんエジプト自身にとっても綿花輸出の促進を通じて商業的農業の確立に貢献したが（たとえば、デルタの運河網や軽便鉄道の発展）、しかし同時に次のような二つの深刻な影響をこの国に与えた。第一は、灌漑工事の場合と同様、これらの工事も大量の農民の強制労働への動員に依存して進められたため、農村人口の流動化と農民層分解を引きおこす重要な契機となったことである。

第二は、これらのエジプト政府による野心的プロジェクトが歳出の過度の増大を招いて対外債務を増大させ、さらにこの財政赤字が農民に重税としてしわ寄せされ、その結果、農民の土地喪失および外国からの借款への依存がさらに進展した。

とりわけ、こうしたエジプト経済の従属化を決定づけたイスマイール期には、公的債務は膨大な額(一八六四—七三年で六五二〇万ポンド)に膨れあがった。そしてついに債務利子支払い額が国庫収入の四五パーセントに達した一八七六年に、エジプトは英仏両国による財政管理を強要されることになる。

このようなエジプト経済の従属化の道は、世界資本主義の「上部組織」の第二の側面、すなわち流通金融組織の伸張、とくに外国人の商人・金融業者の活動に対する制度的保障(混合裁判所の設置によるヨーロッパ商業慣行の強制と、カピチュレーションと呼ばれる治外法権の特権)によって扉を開かれたものであった。これらの外国人の商業活動は、世界交通体系の路線変更により東地中海の商業体系の新しい結節点となったアレキサンドリア市において華やかに展開した。彼らは、同市における綿花輸出業を独占し、さらに上はヘディーヴ(副王)から下は農民にいたるまでエジプト全体を債務的隷属の対象にした。すなわち、ヘディーヴはマーチャント・バンカーなど国際金融資本に対する多大の債務を抱えて国家の破産を招き、農民はギリシア人の高利貸の収奪によって農地を失ったのである。

この世界資本主義「中心部」の金融資本から「周辺部」の東地中海の商人・金融業者層にいたる外国人資本の金融的支配の体系と結びついて、綿花経済の「搾乳器」アレキサンドリアを頂点としてエジプト農村全体に綿花買い付けの流通網が張りめぐらされる。すなわち、綿花商人と金融業者と繰り綿業者が構成する利害集団のサークルが商業的農業の支配=搾取の上部組織を形成し、彼らが支配する流通網は、同時に綿花の品種や等級に関するリヴァプールからの指示を伝達する「指令システム」としても機能したのである。

以上に述べたムハンマド・アリー「独占」体制の崩壊に始まる「綿花経済」への移行過程を完成させたのが、イギリスのエジプト占領(一八八二年)による実質的な植民地化であった。このイギリス支配下において、エジプト綿花経済は、その物理的基盤の整備(デルタ・バラージの改修などによる通年灌漑システムの完成)においても、あるいは社会的・制度的枠組みの完成(地主制の確立、とくにイズバ型エステート経営の成長、あるいは植民地型金融・流通組織の拡充)においても、システムとしての完成度を高めたのである。

三　エジプト農村における不自由な賃労働の形成

冒頭で述べたように、エジプトをはじめとしてかつて世界資本主義が織りなす分業体系に組み込まれた経験を持つ非ヨーロッパ世界の農業地域には、今日、その「低開発性」の象徴である過剰労働力が滞留している。しかし、これらの地域の商業的農業が、その「開発」の初期に直面したのは、むしろ労働力の過剰ではなく、労働力不足の問題であった。なぜなら、これらの商業的農業に特有の労働集約的な作付け体系は、過剰労働力のプールを前提にした特殊な労働力編成を必要としていたからである。

この第三節では、前節で見た世界資本主義システムの従属的な一部であるエジプト綿花経済が、（1）どのように過剰労働力を自らのために作りだしたか、（2）そしてそれをどのような様式のもとに編成したのか、これら二つの点を見てゆくことにする。その場合、前者の「原始的蓄積」過程に関しては、土地無し農民を創出する契機となった強制労働を、後者の場合はエステート型労働制度における二つの特殊な「賃労働」の形態（それ自身が強制労働の転化形態である「不自由な賃労働」unfree wage labour）をそれぞれ中心的問題として取りあげる。

（一）強制労働制度と土地無し農民の生成

中心部資本主義の需要に応えた新商品作物の導入は、周辺諸地域の農業部門に労働力不足の現象を引きおこした。エジプトにおいても、他のいくつかの地域の例にならい、外国人農民の入植が検討され、あるいは部分的にアフリカ人奴隷労働が導入されたこともあった。しかし、エジプトにおける労働力不足問題への対応は、すでに見たように基本的には国内の農村労働力の再編成、それも強制労働の拡大とこれと結びついた農民からの土地収奪の過程に依存して行なわれた。

ところで、強制労働とはエジプト農民にとって、一八世紀までは彼らの村に属するベイスン（ナイル川の自然氾濫水を湛水する区画）耕地を囲む堤防を保全し（増水期の監視と補強、冬と夏の護岸工事）、水路を浚渫するという村全体の農業生産と直接的な結びつきを持つものであった。すなわち、かつて強制労働を表わした言葉であるアウナ（協力し助けあうこと）が意味するように、それは「ベイスン灌漑から論理的に発展した」農村共同体の共同労働慣行を基礎としていたのである。これに対し、ムハンマド・アリー期以降に採用された「移動式強制労働」は、農民を彼らの農業生産とは直接関係のない遠隔地の土木工事（夏運河の掘削、鉄道建設など）に駆りたてるという点で決定的に性格を異にしていた。

この動員は、運河の建設・補修だけで一説によると毎年四〇万人の農民を九ヵ月就労させ、一人当たりの平均動員日数は六〇日に達したと言われ、しかも農民は多くの場合、食料や水そして鍬などの労働手段の持参を求められた。そしてこの強制労働は、農民に対する徴兵や綿花作付けの強制の場合と同様、ムハンマド・アリー政府の暴力的な抑圧体制に支えられたものであり、しばしば軍隊が派遣されて農民を捕らえ、数珠つなぎに縛って連行する光景が記録に残っている。また、スエズ運河工事など一九世紀を通じて行なわれたこの強制労働の現場について、同時代の観察者は、監視人（ホーリー）の棒（アサー）で叩かれながら一〇人一組の男や女・子どもが働き、監視人たちはさらに人夫頭（ライース）の笞（ソート）で打たれ、そして人夫頭は技師（ムハンディス）の鞭（コルバージ）で打たれる状況を描写し、これは近代エジプト社会の縮図だと形容している［Barakāt 1977: 336］。

そして、この「移動式強制労働」は、国家的強制に加えて村の長に率いられた村単位の動員であった点、そしてその動員対象が婦人や児童もふくめた家族ぐるみのものであった点に注意しなければならない。このような強制労働の家族的性格は、より大量の働き手を動員しようとする開発独裁国家の貪欲さの反映であると言えるが、他方、当時の観察記録によれば、徴用された成年男子労働者が自らの庇護下にある子女を無防備のまま村に残したくないと考える伝統的な家族意識を利用したものだったという。しかし当然のことながら、農民には同時に婦女子を人前で重労働させることに対する恥の意識、抵抗感も強かった。さらに、多くの農民が食料不足や疫病で斃れたこのような動員の方式が労働力の再生産を脅かすものであり、また大規模な農民反乱が相次いだために、妊婦や幼児を持つ婦人や八歳未満の児童などの徴用についての禁止令（一八五一年）を政府は出さざるを得なくなった。ただし、その場合でも動員された農民の家族は、どんな遠隔地でも父や兄弟のために食料を届けるよう義務づけられたのであり、国家の強制的動員システムのひとつの基礎は、依然として伝統的な家族制度

（あるいは、それにもとづく労働力再生産メカニズム）に置かれていたと言うことができる。

しかし、綿花経済の物理的基盤（灌漑制度と交通体系）を形成するうえで不可欠な要素であったこの強制労働制度は、しだいに質的な変化を遂げてゆく。エジプトにおける賃労働形成の第一段階であったこの強制労働から賃金労働への移行は、同時期に展開した土地私有化過程と同じく複雑な経緯をたどったが、基本的には強制労働の有償化（一八四九年法令）を経て、最終的に賃労働により代替される方向へ展開した（一八九二年強制労働の廃止法令）。この強制労働の廃止法令の背景には、当時のイギリス占領権力の「人道主義的な」配慮があったという説明があるが、むしろそれ以上に強制労働を忌避して都市部に逃亡する農民が後を絶たず、大地主層が労働力不足を訴えたためだと言われる。しかし、強制労働の廃止を可能にした基本的な条件は、土地無し農民の堆積を土壌とする農業賃労働者階層がすでにこの時期までに生成していたことである。すなわち、一九世紀後半になると、「原蓄期」国家による強制労働・徴兵・重税の抑圧と大地主制の形成による土地収奪によって、広汎な土地無し農民からなる過剰労働力のプールが、綿花経済の再生産構造の不可欠な一部として強制的に作りだされていた。同時代人の推計によれば一八七〇年代にはこの階層が農村人口の約三分の一を占めたと言われるし、一八七三年のある統計によれば四つの県だけで合計八万五〇〇〇人の農業労働者が低賃金の臨時雇用で働いていたという。その後も土地無し農民の数は増え続け、農地改革の直前の一九五〇年には、農村人口の五九％を占めるほどに増大した。

（二）二種類の不自由な賃労働——タラーヒールとタマッリーヤ

この土地無し農民のなかで最底辺に位置し、その貧困ゆえにもっとも流動的な性格を帯びざるを得なかった農村労働力が、タラーヒールと呼ばれる移動労働者集団である。タラーヒール労働者は、形式的には強制労働の法的廃止によって生成したとも言えるが、前述のとおり強制労働の廃止それ自体がすでに彼らの存在を前提としていたのである。彼らは、それまで「移動式強制労働」が担ってきた公共事業の建設・土木労働を代替すると同時に、綿花経済の中核的経営単位であったイズバ型エステート経営が編成する労働力構成の不可欠な一部となった。すなわち、綿花生産における激しい労働需要の変動は、これにフレキシブルに対応できる流動性の高い「過剰労働力」を必要としたのである。

綿花労働は、三月の耕起と畝立から、播種、除虫、中耕・除草、灌水、そして九月の収穫（綿摘み）にいたるまでの労働集約的な作業過程から構成されるが、なかでも繊細な手労働を必要とする除虫作業と三回におよぶ綿摘みには集中的な労働投入が必要であった。加えて、通年灌漑への移行により毎年必要となった排水路の浚渫労働には、とくに上エジプトの身体頑健な出稼ぎ農民が選好された。この上エジプトは、近代的農業開発から取り残され、依然として冬作中心のベイスン灌漑の農業が支配的な地域であり、また人口密度も高かったことから、デルタで行なわれた夏期の綿花栽培に対するタラーヒール労働者の主要な供給源となったのである。

こうした季節的（あるいは虫害のような突発的な）労働需要に応えるためには、農村過剰労働力の滞留という条件のみならず、上エジプトのような遠隔地からも機動的に大量のタラーヒール労働者を動員できる物理的・社会的基盤が不可欠であった。その物理的基盤のひとつが商業的農業の血管である前述の近代的な交通体系であるとするなら、その制度的基盤はムカーウィルと呼ばれる請負業者がエジプト農村のほぼ全域に張りめぐらした労働力の調達システムである。ムカーウィルは、タラーヒールの賃金から一〇～一五パーセントにのぼる口銭をはじめとするさまざまな形態の搾取を行ない、さらに彼らを債務的隷属の状態に置いていた。

この労働力支配のシステムは、村々の小ムカーウィルから、タラーヒール労働者の集積地である地方都市の大ムカーウィルにいたるピラミッド的序列を作っていたとも言われる。その場合、村レベルの小ムカーウィルは、ムタアッヒド〔ムハンマド・アリー期末期の徴税請負人の名称〕と呼ばれたことが示すように、村落有力者層と同様に国家権力と一般農民の仲介者としての機能を労働者支配の権力基盤とする階層であった。これに対し、大ムカーウィルの多くは、高利貸として農民を搾取してきたギリシア人などの外国人マイノリティであった。このムカーウィルの二つの社会的出自が示すように、タラーヒール労働者に対する「封建的な」支配は、その下部では村落社会の伝統的支配を利用する一方で、上方においては綿花経済の「上部組織」である搾取機構と結びついていたと言うことができる。

さて次に、イズバ型大農場経営は、以上のタラーヒールの労働供給システムに加えて、同時に綿花生産に対し恒常的・安定的な労役を提供する常雇の農業労働者も必要としていた。この綿花経済を支える第二の農業賃労働者のカテゴリーが、タマッリーヤである。イズバとは、基幹的労働力であるタマッリーヤと、伸縮自在の補完的労働力タラーヒールの両者をきわめて合理的に利用する「資本家的」経営組織であった。しかし同時に、イズバは、通常の村落(カルヤ)から分岐した「子村」という本来の意味が示すように、共同貯水池(ビルカ)・脱穀場(ゴルン)・モスク・共同墓地、場合によっては集会所(ドゥワール)やクルアーン学校(クッターブ)などを備えた共同体的機能を持ついわば再編された「むら」社会でもあった。

この一九世紀末に典型的なかたちを取るイズバ型経営体は、少なくとも資料的にはその原型を一八三〇年代にまでさかのぼることができるが、その成立には前述の強制労働の色濃い影響を受けていた。すなわち、強制労働などで追いたてられ流動化した農民層は、村の長に率いられ家畜を連れて村全体、あるいは同族集団全員がザワート層大地主の所領地に庇護を求めて流入し、新しい「むら」を作ったのである。そして、これらの大地主および一部の村落有力者の所領地では、公的な移動式強制労働が免除される代わりに「私的な強制労働」が隷属農民に課せられた。この「私的な強制労働」は、一八世紀まで徴税請負人が自分の職分地で農民に課していた強制労働の再版であるということができる。したがって、タラーヒールが移動式強制労働の転化形態であるのと同様、タマッリーヤの歴史的起源も「再版された強制労働」である私的な強制労働にたどれると言うことができる。

ここでタマッリーヤと総称したイズバ住み込みの農業労働者には、実はさまざまな呼称と多様な労働条件の形態があったことが知られている。しかし、その基本的な形態は、一般の水準の三分の二という比較的低い小作料で農地を貸与される代わりに、タラーヒールと比べてもさらに低額の賃金で地主の直営地で働く小作農的農業労働者として性格づけることができよう。彼らは、粗末ではあるが土レンガ造りの家を供与され、さらに毎年、食料や衣服が配給されることもあり、その生活全体が地主経済に抱え込まれていた。

また、彼らの分与地は、綿花生産が禁止されて自給用の作物(トウモロコシや飼料用のクローバー)が栽培されたが、耕地全体が地主の設計する輪作体系のなかにはめ込まれたため、自立的な経営主体というにはほど遠かった。これらの分与地の小作形態は、定額小作の場合と作物ごとに比率が細かく決められた分益小作の場合とがあったが、たとえばある定額小作のケースでは、地主の直営地における農業賃金の年間受け取り額を小作料が上まわることもあり、実質的にはほとんど労働地代の形態と変わりがなかったと言える。さらに、彼らの多くは、地主に債務を負い、家畜を抵当に入れられるなどして土地に緊縛されていた。しかし、このような隷属的地位にもかかわらず、彼らが軽蔑するタラーヒールの不安定な就業状態よりは恵まれており、それゆえイズバからの解雇の恐怖は、大きな労働強制の手段となった。

綿花経済の中核的な経営体であるイズバ型農場は、このタラーヒールとタマッリーヤという二種類の労働力を用いて「一種の農業的テーラー主義」とも形容される徹底した資本家的な労賃コストの管理を行なった。しかし、この労働力編成の様式は、同時にこれら二つの特殊な賃労働の性格、「不自由な賃労働」としての性格を反映した次のような属性を持っていた。第一は、前述のように「再版された強制労働」という歴史的起源を持つこのイズバ型労働制度が、債務的隷属に加えて直接的な物理的（暴力的）強制によって染めあげられていたという点である。この労働関係の「原始的」形態は、何よりも労働強制を行なう職制の多様さ（サッワーク、ムラーヒズ、ガフィール、ミヤール、ホーリーなど）によって示される。この強制労働の遺産である労働強制の慣行は、タラーヒール労働においてより露骨な形態を取ったが、タマッリーヤにおいても前述のイズバからの解雇という経済的な制裁と組みあわされて巧妙な労働者統制の装置として機能した。ただし、ここで注意したいのは、この暴力と差別意識に満ちた労働慣行が古代エジプト以来ぬきがたくこの灌漑社会に染みついている「アジア的」属性などではなく、近代世界システムに統合される過程で形成された「周辺部」における開発独裁国家そのものの抑圧的性格に起因するものであったという点である。

第二の属性は、移動式強制労働と同様に家族ぐるみの出稼ぎを行なうタラーヒールも、新しい「むら」イズバに家族生活の基盤を与えられたタマッリーヤも、イズバ経営にとっていずれも「家族労働力」として把握されていた点である。この家族労働力としての把握は、ひとつには綿花生産における女性と年少者の除虫・綿摘み労働への特化という性別・年齢別分業の慣行にもとづくものであった。これに対し、成年男子労働者は、耕起など「男らしい農作業」に従事することが義務づけられたのであり、やむを得ず除虫など「女子どもの仕事」に駆りだされるときには彼らの賃金は、通常の二分の一から三分の二という女子・年少者並みの水準にまで引きさげられた。言いかえるなら、このような家族労働力の把握にもとづく性別分業と賃金差別によって、いわば「家族的道徳の搾取」が行なわれたのである。

さらに、イズバ型労働制度は、タラーヒールの場合は出身村落における伝統的家族制度に支えられた生存維持経済に、そしてタマッリーヤの場合はイズバ内に設置された自給用作物生産を行なう家族経済部門（いわば人工的に再編された生存維持経済）に、それぞれ労働力の再生産費用を転嫁させる仕組みを備えていた。たとえば、こうしたタラーヒールと出身村落との経済的関係を象徴するものとして、かつての「移動式強制労働」と家族制度との結びつきをも連想させる伝統的な保存食料を詰め込んだ食料袋（ズワーダ）の存在を挙げることもできる。一方、タマッリーヤの場合、イズバ経営はこの家族経済部門の存在を利用して、性別・年齢別に細かく決められた農業労働の供給コストを、農産物価格の変動に対応してフレキシブルに設定することができたのである。そして、このような自給用作物と商品作物の「共生」という生産条件にもとづいて家族労働力全体を利用する労働力の編成システムは、さまざまな形態の「不自由な非賃労働」（農奴労働や、奴隷労働など）が廃止された後、「周辺」諸地域で再編されたエステート型農業経営に広く取り入れられた制度であったとも見ることができよう。

さて最後に、この「家族」制度に基礎を置く労働制度のもうひとつの特徴として加えたいのが、「家族主義的」イデオロギーによって支えられた伝統的な支配の関係の問題である。それは、ムカーウィルがタラーヒール労働者を「封建的」に支配すると言われる場合、両者の関係には伝統村落内部の富裕な「大家族（アーイラ）」と土地無し農民から構成される「小家族（ウスラ）」集団のあいだの「家族的」な支配と従属の関係が見いだされるとされる点である。以上の諸点から言えるのは、世界資本主義システムの従属的な一部であるエジプト綿花経済は、その基礎をなす特殊な労働制度を媒介として、過剰労働力が滞留する伝統村落（カルヤ）と再編された「むら」（イズバ）のそれぞれ内部における伝統的「家族」制度と共生的関係を取り結んでいたということである。

おわりに

資本主義的な世界体制がヨーロッパを中心に成立する過程において、綿花の果たした役割は、同じくイスラーム世界から伝えられたコーヒーや砂糖キビなど他の亜熱帯原産の商品作物に比べて、より際立った重要性を持っていた。言うまでもなくそれは、画期的な蓄積様式を確立したイギリス綿工業が世界全体を資本主義的に構造化する動きを直接に導いたからである。そして、この一九世紀的な世界資本主義の国際分業に組み込まれた周辺諸地域においては、前述の商品作物をモノカルチャー的に生産するために、それぞれに特殊な編成様式を持つ過剰労働力が形成されることになった。

綿花生産に特化したエジプトの場合、この労働力編成の過程を特徴づけたのは、灌漑制度の変換という固有の生態学的条件のもとで、ムハンマド・アリーの「独占」体制という開発独裁国家が行なった強制労働の再編による特殊な「原始的蓄積」の過程であった。そして、この強制労働の廃止後にエジプト綿花経済の再生産構造の基礎となった労働制度は、この強制労働の性格を色濃く残すと同時に奴隷労働などの廃止に伴ない他の周辺地域において形成されたエステート型労働制度ときわめてよく似た性格を持っていた。

とくにこれらの労働制度による「不自由な賃労働」の編成様式には、それぞれの地域の「家族」制度と深い結びつきをもつという共通したひとつの特徴があった。すなわち、世界的システムの従属的な一部を構成するこれらの地域の「農業資本主義」は、エステート型労働制度を媒介にして家族的生存維持経済と「接合」しているだけではなく、性別分業の慣行や家族主義的な支配関係を利用した「家族的道徳の搾取」を行なっているという特徴を持つからである。そして後者の問題は、近代イギリスの工場制賃労働から今日の企業社会にいたるまでかたちを変えながら普遍的に存在する「近代賃労働における不自由なるもの」と土壌を等しくするものと考えることもできるだろう。

さて、南北戦争のブームに乗って成長し、一九世紀末のイギリス占領下において成熟期を迎えたエジプト綿花経済は、他のいくつかの地域の農業資本主義と同様、やがてゆるやかな斜陽の道をたどってゆく。その国内的原因は、ひとつには灌漑農地の拡大の限界という生態学的な制約条件であり、もうひとつは綿花経済の再生産構造における不可欠な条件であった農村の過剰労働力＝貧困層の絶え間ない増大であった。とくに前者について言えば、自然灌漑により自動的に地力を維持し、塩害を防いできたベイスン灌漑が通年灌漑へほぼ全面的に移行した結果、土地生産性が低下し（地下水位の上昇による塩害と病虫害の増大)、そのために排水設備などのより大きな追加投資を必要とするようになった。

そしてこの土地人口のバランスの変化は、労働コストの管理に大きな関心を置いたそれまでのイズバ型直営農場をしだいに縮小させ、代わりに所領地を細分割して高額の地代で小作させる方向を大地主層に選択させてゆくことになる。このイズバ型労働制度の衰退を決定づけたのが、一九五二年革命直前の所領地における隷属農民の反乱という社会闘争であった。

この革命の直接の成果である農地改革によって、イズバの隷属的農業労働者タマッリーヤは小土地保有者としての地位を手に入れたが、しかし移動労働者タラーヒールについて見ると、所領地の分割による雇用機会の減少によってさらに困窮を深めた。彼らの生活は、一九六〇年代にアラブ社会主義体制が試みた雇用増大政策(アスワン・ハイダム工事や沙漠開拓)やムカーウィルの「封建的」搾取を規制する社会政策によっても一向に改善されることはなかった。そして彼らは、七〇年代後半に急増する産油国出稼ぎという新しい国際的な労働力移動の流れに巻き込まれてゆくことになるのである。

〈一九九一年二月発表〉

第9章　エジプト綿花経済における「不自由な賃労働」
――イズバ型労働制度をめぐって

はじめに

資本主義は、その世界的な拡大の過程を通じてさまざまな労働力の形態を生みだしてきた。とくに非ヨーロッパ諸地域において、世界市場向けの商品生産が現地の労働力（あるいは移民労働）を動員・統合して行なわれる場合、しばしばこれらの労働力には「不自由な労働」とでも形容できるよく似た特徴が指摘されてきたように思う。

この特徴は、新大陸の奴隷労働という典型的な「不自由な労働」と見なされる労働制度のみならず、むしろこのような奴隷制その他の（とくに植民地制度下の）強制的労働制度が法律上廃止された後において、新たに再編・成立した原初的な労働市場のなかに見いだすことができる。すなわちそこでは、債務的隷属や物理的・暴力的な労働強制（とくに法律上無権利状態に置かれた労働者の身体の拘束と支配）などの状況が発生し、またこうした状況は、さまざまな社会的イデオロギー（人種差別をはじめとする）や国家的な権力秩序を直接的な背景としていたのである[1]。

もちろんこれらの労働力は、それぞれの地域における労働強制の伝統的な様式、世界市場向けの商品作物が行なわれる生産過程の特殊性、イデオロギーや権力秩序の在り方などによって多様な形態を取ったのであり、それらを世界システムのなかに置かれた「周辺部」という構造的配置だけで一義的に決定されると考えることはできないだろう。とはいえ、これらの労働力の諸形態を相互に比較して、それにいくつかの共通する属性を発見して、それらがどの程度世界資本主義という枠組みが持つ構造的特徴によって規定を受けているのか考察することは重要である。おそらく、そうした比較研究の積み重ねによって「二重の意味で自由な」と定義された古典的な賃労働概念の問い直し（とくに非ヨーロッパ諸地域におけるその適用をめぐる問題の検討）が可能となるのではないかと思う。

また、このような比較史的研究は、次のような意味においても今日的な意義を持つ。すなわち、これらの労働力によって構成される原初的な労働市場（あるいは非市場的な労働力調達機構）こそが、現在の第三世界諸地域の労働市場をめぐる諸問題、労働市場の分節的構造や農村部・都市インフォーマル部門における雇用問題の歴史的背景をなしているという点である。第三世界において固有なかたちを持つ賃労働史論を展開するためには、工業化過程に先立って形成された原初的な労働市場、そこにおける労働制度や労働力の形態に関して、比較史的な視点を持ちながら研究を蓄積することが必要となろう。

本章において取りあげるのは、綿花モノカルチャーという経済構造をもって世界資本主義に編入された近代エジプトの事例である。この近代エジプトの綿花モノカルチャー経済において形成された原初的な労働市場を特徴づけたのは、労働力を上から統制・強制する権力秩序の関係（開発独裁国家あるいは植民地権力をその頂点に持つ）と、賃労働を排出・規制する広い意味での「家族」の存在であった。以下本章では、労働者における「近代」と「前近代」という共通テーマに対し、前述の二つの論点を中心に置きながら、エジプト綿花経済の中核的経営体であるイズバ型エステート経営における労働制度の分析を試みる。

一　エジプト綿花経済とイズバ型労働制度

一八二〇年代から輸出用作物として本格的な商品生産が開始されたエジプトの長繊維綿花は、南北戦争時のいわゆる「綿花飢饉」を契機にして飛躍的にその生産を拡大した。そしてイギリスによる占領（一八八二年）以後の時期において、「ランカシャーの綿畑」と形容される綿花モノカルチャー的な経済構造が完成した。すなわちエジプト綿花経済は、この一九世紀末から二〇世紀初頭の時期において、土地制度（私的所有権の最終的確定と近代的農地税改正による大地主制の確立）、金融・流通組織、農業技術、灌漑制度の変更（一八九〇年デルタ・バラージの改修、一九〇二年アスワン・ダム完成などによる近代的通年灌漑への移行）といった各側面において、そして他ならぬ経営や労働力の側面においても、そのシステムとしての完成度を高めたのである。そして重要なのは、この経済システムを維持する国家的な権力秩序の体系が、この時期、イギリス占領権力によって再編された点であった(2)。

この綿花モノカルチャー経済において、その中核的な役割を果たした経営体がイズバと呼ばれる「大土地所有・資本・技術・低廉な労働力を組みあわせた」農場であり、この時期ナイル・デルタの新しく拡大された灌漑農地に多く設営された。このイズバは、農場＝村という二重の性格、すなわち労働者の飯場的性格を持つ集落であると同時に、伝統的な農村（カルヤ）を本村として分岐した子村という二重の性格を持っていた。後者のいわば「再版されたむら」というイズバの特徴は、共同貯水池、共同脱穀場、モスク、共同墓地、集会場、クルアーン学校などの共同体的諸施設のなかに見いだすことができる。

イズバの多くは、大地主の所領地（ダーイラ）の構成単位である広大な新灌漑地、管轄区（タフティーシュ）のなかに、整然と計画的に配置された。これらのイズバ農場は、直営地と小作地とから構成され、さらにその外側を伝統村落とその農地によって囲まれていた。このイズバを中心とするナイル・デルタの農村景観は、しばしば工場を思わせるような農業労働者の集合住宅および整然と区画された広い耕地片と、それを取り囲む人口稠密な集村形態を取る伝統農村と不揃いな短冊状に細かく区分された耕地、という鮮明な対照によって特徴づけられた。このような景観は、エジプト農業における二重構造、すなわち資本と先進技術（優良種子・大量施肥・管理された作付け体系）を投入した地主的大経営と農民的小経営との併存を象徴していた。そして同時に、労働コストの厳密な計算を行なう資本家的経営であるイズバ型地主直営農場と、これに労働力を提供する周囲の過剰人口を抱えた伝統農村の両者が向きあう、近代エジプト農村における労働市場の原型をも表現していたと言える。

さて、このイズバ型大経営に動員された労働力は、綿花生産を中心とする労働需要に対応したかたちで、常雇いと臨時雇用という二種類の形態に区分されていた。すなわち綿花生産は、恒常的な労働需要に加えて、季節的あるいは突発的な大量の労働需要（害虫の駆除・綿摘みなど）を生みだしたからである。

ここで、イズバに関する数少ない資料のひとつであるガンナーム『農業経済とイズバ経営』[Ghannām n.d.: 429, 488–89] を見るなら、同書は、常雇い労働者として、（1）タマッリーヤ、（2）ムラービウーン、（3）ズフーラート、（2）臨時雇用の労働者として、（4）ハタリーヤ労働者（ムヤーワミーン、アジリーヤとも呼ばれる）と（5）ムカーウィラ（請負い）労働者、以上五種類の労働者を挙げている。(3)

このうちイズバ農場の基幹的な労働力となっていたのは、常雇いの（1）タマッリーヤであり、（2）と（3）、とくに（3）は（1）の補助労働力として位置づけられた。他方、臨時雇用の労働者のうち、（4）はイズバ近郊農村からの日雇い労働者であり特定の農作業に雇用された。そして（5）は通常タラーヒールと総称され、請負い業者（ムカーウィル）によって調達される遠隔地からの出稼ぎ労働者であった。このタラーヒール労働者は、その流動的性格（そしてなかには出稼ぎに専業化した集団を含む点）において、臨時雇用の労働力を代表する存在であった。

本章では、イズバ型労働制度を、基幹的な常雇い労働者であるタマッリーヤと、臨時雇用のなかでも綿花生産が生みだす大量の労働需要に対しもっとも機動的に動員される集団出稼ぎ労働者タラーヒール、という二種類の労働力を組みあわせた労働統制のシステムとして、考察することにする。

まず、タマッリーヤは、前掲書によると、それ以外の補助的あるいは臨時雇いの労働者とは異なり、事務職員や労働監視人、そして厩舎員などの専門労働者と同様、イズバ農場の職務体系に組み込まれ、定額賃金を受け取る年雇の労働者であった。さらに彼らは、年齢・熟練度・体力によって三つの等級に区分され、たとえば第一等級と第三等級の労働者の給与には二倍の格差があった。ただし、その給与は、月給の貨幣賃金・穀物による現物給与（さらには衣服の支給）と農地の貸与などとの組み合わせからなる多様な形態を取った。たとえば、ガンナームの前掲書は、六つの労働報酬の形態を紹介している [*ibid.*: 489–92]。そのなかには、小片の農地の供与と引き換えにイズバの綿作経営に労働力を提供するマアーシーと呼ばれる労働地代的な形態も見られたが、基本的にタマッリーヤとは、固定賃金と小作地の貸与を組みあわせた半小作農的な農業労働者として考えられる。

これに対し、タラーヒール労働者は、遠隔地の農村から、ムカーウィルの支配のもと、村単位で組織・動員される出稼ぎ労働者集団であった。とくにナイル川上流の上エジプトは、通年灌漑の普及が遅れ、依然として冬作中心の作付け体系がおこなわれ、デルタにおける夏作の綿花栽培に対する労働供給基地として位置づけられた。彼らは、灌漑水路・排水路の浚渫や、綿花の害虫駆除、綿摘みその他の作物の収穫作業など季節的な農業労働に従事する一方、公共土木・建設労働にも動員された。タラーヒール労働者の供給源は、大半が土地無し農民あるいは半農業労働者的貧農であり、エジプト農村の階層構成における最底辺に位置づけられるとともに、綿花経済の再生産構造における過剰労働力の流動的なプールをかたち作っていた(4)。

彼らの日当は一週間あるいは一五日ごとにまとめて支払われたが、通常ムカーウィルによって一〇〜一五%の口銭を搾取されるとともに、しばしば彼らに対し債務的にも隷属していた。そして、これと同様の支配と搾取の関係は、前掲の（4）近村からの日雇い労働者と、ホーリー、ムタアッヒドと呼ばれる差配や労働監視人とのあいだにおいても観察された。

さて、このタマッリーヤとタラーヒールを、イズバ型労働制度に組み込まれた労働力の基本的形態として取りあげるのは、両者がともにエジプト綿花経済が形成される過程と深い結びつきを持っていたこと、とりわけ一九世紀に再編された強制労働制度をその直接的な歴史的背景としていたからでもある。すなわち、エジプト綿花経済は、強制労働制度をその成立の重要な契機とし、さらには強制労働の転化形態とも言える特殊な歴史的性格を持つ二つの労働力形態（タマッリーヤとタラーヒール）を、生産関係の中心に組み込んでいたのである。したがって、イズバ型労働制度の分析に入る前に、一九世紀的に再編された強制労働との歴史的関わりについて、簡単にふれておく必要があるだろう。

二　前史としての強制労働制度

イギリス占領下で完成する綿花経済システムにとって、一九世紀前半のムハンマド・アリー王朝が農民に課した徴兵・重税・強制労働という三つの国家的収奪の手段は、エジプト版の本源的蓄積過程が展開する基本的契機となった。すなわち、この徴兵・重税・強制労働という富国強兵策の犠牲となった農民層は、大規模な反乱と逃散を繰り返したが、それを通じたエジプト農村社会の流動化こそが、その後の土地の私有化過程と結びつき、大地主制と大量の土地無し農民を両極とする階級構造を生みだす背景となったからである。(5) そのなかでも強制労働は、次に述べるように、長繊維綿花の導入と直接的な結びつきを持っていた点において、エジプト綿花経済の形成と不可分の関係にあった。

さて、一八世紀までのエジプト農村における強制労働は、ナイル川の自然氾濫を利用した灌漑システム(ベイスン灌漑)を維持するために、村の近くの堤防の洪水からの防御と改修を行なう共同体的な相互扶助労働(「助け合い」アウナとも呼ばれた)であった。ただし、徴税請負人〔ムルタズィム〕の職分地(アウスィーヤ地)の耕作に(賃労働とならんで)提供される無償労働という、もうひとつの型の強制労働もあった。

しかし一九世紀に入り、夏作の綿花生産のために灌漑システムをベイスン灌漑から通年の水路灌漑に変換する必要が生じると、ムハンマド・アリー国家は、旧運河の深掘・新運河の掘削や堰堤の建設のために大量の農民を強制労働に動員した。この新しい強制労働が従来の共同体的な強制労働と決定的に異なっていたのは、農民を彼らの生産活動とは直接関係のない遠隔地の土木工事に動員したことである。この新しく再編された強制労働は、「移動式強制労働」(moving corvée)〔Rivlin 1961: 243-45〕とも呼ばれるように、商業的農業の動脈である鉄道の建設に、そしてスエズ運河の工事に大規模に利用された。こうした農民の動員は、徴兵制によって拡大した軍隊組織による監視と物理的強制のもとで行なわれた。

この新しい強制労働のもうひとつの特徴は、動員が村単位で行なわれ、それによって村役人層による村民の労働力に対する支配と統轄が見られたことである。またこの動員は、成年男子労働力のみならず女性や子どもも含んだ家族ぐるみで行なわれた点でも注目される。

すなわち、この一九世紀に再編された強制労働は、徴税単位の個別化とならんで、ムハンマド・アリー国家が個別農民を直接的に把握する手段として機能したが、この農民の労働力の支配は、同時に村落内の伝統的な支配秩序や家族システムと強い結びつきを持つものであった。たとえば、後述のように、強制労働とエジプト農村の伝統的家族システムとの関係は、家父長の保護下にあるべき女性の動員をめぐる社会的緊張として表面化した。また、家族の一部が強制労働に動員される場合には、残された家族は遠距離から食料を届けることを義務づけられる場合があった。すなわち、この新しい強制労働は、「家族的強制労働」(family corvée)[Tucker 1986: 43]と言うべき特徴を持っていた。

この一九世紀的な強制労働において、もうひとつ注目されるのは、部分的にはかなり早い時期から、すなわち法律上有給化が決定される(一八四九年法)以前から、賃金が支給される有給の労働であった点である。この点においても、この強制労働制度は、前近代のそれとは明確に性格を異にする制度、すなわちエジプトの世界資本主義システムの編入過程において形成された、まさにエジプト近代の歴史的性格を象徴する制度であった、と言わねばならない。

さて、この強制労働制度は、イギリスの占領政策の一環として法律上は廃止されることとなったが(一八八一—九五年)、実際にはその後も部分的に臨時的措置として残存することになった。また、強制労働廃止の背景には、奴隷制廃止を要求する当時の国際的なイデオロギー状況に加えて、労働力不足を理由として大地主層から廃止の要求があったことが指摘される。そしてまた、この時期には前述のようなエジプト農村社会の構造変化の結果、大量の土地無し農民層が形成され、強制労働に代わってこれらの農民を大規模な土木事業に調達・動員するシステムができあがっていたのである。そして、この強制労働を代替する労働力として登場したのが、集団出稼ぎ労働者タラーヒールであった。彼らは、ムカーウィルの支配のもと、村単位の労働集団を形成したが、彼らには一九世紀的な「移動式強制労働」の特徴が色濃く引き継がれていた。

一方、常雇いの半小作農的農業労働者、タマッリーヤの場合も、その歴史的起源は、タラーヒール労働者と同様に、一九世紀の強制労働に求められると言われる。それは、一九世紀の前半において、ムハンマド・アリー国家の徴兵・重税・強制労働の重圧を逃れて、浮浪・流動化した農民層が、貴族層の所領地で庇護民化したことに始まる。その後一九世紀末には簇生するイズバの原型とも言えるこれら貴族層の所領地のなかに、同族集団単位で流入した農民たちは、公的な国家の強制労働を免除される代わりに、所領地の綿花生産に対する「私的な強制労働」を課せられたと言われる。この「私的な強制労働」が、一八世紀以前の徴税請負人の職分地における強制労働とどの程度連続性を持つものなのか、資料が乏しく確認できない。またそれは、後の資本家的経営管理を備えたイズバ型農場との連続性についても、同様のことが言える。ただし、次に見るような労働統制の特徴という点において、このイズバ型労働制度と一九世紀的な強制労働とのあいだには、ひとつの比較が可能な連続性が指摘できるように思われるのである。

三　イズバ型労働制度における労働統制の性格

イズバ型労働制度は、労働コストの厳格な管理が行なわれる資本家的経営という側面と、しばしば物理的強制を用いて労働統制を行なう階層秩序的な監視の体系の側面という、一組の対照的な性格を持つ労働制度として理解することができる。

前者の側面について言えば、このイズバ経営は、綿花生産を中心とする綿密な管理の行き届いた作付け体系を採用し、この体系のなかで行なわれる各作物の生産においては、農作業の工程ごとに投入される労働力の種類と量が細かく規定されていた。前出のガンナーム『農業経済とイズバ経営』は、綿花をはじめとする一二の作物について合計四六の農作業工程（うち綿花は八つの工程）を挙げ、各工程ごとに必要とされる労働者の種類（常雇い・臨時雇用、性別など）と人数そして賃金額を細かく記載している［Ghannām. n.d.: 430–32］。

また同書は、第二の労働統制の体系という側面についても、次のような労働者監視の職制を挙げている。それは、ホーリーおよびホーリー助手と呼ばれる労働監視人、これを統括するナーズィル（監督）およびその補佐役であるムアーウィン、警邏係であるガフィールおよびその監督（ムラーヒズ）、イズバ全体の管理を行なうマアムール、管轄区（タフティーシュ）全体の責任者、ムファッティシュにいたる多様な職制からなる管理秩序の体系である。

また同書は、農場の規模ごとに必要なタマッリーヤ労働者の数とこれを監督する職制の数を述べており、たとえば一〇〇〇フェッダーン（一フェッダーンは約〇・四二ヘクタール）の農場に対しては、一〇〇名のタマッリーヤを配置し、これを監視するホーリーは三名、ホーリー助手が二名、ガフィール六名、ガフィール監督一名、ナーズィル一名、ムアーウィン二名などが必要と記載している［*ibid.*: 426–28］。

一方、臨時雇用のタラーヒール労働者の場合も、労働者を直接的に監督し労働を強制する職制として、ライース、ムシュリフ（監督）、サッワーク（駆り立て役）、ガフィール、ミヤール、ホーリーなどの職名が知られている。タラーヒール労働者の統制のひとつの例を挙げるなら、四〇〇名の労働集団をムラーヒズ（監督）が統轄し、ライース（またはサッワーク）が四〇名の作業集団を監督し、これに加えてガフィールを一〇〇人単位に一人付けるといった監視が行なわれた［長沢 1980: 68］。

以上に見るように、イズバ農場に組み込まれた二種類の労働者の雇用関係は、労働者を統制・監督する職種の多様さによって特徴づけられていた。それと同時に、これらの労働統制は、階層秩序的な体系のなかに位置づけられていた。すなわち、タマッリーヤがムファッティシュを頂点とするイズバの管理秩序に組み込まれていたのに対し、タラーヒールの場合は、イズバに対する臨時労働力の供給を独占する請負業者、ムカーウィル層の階層的な支配体系（小ムカーウィルから大ムカーウィルにいたる）のもとに従属していた。

これらの労働統制の秩序を模式化した単純な系列として述べるなら、タマッリーヤの場合は、労働者↑ホーリー助手↑ホーリー↑ガフィール↑ガフィール監督↑ムアーウィン↑ナーズィル↑マアムール↑ムファッティシュ、またタラーヒールの場合は、労働者↑ライース（サッワーク）↑ガフィール↑ムラーヒズ↑ムシュリフ↑小ムカーウィル（ムタアッヒド、ムワッリドとも言われる）↑大ムカーウィルといった体系として描かれよう。そして、これら二つの階層秩序的な監視の体系が重なりあう仕組みとして、イズバ型労働制度が機能していたと見ることができる。

さて、イズバ型労働制度は、こうしたさまざまな労働統制の職制からなる階層秩序的な監視の体系を用いて、物理的暴力を伴ないながら労働者を、隷属的に拘束する制度であった。しかしこの制度は、一方ですでに述べたように、厳格な労働コストの管理を行なう資本家的経営という側面もあわせ持っていた。

さて、このようなイズバ型労働制度の二重の性格は、その他の地域に成立したいくつかのエステート型農場経営においても、ある程度共通して指摘できる特徴であるかもしれない。これらのエステート型労働制度をめぐる議論においては、たとえばかつてエジプト版の資本主義論争において問題とされたように、この労働統制の歴史的性格がその中心的な論点となった（［長沢 1990］を参照）。そうした議論と論争においては、こうした労働統制の性格を「前近代的」あるいは「非資本主義的」なものと規定する主張がなされ、さらにはこうした労働制度にもとづくエステート経営自体、これを資本主義的な要素（市場 market）と非資本主義的な要素（強制 coercion）が結合した経営体として、その歴史的性格を描く議論が組みたてられてきたように思う。

A・リチャーズの「グーツヴィルトシャフトの政治経済学」［Richards 1979］は、東エルベのInsten制度、チリのinquilinaje制度、エジプトのイズバという三つのエステート型労働制度の事例を比較し、前述の議論に対して新しい視角を提示しようとした研究である。

リチャーズは、これらのエステート型労働制度における労務管理の性格に注目する。彼は、この制度を物理的制裁（voice）と解雇（exit）という二つの制裁（sanction）手段を組みあわせた労働者統制のシステムとして描く。しかし、その場合、地主が事実上の警察的権力を持ち（とくに国家権力の地方支配が脆弱な場合）、「労働契約の執行という見せかけのもとに」物理的制裁が恒常的な労働強制の手段となっていたとしても、それは農民の労働力に対する封建的な拘束とは性格を異にする。むしろこの制度の性格を基本的に規定するのは、労働者の統制に最終的に用いられる制裁手段、すなわち資本主義的な性格を持つ解雇という手段であると考える。

すなわち、このような資本主義的な制裁手段を備えたエステート型労働制度が成立するためには、一方で土地が私有化され、地主的土地所有が成立し、他方で封建的土地緊縛から自由になった可動性の高い労働力が存在する状況が、その前提条件として必要だった。そしてエステート型労働制度とは、このような状況のなかに労働集約的な新しい商品作物が導入される場合、流動化した労働力を常雇いと臨時雇用とに分割・動員することによって成立する労務管理のシステムである。このような地主的経営による労働力の常雇いと臨時雇用への分割は、まず第一に、新しい商品作物（たとえば綿花）生産が生みだす新しい労働需要の構造（恒常的労働需要と臨時的労働需要）への対応の結果として創出されたものであった。しかし同時に、こうした労働集団の分断は、労働者に対し制裁（sanction）とインセンティブを与え労働コストの節減を図る労務管理の手段でもあった。

その場合、年雇であるタマッリーヤ型労働者に対し貸与される自給用農地は、これらの労働者に対するインセンティブとして作用する側面をもつと同時に、タラーヒールなど雇用上の地位が不安定な臨時雇いの労働者に対する優越意識を生みだし、この二つの労働者集団の間に分断と差別の関係を作りだす効果を持った。

すなわちまず、第一の側面について言えば、年雇の労働者に与えられた農地では、労働者家族の生活維持のための食料作物の生産が行なわれ、そこでは労働者を監視する必要がないため、経営側がその分の監督労働を商品作物の生産管理に振り向けることができた。

そして第二に、二つの種類の労働集団のあいだに形成された社会的差別の関係を利用して、エステート経営は、最終的な制裁手段として解雇の宣告を用いることができた。すなわちそこでは、解雇に対する恐怖こそがタマッリーヤ型の常雇い労働者を潜在的に労働に駆り立てる要因となっていた。

言いかえるなら、イズバ型農場経営とは、労働コスト（とくに監視労働のコストを含めた）に細心の注意を払う近代的な資本家的性格を持つ経営であり、とくにわずかばかりの農地を貸与することによって、土地無し農民のあいだに相対的な社会的地位の格差を作りだして、それにもとづいて制裁手段として解雇（あるいは解雇への恐怖）を有効に機能させる制度であった。(6)

さて、こうしたリチャーズの議論において重要な点は、このような社会的な差別意識の形成を伴なった労働集団の分割が、その後労働市場の分断的構造が形成される歴史的な前提のひとつとなったということである。すなわち、労働市場の分断化の物質的な基礎は、エステート型労働制度のもとで展開する労働過程そのものに求められる。この点を敷衍して述べるなら、それは、さまざまな分業関係を作りだす商品作物生産における労働需要の構造と、こうした分業関係を利用した労働者の統制・支配の技術の問題である。

しかしながら、リチャーズの議論には以下のような問題がある。彼は、エステート型労働制度における労働コスト管理の様式に注目し、また解雇を最終的な制裁手段としている点を強調して、この労働制度の資本家的性格を証明しようとしたが、しかし一方では、物理的暴力による労働統制の性格を「前資本主義的なもの」と見る考え方を依然として認めている。たとえば彼は、エステート型労働制度を「資本主義的首切りと前資本主義的体罰」（capitalist sack and pre-capitalist stick）を組みあわせた制裁の体系として描写する。彼によれば、このような物理的強制が地主の警察的権力のもとで行使されたのは、「経済的変化が政治的発展に先行した」状況による偶然の結果であった。すなわち、中央国家権力による地方社会の支配が確立する以前においては、前近代的な暴力的支配が経過的なものとして残存せざるを得なかっただけである、と。

しかしながら、イズバ型労働制度における労働統制の体系は、むしろ近代エジプトの国家を頂点とする権力秩序と密接に結びついたものと考えるべきではなかろうか。前節で見たように、イズバ型労働制度に組み込まれたタマッリーヤとタラーヒールという二種類の労働者は、一九世紀における強制労働の転化形態とも考えられる、「不自由な」特徴を持つ労働者集団であった。すなわち、これらの労働者が従属する監視の権力秩序は、その歴史的性格において、強制労働を動員した近代エジプトの国家的権力秩序と深い結びつきを持っていたのである。

さて、一九世紀エジプトに成立する強力な中央集権的国家の性格をめぐっては、これを近代以前のマムルーク〔奴隷身分出身の軍事エリート〕支配体制の再編と見る考え、あるいは近代的国民国家の性格を強調する意見など、その評価が今も分かれている。そのなかで、強制労働をはじめとする強権的な支配の様式を把えて、そこに古代エジプト以来の東洋的専制国家の性格を読みとろうとする考え方は、依然として根強い。

このような考え方の古典的とも言える表現は、たとえばイギリスのエジプト支配を代表する植民地官僚のクローマー卿が著わした『近代エジプト』のなかに、見いだすことができる。ムハンマド・アリー王朝の国家体制の近代的な行政改革を試みたクローマー卿は、この「東洋的国家」の持つ「三つのC」を批判し、これを克服しなければならないと述べる。その「三つのC」とは、すなわちCourbash（コルバージ：鞭）、Corvée（強制労働）、Corruption（腐敗）である［The Earl of Cromer 1915: 771］。

さて、こうした伝統的な歴史的見方に対して、近年、新しい方法論によって近代エジプト史を把えなおそうとする研究が現われている。それは、T・ミッチェルの『エジプトを植民地化する』という著作である［Mitchell 1988］（邦訳［ミッチェル 2014］）。ミッチェルによれば、一九世紀以降の国家による農民（とくに土地無し農民の農業労働者）に対する物理的な制裁手段を伴なう労働強制は、決してアジア的専制国家による労働統制の遺物ではなく、これらの農民・農業労働者を、資本主義的農業生産の生産秩序や規律に訓練・統制するための監視と懲罰の体系である、と考える。すなわち、一九世紀以降の近代エジプト国家とは、このような階層秩序的な監視と懲罰の体系によって農民の身体を支配する体制であった。

たとえば、一九世紀初頭において、ムハンマド・アリー国家は、新しい商品作物の綿花の栽培を農民に強制するために、軍隊を地方に派遣したが、そこでは地方行政制度と結びついた階層秩序的な監視の体系が形成された。すなわち、綿花を栽培する農民はミシャッド（あるいはガフィール）と呼ばれる監視人の監督のもとで耕作を強制されたが、彼らはさらに村の長（シャイフ）→地区管理長（ハーキム・フット）→郡長（マアムール）→県知事（ムディール）と続く行政的支配の秩序による管理を受けた。そして、綿花栽培を怠った農民に対しては法令化された体罰の体系（初回は二五回、第二回は五〇回、第三回は一〇〇回の鞭打ち）が村のシャイフによって科せられ、また農民の監督を怠ったシャイフに対しても同様に地区管理長が規定どおりの回数の体罰を科した。

同じく、強制労働の例では、スエズ運河工事において、一〇人一組の農民の男や女・子どもに対して監視人（ホーリー）が棒で叩き、監視人を人夫頭（ライース）が笞で打ち、さらに人夫頭に技師（ムハンディス）が鞭を振るうという場面が見られ、同時代の観察者は、これは近代エジプト社会の縮図だと形容している［Barakāt 1977: 336］。

このような農民に対する階層秩序的な監視の体系は、イギリスの植民地支配のもとで再編を受けた。それが、前述のイズバ型経営における二つの監視秩序の体系であった。興味深いのは、一九世紀において綿花経済システムの形成のために、農民に労働を強制する基本的な暴力機構が軍隊であったのに対し、イギリス植民地支配は、近代的な警察制度を編成し、この新しい階層秩序的な権力装置によって農民の労働力の統制を図った点である。一例として、ミッチェルは、上エジプトのタラーヒール労働者が切符制度によって警察の監督を受け、ナイル・デルタの綿作地帯に鉄道輸送された事例を紹介している［Mitchell 1988: 976］（［ミッチェル 2014: 141］）。

以上に簡単に紹介したミッチェルによる構造主義的なエジプト近代史の再解釈は、一九世紀のムハンマド・アリー国家による農民統制とイギリス支配下のイズバ型労働制度における労働統制が、むしろ連続する側面を持っていた点を強調している。それは、クローマー卿が主張するような、アジア的な専制国家からイギリスの支配のもとでの近代的官僚国家への発展を説く、オリエンタリズム的な（そして近代化論的な）通説的主張を批判する点において、一定の意味のあるものであった。しかしながら、このような近代的な制度化・秩序化された支配の技術の貫徹が、エジプトを低開発状態に陥らせ、世界資本主義に従属する構造を形成する、いわば「植民地化のための支配の技術」の発展であった点に、我われは注意を払わねばならない。それは、資本主義的な近代化の技術であったかもしれないが、生産の主体である農民の自発性を抑圧する性格を持っていた。そして、このような一九世紀以降の強力な国家権力を頂点とする監督と統制の階層秩序的な機構が、農民の労働を上から統轄・支配する傾向は、民族主義的イデオロギーによって綿花経済システムの再編を図った「アラブ社会主義」体制にいたるまで、一貫して受けつがれていったと考えることができる。

四　イズバ型労働制度とエジプト農村の家族

前節で述べてきたように、イズバ型労働制度は、厳密な労働コストの管理を行なう資本家的経営という側面と、物理的懲罰を伴なう階層的な監視秩序の側面という二重の性格を持つ制度であった。さらにこの制度は、以上に加えて第三の要素として、エジプト農村における広い意味での「家族」と密接な関わりを持つ制度、家族的労働制度(family labour system)と形容できる特徴を持っていた。そして、この第三の家族的労働制度という特徴は、前述の二つの側面それぞれと密接に結びついていたのである。

すなわち、この制度のもとでは、常雇いのタマッリーヤ型労働者に対し、家族の生活維持のための自給用農地が貸与され、これを条件として綿花など商品作物生産に家族労働力全体が、とくに綿花の害虫駆除や綿摘みといった臨時労働需要に女子・児童の労働力が動員された。その場合、この家族労働力全体を利用する制度は、前述のように、自給用農地の生産管理を家族的経営(そこではとくに女性労働力が重要な役割を演じた)にゆだね、その分の監督労務を綿花生産に振り向けることによって監督コスト全体の軽減を図る労務管理的な目的も持っていた。

ただし注意したいのは、こうした労務管理の技術が成りたつためには、一定のエコロジカルな農業生産の条件が必要であったことである。それは、商品作物と食料用作物の共生(symbiosis)とでも表現できる条件であり、綿花と食料用・飼料用作物(トウモロコシ、エジプト・クローバーなど)の輪作体系を持つイズバ農場をはじめとして、その他の多くのエステート型農場経営（たとえばコーヒーやココアと食料作物との混作）において見いだすことができる条件であった。そして、こうしたエコロジカルな条件を前提にして、世界市場向けの商品作物生産と家族的自給経済との「接合」が可能となったのである。

たとえば、シュトルケは、『コーヒー栽培者、労働者、妻たち：サンパウロの農園における階級闘争と性差の関係』［Stolcke 1988］において、奴隷制の廃止後のブラジルを事例として、移民労働者に自給用農地を貸与し家族労働力の利用を図った労働制度（コロナート制）を研究し、多くの比較史上の示唆を示している。とくに重要な論点は、商品作物の生産過程の作業工程が細かく分割され、そしてこれらの作業工程別の賃金が多様に設定されていたことである。エジプトの綿作イズバ経営においては、すでに述べたとおり「一種の農業におけるテーラー主義」と表現されるような、作業工程の分割と管理が見られた［Richards 1982: 63］。こうした制度は、国際市場における商品作物の変動に対して、これらの作業工程別賃金をフレキシブルに変動させることができる柔軟な経営体質を、これらのエステート型経営に与えた。このような市場の変化に柔軟に対応できる経営体質は、前述のような労働集団の分断と家族的労働制度の双方によって支えられていたのである。

すなわち、こうした作業工程別の労働過程の分割は、イズバ型労働制度やブラジルのコロナート制においては、性差（gender）のイデオロギーによって強い影響を受けた性別分業の体系と結びついていた。イズバ農場の綿花生産を例に取るなら、耕起・整地・畝立てなどの鋤や鍬を使う作業、揚水機を用いる灌漑、施肥、鍬を使う中耕・除草、収穫後の綿の木の処理などは男性の仕事であり、一方、播種、苗の間引き、害虫の駆除および傷んだ綿の除去と焼却、手作業の除草そして通常三回にわたる綿摘みは女性（および子ども）の仕事と決められていた。

このような性別分業は、同時に性差にもとづく賃金差別の体系でもあった。女の仕事とされた労働に対する報酬は、男の仕事の二分の一、あるいは三分の二に設定されていた。それは、男女のあいだの体力や持久力の差異だけによって説明することのできない、家族的イデオロギーによって強く規定された慣行であった。たとえば、男が女の仕事（たとえば綿摘み）に駆りだされる場合は、彼の日当は、「女並みに」切りさげられた。すなわち、「家族的道徳の搾取」（シュトルケ）がそこでは見られたのである。(7)

さて、ここで注意したいのは、農作業における性別分業それ自体は、近代以前のエジプトでも存在したが、このような細かい労働過程の分割は、世界市場向けの生産が本格的に開始された時期以降に発生したという点である。言いかえれば、それは、世界資本主義中心部の綿工業における性別分業と同時代的な性格を持つきわめて近代的な現象であったということである。

このように、エジプト綿花経済において、世界市場向けの商品作物生産が家族労働力を掌握することによって成立する状況は、一九世紀前半の家族的強制労働の時代に始まる。綿花生産の拡大とこれに伴なう綿花経済のインフラ（灌漑施設・鉄道）建設は、農民の総労働時間の強制的な延長を引きおこしたが、とりわけ家父長の保護＝支配下に置かれていた女性労働力を家の外に動員したことは、伝統的な家族的イデオロギーとの摩擦を作りだす原因となった。徴用を受けた家父長は、庇護下にある子女を村に無防備のまま残すことにも、人前で重労働に従事させることにも強い抵抗意識を持った。また、村単位・家族ぐるみの強制労働への動員は、疾病や食料不足によってしばしば労働力の再生産を脅かすものであり、これに対し大規模な農民反乱が相次いだため、妊婦・幼児を持つ婦人・八歳未満の児童などの徴用の禁止令（一八五一年）が出されるほどであった［Tucker 1986: 41］。

イズバ型労働制度は、綿花経済システムが要求する労働需要と伝統的な家父長制的イデオロギーを持つエジプト農村の家族とのあいだの対立と妥協の結果であった。それは、すでに見たタマッリーヤ労働者における、農作業工程の分割管理と自給用農地の貸与とを組みあわせた労務管理システムにおいて見ることができる。これに対し、タラーヒール労働者は、一九世紀的な家族的強制労働の直接的な遺制とも言える特徴を色濃く残した社会集団であった。彼らは、アラブ的な家父長制イデオロギーが支配するエジプト農村において、子女を家の外で働かせざるを得ない「名誉（イルド）を奪われた」最低辺層であった。(8) また、彼らの出稼ぎ用の携行品のひとつである食料袋（ズワーダと呼ばれ、出稼ぎ中の食生活を支える特殊な乾パン・チーズなどが入ったもの）は、伝統農村における家族的自給経済との結びつきを表現すると同時に、一九世紀の移動式強制労働における村からの食料調達とのつながりを示すものであった。

さて、このタラーヒール労働者は、「再版されたむら」の住民であるタマッリーヤに比べて、伝統農村における社会関係、とくに家族的支配という特徴をより強く持つ社会集団であった。すなわち、彼らの労働調達においては、以上に述べてきた

「世帯」（ウスラ）レベルの家族の問題ではなく、もうひとつのイデオロギー的構成体としての家族、同族集団（アーイラ）の体系が重要な役割を演じていた。タラーヒール労働者に対するムカーウィル（請負業者）の統制は、この同族集団における家族的支配と深い結びつきを持っていた。すなわちムカーウィルによる労働者支配は、伝統農村における父系の出自集団アーイラの対抗と連合・服従関係（それはサァルと呼ばれる集団復讐慣行において明瞭に表現される）に依拠していたのである。(9) 近代エジプトの農村労働市場の分節的構造は、この伝統的な家族（アーイラ）的支配関係を権力基盤とするムカーウィル層が、タラーヒール労働者を村単位の集団に分断・統轄する階層的な支配秩序を通じて作りだされた、と言うこともできる。そして、このような階層的な支配秩序は、すでに述べたように村単位の強制労働を組織した一九世紀的な国家の権力秩序と深い歴史的な結びつきを持っていた。この点において、ムカーウィル層は、伸長する国家的権力秩序と農村内部の伝統的家族的支配との結びつきを利用して台頭した村落有力者層と、相似した歴史的社会的性格を持っていたのである。(10)

むすびにかえて

以上本章では、イズバ型労働制度を、（1）労働コストの厳格な管理を行なう資本家的経営、（2）物理的な体罰を伴ないつつ労働者を統制する階層秩序的な監視の体系、そして（3）家族的労働制度、という三つの側面から、その特徴を描いてきた。そして、これら三つの側面が、イズバ型労働制度の歴史的な形成過程を通じて、相互に密接で複雑な結びつきを持っていたことを指摘した。

さて、これらの側面は、このような歴史的な相関を持ちながらも、それぞれに固有の論理を持つ相対的に独立した問題として、ひとまず分析する必要がある。たとえば、イズバ型労働制度に編入された労働者に、「不自由な」外観を直接的に与える（2）の監視秩序の問題は、近代エジプトに成立した国家を頂点とする階層的な権力秩序につながる問題として把えなければならない。それは、労働市場の形成あるいは賃労働の創出における国家の役割という、問題領域に含まれる問題である。資本主義の拡大に伴ない世界各地域で成立したさまざまな労働市場、そしてそれぞれの労働力の形態は、各地域において近代に成立した国家的な権力秩序の持つ性格と不可分の関係にあった。

同様のことは、(3)の家族的労働制度の側面についても言える。そこでは、世界的に拡大する資本主義によって作りだされた特殊な労働需要と、これに対するそれぞれの地域における家族(あるいは家族的イデオロギー)の対立と妥協の過程が問題とされる。なかでも家族労働(とくに女性労働)の動員と性別分業の体系の問題は、普遍的に指摘できる側面と、各地域(とくに非ヨーロッパ地域)に固有な特徴とを区別することが必要となるだろう。

この点で、前節で見たブラジルのコロナート制とイズバ型労働制度は、ひとつの興味深い問題を提示している。この二つの労働制度は、いずれも強制的な労働制度の廃止に伴ない流動化した労働力(すなわち、移民労働あるいは国内の移動労働という形態で)を、家族労働として掌握することによって成立した制度であった。すなわち、そこでは異なった社会システムのあいだを移動する労働力が、家族労働として資本主義的経営に取り込まれている。異なった生産様式、異なった社会システムの「接合」を通じて作りだされる原初的な労働市場、そこでは家族をはじめとするさまざまな社会的イデオロギーや支配の体系が、労働者を分断し統合する重要な機能を演じていたのである。

〈一九九二年一〇月発表〉

《コラム・11》

エジプト農民運動の聖地を訪ねて

八月後半にエジプトを四カ月ぶりに訪れた。昨年二〇一一年一月に革命が始まってから、三回目のカイロ滞在となる。何といっても現地に行かないと分からないことが多いから、もっと頻繁に訪ね、また長くいたいところだが、そういうわけにもいかず、今回も二週間足らずの滞在であった。

カイロに着いた八月二一日のテレビ・ニュースで、前日に山本美香さんがシリア北部で取材中に殺害されていたことを知った。都留市生まれの山本さんは、筆者と同じ山梨県の出身であるが、残念ながら面識がなかった。今から四二年も前になるが、同じく山梨出身のフリージャーナリスト、中島照男さん（元『東京オブザーバー』記者）が、米軍侵攻直後のカンボジアで、クメール・ルージュに銃殺された。一九七〇年五月三一日、彼はまだ二〇代の若さであった。こうした勇気ある同郷の報道人とは異なり、今回の滞在ではデモの現場などに筆者が行くことはなかった。

エジプト訪問の前、八月一二日の「革命的決断」によって、ムルシー大統領は、タンターウィー国防大臣をはじめとする最高軍事評議会のメンバーを解任し、同胞団政権の権力が強化された。これに対し、「国家の同胞団化」を非難する人たちによって八月二四日には反同胞団デモが組織されることになった。その前夜の二三日、友人が社長をしている左翼系出版社に行くと、皆がデモ用のプラカード作りの準備をしていた。リベラル系や左翼系の文化人の写真に自由や革命の標語を貼りつける作業である。写真には、ノーベル賞作家のナギーブ・マハフーズ、パレスチナの絵本などの挿絵で知られる画家のモヘッディーン・ラッバードなどがあった。ラッバード画伯は筆者のアラビア語の恩師、奴田原睦明先生の友人であった。息子さんのアハマド氏は、本の表紙デザインなどで活躍中のデザイナーであり、今回の訪問で久しぶりに再会した(1)。

そのうちそろそろ前夜祭のデモが始まりそうな時間となり、出版社に集まった左翼系の知識人たちが、近くのタラアト・ハルブ広場あたりに出かけようか、といった雰囲気になったところで筆者は、辞去した。おそらく彼らのデモのなかに外国人が混じっていてはまずいし、そういった空気を感じたからである。

ただし、翌日の八月二四日に大統領宮殿や同胞団本部に対して行なわれたデモは、同時中継のニュースで見るだけとなったが、どうも盛りあがりには欠けたようである。デモの呼びかけ人の元議員ムハンマド・アブーハメドなる人物が信用されず、また彼の動機が不透明であったことにもその原因があったようだ。解散させられた旧与党（国民民主党）系の勢力は参加したが、革命の若者たちを含むリベラルや左派の多くは、同調しなかった。むしろ、当日の光景として新鮮に覚えたのは、革命前まで同胞団の監視と弾圧を最大の任務としてきた内務省や警察によって、新大統領や同胞団幹部が護られているという構図であった。

さて、本稿のタイトルに示したように、今回の調査の目的のひとつは、ナイル・デルタのある村への訪問であった。「農民運動の聖地」と言ってもよいカムシーシ村である。この村には以前から機会があればぜひ行ってみたいと思っていた。また、最近の二回の滞在は、カイロだけだったので、昨年来の革命の動きのなかでエジプトの村はどうなっているか、遅ればせながら見聞できればとも考えた。

カムシーシ村は、カイロから北に四〇キロメートルほど行ったところにあり、ムヌーフィーヤ県に属する。ムヌーフィーヤと言えば、多くの軍人を出してきた県として知られる。サダト大統領がそうだし、その近くの村出身のムバーラク前大統領もそうだった。村に行く途中の大きな地方都市、シビーン・コームの高架道路の登り口には、軍服姿のサダト大統領の銅像が、埃をかぶりながら屹立していた。

この前の大統領選挙の決選投票は、ムルシーと「軍出身の」アハマド・シャフィークの一騎打ちとなり、接戦であったが、両候補の得票率が地域ごと、あるいは同じ地域でも居住地ごとで明確な差があったことが知られている。当然のことながら、前大統領の出身地、ムヌーフィーヤ県ではシャフィーク候補が圧勝した（一般に下エジプト＝ナイル・デルタの県が、南の貧しい上エジプトよりも、カイロでみるとお金持ち地区のダウンタウンが郊外のスラム地区よりも、シャフィーク票が多かったようである）。

ただし、カムシーシ村に着くと、村の中心部には同胞団の自由公正党、サラフ主義者のヌール（光）党などの選挙ポスターや、家の壁へのペインティングなども残っていて激しい選挙戦をしのばせた。そして昔には、この地域でも社会主義者の活動もさかんに行なわれていたのである。

このカムシーシ村で今から四六年前の一九六六年、アラブ社会主義連合の若手活動家、サラーハ・フセインが「封建地主」一族のフィキー家によって殺害される事件が起きた。この事件を機に、当時のナセル政権は、農地改革（一九五二年七月革命直後の同年九月に始まる）の適用を不法に逃れた「封建地主」勢力の一掃に乗りだす。「封建制廃止（清掃）委員会」の活動である。しかし、一九七〇年にナセルが急死し、次のサダト大統領の時代になると、事態は一転する。この委員会の活動の「行き過ぎ」が指摘され、没収された土地は、地主に戻され、委員会の活動に関わった農民や活動家たちは弾圧の対象になっていった（拙稿「エジプト資本主義論争の構図と背景」［長沢 1990］参照）。この政策転換の延長線上に、一九九二年の小作法改正に代表される農地改革体制の見直しの動きが起きることになる。この法律の適用によって、一九九〇年代半ば以降、小作料の引き上げとともに、小作農の農地からの追い出しが頻発し、一部の農村で騒擾事件に発展した（本書第6章参照）。

今回、カムシーシ村に行くことができたのは、この殺害された青年活動家、サラーハ・フセインの妻であり、彼の活動を引き継いで農民運動の指導者となったシャーヒンダ・マクラドさんに前回の三月のカイロ滞在の際にお会いすることができたからだ。村に向かう車のなかで、「私にとって彼が殺されてからの四六年間の毎日が闘争だった」と彼女は語った。実際に村を訪ねた前日の八月三一日は、前の週の金曜日二四日と同じく、反同胞団デモが組織され、彼女もこれに参加したということで、その様子を話してくれた。シャーヒンダさんは、今回の革命の最初からタハリール広場に出かけて運動に参加してきた。このことは、彼女が関係している合法左派政党「連合党（タガンムウ）」の機関紙「アハーリー」の電子版で知っていた。亡くなった夫の写真が飾られたご自宅にうかがったとき、最近、ドイツで出版された彼女の闘争の記録を描いた伝記（ドイツ語）が出たということで見せていただいた（[Maklad & Haase-Hindenberg 2012]）。彼女自身の自伝もある［Maqlad 2006］〔シャーヒンダさんは二〇一六年六月に死去された〕。

さて、今回の訪問中は、友人の家に夕食に招かれているときに停電に遭うなど、革命の余波による市民生活の混乱ぶりを実感した。出発前に得た新聞報道から、地方では断水や停電に対する抗議のために、地元住民が鉄道の線路に座り込みをするなどの情報は得ていた。カイロに着いて数日は、水道水を飲んでいたが、ナイル・デルタを中心に水道水の汚染問題が深刻化しているというニュースを見てからは、ミネラルウォーターを買うようにした。水道水の汚染の原因は、停電もそうであるが、革命による混乱から、変電所や浄水設備の点検・補修に手が回らなかったことによるらしい。

滞在中のある日、ホテルの近くのキオスク（キシュク）でミネラルウォーターを買うと、一リットル、三・五エジプト・ポンドが四ポンドに値段が上がっていた。「また、ぼられたか」と気分を害したが、実際、シャロム・エルシェイフなどでは外国人観光客用のミネラルウォーターの不足問題が起きていたらしく、突如の値上げとなったらしい。そもそも水道水の汚染が始まったのが、ムヌーフィーヤ県であり、当然、村の訪問前にはミネラルウォーターを用意した。しかし、村に着くと、農民の方が応接間（マンダラ）でミネラルウォーターを出してくれた。村にはお昼前に着いて、午後の日傾時（アスル）の後までいたので、食事や焼トウモロコシのおやつまで出してくれた。昼食は、ファティール（バターたっぷりのパンケーキ。カイロではフセイン・モスク脇の店が有名）と壺焼きのピラフ、古チーズに糖蜜であった。

集まってくれたのは、故サラーハ氏の同志たちであり、彼らとの話は農民運動の内容が中心になったが、一方的な聞き取り調査というのではなく、お互いの対話、討論となった。たとえば、どんな研究をしているのだ、と訊かれ、最近、出した拙著［長沢 2012e］では、パレスチナ問題とエジプトのマルクス主義者の話を扱ったのだと言うと、次のような鋭い質問をしてくる。君は、パレスチナで民族運動を始めたのは、イフワーン（同胞団）だと思っているのか、それとも左翼だと思うかと、こちらの思想を確かめるように訊いてくる。パレスチナの民族運動では労働運動が中心的な役割を果たした、など答えてみたが、質問がなかなか鋭いと思うのは、たとえば一九三六年に殺され、パレスチナ大反乱のきっかけとなったシャイフ・イッズディーン・カッサームの活動を、どのように政治的に評価するか、ということと関係しているからだ。一方には、カッサーム旅団を結成したハマースの立場から見た歴史の把え方もあるのである。

さて、パレスチナ問題の話をしていて分かったのが、農民たちは、パレスチナ人の土地をシオニストに売ったのが、シリアやレバノンの不在地主たちだと考えているということだった。しかし、実際にはパレスチナのアラブ人のなかでも少なからぬ人たちが土地を売却している。ただ、なるほどと思ったのは、彼らが抽象的な「アラブの大義」の名のもとに、パレスチナ人の闘争に共感を覚えているのではなく、何よりもまず土地問題を基本に考えている、という点だった。「封建地主」による不法な土地収奪に対する彼らの長い闘争は、同時期に起きたパレスチナでの問題の深刻化と並行しているし、また相互に結びついている、という認識である。

農民の闘争の先頭に立ったサラーハ・フセイン自身も、一九四八年の〔第一次中東〕戦争には義勇兵として参加している。このときの経験、そしてその後のスエズ運河地帯における反英闘争での参加が農民の組織化に役立ったのだというのが、同志たちの話だった。そこでエジプトの農民運動とパレスチナ問題とがつながるわけだ。しかし、パレスチナ戦争へのエジプトからの義勇軍派遣には、ムスリム同胞団が中心的な役割を果たしたことが知られており、その後、同胞団がナセル政権から徹底した弾圧を受けた時期には、同志サラーハも当局の嫌疑を受けて逮捕された時期もあった。

いずれカムシーシ村訪問記はまたまとめて書く機会がどこかにあるかもしれない。ここでは、筆者が帰りしなに、ある農民からかけられた言葉に言及しておくだけにしたい。農地改革の時代前後の村での運動の歴史を聞いた後、さらに時代が下って、サダトの門戸開放政策（インフィターフ）以降のエジプト農村の変化についての議論をしていたときのことである。「そう言うけれど、日本はインフィターフを支持したではないか」、という鋭いコメントであった。そのとおりである。周知のように、とくにエジプトがイスラエルと和平条約を締結した後は、日本の対エジプト援助は激増した。読者にはこの関係で援助事業やそれに関連してビジネスに携わった方も多いであろう。まさに「帰りしな」であったので、先ほどのパレスチナ問題へのコメントと同じく、そのときは筆者自身の意見を返答することができなかった。これまで何本かの論文で拙い分析を示してきたように、筆者自身は門戸開放政策を支持する立場を取ってはいない。しかし、だからといって、ナセル時代のアラブ社会主義政策、たとえばその国家統制主義的な農業政策に、好意的な考えを抱いてはいないのである。

帰る途中の自動車の車窓から、畑の真ん中に新築の成金風の五階建てのビル（イマーラ）が見えた。聞けば、小麦の買い付けによる儲けで、最近、急にのし上がった商人の家であるという。一九八〇年代半ばまでは、主要な農産物（野菜や果物は除く）の取引きは、農業協同組合を通じてほぼ完全に国家の統制下にあった。その後の急速な農業政策の自由化によって、利益を得た新しい富裕層も農村部には確実に増えたのである。ただし、彼らの趣味や品性は、カイロ郊外の沙漠のゲーテッドコミュニティにある豪邸（友人のエジプト女性は、デコレーション・ケーキのようだと形容した）に住んで喜んでいる都会の新興富裕層と同じく、一九五二年革命前の貴族的な「封建」大地主たちとはどうも異なるように思える。

古い映画に出てくるような小さな宮殿風の華麗な別荘が、半ば朽ち果てながら今も、エジプトの田園風景のなかには残っている。それは一九世紀以来、この国がもっとも豊かであった時代の美しくも懐かしい象徴である。しかし、農地改革前の農民たちは、当時、極貧にあえいでいたのであり、そのことを忘れるわけにはいかない。

話を前に戻すと、日本政府、あるいは納税者のお金を使って研究生活を送ってきた地域研究者のひとりとしては、先ほどの日本とエジプトの関わりに関する農民からのコメントは、なかなか重いものである。次の訪問の際には、誠実に答えてみたいと考えている。アラブ社会主義でも、門戸開放でも、またナズィーフ内閣や大統領の次男ガマール氏が突き進んだネオリベラルな経済改革でもない、どのような道を、新しいエジプトは歩んでいけばいいのか。農民への答えはなかなか難しい。

村に行く前にシャーヒンダさんのご自宅を訪ねたときには、何人かの友人が同行し、案内してくれた。そのなかのひとりは初対面の方で名刺を渡すと、日本人から名刺をもらうなんて初めてだわ、と答える魅力的な女性だった。ご職業は?と訊くと、いたずらっぽく微笑んで、医者なんだけど、今は一六カ月以上も休職中なの、と返事が返ってくる。彼女は、湾岸諸国の某市で病院勤務をしていたが、革命が始まると聞くとすぐさま帰国し、タハリール広場の片隅にできた仮設の診療所で怪我人の治療に当たった。そして、そのまま帰らなくなったのだという。彼女に若い頃の活動についても聞いてみた。やはり「一九七〇年代世代」のひとりであり、エジプトの学生運動の伝説的指導者であり、二〇〇六年六月に亡くなった政治学者アハマド・アブダッラー氏の友人で、同時期に投獄されたこともある、という話であった。別の原稿でも書いた表現であるが、地域研究者の醍醐味は人との出会いである、ということを実感した短いエジプト滞在であった。

〈二〇一二年一〇月九日発表〉

第10章　少年が見たエジプト一九一九年革命

［解説］

この第一〇章の論考は、国立民族学博物館の共同研究（栗本英世さんと井野瀬久美恵さんが共同代表）の報告書の分担執筆の成果である。この研究会に誘ってくださったのは、故大塚和夫さんであった。大塚さんとは一九八一年のエジプト滞在以来の交友であり、何回かの白熱した議論のやり取りが懐かしい。本書のいくつかの部分は、大塚さんの先駆者的研究への筆者なりの返答だと考えている。

この論考の素材は、第2章第四節でも紹介したサイイド・オウェイスの自伝『私が背負った歴史（ひとつの事例研究）』［ʻUways 1985］である。この本は、筆者の研究の歩みにとって特別に重要な意味を持った。エジプト資本主義論争論文［長沢 1990］を書き終えた後、もっと取りくむべき研究課題があるのではないかと考えた。エジプトおよびアラブ世界全体を覆う政治的な鬱屈や経済的停滞という現実に対して、地域研究として取りくむべき、より根源的な研究の課題があるのではないか、と。そして知的素養も理論的な勉強もないまま取りくんだのが、現代アラブ思想研究であった。荒いスケッチにすぎない論考「現代アラブ思想研究のための覚書—思想的危機と第二のナフダ—」［長沢 1993b］を何とか書きあげた。後進の方の参考になればと思っている。

さて、こうした思想研究のひとつの事例研究として取りあげたいと、その頃考えていたのが、社会学者オウェイスであった。地域研究としての思想研究への関心は、本書の第2章第五節で資本主義「論争」論文［長沢 1990］から引用した部分で示したとおりである。その後［長沢 1993b］の続編として「現代アラブ思想と民衆的遺産」［長沢 1993c］を書いた。この短い論考において構想したのは、オウェイスとマルクス主義知識人アハマド・サーディク・サアドとの比較であった。いまだに果たしていない仕事のひとつである。資本主義論争論文［長沢 1990］で紹介したように、サアドはアジア的生産様式の研究でよく知られていたマルクス主義知識人である。彼の個人史についての論考は『アラブ革命の遺産』［長沢 2012e］（第一・二章）に収録した。

このように新しい研究課題を模索していた頃に出会ったのが、このオウェイス自伝［ʻUways 1985］であった。すでにその出版から年月が流れていた。その第二巻と第三巻［ʻUways 1986, 87］は、当時、現代エジプト小説の研究のために会社（NHK）を辞めてカイロに遊学していた故高野晶弘さんからいただいた〔本書第2章コラム3参照〕。またその頃に、筆者の研究を励ましてくださった方として、故小高正直大使のことを思いだす。小高大使はアジ研の図書館にアラビア語の雑誌や新聞をときどき読みに来られていた。オウェイス博士の友人であり、博士との交友の話などをお聞きした〔拙稿「二人のアラビスト」［長沢 2004］参照〕。

さて、この自伝の翻訳（部分訳）を出すことができたのは、先に述べたような問題意識でアジ研で研究会を組織したその成果としてであった『中東の民族と民族主義—資料と分析視角—』（アジア経済研究所所内資料地域研究部 No. 6-3：一九九五年三月）。この研究会は、結果としてアジ研在籍時代の最後の研究会となり、二年度目に予定された最終報告書が出せなかった。メンバーは故大塚和夫さん、加藤博さん、小杉泰さん、新井政美さん、臼杵陽さんの面々であった。その後もこうした研究会が組織できなかったのは残念である。この翻訳は、旧友の熊谷哲也さんの目にとまったこともあり、翌年『イスラム世界』で再録され、多くの読者を得ることができた。その解説には小高大使とオウェイス博士との交友なども紹介してある。以下にその解説の一部を紹介してみよう。

「解説」では、他の自叙伝に見られないオウェイス自伝の特色として次のように述べた。それは「叙述の対象と叙述の主体、あるいは分析対象と分析主体との間に存在する特殊な緊張関係」があることであった。詳しく言えば「事例研究という特殊な叙述様式において、これらの民俗学的な分析素材が、分析者にとって外在的で静態的な異文化として存在するのではなく、他ならぬ彼自身の個人史において、その人格形成と、そしてまたひとりの社会科学者としての自己形成の過程と不可分の動態的な関係を持っている」のであった［長沢 1996a: 36］。

また、本書のテーマと関係する家族の問題については「解説」のまとめの部分で次のように述べた。
「このような家父長制的な支配という強制的機構として、またひとつ〔の〕経済システムとして、家族が機能する基本には、豊かな感情的世界が広がっていること—中略—著者にとっては、それこそまさにエジプト人が古代から伝え、また将来の再生の基礎となる民族的な文化的遺産である」［*ibid*.: 40］。

オウェイス自伝と出会ってまず訳さなければと思った。それは自分自身にとって新しい研究の道を拓くものになると考えたからだ。しかし、その後の翻訳作業は難航した。口語的表現や巧みな言い回しに翻弄されたこともあるが、翻訳に必要なまとまった時間を確保することができないまま年月が過ぎた。翻訳の許可をいただいたオウェイス博士の御子息のマスアド・オウェイス教授（ヘルワン大学、エジプトの体育学の権威）からはもうあきれられている。マスアド教授との連絡を取ってくれた往年の共産主義運動の闘士ムスタファー・ティバさんが世を去ってからずいぶん経ってしまった（［長沢 2012e］第14章参照）。

しかし、自伝第一巻の翻訳は数年前にだいたいのところが仕上がったところまできていて、近いうちに完成させる時間が与えられることを期待している。そこで本書第5章の舞台となったアタバ広場もそうだが、本書の刊行の前にオウェイス博士所縁の地を訪れようと考えた。幼少期の彼が過ごした路地（ハーラ）である。ご子息のマスアド教授からは、もう廃墟のようになってしまっているとお聞きしていた。二〇一八年三月、シタデル前の広場からサイイダ・アーイシャ・モスクへと続く道から、野菜売りの屋台の間を抜けてバクリー通りへと入った。自伝によれば、一九一九年革命当時に、この表通り（シャーリウ）をイギリス兵が示威行進をしたというが、自動車一台が通れるような道幅しかない。しばらくして住民の方々に場所を訊きながら、オウェイス一家が暮らしていたシャラークワ路地（ハーラ）にたどりついた。路地の近くには合格の願掛けをしたと自伝にあるシーディー・バクリー廟（バクリー通りの由来）のモスクもあった。しかし、近くの人はオウェイス家のことも、オウェイス博士のことも誰も知らない。この一〇〇年のあいだにほとんどの住民が入れ替わってしまったようだ。路地にある建物のひとつは繊維関係の工房（ワルシャ）となっていたが、仕事をしている人たちは数か月前に引っ越してきたばかりだという。

路地を後にして、オウェイス博士が通った小学校も探してみた。「ウンム・アッバース（アッバース一世の母）小学校」、後に「ブンバー・カーディン小学校」に改称したと自伝にはある。行ってみると「ブンバー・カーディン中学校」となっていた。隣にアッバース一世の母が建立した立派な、しかし放置され古びてしまったサビール（公共水飲み場）の建物があった。おそらく学校は、このサビールの付属施設として建てられたのであろう。ここでも通りがかりの教員にオウェイス博士のことを訊いてみたが知らず、またこの学校に民族主義の英雄、ムスタファー・カーメルが通ったことも知らなかった。この路地と学校の訪問では、いつもお世話になっているギブリール運転手と、同行し気を配ってくださったエジプト経済研究者の井堂有子さんに感謝したい。

一　はじめに――研究状況の紹介

一九一九年革命とは、第一次世界大戦直後のエジプトにおいて、イギリスの占領支配体制（一九一四年一二月の保護領化）からの解放と完全な独立を求めて発生した民衆蜂起である。ベルサイユ講和会議への出席を求めたサアド・ザグルールら民族指導者のマルタ島への追放に対する抗議として始まったこの革命の嵐は、カイロ、アレキサンドリアなど主要都市のみならず、農村部にも燃え広がった。現在のエジプトの公的な歴史叙述において、一九一九年革命は、オラービー運動[1]（一八七九―八二年）と一九五二年革命[2]をつなぐ結節点として位置づけられている。しかし、軍事的「反乱」やクーデターを主な内容とする後者の二つの民族革命に対し、民衆の動員という点においてそれはまさにエジプト近代史上最大の「革命」であった。また、二〇世紀の中東において、一九七九年のイラン革命とならぶ（農村での運動の展開からすればそれを凌駕する）最大の民衆蜂起だったと見なすこともできよう。

しかし、この革命に対する評価は、現在にいたるまで定まっていない[3]。たとえば、公的な民族主義史観によれば、一九一九年革命とは「挫折した民族革命」であり、革命後に大地主やブルジョア層など「敗残分子」が行なった政党議会制という「恥ずべき茶番劇」（『国民憲章』の表現［アジア経済研究所 1966: 25, 29, 34］）は、ナセルの革命によって否定される運命にあった。他方、現在の一九五二年革命体制に批判的な（新ワフド党的）見方に立てば、一九一九年革命は、近代的国家体制（一九二三年憲法体制）の確立を導き、エジプト的リベラリズムの出発点となった民族運動の画期であった。

そして、このような評価をめぐる政治的対立に制約されてか、一九一九年革命に関する研究は、それほど進んでいるとは言えないように思う。資料の点で見るなら、依然としてラーフィイーの古典的著作［al-Rāfiʿī 1946］が主要な一次資料として用いられ、また領事部報告書や新聞記事、政治指導者の回顧録などに加えて、軍事法廷に対する陳情書など一部の未公刊文書が使用されてはいるが、しかし一般市民の視点に立つ資料に依拠した研究は少ない[4]。ただし、新しい研究動向として、革命を地方の視点から把えなおす研究（［al-Dasūqī 1981］・［Ismāʿīl 1991］）や、外国人による農民反乱研究（［Schulze 1981］・［Goldberg 1992］）が見られる点には注目しておきたい。とくに後者は、モラル・エコノミー論の適用など、最近のエジプト農民の政治行動研究（［Brown 1950］に代表される）の一部をなすものであり、素朴な人民史観や一枚岩的で本質主義的な民衆イメージを超えて「大衆運動の質そのもの」を問いなおす契機を持っている。

さて、この「研究状況の紹介」の最後に、本書［栗本・井野瀬編 1999］全体の問題意識との関連で、中東研究における人類学と歴史研究との方法論的接近について言及しておきたい。堀内正樹が紹介するように、中東は「実験的民族誌」の実験場であった［堀内 1995］。彼は、アイケルマンらの議論［Eickelman 1981］を引用しながら、静的で受動的なモノとしてではなく、人々の抱く複数の意味が重層的に重なりあった解釈的存在として社会を把える、すなわち「多声的現実としての中東社会」を分析する実験的民族誌の可能性を論じている。一方、歴史研究においても、最近、バークが提起するように［Burke 1993］、ビッグストーリーに力点を置いたエリート中心史観や、宗教や資本主義、世界システムといった非人格的要因を強調する歴史的決定主義に対する反省に立って、自らを表象する（represent）ことのできない「歴史なき民衆」に注目する実験的な歴史研究の試みが始まっている。そこでは支配的なイデオロギーや経済変容の波に翻弄されながら、またこれらの非人格的なシステムの束縛を受けながら日常生活を営んできた普通の人々の「経験」を中心においた歴史叙述が試みられている。この人類学と歴史研究の新しい実験に共通して見られるのは、普通の人々のライフヒストリーへの関心であり、そして彼らそれぞれの個人史の重なりあいや共鳴に意味を見いだす方法論的態度である。すなわち、現在の中東研究には、個人史を交点にした人類学と歴史研究との方法論的接近が観察できるとも言えるかもしれない。

以下、本章では、このような新しい方法論的展開を意識しながら、一九一九年革命に遭遇した人々の声を、ある少年の目を通して叙述してみたいと思う。その少年とは、『イマーム・シャーフィィー廟への手紙の送付現象』［'Uways 1978］（初版一九六五年）などの著作で知られる社会学者、サイイド・オウェイス（一九一三―八八年）である。近代エジプトではほとんど例外的と言えるほど、民衆文化に深い洞察を加えたこの社会学者は、晩年に自伝的な「事例研究」、『私が背負った歴史』［'Uways 1985］を著わしている。カイロの伝統的な庶民街に生まれ育った現代エジプト知識人の自己形成をみずみずしく描いたこの本は、豊かな社会史的事実を含んだ歴史資料として扱うこともできる（同書を筆者は現在、翻訳中である）。一九一九年革命が起きたとき、著者サイイドは、幼年学校に通う六歳の少年であった。

二　オウェイス家と一九一九年革命

サイイド・オウェイスは、一九一三年二月、カイロの下町、典型的な庶民地区（ハイイ・シャアビー）であるハリーファ区で生まれた。当時のオウェイス家は、祖父を絶対的な家父長とする商人一族であり、サイイドと父母のほか、祖父、大叔父（祖父の弟）の一家、叔父（父の弟）一家、祖母の親戚その他遠縁の親族が同居する大家族（子どもだけで一五人を数える）であった。革命がオウェイス家にもたらした衝撃を、彼は自伝のなかで、次のような「悲しくも刺激的な出来事」として回想する。

「一九一九年革命のときに起こった出来事を、私は、忘れることができない。この革命は、家のなかや、表通り、お茶屋（マクハー）のなかで、皆の話題となった。私が革命について聞いたのは、祖父と、当時アズハル学院〔スンナ派イスラーム教育の中心的機関〕で学んでいた若者、従兄のアブデルムネエムからであった。当時イギリス〔軍〕は、エジプト人の老若男女すべてに恐怖心を植えつけるために、カイロの表通りを鉄砲を担いで行進した。そして、イギリス〔軍〕が私の家のある路地（ハーラ）の前を通り過ぎたとき、従兄のアブデルムネエムは家に居らず、学友の青年たちとともに表通りに出て、「エジプト万歳、イギリスと裏切り者くたばれ」という叫び声を上げていた。そして、イギリス〔軍〕が路地の前まで鉄砲を抱えて行進して来たとき、叔父の妻ウンム・アブデルムネエム〔アブデルムネエムの母、既婚女性は息子の名を付けて呼ばれる〕は、突然、金切り声を上げ、わめき続けた。そのとき、なぜ父が家にいたのか分からないが、金切り声が家のなかのある部屋から聞こえてくるのに気づいた父は、その声の源となる部屋に走っていって、叔父の妻に「黙れ」と怒鳴りつけた。

一家の長男である父は、祖父が不在のときは、当然、自分が家の主人だと考えていたからである。しかし、それでも彼女は、金切り声を上げるのを止めなかった。当時、六歳だった私は、父が叔母さんを黙らせるために殴りかかり、そして母が二人のあいだに入って父が殴るのを止めさせようとしたのを目撃した。そして、父は、母が目の前にいるのに気がつくと、怒りの荷を下ろす場所が見つかったかのように、母の頬を叩いた。しかし、母は、そのとき妊娠していた。その後、私は、同様の光景を何回か見ることになるが、このときも叔母さんは、すぐに静かになり、落ちつきを取り戻した。しかし、そのとき私の母の身に起きたことは、当時の私の理解を超えていた。私がそのとき目にしたのは、たらいのなかにある、何か人間のかたちに似た肉でできた人形のようなかたまりであった。後になって、私は、この人形が母のお腹から下りてきたのだと聞かされた……。

やがて祖父が仕事から帰り、同じく家を留守にしていた従兄のアブデルムネエムが戻るまで沈黙が家のなかを支配していた。しばらくして私は、祖父と従兄のあいだで激昂したやり取りが行なわれるのを耳にした。まるで二人は、お祭りのとき父に連れて行かれて見た芝居の役者のようだった。祖父は、片手にコルバージ〔鞭《むち》〕を、もう片手はアブデルムネエムの腕をつかみながら怒鳴って言った。「イギリスが何をしたというんだ。この豚野郎。あの人たちこそ、わしらのために電気を引き、路面電車を通してくれたんじゃないのか。イギリスが何をしたというんだ。この豚野郎」。すると従兄は、負けじと「エジプト万歳。イギリスくたばれ」と叫んだ。祖父は、怒鳴りながらまた従兄を笞で打ち、従兄が口答えすると、また鞭で打ち据えた。家の女たちは皆、離れたところに座っていたが、代わる代わるに小声で言った。「申し訳ありません。旦那さま。どうか、もうお止めください」。

私は、アブデルムネエムが笞打たれるたびに「エジプト万歳。エジプト万歳。イギリスくたばれ。イギリスくたばれ」と叫ぶのを、当惑しながら聞いていた。私と家の子どもたちは、多くが口もきけないまま、起こっている事態にただ戸惑いながら座っているだけだった。アブデルムネエムの叫び声は、当時、成長しはじめていた私たちの小さなこころを揺り動かした。私たちは、彼をこころのすぐ近くに感じ、彼のことを同情し、こころのなかで声援を送ったが、しかし何もしてあげることはできなかった」['Uways 1985: 32–33]。

これは、一九一九年三月九日に始まる大衆蜂起、いわゆる「三月蜂起」に対し、イギリスが鎮圧のために大規模な部隊を進駐させた三月末のある日に起きた出来事だったと思われる。当時のイギリス軍の示威行進は、カイロ市街の表通りをめぐって、オウェイス家が暮らす下町の路地の前を通った。イギリス兵の軍靴の音は、デモなど直接運動に参加しなかった市井の人々の間近に迫った。そのとき帝国主義の支配をまざまざと感じ、それに直接向きあうことから生じた社会的な緊張感は、人々の家族間の関係に衝撃を与えた。民族的激情と恐怖心とで織りなされる革命の熱気は、家庭の日常の空気をかき乱し、軋轢を引きおこした。家長を頂点とする権威の秩序は動揺し、平時では隠れていた家族間の感情的関係、あるいは社会的な対立関係が非日常的な時間のなかで表出することになった。

このエピソードのなかで革命は、家族の歴史を構成する不可分の局面として描き込まれている。そこには、デモに出た学生の息子の安否を気づかい思わず悲鳴をあげる叔母と、家長の代理としてこれを怒鳴りつける父、二人の仲裁に入り父に殴られ流産してしまう母、そして帰宅した祖父と従兄のあいだの革命に対する見方の対立と口論、従兄に同情する子どもたち、といったオウェイス家の人々の群像が登場する。そして、これらの群像は、一九一九年革命に対する市民のさまざまな対応の在り方を代表していると言えないことはない。

もちろん、これらの人物の群像は、当時のエジプト社会全体の、あるいはカイロ市民すべての革命への対応の縮図を示しているわけではない。革命への対応、あるいはイギリス帝国主義に対する眼差しは、農村部や地方都市、最底辺の農業労働者層を含むさまざまな社会階層によって異なる、より多様なものだったろう。その意味では、これらの群像は、その多様な対応の一断面にすぎないのかもしれないが、しかしその多様性の一部を鮮やかに表わしているのも確かである。たとえば、死を賭してデモに参加した従兄と、親英的立場を公然と主張する祖父という明確な対立の図式がそれである。

三　帝国主義の評価——従兄と祖父の対立

三月蜂起は、サアド・ザグルールらが追放処分を受けた三月八日の翌日の九日、サアドの母校である法律学校の学生デモで始まる。「法が踏みにじられる国で法律を学ぶことはできない」と叫ぶ彼らに、農学校、工学校、高等商業、医学校の学生たちが連帯して加わり、「エジプト万歳。サアドが指導者」のスローガンを連呼した。サイイドの従兄、アブデルムネエムが属するアズハル学院の学生が蜂起を知るのは、翌一〇日のことである。この日彼らが参加した大規模なデモは、よく準備され組織化されたものであり、続いて一般市民や労働者、さらに女子学生やより若い世代の高校生、さらには小学生も連日の反英デモの隊列に加わっていった。一一日には、イギリス軍の発砲による最初の学生の犠牲者が、そして一六日には初めて女性の死者（サイイドと同じくハリーファ区出身）が出るなど、多数の流血を伴なうデモは、これら犠牲者の葬列デモを交えながら（それは六〇年後の一九七九年イラン革命を思わせる様相であった）ますます激しさを加えた。

そして、アズハル学院の学生は、こうしたデモ隊列の先頭にたえず立ち、また地方出身者の多かった彼らは、その帰郷を通じて革命を農村部に伝播する役割を果たしたと言われる［'Abd al-Muttarib 1990］。従兄のアブデルムネエムは、革命のために休校になって家にいたサイイドたち年下の家の子どもたちに、アラビア語の文法を教える家庭教師の役割を果たしながら、当時の政治的事件を解説したり、民族主義的な詩を丸暗記させたりした。「革命の事態に対して、家のなかの誰よりも的確な見方をしていた」とサイイドが子どもながら高く評価していた従兄は、他のアズハルの学生と同様、革命の一般社会（家庭）への伝播者の役割を果たしていたのである。

さて、この従兄のアブデルムネエムをイギリスの恩義も知らない豚野郎と鞭で打ち据えた祖父、シャイフ・アハマド・オウェイスは、第一次世界大戦の恩恵を享受した戦争成り金であった。彼は、「女家長」であった彼の母（サイイドにとっては曾祖母）が経営していた薬種屋（イターラ）を引き継いだ後、シェル石油会社のカイロ唯一の代理業者という地位を手に入れ、それまで商っていた蠟の取引きの代わりに、灯油やガソリン、自動車用オイルやグリースを販売するようになった。そして、商業中心地のアタバ広場〔本書第5章参照〕に事務所を構え、カイロ中から注文を受ける手広い商売をし、一〇軒の店舗と同じく一〇軒の家屋を購入するほどの財を築きあげた。祖父は、一八八二年の占領以降、イギリスが行なった近代化政策による外国資本の投資にもとづく経済開発と、都市インフラと公共サービスの発展を高く評価していた。

さて、従兄と同様、祖父も家の子どもたちに独自の教育を施した。それは、孫たちに新聞を朗読させてそのアラビア語の間違いを正すという日課であり、サイイド自身、一九二四年一一月に起きた民族主義者によるリー・スタック卿（スーダン軍司令官）暗殺事件の新聞記事を読んだことをはっきりと覚えている。そして、帝国主義の評価をめぐって激しく対立した祖父と従兄が、イスラームの知的伝統という「文化的環境」を共有していた点は興味深い。クルアーンの注釈書など大量のイスラーム関係の蔵書を持っていた祖父は、孫たちの目の前で、それらの本を素読することを、しばしば従兄に言いつけたものだという。

四　権威の揺らぎ——父と叔母

中東の多くの都市と同様、カイロの市民にとっても路地（ハーラ）は、公的な空間である表通り（シャリーウ）に対して私的な空間という意味を持つ。当時、サイイド少年が住んでいた路地は、オウェイス家の他、六軒の家屋から構成されていたが、子どもたちにとっては、好きなときにどこの家からもパンや水をもらうことのできる安全な遊び場であった。サイイドたちは、その路地裏でいつもはボール遊び、そしてラマダーン月にはレンガを積んで断食明けを告げる大砲の摸型を作ったりして遊んだ。それゆえイギリス兵が表通りから路地の前まで行進してきたことは、路地に住む普通の人たちにとって、私的な生活空間が侵犯されかねないゆゆしい出来事であった。

このときイギリス兵の接近にもっとも神経質に反応して、金切り声を上げたのは、アブデルムネエムの母、ゼイナブ叔母さんであった。彼女は、デモに参加している息子のことを気づかって思わず叫び声を上げたのだが、しかし、サイドの父が家のなかにいるにもかかわらず、いやむしろそれを知ったうえで金切り声を上げつづけるという「配慮のない挑戦」を行なった背景には、サイドの父に対する彼女の複雑な感情があった。

ゼイナブ叔母さんは、オウェイス家のなかではちょっとした変わり者であった。彼女は、ある王族が所有する所領地〔ダーイラ〕の書記〔カーティブ〕を務めるエフェンディー〔近代教育を受けた都市ホワイトカラー〕の娘であったが、幼くして母が亡くなり父が再婚したため母の実家に帰された。ただ、父の家を訪問する機会を通じて、父の友人であるエフェンディーたちの世界を覗き見る機会があり、その西洋的な社交の世界に憧れたが、それは叶わぬ夢であった。そして、そうした父の世界に対する屈折した感情を抱えながら、下町の庶民の家に嫁ぐことになった。彼女は、家のしきたりに異議を申したてる反抗的な行動様式を持ち込み、伝統的な家族関係に波紋を起こした。たとえば、曾祖母亡き後、絶対的な家父長として君臨していた祖父に、ずけずけとした物言いをしたり、さらには公然と金をくださいと言ったりするのは、いつも祖父の面前でびくついていた他の家の者には考えも及ばないことだった。

そうした家の因習に対して挑戦を繰り返す彼女にとって、サイドの父は「心理的な攻撃の対象」となると同時に、複雑な憧れの対象でもあったようである。ゼイナブ叔母さんは、ある日、父がいるのを承知のうえで、知人の男を家に招き、父の激昂を買ったことがある。しかし、彼女は、不真面目でも身持ちの悪い女性でもなく、家のなかで占める父の地位を高く評価していたからこそ、こうした破廉恥な挑戦をしたのだ、とサイドは解釈する。ただし、彼女は、サイドの母を、こうした父のような男性には不釣りあいだと思っていたようであり、夜遅く帰ってくる父を迎える母の姿をじっと見つめていたり、また父が一回目の心臓発作で倒れたときには、それは「結婚生活の権利を行使した」のが原因だとわざわざ少年に教えてくれたり、サイドにとっては、ずいぶんと嫌味な叔母さんであった。でも、今から考えると、「彼女は、一九一九年革命のときに行進してきた男たち〔イギリス兵〕が、形式上もまた実際にも一族の長であった権力者〔つまりサイドの父〕の座をあたかも奪ってゆく者たちと勘違いし、恐怖にかられたのかもしれない。こうした状況で彼女が見せた恐怖は、彼女のわざとらしい高慢さや自惚れを示すものと言えなくはなかったが、しかし、このとき彼女が取った行動様式の背景には、さまざまな文化的社会的経済的な、そして政治的な状況が隠されていたのである」〔ʻUways 1985: 46〕。

五　母の民族意識

少年サイイドの目に焼きついて離れないのは、母の流産のシーンであろう。サイイドの両親は、一族の他の夫婦とは異なり、子どもになかなか恵まれなかった。何人かの夭折した兄と姉の後、サイイドが生まれるにあたっては、迷信だと反対する父を母たちが騙して（あるいは父は知っていたかもしれないとサイイドは推測する）、ザール〔憑霊による治療儀礼〕の術が施されたくらいであった。そして、その後生まれた弟を二カ月で、妹を三歳で亡くし、ひとりっ子として育った少年は、父母の子どもにかける特別の思いが痛いほど分かっていた。サイイドが、自分に亡くなった兄がいると気がついたのは、父母がときどき、「カーメルのお父さん」とか「カーメルのお母さん」と人から呼ばれたり、また自分たちで呼びあっていたのを聞いたからである。父母にとって長男にあたるこの亡くなったカーメルは、民族主義指導者ムスタファー・カーメルから取った名前であった。サイイド自身の名前は、エジプトでもっとも著名なスーフィー〔イスラーム神秘主義者〕の聖者サイイド・バダウィーから取られたものであり、彼によればエジプト人は、古代以来、子どもの名前に神々やキリスト教の聖人、イスラームの聖者、王様や政治的指導者の名前を付ける伝統があったという。

さて、一九一九年革命のとき、サイイド自身は、二回デモに参加したと記憶しているが、ある日、家に帰ったときに母がつぶやいた一言は、その後少年の記憶に強く残った。

「この革命が続いた日々のなかで、私がよく覚えているのは、母が私に言った一言である。これまで述べてきたところから、すでに読者には、母がどんな人柄の女性だったかお分かりかと思う。彼女は、民族意識など微塵だにうかがえない人だった。日々の暮らしへの心配事が、そして彼女が生まれ育った環境がそうした意識の発生を妨げてきたのだろう。しかし、革命のさなかのある日、母は、両眼に涙を溜めながら私に次のようにつぶやいた。「ああ、サイイドよ、リワーが毒を盛られた。イギリスがあの人に毒を盛ったんだよ」。私には、その「リワー」という言葉の第二音節しか聞き取れず、何のことか分からなかった。彼女にとって、リワーというのは若くして亡くなったムスタファー・カーメルのことを意味していた。リワーというのは若くして亡くなったムスタファー・カーメルのあだ名であり、彼が発行した新聞の名前に由来する〔リワー（旗）は、一九〇八年に三二歳の若さでなくなったムスタファー・カーメルのあだ名であり、彼が発行した新聞の名前に由来する〕。この偉大な指導者があまりにも早く世を去ったため、当時、この死が自然死ではないこと、そして彼の敵たち、つまりエジプト人にとっての敵が彼を毒殺したという話が、何百万人もの人々のあいだで広くささやかれていた。その敵とは、偉大な指導者が主張した自由、その短い人生を捧げた自由の敵であるイギリスであった。―略―私は、母が今にも涙をこぼさんばかりにこころを震わせていたのをはっきりと思いだす。そのとき、すぐに私は、次のようなことを確信した。専制的な圧政者は、いつも自分が何をしたかが分かっていても、一番大事なこと、つまり自分がしたことがどんな反応を招くかについてはまったく無知だということである。そして、民族主義とは、貧困も無知も、また霧のような思想的混濁でさえもその存在を否定することのできないひとつの感情であるという確信を得たのだった」[*ibid.*: 58-59, 81-82]。

これは、母の民族意識に関する少年の客観的な解釈である。このようなかたちで母の一言は、彼の思想形成に大きな影響を与えたとも言えるだろう。しかし、ここでひとつの推測を行なえば、恐らくこの場面でサイイドの母は、夭折した長男カーメルと「毒殺された」（と彼女が信ずる）ムスタファー・カーメルの姿を重ねあわせにし、さらには子どもながらデモに参加して安否が気づかわれた息子サイイドを亡くなったこれら二人の「子ども」の姿のうえに重ね置いていたのではないか。民族意識は、このような個人に対する思いの重ねあわせ、織り重なりのなかから紡ぎだされてくる。革命をめぐる緊張のさなか、流産という子どもを失う悲しみを再び経験しながら、子どもへの思いを積み重ねることを通じて、母の民族意識は、ひとつのかたちを整えていったのである。

六　少年と一九一九年革命

一九一九年革命には、都市農村のさまざまな社会階層、諸集団が参加した。なかでも革命におけるコプト派キリスト教徒とムスリムの連帯、そして女性の積極的役割（三月一六日に始まる女性のデモは、エジプト女性運動の出発点となった）は、現在でも繰り返し強調される点である。そして一九一九年革命は、こうした大人とならんで子どもたちも参加した運動であった。パレスチナのインティファーダや、アラブ諸国で繰り返される都市暴動など、現在でも子どもたちの躍動する姿が、中東の大衆的な社会運動においてしばしば観察される（近代以前の歴史的伝統との比較も興味深い）。そして、一九一九年革命においても、インティファーダの例に見るように、多くの子どもたちの犠牲者が出たのである。(5)

サイイドの記憶によれば、彼は二回、革命に参加した。一回目は、幼年学校の年長の先輩たちが行なったストとデモに参加し、二回目は意味も分からないまま「くたばれ、ミルナー調査団(6)」と合唱した。また、一九一九年革命とは、歌の革命であり、イギリス支配に対する怨嗟を含むさまざまな歌謡曲や俗謡が流行した。サイイドたちも、連日、民族主義的歌手であり、近代エジプト音楽の創始者であったサイイド・ダルウィーシュの革命歌を繰り返し歌ったという。

そして革命がピークを過ぎた後でも、その余韻は、サイイド少年の周囲を覆っていた。一九二一年に八歳で幼年学校から小学校に進学した彼は、ある試験の日、数百人の高校生が門を打ち破って校庭を占拠する場面に遭遇した。その日は結局、試験は中止となったが、サイイドたちが教室から下を見ると、いつもは巨人のように生徒たちの前にそびえ立っていた校長がデモ隊に取り囲まれ、まるで小人のように見えた。革命は、家庭のなかの家父長的権威と同様、学校においても既存の権威を揺るがした。とはいえ、この校長先生は、サイイドたち生徒の民族意識に強い影響を与えた人物でもあった。少年は、校長が描いた古代エジプト王朝の年表図に魅入り、ギーザのピラミッドやスフィンクスの遠足に感動し、そして同時に、トルコ人やイギリス人の支配に対する不快感を新たにした。国王の「母君」が毎年、トルコへの旅行から帰るたびに、宮殿でトルコ語で賛辞の言葉を合唱させられたのは、小学生サイイドにとって苦痛以外のなにものでもなかったし、その後高校

（旧制中学）で出会ったイギリス人の英語教師の傲慢な態度にも憤慨を覚えた。

さて、少年の民族意識の成長に強い影響を与えたのは、広い意味での教育、とくに学校以外の家庭や地域社会における教育だった。その場合、上述の従兄や祖父による教育に加えて、とくに父とその友人たちの集まりは、サイイドに鮮明な政治意識を育てる重要な場となった。彼らは、仕立屋やペンキ屋、軍の将校、文筆家、本屋の主人などさまざまな職業についていたが、いずれもムスタファー・カーメル率いる国民党のメンバーであった（彼らは、エジプト政治で重要な意味を持つシャラshilla と呼ばれるサークルを構成していたと言えるだろう）。一九二七年八月、少年は、父の店が同じ地区にあったイマーム・シャーフィイー廟近くの墓地で、サアド・ザグルールの葬儀行列が盛大に執り行なわれるのを目撃した。当時、彼は一四歳だったが、国民党に共感する立場から、ザグルールという政治家に対し「間違いもあれば正しいこともした人間らしい人だった」という突き放した評価を下している。一九一九年革命を通じて台頭したザグルールなどワフド党のリーダーは、国民党など旧世代の民族主義指導者と異なり、イギリス支配下で近代教育と行政経験を積んだ新しい世代の政治エリートだった。そして重要なのは、すでにこのとき少年サイイドが、やがて来るポスト・ワフド党の時代、一九五二年革命への道、その背景をおぼろげに感じはじめていたことである。それは、社会福祉の専門家から社会学者となる彼自身の人生に影響を与えた経験であった。

少年は、その日、友だちとシタデル〔かつてサラディンが築いた城砦。当時も現在もカイロの軍事拠点〕の城壁の近くでボール遊びをしていた。すると城壁の下で破廉恥にも下半身を丸裸にした女たちが頬を叩きながら「ハロー・ジョニー・ギブ・マネー。ハロー・ジョージ・ギブ・フード」と声を上げていて、それに対しシタデルの上からイギリス兵が一斉に笑ってビスケットや菓子を投げ与えている場面に出会った。この光景を見た少年たちは、思わず女たちに石を投げつけ、怒った彼女たちに追い回された［*ibid.*: 96］(7)。こうした女たちは、墓参りや聖者廟への参拝客に物乞いをして生計を立てていたハリーファ区の貧しい人たちを代表していた。また、この一九二〇年代前半の戦後不況の時期、少年の周辺では、多くの知り合いの労働者が職を失い、物売りの仕事などで糊口をしのいでいた。また、大戦中は貧しさゆえ「一切れのパンを得るために」、イギリス軍の軍役夫としてパレスチナやシリアに徴用されてゆく人々の姿を少年は目にしていた。ある資料によれば、一五

○万人以上の農民が動員されたと言われるこの徴用は、人々の怨嗟の対象となり、一九一九年革命を起こす主要な背景となった（[バラカート 1991: 66–67]・[Goldberg 1992: 268–271]）。
その後、サイイドは、父の死により断念した学業への思いを捨てきれず、カイロ福祉学校に入学し、一九三八年、当時すでに三五歳になっていたが、最初のケースワークの実習で、生まれ育ったハリーファ区の墓場のなかに住む最貧困の一家に出会うことになる（そこは今日では「死者の街」で知られるカイロの代表的スラム街である）。そのとき「両目が置き代わるほどの衝撃」を受けた彼のこころを再び把えたのは、一九一九年革命当時に芽生えたエジプト社会への問題意識、すなわち社会改革の道を模索する民族主義と結びついた熱情であった。

〈一九九九年九月発表〉

注

第1章　エジプトにおける家族関係の近代化

（1）エジプトの親族構造に関する研究として，以下の文献を参照のこと：［中岡 1973］・［木村 1973］・［大塚 1983］。
（2）このバインダーの研究については，加藤博の書評論文［加藤 1982a］を参照のこと。
（3）［マフフーズ 1978］を参照（編集注：ナギーブ・マハフーズ三部作の塙治夫による翻訳は，この第一巻『バイナルカスライン』が刊行された後，三部作全巻の翻訳［マフフーズ 2011, 12］がなされた）。第2章第三節を参照。
（4）ただし，たしかに族内婚が多く村内の長老制的支配が強く，したがって妻の実家の男性親族等の仲介によって家父長的夫の恣意的離婚要求が農村では制限されているのに対し，都市の女性の方が相対的により不安定な境遇にある，と想定できないことはない。
（5）エジプトの労働力搆造と女子労働については，［鈴木編 1986］を参照のこと。
（6）このガーメリーの研究については，店田廣文の書評論文［店田 1984］がある。
（7）筆者が一九八六年一一―一二月にエジプト現地調査を行なった際のインタビューによる。
（8）同様の問題は「アハラーム」紙一九八五年一一月一日記事でも指摘されている。

［補注］

［補注1］　岡戸真幸はアレキサンドリア市の上エジプト出身者社会の葬儀に関する事例を研究している。その研究報告によると，埋葬と追悼式（アザ）の時間・場所などが記載された「葬儀告示」が回覧あるいは掲示（庶民的コーヒー店などに）され，葬儀の当日中に撤去されるという。この事例研究を参考にするなら，本章で紹介した新聞に掲載される「広告」は，「葬儀広告」と言うより「追悼広告」とした方が正確であったと思う。この広告に記載される個人や親族の内容には地域差や宗教上の違いがある

こと、時期的な変化などもまだ調査の余地が大きい。その場合、葬儀および葬儀告示・追悼広告をめぐるジェンダーの問題も重要である（岡戸真幸「エジプトの葬儀告示から考える家族的つながり」（イスラーム・ジェンダー学科研公募研究会「イスラーム・中東における家族・親族」（代表：竹村和朗）第三回：二〇一七年七月二二日開催）。

［補注2］ オウェイスは死者への追悼に関する女性の役割の例を紹介しているが、アブデルハキーム・カーセムの農村小説『人間の七日間』（初版一九六九年）にも印象的な場面が登場する。聖者サイイド・バダウィーの生誕祭（マウリド）の前夜には、村の女たちが亡くなった息子や夫の墓で夜を徹してともに過ごすという慣習である［Kassem 1996: 21］・［Qāsim 2005: 29］。この小説については、第7章コラム10でも紹介がある。

［補注3］ 本章ではエジプト一九七一年改正憲法の条文の例を挙げたが、そのもととなったのはナセル時代の一九五六年憲法第五条であり、その後一九六四年憲法宣言第七条へと引きつがれたものであった。さらにエジプト憲法にこの条項が入ったのは、一九五二年革命後に起草されたが、一九五四年政変（ムスリム同胞団弾圧）後に廃棄された（「ゴミ箱に捨てられた」［ʿĪsā 2011］）憲法、一九五四年憲法案であったことが分かっている［Ḥammād 2011］。この憲法案はリベラルな内容を持ち、国家は法律によって家族、母性、児童を保護する初めての規定があったというが、この「家族はそのうえに宗教と道徳と民族主義がよって立つ社会の基礎である」という条文が入れられた経緯と背景は、他のアラブ諸国の事例とも比較して今後に検討すべき課題である。また、第2章第二節でも紹介する議論（近代国家による「家族」の創造）とも関連するが、この憲法における家族の規定と並行して、イスラーム社会の基礎は家族であるという言説が近代において形成された歴史の検討も重要である。

［補注4］「結婚年齢」の最近の数値は中央動員統計局（CAPMAS）の二〇一五年『結婚離婚統計』［CAPMAS 2016］によれば、以下のとおりであった（この統計は井堂有子氏に探していただきました。この場を借りて感謝を表します）。「結婚年齢」は、二〇一一―一五年の五年間を見ると、二〇一一年（女性二四歳五ヵ月、男性二九歳六ヵ月）から二〇一五年（女性二四歳三ヵ月、男性三〇歳一ヵ月）へと男性は上昇したが女性は若干低下した。ただし、かつての一九七七年の数値と比べると、女性で二歳九ヵ月、男性で三歳三ヵ月高くなっている。都市部と農村部の全体の平均年齢は示されていないが、県別で見るとカイロ県（二〇一五年）では女性二七歳九ヵ月、男性三二歳と都市部の方が（とくに女性が）高いことが分かる。また、国連機関の調査（DHS（Demographic Health Survey）によれば二〇〇八年の女性の「静態平均初婚年齢（singulate mean age at marriage）」は二一・七歳であったという（https://unstats.un.org/unsd/demographic/products/indwm/default.htm：2018/8/30 閲覧）。

［補注5］「一夫多妻」の状況については、前補注4の統計資料［CAPMAS 2016］には記載がない。しかし、男性と女性の既婚者総数の差を男性既婚者数で割った数から判断すれば、着実に一夫多妻のケースは減少しているように思われる。国連統計局によれば、一九八六年→一九九六年でエジプトの男性既婚者（一八歳以上）と女性既婚者（一六歳以上）は、それぞれ八六一万五一四〇人→一〇九二万〇三一二人と八九二万九七六一人→一一二九万九一六四人であり、その差（女性既婚者が男性既婚者を上回る数）は三一万四六二一人→三七万八八五二人と変化した。これを男性既婚者総数で割った比率は、三・六五パーセント（一九八六年）→三・四七パーセント（一九九六年）となる。これを「粗複婚率」とすれば、一〇年間で若干減ったが、複婚の総数は増えていることになる。ただし、一九五〇年代には一〇〇人に九人弱であったところが四人を切るところまできたので、比率では半分以下になっている（https://unstats.un.org/unsd/demographic/products/dyb/dybcensus/V1_Table2.pdf：2018/8/30 閲覧）。

［補注6］「離婚率」は、補注4と同じく［CAPMAS 2016］によれば、二〇一一年から一三年まではいずれも一・九（人口一〇〇人当たり）であったが、二〇一四が二・一、二〇一五年は二・二と最近、わずかながら上昇している。一九七〇年代などとあまり変わらない数値である。ただ、この統計は都市部と農村部の離婚率を示しており、二〇一一年（都市部二・五、農村部一・四）から、二〇一五年（都市三・〇　農村部一・七）へと差はありながらも都市部・農村部いずれも上昇している。

［補注7］「年間の離婚数を結婚数で割った比率」は、［CAPMAS 2016］によれば、二〇一三〜一五年平均で〇・一九二と着実に低下しており、この数値を見る限り、結婚生活の安定化は進んでいる。

［補注8］「女子教育・女子労働」の変化については、泉澤久美子『エジプトにおける女性―文献サーベイ』［泉澤 1993］などを参照されたい。女性の教育について見ると、女性の非識字率は、世銀の統計によれば三二パーセントまで低下した（二〇一五年）とされるが、依然として他の国と比較すると低いとは言えない（http://data.worldbank.org/indicator/SE.ADT.LITR.FE.ZS：2018/8/30 閲覧）。また、ユネスコの統計によれば、女性の非識字率は、二〇一三年の段階で一五歳以上が三二・八二パーセント、六五歳以上が七一・二パーセントであり、この四〇年近い教育開発の効果が統計数字上表われている。同じ統計では、二〇一六年に高等教育の女性進学率（三四・八五パーセント）が初めて男性進学率（三四・〇四パーセント）を上回ったことが示されている（http://uis.unesco.org/country/EG：2018/8/30 閲覧）。

［補注9］「女性の労働参加率」（一五歳以上）も国連の統計によれば、一九九八年：一八・九パーセントから、二〇〇三年：二〇・九パーセント、二〇〇六年：二〇・一パーセントと上向きに変化している（http://data.un.org/Search.aspx?q=Egypt+labor：

2018/8/30 閲覧)。

［補注10］「出生率」は、世銀の資料によれば、一九九〇年代に入って劇的に低下したが、その後あまり変化はなく（二〇〇〇年：三・二パーセント、二〇一〇年：三・二パーセント、二〇一五年：三・三パーセント）、人口増大の趨勢は変わっていない。(http://data.worldbank.org/indicator/SP.DYN.TFRT.IN および http://databank.worldbank.org/data/reports.aspx?source=2&series=SP.DYN.TFRT.IN&country=)：いずれも 2018/8/30 閲覧)。出生率と労働力の変化については［長沢 1998a］も参照。

［補注11］この一九七六年人口センサス以降、確認した限り、同様の家族形態別の統計は掲載されていない。第2章で紹介する加藤＝岩崎による調査［Kato & Iwasaki 2016］など、個別の調査でしかこうした情報は入手できない。

［補注12］身分法（家族法）の改正問題については、イスラーム法専門家の意見を以下で紹介する。堀井聡江によれば、この法改正の問題は「政権の政治的決定が近代的な意味での法の支配に服することを示したという反面、デリケートな問題については実体的審査によって白黒をつけることを避け、今後の世論の動向にゆだねるという司法部の態度を表したもの」だという。また本章で取りあげた一九八五年第一〇〇号法の最大の改正点は、夫の離婚宣言を婚姻と同様に登録制度に服させることにより、夫の専断的意思表示だけで離婚が成立しないようにした点であったという［堀井 2004: 227-28］（詳しくは、同法に関する専論［眞田・松村 1991］を参照）。その後、身分法は、ムバーラク時代になって、二〇〇〇年第一号法および二〇〇五年第四号法で再三、改正された。二〇〇〇年第一号法の改正点は、フルウ離婚と呼ばれる形式で妻の離婚に関する権利を強めた点である。フルウとは妻が代償の支払いを条件として申し込む形式だが、調停が不調に終わった場合、裁判所がクルアーンの「神の掟を守れそうにないことを恐れる」という文章を持ちだして離婚を成立させる審理結果を可能にするものだという［堀井 2004: 229-30］。さらに二〇〇五年第四号法では、離婚後の子どもの監護権を一五歳まで元妻に認める内容であったという。これらの法は、一九七九年法がジーハン法と呼ばれたように、スーザン大統領夫人の圧力があったとして反対派から「スーザン法」（あるいは「淑女（ファースト・ディー）の法」qawānīn al-hānum）と呼ばれたが、一般には「フルウ法」と呼ばれたらしい。二〇一一年革命後、同法に反対するヴェールを被った女性たちによる改正要求デモがあったり、新議会で第一党となったムスリム同胞団系の議員からは改正すべきという意見が出たりして、激しい議論がまた起きた。離婚された男性が組織したという「エジプト男性の革命」と「エジプトの家族を救う協会」なる二つの組織が二〇〇五年法の改正を求めて、デモやハンスト、アズハル総長との面談を求めたという（［Gómez-Rivas 2012］・［Mourad 2012］）。第2章でまた述べるように、国家フェミニズムをめぐる対立の構造に基本

的に変化はないと言ってよい。

第2章　近代エジプトの家族概念をめぐる考察

(1) エジプト農村研究と同様の試みは、中東の他の地域でも見られた。中東研究のなかで研究者の層も厚く、インテンシブな実証研究がなされてきたのはイラン農村研究である。大野盛雄と岡崎正孝の論争をはじめとして、後続の研究者である後藤晃、原隆一、鈴木均等による研究がある（[長沢編 1991] による紹介を参照）。

(2) 同書は、住谷一彦主査「共同体的構成の変容」研究会（総合研究「アジアの産業化と近代化」一九七〇－七一年度）の成果であった。

(3) 同時期にアジア経済研究所で刊行された大塚久雄編『後進資本主義の展開過程』[大塚 1973] も同様であった。なお近年、「共同体論」の見直しを図ろうとする共同研究もある（[小野塚・沼尻 2007]・[梅津・小野塚 2018]）。その中心的な問題関心は、現代的課題を理解するための批判的読み直しに置かれている。『共同体の基礎理論』刊行当時、あるいはその理論をアジア・アフリカ研究に適用したという時期との大きな時代的な差を改めて感じさせる。

(4) 「共同体論」は、前掲の『共同体の比較史的研究』[川島・住谷編 1973] の編者のひとり、川島武宜によって次の凝縮した表現で要約されている。「「以前的社会」（前近代社会）の「富」の「形態規定」が共同体であり、そこでの「富」の包括的な基盤は土地である」[川島 1973: 2]。難解な文章だが、この要約には二つの論点が含まれている。第一の論点は「富」の「形態規定」、すなわち生産的社会関係を規定する「共同体」であり、第二はこの「富」の包括的な基盤を土地とする、土地＝「富」史観あるは土地制度中心史観である。ここで問題としなければいけないのは、もちろん前者の第一の論点であり、後者の第二の論点については、次のような小谷汪之の批判を引用するだけにとどめておきたい。「ある社会において富＝所有が何に対象化され、蓄積されていくかということ、いいかえればその社会の発展を表示するものが何であるのか、ということを把握するためには、固定した観念の枠組を破って、それぞれの社会に内在する固有の論理を見定めなければならない。富＝所有がつねに土地所有に対象化され、蓄積される社会は、むしろ歴史上、地理上、ごく限られた範囲だけに存在したにすぎないのであろうから」[小谷 1982: 203]。

これに対し、第一の論点は、現在でも依然として大きな影響力のある歴史観である。それは自律的な諸個人が血縁共同体から解放されることによって社会が発展し、生産力を高めてゆくということに人類史の中心線を引く考え方である。この共同体から自立した個人の解放を重視する見方は、戦後日本の社会科学において大きな影響力を持った市民社会論(たとえば、[内田 1981]によって代表される)を特徴づけるものであった。こうした人類史の見方に対する反論は、本章の「むすびに」で言及するエマニュエル・トッドの議論である[トッド 2016]。

(5)「共同体論」をアフリカ研究に適用しようとした赤羽裕の研究[赤羽 1971]を、吉田は次のように要約する。「[赤羽は]アフリカ農業、ひいては経済発展の停滞の原因を、共同体的土地保有制のあり方に求めた」。また「彼のいう「部族的共同体」すなわち血縁集団を通じてのみ社会的共同行為を行なおうとする人間類型が変わらないかぎり、共同体的土地所有関係は容易に崩せない」とした。これに対して吉田は「土地保有制の単位集団となる共同体は、部族でなく、リネージや村落などより下部の単位であること、土地の相対的な余剰の存在が規制を緩やかなものにしていること、共同体そのものが歴史的に大きく変化しており、より動態的に見る必要があること」などの点から批判した[吉田 1991: 30-31]。吉田と同じく、東アフリカ農村研究者の池野旬は、初期の作品『ウカンバニ』[池野 1989]において、共同体論によるアプローチに対して次のような批判をしている。それは「村落を「共同体」と見なしうる要件を発掘しにくい」というものであり、「共同体」の存在形態ではなく、「世帯」を分析対象とすべきではないかという提案をする。すなわち、「共同体」を構成する「世帯は「共同体」に埋没しているのではなく、独自の経営を個別に展開しているからである」[池野 1989: 25]。

(6) たとえば[肥前 2007]を参照。とはいえ、ここでも注意したいのは、共同体論から世帯(家族)論への移行において、前の注5とも関係するが、オリエンタリズム的な議論の偏向、すなわち構造主義的決定論や本質主義的あるいは還元主義的な見方が見られないか、繰り返し注意する必要がある。最近、日本でも翻訳が出ているトッドの議論においても、その類型化の作業において、民族特有の個性を強調する決定論に陥ってはいないかの検討が必要である。

(7) イスラーム法における財産の法規定・基礎概念については[柳橋 1998]を参照。

(8) 同書については、筆者による書評[長沢 1995a]を参照。とくに加藤の質問に答え、共同体的土地所有の名残であると理解されてきた土地割替の慣行の存在を否定した経済史家アリー・バラカートの指摘[バラカート 1991: 124-25]が重要である。

(9) たとえば、社会学者ムハンマド・アウダ『農民と国家』['Awdah 1983]の研究史紹介と農村調査報告を参照。「アーイラ的土地所有」については、本章注22を参照。

（10）筆者もこの予備調査に同行した。西部沙漠の農村訪問については［長沢 2010］を参照。

（11）この批判は、フランスの人類学者の研究［Chaulet 1987］には該当するとしても、中岡＝木村の場合、親族集団が「メンバーの行動を規定する」といった議論はしていないと思われる。

（12）L. Binder の family set あるいは R. Springborg の affinal set については、本書第3章を参照。

（13）むしろジュルメーヌ・ティヨンが『イトコたちの共和国』［ティヨン 2012］で述べているように、「兄弟関係」ではなく「イトコたちの関係」の方が、アサビーヤの特徴を説明するものとしては適切ではないか。さらに言えば、「アラブ社会」に固有の家族、「アラブ的家族」が存在するという一般化は可能なのかという問題もある。たしかに、ハリーム・バラカート『現代アラブ社会』［Brakāt 1984］のように「アラブ的家族」を議論する研究者も多いが、容易に結論が出る問題ではない。

（14）［Lee & Gjerde 1986］は、ヨーロッパ・アジアのいくつかの地域間での比較から、世帯の家族構造の六段階からなる世帯形成サイクルのモデルを提示する。それは（1）単純家族世帯→（2）合同家族世帯→（3）兄弟結合 frérèche 世帯→（4）叔父と甥からなる大家族世帯→（5）従兄弟家族の結合世帯→（6）（5）が分解して（1）に戻るというものであった［Cuno 1995: 491］。

（15）もちろん、フェミニズム的批判の立場によれば、これらの自律的な諸個人とは、家族の長たる父＝夫であり、この近代家父長制家族のなかで女性の従属的な地位は再編された。中村敏子『トマス・ホッブズの母権論』［中村 2017］ほかを参照。

（16）ムハンマド・アブドゥについては、［松本 2016］および［加藤 2006］の第三章を参照。

（17）ライラ・アハメド［アハメド 2000］が、カーシム・アミーンの議論は「イスラム式の男性支配を西洋式の男性支配に置きかえる」だけの「西洋の植民地統治の言説の複製」にすぎないと批判するのに対し、アサドはそれにとどまらない意義があるという見解を示している［アサド 2006: 300–01］。

（18）邦訳［アサド 2006: 294］では、rendered を「翻訳された」としているが、ここでは「取り込まれた」と訳した。同じ箇所の transmutation の訳語「変質」を「変容」に、また［アサド 2006: 296］の household を「所帯」から「世帯」に代えて表記してある。

（19）シャリーア裁判所およびイスラーム法の「変容」をめぐる問題については、［堀井・大河原 2015］を参照。

（20）引用文中の注①〜③の出典は、以下のとおり。注①：Edward Lane, *Arabic-English Lexicon*（1863–93）が典拠とした Al-Zabīdī （d. 1205）の *tāj al-ʻurūs*；注②：Butrus Bustānī（1819–1882 or 1883）の ***muḥīt al-muḥīt***；注③：***al-muʻjam al-wasīṭ***〔筆者注記：アラビア語アカデミー（カイロ）が初版を一九六〇年に刊行。二〇〇三年に第四版が出され、エジプトを中心にもっとも使われているアラビア語国語辞典〕。

（21）クーノによればこうした問題の時代背景としては、衛生状態の改善による乳幼児死亡率の低下によって出生率の上昇で人口が増大し、合同家族世帯が分解し、小規土地経営の小世帯の増加していくことに対する危機意識があった、という〔Cuno 1995: 496〕。しかし、こうした共同土地所有を維持する合同家族世帯は、少なくとも一九三〇年代まで残存したとも考える〔*ibid.*: 492〕。アーイラによる共同所有と呼ばれるのは、その後も何人かのエジプト人社会学者や人類学者によって存在を指摘されてきた。たとえば、上エジプトのケナー県の血の復讐慣行に関する人類学的調査〔Ṣāliḥ 1959〕や注（9）で紹介した農村社会学研究の〔ʻAwdah 1983: 177〕では、土地売買がアーイラ内に限定され、他の住民（al-aghrāb あるいは al-ahālī と呼ばれる）の手に土地がわたるのを阻止する状況が報告されている。

（22）この資料で強調されているのが、家父長としてのアハマド・シャフィークの権威であった。息子たちは父親に生計を依存し、面前で許可なしに椅子へも座れず、稼いだ給料も差しだすような「服従 ṭāʻa」の関係が見られた、という〔Cuno 1995: 494〕。

（23）同書は、その裏表紙に記載された説明によれば、副王アッバース二世および他の友人の勧めによって書き始められたが完成するにはいたらなかった。その後、弟子のラシード・リダーが完成させたが一九三一年まで出版されなかったという。同書は短い「自伝 sīra dhātīya」の部分〔ʻAbduh 1993: 21–50〕と「回顧録 mudhakkirāt」の部分〔*ibid.*: 51–260〕からなる。「自伝」が扱っている時期は、そのタイトルが示すように、生誕からイマーム・ジャマール・ディーン〔アフガーニーとの出会い〕まで」である。

（24）預言者の聖なる一族については、〔森本 2010〕を参照。

（25）オラービーたちの流刑についての記録は〔al-Jamīʻī 1982〕に詳しい。

（26）『新編地誌』〔Mubārak: 1886–89〕の正確なタイトルは『タウフィーク王治世下の誉れあるエジプトと、その由緒ある著名な町や村の新編地誌』であり、マクリーズィー以来絶えて久しかったエジプトの「地誌」（ヒタト）を五世紀ぶりに復活したものであった。東京大学東洋文化研究所の「中東コア地域近現代史資料データベース」による閲覧利用が可能である。http://ricasdb.ioc.u-tokyo.ac.jp/ShinPenChiShi_Index.html

(27) 佐藤が紹介した文献［佐藤 1976: 281］に加え、その後［ʿImāra 1988］が出版されている。アリー・ムバーラクの官僚としての経歴については、［Hunter 1999: 123–38］を、また知識人としての彼の思想については、［加藤 2006］第二章を参照。

(28) 佐藤が考察しているように、村には四つのマドヤファ［一族単位で持つ応接の家］があったが、それは村を構成する四つの街区ごとにあった可能性がある［佐藤 1976: 284］。

(29)「伝記」において、アリー・ムバーラクの家族をめぐる話としてもうひとつ重要なのは、最初の妻が病死したため後添えとして迎えた二番目の妻との関係をめぐる場面である。不幸な生い立ちの彼女には資産があり、その問題で軋轢が起きるが、この話の部分［Mubārak 1886–89（Vol. 9）: 46–47］では「家族」に関する言葉は使われていない（彼が妻のために建てた家 bayt をめぐる問題についての言及はある）。

(30) 水谷によるアミーン研究としては、息子のフセイン・アミーンとの比較をした［水谷 2011］および［Mizutani 2014］がある。

(31) アハマド・アミーンの『慣習伝統表現事典』［Amīn 1953］には、「家族」の項目があり、ここではウスラを用いている。その定義によれば、「家族とは「イーラ al-ʿīla」と呼ばれる。それは民族の単位 waḥda al-umma である。かつてはひとつの路地 ḥāra がいくつかの家族の集合体のすべてからなっていた。そして表通り shāriʿ がいくつかの路地からなり、そしていくつかの表通りが町や村を構成していた。家族にはよく知られた制度があり、年長の男性とその妻、息子たちと娘たちからなり、またあるいは何人かの親族を含むこともありえた。それは息子と妻とその子や離婚した〔出戻りの〕姉（妹）、姑その他である―以下略―」［*ibid*.: 38］。本文でも紹介した自伝での家族の変化についての記述も『慣習伝統表現事典』にはあり、私たちの時代には家族は父親の専制から母親の専制へ、男性の専制から女性の専制へと変化した、と書いてあるのも面白い［*ibid*.: 38］。この「家族（ウスラ）」の項目では、バイトは家屋としての家の意味でしか使われておらず、アーイラは出てこない。しかし、本書第4章で紹介する「上エジプト人」の項目では、家族を残して出稼ぎをするという文脈でアーイラを用いている［*ibid*.: 261］。すでに見たように「イーラ」とは文献資料では出てこないが、庶民の一般会話では今でも多く用いられているように思う。その場合は、本章第五節で説明するように「扶養家族」という意味が強い。

(32) 個人名の「ヌール・ホダー」は「正しい導きの光」という意味。自伝でしばしば記述されるように、正式には Hudā Hānum Shaʿrāwī（シャアラーウィー令夫人ホダー）という表現が正しいのかもしれない。夫の「姓」で呼ばれる著名人の女性としては、ジーハン・サダトやスーザン・ムバーラクといった大統領夫人の例が挙げられる。ただし、ナセル大統領の夫人は、「本名」タヒーヤ・カーゼム Tahiyya Kāẓim で呼ばれたようである。

(33) ライラ・アハメド『イスラームにおける女性とジェンダー』［アハメド 2000］の第九章「最初のフェミニスト」を参照。

(34) アミーナ・サイード（Amīna al-Sa‘īd, 1914–95）は、一四歳でエジプト女性連合 al-Ittiḥād al-Nisā’ī al-Miṣrī に加盟。その後フアード一世大学（現、カイロ大学）に入学（一九三一年）。シャアラーウィーの回顧録にも女性の大学卒業第一期生のひとりとして名前が記載されている［Sha‘rāwī 1981: 441］。ドリア・シャフィークなどの女性活動家を支援する一方、初の女性雑誌『ハワー *al-Hawā*』を創刊（一九五四年）するなど活躍した。

(35) なお、このバドラーンによる英訳は全訳ではなく、全体の内容を要約してまとめ、解説を付した内容であるため、家族をめぐる表現についてアラビア語原本とこの英訳版との照合はしない。一方、アラビア語版原本のアミーナ・サイードの序文によれば、回顧録の編集（タンジーム）と適切な時期での刊行は、シャアラーウィーの多くの男女の信奉者のなかで、彼女を「こころの母」と仰ぐ秘書ムルシーだけに託されたのだという［Sha‘rāwī 1981: 9］。他方、英訳者のバドラーンは、回顧録の保管と出版を頼んだ相手は、ホダーの従妹にあたるハワー・イドリースであるとしている［Shaarawi 1998: 1］。

(36) アハメドはさらに「中流上層階級の出身であったナーセフの教育が、おそらく、上流や中産階級のあいだではめずらしくネイティブの文化に根ざしていた一方、シャアラーウィーはアラブ文化とフランス文化という二つの文化の中で育てられ、少なくとも一〇代以降はフランス文化がアラブ文化に増して強調され、高く評価される環境の中にいた」とも述べている［アハメド 2000: 266］。

(37) この「三つの言語」とは、アラビア語以外に、チェルケス出身の母親の言葉、文字どおりの母語であるトルコ語、そして当時の上流家庭の社交言語であったフランス語である。バドラーンによる回顧録の英訳版によれば、オスマン・トルコ語のカリグラフィーを学び、フランス語はイタリア人女性の家庭教師に付き、またアラビア語は好きで詩も学んだという［Shaarawi 1998: 39–41］。アラビア語原本の自伝では、九歳のときにクルアーンの勉強を修了したとしている［Sha‘rāwī 1981: 44］。

(38) ムハンマド・スルターン・パシャの経歴については、［Hunter 1999: 138–51］を参照。

(39) こうしたアーヤーン層とザワート層という二つのエリート階層の統合によって近代エジプトの上流階級が形成された問題について、詳しくは［Baraka 1998］を参照。

(40) このラーギブ・ベイとは、高級官僚のイスマイール・ラーギブ・パシャと同じ人物ではないかと思われる。ロバート・ハンターの一九世紀エジプト官僚制研究によれば、ラーギブ・パシャは、母語がギリシア語であり、ギリシア出身（あるいは出生地）とされている［Hunter 1984: 86］。ラーギブ・パシャは財務大臣であったとき、対外債務問題で詰め腹を切らされたが［*ibid*.: 147］、シャアラーウィーの父と出自は違うものの、ともにムハンマド・アリー朝の藩屏として重要な役割を担った。

(41) ［Ann Fay 2003］は、このハーレムが西洋的な核家族に移行する過程を分析した研究である。

(42) オラービーの息子から父の回顧録の出版の支援を頼まれた逸話も、彼女の回顧録には紹介されている［Sha'rāwī 1981: 17］。

(43) いずれも *Jarīda al-Siyāsa al-Yaumiya* 紙一九二六年一二月五日記事の引用。

(44) ホダーと歳の近い弟が四歳で亡くなったことを偲んでの回想かと思われる。弟は、同じハーレムに暮らすスルターン・パシャの別の妻「大お母さん」māmā al-kabīra の息子であった。

(45) アーイラに関連するアーイルという形容詞も何箇所かで使われている（たとえば「私たちの家庭生活 ḥayāt-nā al-'ā'iliyya」［Sha'rāwī 1981: 63］）。その他、アーイル（扶養者）という表現も見られた［Sha'rāwī 1981: 68］。その他、バイトは、マンズィルとならんで基本的に家屋（あるいは邸宅）の意味でしか用いられず、それ自体で家族の意味は持たない。バイトやマンズィルは、「家の出費」nafqāt al-bayt ［*ibid*.: 256］や「家の必要経費」al-wājibāt al-manjiliyya ［*ibid*.: 363］という使われ方をする。

(46) サラーマ・ムーサは、アラブ世界に社会主義思想を紹介した思想家として知られ、その他の多様な社会改革論を提起した。また自身もエジプト初の社会主義政党を一九二一年に結成するが、一九一九年革命を率いたサアド・ザグルールの内閣により解散させられる。拙著『アラブ革命の遺産』で紹介したマルクス主義者、ムスタファー・ティバ氏は、若い頃に彼の開いていたセミナーで勉強した思い出を語っている［長沢 2012e: 480］。知識人サラーマ・ムーサとその思想については、［勝沼 2006］および［アッバース 1973］を参照。

(47) 前項で登場したホダー・シャアラーウィーは、彼女の回顧録において、サラーマ・ムーサやカーシム・アミーンを批判し、ヨーロッパの女性運動の主張のすべてについて、何でも従えばいいというものではないとし、夫の扶養の義務などイスラームにおける女性の地位について論じている［Sha'rāwī. 1981: 419–23］。

(48) ここでは英訳版と同様、タイトルにある tarbiya を「教育」と訳したが、通常、知識（'ilm）を教える ta'līm が教育の訳語とされ、これと区別して訳せば「訓育」に近い意味がある。

(49) 初版には、「今後の一〇年の計画」という章もあるが、まさに一〇年後の晩年一九五七年に「一九四七―五七年」が執筆され、死後に追加されて改訂版が出された。

(50) 英訳では前半の引用箇所のアーイラを family、ウスラを branch と訳し分けているが［Musa 1961: 8］、後半の箇所ではいずれも family の訳語を充てている［*ibid.*: 9］。

(51) 英訳［Musa 1961: 141］では前者を informal、後者を domestic と訳し分けているのでそれに従った。

(52) ターハ・フサインの自伝は、田村秀治による邦訳［フサイン 1976］がある。ターハ・フサインのエジプト民族主義の思想史上の位置づけについては、拙著『エジプトの自画像』［長沢 2013a］において、次世代の知識人ガマール・ヒムダーンの紹介を通じて筆者も論じたことがある（同書第二章参照）。

(53) 詩人マアッリーについては拙稿「アラブ詩における非暴力主義の伝統」［長沢 2018a］でも若干の紹介をした。

(54) 各部のウスラとアハルの使用数を調べると、第一部がウスラ二五、アハル七、第二部がウスラ四五、アハル五、第三部がウスラ一九、アハル八であった。

(55) 第一〇章「月給五ポンドの教授に!」には二〇歳になってもまだ父の扶養家族だった、という記述がある［Ḥusayn 2017: 501］など他の用例［*ibid.*: 504］もある。

(56) クトゥブの自伝の一部は、以前に拙著［長沢 2013a］の第六章でも紹介した。

(57) 以下は、アハルの用例の一部である。村 al-qayra の人々〔以下は「人々」を省略〕［Ḥusayn 2017: 65］、タリーカ al-ṭuruq［*ibid.*: 78］、農村部 al-rīf［*ibid.*: 89］、都会 al-mudun［*ibid.*: 130］、地区 al-ḥay［*ibid.*: 150］、学問 al-ʿilm［*ibid.*: 196］、アズハル［*ibid.*: 244］、祖国 al-waṭan［*ibid.*: 160］、アレキサンドリア al-iskandariyya［*ibid.*: 195］、住区ラブウ al-rabʿ［*ibid.*: 98］、カイロ［214］、上エジプト al-ṣaʿīd［*ibid.*: 308］。

(58) 本章ではマハフーズと表記した。訳書では多くがマフフーズとしている。塙以外の主な作品の邦訳としては、池田修訳の『カルナック』［マフフーズ 1978］と高野晶弘訳の『蜃気楼』［マハフーズ 1990］。訳者の塙治夫（一九三一—二〇一六年）は、戦後日本の外務省アラビストの第一世代であり、在オマーン国日本大使などを歴任した。二〇一五年にはナギーブ・マハフーズ『カイロ三部作』などの翻訳を評価され、権威あるアラブ首長国のシェイク・ザーイド書籍賞（翻訳部門）を日本人として初めて受賞した。マハフーズについては、八木久美子による宗教学的研究［八木 2006］がある。初訳は第一巻の『バイナルカスライン』が、河出書房新社から一九七八・七九年に上・下二巻で「現代アラブ文学全集」

の四・五巻として刊行された。その後、塙は全三巻の完訳を成し遂げ、二〇一一・一二年に国書刊行会から刊行された。三部の原題は、カイロの下町の地区名から取られていたが、完訳版ではそれぞれ『張り出し窓の街』（原題：*bayna al-qaṣrayn*）［マフフーズ 2011］、『欲望の裏通り』（*qaṣr al-shawq*）［マフフーズ 2012a］、『夜明け』（*al-sukkariyya*）［マフフーズ 2012b］というタイトルを付けられている。

(59) 第一巻邦訳の一九頁（原著一七頁）（以下、［19: 17］と記述）では、スルターン・フセイン・カーメルの死（一九一七年一〇月九日）の翌日（同年一〇月一〇日）であるということで話が始まり、長女ハディーガの嫁入りの日は、ドイツが降伏した日一九一八年一一月九日ということになっており［345: 367］、次男ファフミーが銃弾に倒れる日は、サアド・ザグルール釈放の朗報一九一九年四月七日の翌日四月八日であるということが本文から分かる［519: 555］。また最後の第三巻では三男のカマールが旧友と再会する場面で一九四四年［(3) 312: 370］だということが語られている。

(60) 福田義昭「国民文学と世界文学のあいだ―ナギーブ・マフフーズの場合」〝ナギーブ・マフフーズ　その魅力のすべて：生誕一〇〇年・（カイロ三部作）刊行記念講演会〟（東京大学文学部二〇一一年一二月一一日）でも文学作品としての評価が示された。

(61) 家長アフマドは、最初の妻ハニーヤ（一九一七年当時、四〇代）と結婚した後に、離婚してすぐに長男が生まれ（一八九六年）、まもなくアミーナと再婚し、長女が翌年（一八九七年）に生まれていることから、彼が結婚したのは一八九五年で当時、二五歳くらいだったことになる。同じく妻アミーナが一四歳以下で結婚したとなると、結婚したのは一八八〇年代半ばということになる。

(62) この「家庭的空間の社会的孤立」といった設定は、家父長がこの家庭的空間を排他的に支配しているという状況を強調するためになされているのだという解釈もある。［Noorani 2010: 182］を参照。

(63) 飯野りさによるアラブ古典音楽の研究［飯野 2017］では、事例としたアレッポの名士の音楽の夕べ（サフラ）の分析がある。しかし、カイロの商家の旦那衆の夜の楽しみである女歌手との宴席「交際と遊興の座 majālis uns-hu wa ṭarab-hu」［94: 96］は、このアレッポのサフラとは、ずいぶんと様相が異なる。古典音楽理解の中心概念であるタラブ ṭarab のこの小説での使われ方も同様である。

(64) 邦訳では「娘たちが子どものころ学校を出てからこのかた、どちらも男の目にふれたことはありません」となっているが inqiṭāʻ-humā min al-madrasa の部分をより直訳に近いかたちで訳した。ここで述べている学校が小学校 al-madrasa al-ibtidāʼiyya

か、その就学前の幼年学校 al-madrasa al-awwaliyya かは不明である。オウェイス自伝には二つの学校の種類が登場するが、従姉妹の二人は後者の学校に通い、ひとりはその後、教職についた。

(65) 長男が出生後、九歳まで母親の家で暮らしたのは、イスラーム法による監護（ハダーナ）期間に従ったものである。詳しくは［柳橋 2001］第三章第三節「監護」および［小野 2004］を参照。エフェンディー（efendī）とは、オスマン帝国における尊称（中世ギリシア語が語源）であり、世俗系学校で勉強した人物に付けられたが、アラビア語にも入り、エジプトでは同じ尊称のベイ（bek）の次の位を指すことが多い。当時は小学校卒以上の人物の尊称とされ、エフェンディー層として近代知識層を指すこともある。この小説が映画化された作品「バイナルカスライン」（ハサン・イマーム監督作品一九六四年）では長男はタルブーシュ帽を被ったひょうきんな人物として描かれる（配役アブデルムネエム・イブラヒーム）。ノーラーニは、伝統的な人格の父親と対比させ、息子たちはいずれも「エフェンディー階級の近代化されたメンバー」である点を強調している［Noorani 2010: 179］。

(66) 法律学校は一八八六年創設（前身の行政言語学校は一八六八年設立）され、サアド・ザグルールをはじめ多くの行政・政治エリートを輩出した。ここでは「大学生」と訳されているが、原文は ṭālib bi-l-ʻālī（直訳すると〝最上級の学生〟）。エジプト最初の国立大学は、一九〇八年創設のエジプト大学（後のカイロ大学）。

(67) 次節で紹介する社会学者サイイド・オウェイス（一九一三年生まれ）は、マハフーズの二歳年下であり、一九一九年革命当時は三男カマールが一〇歳、マハフーズ八歳、オウェイス六歳であった。オウェイスが自伝で述べているように［ʻUways 1985: 171–72］、この世代は、一九一九年革命の挫折（イギリスの弾圧）の重荷を背負う苦悩を共有しており、それがカマールの人物造形にも大きな影響を与えている。本章の注84を参照。

(68) マハフーズの女性の描き方には、同じ『カイロ三部作』の隣家のマリアムや『ミダック横丁』のハミーダなどいずれも外国人兵士に誘惑される弱さを持った女性として描かれるなど一定の特徴がある。

(69) イブヌルバラド ibn al-balad については、［El-Messiri 1978］および［林 1978, 1991］を参照。林武は、その理想像を「人情の機微に通じ義侠心に富むこと」［林 1978 : 325］と形容している。

(70) この点はサイイド・オウェイスの母親の民族主義に対する態度とは対照的である。本書第10章を参照。

(71) なぜ、アーイラが形容詞としてのみ使われているのかについて考えると、消極的な理由ではあるが、「家族的」という形容詞は、他の家族を示す名詞（ウスラやアール）からのものが一般には使われていないからかもしれない。ただし、usraの形容詞usrawīは家族社会学の文献には出てくる（たとえば［Ḥaṭab & Makkī. n.d.］）。また、アハルの形容詞アハリー（ahlī）は、家族的ではなく、「市民の」、「民間の」といった意味や、「国民的」という意味で通常使われる。後者の用例としては、エジプト国民銀行（National Bank of Egypt; al-Bank al-Ahlī al-Miṣrī）がある。また、ウスラの語根［ʾ・s・r］からは、āsir（縛る、拘束する）という形容詞が知られているのみである。

（72）「良家の娘」には他に「fatāt」［68: 69］や「bint al-ḥalāl」［134: 142］といった表現がある。その他「家柄のよい令嬢：salīla nabl wa karam」［367: 391］、「家柄のよい女al-ʻanāṣir al-ṭayyiba」［263: 282］、「良家の婦人al-hawānim」［80: 81］といったさまざまな表現がある。

（73）アスル概念については［赤堀 1994］を参照。

（74）「預言者の一族」を示す言葉は、一般にはahl al- baytの方が多いように思うが、この小説では「預言者の一族āl al-bayt」［183: 197］や「預言者一家āl al-bayt」［337: 358］のようにアールが使われている。預言者の一族については、［森本 2002］を参照。また「アッラーの民ahl allah」［112: 117］という用例もあった。これはイスラーム共同体（ウンマ）のことを意味する。

（75）現代アラブ小説の歴史のなかで、こうした描写に正面から取りくんだのは、福田昭義によれば、スヌアッラー・イブラヒームの『ザート』［Ibrāhīm 2003］だという。

（76）小説では次男の死に対する母親アミーナの悲嘆の場面は登場しない。しかし、革命の殉死者（シャヒード）に対する彼女の以下の明解な見解は、現代中東の多くの戦乱の悲劇で母たちが抱いた思いを代表する表現である。「息子の声にザガルーダ［舌を振るわせて高音の声を出し興奮した気持ちを表わすこと］をして喜ぶ母親ですって！　どこに？　この地上に？　地下の悪魔の世界にだっていないわ」［524: 561］。息子や娘が「殉教者」になるのを喜ぶ母親の姿は、多くの場合、宗教を利用する権力者が作りだす虚像である。

（77）『カイロ三部作』の第一巻では、一九一九年革命当時のイギリス軍の農村での女性に対する蛮行事件、すなわちエジプトの家父長たちの屈辱事件としてアジージーヤ村事件が語られている［507: 542］。この事件については［Baron 2005］の第二章などを参照。

（78）カイロ大学文学部のイサーム・ハムザ教授（ダミエッタ出身）にお聞きしたところ、もはやこうした家族は、今はほとんど見られなくなり、地方都市にかろうじて残っているが、それも消えつつあるという話であった。

(79) キシュキシュとは、劇作家ナギーブ・リハーニーが作りだした村長（オムダ）のキャラクター、キシュキシュ・ベイのことであり、その「女性との浮気や恋の冒険」という特徴は、アフマド旦那の夜遊びを想起させる。本書第3章第三節を参照。

(80) 同書全三巻は、いずれもダール・ヒラール社が発行する月刊の「文庫本」*Kitāb al-Hilāl* シリーズの一部として、一九八五年から八七年にかけ、三分冊のかたちで刊行された（第四一七号一九八五年九月、第四二九号一九八六年九月、第四三三号一九八七年一一月）。最近では、エジプト書籍公団から再版のかたちで出版されている。筆者による部分訳は、一九九五年三月にアジア経済研究所の『中東の民族と民族主義—資料と分析視角—』（所内資料・地域研究部 No. 6-3）の一部として印刷された後に、解説を付けた「書評」というかたちで『イスラム世界』四六号（一九九六年）に掲載された。

(81) ここでいう「民間学」とは鹿野政直［鹿野 1983］が説明する方法論的態度から生まれる知的世界のことを指している。

(82) 民衆の思想的宗教的遺産については、拙稿「現代アラブ思想と民衆的遺産」［長沢 1993b］を参照。

(83) 両者の自伝には、幼年期から青年期にかけて貧困や人間の生死に関わる問題に接した体験がそれぞれに語られている。二人とも、これらの体験にもとづき、また民族主義の熱情に支えられながら、「民間学」の学者として自己形成をしていった。

(84) オウェイスは自伝で次のように述べている。「私は、一九一九年革命の後の世代に属していた。この世代には、革命がその目標を達成できなかったという挫折が生んだ抑圧感を抱えていた。それに私たちが気づいていた場合もあったし、また気づかなかった場合もあったが、こうした挫折は、かつて私たちがこの革命の成功を願ったときに抱いた熱情を否定してしまったのである」［ʿUways 1985: 171–72］。

(85) マフムード・ムハンマド・ハッターブ・スブキー師とは、若い頃のサイイドが加入した「預言者ムハンマドのスンナに従う者の聖法協会」（al-Jamʿiyya al-Sharʿiyya li-Taʿāwun al-ʿĀmilīn bi-l-Sunna al-Muhammadiyya）の創設者である。この協会は、二〇一一年エジプト革命後に、突如として政治の表舞台に登場し、その影響力を誇示したサラフ主義者の源流をなす組織のひとつであった。サイイドはここでの学習や修行に入れ込むが、やがて社会科学の手法による社会改革の実践の方が重要であると自覚し、協会から脱退する。自伝には、この協会で活動していた頃に、ムスリム同胞団の指導者、ハサン・バンナーと出会う場面も描かれ、そこでは著者のイスラームと社会改革に関する考え方が示されている［ʿUways 1985: 242］。

(86) 著者の長男にあたるアハマド氏に筆者が以前に聞いたところによると、オウェイス家は、中エジプトのベニー・スエフ県の出身であり、オウェイスとは先祖が従っていたスーフィーの聖者、シーディー・オウェイスに由来するという話であった。またスルターン・カーブース大学編『アラブ人名辞典』によると、オウェイス ʻuways は、もともと「夜歩き回る人・家族のために骨折り働く人」などの意味を持つ ʻāʼis という名詞の縮小名詞であり、本来は男性の個人名だが、家族の名前となったという。また、同辞典はエジプトやアラブ首長国連邦に多いとしている［Jāmiʻa al-Sulṭān Qābūs 1991（Vol. 2）: 1242］。同じ家名を持つアラブ首長国連邦のある知識人と話したとき、エジプトにもある名前だと言ったところ、素性の分からないエジプト人たちとは異なり、自分たちの名前は由緒正しいものだと返事をされたことがある。

（87） この点で生活共同体としての大家族の分裂の過程にこそ、それぞれの地域の家族の構造的特徴が現われるとする中根千枝の指摘（［中根 1970］第二章）が想起される。

（88） この点で、［長沢 1990: 253-54］で述べたように、長岡新吉『日本資本主義の群像』［長岡 1984］は大きな刺激となった。

（89） 「自地域研究」と「他地域研究」については、［長沢 2013a］でも論じた。

（90） この「全体社会」との関係をめぐっていささか極端な議論を展開したのがD・クーパー『家族の死』である。同書によると、家族の力は「あらゆる社会制度に対して高度に統御可能な模範的形式を付与し、それによってすべての搾取社会における支配階級の力をさらに効果的にする」その「社会的媒介機能」にあるという［クーパー 1978: 5］。

（91） この引用部分で有賀が「家族を日本社会の根源的な要素とする考え方」の代表として批判しているのが、川島武宜『日本社会の家族的構成』［川島 1950］であった［有賀 1971: 35］。おそらく有賀の没年に出された村上泰亮・公文俊平『文明としてのイエ社会』［村上・公文 1979］に対しても同様の批判をしたかもしれない。

（92） エンゲルスは［モルガン 1958］がアメリカ大陸先住民、イロクォイ人社会の研究において「原始家族形態」と「本源的な」血縁団体である「氏族」を発見したことを高く評価する。しかし、この「家族」と「氏族」の発見は、すでに筆者が指摘したヨーロッパの研究者による「近代家族」と「伝統家族」の「発見」、あるいは概念の押しつけの典型的な例ではないかと思われる。なお、同書のアラビア語への翻訳について筆者は情報を持ちあわせていないが、クリス・ハーマンの「エンゲルスと人類社会の起源」という論考［Harman 1994］のアラビア語訳［Harman 2012］（訳：ヒンド・カルファト、校閲：ハリール・カルファト）が近年、刊行されている。この翻訳書では family の訳語としてアーイラが使われている。

（93） 階級抑圧と家父長制が同時に成立した点、さらに言えば所有と家族に根底的な結びつきがある点を指摘したのは含蓄が深い。

『家族、私有財産及び国家の起源』の題名が示すように、同書によってエンゲルスは、私有財産の成立と家族の変化を基礎として国家が形成されるという、文明形成の人類史の見取り図を示そうとしたのであった。ただし、所有について考えるならば、私的所有は生産力の拡大によって増えた富を特定の諸個人（男性）による占有として発生したという見方もできるが、そもそも所有は希少な資源をめぐる人々の関係として現われたとする考え方もある。所有は、広い意味の法的権利であるが、その本質は人々の関係にあり、その点では家族と同じである。また、所有は家族と同様に、その形態（私的所有にせよ集団的所有にせよ）を問わず、人々が生き抜くために、人々の関係として作った制度である。別の表現をすれば、所有も家族と同じく、次に述べるように「人間の生の保障」のために作られた制度である。と言ってよい。

（94） ここでいう体制イスラームは、近代国家によるイスラーム管理の仕組みを意味し、たとえばライラ・アハメドがいう体制派イスラーム（Establishment Islam）（［アハメド 2000］・［大河原・堀井 2015: 100］による同書の引用）とは違う意味で用いていることを断っておきたい。

（95） 小野仁美「イスラームの改革思想家イブン・アーシュールの「シャリーアの目的」論—思想とその広がり」日本中東学会第三四回年次大会・企画セッション（4）「現代イスラームにおける「伝統」の継承とジェンダー」（二〇一八年五月一三日）。

（96） 人間の「生」は、以上に述べてきたことをさらに超え、はるかな広がりを持っている。たとえば、「生」の具体的な様相について「生活組織」を通じて迫ろうとした有賀の研究の例を見てみよう。「村と生活組織」［有賀 1968］という論考である。その著作集版の「序」において、既存の社会科学者や歴史学者が使う「社会組織」という概念の代わりに「生活組織」という言葉を選択したのは、これまで研究の対象とされてこなかった「日常生活」の諸側面を取りあげるためだと述べる［有賀 1968: 2-3］。それは世帯としての家を超えて広がる「ユイ」や「スケ」という共同労働慣行、あるいは労働力の交換（エジプトなどの場合の「ムシャーラカ」（［加藤・岩崎 2017］）に始まり、いろりをめぐる慣行など日常生活の「衣食住」をめぐる具体的な「生」の在り方である。祭りなど宗教的行事、葬式組や不幸音信帳（香典のやり取りの記録）など、家族と宗教の関係も見逃せない研究対象である。これらの「生」の意味の広がりに応じて、「保障」の意味、そして家族の在り方や広がりも異なることになる。

（97） 最近の『文化人類学』の「ムスリム社会における名誉に基づく暴力」特集号（二〇一七年一二月）、とくに［田中・嶺崎 2017］を参照。

（98） ティヨンによれば、こうした「家族」意識の連続性、あるいは「家族」単位の拡大は、中東地域に限られることなく、地中海北岸のフランスの一部地方にも「心理的」に残存している。そうした例として彼女は、フランスの田舎町に住む母親が一〇歳の息子から受けた問いへの返答を次のように引用している。「町の愚かな人たちは家族の仲間なので、受け入れているのです。それに、それ以外の人々を家に招き入れることはしません。ここは家族であり、家族はすべての危険に対して防衛しなければなりません。見知らぬ人は危険なのです」［ティヨン 2012: 185］。

(99) この点についてティヨンは、地中海沿岸のレバント地域における新石器時代の大きな変化として「［女性の］交換の禁止、近親相姦への回帰、複婚制、戦争、「人種主義」、奴隷制、女性の処女性への執拗な執着」を挙げている［*ibid.*: 74］。

(100) こうした現代家族の問題について、中東現代文学研究会（代表者：岡真理）のシンポジウム「ワタンとは何か―現代中東における「ワタン（祖国）」表象をめぐって」（二〇一八年六月八日、於：東京大学東洋文化研究所）の内容に大いに啓発された。まさにワタンとは、「生の保障」のための家族の延長線上にある。

第3章　近代エジプトの村長職をめぐる権力関係

(1) エジプトの中央―地方関係に関する研究として、伊能武次氏の以下の文献を参照。［伊能 1993］・［Ino et al. 1989］。また、これらの伊能論文と共通する問題意識に立ち、エジプト社会の重層的構造を空間編成の側面から分析した加藤博氏の研究［加藤 1993e］も参照のこと。

(2) なお、［Brown 1990］については加藤博氏の書評［加藤 1991］も参照のこと。

(3) "'umda modern fī qarya-nā"［我々の村のモダーンなオムダ］*Rose el-Youssef*, 1986/9/22.

(4) 同様にイフサーン・アブデルクッドゥースの小説［Abdel-Koddous 1978］も、このような平板なオムダ像を描いている。ただし、これらの小説が取りあげた上エジプト農村における復讐慣行（tha'r）は、第一節で取りあげるアーイラ（同族）政治の問題を考えるうえで重要な社会現象である。tha'r については、［長沢 1991a］（本章第4章）を参照。

(5) 「アハラーム」紙一九九四年三月二九日記事によれば、三月二八日に人民議会は同法案の原則に合意したが、その後部分的な修正をめぐる議論（後出の注7を参照）が起きた。

(6) 一九九四年初めの時点で三〇〇人以上の死者を出している最近のイスラーム「過激派」と政府との対決については、以下の文献を参照。［山田 1993］・［中田 1992］・［白石 1993］。

(7)「アハラーム」紙一九九四年一月三一日記事によれば、内務省は、同法の改正理由がテロリスト対策にある点を明確に表明している。

(8)「アハラーム」紙一九九四年三月二九日記事によれば、改正の目的として、人民議会議長は、「アーイラ的感性 al-ḥasāsiyya al-'ā'iliyya」の排除を、人民議会担当国務大臣は、村内の分裂、とくに政党間の政争の具にならないようにする点をそれぞれ説明している。

(9)このような産油国出稼ぎと門戸開放政策がエジプトの村落政治に与えた影響については、アハラーム政治戦略研究所の故ムハンマド・サイイド・サイード氏との議論からご教示を得た。また、「アハーリー」紙一九八三年一一月九日記事「これがエジプト農村でインフィターフの年月に起こったことだ」を参照。同記事は、産油国への出稼ぎなどによって、村内の支配的なアーイラ集団の交替が見られる点などを指摘している。

(10)エジプトの村落行政制度については、[Mayffeld 1974]を参照。また、こうした制度の実態については、以下の調査報告を参照：[Mayfield & Naguib n.d.]および[Mayfield & Naguib 1980]。

(11)加藤博「ムハンマド・アリー統治下におけるエジプト村落社会―「農業法」の分析から」[加藤 1993b]。なお、「農業法」は、[加藤 1993a]の付録資料として訳出されている。

(12)加藤氏によるベアー批判については、前掲論文の注20[加藤 1993a: 451]を参照。また、加藤氏は同書[加藤 1993a]所収の論文「エジプトにおける私的土地所有権の確立」(初出[加藤 1982b])において、ナーヒヤ(nāḥiya)という村の呼称に注目し、ムハンマド・アリー期とそれ以降の村落行政の変化を次のように強調している。すなわち、一八四〇年代までのナーヒヤとは、複数の村(バラド balad)を統括する「郷」を意味し、村落行政が郷役人(カーイマカーム qā'imaqām)と各村のシャイフたちによってなされていたのに対し、一九世紀中葉におけるナーヒヤとは末端の行政村を意味し、村落行政は、各村のオムダと彼を補佐するシャイフによって行なわれるようになった[加藤 1993a: 201-02]。

(13)「アーイラ選挙」については、[長沢 1987](本書第1章)を参照。

(14)ただし、アブーゼイドは、同法によってオムダの性格が「独立した行政単位としての村落を代表するのではなく、中央権力を代表する存在として規定されるようになった」という見解を示している[Abū Zayd 1984: 18]。

(15)すなわち、オムダ職の設置をカイロなど都市的行政区である特別行政区[muḥāfaẓa]で除外するという規定を適用することにより、内務大臣にオムダ職廃止の権限を与えること、一村一オムダ制の原則適用における例外の承認を内務大臣認可事項とすること、遊牧民のオムダ制を廃止すること、などである［Abū Zayd 1984: 24-28］。

（16）封建制廃止委員会の活動とカムシーシ村事件については、拙稿「エジプト資本主義論争の構図と背景」［長沢 1990: 235-43］を参照のこと（および本書第9章コラム11を参照）。

（17）また［Mayfield & Naguib n.d.: 16-17］は、革命後の地方行政制度の発展を、以下の四段階に区分して描いている。（1）集権的権威主義的なオムダ制度、（2）ＡＳＵ一党制支配と結びついた "Unified Council" System、（3）一九七八年法による現行の "Two-Branch Local Government" System、そして将来は、（4）より民主的で自己財源を持つ "Local Self Government" System が期待されるという。

（18）たとえば、「アハラーム」紙一九九四年四月一一日記事によると、オムダ職を男性に限定してきたこれまでのオムダ法は法の前の両性の平等を定めた憲法第四〇条違反ではないか、という女性議員の意見が人民議会で表明された。これに対し、それはイスラーム法に合致するものだという反論が出された。また、アブーゼイドは、オムダ職を男子に限定する理由として、イスラームによる説明に加えて、オムダが同族の長でもある点を指摘している［Abū Zayd 1984: 55-56］。

（19）［*ibid.*: 140-51］。今回のオムダ法改正は、この最後の点に関して、オムダに月額一五〇エジプト・ポンド、シャイフに同七五エジプト・ポンドの手当を支払う修正案が出されているようである（*al-Ahrām*, 1994/4/10）。

（20）「アハラーム」紙一九九三年四月一五日記事によれば、前述のオムダの資格要件のなかで、「読み書き能力」に関する条項をはずす修正案が審議されているという。国家の行政テクノクラートや都会の有識者の意見に反するこの改正点は、オムダ法の改正をめぐる権力関係の背景を見るうえで興味深いものがある。

（21）現在進行中の灌漑制度改良事業については、［長沢 1994a］（その後［長沢 2013a］に収録）を参照のこと。

（22）オムダが末端の灌漑制度、とくに水争いなどの調停で果たす役割については、［Irrigation Improvement Project 1990: 49］を参照。

（23）カーイマカームについては、注（12）を参照のこと。

（24）このエジプト内務省『警察制度と行政』［al-Wizāra al-Dākhiliyya 1936］の資料は、加藤博氏のご好意により利用させていただいた。

（25） 前掲の注（22）の［Irrigation Improvement Project 1990］を参照のこと。また、「アラブの権利」慣行については、［al-Hilw & Darwish 1989］を参照。また「アハラーム」紙一九九三年六月一一日記事は、現在のオムダ法改正をめぐる議論で、オムダを税金免除の対象としようとする理由のひとつとして、この慣習法廷（al-majlis al-ʻurfiyya）による負担の大きさが指摘されている。

（26） なお、同書については、加藤博氏の書評［加藤 1982a］を参照のこと。

（27） この点については、拙稿「エジプト資本主義論争の構図と背景」［長沢 1990: 188–89］を参照のこと。

（28） ただし、モスカの議論は専制政治における第二階層の機能を分析したものである。

（29） この点で、ウォーターベリーによるバインダーの批判［Waterbury 1983: 272–77］は、的を外しているように思える。

（30） なお、詳しい内容については、前掲の加藤博氏の書評論文［加藤 1982a］を参照のこと。

（31） このバラカートの論文「一八世紀エジプト農村における社会変動、その原因と様相」、とくに［Barakāt 1991: 35–39］の部分を参照。

（32） また、今回の改正において、オムダの財産資格は、五フェッダーン以上の保有、あるいは年収三〇〇エジプト・ポンド以上の固定収入という議論がなされている（*al-Ahrām*, 1993/4/10）。

（33） こうしたアーヤーン層の権力への参加については、［Barakāt 1977: 376–84］も参照のこと。

（34） オラービー運動に関する研究文献については、［東アラブにおける社会変容の諸側面研究会編 1989: 7–8］を参照のこと。ただし、エジプト歴史学者によるオラービー運動とアーヤーンの「修正主義的」解釈に対しては、バインダーの第二階層論を実証的に展開したアンサーリーによる厳しい批判がある［Ansari 1986: 65–68］。また、このオラービー運動の挫折を、アーヤーン層を担い手とする国民経済発展の頓挫と把握し、日本の豪農層とエジプトのアーヤーン層の比較を試みた研究として［アッバース・三木 1974］がある。

（35） 一九一九年革命の農民蜂起については、以下の文献を参照。前掲の［バラカート 1991: 64–71］・［板垣 1992］・［Schulze 1981］。また、最近の研究としては、［Goldberg 1992］がある。

（36） ムハンマド・アリー期の農民反乱については、前掲の［バラカート 1991: 31］および［ʻAzbāwī 1984: 117–20］などを参照のこと。

（37）社会人類学的なアーイラ研究については、［大塚 1983］を参照のこと。

（38）以下の研究を参照。［中岡 1992］・［木村 1973］・［加藤 1983］。これらの議論については、［長沢編 1991: 52–53］の筆者の解説を参照のこと。

（39）たとえばアハマド・ルシュディー・サーレハ『民衆文化』［Ṣāliḥ 1971: 85–120］を参照。

（40）同書については、拙稿「現代アラブ思想と民衆的遺産」［長沢 1993］による紹介がある。

（41）このような方法論による優れた先行研究として、奴田原睦明『エジプト人はどこにいるか』［奴田原 1985］がある。また、最近の歴史研究からの接近として加藤博「エジプト農民の権力観」［加藤 1990b］を参照のこと。なお、中東の「民衆文化」研究については、［加納 1991］が参考になる。

（42）たとえば、農村問題に関する啓蒙的なテレビ番組「大地の秘密」（sirr al-arḍ）やサラーハ・アブーセイフ監督の「一国民マスリー」（al-muwāṭin miṣrī：一九九一年作品）が指摘できる。後者は、次の注（43）で説明のあるユーセフ・カイード『エジプト領内の戦争』［al-Qa'īd 1986］（初版一九七八年）を映画化した作品である［本章第3章の「解説」も参照］。

（43）同書は、一九七五年に執筆されるが国内では発禁となり、ベイルートの Dār Ibn Rushd から一九七八年に出版された経緯がある。

（44）一九世紀初めの近代演劇は、イタリア語やフランス語によって演じられ、観客も外国人かザワート層など一部の欧化されたエジプト人であったが、カイロのオペラ・ハウスが建設される頃（一八六九年）には、アラビア語による劇がカイロやアレキサンドリアで多く上演されるようになった。また、二〇世紀初頭において、近代演劇は、都市の市民生活の日常的風景となるばかりか、重要な政治的影響力を発揮するようになった［Badawi 1987: 1–8］。

（45）その他、近代エジプト演劇史に関する研究は数多い。大衆演劇に関する最近の研究としては、アリー・ラーイー『民衆の演劇』［al-Ra'ī 1993］があり、同書でもオムダを主人公とする大衆演劇を分析している。

（46）これらのなかで、民衆的な英雄譚については、［Lane 1973］の第二一〜二三章などを参照のこと。

（47）アーヌースによれば、この『カラークーシュの裁定におけるファーシューシュ』（*al-fāshūsh fī ḥukm qarāqūsh*）は、滑稽（al-fukāha）という正確な意味において・イスラーム期エジプト最古の滑稽本である。作者のイブン・マンマーティー（As'ad Bin Mammātī）は、農政などにも造詣の深いアイユーブ朝初期の軍務局長官（ṣāḥib dīwān al-jaysh）であり、君主サラディンが不在の際に代官を務めたトルコ人宰相、カラークーシュ（Bahā' al-Dīn Qarāqūsh）の悪政を皮肉った同書を著わしたという［'Ānūs 1989: 116–19］。

(48) イブヌルバラドについては、［林 1991］と［El-Messiri 1978］を参照のこと。なお、付言すれば、現代の国民的キャラクターは、故サラーハ・ジャーヒーン（「アハラーム」紙）やヒガージー（『ローズ・エルユーセフ』誌など）が描く漫画のなかの一市民（muwāṭin）として表現されているように思う。

第4章　都市化と社会的連帯——上エジプト農村とアレキサンドリア市港湾労働者社会との事例比較

(1) 同論文の翻訳［イブラヒム 1982］を参照。

(2) シュクリーは、この「エジプト的な街路（シャーリウ）の運動」（大衆の直接示威行動）が共産党によってもムスリム同胞団によっても把握することのできなかった独自の歴史的性格を持つものと把えている［Shukrī 1978: 249］。

(3) 一九七七年一月の「食糧暴動」については、フセイン・アブドゥッラーズィク『一月一八・一九日のエジプト：政治的資料的研究』［'Abd al-Rāziq 1979］を参照。一八九七年反ナポレオン暴動についてはジャバルティーの記述に依拠した［Baer 1982a］第一章を参照。アブドゥッラーズィクは、ジャバルティーの年代記を引用して、この一八世紀末の「最初のカイロ暴動（サウラ）こそ一九七七年に繰り返されることになる「エジプト人の民衆蜂起（インティファーダ）のモデル」であったと述べている［'Abd al-Rāziq 1979: 79］。また、一九七七年の「食糧暴動」の背景については、［長沢 1985］を参照。

(4) ジャバルティーの年代記に登場する都市下層民を（多くは侮蔑の意味を込めて）形容する言葉としては、al-'āmma, al-'awāmm（'āmma の複数形）、al-ghawghā', al-ja'īdiyya, arādhil al-sūqa, al-awbāsh, al-ḥasharāt, al-ḥarāfīsh がある［Baer 1982a: 229］。一九七七年一月暴動当時の内務省次官であったアハマド・ルシュディー（後に内務大臣となり一九八六年二月の治安警察隊暴動で解任される）の国会での証言でも、こうした表現が見いだされる［'Abd al-Rāziq 1979: 83］。

(5) この［Abu-Lughod 1961］の研究結果を約一〇年後に再検証した［Petersen 1971］を参照。

(6) この発展途上国の普遍的な都市理論のひとつとして用いられる over-urbanization の概念もまたエジプトを事例として生みだされたものであった。［Davis & Golden 1954/55］および［駒井 1976］を参照。

(7) カイロについては、［Abu-Lughod 1965］、アレキサンドリアについては、［Reimer 1988］を参照。

（8）J・アブー＝ルゴドに代表される「都市の農村化」論には、とくにそこで「農村的」と把えられる現象をめぐって一定の批判が可能である。たとえば、農村的な生活様式・価値観と見えるものも、実は他の途上諸国と比較可能な「貧困の文化」的な現象ではないかという批判もあり得る。本章では後述のとおり、この問題について「土着的な都市化」という試行的な表現を用いてひとつの見方を示したつもりでいる。また、「貧困の文化」論的視角に立つエジプト人研究者の実証的研究としてはムハンマド・ハサン・ガーメリー『貧困の文化　都市開発人類学的研究』［Ghāmirī 1980］がある。同書の紹介を行なった店田廣文の［店田 1984］を参照。

（9）今日のエジプトの都市における伝統街区（ハーラ）の社会関係については、たとえば［Nadim 1977］を参照。およびこのナディームの調査を積極的に評価・引用しているアブー＝ルゴドの［Abu-Lughod 1987］を参照。

（10）［Maḥfūẓ 1978］および同書の英訳［Mahfouz 1981］。この小説は一九五九年に「アハラーム」紙に連載されたが、単行本としての印刷は国内では政治的理由から認められず、ようやく一九六七年にベイルートで初版が出たという。国内での発禁の理由は、ひとつには同書の宗教的素材の扱い方に対するイスラーム勢力の批判があるが、もうひとつは最終章でナセルによるムスリム同胞団弾圧を暗に批判した点も挙げられるのではないかと思われる。この問題については以下の文献を参照。［林 1974: 172］・［Vatikiotis 1971］・［Nijland 1984］・［Milson 1989］。また、フトゥーワ的人間類型については、前掲林論文の他、次のような歴史研究を参照。［佐藤編 1973］・［El-Messiri 1977］。これらの研究で本章の主題との関連で重要なのは、フトゥーワおよびその連帯意識の暴力的発現形態における都市的性格（農村・沙漠とは区別された）の問題である。したがってこれは後述のイブン・ハルドゥーンの命題とつながる問題である。

（11）こうした「都市暴動」という形態を取る民族的抵抗の形成とよく似た問題が、遊牧社会における「原初的な民族運動」（たとえば、キレナイカやソマリア遊牧民の反帝国主義運動）についても指摘できる。すなわち、遊牧民の日常的 feud から war、民族抵抗闘争への転化である。［Black=Michaud 1975: 56–57］参照。

（12）現代アラブ研究におけるアサビーヤ概念の持つ重要性については、［長沢 1986b］（本書第1章コラム1）を参照。それが用いられるコンテクストによって多様な意味を持つこの 'aṣabiyya という言葉について詳しく説明することは、本章の目的の範囲外である。ここでは、この 'aṣabiyya と同一語根である ta'aṣṣub という言葉に関し、アハマド・アミーンが加えた説明をひとつの参考例と示すにとどめたい（この ta'aṣṣub という言葉にも Hans Wehr の辞書［Cowan 1976: 616］によれば、party, spirit, race consciousness, tribalism, fanatism などの多様な意味がある)。彼は『エジプト慣習伝統表現辞典』[Amīn 1953: 122-23] のなかで、この ta'aṣṣub(ここでは便宜的に「結束性」と訳しておこう)について、次のような説明を加えている。「ある部分のエジプト人においては、一定のかたちを持つ結束性がきわめて強い。たとえば、族的集団 (qawm) や郷里 (balad)、あるいは宗教 (dīn) に対する結束性である」。こう述べた後でアミーンは、エジプトにおけるこの結束性の例として、次の四つの事例を挙げている。第一は、すべての村がサアド (Sa'd) とハラーム (Ḥarām) という二つの党派 (ḥizb) に分かれ、ときにサァルを行なっていたという事例、次は同じく、アブーゼイド派 (Abū Zayd al-Hilālī) とこれに敵対するザグバ派 (al-Zaghba) の抗争である。第三と第四の事例は、近代以降のもので、第三は革命前の諸政党、ワフド党・サアド主義党・立憲自由党のあいだの抗争、第四は第二次大戦中多くのエジプト人がドイツ側に連帯感《タアッサバ》を示したことである。この四つの例に見るように、ta'aṣṣub はかなり大きな差異を持つ社会的歴史的コンテクストのなかで用いられていることが分かる。

(13) このゲルナーが取りあげたイブン・ハルドゥーンにおける urbanism とアサビーヤの関連については多くの研究があるが、関連する著作としてたとえば以下の社会学的研究を参照のこと [Baali 1988]。イブン・ハルドゥーンの『歴史序説』(*al-muqaddima*) には、以下の邦訳がある。田村実造他訳 [イブン・ハルドゥーン 1963]、森本公誠訳・解説 [イブン・ハルドゥーン 1979, 80]。

(14) [Hourani 1983: 23]。イスラーム政治思想から出発し、近代以降のさまざまな政治潮流を考察した同書において、アサビーヤ概念は、イスラーム的共同体、民族主義、近代国家形成との関連で豊富な意味を与えられている。また、彼の提案した urban asabiya の問題に関わる代表的研究として [Lapidus 1967] がある。

(15) 以下、このブラック＝ミチョード等の研究にもとづき、本章の不十分な議論の理解を助けるためにも、feud をめぐる問題について若干の解説を付する。

まず feud は、ピーターズが述べたように「一組みの関係」(a set of relationships) であり [Peters 1967: 262]、類似の概念 vengeance, talion, blood revenge, vendetta などと区別される。たとえば、feud は、vengeance や vendetta と違い集合行為 (collective action) であるし、また同じく暴力的な集合行為である warfare は、feud と異なり非選択的 (non-selective) 性格を持っている [Black=Michaud 1975: 28, 30]。そして feuding parties 間の relationship としての feud には、平等主義的な (egalitarian) 性質を持つこと、制度化された権力の不在という社会構造のなかで成立すること、一種のゲームにも似て負の価値を相互に移転しあう連続性、あるいは永続性を持つといった特徴がある [*ibid.*: 24-26]。

したがって、feud がこれまで「血讐」（すなわち blood revenge）という文化的偏見を持つ翻訳語を充てられてきたのは、ピーターズとブラック＝ミチョードの立場からすれば適切とは思われない。本章では適当な訳語がないので feud のまま使用する。たとえば、同害報復（talion）では feud 関係の一原則を示すにすぎない。さて、アラビア語の tha'r についても、一般的な使用法では復讐（venegeance）一般に使われることがあるが、本章ではこの復讐一般については intiqām という言葉が妥当と考え、feud に対応するものとして tha'r を用いることとした。

さて、このピーターズとブラック＝ミチョードの feud 論のうち、本章の内容と関係する重要な問題提起は、以下の諸点である。まず、デュルケーム以来の機械的連帯論にもとづく平板な分節理論的説明の批判である。とくに unsegmentary behavior の存在を指摘し、契約的同盟の事例など、affinity や他の諸利害による feud group 形成における操作可能性に力点を置いている [*ibid.*: 54-62]。もうひとつの積極的論点は、中東・地中海世界における feud 現象の顕著な類似性（notable similarity）を指摘しつつも、その具体的発現形態における生態学的条件の規定性について大きな関心を払っている点である。その場合興味深いのは、定着農耕社会より遊牧民の方が feud group の契約的性格が強く、同族（agnation）の理念が物理的生存の条件に従属するといった特徴が見られると指摘していることである [*ibid.*: 62]。

（16） Reimer によれば、アレキサンドリアは上海・オデッサ・ニューオーリンズとならび産業革命後の世界経済の拡大のなかで成長した典型的な国際商業都市であり、「エジプトが植民地となる以前から植民地都市であった」[Reimer 1988: 531]。

（17） 前近代エジプトの農村景観については、[バラカート 1991] を参照。

（18） この ghayra という言葉は、Hans Wehr の辞書 [Cowan 1976: 690] によれば、嫉妬、激情、名誉意識、自尊心などの意味がある。またレインのアラビア辞典 [Lane 1956: 2316] によれば「ある人が彼の権利である事柄に参加するのを嫌うこと、あるいは、神聖あるいは不可侵のものに対する用心」そして「妻の行動あるいは行為に対する怒り」を意味するという。とくに最後の意味については、ghārati imra'tu-hu 'alay-hi（彼の妻は彼について嫉妬している）という用例 [*ibid.*: 2315] という妻の側からの感情も表現できるが、ここでのコンテクストで言えば、名誉意識と結びついた自分の支配下にある女性に対する嫉妬の感情という feud 関係と社会的連帯意識の基礎となる感情を示していることが重要である。

（19） 本章注（12）を参照。

（20） 一九五八年の犯罪統計によれば、二八三四件の殺人および殺人未遂のうち九八九件（三四・八パーセント）がサァルによるものであり、そのサァル犯罪のうち二二パーセント（二一八件）がアスュートで発生していた［Abū Zayd 1965: 10, 13］。また、最近の犯罪統計の発表数値によると、一九八六年までの一二年間の殺人事件の二五パーセントがサァルによるものだったという。そのうちアスュート県が三五パーセント、ソハーグ県が一七パーセント、ケナー県が一四パーセントで、これら上エジプト三県だけで全体の六六パーセントを占める。サァル犯罪者の職業構成は七三パーセントが農民であり、読み書きのできない者が八〇パーセント、居住地以外での実行が六二パーセントであった。また、一一五件のサァルが起きた一九八三年（同年の殺人件数六一五件）において、抗争の調停（maṣāliḥāt）がなされたのは三三六件であったという（以上 *al-Ahrām* 紙一九八六年五月二三日記事より）。

サァル、とくに上エジプトにおけるサァルについては、小説など文学作品の扱う素材となり、それを読むと近代的知識人が伝統農村をどう把えているかについて知るところが多い。ここでは英訳された小説の例を挙げる。［Abdel-Koddous 1978］・［Sharouni 1983］。

(21) 著者アブーゼイドは、同書の序言の冒頭で「この短い研究は、エジプト社会を悩ませている社会問題の研究のために人類学的手法を用いたアラビア語による初めての試みであると評価されよう」という自負を示し、また別の箇所でも応用人類学の政策的価値を強調している［Abū Zayd 1965: 9–11, 19–20］。この研究は、はじめ、国立社会学犯罪学研究所の機関紙［*al-Majalla al-Jināʾiyya al-Qawmiyya*, Vol. 3 No. 3, Nov. 1963］に発表された。また、ほぼ同時期でこれに先行する調査報告として以下の研究もある。カマール・サアド・サーレハ「デシナー郡におけるサァルと攻撃の制度：人類学的実証研究」アレキサンドリア大学文学部人類学科修士論文（未刊行論文）［Ṣāliḥ 1959］。

(22) この nazla は、動詞 nazala（降りる、定住する等の意あり）から派生した子村に関する呼称のひとつである。下エジプトでは一般にイズバ（ʿizba; とくに一九世紀以降綿作拡大による新耕地に作られたものが多い）、上エジプトではナグウ（najʿ: 遊牧民の定住地の意味もある）が小集落や子村の呼称として用いられることが多い。［木村 1975］参照。

(23) 筆者自身が上エジプト農村（ソハーグ県中心）のいくつかを訪問した際にも、こうした廟を中心にした親族集団ごとに区画された街区（そこではそのアーイラの名の付いたハーラの名で呼ばれていた）で構成された村が多かった。ただ、本文の「上エジプトの地域的特徴」で述べた沙漠と農地の境界線に連鎖状に作られた村の場合は、こうした街区的構成は取らず、高い壁で囲まれた防御性の高い集合家屋（ある村ではこれを duwwār と呼んでいた）から構成される例もあった［本書第3章の「解説」を参照〕。

(24) 注（21）で示したサーレハによるケナー県デシナーにおけるサァル調査においても、同様にベイスン灌漑下の土地所有状況についての記述がある。そこでは、「封建地主」の所有地を除けば、農地の多くはアーイラ（同族）の共同所有地であり、部分的には個人所有地がある程度である。ただし、コプト教徒の所有地は個人所有である［Ṣāliḥ 1959: 15］。

(25) 都市化とコプト・ムスリム関係の変化については、［伊能 1987: 152–54］を参照。ムスリム・コプト間の流血抗争事件の代表例は、サダト大統領暗殺を頂点とする政治危機を導いた都市暴動である、ザウィーヤ・ハムラー事件（一九八一年六月）である。この悪化する都市生活条件を背景とした暴力事件は、コプト教徒における武装集団の形成を示した点で現代エジプト政治史上重要な事件であった。また、［長沢 1985］では、この事件を一九七七年食糧暴動と比較して、中東都市暴動の二類型という視点を提出した。

(26) 加藤博は、土地法を事例として、sharī‘a（宗教法）、qānūn（世俗法あるいは行政法）、‘urf（慣行、‘āda）の三つの法領域・法秩序を持った前近代イスラーム社会の法体系を理論枠組みとして採用しているが、ここで用いられる村落内のカーヌーンとウルフは、そうした国家レベルの法体系の下位に位置する村落社会レベルの慣習法内部の「法」の構造を示すものである。加藤博「エジプトにおける私的土地所有権の成立」［加藤 1982b: 11–16］参照。

(27) この debt としての feud について、前出のブラック＝ミチョードは、feud 社会とポトラッチを行なう社会との比較という興味深い問題提起を行なっている［Black=Michaud 1975: 237–41］。

(28) このようなアラブ社会における父系親族集団の分析において、非分節的行動様式（unsegmentary behaviour; この言葉は前出のゲルナーによるものである）の重要性と、その場合の姻戚関係にもとづく affinal set の持つ機能について重要な論点を出したのは、ピーターズのレバノン・マロン派農村の研究［Peters 1976］である。このピーターズの affinity をめぐる論点を政治学的分析に応用した研究として［Springborg 1982］がある。〔本書第3章第二節を参照〕

(29) このカーヌーンとウルフの関係については前出の注（26）を参照。

(30) イルドという名誉感情にもとづく男性優位の社会的価値観の持つ今日的問題については、［長沢 1987］（本書第1章）を参照。

(31) 同書の邦訳は、高松雄一訳で河出書房新社から出版されている［ダレル 1977］。

(32) 同書の邦訳は、中野康司訳で晶文社から出版されている［フォースター 1988］。

(33) 植民地型金融機構の形成と変革については、[木村 1977]を参照。

(34) ここでいう上エジプト四県とは、アスュート、ソハーグ、ケナー、アスワンである。その後の二回の人口センサスによると、一九七六年センサスで四五万人の出生地を異にする移住者のうち、アスュートが五・一パーセントソハーグが一四・四パーセント、八六年センサスによると同じく五・五パーセント、一六・一パーセントであった。

(35) カイロの塵芥収集業者(zibbālīn)は、多くが上エジプト農村出身のコプト教徒であり、しかも彼らを差配する元締でロバの塵芥輸送車の鑑札を独占しているのは西部沙漠のあるオアシスの村の出身者であるという([El-Hakim 1977]を参照)。また、前述[本文の「上エジプトの地域的特徴」]のアハマド・アミーンの叙述にもあったように、上エジプト農村出身者の多くが行商の青果商に就業していたが、やがてカイロ最大の青果物市場ロード・エルファラグの卸売市場を支配する同村出身集団による「マフィア」を形成するにいたった。筆者自身も、このうちのソハーグ市近郊の一村を訪問したことがある[本書第3章の「解説」を参照]。

また、このような労働集団を結成しないまでも、同村出身者が、臼杵陽が紹介しているパレスチナ人の事例[臼杵 1991]と同様に、エジプトでも同郷者団体ガマイーヤ(jam'iyya)を結成している例は多い。このガマイーヤとムスリム同胞団の社会活動の近接性を示唆した研究として、[店田 1989]を参照。上エジプト人以上に同郷結合の傾向が強い少数民族集団ヌビア人の都市移住問題については、[Geiser 1986]をはじめとして一定の研究蓄積がある。

(36) この外国貿易部門のエジプト化=国有化によって、荷役業においても公共部門(一九六二年の法令によって設立された公企業al-Sharika al-'Arabiyya li-l-Shahn wa al-Tafrīgh を中心とする)が支配的地位を占めるようになり、港湾労働者の約九割がこれに就業していた。他方、民間部門にはほぼ一割にあたる三〇〇人の少数の労働者集団が働いていた。民間部門は法律によって一〇〇〇トン未満の荷役しか取り扱えないように規制を受けていたからである[Ghānim 1982a: xvi]。しかし、このガーニムの調査後の一九七八年、サダト政権の門戸開放政策の一環として公布された同年法令第一〇六号によって、荷役業における公共部門の「聖域」が破られ、民間部門の取扱荷役量は、八〇年の一八・六パーセントから八三年の四三パーセントへと飛躍的に増大した。「アハーリー」紙記事(一九八六年四月二六日)は、このように述べた後、新たな「独占的」な民間輸入・荷役業者が台頭し、労働大臣が警告を発するほど港湾労働者八〇〇〇人の生活が脅かされていると伝えるが、実際、こうした新しい変化が上エジプト出身の労働集団にどのような影響を与えたかについては、筆者には不明である。

（37） ガーニムは、一九六〇年センサスによりアレキサンドリアからの移住者がソハーグ県一四六七人、アスュート県一三五五人でこれらの大半は帰還移動だとしている［Ghānim 1982a: 38］。しかし、一九八六年センサスによると、出生地がソハーグ県で前住地アレキサンドリアからの移住者という純粋の帰還移動者は一六〇人（アレキサンドリアからの全移住者八三八人のうち一九・一パーセント）、アスュート県への帰還移動者は一九一人（同五九二人の三二・三パーセント）にすぎない（以上、『一九八六年人口住宅センサス』第一部「ソハーグ県」編〔表46〕、「アスュート県」編〔表46〕から算出）。

（38） 同じ著者ガーニムによる『伝統的地方社会と都市社会における交換と投資・貯蓄過程・経済人類学による比較研究』［Ghānim 1982b］を参照。

（39） ここでの職種名の訳出については、岩井弘融「港湾労働における親方制」同『病理集団の構造・親方乾分集団研究』［岩井 1963］第三章によった。この「近代的被覆の下に旧型的親方制がかなり濃厚に残存」［*ibid*.: 451］した日本の港湾労働における親方・子方関係との比較分析は、本章の目的の外だがこの二つの調査事例は比較研究の素材を多く含んでいる。

（40） アラブの親族集団形成におけるこのカリーブの意味の重要性については、［大塚 1983］、および［アイケルマン 1988: 126–61］を参照のこと。

（41） この waṭan と dawla の他、国（くに）を表わす言葉としては qawm, umma, milla, balad などがある。これらの言葉が示す国家統合あるいは社会統合の中東における多様性に関しては、板垣雄三の所論を引きついだ加藤博の次の論文を参照のこと。加藤博「近現代エジプトにおける国家と農民」［加藤 1988: 164］。

（42） 地中海・アラブ社会におけるパトロン＝クライエント関係をめぐる代表的研究としては［Gellner & Waterbury eds. 1977］の論文集がある。日本における最近の研究としては黒木英充の論文［黒木1990］がある。

（43） このサァルの都市社会における分解現象について、新聞の社会面の記事はいくつもの事例を提供している。

第4章　コラム7　「洪水の後」のアレキサンドリア

（1） さらに大昔の一九五〇年代、勤務先の研究所の大先輩、中根千枝先生の『未開の顔・文明の顔』（一九五九年）には、文字どおりの「沙漠道路」でベドウィンのテントでお茶の歓待を受けた話が出てくる。

（2） ハーレド・サイード君の虐殺については、たとえばウィキペディアの記事を参照。http://en.wikipedia.org/wiki/Death_of_

Khaled_Mohamed_Saeed

（3） ちなみに筆者が滞在していた当時、アラブ各国で問題になっていたのが、洪水は洪水でもハリウッド映画「ノア 約束の方舟」（本邦二〇一四年六月公開）の宗教上の理由による上映禁止問題であるが、今回のテーマとは関係ないので言及だけにとどめる。

（4） http://middleeast.asahi.com/column/2013040200003.html なお、この映画については、川上泰徳氏の「エジプトのセクハラを扱う社会派映画」Asahi 中東マガジン《中東ウォッチ》二〇一二年一〇月二九日：http://middleeast.asahi.com/watch/2012102900003.html で詳しく紹介されている。

（5） 二〇一四年二月一二日に開催されたこの中東映画研究会で筆者は、コメンテーターを務めた。その回の研究会のテーマは「予兆」であり、高学歴で専門職に就く容姿端麗な女性たちが、三〇代に足を踏み入れた今も、未婚の「生娘」として結婚願望を持ちながら苦闘する様子を描いている。相手役の複数の「ガマール」たちの姿や二〇〇六年二月六日フェリーボート沈没事件などへの怒りが革命の「予兆」を示す風景として描き込まれている。この映画はユーチューブでもアクセスできる：https://www.youtube.com/watch?v=R6IdodvJam8

（6） 当面、注目されているのは、革命映像のドキュメンタリー作品である。たとえば、エジプトでは上映禁止になっているドキュメンタリー映画「広場」（the Square 二〇一三年）がある（http://thesquarefilm.com/。その映画評として http://www.theguardian.com/film/movie/159110/square がある）。また類似したタイトルだが、Egypt: The Story Behind the Revolution（二〇一一年）http://behindtherevolution.com/ とか We Are Egypt: The Story Behind the Revolution（二〇一二年）http://www.weareegyptfilm.com/ などがある。

（7） この冒頭の場面を観ていて、どこかで聞いたような話だと思った。今回のエジプトに調査に出る直前に、やはりイギリス在住の若手女性研究者の講演会のお世話をしたことを思い出したからだ。エジプト出身の彼女は、革命が起こるとすぐに帰国して、タハリール広場の民衆運動を調査しはじめたのだった。ジーハン・セリームさん（英国クイーンズ大学）講演「蜂起の空間的実践：「アラブの春」の抗議行動にみる広場と国家の関係性」（二〇一四年三月六日、於：東京大学東洋文化研究所）。ジーハンさんの講演は、建築学の視点から民衆の抗議運動を分析した面白い報告だったが、彼女が筆者と旧知のエジプト人政治学者、ムハンマド・セリーム教授（現クウェイト大学、元カイロ大学政治経済学部アジア研究所長）の娘さんだったということは講演会が始まるまで知らなかった〔同教授は、二〇一七年三月に逝去された〕。

(8) 今年〔二〇一四年〕のマウリドについては、澤井真氏の「マウリド（祝祭）のにぎわい（1）―預言者生誕祭―」Asahi 中東マガジンを参照：http://middleeast.asahi.com/report/2014040600001.html。

第5章　アタバの娘事件を読む――現代エジプト社会における性の象徴性

(1) マアディーの娘事件は、一九八五年の春にカイロ南郊の高級住宅街マアディー地区のはずれにある道路で数名の青年が若い女性を自動車に連れ込み集団暴行を働いた事件であり、自動車の利用という手口や若い世代の非行現象などで世間の注目を集めた。また、後述のように、強姦罪に対する死刑の適用を求める議論に大きく影響した（「アハラーム」紙一九八五年四月一六日、同一九八六年五月一三日記事を参照）。

(2) ただし、現在のアタバのバス・ターミナルは、地下鉄の開通に伴ない隣接するイズベキーヤ公園の改修工事が行なわれた結果、立体駐車場のなかに場所を変えたために、当時の面影はかなり失われている。

(3) 混合裁判所とは、ヨーロッパ人とエジプト人の「混合した」判事によって構成される、いわゆる領事裁判権を制度化した法廷制度であり、一八七五年に導入された。一九三七年のモントルー会議で廃止が決まったが、実際にこの不平等な裁判制度が廃止されたのは、一九四九年のことである。

(4) 大都市カイロの空間構造については、店田廣文『エジプトの都市社会』［店田 2000］、とくに第四章「首都「カイロ圏」の都市分析―カイロ一九八六年―」を参照。また、エジプトの都市化に伴なう住民の社会意識の変容と都市空間構造の関係については［長沢 1991a］（本書第4章）によるアレキサンドリア市の事例も参照。

(5) ただし、同じ『ローズ・エルユーセフ』誌（一九九二年一二月二八日）は、三月二〇日金曜日の夜で、ラマダーンの終わりにある祭日、ウンム・バイユームの前日であったと報じている。一方、「アハラーム」紙（一九九二年三月二九日）は、「木曜日〔すなわち三月一九日〕の夜の事件」としている。この違いは、イスラーム暦が一日の起点を夜とすることにあるのかもしれない。

(6) 「アハラーム」紙は、一八七六年に創刊されたアラブ世界でもっとも権威ある新聞のひとつである。とくに、ナセル時代にムハンマド・ヘイカル編集長のもとで高級紙としての公的地位を確立し、現在でもエジプト政府の見解を公式に代弁する半官紙である。したがって、同じく半官紙の「アフバール」(*al-Akhbār*)紙などの大衆紙や野党紙などと比べると社会面に割かれた紙面は小さい。

(7)「アハラーム」紙の記事で使われる文章は、間接話法であるが、ここでは直接話法に書き改めた。

(8)『ローズ・エルユーセフ』誌は、エジプトの代表的な週刊誌であり、「アハラーム」紙など他の主要新聞雑誌と同様に政府系のマスコミである。一九五二年革命前の時代には議会政治に対する辛口の批評、ナセル時代には左派の論説記事などが誌面を賑わした。門戸開放政策後の現在では「柔らかい」内容の政治記事・芸能記事を中心に編集されている。

(9)ただし、後述のように、この婦女暴行(i'tidā')事件は、報道されたかぎりにおいて凌辱(hatk al-'irḍ)であって強姦(ightiṣāb)ではなかった。

(10)同記事によると取り締まりの成果は、以下のとおりであった。麻薬五三件、逃亡犯四九人逮捕、銃砲不法所持二〇件、四八名の乞食、一五一名の小物売り、一二七件の違法カセットテープ販売、自動車内の窃盗犯七人、二六〇台の無許可オートバイ(うち二九台を過激派集団が使用)が挙げられている。

(11)かつてエジプトの公共バスには女性専用席が設置されていたようであるが、おそらく混雑のためその後機能しなくなったものと思われる。アタバの娘事件直後に導入された女性専用バスがその後本格的に導入されたという話は聞いていない。痴漢の被害などを避けて経済的に余裕のある女性客は、ミニバスに乗るかタクシーに女性客だけで相乗りする手段を選んだようである。その後開通したカイロの地下鉄には女性専用車両が設置されている。

(12)非常事態法は、一九八一年一〇月のサダト大統領暗殺後に公布され、急進派イスラーム運動をはじめ、政府に批判的な政治組織を統制する手段として用いられてきた。

(13)実際このような事件は、アレキサンドリア市で一九八四年に発生している。「アハラーム」紙一九八四年一二月二五日記事参照。

(14)現代エジプトにおける「イスラーム法の実施」問題については[飯塚 1993]を参照。この強姦罪をめぐる刑法改正がイスラーム法に則って行なわれるべきであるという論調は、紹介した記事において多く見られた。たとえば、前出「アタバ事件、その原因と対応」『アハラーム・イクティサーディー』誌(一九九二年四月二六日)では、強姦や深刻な場合の凌辱に対する死刑適用に対し、姦通罪に対する刑罰と同等であるからイスラーム法に合致する、といった議論が紹介されている。

(15) ナスル・アブーゼイド事件とは、カイロ大学文学部アラビア語学科のナスル・ハーメド・アブーゼイド講師が、著作内容から背教者と断定され、それを理由にイスラーム教徒である妻との離婚を請求する訴訟を起こされた事件。現代エジプトで横行する知的テロリズムの代表的事例である。同夫妻は、現在、国外生活をよぎなくされている〔同氏は、帰国後の二〇一二年に死去〕。同事件については［Sfeir 1998］を参照。

(16) 国防省は、このブヘイラ県をはじめとする少女の集団失神事件に関して化学兵器によるものではない（おそらく湾岸戦争後の世論から寄せられた危惧に対してであろう）という見解を発表している（「アハラーム」紙一九九三年四月六日記事）。

(17) たとえば［Labidi 1999］が示しているように、エジプトにおける臓器移植問題をめぐってウラマーと近代科学者のあいだに交わされた議論を考えるうえで、これらの専門家の意見に民衆各層の感情やものの見方が反映されているという認識はひとつの参考になる。

(18) 代表的な研究として［Peristiany 1966］ed. などがある。

第6章　現代エジプトの社会問題とNGO

(1) ただし、この事件は、同記事によると、実は教師の暴力に対する生徒の自衛的な行動だったと判明した。このような教師による暴力は、以前から見られた。たとえば、筆者の記事ファイルには、杖で叩いた教師を中学生が裁判所に告訴して一ヶ月の留置措置となったという記事がある（*al-Ahrām* 紙一九八五年三月六日）。

(2) 筆者が知る限り、エジプトのストリートチルドレンに関する本格的な調査はなされていない。エジプトの児童問題に関する研究は、これまでのところ児童労働問題が中心であり、多くの調査結果が報告されてきた。たとえば、［酒井 1998］所収のアハマド・アブダッラー「エジプトの児童労働」を参照。また、中東の児童問題を扱った［Fernea ed. 1995］においても、ストリートチルドレンの存在にはふれられていない。ただ、同書所収の論文で、エジプトの孤児問題を扱ったAndrea B. Rugh、“Orphanages in Egypt: Contradiction or Affirmation in a Family Oriented Society” によると、現在、孤児収容施設であるSOS村がカイロには三〇カ所あり、七〇〇〇人が収容されているという。

(3) 第5章注（14）を参照。

(4) 田舎者の代名詞である上エジプトの出身の学生がアメリカ文化のセンターとされる同大学の学園生活で出会う文化的ギャップ

を描いたコメディー映画で、挿入される歌や踊りなどを含め、若い世代から広範な支持を集めた〔一九九八年：サイード・ハーメド監督作品、主演モハンメド・ヘネイディ〕。

第7章　イスラーム運動とエジプト農村

（1）ここで用いた「ムスリム社会運動」という概念については、拙稿［長沢 1989］を参照。

（2）たとえば、アレキサンドリアは、一九七七年ヤヒヤー・ハーシェムを指導者とする三〇〇人の過激派集団が摘発された事件などの舞台となった。なお、エジプトをナイル・デルタと上エジプトとに南北に二分した場合（ただし、南北シナイ、紅海〔東部沙漠〕、ワーディー・ガディード〔ニュー・バレー：西部沙漠〕を除く）、本章でいう上エジプトは、表1に示すように、南のアスワンから北のファイユームまでの七県を指す。ただし、一般にはエジプトを三分割して、ファイユーム、ベニー・スエフ、ミニヤの三県（およびギーザ県）を「中エジプト」と呼ぶ場合もある。

（3）エジプトの農民運動史については、［加藤 1990a］、また近代エジプトの社会運動に関する研究状況については、［東アラブにおける社会変容の諸側面研究会編 1989］第一章「エジプト」の項目6「社会運動」を参照のこと。

（4）前近代エジプトにおける都布と農村の有機的結びつきの欠如を指摘するベアーの説に対する批判としては、［Cuno 1992］を参照。

（5）ナセル政権下のイスラーム諸制度の発展については、ハサン・ハナフィー「エジプトにおける宗教と開発」［Hanafi 1981］を参照。

（6）また、一九八六年人口センサスによれば、サナブーは、ダイルート郡のなかで、ダイルート市、ダイルート・シャリーフ市に次いで人口第三位であり、郡内では最大の「村」であった。キリスト教徒の人口比は、ダイルート郡全体で、一七・一パーセント、ダイルート市で一九・三パーセント、ダイルート・シャリーフで一八・一パーセント、そしてアスュート県都市部で一九・六パーセント、同農村部で一七・七パーセントであった。なお、人口センサスの分析については、店田廣文・犬塚順保両氏からご助言をいただいた。また、一九八六年人口センサスによれば、同村の人口は、二万二五八〇人でそのうちキリスト教徒の比率は、三七・六パーセントであった。この村落人口は、おそらく周辺のマンシーヤト・ナーセルなどの子村を含んでいるものと思われる。ちなみに、今世紀〔二〇世紀〕初頭一九〇七年の統計によれば、サナブー村の人口は、九〇一四人、キリスト教徒の比率は、三七・七パーセントであり、ムスリム・キリスト教徒人口比は、この九〇年間ほとんど変化がないことになる。

（7）「アーイラ政治」については、［長沢 1987］および［長沢 1994b］（本書第1章・第3章）を参照のこと。

（8）一部の報道にあるように、イスラーム運動は、ジズヤなどを徴収するなど、政府の機能を代替し、新しい権力秩序を作る指向を持っていたとする解釈もある。しかし、同運動が、現存の近代国家システムを全面的に代替するプログラムを持っているかどうかについては、筆者には不明であるので、こうした解釈に明確な判断を下すことはできない。ここでの議論は、村落政治のレベルにとどめておきたい。

（9）現代エジプト農村における紛争調停システムについては、不十分な調査であるが、［長沢 1996b］（［長沢 2013a］に再録）を参照。

（10）この復讐をめぐる犯罪が上エジプトで多いことは、よく知られている。たとえば、一九九四年犯罪統計によると、復讐事件一二二のうち、アスュート八〇件、ケナー一〇件、ソハーグ九件、ミニヤ八件、ベニー・スエフ三件、以上上エジプト合計一一〇件で、全体の九〇・二パーセントを占めている（『マジャッラ』誌第八〇九号、一九九五年八月一九日記事による）。

（11）サダト暗殺事件の前触れとして、一九八一年六月に起こったザウィーヤ・ハムラー事件では、コプト教徒側の武闘集団の結成が噂にのぼった〔第4章注（25）を参照〕。

（12）また、ムスリム同胞団の農村部での活動については、［Kupferschmidt 1982］がある。

第9章　エジプト綿花経済における「不自由な賃労働」——イズバ型労働制度をめぐって

（1）本稿の表題に掲げた「不自由な賃労働」（unfree wage labour）の概念は、基本的に［Miles 1987］によっている。このマイルズの著作は、資本主義がその世界的拡大の過程で不自由な（あるいは非賃金形態の）労働を排除せず、むしろ構造的にそれらを生みだしているのはなぜかという問題提起を行なった研究である。彼の理論的関心は、主として労働市場の形成・維持における国家の役割、および資本主義とそれ以外の生産様式とのあいだの「接合」の問題に注がれている。そのなかでとくに興味深いのは、「労働力商品の流通が、市場の条件ではなく、自らの労働力の配置を決定する労働者の能力を規制する政治法律的制約要因に従属する」［*ibid.*: 32］といった状況で発生する「不自由な賃労働」の概念を提起していることである。ただし、この概念に対しては、そもそも完全に自由な賃労働などあり得ないという批判、さらには労働市場における労働者の自由な決定を制約する政治法律的制約要因を拡大解釈すること（たとえば、家族や女性労働の問題を含めたより広い制度的・社会的要因として）の問題など、未整理な理論的難点を抱えている。本章では、自由労働／不自由労働という二項対立的図式に限界があることは認めつつも、差しあたり「不自由な」としか表現できないような資本主義経済（あるいは労働市場）のマージナルな部分で発生する労働力の諸形態（たとえば今日の外国人労働者問題）を表現する「問題索出的な」概念としてこれを扱いたく思う。

（2）エジプト綿花経済の形成については［Owen 1969］が基本文献である。また、とくに本章との関係では、拙稿［長沢 1991c］（本書第8章）を参照。

（3）［Ghannām n. d.］。また、同資料以外のイズバ経営の事例については［木村 1973: 299-309］を参照〔同資料は、木村喜博氏から譲りうけた。あらためて謝意を表する〕。

（4）タラーヒール労働者については［長沢 1980］を参照。

（5）このエジプトにおける「本源的蓄積」については［Richards 1977］を参照。農民反乱については［バラカート 1991］を参照。

（6）たとえば、タマッリーヤとタラーヒールという二種類の労働者のあいだに作られた、差別と分断の社会関係は、エジプトの農村小説ユーセフ・イドリース『ハラーム［禁忌］』［イドリース 1984］によって生き生きと描きだされている。イズバ農場内部の人間関係を題材に取ったこの小説は、不義（ハラーム）の子を産み落とした女のタラーヒール労働者をめぐって、社会的な差別意識と性に対する抑圧の問題とが収斂しあう過程を描き、エジプト社会の「病んだ」性格を告発した作品である〔本書第5章を参照〕。

（7）［Stolcke 1988］の第六章。また、とくに性差による賃金差別の問題については、［Toth 1991］を参照。

（8）家父長制的イデオロギーの構成要素であるこの「名誉」（イルド）概念については、［長沢 1987］（本書第1章）を参照。

（9）伝統村落内部のアーイラ的支配関係を表現するサァル（feud）慣行とその都市化による変容を描いた［長沢 1991］（本書第4章）を参照。

（10）村落有力者層の権力基盤については、［加藤 1986］ほか加藤博氏の関連論文を参照。

第9章　コラム　エジプト農民運動の聖地を訪ねて

（1）ラッパード親子の作品と活動については、以下のＵＲＬのサイトの紹介記事を参照。：http://www.egyptindependent.com/

news/mohie-al-dien-al-labbad-great-loss-egypt-and-arab-world; http://english.al-akhbar.com/node/315

第10章　少年が見たエジプト一九一九年革命

（1）軍人アハマド・オラービーを指導者とする近代エジプト最初の民族主義運動。「エジプト人のためのエジプト」を主張し、一八七九年に武装蜂起したが、三年後にイギリス軍によって鎮圧された（本書第2章第二節参照）。

（2）ナセルを指導者とする自由将校団が、国王を退位させ、共和国を樹立した革命のこと。

（3）［東アラブにおける社会変容の諸側面研究会編 1989］第一章エジプト「一九一九年革命」の項の加藤博氏の説明を参照。

（4）一般市民の一九一九年革命に対する反応は、歴史研究よりむしろ、ノーベル賞作家ナギーブ・マハフーズの小説『バイナルカスライン』によって生き生きと描きだされている［マフフーズ 1974］。同作品は映画化もされたが（ハサン・イマーム監督作品一九六四年）、本章が扱うオウェイス家の人々との比較をしてみても興味深い。（本書第2章を参照）

（5）インティファーダにおける子どもの犠牲者については［Graff 1991］を参照のこと。

（6）「ミルナー調査団」とは、一九一九年一二月から二〇年四月に調停の可能性を探るために派遣されたイギリスの外交調査団。ボイコット運動がエジプト国民に広がった。

（7）注（4）の映画「バイナルカスライン」では、イギリス兵が子どもたちにお菓子を配っているシーンが描かれている。

あとがき

本書の各章・各コラムの出典は、以下のとおりである。

第1章「エジプトにおける家族関係の近代化」『現代の中東』第二号（一九八七年三月）

コラム・1「アサビーヤ概念をめぐって」『アジ研ニュース』No.60（一九八六年三月）

コラム・2「エジプト――「家の名」をめぐって」松本脩作・大岩川嫩編『第三世界の姓名――人の名前と文化』明石書店一九九四年

第2章「近代エジプトの家族概念をめぐる一考察」――書き下ろし

コラム・3『高野版現代アラビア語辞書』における家族表現」――書き下ろし

第3章「近代エジプトの村長職をめぐる権力関係」伊能武次編『中東における国家と権力構造』アジア経済研究所一九九四年

コラム・4「革命後エジプトの選挙をめぐる風景」［Asahi 中東マガジン］「アラブを見る眼」第四回（二〇一二年一月二三日配信）

コラム・5「アメリカとナセル的国家」［Asahi 中東マガジン］「アラブを見る眼」第五回（二〇一二年三月一二日配信）

第4章「都市化と社会的連帯――上エジプト農村とアレキサンドリア市港湾労働者社会との事例比較」加納弘勝編『中東の民衆と社会意識』アジア経済研究所一九九一年

コラム・6「イスラム世界の広がりと法秩序――加藤報告に寄せて」比較法史学会編『歴史創造の事理と法理』（比較法史研究――思想・制度・社会7）未來社一九九八年

コラム・7「「洪水の後」のアレキサンドリア」［Asahi 中東マガジン］「アラブを見る眼」第一五回（二〇一四年五月二日配信）

第5章「アタバの娘事件を読む――現代エジプト社会における性の象徴性」『地域研究論集』第三巻第二号二〇〇〇年一二月

コラム・8「エジプト—ムハッガバート現象」宮治一雄・大岩川嫩編『「きもの」と「くらし」—第三世界の日常着—』アジア経済研究所一九九三年

コラム・9「革命とセクハラ—エジプト映画「678」をめぐって」『地域研究』第一三巻第二号二〇一三年三月

第6章「現代エジプトの社会問題とNGO」『イスラム世界』第五四号二〇〇〇年三月

第7章「イスラーム運動とエジプト農村」日本イスラム協会編『エジプトの原理主義運動　現状と分析』一九九六年三月

コラム・10「現代メディアとイスラーム」東京大学東洋文化研究所編『アジアを知れば世界が見える』小学館二〇〇一年

第8章「世界綿業の展開とエジプト農村の労働力問題」川北稔ほか編『世界の構造化』(シリーズ世界史を問う第九巻)岩波書店一九九一年

第9章「エジプト綿花経済における「不自由な賃労働」——イズバ型労働制度をめぐって」『歴史学研究』第六三八号一九九二年一〇月

コラム・11「エジプト農民運動の聖地を訪ねて」[Asahi中東マガジン]「アラブを見る眼」第九回(二〇一二年一〇月九日配信)

第10章「少年が見たエジプト一九一九年革命」栗本英世・井野瀬久美恵編『植民地体験　人類学と歴史学からのアプローチ』人文書院一九九九年

本書は、「はしがき」で述べたように、日本学術振興会科学研究費基盤研究(A)「イスラーム・ジェンダー学の構築のための基礎的総合的研究」(課題番号16H01899、二〇一六〜二〇一九年度)の成果の一部である。ただし筆者は、この科研費研究プロジェクトの研究代表者を務めているものの、実を言うと「イスラーム」にしても「ジェンダー」の問題にしても、これまで中心的な研究課題として取り組んできたわけではない。さらには、本書のタイトルとした「家族の社会史」という主題についても、収録したそれぞれの論考を執筆するにあたり、たえず念頭においていたともいえない。これらは筆者が、これまでエジプトを主要な研究対象として中東研究に従事するなかで、職業者としての地域研究者が取り組むべき課題として、自ずから立ち現われたのである。

とはいえ、家族社会学については、大学を卒業し、アジア経済研究所に就職して研究生活を始めた当初から関心を持っていた。二人部屋の研究室で同室となり、謦咳に接する機会を得た山口博一さん（インド研究）などの影響もあった。こうして家族社会学を独学で勉強していた頃、今は亡き伯母（父の姉）たちの会話のなかに「マキ」（東日本などで同族団を示す）という言葉を聞き取ることができた。このとき本家と思っていた父の実家にさらにその本家があったらしいことも知った（ちなみにこの「マキ」という言葉は、第4章で紹介した上エジプト農村の家族間の従属関係［ラッフ＝巻くこと］と似ていて面白く感じた）。しかし、本書が対象とした近代のエジプトと同じく、日本の各地域社会における家族のかたちも急激な時代の流れのなかで大きな変化を遂げてきた。両国においてその変化は、本書の第二章でも紹介したように、一世代ごとに様相を変えていく、まことにすさまじいものであった。

また同じく第二章の第二節で引用したキリスト教徒知識人サラーマ・ムーサが述べるのとはまた違った意味において、家族を持つということは、ときに苦しみをもたらすが、しかし同時に、こころの内面を支えるものでもあると筆者は考えている（ここで思いだすのが、妻がその恩師のひとりである江口朴郎先生から研究者と家族について聞いたある警句である）。もちろん、このことは研究者だけに限られるものではないであろう。

筆者が生まれ育ったのは、いわゆる知識人の家庭ではなかった。しかし現在、このような本を出すことができたのは（その評価は読者にゆだねるしかないが）、今は冥界にいる両親のおかげであると思う。さらに言えば父方・母方の祖父母のおかげでもある。一四年前に父の自分史の出版の手助けをした（母の自分史について出版をする考えもあったらよかったと今は後悔している）。そのおかげで起業家的精神を持っていた篤農家の父方の祖父の話は活字として残すことができた。しかし、母方の祖父の個人史については多くは知らないままである。二人の祖父とも小学校を出ていない苦労人であった。とくに母方の祖父は、小さい頃に大工の修業に出され、努力の末に町一番の棟梁となり、小学校の新築を請け負うまでになった。その町から小学校を卒業した女生徒のなかで、県都にある学校に鉄道通学できたのは、その学年で、母と地主の娘の二人だけであったという。残念ながら母を進学させる決断をした祖父の考えについて直接に聞く機会はなかった。今はただ、優しかった祖母の笑顔とともに、偉丈夫だった頃の祖父の姿を思いだすだけである。

本書の出版にあたっては多くの皆様のお世話になった。東京大学の社会人講座「グレーター東大塾　イスラームとどう付き合うか」（二〇一六年秋開講）の講義内容の出版計画でもお世話になっている阿部俊一さんをはじめ、東京大学出版会および印刷所の方々からは多くのご助力をいただいた。これまでの筆者の研究をサポートしてくださった東洋文化研究所の歴代の事務部（総務・研究支援・会計）と図書室の皆様にも篤く御礼を申しあげたい。編集と校正作業などでは何人かの方に助けていただいたが、とくに索引作成などで特任研究員の宇野陽子さん、校閲などで妻の美抄子、図版の作成で娘のゆず子からの助力を受けた。

また、筆者が研究を進めるにあたり、多くの影響と刺激を受けた方々については本書の各章の解説や本文中の紹介や文献の引用の形でお名前を記してあるが、もちろんすべての方について言及できたわけではなかった。とくに現在進行中の「イスラーム・ジェンダー学」プロジェクトにさまざまなかたちで参加してくださっている方々に対しては、その批判的な評価を含めて、本書が新たな気づきや刺激の糧となることを願っている。

二〇一九年一月

著者

著者略歴
長沢栄治（ながさわ　えいじ）
1953年山梨県生まれ。東京大学経済学部卒業。東京大学東洋文化研究所教授。専門は中東地域研究・近代エジプト社会経済史。主な著書に『エジプトの自画像　ナイルの思想と地域研究』平凡社2013年、『アラブ革命の遺産　エジプトのユダヤ系マルクス主義者とシオニズム』平凡社2012年、『エジプト革命　アラブ世界変動の行方』（平凡社新書）平凡社 2012 年、*Modern Egypt through Japanese Eyes, A Study on Intellectual and Socio-economic Aspects of Egyptian Nationalism*, Cairo, Merit Publishing House, 2009、共編著に『現代中東を読み解く　アラブ革命後の政治秩序とイスラーム』明石書店 2016年、『中東と日本の針路――「安保法制」がもたらすもの』大月書店2016年がある。

近代エジプト家族の社会史

2019年 2 月25日　初　版

［検印廃止］

著　者　長沢栄治《ながさわえいじ》

発行所　一般財団法人　東京大学出版会
代表者　吉見俊哉
153-0041 東京都目黒区駒場4-5-29
http://www.utp.or.jp/
電話 03-6407-1069　Fax 03-6407-1991
振替 00160-6-59964

組　版　有限会社プログレス
印刷所　株式会社ヒライ
製本所　牧製本印刷株式会社

ISBN 978-4-13-021084-3　Printed in Japan

Social History of Family in Modern Egypt

ABSTRACT

Egypt as well as Japan have been recognized as 'a family oriented society' or 'a family dominated society.' Both societies have experienced drastic changes in their family structure and family relationship in the course of intense social transformation in modern era. One of the key issues in the analysis of this social transformation is the question of 'family' concept of the two societies. While Japanese sociologists have been engaged in enthusiastic discussions regarding the concepts of *ie* and *dozoku*, Arabic family concepts of *usra* and *'a'ila* in Egypt (and other Arab societies) have caused embarassement to the researchers owing to the elusiveness or fluctuation of their meaning in various contexts.

This book is the result of an attempt of family studies through the methodology of Area Studies. It contains articles on modern Egypt which the author has written in the last thirty years. In Chapter One of the Part I: "Concept of Family and Family Relationship," the author raises a research question concerning the concept of 'family' in the context of contemporary Egypt by proposing two problematic dimensions of family question: *usra* problem (modernization of family relationship) and *'a'ila* problem (resurgence of traditional familial rule). And in Chapter Two he attempts to answer this question thirty years later through the methodology of Area Studies, and in the theoretical framework of Gender Studies, making use of novels, autobiographies and other materials. The discussion in this chapter can help the readers understand the main issues dealt with in the articles of Part II.

Part II: "Dimensions of Social History of Family" is a collection of case studies on questions of 'family' in its broader framework of implication in fundamental themes of social history of modern Egypt such as village society and urbanization; modern state and world capitalist system; colonialism and nationalism; political Islam and social crises. Eight chapters of Part II covering the period from the beginning of 19th century to the beginning of 21st century, needless to say, it is not intended to present the overview of social history of modern Egypt.

For understanding the content of articles in these two parts, eleven essays are contained in this book, with related information and recent socio-political change (after the Egyptian Revolution of 2011).

As was mentioned before, this book is a result of author's research works on social history of family in modern and contemporary Egypt, and at the same time is a part of the result of JSPS Research Project of "Basic Synthetic Research for the Construction of Islam & Gender Studies" (2015-19).

CONTENTS

6. Little Sayyid in the Revolution   469

人名索引

ス行

タ行

ト行

ナ行

ハ行

フ行

ホ行

マ行

ム行

ヤ行

ユ行

ラ行

リ行

ロ行

地名索引

ス行

セ行

ソ行

タ行

チ行

ト行

ナ行

ハ行

フ行

ヘ行

ホ行

マ行

ミ行

ム行

モ行

ラ行

リ行

ル行

レ行

ロ行

ワ行

事項索引

ア行

イ行

ウ行

エ行

オ行

カ行

キ行

ク行

ケ行

コ行

サ行

シ行

ス行

セ行

ソ行

タ行

チ行

テ行

ト行

ナ行

ニ行

ル行

レ行

ロ行

ワ行

参考文献

アラビア語

ʻAbd al-Muṭṭarib, ʻĀṣim Maḥrūs. 1990. *dawr al-ṭalaba fī thawra 1919, 1919-1922*. Cairo: Hay'a al-Miṣriyya al-ʻĀmma li-Kitāb.

ʻAbd al-Raḥmān, ʻUmar. n.d. *kalima al-ḥaqq*. Cairo: Dār al-Iʻtiṣām.

ʻAbd al-Raḥīm, ʻAbd al-Raḥīm ʻAbd al-Raḥmān 1974. *al-rīf al-miṣrī fī al-qurn al-thāmin al-ʻashr*. Cairo: Maṭbaʻa Jāmiʻa ʻAyn Shams.

ʻAbd al-Rāziq, Ḥusayn. 1979. *miṣr fī 18 wa 19 yanā'il: dirāsa siyāsiyya wathā'iqiyya*. Beirut: Dār al-Kalima li-l-Nashr.

ʻAbduh, Muḥammad. 1993. *mudhakkirāt imām muḥammad ʻabduh, sīra dhātiyya*. (Cairo: Dār al-Hilāl. *Kitāb al-Hilāl*, No. 507. March 1993.

Abū ʻIyāna, Fatḥī. 1980. *sukkān al-iskandariyya, dirāsa dimūghurāfiyya manhajiyya*. Alexandria: Mua'ssasa al-Thaqāfa al-Jāmiʻiyya.

Abū Zayd, ʻAbd al-Ḥamīd. 1984. *niẓām al-ʻumad bayna al-ibqā' wa al-ilghā'*, Cairo: Dār al-Thaqāfa al-ʻArabiyya

Abū Zayd, Aḥmad 1965. *al-tha'r: dirāsāt anthurūbūlūjiyya bi-iḥdā qurā al-ṣaʻīd*. Cairo: National Center of Social and Criminological Research.

Aḥmad, Rifʻat Sayyid. 1993. *al-thā'irīn (al-nabī al-musallaḥ 2)*. London: Riad El-Rayyes Books.

Amīn, Aḥmad. 1953. *qāmūs al-ʻādāt wa al-taqālīd wa al-taʻbīr al-miṣrī*. Cairo: Maktaba al-Nahḍa al-Miṣriyya [2nd ed.].

——. 1989 [1950] *ḥayātī*. Cairo: Maktaba al-Nahḍa al-Miṣriyya.

Amīn, Jalāl. 1993. *al-dawla al-rakhwa fī miṣr*. Cairo: Sīnā al-Nashr.

Amīn, Qāsim. 1983 [1899]. *taḥrīr al-mar'a*. Cairo: al-Markaz al-ʻArabī li-l-Baḥth wa al-Nashr.

ʻĀmir, Ibrāhīm. 1958. *al-arḍ wa al-fallāḥ, al-mas'ala al-zirāʻiyya fī miṣr*. Cairo: Maṭbaʻa al-Dār al-Miṣriyya.

ʻĀnūs, Najwa. 1989. *shakhṣiyya al-ʻumda fī al-masraḥ al-miṣrī min al-ḥarb al-ʻālamiyya al-ūlā 1915 ilā 1952*. Cairo: Hay'a al-Miṣriyya al-ʻĀmma li-Kitāb.

ʻAwdah, Maḥmūd. 1983. *al-fallaḥūn wa al-dawla: dirāsāt fī asālīb al-intāj al-taqlīdī wa al-takwīn al-ijtimāʻī li-mujtamaʻ al-taqlīdī*. Beirut: Dār al-Nahḍa al-ʻArabiyya.

ʻAzbāwī, ʻAbdullāh Muḥammad. 1984. *ʻumad wa mashāykh al-qurā wa dawr-hum fī al-mujtamaʻ al-miṣrī fī al-qurn al-tāsiʻ ʻashr*. Cairo: Dār al-Kitāb al-Jāmiʻī.

Bakr, ʻAbd al-Wahhāb. 1987. *al-būlīs al-miṣrī 1922-52*. Cairo: Maktaba Madbūlī.

Barakāt, Ḥalīm. 1984. *al-mujtamaʻ al-ʻarabī al-muʻāṣir*. Beirut: Markaz Dirāsāt al-Waḥda al-ʻArabiyya.

Barakāt, ʻAlī. 1977. *taṭawwur al-milkiyya al-zirāʻiyya fī miṣr wa āthār-hu ʻalā al-ḥaraka al-siyāsiyya, 1813-1914*. Cairo: Dār al-Thaqāfa al-Jadīda.

——. 1991. "al-ḥarrāk al-ijtimāʻī fī al-qarya al-miṣriyya fī al-qurn al-thāmin ʻashr, asbāb-hu wa maẓ āhir-hu," *The National Review of Social Science* (28-3).

al-Basyūnī, Amīra. 1967. *al-usra al-miṣriyya*. Cairo: Dār al-Kitāb al-ʻArabī li-l-Ṭibāʻa wa-l-Nashr.

CAPMAS [Central Agency for Public Mobilization and Statistics; al-Jihāz al-Markazī li-l-Taʻbi'a al-ʻĀmma wa al-Iḥṣā']. 1975. *al-zawwāj wa al-ṭalāq fī miṣr: dirāsāt taḥlīliyya*. Cairo: CAPMAS.

——. 2016. *al-nashra al-sanawiyya li- l-iḥṣā' al-zawwāj wa al-ṭalāq ʻāmm 2015*. Cairo: CAPMAS.

al-Dasūqī, ʻĀṣim. 1981. *thawra 1919 fī al-aqālīm: min al-wathā'iq al-biriṭāniyya*. Cairo: Dār al-Kitāb

al-Jāmi'ī.
Farghalī, 'Alī. 2013. *al-dawla wa al-ṭabaqāt fī miṣr: ru'ya 'ilmiyya tafahhum al-taḥawwulāt al-ijtimā'iyya al-thawriyya*. Cairo: Dār Ishrāq.
Ghāmirī, Muḥammad Ḥasan. 1980. *thaqāfa al-faqr: dirāsa anthrūbūlūjiyya al-tanmiya al-ḥaḍariyya*. Alexandria: al-Markaz al-'Arabī li-1-Nashr wa al-Tawzī'.
Ghannām, 'Abd al-Ghānī. n.d. *al-iqltiṣād al-zirā'ī wa idāra al-'azab*. Cairo: Maṭba'a Wādī al-Mamlūk.
Ghānim, 'Abdullāh 'Abd al-Ghanī. 1982a. *hijra al-aydī al-'āmila: dirāsa al-anthrūbūlūjiyya al-ijtimā'iyya li-l-binā' li-mujtama' al-ḥammālīn bi-mīnā al-iskandariyya*. Alexandria: al-Maktab al-Jāmi'ī al-Ḥadīth.
——1982b. *al-tadābul wa 'amaliyyāt al-istithmār wa al-iddikhār fī al-mujtama' al-maḥallī al-taqlīdī wa al-ḥaḍarī, dirāsa muqārana fī anthrūbūlūjiyya al-iqtiṣādiyya*. Alexandria: al-Maktab al-Jāmi'ī al-Ḥadīth.
Ḥammād, Muḥammad. 2011. *qiṣṣa al-dustūr al-miṣrī ma'ārik wa wathā'iq wa nuṣūṣ*. Cairo: Makataba Jazīra al-'Arab.
Ḥanafī, Ḥasan. 1981. "al-dīn wa al-tanmiya fī miṣr," in Sa'd al-Dīn Ibrāhīm ed. *miṣr fī rub' qurn (1952–1977)*. Beirut: Ma'had al-Inmā' al-'Arabī.
Harman, Chris. 2012. [trans. Hind Kalfat. edit. Khalīl Kalfat]. *injlis wa aṣl al-mujtama' al-basharī*. Cairo: al-Markaz al-Qawmī li-l-Tarjama.
Ḥaṭab, Zuhayr. 1976. *taṭawwur binā' al-usra al-'arabiyya*. Beirut: Ma'had al-Inmā' al-'Arabī.
Ḥaṭab, Zuhayr and 'Abbās Makkī. n.d. *al-ṣulṭa al-abawiyya wa al-shabāb, dirāsa maydāniyya ijtimā 'iyya nafsiyya ḥawla ṭabī'a al-ṣulṭa wa tamaththul-hā*. Beirut: Ma'had al-Inmā' al-'Arabī.
Ḥusayn, Ṭāhā. 2017. *al-ayyām*. Beirut: Dār al-Kitāb al-Lubnānī. 2vols.
Ibrāhīm, Ṣun' Allah. 2003. *dhāt*. Cairo: Dār al-Mustaqbal al-'Arabī.
'Imāra, Muḥammad. 1988. *'alī mubārak mu'arrikh wa muhandis al-'umrān*. Cairo: Dār al-Shurūq.
'Īsā, Ṣalāḥ. 2011. *dustūr fī ṣundūq al-qamāma*. Cairo: al-Ahrām li-l-Nashr wa al-Tarjama wa al-Tawzī'.
Ismā'īl, Ḥamāda Maḥmūd. 1991. *dawr al-aqālīm fī tārīkh miṣr al-siyāsī: qirā'a fī al-tārīkh al-siyāsī li-mudīriyya al-qaliyūbiyya 1919-1936*. Cairo: Hay'a al-Miṣriyya al-'Āmma li-Kitāb.
Jāmi'a al-Sulṭān Qābūs ed. 1991. *mu'jam asmā' al-'arab*. Beirut: Maktaba Lubnān.
al-Jamī'ī, 'Abd al-Mun'im al-Dāsūqī. 1982. *al-thawra 'urābī fī ḍaw' al-wathā'iq al-miṣriyya*. Cairo: Markaz al-Dirāsāt al-Siyāsiyya wa al-Istirātijiyya bi-l-Ahrām.
Kishk, Ḥasanayn. 1996. *'ummāl al-zirā'a fī miṣr (1953–1995), al-awḍā' al-iqtiṣādiyya wa al-ijtimā 'iyya lil-'ummāl al-zirā'iyīn al-ajrā'*. Cairo: al-Markaz al-Miṣrī al-'Arabī.
Maḥfūẓ, Muḥammad. 1988. *alladhīna ẓulimū: al-tanẓīmāt al-islāmiyya fī miṣr*. London: Riad El-Rayyes Books.
Maḥfūẓ, Najīb. 1978. *awlād ḥāra-nā*. Beirut: Dār al-Ādāb.
——. 2006a. *bayna al-qaṣrayn*. Cairo: Dār al-Shurūq.
——. 2006b. *qaṣr al-shawq*. Cairo: Dār al-Shurūq.
——. 2006c. *al-sukkariyya*. Cairo: Dār al-Shurūq.
Maqlad, Shāhinda. 2006, *min awrāq shāhinda maqlad*, Cairo: Dār Mīrīt.
Markaz al-Wathā'iq wa al-Tārīkh Miṣr al-Mu'āṣir. 1984. *shuhadā' thawra sana 1919*. Cairo: Hay'a al-Miṣriyya al-'Āmma li-Kitāb.
al-Masdī, Muḥammad Jamāl al-Dīn. 1973. *dinshawā'ī*. Cairo: al-Hay'a al-Miṣriyya al-'Āmma li-l-Kitāb.
Ma'ūd, 'Abd al-Tawwāb. 1982. *al-wasīṭ fī sharḥ qawānīn al-aḥwāl al-shakhṣiyya*. Cairo: 'Ālam al-Kutub.
Mubārak, 'Alī. 1886–89. *al-khiṭaṭ al-tawfīqiyya al-jadīda*. Būlāq.
——. 1979. *biṭāqa ḥayā* (*al-a'māl al-kāmila*. Vol. 1.) Beirut: al-Mu'assasa al-'Arabiyya li-l-Dirāsa wa

al-Nashr.
Muḥammad, Kamāl al-Sayyid. 1986. *asmā' wa mussamayāt min miṣr al-qāhira*. Cairo: al-Hay'a al-Miṣriyya al-'Āmma li-l-Kitāb.
Mūsā, Salāma. *tarbiya salāma mūsā*. 2012 [1947]. Cairo: al-Hay'a al-Miṣriyya al-'Āmma li-l-Kitāb.
Musṭāfā, Hāla. 1995. *dawla wa al-ḥaraka al-islāmiyya bayna al-muhādana wa al-muwājaha fī 'ahday al-sādāt wa mubārak*. Cairo: al-Maḥrūsa.
al-Rāfi'ī, 'Abd al-Raḥmān. 1946. *thawra sana 1919*. Cairo: Maktaba al-Nahḍa al-Miṣriyya.
Riḍwān, Musṭāfā Muḥammad. 1986. *dawr al-azhar fī al-ḥayā al-miṣriyya ibbān a-ḥamla al-faransiyya wa mutla' tāsi'a 'ashr*. Cairo: Maṭba' al-Jabalāwī.
al-Ra'ī, 'Alī. 1993. *masraḥ al-sha'b*. Cairo: Dār al-Sharqiyyāt,
Ramaḍān, Zaynab 'Abd al-Mujīd. 1982. *baḥth ẓāhira al-hijāb bayna al-jāmi'iyāt*. Cairo: al-Markaz al-Qawmī li-l-Buḥūth al-Ijtimā'iyya al-Jinā'iyya.
Ramaḍān, Ṭal'at Isma'īl. 1983. *al-idāra al-miṣriyya fī fitra al-sayṭara al-birīṭāniyya, 1882-1922*. Cairo: Dār al-Ma'ārif.
Qāsim, 'Abd al-Ḥakīm. 2005 [1969]. *ayyām al-insān al-sab'a*. Cairo: Dār al-Shurūq.
Quṭb, Sayyid. 1999 [1946]. *ṭifl min al-qarya*. Köln: Al-Kamel Verlag.
al-Sādāt, Anwar. 1982. *waṣīyatī*. Cairo: al-Maktab al-Miṣrī al-Ḥadīth.
al-Ṣayrafī, 'Aṭiyya. 1975. *'ummāl al-tarāḥīl*. Cairo: Dār al-Thaqāfa al-Jadīda.
——. 1983. *'askara al-ḥayā al-'ummāliyya wa al-niqābāt fī miṣr*. n.p.
Ṣāliḥ, Aḥmad Rushdī. 1971. *al-adab al-shab'ī*. Cairo: Maktaba al-Nahḍa al-Miṣriyya.
Ṣāliḥ, Muḥammad Ṣāliḥ. 1979. *al-iqṭā' wa al-ra'smāliyya al-zirā'iyya fī miṣr: min 'ahd muḥammad 'alī ilā 'abd al-nāṣir*. Beirut: Dār Ibn Khaldūn.
Ṣāliḥ, Kamāl Sa'd. 1959. "niẓām al-tha'r wa al-'adāwa fī markaz dishnā, dirāsa anthrūbūlūjiyya ḥaqlīya." Unpublished Master Thesis. Department of Anthropology, Faculty of Arts. Alexandria University, May1959.
Sallām, Rif'at. 1989. *baḥsan 'an turāth 'arabī: naẓra naqdiyya manhajiyya*. Beirut: Dār al-Ṭalī'a.
Shafīq, Aḥmad. 1934. *mudhakkiratī fī nisf qurn*. Cairo: Maṭba'a Miṣr.
Shalabī, Ḥilmī Aḥmad. 1992. *al-mujtama' al-rīfī fī 'aṣr muḥammad 'alī*. Cairo :Hay'a al-Miṣriyya al-'Āmma li-Kitāb.
Sha'rāwī, Hudā. 1981. *Mudhakkirāt rā'ida al-mar'a al-'arabiyya al-ḥadītha hudā sha'rāwī*. Cairo: Dār al-Hilāl (*Kitāb al-Hilāl*, No. 369. Sept. 1981).
Shukrī, Ghālī. 1978. *al-thawra al-muḍādda fī miṣr*. Beirut: Dār al-Ṭalī'a.
'Urābī, Aḥmad. 1989 [1911]. *mudhakkirāt al-za'īm aḥmad 'urābī*. Cairo: Dār al-Hilāl (*Kitāb al-Hilāl*, No. 461. May 1989).
'Uways, Sayyid. 1977. *ḥadīth 'an al-mar'a al-miṣriyya al-mu'āṣira*. Cairo: al-Markaz al-Qawmī li-l-Buḥūth al-Ijtimā'iyya wa al-Jinā'iyya.
——. 1978. *rasā'il ilā al-imām shāfi'ī, ẓāhira irsāl al-rasā'il ilā ḍarīḥ al-imām shāfi'ī, dirāsa sūsiyūlūjiyya*. Cairo: Dār al-Shāy' li-l-Nashr. [2nd ed.]
——. 1985. *tārīkh alladhī aḥmil-hu 'alā ẓahrī (dirāsa ḥāra), al-arḍ wa al-juzūr*. Vol. 1. Cairo: Dār-Hilāl (*Kitāb al-Hilāl*, No. 417. Sept. 1985).
——. 1986. *tārīkh alladhī aḥmil-hu 'alā ẓahrī (dirāsa ḥāra), mā' al-ḥayā*. Vol. 2. Cairo: Dār-Hilāl (*Kitāb al-Hilāl*, No. 429. Sept. 1986).
——. 1987. *tārīkh alladhī aḥmil-hu 'alā ẓahrī (dirāsa ḥāra), al-thimār*. Vol. 3. Cairo: Dār-Hilāl (*Kitāb al-Hilāl*, No. 443. Nov. 1987).
Wizāra al-Dākhiliyya. 1936. *niẓām al-būlīs wa al-idāra*. Cairo: Maṭba'a al-Āmiriyya bi-Būlāq.
Zakī, 'Abd al-Raḥmān. 1969. *mawsū'a madīna al-qāhira*. Cairo: Maktaba al-Anjulū al-Miṣriyya.

欧語

Abaza, Mona. 2006. *Changing Consuming Cultures of Modern Egypt, Cairo's Urban Reshaping*. Leiden & Boston: Brill.

Abdel-Fadil, Mahmoud. 1975. *Development, Income Distribution, and Social Change in Rural Egypt, A Study of Political Economy of Agrarian Transition*. Cambridge: Cambridge University Press.

'Abd el-Koddous, Ihsan. [trans. Trever J. Le Gassick]. 1978. "Marty in Dishina," in idem. *I am Free and Other Stories*. Cairo: General Book Organization.

Abdel-Khalek, Gouda and Robert Tignor eds. 1982. *The Political Economy of Income Distribution in Egypt*. New York: Holmes & Meier.

Abdel-Malek, Anour. 1969. *Idéologioe et renaissance nationale, l'Égypte moderne*. Paris: Éditions Anthropos.

Abou-Zeid, Ahmed. 1966. "Honour and Shame among the Bedouins of Egypt," in J. G. Peristiany ed. *Honour and Shames: The Values of Mediterranean Society*. Chicago: Chicago University Press.

Abu-Lughod, Janet. 1961. "Migrant Adjustment to City Life: the Egyptian Case," *American Journal of Sociology* (67-1).

——. 1965. "Tale of Two Cities: the origins of Modern Cairo," *Comparative Studies in Society and History* (7-4).

——. 1987. "The Islamic City, Historical Myth, Islamic Essence, and Contemporary Relevance," *International Journal of Middle East Studies* (19-2).

al-Hilw, Kamal Abdallah and Said Mumtaz Darwish. [A. A. Haridi, ed. and trans. Roberta L. Dougherty]. 1989. *Customary Law in Northern Sinai*. Cairo: The American University in Cairo Press (The Committee for the Preservation of North Sinai Cultural Heritage).

al-Qa'id, Yusuf. [trans. Olive and Lorne Kenny & Christopher Tilley]. 1986. *War in the Land of Egypt*. London: Al-Saqi Books.

Amin, Samir. [trans. Brian Pearce]. 1974. *Accumulation on a World Scale: A Critique of the Theory of Underdevelopment*. New York: Monthly Review Press. 2 vols.

Ann Fay, Mary. 2003. "From Warrior-Grandees to Domesticated Bourgeoisie: The Transformation of the Elite Egyptian Household into a Western-style Nuclear Family, " in [Doumani ed. 2003].

Ansari, Hamied. 1984. "The Islamic Militants in Egyptian Politics," *International Journal of Middle East Studies* (16-1).

——. 1986. *Egypt, the Stalled Society*. Albany: State University of New York Press.

Asad, Talal. 2003. *Formations of Secular: Christianity, Islam, Modernity*. Stanford: Stanford University Press.

Ayubi, Nazih. 1991. *Political Islam, Religion and Politics in the Arab World*. London: Routledge.

Azer, Adel. 1979. "Law as an Instrument of Social Change: The Case of Population Policy," in Nelson, Cynthia and Klaus F. Koch eds. *Law and Social Change in Contemporary Egypt* (*Cairo Papers in Social Science* 2-4). Cairo: The American University in Cairo Press.

Baali, Fuad. 1988. *Society, State and Urbanism: Ibn Khaldun's Sociological Thought*. Albany: State University of New York Press.

Badawi, M. M. 1987. *Modern Arabic Drama in Egypt*. Cambridge: Cambridge University Press.

Baer, Gabriel. 1969. "The Village Shaykh, 1800-1950," idem. *Studies in the Social History of Modern Egypt*. Chicago & London: The University of Chicago Press.

——. 1982a. "Popular Revolt in Ottoman Cairo," idem. *Fellah and Townsman in the Middle East. Studies in Social History*. London: Frank Cass.

——. 1982b. "Village and City in Egypt and Syria, 1500-1914," idem. *Fellah and Townsman in the*

Middle East, Studies in Social History. London: Frank Cass.

Baraka, Magda. 1998. *The Egyptian Upper Class between Revolutions 1919–1952*. Reading: Ithaca Press.

Barclay, Harold B. and Others. 1968. *The Central Middle East: A Handbook of Anthropology and Published Research on the Nile Valley, the Arab Levant, Southern Mesopotamia, the Arabian Peninsula, and Israel*. New Haven: Human Relations Area Files.

Baron, Beth. 2005. *Egypt as a Woman: Nationalism, Gender, and Politics*. Berkeley: University of California Press.

Binder, Leonard. 1978. *In a Moment of Enthusiasm, Political Power and the Second Stratum in Egypt*. Chicago: Chicago University Press.

Brown, Nathan, J. 1990. *Peasant Politics in Modern Egypt, The Struggle against the State*. New Heven & London: Yale University Press.

Black=Michaud, Jacob. 1975. *Cohesive Force, Feud in the Mediterranean and the Middle East*. Oxford: Basil Blackwell.

Burke III, Edmund. 1993. "Middle Eastern Societies and Ordinary People's Lives," in idem ed., *Struggle and Survival in the Modern Middle East*. Berkeley: University of California. Press.

Chainchian, Mohammad A. 1988. "The Effects of World Capitalist Economy on Urbanization in Egypt 1800–1970," *International Journal of Middle East Studies* (20–1).

Chaulet, Claudine. 1987. *La Terre, les Frères et l'Argent*. Alger: Office des Publications Universitaires. 3 Vols.

Cole, Juan. 1989. "Of Crowds and Empires: Afro-Asian Riots and European Extension, 1857–1882," *Comparative Studies in Society and History* (31–1).

Cowan, J. M. ed. 1976. *Hans Wehr Dictionary of Modern Written Arabic*. Ithaca: Spoken Language Services Inc. [3rd ed].

Crone, Patricia. 1980. *Slaves on Horses: The Evolution of the Islamic Polity*. Cambridge: Cambridge University Press.

Cuno, Kenneth M. 1992. *The Pasha's Peasants, Land and Economy and Lower Egypt, 1740–1858*. Cambridge: Cambridge University Press.

—— 1995. "Joint Family Households and Rural Notables in 19th-Century Egypt," *International Journal of Middle East Studies* (27–4).

Durell, Lawrence. 1974. *The Alexandria Quartet*. London: Faber & Faber Limited.

Davis, Kingsley and Hilda H. Golden. 1954/55. "Urbanization and the Development of Preindustrial Areas," *Economic Development and Cultural Change* (3–1).

Davis, Eric. 1983. *Challenging Colonialism, Bank Misr and Egyptian Industrialization 1920–41*. Princeton: Princeton University Press.

Dodd, Peter C. 1973. "Family Honor and the Forces of Change in Arab Society," *International Journal of Middle East Studies* (5–4).

Dodd, Peter C. and Halim Barakat. 1968. *River without Bridges: A Study of the Exodus of the 1967 Palestinian Arab Refugees*. Beirut: The Institute of Palestine Studies.

Doumani, Beshara. 2003. "Introduction," idem. ed. *Family History in the Middle East, Household, Property, and Gender*. New York: State University of New York Press.

Eickelman, Dale F. 1981. *The Middle East: An Anthropological Approach*. New Jersey: Prentice Hall.

El-Hakim, Sharif Mahmoud. 1977. "The Role of the Family Kinship and Rural / Urban Migration in the Processing of Solid Waste in Cairo," *Africa Development/ Afrique et Développement* (2–2).

El-Messiri, Sawsan. 1977. "The Changing Role of the Futuwwa in the Social Structure of Cairo," in

[Gellner & Waterbury eds. 1977].
——. 1978. *Ibn al-Balad: A Concept of Egyptian Identity*. Leiden: E. J. Brill.
Fahmi, Kamal. 2012. “Working with Street Kids: Unsettling Accounts from the Field,” in Bush, Ray and Habib Ayeb eds. *Marginality and Exclusion in Egypt*. London: Zed Books.
Fernea, Elizabeth Warnock ed. 1995. *Children in the Muslim Middle East*. Cairo: The American University in Cairo Press.
Forster, E. M. 1982. *Alexandria: A History and a Guide*. London: Micha Haag Limited.
Geiser, Peter, 1986. *The Egyptian Nubian, A Study in Social Symbiosis*. Cairo: The American University in Cairo Press.
Gellner, Ernest. 1981. “Cohesion and Identity: the Maghreb from Ibn Khaldun to Emile Durkheim,” idem. *Muslim Society*. Cambridge: Cambridge University Press.
Gellner, Ernest and John Waterbury eds. 1977. *Patrons and Clients in Mediterranean Societies*. London: Gerald Duckworth and Co. Ltd.
Goldberg, Ellis. 1992. “Peasants in Revolt: Egypt 1919,” *International Journal of Middle Eastern Studies* (24-2).
Gómez-Rivas, Camilo. 2012. “Women, Shari‘a, and Personal Status Law Reform in Egypt after the Revolution.” *Middle East Institute*. (http://www.mei.edu/content/women-shari%E2%80%98-and-personal-status-law-reform-egypt-after-revolution)
Gran, Peter. 1979. *Islamic Roots of Capitalism: Egypt, 1760-1844*. Austin: University of Texas Press.
Graff, James A. [Assisted by Mohamed Abdoell]. 1991. *Palestinian Children & Israeli State Violence*. Tronto: The Near East Cultural and Educational Foundation of Canada.
Henderson, W. U. 1969. *The Lancashire Cotton Famine 1861-65*. Manchester: Manchester University Press. [2nd ed.]
Hill, Enid. 1979. *Mahkama!: Studies in the Egyptian Legal System*. London: Ithaca Press.
Harik, Iliya F. 1974. *The Mobilization of Peasants in Egypt, A Study of an Egyptian Community*. Bloomington & London: Indiana University Press.
Harman, Chris. 1994. “Engels and the Origin of Human Society,” *International Socialism* (65-2).
Heikal, Mohamed. 1983. *Autumn of Fury, The Assassination of Sadat*. London: Deutsch.
Hopkins, Nicholas 1987. *Agrarian Transformation in Egypt*. Boulder & London: Westview Press.
Hodgson, Marshall G. S. 1974. *The Venture of Islam: Conscience and History in a World Civilization*. Chicago: University of Chicago Press. Vol. 1.
Hourani, Albert. 1983. *Arabic Thought in the Liberal Age 1798-1939*. London: Cambridge University Press [Revised edition].
Hunter, F. Robert. 1999. *Egypt under the Khedives 1805-1879, From Household Government to Modern Bureaucracy*. Cairo: The American University in Cairo Press.
Ibrahim, Saad Eddin. 1980. “Anatomy of Egypt’s Militant Islamic Groups: Methodological Note and Preliminary Findings,” *International Journal of Middle East Studies* (12-4).
Ibrahim, Ahmed H. 1982. “Impact of Agricultural Policy on Income Distribution,” [Abdel-Khalek & Tignor eds. 1982].
Ibrahim, Sonallah. 2001. *ZAAT*. Cairo: The American University in Cairo Press.
Ikeda, Misako. 2006. “Bint al-Shati and Early Poverty Debates in Egypt,” *Cross Culture* [光陵女子短期大学研究紀要] (22).
——. 2009. “Debating over Land Reform: Egypt in the Late Parliamentary Era, 1945-1952,” in Tsugitaka Sato ed. *Development of Parliamentarism in the Modern Islamic World*. Tokyo: Toyo Bunko (Oriental Library).
Ino, Takeji et al. 1989. *Local Administration and Center-Local Relations in Egypt*. M. E. S, Series

No. 25. Tokyo: Institute of Developing Economies.
Irrigation Improvement Project. 1990. *Socio-Economic Study of Egypt's Water Management Improvement Challenge*. Cairo: Irrigation Improvement Project, Ministry of Public Works and Water Resources.
Iwasaki, Erina. 2007. "What is Aila?: A Comparative Study of Kinship Structure in Egyptian Villages," *AJAMES*［日本中東学会年報］(22-1).
Kassem, Abdel-Hakim. [trans. Joseph Norman Bell]. 1996. *The Seven Days of Man*. Evanston: Northwestern University Press.
Kato, Hiroshi and Erina Iwasaki. 2016. *Rashda: The Birth and Growth of an Egyptian Oasis Village*. Leiden: Brill.
Kepel, Gilles. [trans. Jon Rothschild]. 1985. *The Prophet & Pharaoh, Muslim Extremism in Egypt*. London: al-Saqi Books.
Kupferschmidt, Uri. 1982. "The Muslim Brothers and the Egyptian Village," *Asian and African Studies* (6).
Lane, Edward William A. 1956. *Arabic-English Lexicon*. New York: Frederick Ungar Publishing Co.
——. 1973, *An Account of Manners and Customs among Modern Egyptians*. NewYork: Dover Publications Inc. [5th ed.]
Lapidus, Ura Marivin. 1967. *Muslim Cities in the Later Middle Ages*. Cambridge: Harvard University Press.
Lawson, Fred H. 1981. "Rural Revolt and Provincial Society in Egypt," *International Journal of Middle East Studies* (13-2).
Labidi, Lilia. 1999. "Dynamics of Change in the Medical Sector in the Islamic World," International Symposium: Beyond the Border, A New Frame Work for Understanding the Dynamism of Muslim Societies, Islamic Area Studies, Tokyo, Japan.
Lee, James and Jon Gjerde. 1986. "Comparative Household Morphology of Stem, Joint and Nuclear Household Systems: Norway, China and the United States," *Continuity and Change* (1-1).
Lewis, W. Arthur. 1954. "Economic Growth with Unlimited Supplies of Labour," *The Manchester School* (22-2).
Mahfouz, Naguib. [trans. Trevor LeGassick]. 1966. *Midaq Alley*. Beirut: Khayats.
——. [trans. Philip Stewart]. 1981. *Children of Gebelawi*. London: Heinemann.
Maklad, Shahinda und Gerhard Haase-Hindenberg, *Ich werde nicht zerbrechen*, 2012, Köln: Bastei Lübbe.
Marsot, Afaf Lutfi al-Sayyid. 1984. *Egypt in the Reign of Muhammad Ali*. Cambridge: Cambridge University Press.
Mayfield, James S. 1971. *Rural Politics in Nasser's Egypt, A Quest for Legitimacy*. Austin & London: University of Texas Press.
——. 1974. *Local Institution and Egyptian Rural Development*. New York: Rural Development Committee, Cornel University.
Mayfield, James S. and Mohamed Naguib. n.d. *The Administrative and Social Environment of the Farmers in an Egyptian Village, EWUP Project Technical No. 69*. Cairo: Egypt Water Use and Management Project.
——. 1980. *The Challenge of Implementation an Irrigation Program in an Egyptian Village, Staff Paper* #50. Cairo: Egypt Water Use and Management Project.
Miles, Robert. 1987. *Capitalism and Unfree Labour: Anomaly or Necessity?* London: Tavistock Publication.
Milner, A. C. 1983. "Islam and the Muslim State," in M.B. Hooker ed. *Islam in the South-East Asia*.

Leiden: Brill.
Milson, Menahem 1989. "Najīb Maḥfūẓ and Jamāl 'Abd al-Nāṣir: The Writer as Political Critic," *Asian and African Studies* (23-1).
Mitchell, Timothy. 1988. *Colonizing Egypt*. Cambridge: Cambridge University Press.
Mizutani, Makoto. 2014. *Liberalism in Twentieth Century Egyptian Thought: The Ideologies of Ahmad Amin and Husayn Amin*. London: I.V. Tauris.
Mourad, Sarah. 2012. "Changes in Egypt's Family Law: A Step Backwards," *ahramonline* (2 April, 2012) http://english.ahram.org.eg/NewsContent/1/64/38053/Egypt/Politics-/Changes-in-the-Family-Law-A-step-backwards.aspx
Musa, Salama. [trans. L.O. Schuman]. 1961. *The Education of Salāma Mūsā*. Leiden: Brill
Nakaoka, San-Eki. 1976. "Keown-Boyd and the British Policy towards Egypt," Orient (12).
Nadim, Nawal al-Messiri. 1977. "Family Relationships in a 'Hara' in Cairo." in Ibrahim, Saad Eddin and Nicholas S. Hopkins eds. *Arab Society in Transition*. Malta: The American University in Cairo Press.
Nijland, C. 1984. "Naguib Mahfouz and Islam: An Analysis of Some Novels," *Die Weld des Islams* (23/24).
Noorani, Yaseen. 2010. *Culture and Hegemony in the Colonial Middle East*. New York: Palgrave Macmillan.
Owen, Roger. 1969. *Cotton and the Egyptian Economy, 1820-1914*. London: Oxford University Press.
Peristiany, Jean G. ed. 1966. *Honour and Shame, The Values of Mediterranean Society*. Chicago: The University of Chicago Press.
Peters, Emrys Lloyd. 1967. "Some Structural Aspects of the Feud among the Camel-herding Bedouin of Cyrenaica," *Africa* (37-3).
——. 1976. "Aspects of Affinity in a Lebanese Maronite Village." in [Peristiany ed. 1976].
Petersen, Karen Kay. 1971. "Villagers. in Cairo: Hypothesis versus Data," *American Journal of Sociology* (77-3).
Polland, Lisa. 2005. *Nurturing the Nation, The Family Politics of Modernizing, Colonizing, and Liberating Egypt, 1805-1923*. Berkeley: University of California Press.
Posusney, Marsha Pripstein. 1997. *Labor and the State in Egypt: Workers, Unions, and Economic Re structuring*. New York: Columbia University Press.
Qutb, Sayyid. [trans. John Calvert and William Shepard]. 2005. *A Child from the Village*. Cairo: The American University in Cairo Press.
Reeves, Edward B. 1990. *The Hidden Government: Ritual, Clientelism and Legitimation in Northern Egypt*. Salt Lake City: University of Utah Press.
Rivlin, Helen Anne. 1961. *The Agricultural Policy of Muhammad 'Ali's Egypt*. Cambridge: Harvard University Press.
Rugh, Andrea. 1984. *Family in Contemporary Egypt*. New York: Syracuse University Press.
Reimer, Michael J. 1988. "Colonial Bridgehead: Social and Spatial Change in Alexandria, 1850-1882," *International Journal of Middle East Studies* (20-4).
Richards, Alan. 1977. "Primitive Accumulation in Egypt," *Review* (1-2).
——. 1979. "The Political Economy Gutswirtschaft: A Comparative Analysis of East Elbian Germany, Egypt, and Chile," *Comparative Studies in Society and History* (21-4).
——. 1982. *Egypt's Agricultural Development, 1800-1980, Technical and Social Change*. Boulder: Westview Press.
Sadowsky, Yahya. 1997. "The New Orientalism and the Democracy Debate," in Beinin, Joel and Joe Stork eds., *Political Islam, Essays from Middle East Report*. London & New York: I. B.

Tauris Publishers.
Sayed, Hussein Abdel Aziz. 1984. "The Population Family Planning Program in Egypt: Structure and Performance," *Population Studies* (11-70).
Sayigh, Rosemary.1998. "Palestinian Camp Women as Tellers of History," *Journal of Palestine Studies* (27-2).
Schulze, Reinhard. 1981. *Die Rebellion der Agyptischen Falluhin 1919*. Berlin: Baalbek, Verlag.
Shaarawi, Huda. [trans. and ed. Margot Badran]. 1998. *Harem Years, The Memoirs of an Egyptian Feminist*. Cairo: The American University in Cairo Press.
Sharouni, Yusuf. [trans. Denys Johson-Davies]. 1983. *Blood Feud*. London: Heinemann.
Schlöch, Alexander. 1981. *Egypt for Egyptians! The Socio-Political Crisis in Egypt, 1878-82*. London: Ithaca Press.
Sfeir, George N. 1998. "Basic Freedoms in a Fractured Legal Culture: Egypt and the Case of Nasr Hamid Abu Zayd," *Middle East Journal* (52-3).
Springborg, Robert. 1982. *Family, Power, and Politics in Egypt, Sayed Bey Marei, His Clan, Clients, and Cohorts*. Pennsylvania: Pennsylvania University Press.
Stolcke, Serena. 1988. *Coffee Planters, Workers & Wives: Class Conflict and Gender Relations on São Paulo Plantations, 1854-1980*. London: Macmillan Press.
Suzuki, Emi. 2009. "Performance of Rural Notables in the Egyptian Parliament in a Multiparty System." Sato Tsugitaka ed., *Development of Parliamentarism in the Modern Islamic World*, Tokyo: Toyo Bunko (Oriental Library).
The Earl of Cromer. 1915. *The Modern Egypt*. London: Macmillan.
Tignor, Robert L. 1966. *Modernization and British Colonial Rule in Egypt, 1882-1914*. Princeton: Princeton University Press.
Toth, James. 1987. "Migrant Workers in the Egyptian Delta." Ph. D. Dissertation, State University of New York.
——. 1991. "Pride, Purdah or Paychecks: What Maintain the Gender Division of Labour in Rural Egypt," *International Journal of Middle East Studies* (23-2).
Tucker, Judith. 1986. *Women in Nineteenth Century Egypt*. Cambridge: Cambridge University Press.
Vatikiotis, P. J. 1971. "The Concept of Futuwwa, a Consideration of Despair in Naguib Mahfuz's Awlād Harāh-nā," *Middle Eastern Studies* (7-2).
——. 1980. *The History of Egypt from Muhammad Ali to Sadat*. London: Weienfeld and Nicolson. [2nd ed.]
Waterbury, John. 1983. *The Egypt of Nasser and Sadat, The Political Economy of Two Regimes*. Princeton: Princeton University Press.
Wikan, Unni. 1980. *Life among the Poor in Cairo*. London: Tavistock Publications.
Zaytoun, Mohaya A. 1982. "Income Distribution in Egyptian Agriculture and Its Determinants," in [Abdel-Khalek & Tignor eds. 1982].

日本語

アイケルマン、D. F.［大塚和夫訳］1988『中東—人類学的考察』岩波書店
赤羽裕 1971『低開発経済分析序説』岩波書店
赤堀雅幸 1994「アスル—エジプト地中海沿岸のベドウィンに見る祖先と自己との関係の表現—」『民族学研究』(58-4)
—— 2017「暴力のイディオムとしての名誉—エジプト西部砂漠ベドウィンの血讐と名誉殺人を事例に」『文化人類学』82-3 別冊
アサド、タラル［中村圭志訳］2006『世俗の形成　キリスト教、イスラム、近代』みすず書房
アジア経済研究所［板垣雄三訳］1996『アラブ連合共和国・国民憲章』アジア経済研究所・所内資料（調査研究部 No. 40-32）
アミーン、アフマド［水谷周訳］1990『アフマド・アミーン自伝　エジプト・大知識人の生涯』第三書館
アッバース、ラウーフ［三木亘訳］1973「サラーマ・ムーサとエジプトにおける世俗主義思想」『思想』586
アッバース、ラウーフ・三木亘 1974「19 世紀の日本、エジプトにおける郷紳—豪農と A'yan の比較研究—」『アジア・アフリカ言語文化研究』9
アハメド、ライラ［林正雄ほか訳］2000『イスラームにおける女性とジェンダー—近代論争の歴史的根源』法政大学出版局
アブドッラー、ヤヒヤー・ターヘル他［高野晶弘訳］1994『黒魔術—上エジプト小説集』第三書館
有賀喜左衛門 1968『有賀喜左衛門著作集』第Ⅴ巻（村と生活組織）未來社
—— 1971『有賀喜左衛門著作集』第Ⅸ巻（家の歴史・その他）未來社
飯塚正人 1993「エジプトにおける二つのイスラーム国家論」［伊能編 1993］
飯野りさ 2017『アラブ古典音楽の旋法体系—アレッポの伝統に基づく旋法名称の記号論的解釈』スタイルノート
池野旬 1989『ウカンバニ　東部ケニアの小農経営』アジア経済研究所
石田進 1974『帝国主義下のエジプト経済』御茶の水書房
泉澤久美子 1993『エジプトにおける女性—文献サーベイ』（文献解題（38））アジア経済研究所
板垣雄三 1963「オラービー運動（1979-82）の歴史的性格について」『東洋文化研究所紀要』31
—— 1970「エジプト 1919 年革命」『岩波講座　世界の歴史』25（現代 2）岩波書店（同 1992『歴史の現在と地域学—現代中東への視角』岩波書店に所収）
板垣雄三編 1977『閉ざされた世界から』（世界の女性史 14：中東・アフリカⅡ）評論社
イドリース、ユーセフ［奴田原睦明訳］1984『ハラーム［禁忌］』第三書館
イブラヒム、サアド［中邑豊朗監訳］1982『エジプトにおけるイスラム過激派集団の解剖：方法論と予備的結論』（中東経済調査シリーズ No. 3）中東経済研究所
イブン・ハルドゥーン 1963［田村実造ほか訳］『イブン・ハルドゥーンの歴史序説』アジア経済研究所
—— 1979, 80［森本公誠訳・解説］『歴史序説』岩波書店
伊能武次 1987「イスラム化とコプト・ムスリム紛争—エジプト—」宮治一雄編『中東のエスニシティー—紛争と統合』アジア経済研究所
—— 1993「地方関係の構造と展開」同『エジプトの現代政治』朔北社
伊能武次編 1993『中東諸国における政治経済変動の諸相』アジア経済研究所
—— 1994『中東の国家と権力構造』アジア経済研究所
入江節次郎 1982『イギリス資本輸出史研究』新評論
岩井弘融 1963「港湾労働における親方制」同『病理集団の構造・親方乾分集団研究』誠信書房

内田義彦 1981『作品としての社会科学』岩波書店
ウェーバー、マックス［厚東洋輔訳］1975『ウェーバー』（世界の名著 50）中央公論社
臼杵陽 1991「パレスチナ人意識と離散パレスチナ人社会」（［加納編 1991］所収）
ヴィカン、ウンニ［小杉泰訳］1986［1980］『カイロの庶民生活』第三書館
梅津順一・小野塚知二編 2018『大塚久雄から資本主義と共同体を考える　コモンウィール・結社・ネーション』日本経済評論社
エンゲルス、フリードリッヒ［村井康男・村田陽一訳］1954［1884］『家族、私有財産及び国家の起源』（国民文庫 12）大月書店
オウェイス、サイイド 1995［長沢栄治訳・解説］「『私が背負った歴史（ひとつの事例研究）』部分訳」『中東の民族と民族主義—資料と分析視角—』アジア経済研究所所内資料地域研究部 6-3
オウェイス、サイイド［長沢栄治訳・解説］1996『私が背負った歴史　ひとつの事例研究』（部分訳）『イスラム世界』46
大河原知樹・堀井聡江　2015『イスラーム法の「変容」　近代との邂逅』（イスラームを知る 17）山川出版社
大塚和夫 1983「下エジプトの親族集団内婚と社会的カテゴリーをめぐる覚書」（『国立民族学博物館研究報告』8-3
大塚久雄 1969『共同体の基礎理論』（『大塚久雄著作集』7）岩波書店
大塚久雄編 1973『後進資本主義の展開過程』アジア経済研究所
大稔哲也 2018『エジプト死者の街と聖墓参詣——ムスリムと非ムスリムのエジプト社会史』山川出版社
岡野八代 2012『フェミニズムの政治学　ケアの倫理をグローバル社会へ』みすず書房
岡戸真幸 2008「アレクサンドリアの上エジプト出身建築労働者による社会的ネットワーク形成—拠点としてのアホワ（伝統的喫茶店）を中心にして」『日本中東学会年報』24-1
—— 2015「エジプト都市部で同郷者団体が果たす役割と意義：アレクサンドリアのソハーグ県同郷者団体の事例から」『日本中東学会年報』31-1
小野仁美 2004「イスラム法における未成年者の法的能力：マーリク派法学書に見られる「弁識能力」の概念を中心に」『日本中東学会年報』20-1
小野塚知二・沼尻晃伸編 2007『大塚久雄『共同体の基礎理論』を読み直す』日本経済評論社
海外経済協力基金開発援助研究所 1998『エジプトの経済発展の現状と課題』
勝沼聡 2002「「アレクサンドリアの虐殺」再考」『アジア・アフリカ言語文化研究』63
—— 2006「サラーマ・ムーサー：立憲王制期カイロにおけるあるコプト教徒知識人」『アジア遊学』（特集：アラブの都市と知識人）86. 勉誠出版
—— 2013「近代エジプトにおける監獄制度の研究」博士学位論文（東京大学大学院総合文化研究科）
加藤博 1982a「エジプト農村社会における村落有力者層—Leonard Binder の Second Stratum 論をめぐって—」『オリエント』24-2
—— 1982b「エジプトにおける私的土地所有権の成立」『東洋文化研究所紀要』91［加藤 1993a］所収
—— 1983「近代エジプト農村研究のためのノート」『東洋文化』63（［加藤 1993a］に再録）
—— 1984「エジプト近代史動向—オラービー運動研究を題材として」『オリエント』27-2
—— 1986「アブー・スィネータ村醜聞—19 世紀中葉エジプト・村落有力者層の権力基盤—」『東洋文化研究所紀要』99
—— 1988「近現代エジプトにおける国家と農民」『歴史学研究』586
—— 1990a「近代エジプト農民運動についての覚書—農民運動から見た近代エジプト社会の変容過程」［長沢編 1990］所収

―― 1990b「エジプト農民の権力観」『民衆文化』（シリーズ〈世界史への問い〉第 6 巻）岩波書店
―― 1991「書評 Nathan J. Brown. *Peasant Politics in Modern Egypt, the Struggle against the State*. New Haven & London: Yale University Press. 1990.」『アジア経済』32-5（[加藤 1993a］に所収）
―― 1993a『私的土地所有権とエジプト社会』創文社
―― 1993b「ムハンマド・アリー統治下におけるエジプト村落社会―「農業法」の分析から―」［加藤 1993a］所収
―― 1993c「「徴兵免除」嘆願文書にみる 19 世紀中葉エジプトの農村社会」［加藤 1993a］所収
―― 1993d「19 世紀中葉におけるエジプトの灌漑行政」［加藤 1993a］所収
―― 1993e「エジプトにおける社会変動と空間編成の変容―近代エジプト「定期市」研究序説―」［伊能編 1993］所収
―― 1997『アブー・スィネータ村の醜聞―裁判文書から見たエジプトの村社会』創文社
―― 1998「イスラム世界における血の紐帯と社会秩序―エジプト農村社会を事例に」比較法史学会編『歴史創造の事理と法理』（比較法史研究―思想・制度・社会 7）未來社
―― 2005「文明化と暴力 アラブ世界」山内進・加藤博・新田一郎編『暴力 比較文明史的考察』東京大学出版会
―― 2006『「イスラム vs. 西欧」の近代』講談社現代新書
―― 2009「イスラムと文明化」『比較文明』25
―― 2010「エジプト農村における「家族」（アーイラ）―19 世紀中葉オアシス村落に関する住民登録文書について―」『東洋文化研究所紀要』157
鹿野政直 1983『近代日本の民間学』岩波新書
加納弘勝 1991a「中東地域における社会意識」［加納編 1991］所収
―― 1991b「トルコにおける山賊（義賊）と英雄と聖者」［加納編 1991］所収
加納弘勝編 1991『中東の民衆と社会意識』アジア経済研究所 1991 年
ガーバー、ハイム［黒田壽郎訳］1996『イスラームの国家・社会・法―法の歴史人類学』藤原書店
上岡弘二 1991「イランの民衆のイスラムと社会意識」［加納編 1991］所収
川島武宜 1950『日本社会の家族的構成』日本評論社
―― 1973「共同体分析のための若干の問題提起」［川島・住谷編 1973］所収
川島武宜・住谷一彦編 1973『共同体の比較史的研究』アジア経済研究所
喜多野清一 1976『家と同族の基礎理論』未來社
喜多野清一・住谷一彦 1965「〈対談〉日本の家と家族―有賀・喜多野論争の問題点―」『共同体の比較研究』（共同体比較研究会）2
ギデンズ、アンソニー［松尾精文・松川昭子訳］1995『親密性の変容 近代社会におけるセクシュアリティ、愛情、エロティシズム』而立書房
――［松尾精文・小幡正敏訳］1999『国民国家と暴力』而立書房
木戸功 2010『概念としての家族 家族社会学のニッチと構築主義』新泉社
木村喜博 1973「農地改革前におけるエジプト農村社会の構造―共同体的構成の視角から―」［川島・住谷編 1973］所収
―― 1975「エジプトの農村―ナグウ・タラハーンの家族構造―」『アジア経済』16-10（［長沢編 1991］に再録）
―― 1977『エジプト経済の展開と農業協同組合』アジア経済研究所
クーパー、D.［塚本嘉壽・笠原嘉訳］1978『家族の死』みすず書房
栗田禎子 1982「帝国主義の発見―W.S. ブラントに見るオラービー革命とマフディー運動の連関把握」（上・下）『歴史評論』387, 388

栗本英世・井野瀬久美恵編 1999『植民地体験　人類学と歴史学からのアプローチ』人文書院
黒木英充 1990「近現代レバノン社会におけるパトロン＝クライエント関係」［長沢編 1999］
ゲルナー、アーネスト［宮治美江子ほか訳］1991『イスラム社会』紀伊國屋書店
小谷汪之 1979『マルクスとアジア―アジア的生産様式論争批判―』青木書店
―― 1982『共同体と近代』青木書店
コーネル、ドゥルシラ［岡野八代・牟田和恵訳］2005［2002］『女たちの絆』みすず書房
駒井洋 1976「開発途上社会の都市理論」林武編『発展途上国の都市化』アジア経済研究所
後藤晃・長沢栄治編 2016『現代中東を読み解く　アラブ革命後の政治秩序とイスラーム』明石書店
後藤絵美 2014『神のためにまとうヴェール―現代エジプトの女性とイスラーム』中央公論新社
酒井啓子 1991「現代イラクの社会意識」（［加納編 1991］に所収）
酒井啓子編 1998『中東の社会問題』アジア経済研究所
佐藤忠男 1978『長谷川伸論』中公文庫
佐藤次高 1973「バグダードの任侠・無頼集団」『社会史研究』3
―― 1976「アリー・ムバーラクのエジプト農業社会論」『アラビア研究叢書―民族と文化―』日本サウディアラビア協会・日本クウェイト協会
佐藤次高編 1994『イスラムのやくざ』第三書館
眞田芳憲・松村明 1991「エジプトのムスリム離婚法における「加害離婚」について」『法学新報』98
白岩良 1993「エジプトの「イスラーム集団」の戦い」『中東研究』384 号
鈴木恵美 2005「エジプトにおける議会家族の系譜」酒井啓子・青山弘之共編『中東・中央アジア諸国における権力構造―したたかな国家・翻弄される社会』（アジア経済研究所叢書）岩波書店
―― 2011「削除された歴史―エジプト農地改革における地主議員」『東洋文化研究所紀要』159
鈴木弘明編 1986『エジプト経済と労働移動』アジア経済研究所
鷲見朗子 2012「アラブ小説の金字塔」（『欲望の裏通り』付録資料）［マフフーズ 2012a］
高野晶弘 2007『高野版現代アラビア語辞典』日本学術振興会科学研究費基盤研究（B）「アラブ世界の活字文化とメディア革命」参考資料
田中雅一・嶺崎寛子 2017「序」（《特集》ムスリム社会における名誉に基づく暴力）『文化人類学』82-3 別冊
店田廣文 1984「エジプトのスラムの実態」『アジア経済』25-4
―― 1989「都市の変容と同胞団の発展」小杉泰編『ムスリム同胞団―研究の課題と展望―』国際大学中東研究科
―― 1993「エジプトの首都カイロにおける同郷者団体についての覚書」『社会科学研究』39-2
―― 1999『エジプトの都市社会』早稲田大学出版会
タラッキー、ゴリー他［藤元優子編訳］2014『天空の家』段々社
ダレル、ローレンス［高松雄一訳］2007『アレクサンドリア四重奏』（全 4 巻）河出書房新社
坪内良博・前田成文 1977『核家族再考』弘文堂
辻村みよ子 2016『憲法と家族』日本加除出版
テイラー、チャールズ［下川潔ほか訳］2010『自我の源泉　近代的アイデンティティの形成』名古屋大学出版会
ティヨン、ジェルメーヌ［宮治美江子訳］2012『イトコたちの共和国　地中海社会の親族関係と女性の抑圧』みすず書房
デュルケーム、E.［田原音和訳］1971『社会分業論』（現代社会学大系 2）青木書店
戸田貞三 1970『家族構成』新泉社
トッド、エマニュエル［石原晴己監訳］2016『家族システムの起源 1　ユーラシア』（全二巻）

藤原書店
——［石原晴己訳］2011『アラブ革命はなぜ起きたか　デモグラフィーとデモクラシー』藤原書店
中岡三益 1963「エジプトにおける 1899 年農地税改正令について—近代的地租の法的確立とその意義—」『土地制度史学』21
—— 1973「エジプトにおける共同体—財産占取の形態と主体にかんするノート」［川島・住谷 1973］所収（［長沢編 1991］に再録）
中田考 1992「1992 年：エジプト・反「イスラーム主義」政策の転機」『中東研究』370
中根千枝 1970『家族の構造—社会人類学的分析—』東京大学出版会
長岡新吉 1984『日本資本主義論争の群像』ミネルヴァ書房
長沢栄治 1980「エジプトの移動労働者」『アジア経済』21-11
—— 1985「エジプト—食糧補助金と都市貧困層」宮治一雄編『中東の開発と統合』アジア経済研究所
—— 1986a「エジプトの農業労働力と労働移動」鈴木弘明編『エジプト経済と労働移動』アジア経済研究所
—— 1986b「アサビーヤ概念をめぐって」『アジ研ニュース』60【本書第 2 章コラム 3】
—— 1987「エジプトにおける家族関係の近代化」『現代の中東』第 2 号【本書第 1 章】
—— 1989「「ムスリム社会運動」研究のために」小杉泰編『ムスリム同胞団—研究の課題と展望—』国際大学中東研究科
—— 1990「エジプト資本主義論争の構図と背景」［長沢編 1990］所収
—— 1991a「社会的連帯—上エジプト農村とアレキサンドリア市港湾労働者社会との事例」［加納編 1991］所収【本書第 4 章】
—— 1991b「「石油の富」と移民労働—中東産油国への労働力移動」森田桐郎編『労働力は国境を越える』同文舘
—— 1991c「世界綿業の展開とエジプト農村の労働力問題」川北稔ほか編『世界の構造化』〈シリーズ世界史を問う第 10 巻〉岩波書店【本書第 8 章】
—— 1992a「エジプト綿花経済における「不自由な賃労働」—イズバ型労働制度をめぐって—」『歴史学研究』638【本書第 9 章】
—— 1993a「エジプト—ムハッガバート現象」宮治一雄・大岩川嫩編『「きもの」と「くらし」—第三世界の日常着—』アジア経済研究所【本書第 5 章コラム 8】
—— 1993b「現代アラブ思想研究のための覚書—思想的危機と第 2 のナフダ—」伊能武次編『中東諸国における政治経済変動の諸相』アジア経済研究所
—— 1993c「現代アラブ思想と民衆的遺産」『一橋論叢』110-4
—— 1994a「近代エジプトにおける灌漑制度の発展」堀井健三編『アジア灌漑制度比較研究』大東文化大学国際関学部（［長沢 2013a］に再録）
—— 1994b「近代エジプトの村長職をめぐる権力関係」伊能武次編『中東の国家と権力構造』【本書第 3 章】
—— 1994c「エジプト—「家の名」をめぐって」松本脩作・大岩川嫩編『第三世界の姓名—人の名前と文化』明石書店【本書第 1 章コラム 2】
—— 1995a「書評 加藤博著『私的土地所有権とエジプト社会』」『アジア経済』36-10
—— 1995b「エジプト—新聞報道の自由化をめぐって」アジア経済研究所編『第三世界のマスメディア』明石書店
—— 1996a「書評　サイイド・オウェイス著『私が背負った歴史（ひとつの事例研究）』」『イスラム世界』40
—— 1996b「エジプト—灌漑制度改革の新段階」堀井健三・篠田隆・多田博一編『アジアの灌漑制度—水利用の効率化に向けて』新評論（［長沢 2013a］に再録）

―― 1997a「エジプト―「ナセルのエジプト」は変わったか」小杉泰編『中東諸国の政治経済構造と政策決定の基本条件』日本国際問題研究所
―― 1997b「近代エジプトの国家と社会」池谷和信ほか編『アフリカⅠ』(「新世界地理―大地と人間の物語」第11巻)朝倉書店([長沢2013a]に再録)
―― 1998a『エジプト農業労働力の動態』(Discussion Paper No.D97-19)一橋大学経済研究所中核的拠点形成プロジェクト
―― 1998b「中東の開発体制―エジプトにおけるエタティズムの形成」末廣昭編『開発主義』〈20世紀システム10〉東京大学出版会
―― 1998c「カイロ学振新事務所の新しい役割について」『地域研究スペクトラム』(京都大学大学院アジア・アフリカ地域研究研究科)1
―― 1998d「イスラム世界の拡がりと法秩序―加藤報告に寄せて」比較法史学会編『歴史創造の事理と法理』(比較法史研究―思想・制度・社会7)未來社【本書第4章コラム6】
―― 1998e「ナイルをさかのぼる―オムドルマンで会った人々」一橋大学地中海研究会『地中海という広場』淡交社
―― 1999「少年が見たエジプト1919年革命」栗本英世・井野瀬久美恵編『植民地体験　人類学と歴史学からのアプローチ』人文書院【本書第10章】
―― 2000a「現代エジプトの社会問題とNGO」『イスラム世界』54【本書第6章】
―― 2000b「アタバの娘事件を読む　現代エジプト社会における性の象徴性」『地域研究論集』3-2【本書第5章】
―― 2001「現代メディアとイスラーム」東京大学東洋文化研究所編『アジアを知れば世界が見える』小学館【本書第7章コラム10】
―― 2004「二人のアラビスト」『経友』160
―― 2008「経済改革の歴史的経緯」山田俊一編『現代エジプトの政治と経済』アジア経済研究所
―― 2010「エジプトの西部沙漠を訪ねて」『イスラーム地域研究ジャーナル』2
―― 2012a「エジプト選挙をめぐる風景」([Asahi中東マガジン]「アラブを見る眼」第4回:2012年1月23日配信)【本書第3章コラム4】
―― 2012b「アメリカとナセル的国家」([Asahi中東マガジン]「アラブを見る眼」第5回:2012年3月12日配信)【本書第3章コラム5】
―― 2012c「門戸開放期エジプトの国家と社会」柳沢悠・栗田禎子編『持続可能な福祉社会へ:公共性の視座から(第四巻アジア・中東)』勁草書房
―― 2012d『エジプト革命　アラブ世界変動の行方』(平凡社新書)平凡社
―― 2012e『アラブ革命の遺産　エジプトのユダヤ系マルクス主義者とシオニズム』(東洋文化研究所紀要別冊)平凡社
―― 2012f「エジプト農民運動の聖地を訪ねて」([Asahi中東マガジン]「アラブを見る眼」第9回:2012年10月9日配信)【本書第9章コラム11】
―― 2013a『エジプトの自画像　ナイルの思想と地域研究』(東洋文化研究所叢刊第27輯)平凡社
―― 2013b「革命とセクハラ―エジプト映画「678」をめぐって」『地域研究』(総特集「混成アジア映画の海　時代と世界を映す鏡)13-2【本書第6章コラム9】
―― 2014「「洪水の後」のアレキサンドリア―2014年3月エジプト滞在記(2)([Asahi中東マガジン]「アラブを見る眼」第15回:2014年5月2日配信)【本書第4章コラム7】
―― 2015「アズハルと2011年エジプト革命」『ODYSSEUS地域文化研究紀要』(東京大学大学院総合文化研究科地域文化研究専攻)別冊2[2014年]
―― 2016a「ナクバ〈以後〉を生きる　難民とパレスチナ問題」川喜田敦子・西芳実編『歴史としてのレジリエンス』(災害対応の地域研究第4巻)京都大学学術出版会

―― 2016b「中東近代史のもう一つの見方―アラブ革命の5年間を振り返って」［後藤・長沢編 2016］所収
―― 2016c「あるヌビアの友人との別れ」［後藤・長沢編 2016］所収
―― 2018a「アラブ詩における非暴力主義の伝統―中東と日本の平和主義を考える（続き）」『詩人会議』56-2
―― 2018b「書評　Kato, Hiroshi and Erina Iwasaki. 2016. *Rashda: The Birth and Growth of an Egyptian Oasis Village*」『社会経済史学』84-1
長沢栄治編 1990『東アラブ社会変容の構図』アジア経済研究所
―― 1991『中東　政治・社会』（地域研究シリーズ 10）アジア経済研究所
―― 2017『イスラーム•ジェンダー学の構築に向けて』日本学術振興会科学研究費基盤研究（A）イスラーム・ジェンダー学の構築のための基礎的総合的研究（IG 科研）
長沢栄治・佐藤一郎・長田満江 1984『エジプトの農業―現状と開発の課題』国際農林業協力協会
永田雄三 1973「18 世紀後半のトルコにおけるアーヤーン職制度に関する一研究」『アジア・アフリカ言語文化研究』8
奴田原睦明 1985『エジプト人はどこにいるか』第三書館
ハッラーク、ワーエル・B［黒田壽郎訳］2010『イスラーム法理論の歴史　スンニー派法学入門』書肆心水
林武 1974「都市化と人間類型―カイロ市井人の理想像―」同『現代アラブの政治と社会』（［長沢編 1991］に再録）
―― 1978「カイロの市民」松本重治監修・板垣雄三編『中東ハンドブック』講談社
バラカート、アリー［加藤博・長沢栄治訳］1991『近代エジプトにおける農民反乱―近代エジプト社会史研究入門―』（M. E. S. Series No. 30）アジア経済研究所
東アラブにおける社会変容の諸側面研究会編 1989『文献解題　東アラブ近現代史研究』アジア経済研究所
肥前榮一 2007『比較史のなかのドイツ農民社会　『ドイツとロシア』再考』未來社
フォースター、E. M.［中野康司訳］1988『アレクサンドリア』晶文社
藤瀬浩司 1980『資本主義世界の成立』ミネルヴァ書房
福田義昭 2012「「カイロ三部作」待望の完成」（『欲望の裏通り』付録冊子）［マフフーズ 2012a］
フサイン、タハ［田村秀治訳］1976『わがエジプト　コーランとの日々』サイマル出版会
ブシュナク、イネア編［久保儀明訳］1995『アラブの民話』青土社
ヘイカル、モハメド［佐藤紀久夫訳］1983『サダト暗殺：孤独な「ファラオ」の悲劇』時事通信社
ホブズボーム、W.［浜林正・神武庸四郎・和田一夫共訳］1984『産業と帝国』岩波書店
堀井聡江 2004『イスラーム法通史』山川出版社
堀内正樹 1991「モロッコにおける聖者をめぐる社会意識」［加納編 1991］所収
―― 1995「社会と文化：社会人類学から」三浦徹・黒木英充・東長靖編『イスラーム研究ハンドブック』（『講座イスラーム世界』別巻）栄光教育文化研究所
本田真隆 2013「家族研究における「ピエテート」概念受容の諸相―戸田貞三と川島武宣にみる情緒と権威の関連性―」『家族研究年報』38
マクファーレン、アラン［酒田利夫訳］1990『イギリス個人主義の起源―家族・財産・社会変化』リブロポート
松本弘 2016『ムハンマド・アブドゥフ　イスラームの改革者』（世界史リブレット 84）山川出版社
マフフーズ、ナギーブ［塙治夫訳］1978『バイナルカスライン』（上・下）（現代アラブ文学全集 4，5）河出書房新社

――［池田修訳］1978『アルカルナック』アジア経済研究所（所内資料・調査研究部 No. 53-1）
――（マハフーズ）［高野晶弘訳］1990『蜃気楼』第三書館
――［塙治夫訳］2011『張り出し窓の街』国書刊行会
――［塙治夫訳］2012a『欲望の裏通り』国書刊行会
――［塙治夫訳］2012b『夜明け』国書刊行会
水谷周 2011『イスラーム現代思想の継承と発展―エジプトの自由主義』（イスラーム信仰叢書 9）国書刊行会
ミッチェル、ティモシー 2014［大塚和夫・赤堀雅幸訳］『エジプトを植民地化する　博覧会世界と規律調整的権力』法政大学出版局
嶺崎寛子 2015『イスラーム復興とジェンダー――現代エジプトを生きる女性たち』昭和堂
―― 2017「名誉に基づく暴力を回避する― 2000 年代のエジプトを事例として―」『文化人類学』82-3 別冊
村上薫 2013「トルコの都市貧困女性と結婚・扶養・愛情―ナームス（性的名誉）再考の手がかりとして―」『アジア経済』54-3
―― 2015「トルコの女性労働とナームス（性的名誉）規範」加藤博編『性と文化』（イスラーム地域研究叢書第 6 巻）東京大学出版会
―― 2017「名誉解釈の多様化と暴力―イスタンブルの移住者社会の日常生活をめぐって」『文化人類学』82-3 別冊
村上泰亮・公文俊平 1979『文明としてのイエ社会』紀伊國屋書店
村山高 1961『世界綿業史』日本紡績協会
モスカ、ガエターノ［志水速雄訳］1973『支配する階級』（現代思想 9）ダイヤモンド社
森田桐郎編 1991『労働力は国境を越える』同文館
森本一夫 2010『聖なる家族―ムハンマド一族』（イスラームを知る 4）山川出版社
森本公誠 1980『イブン＝ハルドゥーン』（人類の知的遺産 22）中央公論社
モルガン、L. H.［青山道夫訳］1958『古代社会』岩波文庫
八木久美子 2006『マフフーズ・文学・イスラム　エジプト知性の閃き』第三書館
山根学 1986「政治構造からみた「アラブ社会主義」」同『現代エジプトの発展構造―ナセルの時代―』晃洋書房
柳橋博之 1998『イスラーム財産法の成立と変容』創文社
―― 2001『イスラーム家族法　婚姻・親子・親族』創文社
山田俊一 1993「エジプトのテロリズム問題」『現代の中東』15
吉田昌夫 1991「研究対象地域としてのアフリカ」同編『アフリカⅠ』（地域研究シリーズ 11）アジア経済研究所